激動の時代だからこそ求められる『不変のマネジメント理論』

コールセンター・マネジメントの教科書

Call Center Management

熊澤伸宏 著

リックテレコム

まえがき

「コールセンター・マネジメントの教科書」は、業種やその規模を問わず、すべてのコールセンターの管理者が理解、実践すべきセンター・マネジメントの基本的な技法（知識、スキル、方法論）を解説している。また、経営幹部、マーケティングや営業／IT／人事／財務／法務／広報部門等、コールセンターと日常的に緊密な関係にあるこれら部門のマネージャーや担当者にとっても、そのオペレーションのユニークさを知り、コールセンターとの付き合い方を理解するのに大変有用だ。

主要な読者である現役のコールセンターの管理者が本書を手に取る理由は、「コールセンターの運営をもっと効果的、効率的に行いたい」「新任のマネージャーとしてコールセンターの運営全般の知識やノウハウを学びたい」「新しくコールセンターを立ち上げるための指南書が欲しい」といったセンター運営の全般に関するものから、「コール数の予測やエージェント数算出の方法を知りたい」「クオリティー・モニタリングの評価表を作りたい」等、個別の課題に至るまで、さまざまだろう。

本書は、いずれのニーズについても応えられ、具体的な解決策やヒント、ツール等を与えてくれるに違いない。

本書の構成

本書は、ストラテジー、プロセス、ピープル、ビジネス環境の4部構成とし、各部3章ずつの計12章からなる。これは多岐にわたるコールセンター・マネジメントを、その運営の実態に合わせて4分類12の要素にわかりやすく体系化したことに基づく（序章）。

すべてを読破することで、コールセンター・マネジメントに必須の要素をひと通り学べることはもちろん、最初から通読しなくとも、日常のセンター運営の中で発生した課題について、必要な時に必要な箇所に素早くアクセスして解決を図ったり、各要素を自分の優先順位で並べ替え、要素単位で学ぶといった使い方も可能だ。そのためには本書を書棚にしまい込むのではなく、いつでも手に取ることができるよう、常にデスクトップに備えておくことをおすすめする。

本書の特徴

本書をコールセンター・マネジメントの"教科書"として有効に活用していただくために、以下の点を意識した。

・世界中の先進的なセンターが実践している世界標準の運営ノウハウが中核となっていること

- 同時に、著者の30年に及ぶオペレーションの現場で実践、実証されたものであること
- コールセンター・マネジメントのA to Zを網羅していること
- 特定の業界、業種、領域、地域、規模等に偏った方法論ではないこと
- 裏ワザや裏テク、秘技や独創手法等、再現性の低いノウハウ本ではないこと
- 具体的で実践に落とし込める内容であること
- 現場で即、使える豊富なテンプレートやツール類を提供すること
- 仕事としてコールセンターに関わる人のみならず、学生を含めてコールセンター・ビジネスに興味、関心のあるすべての人の参考図書であること
- 日常のオペレーション上の個別の課題や疑問を解決するためのヘルプ・ブック的に活用できること

本書の位置づけ

本書は、コールセンターの業務形態として最も多く見られる、インバウンドの電話オペレーションの解説をメインに据えている。これは、インバウンドの電話オペレーションが、非対面の顧客応対業務の運営技法の核として存在しているからに他ならない。

AI（Artificial Intelligence；人工知能）に代表されるテクノロジーの進化により、メール、SNS、チャット、セルフサービス等、さまざまなコンタクト・チャネルが登場・拡大しているが、それらを利用した顧客応対業務の運営技法は、従来の電話オペレーションに取って代わるわけではなく、そのために必要な独自の技法が追加されていくという関係にある。本書では、そのような新しいコンタクト・チャネル、およびアウトバウンド・コンタクトの独自の技法についても解説を加えている。

すなわち、本書は"コールセンター"をタイトルとして掲げているが、電話によるオペレーションを中心に、電話以外のコンタクトやアウトバウンド等、いわゆる"コンタクトセンター"としてのすべてをカバーしている。なお、アウトソーシングについては、委託者としての立場から、リソースの選択肢のひとつとして必要な説明を行った。

留意点

本書を活用するにあたっては、以下について留意されたい。

- 本書は、コールセンターの業務形態として最も多く見られる、インハウスの電話によるインバウンド・オペレーションを中心に据えながら、アウトバウンド、メールやSNS等、電話以外のコンタクトやアウトソーシングについても必要に応じて解説を加えている
- 頻繁に使用する用語の基本表記を以下に統一した

本書の表記	その他の主な用例
コールセンター	コンタクトセンター、カスタマーサービスセンター
エージェント	レプリゼンタティブ、コミュニケーター、オペレーター、アドバイザー
シニア・エージェント	チームリード、アシスタント・スーパーバイザー、主任
スーパーバイザー、チームリーダー	アシスタント・マネージャー、チーム長、ユニット長、係長、課長代理
マネージャー	課長、グループ長、サイト長
センター長	センター・ヘッド、センター・マネージャー、ディレクター、部長
管理者	管理職、役職者、マネージャー、マネジメント、センター管理者
シニア・マネジメント	上級管理者、経営幹部、経営陣、エクゼクティブ、上層部
チーム、ユニット	グループ、係、班
セクション	デパートメント、グループ、課
フロントライン	第一線、最前線、顧客コンタクト
サポーティング・ファンクション	バックオフィス、管理業務、間接部門、サポート組織
オペレーション	業務、運用、運営、業務活動、現場活動、顧客対応、顧客サービス
アウトソーシング	業務委託、アウトソース、外注
アウトソーサー	アウトソーシング・パートナー、ベンダー、エージェンシー、サービス・プロバイダー、テレマーケティング会社
プログラム	プロジェクト、業務、アプリケーション
コール	呼、電話、トラフィック
ワークロード	業務量、コールロード、コール量、呼量、コールボリューム
コール数	着信数、呼数、入電数、受電数

※文脈によりその他の主な用例やそれ以外の用語を使用する場合がある

- コールセンターの運営に関する用語のほとんどは欧米発のものだが、国内にはいわゆる和製英語と呼ばれるものや、誤った解釈で使われているものも少なからず存在することから、本書では各用語の英語表記や本来使うべき表現、正しい意味等をカッコ書きや脚注等で都度付記した
- 本文の脚注は当該ページの下部に、引用文献や参考書籍、Webサイト等は、それらの区別をせずに「参考文献」として巻末にまとめて掲載した

サポートWebサイト

「コールセンターの教科書プロジェクトWebサイト」では、本書の読者向けに、以下のような資料や情報を提供している。

- 本書に掲載した図表や巻末資料（以下、図表）のうち、計算式や関数を埋め込んだExcelシート
- 抜粋版として掲載した図表の完全版
- テンプレートとして利用できるPDF版サンプルフォーム
- 正誤表
- 追加・更新情報

これらの資料や情報のうち、計算シートやサンプルフォーム等はダウンロードして利用することが可能だ。
　下記のURLにアクセスしてご利用いただきたい。

「コールセンターの教科書プロジェクト」ホームページ
http://cc-kyokasho.jp

謝　辞

　本書の執筆にあたっては多くの皆さんのご協力をいただいた。月刊コールセンタージャパン編集長の矢島竜児さんと同編集部の石川ふみさんの尽力なしには、本書の出版は実現し得なかった。お二人の編集者としてのプロフェッショナルな仕事振りに感嘆するとともに、ここに心よりお礼申し上げる。
　カルディアクロス代表の和泉祐子さんとロイヤルカナン　ジャポン　カスタマーケア　マネージャーの武者昌彦さんには、コールセンター・マネジメントのエキスパートとして多くの的確なアドバイスと暖かい激励をいただき、感謝の念に堪えない。
　本書の執筆のほとんどはスターバックス横浜鶴見店で行った。快適な執筆環境を提供してくれたパートナーの皆さんとの軽妙な会話に心が安らいだ。ありがとうございました。
　そして何よりも、長い期間にわたって執筆に集中する私を支えてくれた妻と娘に最大の感謝を捧げたい。

コールセンター・マネジメントの教科書　目次

まえがき ……………………………………………………………………………………… 002

コールセンタージャパン編集部が教える「コールセンター・マネジメントの教科書」の読み方 … 012

序章　今日のコールセンター事情とマネジメントの課題 …………… 015

第Ⅰ部　ストラテジー

第1章　ミッション・ステートメントとリーダーシップ ……………… 027
Ⅰ　ミッション・ステートメントを策定する ………………………………………… 028
- ミッション・ステートメントの6つの要素 ……………………………………… 028
- コールセンターのミッション・ステートメント策定のポイント ……………… 029
- ミッション・ステートメントを補強する要素やツール ………………………… 031
- 揺るぎないカルチャーに醸成させる ……………………………………………… 036

Ⅱ　コールセンターのリーダーシップ・スタイル …………………………………… 042
- リスペクトされるコールセンターの共通点 ……………………………………… 042
- オペレーションの現場に起こりがちな症状 ……………………………………… 044
- コールセンター管理者のコンピテンシー ………………………………………… 045

Ⅲ　効果的なビジネス・コミュニケーションを構築する …………………………… 046
- 経営幹部とのビジネス・コミュニケーション …………………………………… 046
- マーケティング部門とのビジネス・コミュニケーション ……………………… 049
- コールセンターのミーティング体制 ……………………………………………… 052

第2章　コールセンター・デザイン ……………………………………… 055
Ⅰ　コールセンターのビジネスプランを策定する …………………………………… 056
- ビジネスプランの必要性 …………………………………………………………… 056
- ビジネスプランの3つのタイプ …………………………………………………… 057
- ビジネスプランのコンテンツ ……………………………………………………… 058
- ビジネスプランのアライメント …………………………………………………… 059

Ⅱ　コールセンターの組織を設計する ………………………………………………… 061
- コールセンターにおける組織の重要性とその特性 ……………………………… 061
- コールセンターの組織を設計する ………………………………………………… 062
- ジョブ・ディスクリプション（職務記述書） …………………………………… 074
- 人員計画の策定 ……………………………………………………………………… 076
- コラム　成功する組織を作るために ……………………………………………… 079

Ⅲ　ソーシング・オプション …………………………………………………………… 080
- コールセンターのソーシング・オプション ……………………………………… 080
- オペレーションのアウトソーシングを活用する ………………………………… 080
- エージェントの雇用形態を選択する ……………………………………………… 083
- コラム　在宅勤務の海外事例 ……………………………………………………… 085

Ⅳ　コールセンターの予算策定とコントロール ………………………… 086
　　　　コールセンターの予算を策定する ………………………………………… 086
　　　　コールセンターの予算をコントロールする ……………………………… 092

第3章　コールセンターのワークフォース・マネジメント ……… 097
　　Ⅰ　ワークフォース・マネジメントの重要性 …………………………… 098
　　Ⅱ　データを収集し検証する …………………………………………… 102
　　Ⅲ　ワークロードを予測する …………………………………………… 112
　　Ⅳ　ワークフォースを算出する ………………………………………… 130
　　　　コラム　サービスレベルに対する意識が低い国内コールセンターの応答率信仰 …… 132
　　　　コラム　ベース・エージェント算出の考え方──キューイング・シナリオ ………… 145
　　Ⅴ　スケジュールを作成する …………………………………………… 157
　　Ⅵ　パフォーマンスを管理する ………………………………………… 162
　　Ⅶ　その他のコンタクトのワークフォースを算出する ………………… 178

第Ⅱ部　プロセス

第4章　コールセンターのビジネスプロセス・マネジメント ……… 191
　　Ⅰ　コールセンターのビジネスプロセス・マネジメントとは ………… 192
　　Ⅱ　ビジネスプロセス・マネジメントの実践 …………………………… 196
　　　　オペレーション・マニュアルを作成する ………………………………… 196
　　　　プログラム・オペレーション ……………………………………………… 201
　　　　ジェネリック・オペレーション …………………………………………… 210
　　　　情報のアップデート ………………………………………………………… 214
　　　　サービス・アグリーメント ………………………………………………… 219
　　　　ビジネスプロセスの評価と改善 …………………………………………… 221

第5章　コールセンターのクオリティー・マネジメント ……… 225
　　Ⅰ　コールセンターのサービス品質 …………………………………… 226
　　　　コールセンターのサービス品質を定義する ……………………………… 226
　　　　コールセンターのサービス品質を評価する ……………………………… 226
　　Ⅱ　クオリティー・モニタリング ……………………………………… 229
　　　　クオリティー・モニタリングの定義 ……………………………………… 229
　　　　クオリティー・モニタリングの目的 ……………………………………… 229
　　　　クオリティー・モニタリングのプロセス ………………………………… 231
　　　　コラム　「1人月間5コール」は統計学的に有意なのか ………………… 246
　　　　評価の結果のフィードバック ……………………………………………… 252
　　　　カリブレーション …………………………………………………………… 257
　　　　クオリティー・モニタリングに対するエージェントの賛同を得る …… 261
　　　　その他のクオリティー・モニタリング …………………………………… 263
　　　　クオリティー・モニタリングに対する規制 ……………………………… 263

Ⅲ　顧客満足度調査 ……………………………………………………… 264
　　　　顧客満足度調査の目的 ……………………………………………… 264
　　　　顧客満足度調査の14のポイント …………………………………… 264
　　　　顧客満足度調査のプロセス ………………………………………… 266
　　　Ⅳ　ベンチマーキング …………………………………………………… 274
　　　　ベンチマーキングの定義と目的 …………………………………… 274
　　　　ベンチマーキングの種類(対象) …………………………………… 274
　　　　コールセンターのベンチマーキングのプロセス ………………… 274
　　　　外部のベンチマーキング調査サービスを利用する ……………… 275
　　　Ⅴ　ボイス・オブ・カスタマー ………………………………………… 277
　　　　VOC活動とは ………………………………………………………… 277
　　　　VOC活動のプロセス ………………………………………………… 277
　　　　　コラム　VOC活動の現実 ………………………………………… 286

第6章　コールセンターのパフォーマンス・マネジメント　287

　　　Ⅰ　コールセンターのパフォーマンス・マネジメント ……………… 288
　　　　コールセンターのパフォーマンス・マネジメントとは ………… 288
　　　　パフォーマンス・マネジメントの構成要素 ……………………… 288
　　　Ⅱ　コールセンターのパフォーマンス・マネジメント・サイクル … 289
　　　Ⅲ　コールセンターのバランスト・スコアカード …………………… 291
　　　　コールセンターのバランスト・スコアカードとは ……………… 291
　　　　バランスト・スコアカードの3つのタイプ ……………………… 291
　　　Ⅳ　コールセンターの業績評価指標 …………………………………… 295
　　　　業績評価指標に関する用語を定義する …………………………… 295
　　　　コールセンターの最も重要な23のメトリクス、8つのKPI …… 296
　　　Ⅴ　コールセンターのパフォーマンス・レポーティング …………… 320
　　　　コールセンターのパフォーマンス・レポーティング …………… 320
　　　　パフォーマンス・レポートを設計する …………………………… 320
　　　　コールセンターのパフォーマンス・レポート、基本の8種 …… 323

第Ⅲ部　ピープル

第7章　コールセンターのフロントライン・マネジメント　337

　　　Ⅰ　コールセンターのフロントライン・マネジメント ……………… 338
　　　　コールセンターのフロントライン …………………………………… 338
　　　　フロントライン・マネジメントの職務を分類する ……………… 338
　　　　スーパーバイザーの役割と責任 …………………………………… 339
　　　Ⅱ　チームを編成する …………………………………………………… 346
　　　　エージェントを採用する …………………………………………… 346
　　　　新人エージェントを迎える ………………………………………… 357
　　　　チームの役割と責任を定める――ジョブ・ラダーを作成する … 358

Ⅲ　コールセンターのエージェント・エンゲージメント ……………… 360
　　　　エンゲージメントとは …………………………………………… 360
　　　　コールセンターのエージェント・エンゲージメント …………… 361
　　　　エンパワーメント ………………………………………………… 364
　　　　モチベーション …………………………………………………… 367
　　　　リテンション ……………………………………………………… 374
　　　　　コラム　辞める理由、とどまる理由 …………………………… 386
　　　　エージェント・エンゲージメントを測定する ………………… 387

第8章　コールセンターのトレーニング＆デベロップメント　391

　　Ⅰ　コールセンターのトレーニング ……………………………………… 392
　　　　コールセンターのトレーニングを分類する …………………… 392
　　　　トレーニングの重要性と阻害要因 ……………………………… 393
　　　　トレーニングのリソース（時間と予算）を確保する ………… 394
　　　　効果的なトレーニング構築のプロセス ………………………… 397
　　　　コールセンターのトレーニング・プログラム ………………… 402
　　Ⅱ　エージェントのキャリア・デベロップメント …………………… 408

第9章　コールセンターのヒューマンリソース・アドミニストレーション　415

　　Ⅰ　エージェントの採用選考 ……………………………………………… 416
　　　　公正な採用選考 …………………………………………………… 416
　　　　採用選考時に配慮すべき事項 …………………………………… 416
　　Ⅱ　エージェントの雇用形態 ……………………………………………… 419
　　　　エージェントの雇用形態 ………………………………………… 419
　　　　契約社員の雇用契約 ……………………………………………… 421
　　　　パートタイマーの雇用契約 ……………………………………… 423
　　　　派遣社員の受け入れ ……………………………………………… 424
　　Ⅲ　勤務のルール …………………………………………………………… 426
　　　　就業規則 …………………………………………………………… 426
　　　　労働時間 …………………………………………………………… 427
　　　　時間外・休日労働 ………………………………………………… 429
　　　　休憩時間と休息時間 ……………………………………………… 431
　　　　休日 ………………………………………………………………… 433
　　　　休暇 ………………………………………………………………… 434
　　　　女性の保護規定 …………………………………………………… 436
　　　　管理監督者の扱い ………………………………………………… 437
　　　　コールセンターの執務ルール …………………………………… 437
　　Ⅳ　報酬制度 ………………………………………………………………… 438
　　　　エージェントの報酬を構成する要素 …………………………… 438
　　　　ペイ・フォー・パフォーマンス ………………………………… 439
　　　　エージェントの報酬スキーム …………………………………… 439
　　Ⅴ　業績評価 ………………………………………………………………… 443
　　　　エージェントの業績評価のプロセス …………………………… 443
　　　　エージェントの業績評価ガイドライン ………………………… 444

第Ⅳ部　ビジネス環境

第10章　ベスト・プレイス・トゥ・ワーク ... 451
Ⅰ　コールセンターのサイト・セレクション ... 452
- サイト・セレクションのプロセス ... 452
- サイト・セレクションの4つの視点 ... 454
- コスト・ベネフィット分析 ... 456
- コラム　地方進出を成功させるために ... 457

Ⅱ　コールセンターのオフィス・デザイン ... 458
- オフィスの形態とスペック ... 458
- オフィス・デザイン ... 464
- オフィス・エルゴノミクス ... 474

Ⅲ　コールセンターの健康管理 ... 481
- エクササイズ ... 481
- Get Standing！Sit & Standワーク ... 482
- 小休止（ショートレスト） ... 483
- エージェントの健康管理、その他の施策 ... 484
- コールセンターのメンタルヘルス ... 484

第11章　コールセンター・テクノロジー ... 491
Ⅰ　コールセンターのテクノロジーを理解する ... 492
- コールセンター・テクノロジーは、なぜ難しいのか ... 492
- コールセンター・テクノロジーを分類し全体像をつかむ ... 496

Ⅱ　コールセンターの基盤システム ... 499
- 電話ネットワークとサービス ... 499
- コールセンター・プラットフォーム ... 500
- コンタクト・マネジメント ... 514
- コラム　なぜ「CRMシステム」か？ ... 517
- 音声処理 ... 520
- エージェント・ツール ... 521

Ⅲ　コールセンターのマネジメント・ツール ... 523
- ワークフォース・マネジメント ... 523
- ビジネスプロセス・マネジメント ... 524
- クオリティー・マネジメント ... 525
- パフォーマンス・マネジメント ... 526
- エージェント・エンゲージメント ... 527
- トレーニング＆デベロップメント ... 528
- リスク・マネジメント ... 529

Ⅳ　コールセンターのシステム構成 ... 530
Ⅴ　コールセンター・テクノロジーの最新トレンド ... 534
Ⅵ　コールセンター・テクノロジー選定のポイント ... 536

第12章 コールセンターのリスク・マネジメント　539
Ⅰ コールセンターのコンプライアンス　540
コールセンターに関わる法規制　540
個人情報保護法　541
労働法関連　545
特定商取引法　546
アウトバウンド・コールの規制に関する法令　547
製造物責任法　547
Ⅱ コールセンターの業務継続計画　548
業務継続計画とは　548
コールセンターのBCP（日常的業務継続計画）　549
コールセンターのDRP（災害復旧計画）　550

巻末資料　555

参考文献　608

索引　615

コールセンタージャパン編集部が教える
「コールセンター・マネジメントの教科書」の読み方

本書は、コールセンターのマネジメントについて「A to Z」を網羅した国内初の指南書です。全ページに必要な考え方やノウハウが収録されていますが、コールセンターのノウハウの多くは欧米発であることから、英語表記の用語が多いのも特徴です。

そこで、経験を問わず、すべてのセンター管理者の皆様に向けて「困ったときに、とりあえずどの章（あるいは項）を読めばいいのか」を、編集部が読者視点でナビゲートします。巻末の索引とあわせてご利用ください。

ただし、センター・マネジメントとは本書に記されたすべての要素が密接に連動してはじめて全体最適化が実現できるものですので、最終的にはすべてのページを読破いただくことを強く推奨いたします。

●センターを新規立ち上げ／再生したいときの基本・前提を知りたい
　　第1章　ミッション・ステートメントとリーダーシップ　27ページ
　　第2章　コールセンター・デザイン　55ページ

●全社的なミッション／ビジョンを現場に落とし込みたい
　　第1章　ミッション・ステートメントとリーダーシップ　27ページ
　　第6章-Ⅲ　コールセンターのバランスト・スコアカード　291ページ

●つながりやすいセンター作りの方法を知りたい
　　第3章　コールセンターのワークフォース・マネジメント　97ページ
　　第11章-Ⅲ　コールセンターのマネジメント・ツール　523ページ

●エージェントのチーム編成に悩んでいる
　　第2章-Ⅱ　コールセンターの組織を設計する　61ページ

●コールセンターの品質を向上したい、エージェントのモニタリングの方法に悩んでいる
　　第5章　コールセンターのクオリティー・マネジメント　225ページ
　　第11章-Ⅲ　コールセンターのマネジメント・ツール　523ページ

●エージェントやスーパーバイザーのトレーニング方法で迷っている
　　第5章　コールセンターのクオリティー・マネジメント　225ページ
　　第8章-Ⅰ　コールセンターのトレーニング　392ページ

●エージェント向けのマニュアル作成に悩んでいる
　　第4章　コールセンターのビジネスプロセス・マネジメント　191ページ

●コールセンターのパフォーマンスを把握するためのKPIについて知りたい
　　第6章-Ⅳ　コールセンターの業績評価指標　295ページ
　　第6章-Ⅴ　コールセンターのパフォーマンス・レポーティング　320ページ
　　第11章-Ⅲ　コールセンターのマネジメント・ツール　523ページ

●他部署との関係構築、取り決めの仕方について知りたい
　　第1章-Ⅲ　効果的なビジネス・コミュニケーションを構築する　46ページ

●顧客の声をセンター運営や経営に反映させる方法（VOC活動）について知りたい
　　第5章-Ⅴ　ボイス・オブ・カスタマー　277ページ

●エージェントを採用するときのポイントやプロセス、方法を知りたい
　　第9章　コールセンターのヒューマンリソース・アドミニストレーション　415ページ

●エージェントへのフィードバックの方法に悩んでいる、レポート作りに困っている
　　第6章-Ⅴ　コールセンターのパフォーマンス・レポーティング　320ページ

●エージェントを評価する際の評価者の耳あわせ（カリブレーション）の方法について知りたい
　　第5章-Ⅱ　クオリティー・モニタリング　229ページ

●効果的な顧客満足度調査をしたい
　　第5章-Ⅲ　顧客満足度調査　264ページ

●業務改革・改善のサイクルをきちんと作りたい
　　第6章　コールセンターのパフォーマンス・マネジメント　287ページ

●評価指標（KGIやKPI）の計算式等、基本的な知識を知りたい
　　第3章　コールセンターのワークフォース・マネジメント　97ページ
　　第6章-Ⅳ　コールセンターの業績評価指標　295ページ

●アウトバウンドコールやメール対応、ソーシャルメディア対応のKPIを知りたい
　　第3章　コールセンターのワークフォース・マネジメント　97ページ
　　第6章-Ⅳ　コールセンターの業績評価指標　295ページ

●コールセンターの経営貢献等、パフォーマンスをセンター内で共有、あるいは社内外に示したい
　　第6章-Ⅳ　コールセンターの業績評価指標　295ページ

第6章-Ⅴ　コールセンターのパフォーマンス・レポーティング　320ページ

●スーパーバイザーの役割を知りたい
　　　第7章-Ⅰ　コールセンターのフロントライン・マネジメント　338ページ

●エージェントやスーパーバイザーのロイヤルティーや満足度、エンゲージメントを高めたい
　　　第2章　コールセンター・デザイン　55ページ
　　　第7章-Ⅲ　コールセンターのエージェント・エンゲージメント　360ページ
　　　第9章-Ⅳ　報酬制度　438ページ

●エージェントやスーパーバイザーのキャリアパスやデベロップメントについて知りたい
　　　第8章-Ⅱ　エージェントのキャリア・デベロップメント　408ページ

●エージェントの離職による影響を知りたい、予防施策を知りたい
　　　第7章-Ⅲ　コールセンターのエージェント・エンゲージメント　360ページ
　　　第10章-Ⅲ　コールセンターの健康管理　481ページ

●エージェントのメンタルケアについて知りたい
　　　第10章-Ⅲ　コールセンターの健康管理　481ページ

●コールセンターの設置場所について悩んでいる
　　　第10章-Ⅰ　コールセンターのサイト・セレクション　452ページ

●執務スペースの広さや動線、照明等、ファシリティ全般について知りたい
　　　第10章-Ⅱ　コールセンターのオフィス・デザイン　458ページ

●コールセンターのIT環境についての知識が欲しい
　　　第11章　コールセンター・テクノロジー　491ページ

●気を付けなければいけない人事関連の法律や規制について知りたい
　　　第9章-Ⅰ　エージェントの採用選考　416ページ
　　　第9章-Ⅱ　エージェントの雇用形態　419ページ
　　　第9章-Ⅲ　勤務のルール　426ページ

●気を付けなければいけない情報管理の法律や規制について知りたい
　　　第12章-Ⅰ　コールセンターのコンプライアンス　540ページ

●業務継続計画のあり方について知りたい
　　　第12章-Ⅱ　コールセンターの業務継続計画　548ページ

序章 今日のコールセンター事情とマネジメントの課題

コールセンターの定義

　コールセンターはすっかり定着した。今や、日常生活のあらゆる場面で誰もが当たり前のようにコールセンターを利用する。もはや、社会の仕組みに完全に組み込まれていると言ってよいだろう。

　コールセンターを最も単純に表現するならば「電話を受けたりかけたりするところ」となろうか。さすがにこれでは家庭の電話との区別がつきにくいので、コールセンターと称するための要件を少し加えてみよう。

- 企業等の組織や団体*が複数人のグループで組織的に電話応対を行う
- 顧客満足の向上やビジネス上の成果等、何らかの具体的な目的を持って行う
- 目的達成のためにいかに効果的に、かつ電話応対の作業をいかに効率的に行うかに腐心する
- ACD（Automatic Call Distribution；自動電話分配機能）（第11章）等専用の電話システムや、顧客情報や応対履歴を管理する情報システムを駆使する

　複数人のグループとは、単に社員が複数いるということではなく、1本の電話を、グループに属するスタッフ全員が応対できる体制になっているということだ。例えば、顧客が商品の発注をするのに、日ごろから懇意にしている特定の担当者と電話でやり取りをして依頼するのは一般のビジネス電話の領域であり、コールセンターとは言えない。

　また、ACD等の専用システムは、コールセンターが組織的な作業を効果的、効率的に行うために欠かせない。一般のビジネスフォンを使って電話機のグループを編成することもできるが、専用システムの機能にはほど遠い。

　つまり、これらの形式要件がそろってはじめて、コールセンターと称するのが一般的な考え方だ。

＊コールセンターは、いわゆる企業のみならず非営利団体、行政機関、医療機関等あらゆる組織、団体が運営している。以下、本書では基本的にこれらを総称して「企業」と表記する

コールセンターの分類

　コールセンターで行っていることをひと言で説明しにくいのは、目的、形態、位置づけ等、多くの切り口があるからだ。単なる「電話の受け答え」や「苦情処理」程度に認識していると、実情とのギャップに混乱を感じるだろう。とてもすべてをカバーできるものではないが、**図表1**に主な分類を試みた。

図表1　コールセンターの分類

分類	タイプ	説明／事例
コンタクトする顧客タイプ	ビジネス・トゥ・ビジネス（B-to-B）	サービスの提供側、受領側の双方が企業等の組織。B-to-Bと略記
	ビジネス・トゥ・コンシューマー（B-to-C）	サービスの提供側が企業等の組織、受領側が消費者。B-to-Cと略記
	インターナル（内部）	ITヘルプデスク、人事手続サポート等自社内を対象
センターのタイプ	インバウンド	電話等、顧客からのコンタクトを受ける（受信）
	アウトバウンド	サービス提供側から顧客に電話をかける等してコンタクトする（発信）
	ブレンデッド	1人のエージェント、1つのセンターで受信、発信の双方を行う
	インハウス	コールセンターを物理的に自社内に持つ
	アウトソース	コールセンターの運営を外部の専門業者に委託する
主要な機能	顧客サービス	問い合わせ、資料請求、会員サービス等、多岐にわたる
	テレマーケティング	受注、予約、販売促進、リード・ジェネレーション等、営業／マーケティング関連
	ディスパッチ	宅配便集荷、タクシー配車、保守サービスの技術者派遣等
	テクニカル・サポート	製品の技術的サポート
	コレクション	督促、債権回収
	リサーチ／サーベイ	電話による市場調査、顧客サーベイ等
財務的位置づけ	プロフィットセンター	直接的に売り上げや利益を創出するコールセンター
	コストセンター	直接的な利益創出の目的や機能を持たないコールセンター
プログラムの位置づけ	レギュラー／ロールアウト	継続的／恒常的に実施するプログラム
	アドホック・キャンペーン	一時的／期間限定のキャンペーン等をサポート
	テスト	新規プログラム開発のためのテスト
	コントロール	テスト・プログラム実施時に比較対象として実施
センターの目的やポジショニング	プロアクティブ	①顧客に積極的にアプローチ　②コールセンターの利用を促進　③最高のサービスを提供　④顧客とのコンタクトを増やしたい　⑤積極的に顧客をサポート　⑥経営層の関心が高い
	リアクティブ	①受け身の顧客応対　②コールセンターを前面に出さない　③必要最小限のサービス　④コール数を減らしたい　⑤顧客が自分で解決して欲しい　⑥経営層の関心が低い
地理的条件	インターナル	ITヘルプデスク、人事手続サポート等、対象は自社内限定
	ローカル	近隣エリアのみを対象とするビジネス
	リージョナル	国内の一部地域を対象とするビジネス
	ナショナル	国内全域を対象とするビジネス
	インターナショナル	海外地域も対象とする、あるいは海外顧客専用のビジネス
	シングルサイト	物理的な拠点は1カ所のみでオペレーションを行う
	マルチサイト	物理的に複数の拠点を持つ

参考：Maggie Klenke, Business School Essentials for Call Center Leaders, The Call Center School Press

このように多くの切り口、分類があるということは、それだけ多くの場面でコールセンターが使われているということに他ならない。今や、「コールセンターの応対が良かった／悪かった」という会話が日常的に交わされたり、企業の評価や商品の購入をコールセンターの応対の良し悪しで決めるといったことが普通に行われている。

ユニークなコールセンターのオペレーション

欧米の書店にずらりと並ぶコールセンター関連の専門書をめくると、必ずと言ってよいほど"コールセンターはユニークな職場である"といった類のメッセージが最初に目に飛び込んでくる。見かけは一般事務系オフィスワークそのものであっても、一般の職場運営の常識の多くが通用しないためだ。

では、何がユニークなのか——細かいことを挙げればキリがないが、ここではコールセンターの管理者や関係者が認識しておきたい7つの特性を、以下に示す「コールセンター・オペレーションのユニーク7原則」としてまとめる。

(1) 仕事に優先順位をつけられない

「仕事というものは、急がないものは後回しにする等して優先順位をつけて効率的にやるべきだ」「仕事の難易度に合わせて担当者を配置すべきだ」「忙しいのはコールセンターだけじゃない。どの部署も増員を我慢して残業や休日出勤しながら頑張っているんだ」というのが一般の事務系社員の言い分だ。しかし、コールセンターはそうしたくてもできない。入ってきた電話を難易度によって後回しにしたり、担当者を選んだりできないためだ*。また、営業時間がきっちり決まっているので、残業や休日出勤によるつじつま合わせも不可能だ。

(2) 見かけが同じでも中味は違う

総務も人事も経理も同じデスクワークだからといって、そのすべてを1人の社員に行わせようとは誰も考えない。ところが、それが電話になった途端、「電話の問い合わせは全部コールセンターが受ければいいじゃないか、電話のプロなんだから……」と考えがちだ。電話という見かけだけで十把一絡げにしてしまうのだろうが、デスクワークと同様にコールセンターのオペレーションも、行う業務が異なれば、必要な知識、プロセ

---

*ACD等、最新の電話システムは、顧客の属性や履歴から優先順位をつけて応答順を変えたり、コール内容に最も適切なエージェントに優先的に応答させる機能が実現されている（第11章）。しかし、これらの主目的はサービス品質の向上であり、この機能によってスタッフィングやコストにインパクトを与えるほどの生産性向上の効果は、現状では期待できない

ス、トレーニング、ツール等がすべて異なるため、コールセンターがそのすべてをすぐに担えると考えるのは大きな誤解だ。

(3) 仕事はランダムにやってきて、すぐに処理しなければならない

　仕事、つまり顧客からの電話はランダム（不規則）にやってくる。一定量が順番に規則正しく入ってくれたらどんなにか幸せだろうと思いたいが、残念ながらそれはあり得ない。電話はバラバラに、あるいは集団でコールセンターを襲う。かと思えば、まったく入ってこないこともある。入ってきたら、内容がどうあれ、すべてその場で処理（応対）しなければならない。大量の電話でどんなに忙しくても、それを理由に通話を待ってもらうことはできないからだ。

(4) 仕事の現場が目に見えない

　「コールセンターの仕事の現場とは？」という問いに、多くの人は「エージェントがいるオフィス」と答えるだろう。しかし、そこにいるのはエージェントだけで、顧客応対が仕事なのに応対する相手の姿は見えない。対面の店舗であれば、行列待ちの顧客の人数や待ち時間がわかるため、すぐに対策を講じることができる。顧客の側も、例えばテーマパークならば行列に並ぶのか、諦めるのかを自分で判断できる。並んだ場合も、行列の状況が一目でわかるし、待ち時間の予測を教えてくれたり、並んでいる最中にもエンターテイメントが提供されることもあって、イライラの度合いは電話よりはるかに少ない*。しかし、顧客の姿が見えないコールセンターには、それと同じような対策を講じることができない。

(5) 基本はサービスレベル

　コールセンターのマネジメントにおいて最も重要な指標はサービスレベルだ。その度合いによって、エージェント数をはじめとして、コールセンターの運営に必要なリソースの質と量が決まる。それが、サービスレベルが他の評価指標とは同列に論じられない、コールセンター・マネジメントの根本指標と言われる所以だ。それほど重要であるにもかかわらず、日本ではサービスレベルの理解も活用度も大変低い。国内のコールセンターに蔓延している"応答率信仰"がその原因だ。詳しくは第3章で解説する。

＊ACD等、電話システムによっては、顧客に予想待ち時間を音声で知らせる機能があるが、目で見て確認できない情報に対する信頼度は低いうえ、アナウンスすることで、「まだ待たせるのか」と不満を増幅させる場合もあり、慎重な使い方を要する

(6) 稼働率が上がるとサービスレベルは下がる

コールセンターの生産性の指標として稼働率が多く使われる。とりわけ日本では、応答率と並び"稼働率信仰"と言ってもよいほどだ。ところが、多くのコールセンターがその定義を誤解している。「稼働率は高ければ高いほどよい」「稼働率を上げればサービスレベルも上がる」という思い込みが目立つ。ホテルの客室稼働率等と混同しているのだろう。これも第3章と第6章で詳述する。

(7) 細部にこだわる

「細かいことにこだわって無駄な時間をかけるな。問題は進めながら修正していけばよい」という会話に何の疑問も持たないコールセンターの管理者は、現場の"痛み"や顧客の離反にまったく気付いていないかもしれない。なぜなら、コールセンターは細部にまで徹底的にこだわる仕事だからだ。たとえ、年に1回のみの問い合わせであっても、コールセンターはその1回に完璧に応対しなければならない。でなければ、困るのはエージェントと顧客だ。だからこそ、予想される問い合わせをとことん考え抜き常に万全の準備をする。「件数が少ないから」といって手を抜くことは許されない。顧客応対のためにコールセンターが行う準備は、その質も量も、件数の多少に影響されてはならない。

コールセンターのマネジメント

1. 求められる広範な守備範囲と専門性

「コールセンターのマネジメントは企業経営の縮図だ」「センター長は中小企業の社長のようだ」と言われる。企画、業務開発、人事、財務、オペレーション、教育研修、IT等、企業経営の多くの要素が含まれているからだ。このように、コールセンターのマネジメントの守備範囲は広く、管理者には広範な知識と経験に加え、前述の「コールセンター・オペレーションのユニーク7原則」に対応する専門性も求められる。

2. コールセンター・マネジメントの体系化

日本では、コールセンターのマネジメントの体系化は進んでいない。本書は、4つのカテゴリーと12の要素からなる分類・体系化と定義づけ（**図表2**）を行った。

本書の構成は、このマネジメント体系に基づいている。

図表2　コールセンターのマネジメント体系

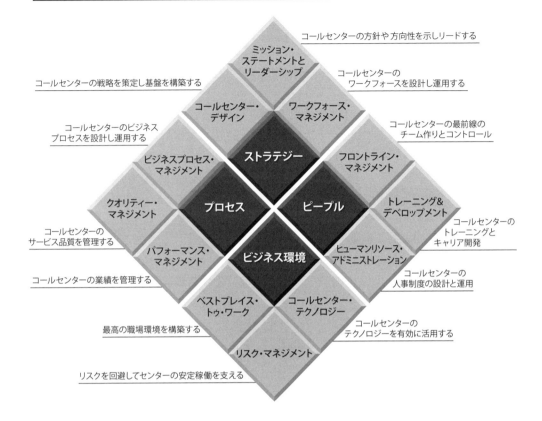

3. コールセンター・マネジメントの目的

　コールセンターの管理者は、最終的に何を目指して、何を得るためにマネジメントを行うのか。個々の企業やセンター、さらには個々のプログラム*に具体的な目的が設定されているのはもちろんだが、すべてのセンターに共通の運営上の目的は以下の一文に尽きるだろう。

> "最小限のコストで最大限のサービスを提供する"
> （Highest Quality with Lowest Cost）

＊コールセンターで実施する個々の業務（製品の問い合わせ、資料請求、新規口座開設等）を本書では"プログラム"と表現する。アプリケーション、プロジェクト等と呼ぶ例もある

コストをリソースに、サービスをクオリティーと言い換えてもよい。これを実現するために、コールセンターの管理者はマネジメント体系の12の要素を総動員して、あの手この手のアクションを講じることになる*。

4. コールセンター・マネジメントの両輪

　顧客との接点（コンタクト・ポイント）において、エージェントが最高のパフォーマンスを発揮し、顧客とのインタラクション（やり取り）を成功に導く。コールセンターのマネジメントは、すべてがそのためにあることを肝に銘じよう。そして、そこには2つの軸が存在する。一方は、スーパーバイザーやトレーナー等、フロントライン（最前線）のスタッフによるトレーニングやピープル・マネジメント等、主役のエージェントを直接サポートする軸（前輪）だ。他方は、ストラテジー、ビジネスプロセス、テクノロジー、オフィス環境等を通じて、エージェントを間接的にサポートする軸（後輪）で、管理者やスペシャリスト、社内の関係者や外部の協力者等のサポーティング・スタッフが担う。この2つの軸が"両輪"となってエージェントのパフォーマンスの最大化を推進する（**図表3**）。

　この前輪と後輪、フロントライン・スタッフとサポーティング・スタッフをつなぎ、両者が歩調を合わせて同じ方向へ進むようハンドルを操作し、ペダルを踏んで推進力を与えるのがセンター長の役割だ。そのためには、前輪と後輪のどちらかに偏ることなく、す

図表3　コールセンター・マネジメントの両輪

＊Lowest cost は"最も適切なコスト"と解釈すべきである。短絡的に"安ければ良い"ということではなく、顧客に質の高いサービスと満足を提供し、戦略やゴールを達成するための"適切な投資"を行い、"適切な費用"をかけることが必要だ。もちろん無駄使いはしないことは当然であり、その観点から、Lowest cost は"最も適切なコスト"と捉えるべきである

べての業務や機能に精通し、センター全体を俯瞰して効果的に采配を振るうための豊富な専門知識や経験がセンター長に求められる。

コールセンターの貢献

　コールセンターは、その存在理由や貢献の仕方もさまざまだ。戦略部門として企業の屋台骨を支える重要な位置づけのセンターもあれば、"仕方なく""義務的"に顧客応対しているセンターも少なからず存在する。重要なのは、前者だけがあるべき姿と考えないことだ。
　また、貢献というと「経営貢献＝売り上げや利益の創出」で、その延長として、「コストセンターではダメ、プロフィットセンターを目指すべき」とする論調が多く見られるが、そんな"べき論"にも左右される必要はない。コールセンターのあり方は、あくまでも個々の企業の戦略であり選択だ。コストセンターとしての位置づけを意図して選択しているのなら、そのセンターは立派にコストセンターとして貢献しているということだ。
　コールセンターの貢献は、①顧客サービス、②クオリティー／顧客満足／ロイヤルティー、③マーケティング／商品開発、④オペレーショナル・エクセレンス、⑤売り上げ／利益、⑥コスト削減、⑦ブランドイメージ／評判という7つのタイプに分類できる。**図表4**にそれぞれの主な貢献を示す。これらの貢献のいずれか1つを目的とするセンターもあれば、1つのセンター、あるいは1つの業務で複数の目的を持つ場合もある。後者の事例も図表4に示す。これは、異なる部署に分散していた受注、問い合わせ、技術サポート、会員サービス等の窓口を統合したコールセンターの立ち上げによって、上記の7つのタイプのすべてに何らかの貢献をもたらした事例だ。コールセンターは、さまざまな形で企業に貢献していることを表している。

コールセンターの進化

　2010年代後半、コールセンターは劇的に変化しつつある。言うまでもなく、インターネットを中心としたテクノロジーの発展と「AI」（Artificial Intelligence；人工知能）の実用化・進化によるものだ。
　その最も大きな影響はコンタクト・チャネルの多様化だ。新しいチャネルが次々と登場することによって、それに合わせた顧客戦略とオペレーションの変更も求められる。
　個々のシステムやソリューションに関する解説は、必要に応じて本編内で行うこととして、ここでは顧客戦略、オペレーション、コンタクト・チャネル、テクノロジーの4つに分けて、それぞれの最近の動向を示すキーワードを挙げておく（**図表5**）。進化が著しいテクノロジーについては、実用間近、あるいはすでに一部実用が開始されている最新のト

図表4　コールセンターの貢献

事例：異なる部署に分散していた受注、問い合わせ、技術サポート、会員サービス等の窓口を統合したコールセンターの立ち上げがもたらした貢献

貢献のタイプ	定義	貢献の内容
①顧客サービス	・すべてのコールセンターに共通する第一義の使命 ・商品やサービスに関する顧客のアシスト、問題の解決 ・顧客のニーズを満たし不満足の発生を回避	商品、用件ごとに異なる窓口、電話番号が1つに統合され、顧客の利便性が格段に向上。コールセンター化に伴うフリーダイヤル化もサービス向上に貢献
②クオリティー／顧客満足／ロイヤルティー	・質の高いサービスと顧客経験の提供 ・顧客の拡大・維持・ロイヤルティーの向上 ・顧客に付加価値をもたらし満足を創出	コールセンター化に伴いエージェントのトレーニングを強化、応対品質の向上が図られたこと、窓口統合やフリーダイヤル化も含めて満足度が向上
③マーケティング／商品開発	・セールス／マーケティング・プロモーションの支援 ・ダイレクト・マーケティングの推進 ・顧客に対するマーケティング・メッセージの体現 ・顧客の声(VOC)の収集とフィードバック	コールセンターからのVOCのフィードバックが開始され、市場調査、商品開発等に貢献。コールセンター化で積極的なプロモーションの実施が実現
④オペレーショナル・エクセレンス	・洗練されたビジネスプロセスの構築 ・既存のビジネスプロセスの合理化・標準化 ・継続的な改善活動による生産性の向上	全社的な人員配置の効率化が実現。統合前の各部署から顧客応対業務が除かれ、本業の生産性が向上。スタッフの残業時間が減り、従業員満足度が改善
⑤売り上げ／利益	・インバウンドによる販売促進(受注／申し込み等) ・アウトバウンドによる販売促進 ・アップセリング／クロスセリング	受注センターの科学的な運営によるサービスレベルの向上で受注件数増大。フリーダイヤル化、品質向上、積極的プロモーション等の効果も相まって売り上げ増大
⑥コスト削減	・ビジネスプロセスの改善によるオペレーション経費削減 ・社内業務のコールセンター化による全社的経費削減 ・人員配置の効率化による人件費削減	統合により業務の重複が解消、スケールメリットや科学的ワークフォース・マネジメントによる人員配置の効率化に伴う人件費削減、全社的な残業代削減等
⑦ブランドイメージ／評判	・質の高い応対やサービスに対する高い評判 ・洗練された顧客オペレーションに対する高い評価 ・外部アワード受賞やメディア掲載によるイメージ向上	サービス／品質向上が好感されブランドイメージが向上。統合プロジェクトの外部アワード受賞やメディア掲載等により企業イメージも向上し、採用活動にも好影響

図表5　コールセンターに進化をもたらすキーワード

顧客戦略の進化	コンタクトチャネルの多様化	テクノロジーの進化
●顧客体験 ●カスタマージャーニー ●オムニチャネル ●顧客エンゲージメント	●ソーシャルネットワーキングサービス ●スピーチ・リコグニション ●メール ●IVRセルフサービス ●Webセルフサービス ●ITR(インタラクティブ・テキスト・レスポンス) ●テキスト・チャット ●ビデオ・チャット ●Webコールバック ●クリック・トゥ・コール	●CCaaS／クラウド ●Web RTC ●Webコラボレーション ●AIベースFAQ ●バーチャル・コールセンター ●ボイス・バイオメトリクス ●チャットボット ●バーチャル・エージェント ●セルフサービス ●ゲーミフィケーション ●スケジュール・チェンジ・オートメーション ●リアルタイム・スピーチ・リコグニション ●カスタマージャーニー・アナリティクス
オペレーションの進化		
●モバイル・カスタマーケア ●アクティブサポート ●在宅オペレーション ●ブレンド・オペレーション		

レンドやソリューションに絞った。このような進化により、コールセンターはますます多様化する。コールセンターの管理者は、それらに迅速に対応しなければならない。ただし、明確に言えることは、「それでもコールセンター・マネジメントの基本は変わらない」ということだ。新しい戦略、チャネル、オペレーション、テクノロジーが登場しても、そのマネジメントはコールセンター・マネジメントの12の要素(本章)の応用型である。だからこそ本書でしっかりと基本を身に付けておきたい。

第 I 部

ストラテジー
Strategy

第1章

ミッション・ステートメントと
リーダーシップ

　コールセンターの仕事は実に多様だ。そしてとても多くの「人」が関わる。変化も激しい。どんなに先進のテクノロジーで重装備されていようとも、それらは「人」をサポートする道具に過ぎず、あくまで「人」が自ら動き、結果を出さねばならない。だからこそ、コールセンターに関わる多くの「人」が共通の目的を持ち、共通の理解のもと、共通の道を歩むための「理念」や「将来像」が必要だ。

　本章ではまず、「ミッション・ステートメント」と呼ぶ組織の理念や将来像、あるいは価値観等の策定について述べ、それをセンターのカルチャーとして醸成させ、多くの人を効果的に導いていくために、コールセンターの管理者に求められる「リーダーシップとマネジメント」について考察する。さらに、関わる人が多いだけに特に重要で、センター運営の生命線ともいえる「効果的なビジネス・コミュニケーション」の構築について説明する。

I　ミッション・ステートメントを策定する

ミッション・ステートメントの6つの要素

　「ミッション・ステートメント」とは、企業や組織の理念や将来像等を記した「声明文」あるいは「宣言」といえばわかりやすいだろうか。日本では、従来は「社是」や「社訓」、古くは大名家や商家により「家訓」と称され、オフィスに掲げられた額に入った墨書をイメージする人も多いだろう。当時の「社是」は大上段に構えた天の声のようなもので、毎朝唱和する等しても、社員にとっては必ずしも身近なものではなかった。しかし今では、多くの企業が「経営理念」（この表記が圧倒的に多い）、あるいは英語そのままに「ミッション」や「ビジョン」と称してWebサイト等で公表し、浸透している。そこには、具体的でわかりやすい表現を使うことで、できるだけ社員や顧客の理解を促したいという経営者の意図が見て取れる。

　このように、一般化してきた「ミッション・ステートメント」ではあるが、用語の定義や使い方はさまざまだ。例えば「ミッション」と「ビジョン」の定義や両者の位置関係等は、個々の企業の解釈によって異なっている。そのため、これらの用語の定義や構成、表現方法に共通の約束や決まりごとはないが、本書においては、「ミッション・ステートメント」を構成する6つの要素の定義と関係性を図表1-1のように表す。各要素を英語表記としているのは、日本語表記の場合、その意味する範囲が英語に比べて限定される傾向にあること、すでにミッション、ビジョン……という用語が一般的になっていること、特にコールセンターでは、英語表記が主流となっていることによる。

　ミッション・ステートメントを構成する6つの要素のうち「ミッション」「ビジョン」「バリュー」が示す抽象的な概念が、「オブジェクティブ」「ストラテジー」「タクティクス」といった具体的な施策や行動に落とし込まれていく。これを行動面から見るならば、「タクティクス」は「ストラテジー」の実践のために、「ストラテジー」は「オブジェクティブ」の達成のために、そして「オブジェクティブ」の達成を通じて「ビジョン」に到達するというように、図表1-1の矢印は下から上に向かうことになる。

図表1-1 ミッション・ステートメントの6つの要素と関係性

コールセンターのミッション・ステートメント策定のポイント

　前頁ではまず、一般論としてのミッション・ステートメントの定義と関係性を記した。おそらく大半の企業が、全社レベルでは策定済みと思われる。しかし、それだけで良いわけではなく、ミッション・ステートメントは組織単位ごとに策定すべきものだ。全社的なミッションの達成のために、各組織がどのような役割を担い、どのように貢献するのかを明確にして、全員の意識と足並みを揃える必要があるためだ。

　では、コールセンターの現状はどうだろうか。コールセンター白書（リックテレコム社刊）によれば、なんらかの形でミッションが存在するセンターは91％にのぼる。この結果からは、多くのスタッフを束ね、そのベクトルを1つの方向に合わせるためのなんらかのメッセージの存在が、センター運営にとって不可欠であることが見て取れる。ただし、前述のようにミッションという用語の定義や解釈が曖昧なため、必ずしも本章で論じている理念や将来像の類とは限らないと思われること、また、経営層との合意に基づくものは38％と半数に満たないこと等から、改善の余地が多く残されていることが示唆される。では、コールセンターのミッション・ステートメントはどのように作るべきか、その策定にあたっての8つのポイントを以下にまとめた。

1. 必ず最初に作ること

　コールセンターの設立時、新規プロジェクトの開発時等、必ず最初に作る。「自分たちは何を目指し、どうふるまい、どう判断すべきかの指針がなければ具体的な作業は何も始められない」という覚悟のもと、決して後回しにすべきではない。すでに稼働しているセンターであれば、気づいた時に即、着手すべきだ。

2. ストラテジーと並行して作る

　まったく白紙の状態でミッション・ステートメントだけを作ることは困難だ。その場合は、「これからコールセンターを使って具体的に何をしようとしているのか」、つまりストラテジーの検討と並行して考えるとよい。すでに稼働しているセンターが、現行業務の目的やゴールから逆算的に発想してミッションやビジョンを打ち立てる場合も同様だ。

3. 会社のミッションやビジョンとのアライメント

　会社のミッション・ステートメントとのアライメント（整合性、連動性）を決しておろそかにしてはならない。コールセンターは、あくまでも組織の一員として会社全体のミッションやビジョンの達成を支援する（そのための役割の一部を担う）立場であるためだ。

4. マーケティング等、関与度の高い部門のミッションやビジョンを反映させる

　コールセンターの仕事の多くはマーケティング施策から生み出される。彼らのミッションやビジョンとの連動も欠かせない。

5. 会社や関連部門の長期的な計画や動向を反映させる

　ひとりよがりなミッションやビジョンは、いずれ会社や関連部門の動向と齟齬をきたす可能性がある。全社の長期的動向にも注意を払っておく。

6. あまりに現実離れした夢物語ではないこと

　ビジョン（＝将来像）を「夢」と語るのも悪くはない。しかし、あまりに現実味のない夢物語であることで、スタッフから「机上の空論」等と批判されるものであってはならない。

7. シンプルでわかりやすいメッセージ

　哲学的、禅問答のようであったり、古い時代の家訓にあるような難解な四文字熟語の羅列では意味がない。「シンプル」「明快」で「説得力」のある表現であることが不可欠だ。ただし、いたずらに情緒的でカジュアルな表現は好みが分かれやすく、軽く見られることもあるので、企業の顔としてのコールセンターに対する信頼感を損なわないよう意識しておきたい。

8. コールセンターのスタッフ自身によるリスペクト

「私たちにはこのビジョンがある」「これを信じていけば必ず良い仕事ができる」といったように、スタッフが自分たちのミッション・ステートメントに誇りを持ち、仕事をするうえでの自信やよりどころとなるような存在であることが望ましい。

ミッション・ステートメントを補強する要素やツール

次に、コールセンター・マネジメントの独自性の観点から、ミッション・ステートメントに加えて明示あるいは作成しておきたい要素やツールを以下に挙げる。

1. ポジショニング

ミッション・ステートメントの6つの要素とともに、社内におけるコールセンターの「ポジショニング」(位置づけ)を明確に定義しておく。見かけ上は同じでも、組織、あるいは戦略上のポジショニングの違いによって目的、プロセス、期待する結果等、仕事のあり方が違ってくるからだ。例えば、製品知識や回答の内容そのものを重視するメーカーのお客様相談室と、顧客満足にフォーカスしたサービス企業のマーケティング支援型のコールセンターとでは、同じ「顧客問い合わせ業務」であっても、求める成果や提供するサービスが異なってくる。

ポジショニングは、社内におけるコールセンターそのものの位置づけだけではなく、ひとつのコールセンター内で、業務によって異なる場合もある。さらには、同じセンター／同じ業務の従来のポジショニングが変更になることもある。いずれの場合も、そのオペレーションに従事するスタッフの理解が曖昧だと、コールセンターとして、さらには企業としての一貫性が損なわれ、意図した結果が得られない。特に、ポジショニングの変更の場合は、その理解を徹底しておかないと、従来の仕事からの意識の切り替えが進まず、最悪の場合、スタッフの反発や離反を招くことさえある。

図表1-2は、企業のお客様相談室が、社内における位置づけをマーケティング支援型の戦略的コールセンターに転換する際に、転換前後の仕事のあり方の違いを比較説明するのに使用したツールだ。ポジショニングの変更には、このようなツールを使いながら、その理解と徹底のために、さまざまな手段を使って働きかけを行うことが欠かせない。

図表1-2 「顧客中心型」のコールセンターと「知識中心型」のお客様相談室の違い

	「顧客中心型」コールセンター（転換後）	「知識中心型」お客様相談室（転換前）
フォーカス	顧客	製品情報、製品知識
ミッション	顧客満足・顧客体験の最大化 利益創出に貢献	顧客・製品の問題の解決、苦情処理 顧客の声の分析と社内還元
目的	卓越したサービスの提供	正確・迅速な問題解決と品質保証
ポジショニング	マーケティング、顧客サービス	品質保証業務の一環
所属部門	マーケティング、顧客サービス、営業	品質保証、製品開発
マネジメント・スタイル	組織的、一貫性を重視	属人的、年功や経験に依存
スタッフの位置づけ	顧客サービス・スタッフ（エージェント）	品質保証担当者
重要視するスキル	顧客コミュニケーション・スキル	製品知識
ビジネスプロセス	分業、標準化、可視化	担当者の職人技、1人で完結
効率性	高い、継続的に改善	低い、効率性向上の優先順位低い
重視する情報	顧客ニーズ、顧客インサイト	製品情報
評価	業績、客観的事実、科学的	能力、態度、主観的、知識量

2. ミッション・スローガン

　ミッション・ステートメントに込められたメッセージを包含して、ひと言で表したスローガンやキャッチコピー的な一文を作っておく。これがあると、ポスターやバナー等オフィスのデコレーションとして掲げたり、センターで作成するすべての文書類にロゴ的に表示する等、さまざまな用途に使えて大変便利だ。また、一文のメッセージのためわかりやすく、スタッフが常に意識でき、管理者もあらゆる機会に口に出せる。スピリット、クレド、モットー、ドクトリン、宣言等さまざまな表現で呼ばれている。**図表1-3**に顧客サービスに関する世界的に有名ないくつかのミッション・スローガンの例を示す。

図表1-3　ミッションスローガンの事例

The customer is always right!
お客様はいつも正しい(Lillian Vernon)
Everything starts with the Customer.
すべては顧客から始まる(Louis V. Gerstner, Jr.)
Make serving the customer an obsession.
顧客へのサービスにこだわってください(Dr. R. L. Qualls)
A smile costs nothing – and in the hospitality industry, it means everything.
笑顔にコストはかからない──ホスピタリティ業界では、それがすべてです(Bryan D. Langton)
Satisfied Customers are what keep us in business.
顧客の満足が私たちのビジネスをなす(Barbara Hennigar)
Customer satisfaction is the complete harmony between expectations and reality.
期待と現実が完全に調和した時、顧客は満足する(Alan Hoops)
Better, Better, Best. Don't settle for less, till better is Best.
より良く、より良く、最高へ。 最高になるまで満足しないでください(Gary Richard)
Do what is right for the customer.
お客様にとって正しいことをしよう(Talbots, Inc.)

出典：Armen J. Kabodian. The Customer is Always Right. McGraw-Hill, 1996, 153p.／（　）内は作者

3. コミュニケーション・スタイル

　これはコールセンターにとって、ミッション・ステートメント本体と同じくらい重要な要素だ。コールセンターは業種、業態、個別の企業、センター、サイトごとにそれぞれ個性がある。顧客への挨拶ひとつとっても、文言、声のトーンや強弱、スピード、明るさ、雰囲気等さまざまだ。

　例えば、飲食店を思い浮かべてみよう。いわゆる三ツ星と称される一流レストランとファミリーレストラン、居酒屋では、それぞれサービスの提供の仕方が異なる。静かに笑みをたたえて格調高く優雅な雰囲気で客を案内する一流レストラン、若い女性クルーが明るく爽やかに「○○へようこそ！」と迎えるファミリーレストラン、店内中に響き渡る声で「いらっしゃ〜いっ!!」と威勢よく歓迎する居酒屋等、来店客の歓迎の仕方は大きく異なる。いずれが良い悪いではなく、業種・業態に適したサービスの提供の仕方があるということだ。

　コールセンターも例外ではない。重要なのは、自分たちのセンターではどのような「スタイル」でサービスを提供するのか、自分たちの応対の仕方で顧客にどんな印象を与えたいのか、自社に対してどんなイメージを持ってもらいたいのか等を明確に決めておくことだ。そのうえでスクリプト、クオリティー・モニタリングの評価、トレーニング等を通じて、オペレーションの一貫性を確保する。例として、質の高さで有名な多国籍企業のコールセンターによるコミュニケーション・スタイル策定のプロセスを示す（**図表1-4**）。

図表1-4　コミュニケーション・スタイルを策定する

業界最大手の多国籍企業（ABC社）のコールセンターのコミュニケーション・スタイル策定プロセス

ABC社に対する顧客の一般的な認知やイメージは？	・ABC社は世界トップシェアの巨大企業 ・製品やサービスの品質に定評のある優良企業
ABC社のコールセンターに対する顧客の期待は？	・他のどの企業のコールセンターよりも優れた、「最高のサービス」を提供してくれるに違いない
顧客の期待に対してABC社が果たすべき義務は？	・ABCコールセンターは、顧客が期待する「最高のサービス」を提供しなければならない
「最高のサービス」を提供するためにどんな応対をするか？	・ABC社に対するイメージとコールセンターに対する期待を満たすためには、「ABC社のイメージ」を感じさせる「最上級の応対」を行う
「ABC社のイメージ」を感じさせる応対とは？	・「洗練」された、「プロフェッショナル」な、「スマート」な、「知的」な印象を与える応対
ABCコールセンターが提供する「最上級の応対」とは？	・「一流」と評価されるホテルやレストランと同様のスタイル（ファミレス、ファストフード、居酒屋等とは異なる）による応対
「一流」を感じさせる応対とは？	・落ち着いた声　・歯切れ良い速度　・顧客の話をよく聴く ・クリアな発声　・いたずらに省略しない　・必ず復唱する ・静かに笑みをたたえる　・顧客の状況を把握　・顧客を落ち着かせる ・少し小さめの声　・肯定的に表現　・共感し安心させる ・少し低めの声　・具体策を提案　・優雅な気持ちにさせる

図表1-5　コールセンター・プライマリー・ポリシー

目的	●当社がコールセンター業務を実施するに際して遵守すべき事項を定める	
適用範囲	●このポリシーはコールセンターが実施するすべての顧客コンタクト業務に適用する ●このポリシーは当社が制定する各種ポリシーやガイドラインに準ずる ●このガイドラインは日本コールセンター協会制定『コールセンター業務倫理綱領』『コールセンター業務倫理ガイドライン』『コールセンター業務における個人情報保護に関するガイドライン』その他関連する行政機関、業界団体の法規、自主規制やガイドラインに準拠する	
定義	●このポリシーにおけるインバウンド・コールとは、顧客の側から電話やメール等の手段により当社にコンタクトしてくるものを指す ●このポリシーにおけるアウトバウンド・コールとは、当社から顧客に対して電話やメール等の手段により能動的にコンタクトを試みるものを指す ●このポリシーにおけるアウトバウンド・テレマーケティング・コールとは、上記のアウトバウンド・コールのうち、当社のマーケティング活動の一環として、定めた目的を達成するために組織的に行う業務を指す	
ポリシー	**インバウンド・コール**	
	●コールセンターで実施するすべてのインバウンド・コール・プログラムについて、プログラムの内容を記載した業務仕様書およびトークスクリプトは、コールセンター長およびプログラムのオーナー、またはスポンサー部門の担当マネージャーによる事前の審査および承認を得なければならない ●コールセンターのアクセス方法(電話番号、Fax番号、URL、メールアドレス等)を記載するすべての印刷媒体は、例外なくコールセンター長による事前の審査および記載の承認を得なければならない ●顧客とのコンタクト時に、上記媒体に明示していないクロスセリングを実施する際には、その目的を記した業務仕様書およびトークスクリプトを別途作成し、コールセンター長およびプログラムのオーナー、またはスポンサー部門の担当マネージャーによる事前の審査および実施の承認を得なければならない	
	アウトバウンド・コール	
	●コールセンターで実施するすべてのアウトバウンド・コール・プログラムについて、プログラムの内容を記載した業務仕様書およびトークスクリプトは、コールセンター長およびプログラムのオーナー、またはスポンサー部門の担当マネージャーによる事前の審査および承認を得なければならない ●アウトバウンド・テレマーケティング・コールのターゲット顧客には、当社との間に事前に何らかの関係が存在していなければならない。何の関係も存在しない人に対するコールドコールを行ってはならない ●アウトバウンド・テレマーケティング・コールのターゲットリスト、あるいはターゲット顧客の内容を記載・表示した文書・帳票・PCスクリーン等には、当該顧客と当社との事前の関係性を具体的に明示していること ●顧客へのアウトバウンド・コールは、顧客の側からの要請がない限り、午前9時より以前および午後9時以降に行ってはならない ●顧客へのアウトバウンド・コールを行う際の電話番号やコンタクト先の情報は、顧客から提供されたもの、あるいは公知の情報に基づくものでなければならない ●顧客にアウトバウンド・コールを行う場合は、必ずコールの理由が明確であること。顧客とコンタクトした際には、コールの冒頭で必ずコールの理由を述べること ●顧客にアウトバウンド・コールを行う場合は、必ず顧客の時間的な都合を配慮すること。顧客とコンタクトした際には、用件を話す前に必ず時間的な都合を伺い、会話の承諾を得ること ●アウトバウンド・テレマーケティング・プログラムの実施に先立ちテストを実施し、その結果を客観的基準により測定・評価したうえで、ロールアウトの可否を考慮することが望ましい	
	顧客情報の保護	
	●コールセンターにおけるすべての活動は、当社の『個人情報保護規程』をはじめとする個人情報に関する諸規程や、コールセンターの『個人情報保護運用ガイドライン』を遵守して行わなければならない	
	コミュニケーション・スタイルとサービス品質の維持	
	●コールセンター長は、すべての顧客コンタクトにおける当社のコミュニケーション・スタイルとサービス品質の維持・向上のために、コールセンターのすべてのスタッフに対し、別途定める『クオリティー・コーリング・ガイドライン』を徹底、遵守させなければならない	
	トラッキング&コントロール	
	●コールセンター長およびプログラムのオーナーまたはスポンサー部門の担当マネージャーは、プログラムの開始にあたって、少なくとも10コールのモニターと評価を行う。その後は、コールセンターの管理者が日常的・継続的にモニターと評価を行う ●コールセンター長は、サービス品質および効果の測定のため、恒常的にすべてのプログラムのパフォーマンスを測定し、プログラムのオーナーまたはスポンサー部門の担当マネージャー、またはその他の関係者に定期的に報告する ●コールセンター長およびプログラムのオーナー、またはスポンサー部門の担当マネージャーは、コールセンターの活動が顧客との関係性にネガティブな影響をおよぼしていると判断する場合、速やかにプログラムの内容の見直し、エージェントへのトレーニング等による改善を要請・実施しなければならない。改善が見込めない場合には、強制的に当該プログラムのオペレーションの中断・中止等の措置を講じなければならない	

4. コールセンター・プライマリー・ポリシー

　ミッション・ステートメントが、経営理念等コールセンターの右脳的側面を表すのに対して、左脳的側面を表すのが「コールセンター・プライマリー・ポリシー」で、コールセンター・ビジネスを実施するにあたっての企業としての姿勢や態度を規定するものだ。コールセンターには膨大な量のポリシーやガイドライン等のルールや規定が存在するが、これはそれらの最上位（プライマリー）に位置する。**図表1-5**に具体例を示す。

5. ポジションペーパー

　方針説明書、政策方針書、声明書、公式見解、統一見解等の呼び方で、主に企業の広報部門、政治・行政機関、医療機関や、最近では緊急対策時のツールとして作成されることが多い。その定義は、「ある問題が起きた場合に、問題の経緯や事実関係、対応方針、主張等を客観的に示す文書」「与えられた資料や課題に関して自分の考え方や立場を述べる文書」となる。一般的には問題の対処や危機管理ツールとして利用するが、社内外のコミュニケーション・ツールとして利用することも多い。例えば、重要なプロジェクト発足時に社内の関係者に対する詳細な内容や方針の説明文書として、あるいは広報部門がプレスリリース用の資料として配信するといった使い方だ。
　コールセンターでは、センター全体の概要を説明する文書とプログラムやプロジェクトの内容を説明するものとの2つを用意しておきたい。社内外のコミュニケーションや教育に有効に活用できる。**図表1-6**にコールセンターのポジションペーパーのコンテンツ例を示す。

図表1-6　ポジションペーパーのコンテンツ例

タイプ	コールセンターの概要を説明	コールセンターが実施する プログラムやキャンペーンを説明
コンテンツ例	・名称、所在地、エージェント数、設立年月等 ・設立以来の歩み ・ミッション・ステートメント ・特徴や強み ・対象顧客 ・実施業務、プログラム ・提供するサービス ・業績（コール数、サービスレベル、効率性、顧客満足、顧客経験、コンタクト単価等） ・主なプロジェクトと成果 ・社内外の評判 ・受賞歴 ・メディア掲載 ・今後の計画	・名称 ・背景、現状分析、顧客ニーズ ・目的 ・戦略、手法 ・スケジュール ・成果目標 ・プロモーション概要 ・オペレーション概要 ・成果、実績 ・評価 ・今後の展開

揺るぎないカルチャーに醸成させる

1.「共通の理解」を促し徹底させる

　ミッション・ステートメントは作ることが目的ではない。掲げた理念が浸透し、目指す将来像に到達するためには、すべてのスタッフの「共通の理解」を促して「コミットメント（強い意志の約束）」を獲得し、理念や価値観を現場の日常業務に落とし込んで、全員が無意識にミッション・ステートメントに従った行動を取るように導く。そんな姿を実現させ、ミッション・ステートメントを組織の揺るぎないカルチャーに醸成させるために、センター管理者は以下に挙げるさまざまな機会を利用して働きかけを行う。

(1) 導入トレーニング

　働きかけはスタッフがコールセンターに加わった瞬間から始めるべきだ。導入トレーニング（新人に対する入社時の導入研修）では、オリエンテーションに続いて、会社とコールセンターのミッション・ステートメントの徹底理解のためのトレーニングを行う。このトレーニングは、トレーナーやスーパーバイザーに任せるのでなく、センター長等コールセンターのトップが自ら語ることが望ましいし、ぜひそうすべきだ。残念ながら日本では、この種のトレーニングは短時間で儀式的、形式的にしか行わない企業が多数派のため、受講者側の意識も低い。それではどんなに素晴らしいミッションであっても絵に描いた餅で終わるだけだ。その意識を根底から覆し、新人に「この会社は本気だな」と思わせたい。そのためにはトップ自らが情熱を持って熱く語ることが必要だ。

　図表1-7は、ある企業の新規採用者に対するミッション・ステートメントに関するトレーニングの例だ。導入トレーニングの2日目から丸4日をかけて、センター長がこのすべてを1人で行う。この間、実務的な話は一切ない。まず前半の2日間でミッション・ステートメントに対する企業の想いや定義を、会社の歴史やビジネスの目的等と絡めながら説く。そして後半の2日間では、ミッション・ステートメントがコールセンターの日常の顧客応対にどのように落とし込まれ生かされているのかについて、サービスや品質に関

図表1-7　新規採用者に対するミッション・ステートメントに関するトレーニングの例

1日目	会社の概要とミッション・ステートメント
2日目	コールセンターの概要とミッション・ステートメント
3日目	顧客サービス方針／サービス品質概論
4日目	コールセンター・プライマリー・ポリシー／顧客応対ガイドライン

する理論、顧客サービスやコールセンターの方針やガイドラインの解説等を通じて詳細に語り、新人に対するミッション・ステートメントの徹底的な意識づけを図っている。

(2) ミッション・トレーニング

　既存のスタッフに対するミッション・ステートメントに関するトレーニングだ。ミッション・ステートメントは、導入トレーニングで1回語るだけでは理解や徹底を図ることはできない。導入トレーニング時と同じく丸4日もかける必要はないが、ベテランのスタッフであっても、少なくとも年に1回は受講させるべきだ。トレーニングではなく理解度・徹底度の確認テストのような形式でもよい。

　年に1回以上、新規採用を行うセンターなら、導入トレーニングの実施に合わせて、既存スタッフへの確認テストを行うとよい。新人との認識のギャップを生じさせないためにも効果的だ。

　図表1-8に参考までに確認テストの設問例を示したが、すべてのコールセンターに共通する正答はない。個々のコールセンターが定めるミッション・ステートメントやポリシー、ガイドライン等によって、考え方や行動が異なる各企業で独自のテストを作成しよう。

(3) ブリーフィング・セッション

　年度の初めに年間計画の説明会等を行う企業は多いはずだ。コールセンターでも、少なくとも年に1回は全員集合（もちろん複数回に分けてもよい）し、センター長が業務計画とともにミッション・ステートメントについて直接語りかける機会を設けたい。

(4) アライメント

　コールセンターのミッション、ビジョンやストラテジーと、会社のそれとのアライメント（整合性、連動性、一貫性）は極めて重要だ。大規模なセンターの場合、サイト、ユニット等に細分化された組織間でアライメントの関係が生じることもある。第6章で、全社レベルの戦略や目標と、センター全体からエージェント個人の業績目標に至るまでの連動について解説しているので参照されたい。

(5) 日常の言動

　トレーニングやブリーフィング・セッションのようなイベント的な機会に限らず、日常業務の中で、ことあるごとにミッション・ステートメントのキーワードを使って話したり書いたりすることを意識する。コールセンターに限らず、会社全体で、社内のすべての企画書に「顧客サービスのために……」という文言を盛り込むことを徹底し、顧客優先の企業文化への変革に貢献した事例もある。そのためにも、ミッション・スローガンの存在は効果的だ。

図表1-8　ミッション・トレーニング──業界最大手ABC社の確認テスト設問例

1	ABC社のミッションを述べなさい
2	ABCクオリティー・ポリシーを述べなさい
3	コールセンターのミッションとは何ですか
4	コールセンターのビジョンを述べなさい
5	コールセンターのミッション・ステートメントを一文で表現するスローガンは何ですか
6	ABCコールセンターに対する顧客の期待とは何ですか
7	コールセンターのエージェントとして顧客に提供すべきサービスとはどのようなものですか
8	私たちはコールセンターとして顧客にどのようなイメージを提供すべきですか
9	ABC社らしさを感じさせるイメージのキーワードを3つ述べなさい
10	コールセンターが最も重視するのは一貫性ですか、それともエージェント個人の判断で臨機応変に応対する柔軟性ですか
11	コールセンターが上記を重視するのはなぜですか
12	ABC社の顧客戦略上のコールセンターの位置づけで正しいものに○をつけなさい ①コールセンターは顧客サービス拠点である ②コールセンターは品質保証業務の一環である ③コールセンターはマーケティング拠点である
13	以下の人たちは私たちの顧客ですか。顧客には○を、そうでない人には×をつけなさい ①電話をかけてきた消費者 ②CMのイメージキャラクターのタレントの写真が掲載されたパンフレットが欲しい学生 ③取次店の営業マン ④請求した資料の宛名ラベルの名前の漢字表記が間違って送られ、激怒している人 ⑤顧客の勤務先に電話をかけた際に出た事務の女性 ⑥代表電話から誤って転送された新聞記者 ⑦営業用プレゼンテーション資料に記載の英語表記の意味がわからない当社の営業マン ⑧九州支店の営業部員宛ての生命保険の勧誘 ⑨蕎麦屋と間違えてかけてきたお年寄り
14	コールセンターのエージェントはなぜスケジュールを遵守しなければならないのですか
15	ABCコールセンターのエージェントとしてふさわしい行動や考え方に○をつけなさい ①マニュアルに記載の方法とは異なるが、顧客が理解しやすい説明方法を見つけたので、率先してそれをトークしている ②隣の席の新人エージェントが困っていたので電話を着信拒否モードにして親切に教えてあげた ③始業時間になったのでCRMシステムを立ち上げてログインした ④フリーダイヤルにエージェントAさん宛てに生命保険会社からコール。契約内容の確認で至急だそうだ。ちょうどAさんが席にいたのでその電話を転送した ⑤大阪支店時代の同僚が訪ねてきた。ログイン時間中で離席できないので、自分の席まで来てもらい受電の合間に懐かしい話に花を咲かせた ⑥エージェントの仕事は喉を酷使するのでドリンクの常備が必要。なくなったら電話を着信拒否モードにして手早く補充するべきだ ⑦ビジネスである以上、最終的には1本でも多くの電話を受けるための効率性を優先すべきだ ⑧顧客との会話は、できるだけ優しくフレンドリーな印象を与えるような応対をする

※すべてのコールセンターに共通する正答はない

(6) オフィスの環境づくり

　オフィスのどこにいても、ミッション・ステートメントの文言が目に入る環境を作る。ポスター、バナー等のオフィス・デコレーション、ステッカー、エンブレム、卓上カレンダー、マグカップ、Tシャツ等のグッズ類、レターヘッドやプレゼンテーションのテンプレート、専用のレポート用紙、PCの壁紙、スクリーンセーバー等、アイデアに限りはない。

図表1-9　センター／主な役職の呼称

センター	コールセンター、コンタクトセンター、カスタマーサービスセンター、カスタマーケアセンター、カスタマーサポートセンター、カスタマーコミュニケーションセンター、インタラクションセンター、テクニカルサポートセンター、カスタマーセンター、○○ダイレクト、インフォメーションセンター、お客様センター、ヘルプデスク、エンゲージメントセンター、○○ホットライン　等
スーパーバイザー	スーパーバイザー、チームリーダー、サービス・デリバリー・リーダー、アシスタント・マネージャー、フロアリーダー、ユニットリーダー　等
エージェント	エージェント、オペレーター、コミュニケーター、テレコミュニケーター、フォーン・レプリゼンタティブ、カスタマーサービス・レプリゼンタティブ、アドバイザー、サービス・プロフェッショナル、コンサルタント、アソシエイト、カスタマー・アドボケート、テクニシャン、サポーター、パートナー　等

(7) ネーミング

　コールセンターの部署名やスタッフのポジションのネーミングは実にさまざまだ（**図表1-9**）。このようなネーミングに対するこだわりも、ミッション・ステートメントの理解促進に貢献する。部署名もポジション名も、その役割や機能が顧客にとってわかりやすいことが第一なのは言うまでもないが、あわせて、ミッション、ビジョン、コミュニケーション・スタイル等の考え方が反映されているとなお良い。顧客に感じて欲しい印象やイメージを打ち立てても、そのイメージにそぐわないネーミングが足を引っ張るようなことがあってはならない。

　以下では欧米企業との比較を交えながら、コールセンターのネーミングについて考察する。

①**コールセンターの愛称や語呂合わせは自己満足に過ぎない**：コールセンターの名称に愛称をつけたり、電話番号を語呂合わせにしたり、コールの冒頭でエージェントにキャッチフレーズを言わせることがよくあるが、結論から言えば、ほとんどは自己満足に過ぎず、以下のようにその効果は薄い。

- 顧客はよほど頻繁に利用するものでない限り、語呂合わせや愛称を覚えない
- 顧客が必要なのは「自分の用件をすぐに解決してくれる電話番号はどれか」ということだけだ
- その電話番号がどこに書いてあるか、いかに早く探せるかこそが最大の関心事。電話番号探しは顧客にとって大きなフラストレーションだ
- 顧客は、電話をかけた時に聞かされるキャッチフレーズや過度な挨拶、愛称等をむしろストレスに感じる。それよりも目的の企業、正しい窓口につながったということを早く確認したい
- 愛称や語呂合わせの浸透には、膨大な露出とそのための多大なコストがかかる。コールセンターの電話番号を記載した広告や宣伝ツール、IVRのメッセージ、顧客向けの多くのレター類等、既存のすべての媒体表記を変更し徹底させることも必要で、それに見合った効果を得ることは困難だ

②スーパーバイザーは管理職：スーパーバイザーとは欧米企業の初級管理職（日本では係長や課長代理のレベルに相当する）のごく一般的な名称だ。ところが日本では、スーパーバイザーをコールセンター特有の専門用語であるかのように受けとめる向きが強い。

　欧米企業において本来意味するスーパーバイザーは管理職で、基本的に正社員であり、部下の指揮命令や業績評価等、人事上の権限を有し、管理職としてふさわしい報酬を得ている。センター運営の専門知識や経験を備えていることは言うまでもない。

　一方、日本では、現場のマネジメントの大半を押し付けられた"ウルトラ・スーパーバイザー"的な人もいるが、エージェントの先輩的位置づけで、エージェントの質問に答えたり、苦情をサポートしたり、メンター的に面倒を見る人といった程度に認識されているケースが少なくない。多くがエージェントの中から姉御肌的（あるいは兄貴分的）な人、面倒見の良い人等が選抜されることが一般的で、他のエージェントと一緒に採用されて、年齢の高い人が最初からスーパーバイザーに任命されるというケースもまれではなく、雇用形態も不安定なままという場合が少なくない。名称を検討するに際しては、このような背景を知っておくことも必要だろう。

③欧米ではエージェントで一本化：エージェントの職名は欧米企業でもさまざまだ。ただし、バラバラのままでは一般論としてコールセンターを語る際に不都合を生じるので、書籍、文献、インターネット等メディア上は「エージェント」でほぼ一本化されている。かつて欧米企業のエージェントの多くは個人事業主として企業と契約し、インセンティブ報酬を得るパターンが多かったという歴史的背景から、エージェント（＝企業の代理人）という表現がフィットするのだろう。エージェントとともに「レプリゼンタティブ」（representative）も多く用いられている。企業の「代表者」を意味し、欧米企業では日本でいう営業マンのことを「セールス・レプリゼンタティブ」と呼ぶ。

　チャネルの多様化による単純・定型的なオペレーションの自動化やセルフサービス化が進み、エージェントの位置づけや役割が高度化・複雑化してきたことを受けて、その職名も多様化しつつある。最近では、「カスタマーアドバイザー」あるいはシンプルに「アドバイザー」の表記がメディア上で多く見られるようになっている。

　一方、日本では、オペレーターとコミュニケーターがメジャーな呼称のようだ。欧米企業がこの2つを使う例はほとんど皆無だ。なぜならオペレーターとは電話交換手や通信士を意味し、コールセンターのエージェントとは実態が大きく異なる。コミュニケーターは、伝達者や通信機器と訳されるように、一方的に情報を伝える人や通信機器のことを意味するため、これもエージェントの本質とは異なる。オペレーターもコミュニケーターも、無機質で機械的な側面が強く、企業の代理人（エージェント）、あるいは代表者（レプリゼンタティブ）としてリスペクトされるべきポジションにはふさわしくない。

　そのような観点から、欧米企業のコールセンターでは、導入トレーニングの冒頭で、

エージェントのポジションの重要性と、その職名の意味についての教育が行われることが多い。エージェントが、企業を代表する極めて重要なポジションであり、そのことを会社が職名を通じて表現していることの意識づけを徹底するというわけだ。

2. カルチャーとして日常業務に根づく

センター管理者の絶え間ない働きかけにより「共通の理解」が進めば、現場に以下のような現象が現れ、ミッション・ステートメントがカルチャーとして日常業務に根づくようになる。

- コールセンターのスタッフなら誰もがミッション・ステートメントを第三者に語ることができる
- ミッション・ステートメントの内容がコールセンターのスタッフ全員の日常業務にまで落とし込まれており、全員のベクトルがミッション・ステートメントに示された方向と合致している
- ミッション・ステートメントが、スタッフ1人ひとりの現場での判断基準として使われている

3. ステークホルダーの理解と合意を得る

経営幹部、関連部署、重要顧客、重要取引先等、いわゆる社内外のステークホルダー（利害関係者）の理解と合意は、センターの円滑な運営や成長に大きく影響する。一般的に、コールセンターは第三者にとってわかりにくい存在だ。そのため理解の浅い経営幹部から、思いつきレベルの指示や、第三者の噂話による現場のマネジメントへの介入等があり、現場が混乱するといった事例は枚挙にいとまがない。センター管理者にとっては最もやっかいな問題のひとつだ。だからこそ、あらかじめミッション・ステートメントの理解と合意を得ておくことが重要だ。キーパーソンには必ずフェイス・トゥ・フェイスで説明しておきたい。

また、直接の利害関係者でなくとも、社内への教育の意味合いも含めて、ミッション・ステートメントをイントラネットや社内報に掲載する等して、社員がいつでもアクセスできるようにしておくことも必要だ。

II　コールセンターの
リーダーシップ・スタイル

　「コールセンターの管理者には強力なリーダーシップと質の高いマネジメント能力が求められる」「コールセンターのリーダーとは、リーダーシップを発揮しマネジメントする人のことだ」等と言われるが、リーダーシップとマネジメントの定義や違いを明確に応えられる人は少ない。

　リーダーシップやマネジメントの権威であるスティーブン・R・コヴィー博士の著書『7つの習慣』によれば、「リーダーシップとはどちらの方向に向かって進むのかという方向性を指し示すこと」「マネジメントとは指し示された方向に向かって能率・効率よく管理・コントロールしていくこと」、また、「ハシゴをどこにかければ良いか示すのがリーダーシップ」であり「そのハシゴを能率・効率よく登っていくのがマネジメントの役割」と説明している。これに、先述のミッション・ステートメントの要素を当てはめて考えると、コールセンターのリーダーの役割とは「ミッションやビジョンを示し（リーダーシップ）、示されたビジョンに到達するための戦略（ストラテジー）や方法論（タクティクス）を考えて実践する（マネジメント）こと」と定義できる。

　とは言うものの、優れたリーダーシップやマネジメントのスキルを身につけるのは容易ではない。さまざまな経験を重ね、先達の知見等を幅広く学ぶことも必要だ。ここでは、「リスペクトされるコールセンターに共通するマネジメントの考え方や行動」「コールセンターの環境がもたらすオペレーションの現場に起こりがちな症状」「コールセンターの管理者に求められるコンピテンシー」の3つの観点から、リーダーシップとマネジメントの重要性や必要な要素について検証する。

リスペクトされるコールセンターの共通点

　アワードやコンテストで受賞したり、ベンチマーク調査で質の高さが評価される等、顧客からの評判が高いコールセンターにはいかなる特徴があるのか、その共通点を以下に示す。優れたリーダーシップやマネジメントの成果として、その具体的な姿（考え方や行動）を知り参考にすることも大変有意義だ。なお、「職場に笑顔があふれている」といった情緒的なものは意図的に除いてある。

　　・エージェントの痛みが発想の起点：最も重要な顧客接点を担うエージェントが

最高のパフォーマンスを発揮できる仕組みや環境を作る
- **管理者は常にエージェントの視界の範囲内にいる**：マネジメントを現場に丸投げし、会議が大好きで、一日の大半は離席しているような管理者は必要ない
- **公平である**：公平感はセンター運営の肝であり、その維持のために注意を払う
- **知識偏重でなく顧客中心**：最も重視すること、関心があるのは知識よりも顧客だ
- **知識でなくスキルでコミュニケーションする**：知識だけでは顧客とのコミュニケーションはできない
- **正論で考え行動する**：顧客に建前は通用しない。社内では顧客目線による正論を堂々と主張する
- **社内事情や人間関係を優先しない**：顧客にとってベストな方法を考える
- **誰にでもできる仕組みを持つ**：個人の技量や人間関係に依存せず、定められたビジネスプロセスに従って仕事をする
- **曖昧にしない**：曖昧でないから顧客応対の質が高い。顧客に明確にコミットできるから満足度も高い
- **細部にこだわる**：起こりうることをすべて想定し完璧に準備する。年に1回きりの問い合わせでも、準備を怠ればエージェントが困り、顧客に迷惑をかける
- **最初に正しいことをする**：人もプロセスも見切り発車で「やりながら修正すればよい」等と考えない
- **人は間違えることを前提に考える**：誤らない仕組みと、誤りを見つける仕組み、その構築とトレーニングを徹底して行う
- **一貫性を死守する**：ビジネスプロセスの構築とトレーニングに手を抜かない
- **徹底するために手を尽くす**：やりっ放しでできたつもりにならない。確認し、できるまで徹底する
- **センター長はコールセンター運営の専門家**：センター長に求められるのはコールセンター運営のための専門知識と豊富な経験。「社内随一の商品知識」ではマネジメントはできないことを知っている
- **数字や事実ですべてを語る**：「マネジメント・バイ・ファクト」（management by fact）を徹底している
- **現場主義である**：センター長の責務はセンター運営。現場を離れた戦略論等にうつつを抜かさない
- **第三者や外部の客観的な評価を得る**：アワードやコンテスト、ベンチマークや満足度調査等に積極的にチャレンジして客観的な評価を重視する
- **人事・労務管理上の問題に対する覚悟を持っている**：エージェントの人事・労務管理上の問題の複雑さや数の多さはコールセンターの宿命であることを会社が理解しているので、何か問題が発生しても、批判ではなく会社からの厚い支援が得られる

オペレーションの現場に起こりがちな症状

　コールセンターは受け身で閉鎖的だと言われる。仕事の発生源が他部署にある、オペレーションの現場のスタッフが他部署と直接協働する機会がない、オフィスが物理的に他部署から隔てられているといったことがその理由だ。このような環境にあると、スタッフの意識は内向きでネガティブな思考に陥りやすくなり、以下に挙げるような症状が現れてくる。

- ひがみっぽくなる
- 被害者意識に陥る
- かたくなになる
- マーケティングはコールセンターのことを考えない身勝手な集団だと思う
- 「だったら自分でやってみろ」と言う
- マーケティングのあら捜しに走る
- マーケティングのやることに、ことごとく難癖をつける
- 問題を指摘するばかりで、代替案を出せない
- 会社の中でコールセンターが一番苦労していると思う
- 事実に基づかない感情的、情緒的な議論に終始する
- 客観的、具体的でなく主観的、抽象的な議論に陥る
- わずかなことを誇大視してしまう
- 自分たち以外は誰も顧客のことを考えていないと思う
- 会社の中で自分たちの境遇が最も悪いと思う
- 会社にとってコールセンターはコストでしかなく、社内の優先順位が最も低いと思う
- 会社はミッションやビジョンに沿った行動をとっていないと思う
- いくら頑張ってもコールセンターの苦労は報われないと思う
- 顧客のことは自分が一番よく知っていると思う
- マーケティングはいつも日のあたる場所にいて、コールセンターはいつも日陰の存在だと思う
- 与えられることが当たり前になり、「聞いていない」「〜してくれない」が決まり文句となる

　これらの症状を発すると、管理者は何をするにも、実務以前に現場や関係者に対する説得や調整に時間と労力を割かねばならず、効率の大幅な低下を招く。それにより、プロジェクトの進行に支障が生じ、コールセンターの社内的な立場を悪化させる。時には、エージェントに影響されたスーパーバイザーまでもが発症し、現場の利益代表と化してしまうことすらある。こうなると大変厄介であり、多くのコールセンターの管理者が

日常的に最も苦労し闘っているのが、これらの点だと言っても過言ではない。

このような状況に陥らないためにも、優れたリーダーシップとマネジメントのスキルは不可欠だ。これらの症状は現場のスタッフ個人の責に帰するものではなく、コールセンターの業務上・組織上の特性や環境によりもたらされるためだ。従って管理者は、常日頃からミッション・ステートメントの理解・徹底や、前向きで積極的なカルチャー作りに努め、また、第7章で述べるエージェント・エンゲージメント施策を絶え間なく講じていくことが必要だ。

コールセンター管理者のコンピテンシー

ミッション・ステートメントを打ち立て、方向を示し、スタッフを鼓舞して目指す場所へ到達させるためにはどのような能力やスキルが必要か。ここでは、人材開発の分野における有力なツールで、"高い業績を挙げる人材に見られる共通の行動特性"を意味する「コンピテンシー」の観点から、優れたコールセンターの管理者に共通する6つの行動特性を見る。

- **誠実さ**：ミッション・ステートメントに示す価値観や倫理観を厳守する誠実な姿勢を常に示す
- **成長志向**：スタッフの成長を後押しする。そのためには自らの成長も怠らない
- **決断力**：事実とリスクをしっかり把握しているからこその決断力
- **大局的見地**：全体を把握する、俯瞰して判断する
- **思いやり**：他者への偽りなき親切心、自己犠牲
- **たゆまぬ改善**：妥協を許さず、常に改善の種を探し続けている

上記は、コールセンター・マネジメントの権威として世界的に知られるマギー・クレンケが、コールセンターの管理者に必要なコンピテンシーを6つに整理してまとめたものだ。一般論ではあるが、すべてのコールセンター管理者に求められるコンピテンシーとして異論はないだろう。

これらの特性を身につけることで、前述の「リスペクトされるコールセンター」に共通の考えや行動を示すようになり、「オペレーションの現場に起こりがちな症状」の発症を未然に防ぐことにもつながる。

III 効果的なビジネス・コミュニケーションを構築する

　コールセンターには、顧客コミュニケーションをはじめとしてさまざまなコミュニケーションの形がある。なかでも、経営幹部やマーケティングとの「ビジネス・コミュニケーション」は、センターの円滑な運営を進めるうえで極めて重要だ。ここでは、両者との効果的なコミュニケーションの構築と運用について掘り下げる。また、センター内のビジネス・コミュニケーションのカナメとなるべきミーティング体制の確立について説明を加える。

経営幹部とのビジネス・コミュニケーション

1. なによりも強力な「トップのコミットメント」

　経営幹部とのビジネス・コミュニケーションは、コールセンター長が最も注力すべき仕事のひとつだ。コールセンターに対する「経営トップのコミットメント」を獲得することが、最大の責務であると言っても過言ではない。
　これほど認知度が高まったにもかかわらず、日本では「社内における位置づけが低い」ことが、コールセンターを取り巻く問題点の上位に常に挙げられる。その状況を払しょくするために、多くの企業が、「コールセンターの社内PRが必要」と言い出す。コールセンターに対する社内の理解を高めるための積極的な啓もうが必要というわけだ。それを否定するつもりはないが、センター長が社内PRや社内営業に勤しんだところで、期待するほどの効果が表れない。なぜなら相手にニーズも関心もないからだ。
　ところが、そんな状況を一夜にして一変させるほどのパワーを持つ施策がある。「経営トップのコミットメント」だ。コールセンター長がそのパワーを利用しない手はない。2つの事例を紹介しよう。

　事例1

　ある世界的なヘルスケアメーカーでは、グローバル本社トップの肝入りで、それまで社内で誰も気に留めなかった顧客相談室を、新しいマーケティング戦略拠点として本格的なコールセンターに変貌させ、業界の常識を覆し大きな成功を収めた。成功のポイン

トは、新生コールセンターに社内のトップレベルの優秀な人材が集結したこと、そして、そのトップに異業種からセンター長を採用したことにある。前者はトップの肝入りというメッセージにより、社内におけるセンターの位置づけが一気に急上昇したこと、後者は商品知識のない業界の素人の起用を、社内の誰もが反対したにもかかわらず、トップの強力な意向により実現させたことによる。

事例2

ボストンに本社を置く世界有数の金融機関は、世界35カ所に計15,000名に及ぶコールセンターを有する。十数年前までは競合他社と同様に完全対面営業であったビジネスモデルを、創業者である会長のリーダーシップにより、コールセンターを活用した非対面営業に切り替えたことが奏功し、多国籍企業へと急成長を遂げた。その会長が毎朝ボストンの本社に出社して最初に行うのは、35カ所のセンターの前日のサービスレベルを確認することで、ターゲットに達しなかったセンターには、会長自らがその場でセンター長に電話して事情を聴取するという。同社にとってのコールセンターの重要性がわかるエピソードだ。また、同社の経営幹部は全員コールセンターの現場を経験しており、それが昇進の条件となっている。かつては、わずか数名の苦情処理係に過ぎなかった電話窓口が大きく変わった事例だ。

2.「トップのコミットメント」を獲得する

トップのコミットメントが得られないということは、「トップがコールセンターに無関心だ」と言い換えることができる。では、トップを含めた経営幹部の関心を引き、最終的にコミットメントを得るにはどうするか。まずは「関心を引く」、次に「理解してもらう」、そして「支援してもらう」、の3つのステップが必要だ。

(1) 関心を引く

多忙な経営幹部とコミュニケーションするためのなんらかのきっかけが必要だ。VOC（voice of customer；顧客の声）、社外の評判、オフィスツアー等が有効だ。それぞれ次のような戦略で臨むとよい。

① VOCのフィードバック：
- VOCレポートを作成し経営会議等に提出する
- 経営会議等でVOCレポートを直接説明する機会を得る
- VOC検討会を定例化させる
- 文字によるフィードバックだけでなく、録音したコールを聴いてもらう。それをエージェントに説明させる

- できればVOC検討会をコールセンター内の会議室で行う

② **社外の評判**：もちろんコールセンターに関するポジティブな評判のことだ。積極的に社外のアワードやコンクール、コンテスト、ベンチマーク調査、満足度調査等に参加する。良い結果が得られれば、そのニュースは確実に経営幹部に届き、授賞式に参加してもらうことも可能だ。

③ **オフィスツアー**：社長や経営幹部にコールセンターを訪問してもらう。わざわざそのためにだけ時間を取らなくても、VOCの検討会をコールセンターの会議室で行う等すれば、必然的にコールセンターを訪れる機会ができる。また、アワード受賞等、社外の良い評判があれば、「現場を見てみたい」「スタッフを労いたい」と話が進み、訪問のきっかけとなる。

(2)理解を得る

経営幹部とコミュニケーションを取る機会を持てるようになったら、次は、その機会を利用してコールセンターを理解してもらうための策を講じる。簡単ではないし、長い道のりではあるが、経営幹部にそれぞれの場で、次の4つを理解してもらうよう努めるとよい。

- **コールセンターの業績とKPIパフォーマンス**：予算編成や定例の業績報告等の場で
- **VOCを通じた顧客の実態**：VOC検討会やモニタリングセッション等の場で
- **エージェントの"痛み"**：オフィスツアーや、経営幹部とエージェントとの昼食会等の場で
- **「コールセンター・オペレーションのユニーク7原則」**：上記のあらゆる場で、話題に沿ってオペレーションのユニークさを伝える(序章)

(3)支援を得る

経営幹部ならずとも、コールセンターの実像を理解することで、それまでの傍観者から一気に支援者となることが期待できる。コールセンターの理解者が少ない現状において、代弁者、弁護者として振る舞ってくれることは強力なサポートになる。それが経営幹部となれば、社内に支援者、協力者が続々と現れるだろう。組織の論理、力関係、あるいは社内政治的な側面もあるが、コールセンターの地位向上のために戦略的に活用すべきだ。

マーケティング部門とのビジネス・コミュニケーション

1. マーケティングは「敵」ではない

　コールセンターとマーケティング*の関係については、「コールセンター vs マーケティング」という対立の構図で語られることが多い。その大きな理由として、「コミュニケーション不足によるコールセンター側の被害者意識」が挙げられる。コールセンターが忙しいことも、顧客の苦情を受けるのも、DMが発送されたことを顧客からの電話で初めて知ることも、テレビのCMに突然コールセンターのフリーダイヤルが露出されることも、すべて「マーケティングのせい」と考えてしまうためだ。もちろんマーケティング側に悪意はない。彼らの、コールセンターに対する理解の低さが招く、コミュニケーションの失念や不足が原因だ。
　いずれにしても両者は対立関係にあるべきでなく、会社のミッションの達成という同じ目的を共有する仲間として良好な関係を築く努力が必要だ。

2. マーケティングと「協働」する

　コールセンターとマーケティングとのビジネス・コミュニケーションは、情報収集、情報共有、情報の理解、相互の支援と貢献、情報のフィードバックといった目的で行われる。

(1) 情報の収集とコミュニケーション・アグリーメント

　コールセンターは、マーケティングが顧客に対して行うすべての販促活動等について、スタッフが熟知していなければならない。これが確実になされないと、顧客応対に支障をきたし、顧客から質の悪いコールセンターと不名誉な烙印を押されることになる。だからこそコールセンターは、日常の最優先事項のひとつとして情報収集に躍起になる。
　にもかかわらず、これがなかなかうまく行かない。遅延や漏れが発生するからだ。その結果、顧客からの電話で初めて、新商品のキャンペーンのDMが昨日発送されたことを知らされる。このような事態を避けるために、彼らに対する教育やコミュニケーションのルール作り等を講じることが必要だ。
　「コミュニケーション・アグリーメント」は、そのためのツールとして有効だ。コミュニケーションに焦点を絞ったコールセンターとマーケティングとのサービス・アグリーメン

---

*本章では、コールセンター業務との関与が深い社内の関連部署(営業、企画等)を総称して"マーケティング"と表記する

ト*¹と理解すればよいだろう。このアグリーメントに盛り込む事項とその8つのポイントを以下に示す。

①**情報提供の宛先**：マーケティングからコールセンターへの情報提供の宛先は、センター長＋リエゾン*²（またはセンターが指定する特定の管理者）宛てとする。マーケティングからの情報は、センターの管理者がコールセンター独自のオペレーションのノウハウや方法論を踏まえ、必要な加工を施したうえでスタッフに具体的に指示する必要がある。そのプロセスを経ずに、マーケティング発の生の情報をそのまま使うことは、オペレーションの一貫性を損ない、現場の混乱を招くリスクがあるためだ。

　なお、リエゾンが不在の場合の代替の担当者や連絡の方法等についても、しっかり定めておく。

②**顧客の目や耳に触れるすべての情報やツール**：マーケティングから提供を受ける情報とは、商品知識やプロモーションの情報だけでなく、広告、パンフレット、チラシ、DM、取扱説明書等顧客の手に渡り目に触れるメディアやツール（資料や資材）といった現物も含める。

③**能動的に発信したものに限らない**：キャンペーンやプロモーション等、マーケティングが能動的に発信したものに限ってしまう勘違いが多い。例えば、毎月発行される請求書、新規会員に自動的に送られる入会キットや会員規約、会員証等「ベーシック・コミュニケーション」と呼ばれるツールも必須だ。

④**新規作成時だけでなく改訂版もすべて含む**：どのツールでも、1文字でも変更されたら必ず共有する。

⑤**完成版を送ればよいのでなく企画段階からコールセンターの目を通す**：企画段階からコールセンターを参加させることで、実際に顧客と応対する現場のアイデアを反映でき、早い段階からコールセンターの準備が可能になる。

⑥**電話番号とCTAはコールセンターの責任領域**：電話番号とそれに付随する「コール・トゥ・アクション」（CTA；窓口の目的や営業時間等、電話番号とセットで記載される文言）はコールセンターの責任領域だ。従って、その記載についてはコールセンターが承認・決定する。もちろん、電話以外のコンタクトについても同様だ。

＊1：コールセンターとマーケティング等の関係部署が、相互に提供できるサービスの内容やプロセス、目標、必要なリソース等を明示し、双方の達成責任について合意する文書（第4章）

＊2：異なる組織間の連絡や調整役を意味する。コールセンターは関連部署が多岐にわたることから、関連部署ごとに窓口となる担当者（リエゾン）を任命することが多い。例えばマーケティング部担当のリエゾンは、コールセンターとマーケティング部の間で交わされるすべてのやり取りの1次窓口を担う。窓口が明確なこと、お互いの業務や事情に熟知していること、理解や見解にバラツキが生じないこと等、有効な存在である。同じ役割でコーディネーターと呼ぶ場合もあるが、リエゾンには積極的に情報を取りに行く、情報収集に責任を持つといったニュアンスが込められていることから、複数の組織が関わる活動にはリエゾンの名称が多く用いられる

⑦新規ツールの完成版は配布開始の２週間前までにコールセンターに届ける：新しいマーケティング・ツールができると、それに基づいて、コールセンターはエージェント用のスクリプトやQ＆A、プロシージャー等を作成し、トレーニングを行う。通常、コールセンターのトレーニングは少人数で数回に分散して行い、最低でも延べ１週間が必要なため、合わせて２週間のリードタイムが必要だ。

⑧ペナルティー：万が一、コールセンターへの情報提供を怠ったり、事前の承認を得ずに電話番号を告知した場合は、コールセンターはそれにより発生する問い合わせの応対をせず、当該案件を担当したマーケティング・スタッフの直通電話へのかけ直しを顧客に案内する等のペナルティーを設定する。

(2) 情報共有

コールセンターは、顧客応対に直接必要な情報やツールだけでなく、その背景となるマーケティング・プランや戦略等も把握することが望ましい。それらはコールセンターの予算編成や中長期計画等を策定する際に必須の情報だ。一方、マーケティングも、コールセンターの計画や現況等を知っておくことで、コールセンターに影響を及ぼすプロモーションやキャンペーンの企画立案に役立つ。そのために両者は、年間を通じてできるだけ頻繁に情報共有の機会を持つ。そうすることで、コールセンターの現場のモチベーション向上に寄与する等の副次効果も得られる。逆にそれを怠れば、マーケティングに対する被害者意識や抵抗感の発生を招きやすくなる。

(3) 情報の理解

コールセンターはマーケティング施策等の情報を顧客に機械的に伝えるだけでは、その使命を果たしているとはいえない。重要なのは、エージェントが会社の代表として、またマーケティング・マネージャーになり代わって、訴えたいメッセージやコンセプトを具体的な言葉だけでなくニュアンスや雰囲気、イメージ等も含めて顧客に伝えることにある。コールセンターのエージェントは、自らがマーケターとして顧客応対にあたる意識を持ちたい。

マーケティングはそれを意識しながらコールセンターへの情報提供を行い、時にはエージェントに直接トレーニングを行って、自らの思いを伝えることも効果的だ。それがまた、エージェントのモチベーション向上に寄与する。

コールセンターとマーケティングの両者にこのような意識がなければ、マーケティングがいかに素晴らしいプロモーションを立案し、広告上のコピーで強い思いを表現しても、コールセンターの現場では顧客に無機質な応対をするだけで、マーケティングの思いや意思が伝わらず、せっかくのプロモーションの効果が半減してしまう。

(4) 相互の支援と貢献

上記(1)～(3)のアクションが機能し始めると、コールセンターとマーケティングのお互いの理解が深まり、相互に支援し貢献しようという意識が生まれる。そうなると、例えばコールセンターのエージェントによる積極的なVOCの収集とフィードバックといった行動が見られるようになる。この姿こそまさに、ミッション・ステートメントが日常業務に根づき、無意識に実践されていることの証といえよう。

(5) 情報のフィードバック

コールセンターとマーケティングのコミュニケーションが機能していないと、仕事はマーケティングからコールセンターへの一方通行で終わってしまう。しかし、相互の支援と貢献の意識が高まることで、マーケティングからの頼まれ仕事でなく、コールセンターから積極的にVOCのフィードバックやキャンペーンの経過報告等がなされるようになる。この情報の循環が、業務の改善や開発につながり、両者の、そして企業全体の業績向上に寄与することになる。

コールセンターのミーティング体制

コールセンター内のビジネス・コミュニケーションには、センター長の悩みである「物理的な障壁」がある。物理的な障壁とは、コミュニケーションのための時間と場所を設けることが難しく、行うにしても複数回の分散開催とせざるを得ないため時間と労力が余計にかかり、ますます開催が困難になるということだ。それでも、これを怠ることはセンター運営にとって致命傷だ。全員が同じ仕事をし、毎日の仕事が15分単位でスケジュールされ、個人の裁量の余地がほとんどなく、仕事の成果がすべて数字で示されるという極めて管理的色彩の濃い仕事であるからこそ、エージェントはコミュニケーションに飢えている。それに対するケアが十分でないと、エージェントは早い段階で不満を募らせ燃え尽きてしまうこととなり、最悪の場合、退職に至ってしまう。

エージェントばかりでなく、スーパーバイザー等の管理者も同様だ。管理者の場合は、人間的なコミュニケーションの欲求とともに、実務的なビジネス・コミュニケーションの重要性が増す。それが不足することでオペレーションの品質は低下し、顧客の苦情を招き、エージェントの不平不満に追われ、自らも疎外感に陥ることになる。

こうした事態を招かないために、そして、積極的にスタッフの満足度を高めるために、コールセンター長はしっかりとコミュニケーションの場を設けることが必要だ。物理的障壁を嘆いていても始まらない。これはコールセンターの宿命であることを受け入れて、以下の3点を励行しよう。

(1)「ながらコミュニケーション」の幻想を捨て去る

日本企業における社員間のコミュニケーションは、個人的なコミュニケーションと混在した「ながらコミュニケーション」（机を並べて仕事をしながら、自然に行われる情報共有）や「飲みにケーション」が主体で、ミーティングはその補完に過ぎないことが多い。しかし、それは「島」単位の小さなオフィス内コミュニティーであるからこそ成り立つが、多くの人数を抱え、営業時間中は前後左右の同僚との会話もままならないコールセンターではとても無理な話である。それ以上に、コールセンターでそれに頼ると、運営の生命線である「一貫性の保持」が崩れてしまうのは大きなリスクだ。ミーティングは目的を持って"わざわざ"行うことを習慣づけるべきだ。

(2) ワークフォース・マネジメントをしっかり行う

ワークフォースマネジメント（workforce management; WFM）とは、業務量の正確な予測と適切な人員数の算出を指し、コールセンター・マネジメントの土台となるものだ。そもそもこれが脆弱であるがために、電話応答のリソースしか捻出できず、ミーティングやトレーニングの時間を確保していないというセンターが非常に多い。WFMのスキルと体制を早急に整え、ミーティングの時間をしっかり確保するよう努めるべきだ。

(3) ミーティングを制度化する

コミュニケーションの場、つまりミーティングを「できる時にする」のではなく、定期的に確実に開催できるよう制度化する。目的、参加者、スケジュール等を明確に定めて、**図表1-10**のように文書化しておく。

図表1-10　コールセンターのミーティング体制（例）

ミーティングのタイプ	目的	主催者	参加者	スケジュール
マネジメント・スタッフ・ミーティング	・センター全体の運営に関する方針や課題の討議、決定	センター長	・スーパーバイザー以上の管理者	・毎週1回 ・1時間
パフォーマンスレビュー・ミーティング	・前月実績のレビュー ・当月以降のフォーキャストの策定・調整 ・各種データの分析・検討	ビジネス・コントロール・マネージャー	・センター長 ・マネージャー ・ビジネス・コントローラー	・毎月1回 ・2時間
チーム・ミーティング	・スーパーバイザー単位のチームの運営、業務改善、問題解決、チームビルディング等	スーパーバイザー	・シニア・エージェント ・エージェント	・毎週1回 ・1時間
全体説明会	・ビジネスプランの発表・説明 ・業績や進捗状況の報告 ・組織変更等、重要事項の説明	センター長	・コールセンター全員	・四半期に1回 ・1時間

第2章

コールセンター・デザイン

　ミッション・ステートメントを策定し、目指す方向が定まれば、いよいよ次はオペレーションの具体的な設計（デザイン）に入る。まずは全体の戦略と計画だ。次にその計画を実行するのに最適な組織と資金を確保する。本章では、これらコールセンターの運営の基盤である、ビジネスプランの策定、組織の設計とその選択肢、そして予算の策定とコントロールについて解説する。

I コールセンターのビジネスプランを策定する

ビジネスプランの必要性

1. コールセンターの基本設計図

　ビジネスプランは、コールセンターの構築と運営のための基本設計図であり、その策定はセンター長の最も重要な仕事だ。抽象的な表現のミッションやビジョンを、いかに効率よく、効果的に実現させるか、そのための基本計画を具体的な記述に落とし込むのがビジネスプランだ。つまり、ミッション・ステートメントのオブジェクティブ、ストラテジー、タクティクス（第1章）に示した骨格部分に、方法論や目標、取るべき行動、必要なリソースといった詳細を肉付けしたものと考えてよいだろう。それによって、スタッフ個人のミッションや役割も明確になり、全員がブレることなく目標達成に向かって進んでいくことができる。多くの人数を抱え、業務が多様で、雇用形態や所属する会社の異なるスタッフが混在する職場であるからこそ、スタッフの意思と役割をしっかりと認識させなければならない。ビジネスプランはコールセンターにとって、すべての活動の根拠となる、なくてはならない基本設計図だ。

2.「たかが電話」「されど電話」

　電話応対をするだけなら、ビジネスプランは不要だ。電話を受けたりかけたりすることは、誰にでもできる「たかが電話」だからだ。コールセンターの仕事をその程度にしか考えない企業にとって、コールセンターの形式要件（序章）に対する関心は低い。そのため、質の高い応対や効率的なオペレーションを実現できるはずもなく、顧客の評価も社内の位置づけも低いままだ。
　しかし、この企業が意図してそうしているのならば、誰もそれを批判することはできない。「たかが電話」であることがこの企業の選択であり、戦略であるからだ。よって、この企業のコールセンターにはビジネスプランがなくても済んでしまう。
　そうではなく、コールセンターとして、顧客満足を高め効率的なオペレーションをしたいのであれば、センター長はビジネスプランの作成を絶対に避けてはならない。「たか

が電話」でなく「されど電話」のオペレーションにしたいのであれば。

ビジネスプランの3つのタイプ

　ビジネスプランの作成にあたっては、まずは中長期的な計画を策定し、それを単年度の年間計画や、プログラムやオペレーションごとの業務計画に落とし込む。これらビジネスプランの3つのタイプを図表2-1に比較して示す。以下に説明を加える。

①中・長期計画（ストラテジック・ビジネスプラン）：ミッション・ステートメントを具体的な設計図に落とし込んだ、コールセンターの最上位のビジネスプランだ。企業の経営計画や事業計画に連動するコールセンター全体の中・長期の方針と計画を示す。中期なのか長期なのか、また、それぞれの具体的な年数等は各企業の考え方により決めていく。毎年の見直しは会社の経営方針の転換等、大きなイベントでもない限り微調整程度で済むはずだ。通常、戦略や業績の全体説明会、新年度のキックオフ・ミーティング、新人の導入トレーニング等の場で、センター長からすべてのスタッフに説明・徹底する。

②年間計画（アニュアル・オペレーティング・プラン）：毎年の予算編成の根拠として作成する年間計画だ。中・長期計画のうち当該年度に実施する業務の詳細な実施計画、目標設定、予算計画等をまとめる。計画に盛り込むプログラムについて、その内容や予算をマーケティング等の関係部署と調整する機会も多い。企業それぞれのやり方があるが、一般的には半期、あるいは四半期ごとに予算とともに見直しを行う。

図表2-1　コールセンターのビジネスプラン

	中・長期計画 ［ストラテジック・ ビジネスプラン］	年間計画 ［アニュアル・ オペレーティング・プラン］	業務計画 ［プログラム・プラン／ オペレーション・プラン］
対象範囲	・コールセンター全体	・コールセンター全体	・プログラム／オペレーション
作成タイミング	・コールセンター設立時	・毎年の予算編成時	・新規プログラム ・オペレーションの開発時
見直しタイミング	・毎年の予算編成時 ・会社方針変更時	・四半期ごと	・毎年の予算編成時 ・上位方針・計画の変更時
対象期間	・中期：2～5年 ・長期：5年以上	・1年	・プログラム／オペレーションの実施期間
上位方針・計画	・ミッション・ステートメント ・経営計画 ・事業計画	・中・長期計画 ・マーケティング・プラン	・中・長期計画 ・マーケティング・プラン
作成責任者	・センター長	・センター長	・各プログラム／オペレーションを担当するマネージャー
スタッフへの説明のタイミング	・新年度キックオフ・ミーティング ・戦略・業績の全体説明会 ・導入トレーニング	・新年度キックオフ・ミーティング ・戦略・業績の全体説明会	・プログラム／オペレーションのトレーニング ・チーム・ミーティング

新年度のキックオフ・ミーティングや全体説明会等の場で、センター長からすべてのスタッフに説明・徹底する。

③業務計画（プログラム／オペレーション・プラン）：コールセンターで実施する個別のプログラムやオペレーション単位で作成する業務計画だ。通常は、当該のプログラムやオペレーションを担当するマネージャーが作成する。コールセンターのプログラムの多くはマーケティング施策の一環として行われるため、彼らとの共同作業となることも多い。当該年度に実施予定のプログラムは年間計画に盛り込み、必ず予算手当もしておく。ただし、年度途中で年間計画の予定にないプログラムを急きょ実施することも多く、その場合、センター長は予算の確保、捻出に苦労することもある。プログラム・プランは、当該プログラムのオペレーションを担当するスタッフには開始前のトレーニングの一環として、その他のスタッフにはチーム・ミーティング等で説明・徹底する。

ビジネスプランのコンテンツ

ビジネスプランの内容は千差万別だが、文書化する際のまとめ方や目次の構成等は似通っている。ここでは、中・長期計画と年間計画（両者は共通する部分が多いため、1つにまとめた）、および業務計画の多くの事例に見られるコンテンツを示す。

(1) 中・長期計画／年間計画のコンテンツ
- ビジネス環境：コールセンターを取り巻く内外のビジネス環境、現状の課題や問題点の考察
- ビジョン：X年後の将来像
- 戦略課題：ビジョン達成のための具体的な課題や取り組み
- 戦術／プログラム／アクション：戦略課題を実行するための具体的な施策
- 評価指標：戦略課題の進捗状況を評価する指標とその目標値
- 組織／態勢：ミッション・ステートメントや戦略に応じた組織のあり方、および施策の実施態勢
- リソース計画：ミッション・ステートメントの達成、戦略課題実行のために必要なリソース
- テクノロジー：必要なテクノロジー環境
- 資金計画：コスト分析と予算策定
- タイムライン：スケジュールと期限

(2) 業務計画のコンテンツ
- 背景：現状の課題や問題点

- **目的**：課題を達成、問題点を解決した結果、何を得たいのか、どうなりたいのか
- **戦略**：目的達成のためにどんな施策を講じるか
- **プログラム概要**：講じる施策（プログラム）の概要
- **ターゲット顧客とセグメンテーション**：対象の顧客の特定
- **目標／評価指標**：プログラムの進捗を評価する指標とゴール（目標値や期限）の設定
- **サービス目標**：提供するサービスの水準や目標
- **サービス提供体制**：営業時間やコンタクト・チャネル
- **ビジネスプロセス**：オペレーションのフローやプロセスの全体像
- **生産性目標**：オペレーションの生産性指標と目標の設定
- **業務量予測**：コール数やトランザクション等、業務量の予測
- **人員計画**：必要な実行チームの人員数算出と組織の編成
- **リソース計画**：必要なリソースの抽出と見積り
- **予算計画**：想定コストの算出と予算策定
- **スケジュール**：実施スケジュールと期限

ビジネスプランのアライメント

　ビジネスプランは会社全体あるいは各部署のプランとのアライメント（整合性、一貫性）を保たねばならない。特にコールセンターは、直接・間接的に社内のほとんどの部署と業務上のつながりがあるため、ビジネスプランの作成にあたっては各部署の計画や動向に注意を払う必要がある。

　このような事例がある。それまでコールセンターと全く業務上の関係がなかった部署が、翌年の年間計画にコールセンターを活用した新規プロジェクトを盛り込んだが、そのことがコールセンターに知らされていなかった。なぜなら、当該部署は「コールセンターに頼めばいつでも実施できる」と安易に考えていたからだ。そのことで、彼らを一方的に批判したところで意味はない。コールセンターの側も当該部署に対する情報発信や確認を怠っていたためだ。

　ビジネスプランのアライメントは、コールセンターと関連部署との双方向でチェックすることが重要だ。話が来るのを待っているだけでなく、コールセンターの側から積極的に情報を取りに行くということも必要だ。また、常日頃から、あらゆる機会を利用して社内教育、社内啓蒙を図ることも大切だ。イントラネットに、「コールセンターに新しく仕事を依頼する時は？」といったページを設ける等の手段が有効だ。

　「コミュニケーション・アグリーメント」（第1章）はこの観点からも重要だ。他部署との業務上のコミュニケーションの窓口をセンター長はじめ少数の管理者に絞り込むこ

とで、センター長の知らないうちに重要事項が動き出すといった"事故"を未然に防ぐことができる。社内の全部署とアグリーメントを交わすのは難しいだろうが、少なくとも「コールセンターに対する新規業務の依頼等のご相談はセンター長へ」といったメッセージをイントラネットに掲載する等して、社内の注意喚起を図ることが大切だ。

図表2-2には、ビジネスプランのアライメントの関係性を表した。企業・組織のビジネスプランやマーケティング等、関連部署の施策がコールセンターの業務計画に反映される構図を描いている。この図に示された矢印のどれかひとつでも欠けると、企業・組織としての方針や戦略の一貫性や連動性が損なわれ、目標達成に支障をきたすことになる。

また、**図表2-3**には、全社の目標に連動した社内各部門の目標と、それに連動したコールセンターの目標設定の簡単な事例を示す。

図表2-2　ビジネスプランのアライメント

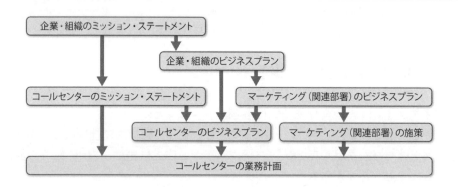

図表2-3　全社、部門、コールセンターの目標のアライメント（例）

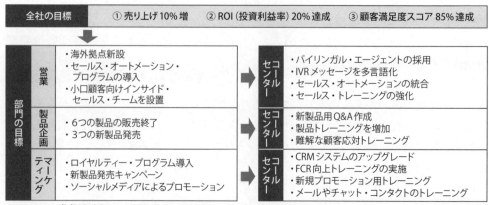

参考：Dick Bucci and Patrick Botz. OPTIMIZE – Workforce Optimization & Customer Engagement. VPI, 2015, P.139-140

Ⅱ コールセンターの組織を設計する

コールセンターにおける組織の重要性とその特性

　ビジネスプランを策定して全体的な戦略が固まると、続いて行うのが、策定した計画を実行するのに最適な組織の設計だ。これは、コールセンターで行うすべての仕事を特定し、それぞれの仕事を担うポジション（担当職務や役職）を決め、それらの配置や編成、レポーティング・ライン（指揮命令系統）を設計・構築する作業だ。コールセンターにとって組織の設計が特に重要なのは、次のような特性を持つからだ。

①**労働集約性が高い**：コールセンターは「ピープル・ビジネス」と形容されるように、人が主役の仕事である。コンタクトセンターへの進化に伴い、顧客応対の自動化・無人化が進んでいるが、そのバックオフィスや顧客サービスの多くが人手による運用に頼っており、依然としてコールセンターにおける人への依存度は高い。

②**人件費がコストの75％を占める**：一般的に、人件費がコールセンターの運営コストの70～80％を占めるといわれ、コールセンターの運営に「人」が与える影響は極めて大きい。

③**企業経営の縮図のような組織**：コールセンターは、マーケティング、人事、財務、オペレーション、教育研修、IT等、企業経営に必要な機能の多くを内在している組織であり、管理者には経営者的なセンスと知識、運営力が求められる。

④**多様かつユニークな職場**：コールセンターの業務は極めて多様だ。また、多くのセンターは、就業形態（正社員、契約社員、派遣社員、業務委託社員、在宅勤務社員等）、雇用形態（直接雇用、派遣、業務委託等）、勤務形態（勤務時間や勤務スケジュール）、人事制度（就業規則、評価、報酬制度）等が異なるスタッフが混在している。加えて、他の一般的な職場運営の常識が通用しないユニークな組織運営が求められる（序章）。

⑤**変化が激しい**：仕事も人も多様なことが、組織に変化の激しさをもたらす。毎月のようになんらかの組織変更を行うセンターは少なくない。外的環境要因だけでなく、エージェントのモチベーション施策として頻繁にチーム編成を変更するケースも多い。

　おそらく、多くのセンター長は四六時中、組織のことを考えていることだろう。上記の

特性を踏まえ、いかに効果的で効率的な組織を編成、運用するかにセンター長の手腕が試されるためだ。

コールセンターの組織を設計する

1. コールセンターの組織のタイプ―組織をどうくくるか

　コールセンターの組織のカタチはいくつかあり、組織全体の形態的観点から「ピラミッド型」「フラット型」「チーム型」「自律型」、組織内のチーム編成の観点から「プロダクト／サービス型」「顧客タイプ型」「プロジェクト型」「地域型」「エージェント・スキル型」、そして異なる2つの組織を組み合わせた「マトリクス型」等に分類できる。

①ピラミッド型：伝統的な上意下達の階層構造からなる最も一般的な組織。
②フラット型：組織の階層を少なく、あるいはなくして可能な限り平たんにした組織。トップと現場を直結させ意思決定のスピードを速めることが狙い。
③チーム型：意思決定のスピードをさらに速め、現場のスタッフが自ら考え自ら動くことを目指すもので「自律型組織」とも呼ばれる。今日の変化の激しい時代に対応するため、従来のピラミッド型からフラット型、チーム型の組織への転換を急いでいる企業は少なくないが、そのためにはトップから現場のスタッフへのエンパワーメント（第7章）を進め、組織内の横方向のコミュニケーションを従来の何倍にも深めていくことが必要だ。また、コールセンターがフラット型、チーム型の組織を目指すためには、組織全体としての、顧客に対する「一貫性の保持」を従来通り徹底できることが絶対条件だ。しかし、多様な属性のスタッフが存在する環境において、それは非常に難しい。比較的統制を取りやすい従来のピラミッド型組織でも容易ではないからだ。従って、コールセンター全体をフラット型、あるいはチーム型の組織にする例は、現状ではほとんど見られない。ただし、単発のプロジェクトや特定のプロダクト（製品や商品）・サービス等に特化したチームを本体の組織から切り離し、自律型の運営をさせるといった試みは多く行われている。
④プロダクト／サービス型：提供するプロダクトやサービス別にチームを編成する。各チームは担当するプロダクトやサービスのスペシャリストとなり、豊富な知識と熟練したオペレーションで一気通貫のサービスを提供する。
⑤顧客タイプ型：顧客のセグメント別にチームを編成する。例えば、重要顧客、一般顧客等の「顧客価値」別や、一般生活者、法人顧客、公共機関等の「属性」別といった分け方がある。文字通り顧客にフォーカスした組織であり、顧客のニーズに最も的確、迅速に対処できるとともに、VOC等、顧客ニーズの収集や問題の早期発見等に

も効力を発揮する。

⑥**プロジェクト型**：コールセンターが実施する個別のプログラムや単発のキャンペーン等のプロジェクト単位でチーム編成する。プロダクト／サービス型同様、担当するプログラムやキャンペーン等に対してトータルなサービスを提供する。

⑦**地域型**：サイトごとに担当地域を分けるもので、同じプロダクトやサービスでも、地域の事情や顧客の特性、方言、地理的利便性、地域的規制等に配慮したきめ細かな応対やサービスの提供が可能。また、各サイトで行う業務が共通しているので、繁閑時の相互サポートやBCP（business continuity planning；業務継続計画）等にも有効だ。

⑧**エージェント・スキル型**：エージェントのスキルや経験のレベルによってチームを編成する。エージェントの育成や管理には便利だが、複数の業務を行うセンターではプロセスが煩雑となるうえ、企業の都合による組織のため顧客優先の意識が薄まりがちで、これを採用するケースはまれだ。ただし、新人を一定期間、単独のチームとして編成し、育成とケアを集中して早期の独り立ちを図るケースは少なくない。

⑨**マトリクス型**：製造・物流・営業等の「機能」と本社・支店等の「地域」、期間限定の「プロジェクト」と「地域」、あるいは「機能」と「プロジェクト」等、異なる2つの組織構造を組み合わせたもの。例えば、複数のサイトを持つセンターのトレーナーが、「トレーニング業務全般については、本社センターのトレーニング・マネージャーから指示される」「所属するサイトの日常的なトレーニングについては、サイト・マネージャーから指示を受ける」というイメージだ。「全社の戦略の一貫性の確保」と、「現場の実情に配慮したきめ細かい運用」の双方を実現したい場合に用いる手法で、概念的には大変合理的で納得感を得やすく、うまく機能すれば効果は高い。しかし、縦横の複数の指揮命令系統が発生、すなわち上司が複数名存在することになり、コミュニケーションが複雑化して組織が混乱するため、結果としてうまく機能しないケースが多いことも事実だ。あるいは、うまく機能させるために詳細な報告・命令のルールやプロセスを導入することで、かえって多くの手間や時間、コストがかさむ場合もある。指揮命令系統の一元化・単純化を強く求めるコールセンターは、このような現実を踏まえて、マトリクス型の導入を慎重に行うべきだ。

2. コールセンターの仕事──3つの領域

コールセンターにどのような仕事が存在するのか。どのようなセンターであっても、「オペレーション」「サポーティング・ファンクション」「マネジメント」の基本的な3つの領域は共通するはずだ。

①**オペレーション**：コールセンターのフロントライン（最前線）で顧客応対を直接担う機能。エージェントが属し、スーパーバイザーが管理監督を行う。コールセンター内の最

大の組織で、1人のスーパーバイザーと、数名〜20名程度のエージェントからなる最小単位のチームが、センターの規模に応じて複数編成される。なお、資料請求や受注処理等、顧客応対のバックオフィス機能があればそれも含む。

②**サポーティング・ファンクション**：トレーニング、品質管理、ビジネス・コントロール、テクノロジー等、フロントライン・オペレーションをあらゆる角度から支援する機能。一般論として、これらの機能が整っているほど、サービスやオペレーションの質が高まる。具体的なポジションやチーム編成は、センターの規模や会社の方針、目指す業務の質のレベル、予算、人材等、さまざまな理由からセンターそれぞれに個性があり、共通のセオリーは存在しない。

③**マネジメント**：「部下を持ち、その管理・監督、業績評価を行う」管理者＊。コールセンターの指揮命令系統は、限りなく一元化・単純化すべきで、1チームに1人のスーパーバイザーで統一する。意思決定の「一貫性」と「迅速性」を確保するためだ。また、管理者と部下の人数のバランスも非常に重要だ。これについては、本章の「スパン・オブ・コントロール」に詳述する。

3. コールセンターの仕事─機能と役割

図表2-4はコールセンターで行う仕事の種類の一覧だ。下記の条件を踏まえて、現在のコールセンターを取り巻く環境を考慮し、すべてのセンターに共通して発生するであろう仕事の種類を抽出したものだ。以下にこの図の補足を加える。

- 各役割の業務量は考慮していない。例えば、ITトレーニングが発生するのは年に数回で、1年を通じて1FTE（full-time equivalent；正社員換算実働人数）分の業務量には満たないかもしれないが、その重要性から、独立した「役割」として記載している
- 「役割」は「ポジション」（ポスト、職務、役職）とイコールではない。「ポジション」はそれぞれの「役割」の業務量に応じて決まってくる。例えば、トレーニング機能には4つの重要な「役割」があるが、オペレーション・トレーニングとコミュニケーション・スキル・トレーニングは1人のトレーナーが、プロダクト・トレーニングとナレッジ・マネジメントは1人のプロダクト・スペシャリストが担当する場合、「役割」は4種類あるが、「ポジション」は2つということになる
- アウトソーシングの利用は考慮していない。アウトソーシングにより増える仕事（ベンダー・マネジメント等）と減る仕事はケース・バイ・ケースなため、本図では表現できない

＊ここでは、労働基準法や各種人事・労務制度上の定義ではなく、あくまでもコールセンターの組織上の定義を示す

Ⅱ　コールセンターの組織を設計する

図表2-4　コールセンターの仕事——機能と役割

機能	役割	内容概略	ポジション/タイトル（例）
オペレーション	カスタマー・コンタクト	顧客応対。エージェントが属する中核部隊	エージェント
	オペレーション・サポート	資料請求、受注処理等、顧客応対のバックオフィス	オペレーション・サポート・クラーク
トレーニング	オペレーション・トレーニング	顧客サービスやビジネスプロセスに関するトレーニング	サービス・デリバリー・リーダー、トレーナー、トレーニング・プロフェッショナル、トレーニング・コーディネーター、プロダクト・スペシャリスト、プロダクト・リエゾン
	コミュニケーションスキル・トレーニング	電話応対、コミュニケーション・スキルのトレーニング	
	プロダクト・トレーニング	製品／商品知識に関するトレーニング	
	ナレッジ・マネジメント	情報の収集とアップデート、知識・ノウハウのライブラリー化	
クオリティー	クオリティー・プランニング	サービス品質向上企画	クオリティー・アナリスト、クオリティー・プロフェッショナル、クオリティー・コーチ、VOCコーディネーター
	クオリティー・アシュアランス	サービス品質管理（モニタリングとフィードバック）	
	カスタマー・エクスペリエンス	C-SAT、ベンチマーク等、品質・顧客経験・満足度調査	
	ボイス・オブ・カスタマー	VOCの収集・分析・フィードバック	
オペレーション・プランニング	プロセス・マネジメント	ビジネスプロセス設計、生産性向上企画・管理	オペレーション・アナリスト、ビジネスプロセス・アナリスト、ビジネスプロセス・プロフェッショナル、リスク・コントローラー、オーディター、BCPチャンピオン、ドキュメンテーション・コーディネーター
	ポリシー&ガイドライン	ポリシー、ガイドラインの作成とメンテナンス	
	リスク・マネジメント&コンプライアンス	各種規制・法令遵守の指導・管理	
	BCP／DRP	業務継続計画／災害時復旧計画、監査／アセスメント	
	ドキュメンテーション・マネジメント	文書管理、テンプレート設計・開発	
ビジネス・コントロール	ビジネス・デベロップメント	新規ビジネス／プログラム／プロジェクト開発	ビジネス・コントローラー、スケジューラー、ワークフォース・コントローラー、ビジネス・アナリスト、ビジネス・デベロップメント・プロフェッショナル、プロジェクト・コーディネーター、フィナンシャル・コントローラー、データ・アナリスト
	パフォーマンス・マネジメント	業績予測、業績目標管理、レポーティング、各種分析	
	ワークフォース・マネジメント	人員計画、スケジューリング、リアルタイム・マネジメント	
	コール・マネジメント	コールフロー設計・運用、電話関連システムの設計・運用	
	フィナンシャル・マネジメント	予算策定、予実管理、コスト・コントロール	
ファシリティー&テクノロジー	ファシリティー・マネジメント	オフィス設計・構築、オフィス環境、各種設備管理	ファシリティー・コーディネーター、システム・アナリスト、ITプロフェッショナル、ITスペシャリスト、ITトレーナー、サポート・テクニシャン、ITコーディネーター、Webマスター
	テクノロジー・マネジメント	テクノロジー関連企画、ITベンダー・マネジメント	
	ITトレーニング	IT機器トレーニング、アプリケーション・サポート	
	ITヘルプデスク	ITサポート、トラブル・シューティング、ITメンテナンス	
	コールセンター・ポータル	コールセンターのWeb／イントラネット・サイト構築	
ヒューマンリソース&アドミニストレーション	リクルーティング&ハイアリング	スタッフの募集・採用	HRプロフェッショナル、HRスペシャリスト、HRコーディネーター、庶務担当
	ヒューマンリソース・ポリシー	コールセンター人事制度設計・管理	
	スタッフ・エンゲージメント	スタッフ満足度調査、エンゲージメント向上企画	
	アドミニストレーション	総務・庶務事項	

- スタッフの雇用形態（正社員、契約社員、派遣社員等）の違いもケース・バイ・ケースのため除いた
- 企業全体の組織との関連は考慮していない。企業によってはサポーティング・ファンクションの仕事はすべて社内の既存の部署が担当する場合もあれば、すべてをコールセンター内に取り込んで行う場合もあり、これもまたケース・バイ・ケースだ
- 「ポジション／タイトル」については、日本企業では一般職に至るまでのすべてのポジションに具体的な職務内容を表す名称を課すことが少なく、日本語表記がフィットしない場合が多いため、欧米企業で一般的に使用される名称を記載した

4. 組織編成のモデルパターン

　次に、機能と役割を組織図に落とし込む。コールセンターの組織は、その規模と社内事情（企業の組織編成の方針や考え方）により必要な役割やポジションが異なる。ここでは個別の社内事情までは考慮できないため、センターの規模に応じた組織編成を考える。

　本書では、エージェントの人数を基に5～40人までを小規模、40～80人までを中規模、80～150人までを大規模、そして150人以上はフルサポート*の大規模センターと表す。これに合わせた4つの組織のモデル・パターンを**図表2-5～2-8**に示す。マネジメントとサポーティング・ファンクションを合わせると、小規模が50人まで、中規模が50～100人、大規模が100～200人、大規模（フルサポート）は200人超となろう。さらに**図表2-9**では、規模の変化に伴い、30の役割がどのタイミングで独立のポジションとして組成し配置されていくのかを示した。

　図表2-5～2-8の白ヌキボックスはマネジメント・ポジションであることを表している。また、各ポジションの人数までは表現できないので、一見するとサポーティング・ファンクションが大半を占めるようだが、人数（ポジション数）で考えるならば、オペレーションが最も多くを占めることは言うまでもない。

(1) 小規模センターの組織モデル（図表2-5）

　エージェント数は5～40人。最少人数を5人としているのは、それに満たない規模の場合はコールセンターとしての要件（序章）を満たさず、その必要性も薄いからだ。もし、担当者が電話業務専任であっても、基本的には一般の事務系オフィスワークであり、必要に応じてセンター運営のノウハウを取り入れながらの運営で十分だろう。このようなケースを「インフォーマル・コールセンター」と呼ぶ。

---

*図表2-4の機能をすべて有し、それぞれが「課」のレベルでコールセンター内の独立した組織となっている状態

図表2-5　小規模センターの組織モデル（エージェント人数：〜40人）

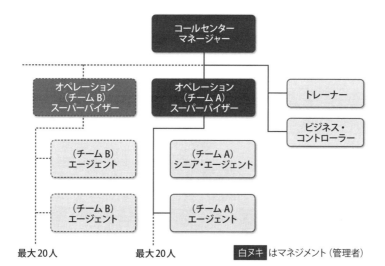

　一方、エージェントが5人以上になれば、スーパーバイザーを任命し、マネージャーのもと「課」のレベルに位置づけて、コールセンターとしての運営体制を整えていくことが望ましくなる。営業時間中の管理者不在のオペレーションは許されなくなるため、小規模でも必ず複数名の管理者が必要だ。

　1人のスーパーバイザー（1つのチーム）につき、ここでは最大20人としたが、実際はその業務内容と業務量によって異なる。後述するスパン・オブ・コントロールの考え方に基づき、自社センターにとっての適正人数をしっかり見極め定めることが重要だ。

　エージェントがスパン・オブ・コントロールの最大人数（ここでは20人）に達したら、チームを分割し、新しいスーパーバイザーを配置して複数チームにしよう。図表2-6のようにチームがA、B、C……と増えていくということだ。なお、企業にとって増員は最も慎重を要する経営判断となるため、確実に承認が得られるよう、マネージャーは客観的なデータに基づく合理的な理由を早くから準備しておく必要がある。

　エージェントの人数が増えてくると「シニア・エージェント」のポジションを任命する場合がある。その目的は、「エージェントの業務上のサポート（質問に応える、苦情応対のヘルプ等）」「スーパーバイザーの片腕としてその業務（エスカレーションを受ける、クオリティー・モニタリング、チーム内の庶務事項等）を支援する」「エージェントにとってのメンター的な存在として日常的な支援をする」「これらを通じて次のスーパーバイザー候補としての経験を積む」──の4つがある。スーパーバイザーの人材は現場のエージェントからの昇格が最も望ましいが、また、コールセンター・マネジメントの専門知識や経験を身に付けるのは容易なことではないため、候補者をシニア・エージェントに任命して

育成することは、センターの持続的な成長のためにも重要だ。

　トレーナーとビジネス・コントローラーはどんなに小規模でも、最初から専任のスタッフを配置すべきだ。サポーティング・ファンクションを軽視する傾向が強い国内のコールセンターは、これらの業務をフロントラインのスーパーバイザーに担わせることが多い。「小さな組織なのに贅沢だ」「いたずらにスタッフ部門を増やすべきでない」等と言われるが、必ずしも合理的でないこのような考え方が、スーパーバイザーを疲弊させ、エージェントの不満を高め、顧客満足を低下させるという悪循環を招きかねないことを認識すべきだ。トレーニングやビジネス・コントロール業務はセンターの規模に関係なく発生するし、件数が少ないからといって、やるべきことの内容や質は大規模センターと変わらない。エージェントのトレーニングが簡単に済むことはないし、コール数の予測や毎日のレポーティングが軽く済むこともない。むしろ、大規模センターの方が多くの人手があり、ITによる自動化も進んでおり、担当者の作業負荷は少ない傾向にある。仕事が恒常的に発生し、高度な専門知識とスキルが必要なトレーナーとビジネス・コントローラーは、エージェントを減らしてでも、最初から専任の担当者を配置することを決断すべきだ。

　トレーナー、ビジネス・コントローラーを除くサポーティング・ファンクションのポジションについては、小規模センターでも仕事の種類としては存在するが、発生頻度が低い、あるいは業務量が少ないため、マネージャー、オペレーション・スーパーバイザー、トレーナー、ビジネス・コントローラーが分担して兼務できる。その際の考え方を図表2-9に示した。

(2) 中規模センターの組織モデル(図表2-6)

　エージェント数は40〜80人。一般にエージェントが40人を超えると、仕事の種類や業務量の拡大に拍車がかかる。オペレーションは多様化し、エージェントのチーム数が増えていく。

　顧客応対の結果として発生するトランザクション(資料請求による発送作業や受注処理等、物理的に発生する事務的な作業)の処理業務は、小規模のうちはエージェントが兼務で行うことが多いが、業務量が増えてくると、専任のオペレーション・サポート・クラーク*を配置する。

　エージェントが増えればトレーニングが増え、品質管理業務も本格化する。しかし、この段階では、それぞれが独立するよりも、1人のスーパーバイザーの下にトレーナーとクオリティー・アナリストを配置して、「トレーニング&クオリティー」として1つのチームで運用する方が効率的だ。なお、このチームは日常的にフロントラインのオペレーショ

---

*直訳では事務員を意味するが、一般社員にポジション名を課さない日本企業には該当する名称が存在しないので、本書では「クラーク」をそのまま使用する

図表2-6　中規模センターの組織モデル(エージェント人数：40～80人)

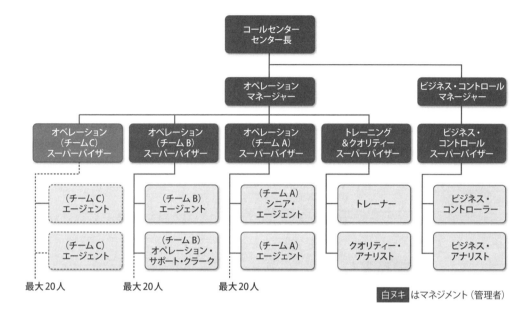

ンに直接的に関わるので、オペレーション・マネージャーの傘下に置く。
　「ビジネス・コントロール」は、コールセンター運営の司令塔的存在であることから、シニア・マネジメントやマーケティング等とのコミュニケーションも多く、広範で高度な知識や判断も要求される。よって、この段階からマネージャーを配して「課」レベルの組織に格上げし、センター長の片腕、ブレーンとして機能させる。また、業務の高度化・複雑化・拡大の度合いに応じて、ビジネス・コントローラーに加えて、実務を取り仕切るスーパーバイザーやビジネス・アナリストを配置する等して役割分担することも必要だ。
　サポーティング・ファンクションが拡大すると、部下を持たないが、高度なスキルや豊富な経験を認められた管理職待遇のスタッフが登場する。その場合、例えば「トレーニング・スペシャリスト」や「クオリティー・プロフェッショナル」といったタイトルを与え、チームのリーダーであるスーパーバイザーとの混同を避ける。
　マネージャーが複数名になることで、センター長が任命される。「オペレーション・プランニング」「ファシリティー＆テクノロジー」「ヒューマンリソース＆アドミニストレーション」は、引き続き他のポジションによる兼務で構わない(図表2-9)。

(3)大規模センターの組織モデル(図表2-7)

　エージェント数は80～150人。コールセンターの7つの機能(図表2-4)のすべてにスーパーバイザー(第1章)を配し、チームとして独立する。ただし、80人に到達した時点で

図表2-7　大規模センターの組織モデル(エージェント人数：80〜150人)

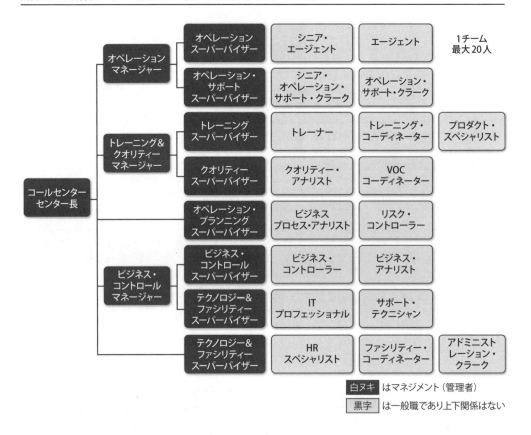

一気にそうなるわけではなく、役割や業務量等、センター個別の事情により異なるが、エージェントが100人を超え120人程度に達する頃にはこのような姿に帰結していくだろう。

「トレーニング＆クオリティー」は質量ともに存在感が増し、マネージャーが任命されてチームからセクション(「課」のレベル)に格上げとなる。

「オペレーション・サポート」も一定の規模に成長していることから、スーパーバイザーが任命されオペレーション・マネージャーの下でチームとして独立する。

この図ではアドミニストレーション・クラークの所属は、チーム間の業務量のバランス次第では、ビジネス・コントロール等、他のチームでも構わない。

(4)大規模センター（フルサポート）の組織モデル(図表2-8)

エージェント数は150人以上。エージェント数が150人を超えると、コールセンターの7つの機能(図表2-4)すべてにマネージャーが置かれ、セクションになる。この状態を

図表2-8　フルサポート大規模センターの組織モデル（エージェント人数：150人〜）

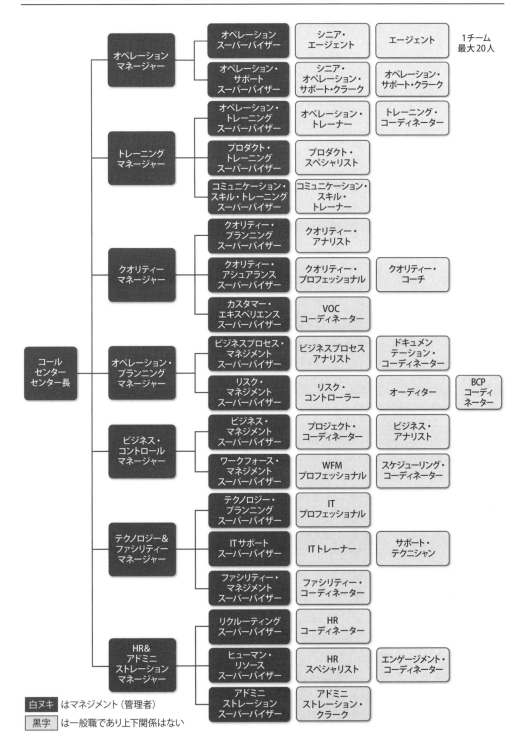

「フルサポート」と呼ぶ。

　各セクションは複数のチームからなり、例えばトレーニングの場合、「オペレーション・トレーニング」「プロダクト・トレーニング」「コミュニケーション・スキル・トレーニング」といったチームが存在する。

5. スパン・オブ・コントロール

　組織の設計にあたって重要な要素のひとつが「スパン・オブ・コントロール」（span of control）だ。1人の管理者が直接管理できる部下の人数を意味する。一般的な事務系オフィスワークの場合、5～7人と言われるが、コールセンターのオペレーションのスーパーバイザーの場合、基本的に部下のエージェントは皆同じ仕事をしている等の理由から、最大20人程度まで可能な場合もある。ただし、実際には業務の内容により大きな違いがあり、例えば、一般生活者向けカタログ通販の受注センターと医療関係者向けの医療用医薬品情報センターを比べてみると、エージェントに求められる知識やスキルは、後者の方が質・量ともに多くのものを求められ、提供するトレーニングや業務のサポート、エージェントの評価等の業務量も多い。そのため、前者のスパン・オブ・コントロールが20人程度なのに対して、後者は半分の10人が限界となる。

　ところが、現実にはスーパーバイザーの業務量は以下に列挙したさまざまな要因により異なる。同じスーパーバイザーでも、コールセンターによってスパン・オブ・コントロールが大きく異なる場合があるのは、このためだ。

- 業務の複雑さの度合い
- 必要な知識の量
- 必要な知識の質
- エージェントからの質問やエスカレーションの頻度や時間
- エージェントが苦情や応対に苦慮するコールの発生の頻度
- クオリティー・モニタリングの実施頻度や件数、内容のレベル
- エージェントの評価作業の業務量
- エージェントに対するフィードバックやコーチングの回数や時間
- トレーニング等、専門チームや関係部署等の支援体制
- エージェントの経験度や知識レベル
- シニア・エージェントの有無
- エージェント・ケア以外のスーパーバイザーの業務量
- 企業が求める品質レベル
- ビジネスプロセスの複雑さの度合い
- 使用するIT機器やツールの使いやすさ
- 提供するトレーニングの質や量

図表2-9 規模に応じたポジションの組成と配置

	小規模(5~40人)	中規模(40~80人)	大規模(80~150人)	大規模フルサポート(150人~)
フロントライン・オペレーション	・エージェント5人以上でスーパーバイザー（SV）を任命 ・プログラムや顧客タイプ等によりチームを編成 ・1SVにつきエージェント最大20人	・プログラムや顧客タイプ等によりチームを編成 ・1SVにつきエージェント最大20人 ・エージェント7~10人に1人の割合でシニア・エージェントを任命	・チームの増加によりオペレーション・マネージャー増員	・チームの増加によりオペレーション・マネージャー増員
オペレーション・サポート	・フロントライン・オペレーションのエージェントが兼務 ・業務量によっては専任のオペレーション・サポート・クラークを任命	・フロントライン・オペレーションのエージェントが兼務 ・専任の場合もオペレーション・チームに所属 ・必要に応じてシニア・オペレーション・サポート・クラークを任命	・3人以上の業務量でSVを任命しチームとして独立 ・オペレーション部門に所属 ・必要に応じてシニア・オペレーション・サポート・クラークを任命	・オペレーション部門に所属 ・必要に応じてシニア・オペレーション・サポート・クラークを任命
トレーニング	・トレーナーは当初から配置 ・QA業務を兼務 ・トレーニングの実施規模に応じて増員	・SVを任命してチームとして独立 ・SVはクオリティーを兼務しチームはオペレーションに所属 ・トレーナーのQA業務の兼務解消 ・トレーニングの実施規模に応じて増員	・トレーナーをオペレーション、コミュニケーション・スキル、プロダクト等の分野別に専任化 ・必要に応じてプロダクト・スペシャリストや専任のリエゾンを配置	・業務量に応じて各ポジションを増員
クオリティー	・コールセンター・マネージャー、SV、トレーナーが兼務 ・QA業務の規模拡大に応じて増員	・SVを任命してチームとして独立 ・SVはトレーニングのSVを兼務しチームはオペレーションに所属 ・専任のQAアナリストを配置 ・QA業務の規模拡大に応じて増員	・必要に応じて専任のVOCコーディネーターを配置 ・業務量に応じて各ポジションを増員	・クオリティー・マネージャーを任命してセクションとして独立 ・業務量に応じて各ポジションを増員
オペレーション・プランニング	・マネージャー、SV、ビジネス・コントローラー、トレーナーが兼務	・トレーニング＆クオリティー、ビジネス・コントロールが分担して担当	・SVを任命してチームとして独立 ・他のポジションが兼務していた業務を引き取りビジネスプロセス・アナリストやリスクコントローラー、オーディター等を配置	・マネージャーを任命してセクションとして独立 ・業務量に応じて各ポジションを増員
ビジネス・コントロール	・企画・開発、予算、人員計画等マネジメントレベルの業務はマネージャー、SVが兼務 ・レポーティング、スケジューリング等の作業は専任のビジネス・コントローラーを配置	・マネージャー、SVを任命してセクションとして独立 ・業務量に応じてビジネス・コントローラーやアナリストを増員	・業務量に応じてビジネス・コントロール業務を役割別に専任化 ・業務量に応じて各ポジションを増員	・業務量に応じて各ポジションを増員
ファシリティー＆テクノロジー	・マネージャー、SV、ビジネス・コントローラーが兼務	・ビジネス・コントロール業務の一環として担当	・SVを任命してチームとして独立 ・ビジネス・コントロールから業務を引き取りファシリティー・コーディネーター、ITスペシャリスト、サポートテクニシャン等を配置	・マネージャーを任命してセクションとして独立 ・業務量に応じて各ポジションを増員
ヒューマンリソース＆アドミニストレーション	・人事関連業務はマネージャー、SV、トレーナーが兼務 ・総務・庶務事項はビジネス・コントローラーが兼務	・人事関連業務はコールセンター・マネージャー、オペレーションSV、トレーナーが兼務 ・総務・庶務事項はビジネス・コントロールで担当	・SVを任命してチームとして独立 ・他のポジションが兼務していた業務を引き取りHRスペシャリストや専任のアドミニストレーション・クラークを配置	・マネージャーを任命してセクションとして独立 ・業務量に応じて各ポジションを増員

- 情報やデータベースの充実度
- 日常的な情報やコンテンツの提供と徹底の度合い
- スーパーバイザー自身のスキルや経験等のレベル
- 顧客に提供するサービスや商品の完成度
- 人件費予算、人員計画予算
- エージェントのケアに対する企業の姿勢

　このように多くの要因が影響するため、スパン・オブ・コントロールに標準値や法則の類は存在しない。従って、自社のセンターの適正値は自ら算出し決める必要がある。そのためには、スーパーバイザーの業務量（行った仕事の内容と要した時間）を恒常的に記録しデータ化しておく。そのデータは、スパン・オブ・コントロールの算出のみならず、予算や人員計画等ビジネスプランへの反映、増員が必要な際のシニア・マネジメントへの説明等に役立つ。スパン・オブ・コントロールの数値がシニア・マネジメントに定期的に報告されていれば、一からの説得や議論の必要なしに、半ば自動的に増員が承認されることもあり得るだろう。

　なお、同様の手法で、スーパーバイザーとシニア・エージェント、シニア・エージェントとエージェント、マネージャーとスーパーバイザーのスパン・オブ・コントロールも算出しておくと便利だ。

ジョブ・ディスクリプション（職務記述書）

　ジョブ・ディスクリプションは会社とコールセンターのミッションやビジョンの実現のために当該ポジションが果たす役割が明記されているため、スタッフにとっては、それが個人にとってのミッション・ステートメントやビジネスプランに相当し、それに従うことで全員が目指すべき方向に向かって一貫性のある行動を取ることができる。日本企業の場合、ジョブ・ディスクリプションを作成して個人の職務・職責を明示することが少ないが、コールセンターに限っては、全員の意識と行動を統合するための必須のツールであるため、必ず整えておきたい。さらに、ジョブ・ディスクリプションにはそのポジションのあるべき姿が記載されているため、スタッフ自身が自分の現状とあるべき姿とのギャップを知り、自身のスキルや能力の強化、改善に取り組むための自己啓発ツールとしても活用できる。

1. ジョブ・ディスクリプションのコンテンツ

　ジョブ・ディスクリプションに記載するコンテンツを**図表2-10**に示す。多くの企業が独自のテンプレートを持つが、その内容にほとんど違いはない。なお、**巻末資料1〜7**に主要な7つのポジションのジョブ・ディスクリプションの例を示す。

図表2-10　ジョブ・ディスクリプションのコンテンツ

ポジション名	一般名でなく、職務・職責を具体的に表す名称にする
形式要件	・所属部署名：所属するサイト、部門、ユニット、チーム等 ・レポート先：業務報告をする／指揮命令を受ける直属の上司のポジション名 ・日付：最初に作成したオリジナル日付と、最後に更新した日付の双方を記載する ・勤務地：勤務地、勤務場所、オフィス名等
職務の概要 （ミッション）	このポジションは何のために存在し、何を成し遂げるべきなのかを、簡潔かつ包括的に記載する。「今、何をしているか」ではなく、「結果として何を実現するか」という観点で一文で表現する
主要な達成責任 （アカウンタビリティー）	このポジションに期待される役割や成果を、以下の観点で表現する ・このポジションの活動を通じて、最終的にどんな成果を生み出すことが期待されているか ・このポジションは何のために仕事をするのか、組織内での役割は何か ・レポートの作成、データの入力、〜の情報収集、部下の勤怠管理、といった作業や業務活動そのもの、あるいはサービスレベル○○％達成、平均処理時間○○秒削減、○○業務のローンチ、といった具体的な業績目標ではない ・生み出す成果は、その時々で変化するものではないこと ・個人的な嗜好に左右されるものでないこと
タスクと責任	このポジションが担当する具体的なタスク（活動）を列挙する ※この項目は上記の「主要な達成責任」と統合し、省略されることが多い
職務遂行上の障害や 問題点	職務遂行にあたり、遭遇する問題や障害、環境等 ※この項目は上記の「主要な達成責任」に含み、省略されることが多い
社内外とのコンタクト	職務遂行にあたり、直属上司・部下以外でコンタクトが必要な部署や人とその方法 ※この項目は上記の「主要な達成責任」に含み、省略されることが多い
必要な知識／スキル／ 経験	このポジションを遂行するうえで必要な知識・スキル・経験を以下のように分類して記載する ・必ず必要な知識／スキル／経験／教育／資格 ・あると望ましい知識／スキル／経験／教育／資格 ・専門的な知識／スキル／経験／教育／資格 ・一般的な知識／スキル／経験／教育／資格

2. ジョブ・ディスクリプション作成15のポイント

　ジョブ・ディスクリプションを作成する際に注意すべきポイントは、以下の通りだ。

①すべてのポジションのジョブ・ディスクリプションを作成する。
②ジョブ・ディスクリプションは会社が従業員に提示する文書であり、現職者が記載して、それを管理者が承認するという類のものではない。
③テンプレートを用意する。異なるポジションの記載の一貫性と簡便性のために、テンプレートと作成マニュアルを用意する。
④その仕事の内容をまったく知らない第三者が読むことを前提に、わかりやすい記載に努める。従って専門用語や社内用語は使用を避けるか、注釈を付ける等する。
⑤ジョブ・ディスクリプションは「職務」を説明するものであり、現職者の能力や担当職務の内容、仕事ぶり等、「人」に関する説明にならないように留意する。
⑥形容詞を徹底的に排除して、客観的事実の説明に徹する。
⑦ポジション名は一般名でなく、具体的に職務を表現できる名称にする。例えば、「スー

パーバイザー」だけでは職位を表すだけだ。「トレーニング・スーパーバイザー」のように具体的な職務を表現する。

⑧そのポジションに必要な知識、スキル、経験等、「クオリフィケーション（適格性）」もあわせて記載する。採用活動や社員のキャリアパス等にも活かせ、現職者自身の自己啓発にも貢献する。

⑨新規採用者や昇進・異動等による新任者に必ず提示し同意を得る。新任者は、自分の仕事の内容や期待を的確に把握し、その内容についてセンター長と合意する。個人の思い込みや勘違い、会社の期待とのギャップが生じるのを避け、早期に戦力として機能させることが必要だ。

⑩スタッフの業績評価の基礎資料として活用する。ジョブ・ディスクリプションに記載したあるべき姿と照らし合わせて、現職者の業績を評価する。ただし、ジョブ・ディスクリプションの記載事項をそのまま評価基準とするのは好ましくない。個人ごとに習熟度や経験、与えられたタスクは異なり、それらを配慮した目標設定と評価を行うことが肝要だ。

⑪ミッション・ステートメントやビジネスプラン、および各ポジションのジョブ・ディスクリプション間の一貫性や整合性を確保する。

⑫そのポジションの業務遂行に必要な社内外のコンタクト先とのコミュニケーションの方法やフローについて確認し、コンタクト先のジョブ・ディスクリプションとの整合性を保つ。

⑬新人に対する導入トレーニングの中で、ジョブ・ディスクリプションの説明を必ず行い、コールセンター内の各ポジションの職務・職責についての早期の理解を促進する。既存のスタッフについても年に1回程度、同様の機会を持つことが望ましい。

⑭職務・職責に変更があれば、その都度、および定期的に見直し修正する。修正漏れを防ぎ、他のポジションとの整合性を確認するためにも、都度の修正だけでなく、1年のうち少なくとも1回はすべてのポジションのジョブ・ディスクリプションを見直す機会を設ける。

⑮ジョブ・ディスクリプションの作成・メンテナンスはセンター長自らが陣頭指揮を執る、あるいはセンター長が直接任命した責任者が主導して、すべてのジョブ・ディスクリプションを精査する。

人員計画の策定

組織の設計に必ず伴うのが人員計画の策定だ。人員計画とは、考案した組織をどのような手順とスケジュールで形作っていくかを表すもので、ビジネスプランや予算策定時にも必ずセットで作成する。特にコールセンターの場合、一般に人件費が予算の75％

を占めるため、人員計画の影響は極めて大きく非常に重要だ。

図表2-11に人員計画の策定プロセスを、また、そのツールとして人員計画表の一例を**巻末資料8**に示す。

なお、人員計画の策定プロセスは業務量の予測からトレードオフの検討まで6つのステップからなる。以下に、そのポイントを補足する。

①**業務量の予測**：人員計画の起点は業務量の予測だ。ヒストリカル・データとビジネス・ドライバーをベースに算出する（第3章）。
②**エージェント数の算出**：①で予測した業務量に対して設定したサービス／効率性目標、およびシュリンケージの条件を満たすために必要なエージェント数を算出する（第3章）。
③**組織の設計**：②で算出したエージェントの人数から、スパン・オブ・コントロールに基づいてオペレーションの陣容を決定する。その規模に合わせてマネジメントやサポー

図表2-11　人員計画の策定プロセス

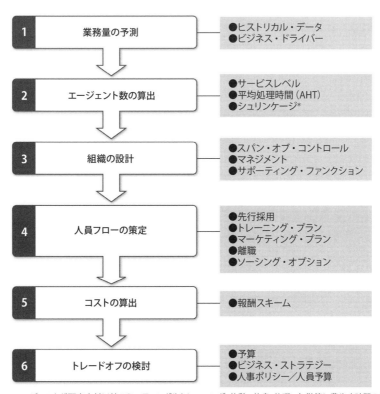

＊エージェントが顧客応対以外のミーティングやトレーニング、休憩・休息、休暇・欠勤等に費やす時間のこと

ティング・ファンクションのポジションを決めて組織の枠組みを作る。

④ **人員フローの策定**：③で策定した組織を形作っていくためのスケジュールと手順を月単位で計画し、採用のタイミングや各月の予測人数等をフロー図に落とし込む。そのためには、コールセンターのオペレーションに影響を与えるマーケティング・プランや新規プログラムの開始のタイミングを考慮に入れる。特に新人の採用については、トレーニング期間を考慮して、業務開始予定日に先立って採用する「先行採用」の検討が必要だ。その他、離職予定者の人数とタイミングや後述するソーシング・オプション（派遣社員やアウトソーシング等の利用）も考慮しながら、組織編成の全体像を練り上げる。

⑤ **コストの算出**：④で策定した人員フローにもとづいてコストを算出する。採用コストや給与をコールセンターの報酬スキーム（第9章）に基づいて算出する。

⑥ **トレードオフの検討**：④までに策定した計画がそのまま承認されるケースは少ない。現実には、予算、全社的な組織・人材戦略、人事部門の方針や人員計画等の事情により計画の修正を余儀なくされるのが通例だ。そこで、会社側の要求とコールセンター側の事情との折り合いをつける「トレードオフ」の作業が必要となる。ほとんどがコストに関する議論となるため、⑤で算出したコストと予算にギャップがある場合、策定した人員計画は策定プロセス②③④のステップに戻し、修正・調整を行う。このサイクルの繰り返しによる検討を経て決定・承認される。

column 成功する組織を作るために

　組織の良し悪しは、コールセンターの生命線だ。どのセンター長も、良い組織作りに最大の精力を注いでいるはずであるが、残念ながら、もくろみ通りにいかないケースが多いのも現実だ。そこで、失敗から学ぶための材料として、国内の"うまくいかない"コールセンターに多く見られる症状を挙げた。成功するコールセンター作りのために、反面教師として参考にされたい。

- センター長等、センターのトップは社内随一の「知識屋」である
- センター長等、センターのトップがコールセンター・マネジメントに関する知識も経験もない
- オペレーションのマネージャーやスーパーバイザーは「商品知識があること」が前提条件になっている
- スーパーバイザーが管理職ではない
- スーパーバイザーへの昇格は、センター・マネジメントの知識や経験値等の合理的判断ではなく、面倒見が良いとか姉御肌・兄貴分的なエージェントの役回りへの適性で決まる
- スーパーバイザーはエージェントと一緒にセンター・マネジメントの未経験者を採用している
- スパン・オブ・コントロールは客観的なデータではなく雰囲気で決めている
- サポーティング・ファンクションが軽視され、その仕事はオペレーションのスーパーバイザーに押し付けられている
- サポーティング・ファンクションの仕事は、オペレーションのスーパーバイザーの仕事だと思い込んでいる
- コールセンターの企画やビジネス・コントロール等、司令塔的業務を「IT屋」が担っている
- マネージャー以上は全員男性である
- コールセンター・マネジメントの「両輪」(序章)の考え方が希薄で、前輪部分は後輪部分よりも"格下"の仕事と思っている
- コールセンターの前輪部分のポジションはほとんど女性だが、後輪部分は全員男性だ
- ジョブ・ディスクリプションがなく、採用や異動の際に具体的な職務内容が明示されない
- 全員のポジション名(職名)がなく、あるのは役職名等、社内の人事上の職制のみ。よって管理職は部長、課長といった役職名で呼び、一般職のスタッフは部員、課員等、その他大勢的扱いである
- 部署名やチーム名も、○○1課等、具体的な職務内容を示していない
- 会社もコールセンター長もコールセンター・マネジメントの専門性を認めない、あるいは知らない

　これらは、日本の企業文化に起因するものが多く、その転換は容易ではないかもしれないが、だからといって最初から諦めたり否定するのでなく、成功する組織を作るための選択肢として理解しておきたい。

III ソーシング・オプション

コールセンターのソーシング・オプション

「ソーシング・オプション」とは、コールセンターの運営にあたって、外部のリソースを活用する際の選択肢のことだ。最新の調査によれば、人材もインフラもすべてインハウスで行っているコールセンターは全体の30％に満たない。つまり、国内のコールセンターの大半がなんらかの形で社外のリソースを利用しているということであり、今やコールセンターの設計にソーシング・オプションの検討は欠かせない。

コールセンターにおけるリソース活用の選択肢には、アウトソーサー*への「オペレーションのアウトソーシング」と、「エージェントの雇用形態」の2つがある。それ以外にも個別の業務（例えば顧客満足度調査）を専門業者に委託することも多いが、それらはコールセンターに限らない一般のビジネス活動と考え、ここでは割愛する。

オペレーションのアウトソーシングを活用する

1. オペレーションのアウトソーシングの形態

「オペレーションのアウトソーシング」は、その委託の仕方によって3つのパターンがある。それぞれのパターンごとに、場所、設備、エージェント、管理監督者、マネジメントの実施についてアウトソーサーとクライアント（委託元）のどちらが担うのかを**図表2-12**に示す。

①オフサイト・アウトソーシング：最も一般的なアウトソーシングの形態。

＊アウトソーシングの成否は、委託側の企業と受託側のアウトソーサーとの良好なパートナーシップの有無で決まる。"クライアントと業者"という主従関係でなく、共通のビジョンの下、対等な立場で協働して顧客をケアする思考と態勢が構築できるかがカギといえる。そのためには、特にクライアント側の"業者扱い"しない姿勢と態度が重要で、主従関係を想起させる「ベンダー」等の用語の使用は避けたい。本書では、一般的な「アウトソーサー」を使用しているが、欧米では、パートナーシップを強調し意識するために「アウトソーシング・パートナー」を使う例が多い

図表2-12　アウトソーシングの形態と責任範囲

形態	場所	設備	エージェント	管理監督者	マネジメントの実施
オフサイト・アウトソーシング	アウトソーサー				
オンサイト・アウトソーシング	クライアント	アウトソーサー			
コ・ソーシング	クライアント／アウトソーサー				

②オンサイト・アウトソーシング：クライアントの場所と設備を使用するアウトソーシング。「インソーシング」と表現されることがあるが、インソースは本来「内製化」を意味するため、これは誤訳といえる。

③コ・ソーシング：クライアントとアウトソーサーが共同で業務運営にあたるものだが明確な定義はない。契約形態としては①、②との区別は明確でない。契約形態よりも共同作業のプロセスに重きを置いた概念的な呼称だ。以下のような例が多く見られるが、いずれのケースも労働者派遣との区分が不明確（いわゆる偽装請負の疑い）にならないよう、慎重に行う必要がある。

- インバウンド・コールの着信をクライアントとアウトソーサー向けに二分割して、両者が独立して受電
- 24時間営業のセンターで、日中はクライアントが、夜間はアウトソーサーが受電
- 1つの問い合わせ窓口で、アウトソーサーが一次対応を行い、高度な内容のコールはクライアントへエスカレーション（二次対応）
- 一時的なコール数の増加等、クライアントのキャパシティーを超過したコールをアウトソーサーにオーバーフローして、アウトソーサーがその分を受電

2. アウトソーシングに対する期待

　アウトソーシングはさまざまなカタチで利用されているが、アウトソーサーはクライアントの期待に応えることができているのだろうか。

　一般に、アウトソーシングに対するクライアントの期待とは、「コストの削減」と「高い品質」の2つに集約される。前者については、センター立ち上げのコストや期間が不要で、他のクライアントとのリソースの共有やスケールメリットを有し、自社で行うよりも効率的・効果的な運営ができるだろうと考えるからだ。後者については、アウトソーサーには豊富な知識と経験を持つ人材が常にプールされており、その中からクライアントのビジネスに最も適した人材が選抜され担当してくれると考えるからで、まさに「その道のプロ」としての高い成果に期待しているわけだ。ところが、「コールセンター白書 2017」の調査によると、全体の半数を超える57.3％が、「価格に見合った対応品質の維持」に課題があるとしており、クライアントの期待と現実にギャップがあることがうかがわれる。

3. 避けられないギャップ

　アウトソーシングに対する期待と現実のギャップが生じるのは、クライアントが、委託業務を顧客サービスや顧客サポートといった観点で捉えているのに対して、アウトソーサーは、受託した業務をビジネスとして捉えているという、両者のスタンスの違いが大きく影響している。つまり、アウトソーサーは、受託した業務単体で利益を生むことを目的としており、それがアウトソーサーのマネージャーの重要な評価基準でもある。この違いが、実際のオペレーションの場面でさまざまなギャップを生むこととなる。

　例えば、クライアントは、エージェントを重要な「人材」と捉えて、報酬やトレーニング、モチベーション施策等、できるだけ「手厚く」したいと考える。一方、アウトソーサーのマネージャーは、業務委託料という限られた原資から得られる利益を最大化する必要があるため、エージェントに対する施策は、コストの観点から慎重にならざるを得ず、どうしても限界がある。

　この違いにクライアントは戸惑ったり不満を覚えたりするわけだ。だからといって、一方的にアウトソーサーを責めるのは筋違いだ。クライアントは、こういったアウトソーサーのビジネス・モデルをよく認識したうえで、その有効な活用を考えるのが賢明だ。

4. 現実を踏まえたアウトソーシングの効果的な利用

　上記をはじめとするアウトソーシングの現実的な特性を踏まえた、アウトソーシングの効果的な利用のための方法論や考え方のポイントを以下に挙げる。

①インハウスで行うには物理的、時間的に困難な業務を委託する。
②大量、単純、反復業務で、トレーニングやシステム装備等の追加負担が少ない業務を委託する。
③短期的な品質向上を過度に期待しない（長期的なリレーションシップにおいて醸成していく）。
④既存業務の移管の場合、品質を維持したままコスト削減を図るのは困難であることを前提とする。
⑤期間に限りのない「本業」はインハウスで、一時的なキャンペーンや季節的なピーク時対策等はアウトソーシングといった使い分けをする。
⑥コストの位置づけを投資に置き換える。「最適な成果」を生むためには「最適な投資」が必要であること、また、「経済的コスト」のみならず、アウトソーシングによる「時間的コスト」や「活動コスト」の削減により得られるメリット等も含めて総合的に考えて、コストを評価する。

5. アウトソーシングの適合性を検討する

　アウトソーシングの利用の検討にあたっては、アウトソーサーのことばかりでなく、自社（クライアント）の現在の業務や特性がアウトソーシングの環境に適しているかの評価も必要だ。そのためのツールとして、アウトソーシングの利用の適合性を検討するためのワークシートを**巻末資料9**に掲載した。項目ごとに自社のレベルを採点して、総合スコアから適合性を評価する。評価項目は、自社の実情により適したものや課題となっていることを加える等してカスタマイズすればなお良い。

　このツールによる評価やスコアは、適合性を評価するためのひとつの目安に過ぎない。この結果のみで、アウトソーシング実施の可否の意思決定をするのは好ましくない。

エージェントの雇用形態を選択する

1. エージェントの雇用形態の選択肢

　コールセンターの組織編制において、エージェントの雇用形態の選択は極めて重要だ。インハウスのセンターが通常利用する雇用形態には下記の6つのタイプがあるが、このうちどれか1つということではなく、複数の形態を組み合わせて利用しているのが大半だ。変化の激しいコールセンターであるからこそ、その時々の状況やニーズに合わせた最も適切なリソースを利用するのは理にかなった方法だ。

- **正社員**：雇用期間の定めのないフルタイム労働者
- **短時間正社員**：雇用期間の定めがなく所定労働時間が正社員より短い労働者
- **契約社員**：一般に、雇用期間の定めのあるフルタイム労働者
- **パートタイマー**：1週間の所定労働時間が正社員より短い労働者
- **派遣社員**：人材派遣会社から派遣されて派遣先の指揮命令により就業する労働者
- **業務委託社員**：業務委託契約に基づき、委託先自身の指揮命令により発注者の業務に従事する労働者

　雇用形態の選択にあたっては、法律上の規定や運用上のルール等、それぞれの特性をしっかり把握したうえで、自社にとって最適な形態を選択すべきだ。上記の雇用形態に関する法制度や運用性について第9章に詳述した。また、人件費の比較については、後述の「人件費算出テーブル」を参照されたい。

2. 現場のニーズと会社の事情

人材オプションの選択にあたっては、現場のニーズと会社の事情の2つの切り口がある。

現場のニーズとは、マネジメント、トレーニング、採用の3つだ。例えば質の高いサービス提供を最大の目的とする場合、マネジメント、トレーニング、採用は自社で行うことを望む。しかし、派遣社員を選択すると、マネジメントとトレーニングを自社で行うことはできるが、エージェントの採用には関与できず、自社の求める人材の採用が保証されない。また、アウトソーシングを選択すると、マネジメント、トレーニング、採用の3つを含む現場のオペレーションには一切、手出しも口出しもできない。

会社の事情とは、主にコスト、財務戦略、社員数があり、外資系企業の場合はこれらにグローバルの方針が加わる。例えば財務戦略上、エージェントに関するコストを人件費以外の経費で処理したいというニーズがあるとする。そのためには、日本では制度上、アウトソーシングを利用して業務委託費で処理するしか手はない。ところが現場のニーズが自社によるマネジメントである場合、両者は真っ向から対立する。それでも本部やグローバルの方針に従わざるを得ず、時に現場のニーズとは真逆の選択を強いられることも少なくない。

3. 在宅勤務

雇用の選択肢という観点で見るならば、雇用形態に加えて、勤務場所（センターに出勤か、在宅勤務か）といった切り口もある。

図表2-13　在宅勤務の利点と課題

利点	課題
・サービスレベルの維持・達成 ・コールのスパイク、ピーク時対策 ・オフィス・スペースの節減 ・効率性の向上（必要な時のみ稼働、在宅エージェントの集中環境） ・スタッフのリテンション（在宅勤務の適用による退職防止） ・エージェント・プールの促進 ・採用難、人員不足の解消 ・BCP／DRP（業務継続／災害復旧計画） ・エージェントのワーク・ライフ・バランスの向上 ・通勤負担の解消による健康増進 ・新しい勤務スタイルの確立 ・交通費、住宅手当、社宅費等の削減 ・環境負荷軽減	・情報、ノウハウの一貫性の保持 ・エージェントの自宅へのIT投資負担 ・エージェントの自宅からのネットワーク・アクセスによるセキュリティー・リスク ・センターのスタッフとのコミュニケーション ・在宅エージェントの業績評価の困難さ ・在宅エージェントのモラールの維持 ・エージェントの個人情報の取り扱い

参考：Maggie Klenke. Business School Essentials for Call Center Leaders. The Call Center School Press, 2004, pp.45-48

従来の日本の在宅勤務に関する論議は、企業の新しい働き方の促進、ワーク・ライフ・バランスの向上、健康増進といった福利厚生的側面からの検討が先行していたが、近年の採用難という切迫した問題が、在宅勤務の具体的、現実的な検討、導入に拍車をかけている。また、BCP（災害時等業務継続計画）対策の観点からの検討も多い。図表2-13には「在宅勤務の利点と課題」をまとめた。IT投資等、課題が多いのも事実だが、利点に見られるように、在宅勤務はコールセンターのさまざまな問題解決に有効な手段であり、ソーシング・オプションの1つとして積極的な検討を進める価値は十分にある。

---

column　在宅勤務の海外事例

　以下に、2社の在宅勤務制度の導入効果を示す。

事例1

　ハリケーン多発地帯に立地する米国のあるコールセンターは、かつてはハリケーンによる頻繁な業務の停止・縮小を余儀なくされていた。そこで在宅オペレーションの導入に踏み切り、同社のエージェントは、週単位のローテーションで半数が在宅とセンター出勤を入れ替わるという仕組みを構築した。これによってハリケーン問題は一気に解消し、派生的にサービスレベルや生産性、エージェント満足度の向上も達成した。また、最も懸念されたIT投資については、同地域にコールセンターを有する複数の企業とコンソーシアムを結成し、共同で在宅オペレーション・システムの開発や導入を行って投資負担を軽減させた。

事例2

　米スタンフォード大学と同ビジネススクールが、中国のオンライン旅行代理店最大手であるシートリップ社の上海のコールセンターにて在宅勤務プログラムのテストを行った。2010年末から9カ月間にわたって実施した結果、在宅勤務者群の生産性が劇的に向上し13％も増加したという。その主な理由が、休憩時間の回数と病気欠勤日数の減少による実質的就業時間の増加というのが興味深い。なるほど、在宅であれば休憩時間は基本的に不要であるし、通勤の必要がなければ病気欠勤が減るのもうなずける。また、メリハリのある集中した働き方をすることによって、個人の生産性も向上した。さらには、離職率が50％近く減少する一方、従業員満足度が向上したということだ。このように、想定以上のポジティブな結果が得られ、シートリップ社は在宅勤務の正式な導入を決定するが、そこで予期せぬ事態が生じた。なんと従業員の4分の3が在宅ではなくオフィス勤務を選択したのだ。その理由は在宅勤務の「孤独感」であった。この結果は多くのコールセンター・マネージャーを唸らせるとともに、在宅勤務の検討にあたって多くの示唆を与えてくれる。

IV コールセンターの予算策定とコントロール

コールセンターの予算を策定する

　予算の管理は、すべての管理者にとってのトップレベルの責務だ。予算とひと口に言ってもいろいろな切り口があるが、ここではコールセンターのオペレーションの経費予算に焦点をあてて説明する。

　予算の策定や運用の方法論は企業によってさまざまだが、コールセンターの管理者がその責務として必ず行うのは、経費予算の策定とコントロールだ。

1. 予算策定の2つのアプローチ

　コールセンターの予算の策定には「ボトムアップ」と「トップダウン」の2つのアプローチがあり、一般に**図表2-14**に示した手順で行われる。

(1)ボトムアップ・アプローチ
　現場のセンター長（またはマネージャー、以下同じ）が起案し、シニア・マネジメント（コールセンターが所属する部門長、担当取締役、財務部門等の上位マネジメント）による審議や討議を経て承認を得る方法。センター長の予算に対するコミットメントは、『これが、来年の業績目標を達成するのに必要な予算です』という当事者意識の強いものとなる。

図表2-14　予算策定の2つのアプローチ

ボトムアップ・アプローチ	トップダウン・アプローチ
①センター長がコールセンターの予算案を作成 ②シニア・マネジメントや財務部門による審議 ③センター長とシニア・マネジメントおよび財務部門とのディスカッション ④審議、ディスカッションでの指示や決定を受けて、センター長がオリジナルを修正 ⑤（必要に応じて2〜4を繰り返し） ⑥承認	①シニア・マネジメントが年間総額のターゲットを設定し各部門に割り振る ②センター長が振り分けられた金額を勘定科目ごとや月別の明細に落とし込む ③シニア・マネジメントが②の内容を確認する（必要に応じてディスカッションや修正を行う） ④承認

このアプローチには次のようなメリットがある。
- 予算運用の責任者であるセンター長の予算編成への参画意識と当事者意識を高める
- センター長自身によるゴール設定や創意工夫を促進する
- 現場のニーズを認識するセンター長による、効果的で納得感のある優先順位づけを可能にする

一方、センター長とシニア・マネジメントとのディスカッションがプロセスの中心を成すため、一連の策定作業に時間がかかること、また、センター長のプレゼンテーション力、シニア・マネジメントとの人間関係、シニア・マネジメントの当該部門に対する理解度（内容をよく知っている部門が有利になる）による影響を受けやすいというデメリットもある。

(2) トップダウン・アプローチ

シニア・マネジメントが経営計画等から逆算して全社の総額を決め、それを社内各部門に割り振る方法。どうしても経営からの押し付け感が拭えないため、この場合のセンター長のコミットメントは、『これが、この予算で達成できる来年の業績目標です』と、一歩引いたニュアンスとなるのは否めない。

このプロセスには、予算策定を迅速に、かつ社内の部門間の一貫性を確保できるというシニア・マネジメントにとっての大きなメリットがある。その一方で、追加予算申請の余地がなくなるため、現場発の新規プロジェクトや改善提案の意欲や機会が失われがちになる。また、全部門一律のゴール設定により、ビジネス上の優先順位が低い部門に必要以上の予算が分配されるといったデメリットがある。

2. 予算策定の5つのパターン

予算の作り方には以下の5つの方式がある。

① **ゼロ・ベース予算**：ボトムアップ・アプローチで使われる手法で、過去の実績を一切考慮せずに、新年度の予算をゼロから起案、査定する方式。他の方式に比べ、センター長の関与、コミットメントの度合いは最も大きい。前例という理由づけが通用しないため、すべての科目について客観的、合理的な理由づけが必要となる。慣例的に継続しているだけの無駄な予算の排除や、最新の状況に応じた優先順位の見直しに有効だ。

② **固定予算**：トップダウン・アプローチで使われる。期初に決めた予算を、その後の現場の活動状況の変動とは無関係に堅持して運用する方式。

③ **増分予算**：前年度予算比何％増（または減）という指示のもと、その範囲内で予算を

策定する方式。主にトップダウン・アプローチで使われる。シンプルで予算の肥大を防ぐには効果的だが、大きなビジネス環境の変化や優先順位の変動等には対応しにくい。

④継続予算：1カ月あるいは四半期ごとに次の1年間の予算を継続的に作成していく方式。例えば1カ月ごとの場合、1月に翌2月から翌年1月までの予算を、2月に3月から翌年2月までの予算を、というように1カ月ずつずらして策定していく方式。シニア・マネジメントにとって、部門間のリソース移動が容易となる。ボトムアップ、トップダウン双方のアプローチで使われる。

⑤変動予算：経費を固定費、変動費に分析・区分し、活動状況に応じて変動費を一定期間ごとに修正・調整していく方式。予算策定に最も多いパターンで、ボトムアップ、トップダウン双方のアプローチで使われる。

3. コールセンターの予算策定の特異性

コールセンターのマネジメントがユニークであると言わしめることのひとつに、予算策定における2つの特異性の存在がある。「仕事の発生源が第三者にある」ことと、コールセンターの「ポジショニングの違いにより生じるジレンマ」の2点だ。

(1) 仕事の発生源が第三者にある

コールセンターの仕事は、そのほとんどがマーケティングをはじめとする第三者の活動によって発生する。従って、自らの意志で、自らのリソースの状況に応じた仕事の計画を立てることができず、予算の策定プロセスにおいて以下のような厄介さを生じる。

- 発生源となる部署のビジネスプラン策定を待たねばならない
- 年間予算等、全社一斉に策定作業を行う場合は、相手も計画の策定途上であるため、場合によっては構想段階の内容でコールセンターの予算に反映させねばならない
- すべての発生源を事前に確実に把握することはできないので、コールセンターは自ら全社の計画を把握し、コールセンターの予算に影響をもたらす情報収集を行う必要がある
- 策定時点で将来のコールセンターへの影響の有無を想定できない部署もあるため、コールセンター側でその種を見つけ、予算に盛り込んでおくという積極性も必要だ
- 策定した予算案は、シニア・マネジメントに提出する前に、反映した予算の発生源である各部署の確認や了解を得ておく必要がある
- 策定時点で予測できず、年度途中で予算に反映していないプロジェクトやコールが発生する場合の予算措置に関する汎用的なルールを用意しておく

このように、コールセンターの予算策定は、コールセンター自らのペースで進行するのが困難であることから、関連部署の計画を配慮した、慎重で綿密なスケジューリングが必要だ。

(2)ポジショニングの違いにより生じるジレンマ

ポジショニングの違いには**図表2-15**の通り、2つの切り口がある。以下に、それぞれについて補足する。

①**オペレーションか、マーケティングか**：一般に企業のオペレーション部門＊とマーケティング部門とでは、経費予算に関する考え方や作り方は真逆に近いほどの違いがある。

オペレーション部門では、発生する業務量のトレンド（増減の予測）を基に、人件費をメインとした必要経費を算出する。従って、例えば次年度の全社的な顧客数の増加（減少）により発生する業務が増加（減少）すれば、その業務量に対処するための人員数とそれに伴う人件費は必然的に増加（減少）するだろうという考え方だ。しかし、コールセンターの業務量（コール数）は、それとは逆のトレンドを示す場合が少なくない。マーケティング・プロモーション等が、オペレーションの業務量のトレンドとは無関係に実施されるからだ。その場合、センター長は、所属するオペレーション部門全

図表2-15　ポジショニングの違いによる予算策定のジレンマ

●オペレーションか、マーケティングか

比較要素	オペレーション	マーケティング
予算策定の基準	トレンド・ベース	プロジェクト・ベース
予算の主体	人件費	広告宣伝費
発想	『来年は顧客が30%増える。それに合わせた増員や予算の増額の計画を立てること』	『来年は顧客を30%増やす。ただし、予算は創意工夫で今年と同じ金額で運営すること』

●シェアード・サービスか、独立採算か

比較要素	シェアード・サービス	独立採算
運営の安定性	依頼される業務ごとに内容や期間が異なるため、運営、特にスタッフィングの安定性に欠ける	コールセンターが独自に運営する恒常的なプログラムがあれば、運営もスタッフィングも安定する
プロジェクトの側面	プロジェクトのオーナー部門が、プロジェクト単位で予算を策定するので明確	年間予算策定時にはユーザー部門の計画が出そろわないので、策定期間内での予算案のフィックスが困難
オペレーションの側面	コールセンター独自の改善策の立案や経費の予算確保が困難	コールセンター独自の活動に対する予算確保は可能

＊「オペレーション」の定義は曖昧で、大企業の生産管理プロセスの全体を指す場合もあれば、小企業の顧客問い合わせ応対係のことを指す場合もある。本書では、コールセンターをはじめとして、一般に事務センター、顧客サービス、顧客業務部門等と呼ばれる、主に顧客に関する事務的な処理を専門に集中して行う組織と定義する

体の予算策定方針とは異質の、コールセンター独自の予算編成を行うことに対する理解を求めねばならず、そのための説明や説得に多大な労力を費やすことになる。

　一方、マーケティング部門における経費予算は広告宣伝費が主体だ。マーケティング活動の活発さの度合いは、広告宣伝費予算の多寡が最も大きく作用するからだ。また、人件費と比べて広告宣伝費には工夫の余地が大きい。もし人件費が半分になればオペレーション部門は機能不全に陥るが、広告宣伝費が半分になっても、計画したマーケティング活動を実施することは可能だ。逆に、活動を大幅に増加しても経費は横ばいを維持することもできる。従って、マーケティング部門では、「来年は顧客数を倍増させるが、創意工夫で経費は前年度並みとする」のような方針が示される。言うまでもなく、これはコールセンターのオペレーションには全くそぐわない発想だ。そのために、コールセンターがマーケティング部門に所属していると、センター長はオペレーションの予算策定の考え方の理解獲得のために汗を流さねばならない。他方、オペレーションのように全社的な顧客ベースのトレンド等の制約を受けることが少ないので、計画されたプロジェクトに必要な予算の計上がしやすいという側面もある。

　組織設計にも通じることだが、上記は、コールセンターがどの部門に所属することが最も効果的で効率的かの判断材料となるだろう。

②**シェアード・サービスか、独立採算か**：コールセンターを社内の「シェアード・サービス」として運営する企業が増加している。コールセンターを利用する社内のユーザー部門が、その運営経費を分担して賄うという社内アウトソーサー的活用方法だ。この場合、コールセンターの予算は、ユーザー部門が調達するプロジェクト予算の合算となり、コールセンター独自で立案する予算は持たないか、あっても必要最小限の少額にとどまる場合が多い。

　一方の「独立採算」とは、コールセンター自身が独立部門として単独の予算を策定・運用する方法だ。この場合、メインで行っている仕事は、他部門のオーナーが存在せず、コールセンター独自の業務として恒常的に実施しているプログラムであることが条件だ。

　図表2-15に示すように、両者には一長一短がある。前者の場合、部門間、プログラム間での経費やリソースの調整作業が不要なのは大きなメリットだ。センターの既存のキャパシティーの獲り合いもないため、ユーザー部門にとっての納得性や公平性も高い。一方で、プロジェクト単位での発注は期間に限りがあるため、エージェントの採用や長期的な育成が難しいといった課題が生じる。また、例えばエージェントのモチベーション施策等、すべてのプログラムに共通の経費をどう確保するかも悩ましい問題だ。その部分だけセンター独自の予算を計上するケースが多いが、それでも長期的な計画が立てにくいという課題は残る。

　独立採算の場合、シェアード・サービスよりも安定感は増すが、予算策定や新規プロジェクト導入時のユーザー部門との調整作業は容易ではない。いわゆるパイの奪い合

いが発生するケースもある。また、年間予算策定時にユーザー部門の計画がすべて出そろうことはないし、日常的な情報収集活動に要する労力も小さくない。

以上のようなメリット、デメリットを勘案すると、多くの企業で取られているように、基本は独立採算で恒常的プログラムをメインに運営し、単発のプロジェクトはシェアード・サービスとして運用するといったハイブリッドな方式が最も望ましいかもしれない。その場合でも、予算が計上されていない新規プロジェクトの予算調達をどうするかのルールはしっかり決めておくことが必要だ。

4. コールセンターの予算策定プロセス

コールセンターの予算の策定は、図表2-16に示す6つのステップによって行う。各ステップについて以下に補足する。

①情報を収集する：コールセンターの仕事の発生源は第三者にあることから、そこからの情報収集が起点となる。コールセンター自身のビジネスプラン策定のために会社の戦略や動向、次年度の方針等の情報も欠かせない。
②ビジネスプランを策定する：本章で述べた年間計画や業務計画の策定だ。

図表2-16　コールセンターの予算策定プロセス

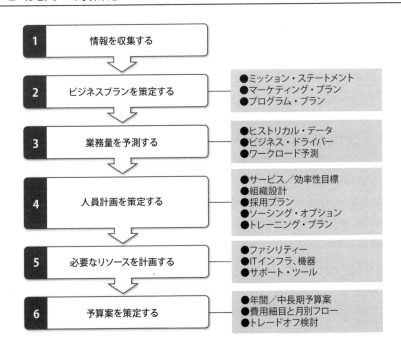

③業務量を予測する：ビジネスプランが固まれば、それに基づいて次年度のオペレーションの具体的なカタチを作っていく。そのためにはまず、コール数をはじめとする業務量の予測を行う。

④人員計画を策定する：③で算出した業務量に基づいて、目的やゴールを達成するのに必要な人員数を算出する。ちなみに②から④のステップは、先に述べた人員計画の策定プロセス（図表2-11）と同じ作業だ（③、④のステップについては第3章で詳しく解説する）。

⑤必要なリソースを計画する：人員数が決まれば、必要な組織、マネジメント、インフラ、設備等、コールセンターの運営に必要な各種リソースの種類や数が半ば自動的に決まってくる。

⑥予算案を策定する：⑤までの計画に基づいて作成する予算案のことだ。オリジナルのプランがそのまま承認される可能性は低いので、シニア・マネジメントとの交渉のために、できれば3パターン（楽観的、現実的、必要最小限）のプランを用意しておく。

コールセンターの予算をコントロールする

　毎月の進捗を確認し、予算と実績との過不足の原因を分析して目標達成のための有効な対策を講じる―いわゆる予実管理だ。ここでは策定した経費予算の予実管理の方法やツールについて見ていく。

　巻末資料10は経費予算の予実管理のためのツール「経費予算管理レポート」だ。縦軸に経費の勘定科目を、横軸に月別の実績と予測、そして当月、年初から当月までの実績の累計、実績と予算または予測を合わせた年間累計の3つの期間に分類した予算と実績の比較を表している。また、下段は、上段の各勘定科目の明細だ。例えば、上段の「出張旅費」の内訳として「交通費」「沖縄サイト出張」「米国出張」等が記されている。経費を使った場合、日常の作業として、この内訳に使用金額を記録していく。

　おそらく、ほとんどの企業が企業の所定の経費管理システムや表計算ソフトを使って予実管理を行っているだろうが、そのフォーマットに大差はないはずだ。

(1)コールセンターの経費予算の勘定科目

　巻末資料10の上段の左側縦軸に並ぶのが、コールセンターの経費予算に使用する勘定科目だ。勘定科目は企業独自の分類の仕方があるが、大半のコールセンターに共通するのは以下の11の科目だ。

- 人件費
- 旅費・交通費
- 交際費

- 教育・研修費
- 事務用品費
- 通信費
- IT関連費
- 外注費
- 施設・設備費
- 減価償却費
- その他雑費

　これらは、コールセンターのパフォーマンスを評価するうえで、欠かすことができない。ところが、勘定科目によっては、コールセンターが経費管理に関与しない場合がある。例えば、人事部が全社の人件費を一括して管理するため、コールセンターには人件費の実績が還元されないといったケースだ。その他、家賃や水道光熱費等の施設関連の経費やIT関連経費も、総務部やIT部門が一括管理するため、コールセンターが実績を把握していないというケースが多い。

　しかし、経費の70～80%を占める人件費なしに、コールセンターのパフォーマンスを評価することはできない。従って、人件費を人事部が一括管理している場合でも、実績のデータは必ず入手しておくべきだ。会社の方針で実績データの還元が不可能な場合は、人件費算出の根拠となる計算式や公開されているモデル賃金等を入手しておけば、コールセンターが自ら計算できる。

　人件費ほどではないにしても、IT関連、施設関連の経費もパフォーマンス評価に大きな影響がある。特に新しいシステムの導入やサイトの開設等、大きな投資を行った際には、これらの費用を無視するわけにはいかない。

(2)人件費算出テーブル

　人件費の実データが還元されない場合、あるいは予算策定や新規プログラムの開発等に際して、人件費の試算に使える「人件費算出テーブル」を図表2-17に示す。これは表計算ソフトで作成したフォーマットで、左の先頭列に各項目の基礎データを入力することで、右側の表に1時間、1日、1カ月、1年あたりの人件費を、直接雇用の社員(正社員や契約社員)と派遣社員とに分けて算出できるようにしている。なお、業務委託先のスタッフの場合は、業務委託料として人件費とは異なる費用計算となる。

　以下に、このテーブルを使用する際のポイントを挙げる。

- 人件費の基本は給与と社会保険だ。このテーブルでは、時給を起点として給与を計算しているが、月給制、年俸制の場合は、1カ月、1年の欄に月給、年俸の実数を入力して、1日、1時間あたりの金額を逆算すればよい
- 社会保険は、給与総額にこのテーブルに記載した料率を乗じることで求められる。料率は地域や業種によって異なるため、厚生労働省のWebサイト等を

図表2-17　人件費算出テーブル

				直接雇用社員	1時間	1日	1カ月	1年	備考
業種	その他事務			時給	¥1,200	¥9,600	¥192,000	¥2,304,000	
勤務時間	8.00	時間／日		賞与	¥260	¥2,083	¥41,667	¥500,000	
勤務日数	20	日／月		報奨／インセンティブ	¥5	¥42	¥833	¥10,000	
勤務月数	12	カ月／年		交通費	¥94	¥750	¥15,000	¥180,000	
時給	¥1,200	／時間		給与総支給額	¥1,559	¥12,475	¥249,500	¥2,994,000	
賞与	¥500,000	／年		雇用保険	¥9	¥75	¥1,497	¥17,964	事業主負担分
報奨／インセンティブ	¥10,000	／年		労災保険	¥5	¥37	¥749	¥8,982	事業主全額負担（その他の各種事業）
交通費	¥15,000	／月		健康保険	¥77	¥618	¥12,350	¥148,203	東京都　事業主負担分
有休日数	10	日／年		介護保険	¥12	¥98	¥1,959	¥23,503	介護保険第2号被保険者に該当する場合、事業主負担分
雇用保険	0.600%			厚生年金保険	¥143	¥1,141	¥22,829	¥273,951	一般の被保険者、事業主負担分
労災保険	0.300%			子ども・子育て拠出金	¥5	¥36	¥724	¥8,683	事業主全額負担
健康保険	4.950%			社会保険	¥251	¥2,005	¥40,108	¥481,286	
介護保険	0.785%			有休費用	¥50	¥400	¥8,000	¥96,000	
厚生年金保険	9.150%			定期健康診断	¥4	¥29	¥583	¥7,000	事業主負担分
子ども・子育て拠出金	0.290%			採用費	¥182	¥1,458	¥29,167	¥350,000	
定期健康診断	¥7,000	／年		法定外福利費	¥16	¥125	¥2,500	¥30,000	
採用費	¥70,000	／人		人事部門費用	¥417	¥3,333	¥66,667	¥800,000	人事担当者人件費、給与計算、人事手続、等
採用人数	5	名／年		諸費用	¥669	¥5,389	¥106,917	¥1,283,000	
法定外福利費	¥30,000	／年		人件費合計	¥2,479	¥19,869	¥396,525	¥4,758,286	
人事部門費用	¥800,000	／年							

				派遣社員	1時間	1日	1カ月	1年	備考
勤務時間	8.00	時間／日		時給	¥2,000	¥16,000	¥320,000	¥3,840,000	
勤務日数	20	日／月		人事部門費用	¥208	¥1,667	¥33,333	¥400,000	
勤務月数	12	カ月／年		派遣費用	¥2,208	¥17,667	¥353,333	¥4,240,000	
時給	¥2,000	／時間							
人事部門費用	¥400,000	／年							

※労働・社会保険料率は2018年4月現在

参照されたい。ちなみに、社会保険料を簡易に計算する場合は、給与総額に16％を乗じて求めるのが一般的だ
- 諸費用については、それを人件費算出に含めるかどうかは各企業の考え方次第だ。例えば採用費は、人件費ではなく一般的な経費として管理する場合も少なくない。基本的な考え方として、今のコールセンターの状況を最も的確に表すには、「何を含め何を含めないか」、といった見極めが重要だ

(3) 予算と実績の比較・分析

巻末資料10の経費予算管理レポートを基に、3つのステップからなる予実管理のプロセスを見ていく。

①経過した月の実績を入力する：同時に先頭行の当該月を「予測」から「実績」に変更する。

②翌月以降の予測値を更新する：以下の点を考慮する。
- 予算と実績の差異とその理由
- 予算消化の進捗状況
- 勘定科目間の過不足の調整
- 予算策定時に想定外の事項の反映
- ビジネスの優先順位の見直しの反映

なお、多くの企業が予算の修正のタイミングを半年ごと、四半期ごとのように定めているが、コールセンターとしては、それとは別に毎月見直すようにしたい。コールセンターの経費に最も大きく影響するエージェントの人件費が、採用や退職等によって毎月変動するからだ。

③予算と実績の差異を分析する：ビジネスの状況の変化に合わせて大胆な見直しをすることも予実管理には必要だ。しかし、年間予算の目標を達成しさえすればよいという考え方は好ましくない。それによって、いわゆる"どんぶり勘定"化してしまい、将来の予測、特に次年度以降の予算策定に悪影響を与えるからだ。従って、勘定科目間のバランスや期間ごとの比較検討、そしてビジネスプランとの整合性や一貫性等を細かく確認し、予算と実績との差異とその理由、予測値の修正の背景や理由、勘定科目間のトレードオフの根拠等を具体的、客観的に説明できるようにしておくことが必要だ。

(4) 運営状況管理レポート

巻末資料11の「運営状況管理レポート」は、コールセンター・マネジメントの3大要素である「オペレーション経費」「パフォーマンス」「スタッフィング」の予実管理を行うためのツールだ。コールセンターのパフォーマンスの全体像がここに凝縮されており、センター長にとって最も重要なツールの1つだ。

第3章

コールセンターの
ワークフォース・マネジメント

「ワークフォース・マネジメント*」は、コールセンターにとって最も重要なマネジメント・プロセスと言っても過言ではない。コールセンターの予算の大半を占めるエージェントの人数を決定し、その最適化を図るという、オペレーションの根幹をコントロールするプロセスであるからだ。

---

*日本ではリソース・マネジメントという表記も少なくないが、本書では諸外国も含め最も一般的な「ワークフォース・マネジメント」を使用する。また、IT業界では、予測、ワークフォース算出、スケジューリング等のプロセスをIT化したソリューションのことを指すが、本書ではそういった限定的な意味合いでなく、本章で解説する一連のマネジメント・プロセスを指す

I ワークフォース・マネジメントの重要性

　一般のオフィスワークでも労働力の最適化や労働生産性の向上は重要な経営課題であるが、コールセンター、特にインバウンド業務において、ワークフォース・マネジメントによる専門的知識や科学的な技法を駆使して、より精緻に行う必要があるのは、以下の理由による。

1. すべての活動の起点

　ワークフォース・マネジメントは、コールセンターのすべての活動の起点となるプロセスだ（図表3-1）。ワークロード（仕事の量）を正確に予測し、それに見合った最適なワークフォース（エージェント）の人数を算出する。それによって、コールセンターの活動に必要なリソース（ヒト、モノ、カネ）の量や質が決まってくるからだ。言い換えれば、それが決まらなければ仕事が始まらないし、もしそれが間違っていれば、コールセンター全体が誤作動を起こすことになる。

図表3-1　ワークフォース・マネジメントはすべての活動の起点

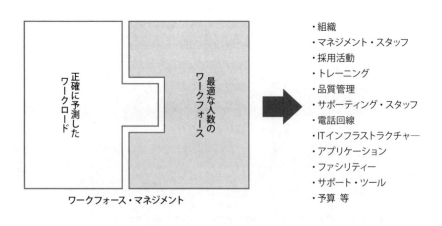

2. ワークロードを自らコントロールできない

　コールセンターのインバウンド・コールのワークロード(仕事の量)は、その発生の仕方(いつ、どれくらい、どのように)を、コールセンターが自らコントロールできない。それらはすべて、顧客の意思に委ねられているからだ。そのため、さまざまな統計・予測手法を駆使して、できるだけ正確な予測を試みる必要がある。

3. コールがランダムに着信する

　インバウンド・コールの着信の仕方には3通りのパターンがある(**図表3-2**)。「スムーズ着信」は、コールが均等かつ順番に入ってくるというものだ。現実には、特定の時間帯に偶発的に起きることはあっても、常時起こるものではない。「ピーク着信」は瞬間風速的にコールがスパイクし短時間で終息するパターンで、多くがテレビショッピングやテレビCM等のレスポンスとして発生する。そして、最も基本的なパターンが、「ランダム着信」だ。コールがランダム(不規則)に入ってくるため、必要なワークフォース(エージェント)の算出のために専門的なノウハウが必要となる。

4. インビジブル・キュー

　エージェントに電話がつながるまでの順番待ちの行列(これを「キュー」という)は、リアルの店舗やテーマパークのアトラクションの行列のように目に見えない(「インビジブル」)。目に見える行列であれば、サービスを提供する側も顧客の側も、行列の状況に応じたなんらかの措置を講じることができる(序章)。そうはいかない電話の場合、待たされることに対する顧客の納得感は低い。従って、コールセンターが行うべきは、そもそも行列にならないようにするか、待ち時間が最短になるようコントロールすることであり、そのためにワークフォース・マネジメントの知識とスキルが求められる。

図表3-2　インバウンド・コールの3つの着信パターン

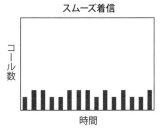
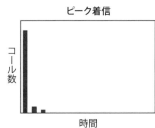
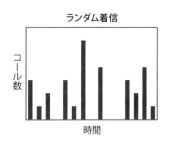

5. アンダー・スタッフまたはオーバー・スタッフがもたらすリスク

　コールセンターが、「アンダー・スタッフ」（人員不足）、「オーバー・スタッフ」（人員過剰）の状態になると、**図表3-3**に示すような問題を引き起こす。いずれの場合も、コールセンターや企業にとっての大きなリスクだ。それだけに"最適なスタッフィング"はマネジメントにとっての生命線だ。

6. 1人の違いが顧客サービスに大きく影響

　図表3-4は、一定の条件におけるエージェント数の違いによる顧客サービスへの影響を表す。人数が1人違うだけで大きな違いを生じることが見て取れる。"最適なスタッフィング"は、顧客にとっても極めて重要な要素だ。

図表3-3　アンダー・スタッフ／オーバー・スタッフがもたらすリスク

アンダー・スタッフ	オーバー・スタッフ
・顧客サービス、顧客満足の低下 ・ネガティブな顧客経験の提供 ・サービスレベルの悪化 ・機会や利益の減少、損失 ・コストの増加 ・エージェントの疲労困ぱい、燃えつき ・退職者の増加によるアンダー・スタッフ状態のさらなる悪化	・リソースの無駄遣い ・コストの無駄遣い ・生産性、稼働率の低下 ・退屈でやる気をなくすエージェント ・退職者が発生しアンダー・スタッフ化

図表3-4　1人の違いが顧客サービスに大きく影響

前提条件
・コール数：250コール／1時間　・平均処理時間：240秒　・最長放棄時間：120秒

エージェント人数	サービスレベル （20秒以内）	放棄率	平均応答時間
18人	40%	34%	120秒
19人	60%	15%	49秒
20人	74%	6%	24秒
21人	84%	3%	13秒
22人	90%	1%	7秒
23人	94%	0%	4秒
24人	97%	0%	2秒

7. ステークホルダーの要求に応える

コールセンターには、顧客、企業、エージェントの3者のステークホルダー（利害関係者）が存在する。顧客は手厚いサービスと質の高い顧客経験を望み、企業は利益の最大化のために、リソースの効率的な利用によるコストの最小化を要求する。エージェントは働き甲斐と働きやすさを求める。時に相反する場合もある、これら3者の要求に、コールセンターはバランスよく応えなければならず、そのためにコスト、サービス、スタッフィングの「トレードオフ」（あちら立てればこちら立たずの関係）の調整が必要となる。

図表3-5に、5つのステップからなるワークフォース・マネジメントのプロセスを、それぞれのステップにおける主なアクションやキーワードとともに示す。以下、本章では、このプロセスに順じて解説を進める。

図表3-5　ワークフォース・マネジメントのプロセス

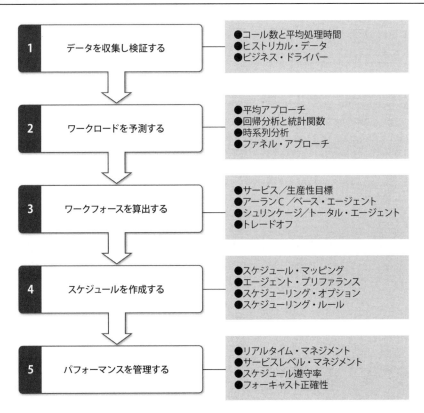

II データを収集し検証する

ワークフォース・マネジメントの最初のステップは、ワークロード（仕事の量）の予測のための基礎データの収集と検証だ。このデータとは、「コール数」と「平均処理時間」の2つであり、それらの「ヒストリカル・データ」（過去の実績）と「ビジネス・ドライバー」（将来の増減要因）を用いて予測を行う。以下では、まず、ワークロードとコール数の定義を示し、続いてヒストリカル・データとビジネス・ドライバーの詳細を解説する。

1. コールセンターのワークロード

「ワークロード」とは、「一定の時間内に行う仕事の量」を意味し、仕事の数量（件数）に作業負荷（時間）を乗じて求める。これにコールセンターのインバウンド業務を当てはめると、「数量＝コール数」「作業負荷＝平均処理時間」となる。

```
ワークロード   ＝   数量   ×   作業負荷
（仕事の量）       （件数）     （時間）
```

ワークロードは通常の場合、「1時間あたりに発生する作業量を処理するのに必要な時間数」として、時間を単位にして表す。これを「ワークロード時間」と呼ぶ。コール数は仕事の"件数"に過ぎないが、ワークロード時間を求めることによって仕事の"量"を表すことができる。

図表3-6の場合、両プログラムとも件数は同じだが、ワークロード時間（1,000コールを処理するのに必要な時間）は資料請求が50時間であるのに対して、新規入会は倍の100時間となる。つまり、単純に考えれば、コール数が同じでも、同じ1時間で処理を完了するには、新規入会の方が倍のワークフォース（エージェント）を必要とする。そのた

図表3-6　ワークロードの算出

プログラム	1時間あたりコール数	平均処理時間	ワークロード時間
資料請求	1,000	180秒	180,000秒＝50時間
新規入会	1,000	360秒	360,000秒＝100時間

めに、件数でなくワークロード（仕事の量）という観点で考える必要があるわけだ。

2. コール数を理解する

ワークロードの第一の要素である「コール数」*の定義を正しく理解しておくことが重要だ。**図表3-7**に7種類のコール数と、その背景となるコールフローの関連を図示する。以下には、それぞれのコール数の定義と特徴について説明する（本文と図中の丸囲み番号は連動している）。

図表3-7　コール数とコールフローを理解する

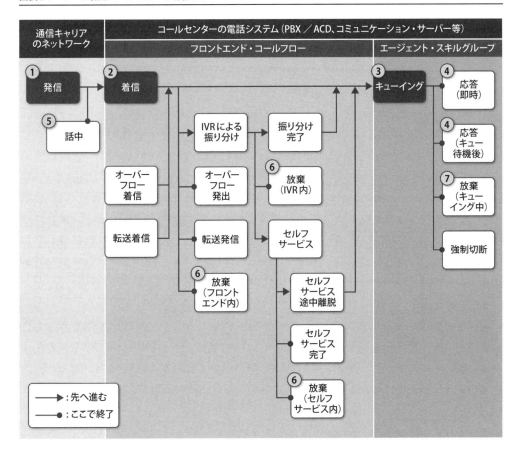

＊コール数の表記を「呼数」「呼量」とする場合が多いが、「呼」とは通信工学において、電話ネットワーク内の「データ」という技術的な色彩の濃い用語だ。本書では、コールセンターにおいて人を介して内容を伴った会話のやり取りを行うという意味合いを含んだ「コール」の表記を用いる

①発信コール数：顧客がコールセンターにアクセスするために電話をかける作業を行った回数。具体的には、プッシュフォンのボタンをプッシュする、スマートフォンの発信ボタンをタップする、PCの発信ボタンをクリックする、旧式のダイヤル式電話機であればダイヤルを回すといった操作のことだ。その結果、コールセンターの電話システム[*1]につながれば「呼出音」(「リング音」ともいう)が、電話回線が一杯で電話システムにつながらない場合は「話中音」(「ビジー音」ともいう)が聞こえる。

　この段階では顧客の発したコールは通信キャリアのネットワーク内にあるため、コールセンターの電話システムや統計管理システムでは件数等のデータを得られない。それらを入手するには、利用している通信キャリアの統計データを提供するサービスを利用する。例えば、NTTコミュニケーションズのフリーダイヤルやナビダイヤルのユーザーの場合、無償で「カスタマコントロール」というアプリケーションを利用できる。これによって、同社のネットワーク内にある発信コール数や話中コール数をはじめとする詳細なデータを最短10分間隔で把握できる。また、統計データの入手に加えて、発信地域指定、受付先変更、回線数変更等、多くのオプションメニューがあるため大変便利だ。

②着信コール数：顧客が発信したコールのうちコールセンターの電話システムにつながった数。顧客のコールが電話システムに着信したことを示す呼出音が聞こえる状態だ。この瞬間から顧客のコールはコールセンターの電話システムに入り、センターの統計管理システムでデータが取得できるようになる。

　顧客のコールが電話システムに着信すると、あらかじめ設定された「コールフロー」[*2]によって、コールが用件ごとに振り分けられる。例えば、「IVR」(自動音声応答装置)で用件別の「スキル」[*3]に振り分けたり、エージェントへのつながりやすさの状況に応じて他のセンターやグループへつなぎ替えたり(オーバーフロー)、資料請求等シンプルな用件の場合はIVRや録音装置だけで完了させる(セルフサービス)。このプロセスを経て、顧客のコールは「キュー」(エージェントにつながるための順番待ち)に到達する。

③キューイング・コール数：顧客のコールがエージェントにつながるための順番待ちに入ったコール数。順番待ちを意味する「キュー」に入ることを「キューイング」と表現する。顧客のコールがキューイングした時に空いているエージェントがいれば、即時に、そのエージェントにつながる。通話、後処理、離席等で電話に出られるエージェント

[*1]：PBX(電話交換装置)やPBXの機能を担うコミュニケーション・サーバー、CTIサーバー、あるいはそれらのクラウドによるサービス等を総称する

[*2]：電話システムに着信したコールを、顧客の属性や用件等の条件に応じて適切なエージェントやグループに振り分けるための経路を示す設計図のようなもので、コールフローにより目的の場所にコールをつなぐことを「ルーティング」という

[*3]：顧客の用件に対しエージェントが応対できる知識や能力、あるいは担当する業務の区分等を意味する。電話システムに着信したコールは、コールフローによって顧客の用件に応じたスキルを持つエージェントにつながる

が1人もいない場合は、「ディレイアナウンス」(お待たせのメッセージ)を聞かされながらエージェントにつながるまで待つことになる(この状態を「キューが溜まる」という言い方をする)。キューが溜まるとスーパーバイザーのPCや「ウォールボード」(オフィスの壁等に設置した電子掲示板)に「アラート」(警告)を表示させたり、センター内にアラート音を発する等して、迅速な受電を促すといった工夫を凝らす。それでも、過度にコールがスパイクしたり、いつまでもキューが溜まる状態が解消されないセンターでは、最終手段として、一定の待ち時間の後、「強制切断」(センターの側で強制的に電話を切ってしまう)といった荒療治を施す場合もある。

④応答コール数：エージェントが顧客のコールに応答した(通話した)数。顧客のコールがキューイングして即応答した場合と、キューの状態で待たされてから応答した場合がある。7種類のコール(①～⑦)のうち、センターに電話がかかってきていることを目や耳で実感できるのは、この応答コールだけだ。そのため、オペレーション・フロアの見た目だけで「今日は忙しい」等と判断してしまいがちだが、必ず7種類のコールのデータを確認して、正しい判断をすべきだ。

⑤話中コール数：顧客がコールセンターへのアクセスを試みるも、すべての電話回線が使用中でコールセンターの電話システムにつながらず、やむを得ず電話を切断した数。話中音(ツーツーツーという話し中であることを示す音)が聞こえる状態だ。そうなると電話回線に空きが出ても、いったん電話を切らないとつながらないため、顧客は否応なしに電話を切る。それが「話中コール数」としてカウントされる。通信キャリアのネットワーク内での事象であるため、発信コール数と同様に通信キャリアの統計データによらなければ得ることができない。

　話中コールは、センターの電話回線数よりも多くのコールが同時にかかってきたことにより起きるもので、これが頻繁に発生する場合は、電話回線の増設を急ぐ必要がある。ただし、電話回線を増やしても、それによって増えたコール数を吸収できるキャパシティーがなければ、話中コールが解消しても、今度は放棄が増えるだけだ。一般に「話中コール数は発信コール数の1％以内にとどめる」ことが求められるので、それを踏まえて電話回線の設備やエージェントの受電態勢等を設計する。

　なお、通常、話中音は通信キャリアが発するが、キューの累積を減らすために、コールセンターの電話システムが着信コールに対して疑似的な話中音を発する「ビジー返し」という手法がある。電話回線がISDN回線である場合に限られるが、顧客に話中であると認識させて電話を切らせようとするものだ。ただし、これはコールセンターの電話システム内で発生するため、ビジー返しにより顧客が切ったコールは、⑥のフロントエンド放棄コールとして計上される。

⑥フロントエンド放棄コール数：顧客のコールがコールセンターの電話システムに着信して、IVRやセルフサービス等の途中で顧客が自ら電話を切った(放棄した)数。フロントエンド放棄が起こる原因は、長過ぎるIVRに嫌気を差す、セルフサービスの途中

で来客等、顧客の側に急な用件が生じる、プロセス中に気が変わる、間違い電話に気づく、ビジー返し等さまざまだ。IVRやセルフサービスには、企業と顧客の双方に効率化というメリットをもたらす一方で、そのために生じる顧客のイライラや負担感との折り合いのつけ方が課題であり、運用の難しいところだ。

⑦**放棄コール数**：キューイングしたコールをエージェントが応答するまでの間に、顧客が自ら電話を切った（放棄した）数。ディレイアナウンスを聞かされながらも、待ち切れずに顧客自らが電話を切ってしまうことにより発生する。後述のサービスレベルや放棄率の目標を恒常的に超えるようであれば、エージェントの増員をはじめとする対策を講じることが必要だ。

コールセンターの管理者は、上記について正確に理解しておかねばならない。日常的に交わされるコール数という言葉の定義が明確でなければ、判断を誤ってしまうからだ。

なお、コールセンター専用の電話システムではなく、一般のオフィス用のビジネスフォンで運用している場合、コール数等の統計データが取れないため、エージェントが手作業でカウントした応答コール数しか把握できない。その数は統計システムのデータよりも少ないのが常だ。なぜなら、エージェントは、本来の目的のコールしか記録しないからだ。しかし現実には、間違い電話や無音電話等、本来の目的以外のコールも受けている。ワークロードの予測には、それらのコール数のデータもすべて必要なので、手作業によるデータを利用する際は注意したい。

3. ヒストリカル・データ

コールセンターのワークロードの予測の基礎となるのが、コール数と平均処理時間の「ヒストリカル・データ」（過去の実績）だ。統計管理システムに保存され、「ヒストリカル・レポート」として加工・出力し利用できる。ロー・データ（未加工のデータ）しか出力されない場合は、Excel等の表計算ソフトに保存し、手作業で加工することになる。

そうして得られたデータを使用するにあたって重要なのが、データの検証だ。ワークロードの正確な予測を行うには、元のデータの正確性が絶対条件となるからだ。ここでは、ヒストリカル・データの検証のポイントとその事例、および検証に有効なヒストリカル・データの記録について見ていく。

（1）ヒストリカル・データを検証する

ヒストリカル・データの検証は、以下に示すポイントに従って行う。

- データから読み取れる現象や傾向、異常値を、「恒常的事実」と「一時的事実」に分けて把握する
- それぞれの原因を確認する

- 国民の祝日や振替休日の定義や日にちを内閣府のホームページ等で確認しておく
- 毎年同じタイミングで発生する／1年を通じて恒常的に発生する／事前に予測できるイベントなら、その現象や傾向を予測に反映させる
- 特定のタイミングに限った一時的なイベント、あるいは台風のように毎年発生するがタイミングや規模が予測できないものなら、そのデータはノーマライズ（調整）する

(2) コール数のヒストリカル・データを検証する

図表3-8の事例を使って、コール数のヒストリカル・データを検証する。これは、あるコールセンターの10月〜12月の毎日のコール数のデータだ。

① **恒常的事実と一時的事実に分類し事象を読み取る**：まず、このデータを「恒常的な事実」と、この3カ月間に限り発生した「一時的な事実」とに分類し、その原因や傾向を読み取る。

図表3-8　ヒストリカル・データ――コール数を検証する

10月 コール数　　各日の左側の数字はカレンダーの日付／（　）の日付は祝日を表す

月		火		水		木		金		土		日	
										1	1,657	2	928
3	6,950	4	6,181	5	5,857	6	5,938	7	5,820	8	1,560	9	960
(10)	1,234	11	6,737	12	6,362	13	4,371	14	6,048	15	1,662	16	901
17	7,082	18	6,340	19	6,185	20	5,934	21	5,901	22	2,281	23	1,589
24	9,923	25	9,562	26	8,983	27	7,041	28	6,363	29	1,983	30	1,073
31	7,053												

11月 コール数

月		火		水		木		金		土		日	
		1	6,400	2	6,134	(3)	1,001	4	6,880	5	1,690	6	893
7	6,898	8	6,112	9	5,948	10	4,732	11	6,010	12	1,682	13	958
14	7,135	15	6,756	16	6,060	17	6,034	18	5,983	19	1,708	20	986
21	6,991	22	6,159	(23)	996	24	6,363	25	5,948	26	1,742	27	899
28	7,065	29	6,223	30	6,051								

12月 コール数

月		火		水		木		金		土		日	
						1	5,905	2	5,915	3	870	4	871
5	7,101	6	6,664	7	6,011	8	4,568	9	6,101	10	1,771	11	886
12	6,607	13	6,269	14	6,762	15	5,881	16	5,893	17	1,648	18	899
19	6,653	20	6,272	21	5,877	22	6,191	(23)	913	24	1,803	25	941
26	5,743	27	5,601	28	4,746	29	3,013	30	2,178	31	0		

恒常的な事実
- 月曜日が1週間のピーク
- 月曜日から日曜日にかけて減少傾向
- 祝日は日曜日と同等
- 祝日翌日は月曜日と同等

一時的な事実
- 体育の日（10月10日）、文化の日（11月3日）、勤労感謝の日（11月23日）、天皇誕生日（12月23日）はいずれも日曜日と同等
- 10月21日にキャンペーンのダイレクトメール（以下DM）を発送。翌日から届き始めレスポンス発生。週明けの24日に通常のピークに加えDMレスポンスのピーク。以後1週間にわたって順次減少しながらレスポンスが発生
- 毎月第二木曜日に定期システム・メンテナンスによる3時間のシステム・ダウン（オペレーションの中断）が発生。翌金曜日に、その反動で若干の増加
- 12月最終週は、28日の公務員仕事納め以後、年末に向けて減少
- 12月31日は年末臨時休業

②**判明した事実を予測に反映する**：上記で判明した事実を、翌年以降のコール数の予測に反映する。

- 「恒常的な事実」は毎年発生する現象のため、そのまま予測に反映させる
- 4つの祝日と年末臨時休業日も毎年発生するため、当日およびそれ以後数日間の傾向を反映させる
- ただし、体育の日以外は毎年曜日が変動するので、各年の曜日を考慮して予測に反映させる
- 10月21日のDMはこの年に限った一時的なイベントのため、同日から1週間のデータは「ノーマライズ」（平常時のデータに調整）する
- 第三木曜日の定期システム・メンテナンスは、今後も継続するならば恒常的なイベントとして予測に反映させる。1年以内に終了するのであればノーマライズする
- 12月最終週の減少は毎年発生する恒常的な事実として予測に反映させる。ただし、減少の開始となる公務員仕事納めの日にちや、曜日のタイミングを考慮する

(3) 平均処理時間のヒストリカル・データを検証する

次に、**図表3-9**の事例を使って平均処理時間のヒストリカル・データを検証する。このデータから読み取れるのは、「毎日16:00以降の平均処理時間が、それまでの時間帯より長くなる」という事実だ。その原因を特定して今後の予測にどう反映させるかを、以下のように判断する。

図表3-9　ヒストリカル・データ - 平均処理時間を検証する

ある週の平均処理時間（AHT）　　　　　　　　　　　　　　　　　　　　　　　　（秒）

時間帯	月	火	水	木	金
09:00	326	318	319	314	315
09:30	318	317	310	319	311
10:00	322	317	309	319	310
10:30	317	312	314	320	317
11:00	315	313	318	319	311
11:30	315	316	318	310	315
12:00	319	317	315	311	319
12:30	314	315	315	314	313
13:00	316	317	322	310	309
13:30	317	308	316	302	326
14:00	318	315	319	312	319
14:30	316	312	317	326	323
15:00	311	312	313	309	314
15:30	316	309	315	319	316
16:00	320	322	324	320	325
16:30	322	324	325	327	328
17:00	324	326	325	329	327
17:30	325	324	328	325	326

- エージェントの疲労によるものなら、それは恒常的な現象のため継続して予測に反映させる
- この期間、毎日16:00から実施した新人エージェントのOJTが原因なら、それは一時的な現象のため、データをノーマライズする

(4) ヒストリカル・データを記録する

　上記では、生の数値データを使ってヒストリカル・データの検証について解説したが、現実には生の数値データのみで行うのは効率が悪い。検証をより効率的に行うには、統計管理システムのロー・データをグラフ化して、一見して異常値等を判別できるようにしておく。そして、**図表3-10**のように異常値の原因やイベントを具体的に記録しておく。毎日のように発生するさまざまなイベントを覚えておくのは不可能なため、記録しておくことで、異常値の原因を確実・迅速に確認できる。

　また、この図にサービスレベルを併記しているように、相関性の高いデータや情報も一緒に盛り込み、全体のパフォーマンスとの関連や異常値の原因等が把握できるようにしておくとなお良い。

図表3-10　ヒストリカル・データを記録する

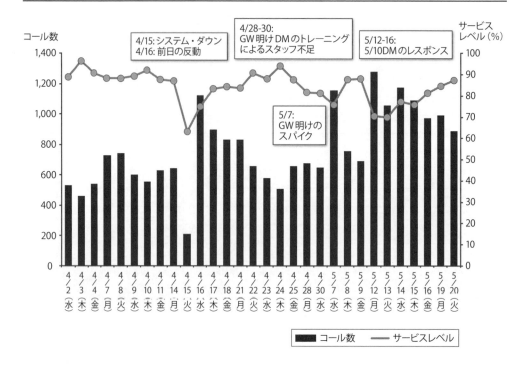

4. ビジネス・ドライバー

　ヒストリカル・データとともに、ワークロードの予測に不可欠なのが「ビジネス・ドライバー」だ。将来のワークロードの増減に直接・間接的に影響を与える要因のことで、当事者（コールセンターや社内の関係部署）の活動による「内部要因」と、景気等、外的な動向や事象による「外部要因」がある。通常は、コールセンターが提供しているサービスや製品に直接関係のある情報に目を向けがちだが、自分たちのあずかり知らないところで発生した事象の影響を受けることも多々あることを認識し、広い視野と広範な情報収集を常に欠かさないでおくことが肝要だ。

　図表3-11にビジネス・ドライバーの例を示した。ほとんどのコールセンターになんらかの影響がありそうなものを挙げたが、これ以外にも無数のビジネス・ドライバーが存在する。コールセンターの管理者は、自社センターにかかってくるコールの理由を追跡・収集して、ワークロードに与える影響の度合いの把握に努め、自社が注視すべきビジネス・ドライバーを特定し優先順位をつけておく。優先順位の低いものでも、少なくとも年間予算策定時にはひと通りの検証・分析をしておく。

　同じドライバーであっても、センターによって、あるいは同じセンターでも業務によっ

図表3-11　コールセンターのワークロードに影響を与えるビジネス・ドライバー

カテゴリー		ビジネス・ドライバー
内部要因	コールセンター	●新規プログラムの開始、変更、終了　●コンタクト・チャネルの新設、拡大、変更　●社内の位置づけ、責任範囲の変化　●新サイト立ち上げ、統合、分離　●セルフサービス導入　●営業時間変更　●ビジネスプロセス変更　●品質改善活動　●生産性向上活動　●ノン・フォーン・ワーク　●コールフロー変更
	マーケティング	●新製品／サービスの開始、変更、終了　●マーケティング・キャンペーン、プロモーション、イベント　●広告・宣伝活動　●顧客コミュニケーション活動
	インターネット	●Webサイト新設、リニューアル　●ソーシャル・メディアの導入、拡大　●アクティブ・サポート
	セールス	●販売予測　●新規顧客獲得　●セールス・プロモーション　●アフター・セールス
	IT／テレコム	●新システム導入、アップグレード、リニューアル　●システムやネットワークの障害　●トラブル・シューティング
	研究／開発	●新製品の開発　●新技術導入
	人事／総務／法務	●セキュリティー・ポリシーや手順の変更　●エージェントの採用、退職　●センターの人事制度変更
	経営／広報	●事業計画　●利益計画　●コスト削減　●新規事業　●プレスリリース　●パブリシティー　●合併、買収、経営統合
外部要因	顧客	●顧客の期待、ニーズの変化　●顧客層の変化
	環境／インフラ	●天候、自然災害　●季節要因　●ITインフラ増強　●都市開発　●地域開発　●運輸・交通事情
	経済状況	●経済状況、景気動向、市場動向　●消費マインド　●投資意欲
	政治／行政	●法規制、行政指導、自主規制　●政権交代　●選挙
	競合状況	●業界動向　●競合状況　●競合他社の活動
	評価／評判	●アワード、コンテスト受賞　●メディア掲載　●人災、風評被害
その他		●自然増、自然減　●事件、戦争　●不測のイベント

て影響の度合いや内容が異なる場合があるので、自社センターのビジネス・ドライバーは、必ず自社のヒストリカル・データやコールの理由の分析等に基づいて特定することが重要だ。

III ワークロードを予測する

1. コール数を予測する

　ヒストリカル・データやビジネス・ドライバー等の基礎データが整ったら、そのデータを用いてワークロードの予測を行う。具体的に算出するのは、ワークロードの要素であるコール数と平均処理時間だ。まずは3つの統計手法（「平均アプローチ」「回帰分析」「時系列分析」）を活用したコール数の予測から解説する。

（1）平均アプローチ
　過去の実績の平均を将来の予測に適用するもので、以下の3通りの方法がある。**図表3-12**の例を使って説明する。

① **単純平均**：ヒストリカル・データを単純に平均する方法。例では、8月から12月の5カ月間の実績値を平均した84コールが12月の予測値となる。
② **移動平均**：直近の一定期間の実績を平均する方法。例では12月の直近3カ月である9月～11月の実績の平均値86コールが12月の予測値となる。この例のように、常に直近3カ月の実績値を使う場合、翌年1月の予測値は10月～12月の3カ月の実績値を、2月の予測値は11月～1月の3カ月の実績値を使うというように、対象期間が"移動"していく。

図表3-12　平均アプローチによるコール数の予測

#	月	実績値	単純平均	移動平均	加重平均
①	7月	80	80	―	80×10% = 8
②	8月	83	83	―	83×10% = 8.3
③	9月	85	85	85	85×20% = 17
④	10月	85	85	85	85×30% = 25.5
⑤	11月	88	88	88	88×30% = 26.4
	計算式：		(①+②+③+④+⑤)÷5	(③+④+⑤)÷3	(①+②+③+④+⑤)÷(10%+10%+20%+30%+30%)
	12月予測：		84	86	85

③**加重平均**：対象となる月の実績値に重みを加えて平均を求める方法。例では、7、8月に10％、9月に20％、10、11月にそれぞれ30％と、12月に近いほど高い重みをかけて算出した平均値85コールが12月の予測値となる。

　これら平均アプローチは、環境の変化がほとんどなく、常に一定の条件、方法で仕事が進む業務の予測には有効だ。単一の商品をいつも変わらぬ方法で販売する通信販売等がその例だ。しかし、コールセンターのオペレーションは日々目まぐるしく変化する傾向が強い。従って、平均アプローチのみでコール数を予測することにはリスクがあり、ひとつの指針として利用するのが一般的だ。

(2)回帰分析

　回帰分析とは、カタログ発行部数や新規顧客数等、コール数と相関関係の強い要因（「説明変数」という）からコール数の予測を行う方法で、説明変数が1つの場合を「単回帰分析」、2つ以上の場合を「重回帰分析」という。回帰分析を行うには統計学に関する多少の専門知識が必要だが、Excelの「統計関数」を使えば、回帰分析による予測値を容易に求められる。ただし、その場合でも説明変数の有意性の確認は必要なため、回帰分析の基礎だけは押さえておく必要がある。

①**Excelで回帰分析を行う**：回帰分析を理解するための一般的な統計学に関する解説は割愛し、ここでは**図表3-13**の例を基に、Excelを使った回帰分析によるコール数

図表3-13　回帰分析のためのヒストリカル・データ

年月	カタログ発行部数	新規顧客数	コール数
2018年4月	123,000	99,000	72,000
2018年5月	135,000	108,000	85,000
2018年6月	140,000	120,000	92,000
2018年7月	155,000	140,000	101,000
2018年8月	86,000	73,000	54,000
2018年9月	77,000	77,000	55,000
2018年10月	98,000	108,000	78,000
2018年11月	165,000	147,000	105,000
2018年12月	123,000	100,000	82,000
2019年1月	132,000	98,000	85,000
2019年2月	150,000	100,000	y

の予測の方法を解説する。

この例では、コール数と相関関係があると思われる「カタログ発行部数」と「新規顧客数」の2つを使って、2019年2月のコール数を予測する。回帰分析においては、コール数を「目的変数」、カタログ発行部数と新規顧客数を「説明変数」と呼ぶ。説明変数が2つある場合は重回帰分析となり、以下の2つの手順で行う。

手順1　コール数に影響のある説明変数を確認する

Excelの回帰分析のツールを使用して（**図表3-14**）、説明変数であるカタログ発行部数と新規顧客数が、それぞれ目的変数であるコール数に対して影響を与えているのかを確認する。結果は、**図表3-15**のように出力される。この結果をすべて読み解くには統計学の専門知識が必要だが、確認すべきポイントは以下の2点だ。

- 「補正 R2」：手順2に示す回帰式の精度を表す。数値が1に近いほど精度が高い。この例ではカタログ発行部数と新規顧客数の2つの説明変数で94.4%という高い相関性があることがわかる
- 「t値」：目的変数に対する説明変数の影響度を表す。この値（絶対値）が大きいほど影響度が強いことを意味する。目安として、この値が2より大きけ

図表3-14　Excelによる回帰分析の手順

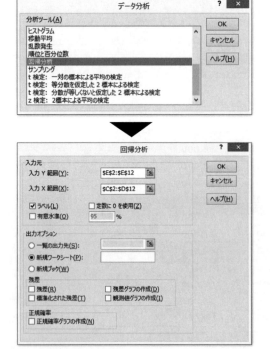

1. ツールバーの「データ」のタブをクリックし「データ分析」を選択する ⇒「データ分析」ダイアログ（左上）が表示される
2. 「データ分析」ダイアログの「分析ツール」から「回帰分析」を選択する ⇒「回帰分析」ダイアログ（左下）が表示される
3. 「回帰分析」ダイアログの「入力Y範囲」で、2018年4月から2019年1月までのコール数のセルの範囲（E2:E12）を選択する
4. 「回帰分析」ダイアログの「入力X範囲」で、2018年4月から2019年1月までの「カタログ発行部数」と「新規顧客数」のセルの範囲（C2:D12）を選択する
5. 上記3.の「入力Y範囲」、4.の「入力X範囲」ともに、分析結果の表示がわかりやすくなるように「コール数」「カタログ発行部数」「新規顧客数」の項目名も選択範囲に含めておく
6. 「回帰分析」ダイアログの「ラベル」にチェックを入れる
7. 「回帰分析」ダイアログの3つの「出力オプション」から任意のひとつを選ぶ
8. 「回帰分析」ダイアログの「OK」ボタンを押す ⇒ 7.で選択した場所に回帰分析の結果（図3-15）が出力される

れば、統計的にその説明変数は目的変数に影響していると判断できる。この例ではカタログ発行部数と新規顧客数の両者ともコール数に影響していること、つまり有意であることが確認できた

手順2 回帰式を使って2019年2月のコール数を予測する

上記の出力結果（図表3-15）の「係数」の値を、予測値を算出するための方程式である「回帰式」（この例では説明変数が2つある重回帰分析のため、「重回帰式」と呼ぶ）に当てはめて、2019年2月の予測コール数を求める。回帰式は次のように表す。

重回帰式： $y = a_1 x_1 + a_2 x_2 + b$

説明変数が1つの場合は、単回帰分析となり、下記の「単回帰式」を使用する。

単回帰式： $y = ax + b$

上記の重回帰式に、図表3-13と図表3-15の数値を当てはめて、2019年2月の予測コール数を求める。

y： 目的変数。予測する結果、つまり図表3-13の2019年2月のコール数

図表3-15　Excelによる重回帰分析の出力結果

概要

回帰統計	
重相関 R	0.97785078
重決定 R2	0.956192148
補正 R2	0.943675619
標準誤差	4053.062887
観測数	10

補正 R2
- 重回帰分析全体の精度を表す
- 1に近いほど精度が高い
- この例では、カタログ発行部数と新規顧客数の2つの説明変数でコール数の増減の94.36%を説明できることを示す

分散分析表

	自由度	変動	分散	観測された分散比	有意 F
回帰	2	2509908769	1254954384	76.39435273	1.75967E-05
残差	7	114991231.4	16427318.77		
合計	9	2624900000			

	係数	標準誤差	t	P-値	下限 95%	上限 95%	下限 95.0%	上限 95.0%
切片	5421.186993	6260.404814	0.865948314	0.415209454	-9382.318055	20224.69204	-9382.318055	20224.69204
カタログ発行部数	0.289745144	0.105053748	2.758065762	0.028174416	0.041332505	0.538157783	0.041332505	0.538157783
新規顧客数	0.371254787	0.126509146	2.934608273	0.021880371	0.072108192	0.670401382	0.072108192	0.670401382

係数
- 切片、カタログ発行部数、新規顧客数それぞれの係数を、本文に示す重回帰式に下記のように当てはめる
  - b：切片
  - a_1：カタログ発行部数
  - a_2：新規顧客数

t値
- 説明変数（カタログ発行部数と新規顧客数）が目的変数（コール数）に与える影響度を表す
- この数値が「2」より大きければ、その説明変数が目的変数に影響を与えていることを示す
- この例では2つの説明変数のいずれも2より大きく、目的変数に影響を与えていると判断できる

a_1：回帰分析の出力結果（図表3-15）のカタログ発行部数の係数[*1] = 0.289745144
a_2：回帰分析の出力結果（図表3-15）の新規顧客数の係数 = 0.371254787
x_1：図表3-13の2019年2月のカタログ発行部数 = 150,000
x_2：図表3-13の2019年2月の新規顧客数 = 100,000
b：回帰分析の出力結果（図表3-15）の切片[*2]の係数 = 5,421.186993

図表3-16　ExcelのFORECAST関数でコール数を予測する

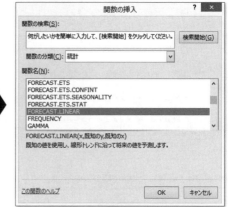

1. 説明変数である「カタログ発行部数」とコール数に有意な相関があることを単回帰分析で確認しておく
2. 予測をする2019年2月のコール数（D13）のセルを選択する（この時点では数値は表示されていない）
3. ツールバーの「数式」のタブをクリックし「関数の挿入」をクリックする⇒「関数の挿入」ダイアログ（右上）が表示される
4. 「関数の挿入」ダイアログの「関数の分類」から「統計」を選択する
5. 「関数の挿入」ダイアログの「関数名」から「FORECAST.LINEAR」（Excel2016の場合）あるいは、「FORECAST」（Excel 2016以前のバージョンの場合）を選択する
6. 「関数の挿入」ダイアログの「OK」ボタンを押す⇒「関数の引数」ダイアログ（右下）が表示される
7. 「関数の引数」ダイアログの「X」に、2019年2月のコール数の予測に必要な2019年2月の「カタログ発行部数」のデータの範囲セル（C13）を選択する
8. 「関数の引数」ダイアログの「既知のy」に、目的変数であるコール数の2018年4月から2019年1月までのデータの範囲（D3:D12）を選択する
9. 「関数の引数」ダイアログの「既知のx」に、説明変数である「カタログ発行部数」の2018年4月から2019年1月までのデータの範囲（C3:C12）を選択する
10. 「関数の引数」ダイアログの「OK」ボタンを押す⇒D13のセルに計算結果「**95,938**」が表示される。D13のセルの計算式は下記となる
　=**FORECAST（C13,D3:D12,C3:C12）**

[*1]：説明変数が目的変数にどの程度の影響を与えるかを表す数値
[*2]：説明変数の変動に影響されない値

計算式にあてはめると、予測コール数は**86,008**となった。

このように、専門知識がなくても、上記の手順を理解しておけば、回帰分析によるコール数を予測できるが、少々難解であることも事実だ。この作業を簡単にしてくれるのが、次に説明するExcelの統計関数だ。

②**Excelの統計関数でコール数を予測する**：コール数の予測に利用できるExcelの統計関数には、「FORECAST関数」「TREND関数」「GROWTH関数」の3つがあり、以下のように使い分ける。**図表3-16、3-17、3-18**にはそれぞれの使い方を示す。

- **FORECAST関数**：単回帰分析による予測、つまり説明変数が1つの場合に使用する（図表3-16）

図表3-17　ExcelのTREND関数でコール数を予測する

1. 説明変数である「カタログ発行部数」、「新規顧客数」とコール数に有意な相関があることを重回帰分析で確認しておく
2. 予測をする2019年2月のコール数のセル（E13）を選択する（この時点では数値は表示されていない）
3. ツールバーの「数式」のタブをクリックし「関数の挿入」をクリックする⇒「関数の挿入」ダイアログ（右上）が表示される
4. 「関数の挿入」ダイアログの「関数の分類」から「統計」を選択する
5. 「関数の挿入」ダイアログの「関数名」から「TREND」を選択する
6. 「関数の挿入」ダイアログの「OK」ボタンを押す⇒「関数の引数」ダイアログ（右下）が表示される
7. 「関数の引数」ダイアログの「既知のy」で、2018年4月から2019年1月までのコール数のセルの範囲（E3:E12）を選択する
8. 「関数の引数」ダイアログの「既知のx」で、2018年4月から2019年1月までの「カタログ発行部数」と「新規顧客数」のセルの範囲（C3:D12）を選択する
9. 「関数の引数」ダイアログの「新しいx」で、2019年2月の「カタログ発行部数」と「新規顧客数」のセルの範囲（C13:D13）を選択する
10. 「関数の引数」ダイアログの「定数」は空欄のままにしておく
11. 「関数の引数」ダイアログの「OK」ボタンを押す⇒E13のセルに計算結果「**86,008**」が表示される。E13のセルの計算式は下記となる
=**TREND（E3:E12,C3:D12,C13:D13）**

- **TREND関数**：重回帰分析による予測、つまり説明変数が複数ある場合に使用する（図表3-17）
- **GROWTH関数**：相関関係のある説明変数がなく、コール数のヒストリカル・データのみで予測する場合に使用する（図表3-18）

FORECAST関数とTREND関数を初めて使用する時は、上述の回帰分析により、説明変数（カタログ発行部数、新規顧客数）と目的変数（コール数）との間に有意な相関があることを事前に確認しておく。

以上のようにコール数と相関関係のあるデータがあれば、Excelによる回帰分析と統計関数を使って将来のコール数を容易に予測できる。ビジネス環境の変化が少ないコールセンターであれば、これだけでもかなり精度の高い予測が可能だ。変化の多いセ

図表3-18　ExcelのGROWTH関数でコール数を予測する

1. 予測をする2019年2月のコール数のセル（C13）を選択する（この時点では数値は表示されていない）
2. ツールバーの「数式」のタブをクリックし「関数の挿入」をクリックする ⇒「関数の挿入」ダイアログ（右上）が表示される
3. 「関数の挿入」ダイアログの「関数の分類」から「統計」を選択する
4. 「関数の挿入」ダイアログの「関数名」から「GROWTH」を選択する
5. 「関数の挿入」ダイアログの「OK」ボタンを押す ⇒「関数の引数」ダイアログ（右下）が表示される
6. 「関数の引数」ダイアログの「既知のy」で、2018年4月から2019年1月までのコール数のセルの範囲（C3:C12）を選択する
7. 「関数の引数」ダイアログの「既知のx」で、2018年4月から2019年1月までの年月のセルの範囲（B3:B12）を選択する
8. 「関数の引数」ダイアログの「新しいx」で、予測する2019年2月のコール数のセル（B13）を選択する
9. 「関数の引数」ダイアログの「定数」は空欄のままにしておく
10. 「関数の引数」ダイアログの「OK」ボタンを押す ⇒ C13のセルに計算結果「**82,199**」が表示される。C13のセルの計算式は下記となる
　　=**GROWTH (C3:C12,B3:B12,B13)**

ンターでも、まずはこの手法による予測を行い、その結果にビジネス・ドライバーを反映させて、より精緻なものに調整すればよい。

(3)時系列分析

「時系列分析」は、コール数の予測で最も頻繁に利用する手法だ。ワークフォース・マネジメント・システム（第11章）の予測アルゴリズムも、多くが時系列分析に基づいて設計されている。

時系列分析による予測は、コール数の長期的な変動の傾向を示す「トレンド要因*」と、コール数の短期的な変動（月ごとの増減）を示す「季節要因」がキーとなる。両者の違いをグラフに表したのが**図表3-19**だ。コール数の実績が、トレンド要因による長期的な右肩上がりの傾向と、季節要因による月ごとの増減の度合いによる影響を受けていることが見て取れる。そのために、これらの要因を数値化して分析していくのが、時系列分析のポイントだ。

図表3-20は、6つのステップからなる時系列分析のプロセスと、各ステップで算出する数値を示す。以下、このステップに従って解説する。

図表3-19　トレンド要因と季節要因

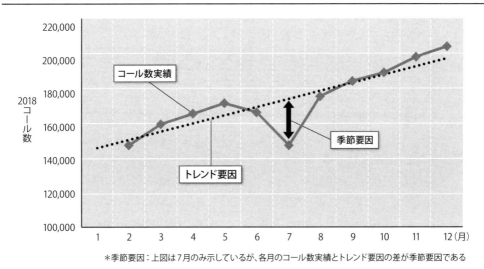

＊季節要因：上図は7月のみ示しているが、各月のコール数実績とトレンド要因の差が季節要因である

＊「トレンド」は「成長」と混在して使われる場合も多いが、本来は別個の意味合いを持つ。傾向やすう勢と訳されることが多く、統計学的には長期的変動といった意味合いを表わすことが多い。これらの和訳や定義をそのまま使うとわかりにくいことから、本章ではトレンド／トレンド要因等、英語表記のまま使用する

図表3-20　時系列分析のプロセス

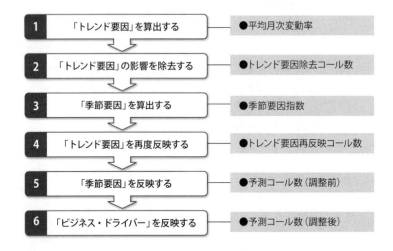

①「トレンド要因」を算出する：時系列分析の第1のステップは、トレンド要因の算出だ。**図表3-21**のサンプル・データを使って説明する。トレンド要因を算出するには、少なくとも直近24カ月分のヒストリカル・データがあることが理想だ。この例では2018年12月を最新の月として直近24カ月、すなわち2017年1月から2018年12月までのデータを使用する。白抜きで示す2018年の平均月次変動率が、このステップで求めるトレンド要因だ。以下の手順で算出する。

- 2018年の各月の「前年同月比（変動率）」を求める：1月の場合、(151,000-125,000)÷125,000=0.208となる。2018年1月は前年同月に比べて20.8％増加したということだ
- 「年間平均変動率」を求める：1月～12月の各月の前年同月比（変動率）を平均する。2018年の年間実績の前年比と同じで、2018年は2017年より22.1％増加したということになる
- 各月の「平均月次変動率」を求める：上記の「年間平均変動率」を12（カ月）で割ることで求められる。22.1（％）÷12（カ月）=1.8（％）となる。つまり、2018年は、コール数が毎月1.8％ずつ増加したことを意味する。この1.8％が数値化したトレンド要因だ

②「トレンド要因」の影響を除去する：第2のステップでは、季節要因を算出するための前提として、"トレンド要因の影響を除去する"という作業を行う。コール数の実績は、トレンド要因と季節要因の両者が相まって作用しているため、季節要因単独の影響を明らかにするには、トレンド要因の影響を取り除く必要がある。

　図表3-22の「2018コール数実績」（D列）は、トレンド要因による1.8％ずつの増加

III　ワークロードを予測する

図表3-21　「トレンド要因」を算出する

	2017 コール数 実績	2018 コール数 実績	2018 前年同月比 （変動率）
1月	125,000	151,000	20.8%
2月	124,000	147,000	18.5%
3月	132,000	159,000	20.5%
4月	138,000	165,000	19.6%
5月	140,000	171,000	22.1%
6月	132,000	166,000	25.8%
7月	122,000	147,000	20.5%
8月	137,000	175,000	27.7%
9月	152,000	184,000	21.1%
10月	154,000	189,000	22.7%
11月	160,000	198,000	23.8%
12月	168,000	204,000	21.4%
		年間平均変動率：	22.1%
		平均月次変動率(トレンド要因)：	**1.8%**

（小数点第二位以下は切り捨て）

図表3-22　「トレンド要因」の影響を除去する

	2017 コール数 実績	2018 コール数 実績	2018 前年同月比 （変動率）	2018 トレンド要因除去 コール数	トレンド要因除去コール数 の計算式
1月	125,000	151,000	20.8%	183,739	=D3*((1+E16)^11)
2月	124,000	147,000	18.5%	175,709	=D4*((1+E16)^10)
3月	132,000	159,000	20.5%	186,693	=D5*((1+E16)^9)
4月	138,000	165,000	19.6%	190,312	=D6*((1+E16)^8)
5月	140,000	171,000	22.1%	193,745	=D7*((1+E16)^7)
6月	132,000	166,000	25.8%	184,754	=D8*((1+E16)^6)
7月	122,000	147,000	20.5%	160,715	=D9*((1+E16)^5)
8月	137,000	175,000	27.7%	187,944	=D10*((1+E16)^4)
9月	152,000	184,000	21.1%	194,116	=D11*((1+E16)^3)
10月	154,000	189,000	22.7%	195,865	=D12*((1+E16)^2)
11月	160,000	198,000	23.8%	201,564	=D13*(1+E16)
12月	168,000	204,000	21.4%	204,000	=D14
		年間平均変動率：	22.1%		
		平均月次変動率(トレンド要因)：	1.8%		

（小数点以下は切り捨て）

を1月から毎月重ねた結果、12月の204,000コールに到達したことを表している。ここからトレンド要因の影響を取り除くというのは、1月〜11月までのコール数を直近の12月と同じ水準に引き上げることを意味する。その結果算出されるのが、F列の「トレンド要因除去コール数」だ。以下の方法で算出する(計算式はH列)。

- 直近の12月の水準に他の月を引き上げるので、起点となる12月は実績値そのままの204,000コール
- 11月：同月のコール数の実績値にトレンド要因1.8%による増加分を加える(1.018倍する)。計算式は $198,000 × (1 + 0.018) = 201,564$ となる
- 10月〜1月：各月の実績値を1.018のn乗(nは12月との月数差、例えば10月は2、1月は11となる)を掛ける。10月の場合は $189,000 × (1 + 0.018)^2 = 195,865$、9月は $184,000 × (1 + 0.018)^3 = 194,116$、以下同様の計算で、2月は $147,000 × (1 + 0.018)^{10} = 175,709$、 1月は $151,000 × (1 + 0.018)^{11} = 183,739$ となる

こうしてトレンド要因による影響を除去したことで、コール数実績の傾きが**図表3-23**のように変化する。右肩上がりの増加傾向がなくなり、1月〜11月が12月の水準に引き上げられたことが見て取れる。この結果、各月のコール数を同じ条件で比較できるようになり、以下の事実が明らかとなった。

・年間で最も多忙(コール数が最多)なのは12月であることが確認できた
・7月は実際に年間で最も閑暇な月であることが確認できた
・8月は実際には4月、5月よりもコール数が少ない(除去前は8月の方が多かった)

③「季節要因」を算出する：トレンド要因の除去により右肩上がりの傾きがなくなって明らかになった各月の増減の度合いが季節要因だ。これを、**図表3-24**の白抜きで示し

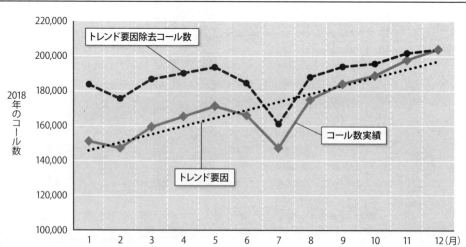

図表3-23 「トレンド要因」の除去によるコール数の変化

た「季節要因指数」(G列)として数値化する。

季節要因指数は、②で算出したトレンド要因除去コール数(F列)と、その年間平均値(F列の合計値を12で割った188,263(F15セル))との比率により求める。1月の場合は、183,739÷188,263=0.976であり、11月は201,564÷188,263=1.071となる。平均値に比べて1月のコール数は2.4%少なく、11月は7%多いことを意味する。

④「トレンド要因」を再度反映する：③で算出したトレンド要因除去コール数の年間平均値(図表3-24のF15セル)は、2018年のコール数実績からトレンド要因と季節要因の双方を取り除いた"素のデータ"だ。つまり、その増減に影響を与える要因が何もなければ、2018年のコール数は1年を通じて188,263コールの横一直線になるということだ。これに、これまでのステップで数値化したトレンド要因と季節要因をあらためて反映させることで、2019年の予測コール数を算出することができる。

まずは、②で除去したトレンド要因を再度反映させる(**図表3-25**)。トレンド要因除去コール数の平均値188,263(F15セル)に、トレンド要因による1.8%ずつの増加(1.018のn乗(nは各月の月数と同じ))を毎月重ねていく(計算式はJ列)。1月の場合は$188,263 \times (1 + 0.018) = 191,652$、2月は$188,263 \times (1 + 0.018)^2 = 195,102$、以下同様の計算で、11月は$188,263 \times (1 + 0.018)^{11} = 229,082$、12月は$188,263 \times (1 + 0.018)^{12} = 233,205$となる。この結果、「トレンド要因再反映コール数」(H列)が算出される。

図表3-24 「季節要因」を算出する

	2017 コール数実績	2018 コール数実績	2018 前年同月比(変動率)	2018 トレンド要因除去コール数	2018 季節要因指数
1月	125,000	151,000	20.8%	183,739	0.976
2月	124,000	147,000	18.5%	175,709	0.933
3月	132,000	159,000	20.5%	186,693	0.992
4月	138,000	165,000	19.6%	190,312	1.011
5月	140,000	171,000	22.1%	193,745	1.029
6月	132,000	166,000	25.8%	184,754	0.981
7月	122,000	147,000	20.5%	160,715	0.854
8月	137,000	175,000	27.7%	187,944	0.998
9月	152,000	184,000	21.1%	194,116	1.031
10月	154,000	189,000	22.7%	195,865	1.040
11月	160,000	198,000	23.8%	201,564	1.071
12月	168,000	204,000	21.4%	204,000	1.084
年間平均変動率：			22.1%	188,263	
平均月次変動率(トレンド要因)：			1.8%		

(小数点第四位以下は切り捨て)

図表3-25 「トレンド要因」を再度反映する

		2017 コール数 実績	2018 コール数 実績	2018 前年同月比 (変動率)	2018 トレンド要因除去 コール数	2018 季節要因指数	2018 トレンド要因 再反映コール数	トレンド要因再反映コール数 の計算式
3	1月	125,000	151,000	20.8%	183,739	0.976	191,652	=F15*(1+E16)
4	2月	124,000	147,000	18.5%	175,709	0.933	195,102	=F15*(1+E16)^2
5	3月	132,000	159,000	20.5%	186,693	0.992	198,613	=F15*(1+E16)^3
6	4月	138,000	165,000	19.6%	190,312	1.011	202,188	=F15*(1+E16)^4
7	5月	140,000	171,000	22.1%	193,745	1.029	205,828	=F15*(1+E16)^5
8	6月	132,000	166,000	25.8%	184,754	0.981	209,533	=F15*(1+E16)^6
9	7月	122,000	147,000	20.5%	160,715	0.854	213,304	=F15*(1+E16)^7
10	8月	137,000	175,000	27.7%	187,944	0.998	217,144	=F15*(1+E16)^8
11	9月	152,000	184,000	21.1%	194,116	1.031	221,052	=F15*(1+E16)^9
12	10月	154,000	189,000	22.7%	195,865	1.040	225,031	=F15*(1+E16)^10
13	11月	160,000	198,000	23.8%	201,564	1.071	229,082	=F15*(1+E16)^11
14	12月	168,000	204,000	21.4%	204,000	1.084	233,205	=F15*(1+E16)^12
15				年間平均変動率:	22.1%	188,263		
16				平均月次変動率(トレンド要因):		1.8%		

(小数点以下は切り捨て)

⑤「季節要因」を反映する：次に、季節要因を反映させる。④で算出したトレンド要因再反映コール数に③で算出した季節要因指数を掛ける（**図表3-26**）。1月は191,652×0.976=187,052、11月は229,082×1.071=245,347）となる。この計算の結果が、2019年の「予測コール数」（I列）となる。

⑥「ビジネス・ドライバー」を反映する：⑤までの時系列分析により算出した予測コール数（**図表3-27**のC列）は、過去の実績のみで求めた予測のため、これに将来の変化の要因を加味して、予測の精度を高める必要がある。

- 曜日や休祝日の調整：まず、カレンダーによる調整が必要だ。例えば31日の月の初日が土、日、月のいずれかの曜日で始まる場合、その月は月曜日が5回存在する。多くのコールセンターでは、月曜日のコール数が最も多いので、その分の調整が必要だ。また、国民の祝日や振替休日のタイミングにも注意を払う必要がある。2018年1月1日現在、全部で16ある国民の祝日のうち、曜日が固定しているのは4日のみだ。その他の12日は日付が固定で曜日が変動するパターンだ。よって、曜日のタイミングによっては、その月のコール数に大きな影響があるかもしれない。なお、これら公の休日とともに、休業日等、企業独自のイベントにも注意を払う必要がある

- ビジネス・ドライバーを反映する：図表3-11に示したような将来の変化に影

図表3-26 「季節要因」を反映する

	2017 コール数 実績	2018 コール数 実績	2018 前年同月比 (変動率)	2018 トレンド要因除去 コール数	2018 季節要因指数	2018 トレンド要因 再反映コール数	2019 予測コール数 (調整前)
1月	125,000	151,000	20.8%	183,739	0.976	191,652	187,052
2月	124,000	147,000	18.5%	175,709	0.933	195,102	182,030
3月	132,000	159,000	20.5%	186,693	0.992	198,613	197,024
4月	138,000	165,000	19.6%	190,312	1.011	202,188	204,412
5月	140,000	171,000	22.1%	193,745	1.029	205,828	211,797
6月	132,000	166,000	25.8%	184,754	0.981	209,533	205,552
7月	122,000	147,000	20.5%	160,715	0.854	213,304	182,162
8月	137,000	175,000	27.7%	187,944	0.998	217,144	216,710
9月	152,000	184,000	21.1%	194,116	1.031	221,052	227,905
10月	154,000	189,000	22.7%	195,865	1.040	225,031	234,033
11月	160,000	198,000	23.8%	201,564	1.071	229,082	245,347
12月	168,000	204,000	21.4%	204,000	1.084	233,205	252,794
年間平均変動率：			22.1%	188,263			
平均月次変動率(トレンド要因)：			1.8%				

（小数点以下は切り捨て）

図表3-27 「ビジネス・ドライバー」を反映する

	2019 予測コール数 (調整前)	調整	2019 予測コール数 (調整後)	ビジネス・ドライバー
1月	187,052		187,052	
2月	182,030	5.0%	191,131	休翌日増
3月	197,024	-5.0%	187,174	休翌日減
4月	204,412		204,412	
5月	211,797	15.0%	243,567	新製品発売
6月	205,552	5.0%	215,830	休翌日増
7月	182,162		182,162	
8月	216,710	-1.5%	213,459	夏休み需要減
9月	227,905		227,905	
10月	234,033	5.0%	245,735	休翌日増
11月	245,347	5.0%	257,614	休翌日増
12月	252,794	10.0%	278,074	10周年キャンペーン

図表3-28 時系列分析による月次のコール数予測の全体像

		2017 コール数 実績	2018 コール数 実績	2018 前年同月比 (変動率)	2018 トレンド要因除去 コール数	2018 季節要因指数	2018 トレンド要因 再反映コール数	2019 予測コール数 (調整前)	調整	2019 予測コール数 (調整後)	ビジネス・ドライバー
	1月	125,000	151,000	20.8%	183,739	0.976	191,652	187,052		187,052	
	2月	124,000	147,000	18.5%	175,709	0.933	195,102	182,030	5.0%	191,131	休業日増
	3月	132,000	159,000	20.5%	186,693	0.992	198,613	197,024	-5.0%	187,174	休業日減
	4月	138,000	165,000	19.6%	190,312	1.011	202,188	204,412		204,412	
	5月	140,000	171,000	22.1%	193,745	1.029	205,828	211,797	15.0%	243,567	新製品発売
	6月	132,000	166,000	25.8%	184,754	0.981	209,533	205,552	5.0%	215,830	休業日増
	7月	122,000	147,000	20.5%	160,715	0.854	213,304	182,162		182,162	
	8月	137,000	175,000	27.7%	187,944	0.998	217,144	216,710	-1.5%	213,459	夏休み需要減
	9月	152,000	184,000	21.1%	194,116	1.031	221,052	227,905		227,905	
	10月	154,000	189,000	22.7%	195,865	1.040	225,031	234,033	5.0%	245,735	休業日増
	11月	160,000	198,000	23.8%	201,564	1.071	229,082	245,347	5.0%	257,614	休業日増
	12月	168,000	204,000	21.4%	204,000	1.084	233,205	252,794	10.0%	278,074	10周年キャンペーン
	年間平均変動率:			22.1%	188,263						
	平均月次変動率(トレンド要因):			1.8%							

(小数点以下は切り捨て)

響を与える要因を確認して、予測に反映させる。そのために、ビジネス・ドライバーによる影響の度合いは、実数や割合で必ず数値化する(図表3-27の場合は、コール数の増減の予測を15.0%、−5.0%等の比率にして調整している)。

なおマーケティング部等の第三者による生の情報はそのまま使うのでなく、必ずコールセンターの経験やノウハウを加味して、コールセンターのオペレーションにフィットするデータに加工して使用することが肝要だ

以上のように、時系列分析で求めた予測コール数にビジネス・ドライバーを反映させることで、「調整後の予測コール数」(図表3-27のE列)が算出される。時系列分析による予測は、厳密には①〜⑤のプロセスを指す。

ビジネス・ドライバーの反映(⑥)を含め、これまでに説明した時系列分析のプロセスの全体像を**図表3-28**に表す。

(4) 週次、日次、時間帯別の予測に落とし込む

時系列分析によるコール数の予測は月次が基本となるため、スケジューリングやパフォーマンス・マネジメントに活用するためには、これを週次、日次、時間帯別の単位に落とし込む必要がある。そのためには、「週単位の着信パターン」を把握し、「曜日比率・指数」「時間帯比率・指数」を算出しておくことが必要だ。

①週単位の着信パターンを把握する:月次の予測を週次、日次の予測に落とし込む際

図表3-29 「曜日比率」「曜日指数」を算出する

	日	月	火	水	木	金	土	合計	平均
							~~2,233~~		
	1,987	7,003	6,622	6,530	6,583	6,640	2,240	37,605	5,372
	2,013	7,048	6,684	6,550	6,598	6,661	2,232	37,786	5,398
	2,008	7,085	6,662	5,582	6,610	6,709	2,258	36,914	5,273
	2,036	7,109	6,706	6,613	6,634	6,733	2,292	38,123	5,446
	~~2,049~~	~~7,061~~							
曜日合計	8,044	28,245	26,674	25,275	26,425	26,743	9,022	150,428	21,489
曜日平均	2,011	7,061	6,669	6,319	6,606	6,686	2,256	37,607	5,372
曜日比率	5.3%	18.8%	17.7%	16.8%	17.6%	17.8%	6.0%	100.0%	14.3%
曜日指数	0.374	1.314	1.241	1.176	1.230	1.244	0.420		

に、「週単位で発生するコールの着信パターン」を反映させる。例えば、毎月決まった日に請求書を発行し、その後1週間はコール数が増加するといった場合だ。

ただし、月によって週数が異なり（4週、5週、6週の3パターン）、かつ祝日等との兼ね合いで請求書発行のタイミングがずれたり、コール数に影響のある期間が一定しないといった場合がある。そのため、Excel等で簡単に計算できるように指数化、公式化するのが困難なため、手作業による調整が必要な場合がある。

②曜日比率・指数の算出：大半のコールセンターが毎週月曜日に1週間のピークを迎えるが、そういった曜日による違いを「曜日比率」や「曜日指数」として数値化しておく。これらを使えば、曜日の特性を反映した1日単位のコール数を迅速、正確に算出できる。曜日比率指数は、**図表3-29**のようなワークシートを用いて、下記の計算式により算出する。

- 曜日比率＝曜日平均÷週平均 ⇒ 日曜日の場合：2,011÷37,607＝0.053
- 曜日比率平均＝曜日比率合計÷1週間あたりのオペレーション日数 ⇒ 1÷7＝0.143
- 曜日指数＝曜日比率÷曜日比率平均 ⇒ 日曜日の場合：0.053÷0.143＝0.371

曜日比率と曜日指数は、少なくとも月ごと（場合によっては週ごと）に算出する。期間によって特性やパターンが異なるためだ。また、7日に満たない週は計算対象から除く（この例では第1週と第6週）。

特定の曜日のコール数を算出する場合、当該月の1週あたりの平均コール数のデータがあるときは曜日比率を、1日あたりの平均コール数のデータがあるときは曜日指数を使う。図表3-29で月曜日のコール数を算出する場合は、いずれも7,061コールという結果を得ることができる。

図表3-30 「時間帯比率」「時間帯指数」を算出する

時間帯	8月3日	8月10日	8月17日	8月24日	8月31日	時間帯平均	時間帯比率	時間帯指数
9:00	552	535	549	548	555	548	7.8%	1.396
9:30	534	548	544	540	553	544	7.7%	1.386
10:00	520	537	545	546	545	539	7.6%	1.373
10:30	509	526	524	509	520	518	7.3%	1.319
11:00	462	411	402	418	413	421	6.0%	1.073
11:30	398	408	399	415	410	406	5.7%	1.035
12:00	385	396	391	401	398	394	5.6%	1.005
12:30	384	395	390	400	397	393	5.6%	1.002
13:00	384	395	390	400	397	393	5.6%	1.002
13:30	389	400	395	405	402	398	5.6%	1.015
14:00	394	404	396	410	406	402	5.7%	1.024
14:30	397	407	399	413	409	405	5.7%	1.032
15:00	400	410	401	417	412	408	5.8%	1.040
15:30	403	413	404	420	415	411	5.8%	1.047
16:00	271	257	283	255	248	263	3.7%	0.670
16:30	244	244	272	235	240	247	3.5%	0.629
17:00	219	224	253	210	209	223	3.2%	0.568
17:30	156	147	153	160	137	151	2.1%	0.384
合計	7,001	7,057	7,090	7,102	7,066	7,064	100.0%	
平均	389	392	394	395	393	392	5.6%	

③**時間帯比率・指数の算出**：「時間帯比率」や「時間帯指数」を算出しておくことで、時間帯別のコール数の算出が容易になる。**図表3-30**は8月の月曜日の時間帯比率と時間帯指数を求めるワークシートだ。そのために8月の5回の月曜日（3、10、17、24、31日）のヒストリカル・データを利用している。両者を算出する計算式は次のようになる。

- 時間帯比率＝時間帯平均÷時間帯合計 ⇒ 9:00の場合：548÷7,064＝0.078
- 時間帯比率平均＝時間帯比率合計÷30分ごとの時間帯数 ⇒ 1.0÷18＝0.056
- 時間帯指数＝時間帯比率÷時間帯比率平均 ⇒ 9:00の場合：0.078÷0.056＝1.393

特定の時間帯のコール数を算出する場合、1日単位の平均コール数のデータがあるときは時間帯比率を、時間帯単位（例えば30分）の平均コール数のデータがあるときは時間帯指数を使う。図表3-30の場合、10:00〜10:30のコール数を算出するには、前者の場合は7,063.2×0.0763、後者の場合は392.4×1.373の計算式により、いずれも539コールという結果を得ることができる。

図表3-31 「ファネル・アプローチ」

●2019年8月の月曜日の9:00～9:30のコール数を予測する

時間帯比率による算出			
2019年8月の月次コール数予測：	213,458	・・・①	
2019年8月のオペレーション日数：	31	・・・②	
2019年8月の1日あたり平均コール数予測：	6,886	・・・③	=①213,458÷②31
2018年8月の月曜日の曜日指数：	1.314	・・・④	
2019年8月の月曜日1日あたりコール数予測：	9,048	・・・⑤	=③6,886×④1.314
2018年8月の9:00-9:30の時間帯比率：	0.078	・・・⑥	
2019年8月の月曜日の9:00-9:30のコール数予測：	706	・・・⑦	=⑤9,048×⑥0.078

時間帯指数による算出			
2019年8月の月次コール数予測：	213,458	・・・①	
2019年8月のオペレーション日数：	31	・・・②	
2019年8月の1日あたり平均コール数予測：	6,886	・・・③	=①213,458÷②31
月曜日の曜日指数：	1.314	・・・④	
2019年8月の月曜日1日あたりコール数予測：	9,048	・・・⑤	=③6,886×④1.314
2019年8月の月曜日時間帯枠数：	18	・・・⑥	
2019年8月の月曜日1時間帯あたり平均コール数予測：	503	・・・⑦	=⑤9,048÷⑥18
9:00-9:30の時間帯指数：	1.396	・・・⑧	
2019年8月の月曜日の9:00-9:30のコール数予測：	702	・・・⑨	=⑦503×⑧1.396

④ファネル・アプローチ:「ファネル・アプローチ*」とは、曜日比率、曜日指数、時間帯比率、時間帯比率を使って、月次のコール数を時間帯のコール数に絞り込むプロセスのことをいう。図表3-31は、2019年8月の月曜日の9:00～9:30のコール数を算出するための、時間帯比率を用いる方法と、時間帯指数を用いる方法の2つの計算例を示す。

2. 平均処理時間を予測する

「平均処理時間」は、コール数とともにワークロードを構成する重要な要素だ。しかし、その予測はコール数と異なり、純粋な意味での予測ではなく目標設定の色彩が濃い。なぜなら、平均処理時間には後処理時間等、エージェントが能動的にコントロールできる要素が含まれているからだ。

この、平均処理時間の定義や目標設定については、後述の「ワークフォースを算出する」の「2.効率性目標を設定する」で説明しているのでそちらを参照されたい。

*ファネル(funnel)とは漏斗のことで、大きな単位から小さな単位に絞り込んでいく手法をいう

Ⅳ ワークフォースを算出する

　ワークフォース・マネジメントの第3のステップは、予測したワークロードに見合った最適なワークフォース（エージェント数）の算出だ。エージェントの人数を決定するという、コールセンター・マネジメントの起点であり、またオペレーションの根幹をなす極めて重要なプロセスだ。

　コールセンターのインバウンド・コールのワークフォースには、一般事務系オフィスワークと異なり、「ワークロード時間分の人数よりも多くのエージェントが必要」という特徴がある。一般のオフィスワークであれば、ワークロード時間が100時間の仕事を1時間で完了させるためにはスタッフを100人配置すればよいが、コールセンターの場合、それでは足りない。コールがランダムに着信することで、エージェントに待機時間が生じるからだ。例えば、9:00から10:00の1時間に計100コールの着信を予測して100人の

図表3-32　ワークフォース算出のプロセス

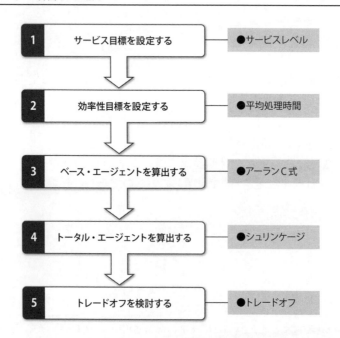

エージェントを配置しても、10:15までの着信が30コールであれば、その時点で30人は通話中だが、残りの70人は自分にコールが着信するまでは待機時間となる。この待機時間がワークロード時間に加算されていくようなイメージだ。そのため、当初のワークロード時間分の人数（100人）よりも多くのエージェントが必要になる。コールセンターにおけるワークフォースの算出は、この特徴を踏まえた特殊なプロセスだ。

図表3-32に、5つのステップからなるワークフォース算出のプロセスを、各ステップにおける最も重要なキーワードとともに示す。以下、このステップに従って解説を進める。

1. サービス目標を設定する

(1) コールセンターのサービス目標

コールセンターのワークフォースを算出するには、予測したワークロードを"どのように処理するか"という処理の水準を、サービスと効率性の2つの観点から設定する必要がある。

まず、サービスの観点から設定するのが「サービスレベル」だ。

インバウンド・コールに"応答する"という場面における顧客経験の決め手となるのが、「応答スピード」（着信／キューイングしたコールに応答するまでの時間）だ。その時間とともに、着信／キューイングしたすべてのコールのうち、設定した時間内に応答するコールの割合を定める。それらを満たすのが、サービスレベルだ。

(2) サービスレベルの重要性

サービスレベルは、センター運営における最も重要な指標として世界中のコールセンターで利用されている。特に、欧米の多くの企業では、経営幹部自らがコールセンターのサービスレベルの状況に日常的に関心を持ちリーダーシップを発揮している。

例えば、ある世界的な金融機関の経営トップの一日は、世界各国の自社センターのサービスレベルをチェックすることから始まる。目標を下回っていると、自ら当該のセンター長に電話をかけ、状況を聴取し指示を与える。

また、米国では特定の業界全体のサービスレベルを政府が決定している。公共サービスや通信等、政府の機能と密接にリンクしている業界のサービスレベルが適正に保たれることが、国家運営上の重要事項と考えられているからだ。

このようにサービスレベルが重要視されるのは、第一義的には、上記の例のように顧客に対するアクセシビリティー（つながりやすさ）の確保であることはもちろんだが、それとともに、ワークフォースをはじめとするコールセンターのリソースの質と量を決定する"根本指標"としての役割を担っているからだ。

column サービスレベルに対する意識が低い国内コールセンターの応答率信仰

応答率信仰の原因

　日本ではサービスレベルを最も重視するセンターは全体の10％にも満たない（図表3-33）。40％強がサービスレベルを設定してはいるが（図表3-34）、重要度の低さから考えると、設定しているだけで活用されていないであろうことがうかがわれる。このように、サービスレベルに対する意識の低さは、国内企業に蔓延する応答率信仰だ。その理由として以下が考えられる。

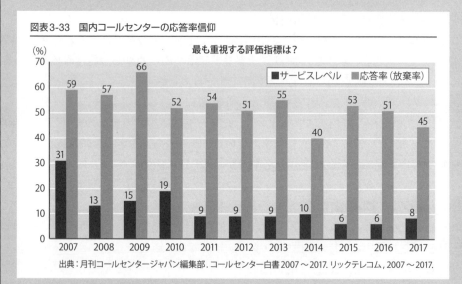

図表3-33　国内コールセンターの応答率信仰

出典：月刊コールセンタージャパン編集部. コールセンター白書2007～2017. リックテレコム, 2007～2017.

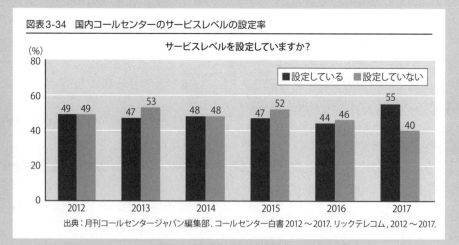

図表3-34　国内コールセンターのサービスレベルの設定率

出典：月刊コールセンタージャパン編集部. コールセンター白書2012～2017. リックテレコム, 2012～2017.

- 「放棄」という言葉のネガティブ感、特に経営幹部に対する印象の悪さを嫌い、ポジティブでわかりやすい「応答」という言葉に言い換えて情緒的に正当化を図った
- 応答率目標の定番である「90％以上」を、根拠なく高評価してしまう計数感覚の未熟さ
- サービスレベル目標の多数派である「コールの80％以上は20秒以内に応答」（80／20と表記）よりも、「応答率90％以上」の方が優れているという思い込みや、「20秒は待たせ過ぎ」といったサービスレベルに対する誤解

応答率が"使えない"3つの理由

上記のような誤解が日本の応答率信仰に拍車をかけてきた。それでも応答率が重要指標としての機能を有しているならまだしも、残念ながらサービスレベルのような"使える"指標としての機能はない。その3つの理由を、サービスレベルとの比較から説明する。

理由1 応答率はコントロールできない

応答率の本質は放棄率だ。放棄とはコールセンターの能動的な活動によるものではなく、"顧客の都合や事情"により発生する。図表3-35は米国の著名なコンサルタントであるブラッド・クリーブランド氏による世界的に有名な「Seven Factors Affecting the Customer's Torelance」（顧客の忍耐力に影響する7つの要素）だ。顧客が自らコールを放棄する原因となる都合や事情を具体的に表している。

この7つの要素が示すように、放棄はコールセンター側の意思や施策によってコントロールすることができない。コントロールできないということは、それをコールセンター運営の評価指標（KPI）として、あるいはサービスレベルのようなリソース決定の要素として使えないことを意味する。

図表3-35 顧客の忍耐力に影響する7つの要素

モチベーションの度合い	●一刻も早くつながって欲しいという緊急性 ●この会社、このセンターでなければならない理由 ●つながることによって得られるベネフィット ●つながらないことによる損失
代替策の有無	●インターネット、メール、店舗等、電話以外にニーズを満たすことのできる方法があるか
競合他社のサービスレベル	●同じ商品やサービスにおいて、競合他社が提供するサービスレベル
期待の度合い	●この会社、商品、コールセンターを利用した経験 ●このコールセンターの評判 ●この会社、コールセンターと顧客との関係性（VIP顧客、ゴールド会員である等）
時間の余裕	●コール時の顧客の時間的状況 ●電話をかけた直後に、電話よりも優先順位の高い用件が発生
電話代は誰が払うのか	●無料通話か、そうでないか
顧客の気分	●気分や機嫌の良し悪し ●積極的か消極的か ●天気

出典：ICMI

理由2 応答率では"つながりやすさ"がわからず、顧客経験をケアできない

図表3-36にサービスレベルと応答率の"応答"に対するスタンスの違いを示す。サービスレベルが、"応答することは当然のこと"としたうえで、"どのように応答するか"、言い換えれば"応答時にどのような顧客経験を提供するか"にフォーカスしているのに対して、応答率は、文字通り応答すること自体を目的としている。なぜなら、応答率が表現できるのは"応答できたか、できなかったか"であり、エージェントの応答時に顧客がどんな経験をしたかを表すことができないからだ。着信後、即応答しても、あるいは10分待たせて応答しても、同じ応答としてみなされてしまう。多くのセンターに、"応答率が高い＝つながりやすい"という誤解が見られるが、顧客は10分待たされた経験を「つながりやすい」とは評価しないだろう。つまり、応答率では顧客にとっての"つながりやすさ"はわからない。

また、応答率目標の定番である90%に対する認識不足と過大評価も多く見られる。応答率90%は、放棄率が10%ということだ。サービスレベルの定番である80／20を達成していれば、放棄率は多くても3%程度にとどまることを考えれば、放棄率10%は高過ぎると言わざるを得ない。応答率の目標を達成しているのに「電話がつながらない」という苦情が絶えないというコールセンター管理者の嘆きは当然のことだ。

図表3-37は、サービスレベル目標を80／20または応答率目標を90%とした場合に、図表に示した前提条件における、それぞれのサービスレベル、放棄率、平均応答時間の結果がどうなるかを予測したものだ。応答率90%に対する誤解が、具体的に見て取れるはずだ。

図表3-36　"応答"に対するスタンスの違い

サービスレベル	応答率
応答することが前提	応答することが目的
どうやって応答するか ＝どのような顧客経験を提供するか	どれだけ応答できるか ＝応答できたか、できなかったか
設定した時間内に応答する	10分待たせても応答できればOK
放棄の発生を前提としない	応答率目標が90%であれば 10%の放棄を容認

図表3-37　サービスレベルと応答率

前提条件
・1時間あたりコール数：100　・平均処理時間：240秒
・最長放棄時間：120秒

		使用する指標	
		サービスレベル(80／20)	応答率(90%)
結果の予測	サービスレベル	87%	74%
	放棄率	3%	10%
	平均応答時間	13秒	32秒

> **理由3** 応答率は「ランダムな着信」に対応できない
>
> 　コールセンターの着信パターンの基本であるランダム着信によるワークフォースの算出式には、計算の要素としてサービスレベルが組み込まれている。つまり、サービスレベルの設定なしにはワークフォースの算出ができない。
> 　一方の応答率は、"応答できたか、できなかったか"という結果を示すに過ぎないため、ランダム着信におけるワークフォース算出に利用できない。応答率でできることは、ピーク着信を想定した最大人数の配置のみだ。例えば、100コールの着信に対して、応答率目標が90％であれば、必ず90コール以上に応答しなければならない。従って、90コールが同時に着信する可能性を想定して、90人が必要という答えを出すしかないというわけだ。
> 　しかし、現実には多くのコールセンターが応答率を使いながらも、ランダム着信を前提としたかのような人数配置を行っている。なぜなら過去の経験で現実的な必要人数を知っているからだ。いわゆる"勘と経験"によるマネジメントが垣間見える一例だ。

(3) サービスレベルを定義する

サービスレベルは次のように定義する。

> すべてのインバウンド・コールのうち、設定した時間(Y秒)以内に応答したコールの割合(X％)

理解を補強するために英語で表現すると以下のようになる。

> X% of calls answered in Y seconds

X、Yに数値例を当てはめると以下のようになる。

> インバウンド・コールの80％は20秒以内に応答する(慣用的に80／20と表記)

(4) サービスレベルの計算式

サービスレベルの計算式には、下記a～fの6種類がある。下枠内の条件による試算の結果を付記する。コール数の種別や定義は前述の「コール数を理解する」を参照。

> ・着信コール数：1,800　　　・フロントエンド放棄コール数：120
> ・キューイング・コール数：1,680　　・Y秒以内応答コール数：1,420
> ・Y秒以内放棄コール数：20　　・ショート放棄コール数：5
> ・Y秒超応答コール数：180　　・Y秒超放棄コール数：60

$$a: \frac{Y秒以内応答コール数}{着信コール数} \times 100 = 78.9\%$$

- コールセンターに着信したすべてのコールのうちY秒以内で応答した割合を表す
- オペレーションの現場でコントロールできないフロントエンド・コールフロー（図表3-7）を含むため、現場の評価には使えない

b： $\dfrac{\text{Y秒以内応答コール数}}{\text{応答コール数}} \times 100 = 88.8\%$

- 応答したコールのうちY秒以内に応答したコールの割合を表す
- すべての放棄コールを除いているため、放棄コールに対する責任の所在が明らかでない

c： $\dfrac{\text{Y秒以内応答コール数}}{\text{キューイング・コール数}} \times 100 = 84.5\%$

- キューイングした全コールのうちY秒以内に応答したコールの割合を表す
- すべての放棄コールを含むため、現場でコントロールできないY秒以内の放棄コールも現場の評価の対象となる

d： $\dfrac{\text{Y秒以内応答コール数}}{\text{応答コール数}+\text{Y秒超放棄コール数}} \times 100 = 85.5\%$

- 現場でコントロールできないY秒以内の放棄コールを除き、Y秒超の放棄コールを含める（現場の評価の対象とする）。Y秒以内の放棄コールはなかったものとみなす計算方法

e： $\dfrac{\text{Y秒以内応答コール数}+\text{Y秒以内放棄コール数}}{\text{キューイング・コール数}} \times 100 = 85.7\%$

- dと同じくY秒超の放棄コールは含めるが、Y秒以内の放棄コールは含めない。Y秒以内の放棄コールを応答したものとみなす計算方法

f： $\dfrac{\text{Y秒以内応答コール数}+(\text{Y秒以内放棄コール数}-\text{ショート放棄コール数})}{\text{キューイング・コール数}-\text{ショート放棄コール数}} \times 100 = 85.7\%$

- eの応用パターン。ショート放棄コールをeの計算式から除き、なかったものとみなす計算方法
- 「ショート放棄コール」とは、コールがキューイングした直後のごく短時間（通常は2～3秒に設定）に放棄となったコールをいう。"つながった瞬間に切る"という、電話の世界に常に存在する現象で、顧客の心理的要因によることが多い。よって、この種の放棄にコールセンターの責任はないとする考えが主流であり、ショート放棄コールはサービスレベルの計算に含めないのが一般的だ

図表3-38　サービスレベル目標が80／20の場合の平均応答時間と放棄率

		1	2	3	4	5	6
前提条件	1時間あたりコール数	100	100	500	500	1,000	1,000
	平均処理時間	240秒	360秒	240秒	360秒	420秒	540秒
	最長放棄時間	120秒	180秒	180秒	240秒	180秒	300秒
	サービスレベル目標	80%	80%	80%	80%	80%	80%
	サービスレベル目標時間	20秒	20秒	20秒	20秒	20秒	20秒
結果の予測	サービスレベル予測	87%	86%	84%	83%	81%	81%
	平均応答時間	13秒	16秒	11秒	13秒	13秒	14秒
	放棄率	3%	2%	0%	0%	1%	0%

　以上6パターンのうち、通常使われるのはd、e、fの3パターンだ。いずれも、放棄コールに関する責任範囲や定義を明確にした合理的な計算式だ。

　最も検討を要するのはY秒以内の放棄コールについての考え方だ。サービスレベルの目標時間Y秒とは、最長Y秒で応答すればよいということだ。従ってY秒未満の放棄コールをセンターの現場の責任（評価の対象）とはしないのが通常の考え方だ。一方で、その考え方は企業側の都合であり、どんなに短時間であっても放棄した顧客をケアする責任があるはずだと主張する向きもあるが、それではサービスレベルを設定する意味が薄れ、目標管理の合理性（顧客のケアと企業の運営態勢とのバランス）を損なうことになる。現実的には、例えばサービスレベルの定番である80／20を確保すれば、放棄コールの発生はごくわずかにとどまる（**図表3-38**）。つまり、サービスレベルを達成することは、放棄の発生自体を抑制することになる。

(5) サービスレベルに対する誤解

　サービスレベルの定義に対する、よくある3つの誤解を解いておこう。サービスレベル80／20を前提として説明する。

①**サービスレベルの定義を「Y秒以内の応答率」とする誤解**：「20秒以内の応答率80％以上」という誤った解釈による「応答したのが80％で残りの20％は放棄」という誤解だ。「20秒以内に応答したコールが全体の80％で、20秒を超えて応答したコールが残りの20％（20秒以内の放棄を含む場合もあり）」というのが正しい理解だ。

②**「20秒も待たせ過ぎだ」という誤解**：　20秒というのは、すべてのコールを20秒で応答することではなく、"最長"20秒で応答するということだ。現実には、80／20のサービスレベルを達成していれば大半のコールは数秒から10秒台前半で応答され、その平均はおおむね10秒台（図表3-38）となり、応答までに20秒かかることはまれだ。

③平均応答時間の方が目標に適しているとする誤解：平均応答時間（average speed of answer；ASA）の方がサービスレベル目標時間よりも短いから、顧客のためにはASAを目標にすべきという誤解だ。②の説明の通り、80／20のサービスレベル目標を達成していれば、大半のコールは数秒から10秒台前半で応答されるため、ASAの方がサービスレベルよりも応答時間が短いという見方は当たらない。

また、ASAが示すものは文字通り平均に過ぎず、応答率と同様に個別の顧客体験を表現できない。半数の応答時間が0秒で残り半数が40秒であってもASAは20秒だ。サービスレベルの場合は、80％の顧客は最長でも20秒で応答したというように、顧客経験を明確に表し、コントロールできる。

(6) サービスレベル目標を設定する

サービスレベルの目標に業界標準や適正値といった類のものは存在しない。組織や顧客のニーズ、戦略や目的等によって異なるためだ。

例えば、米国の旅行関連サービス企業では、世界各国のコールセンターのサービスレベルを一本化している。同社の顧客には国際的なビジネスマンが多く、世界中を移動し各国にある同社のコールセンターを利用することから、世界中どこでも同じサービスを提供するという戦略に基づく。一方、英米日3カ国にコールセンターを持つ製薬企業の場合は、英国のセンターは80／20、米国は70／30、日本は87.5／20と、国によってサービスレベル目標が異なる。規制業界としての性格上、国ごとにローカル色の濃いオペレーションを強いられることが、サービスレベルにも影響している。

両社ともに最上級の顧客サービスを目指す企業であるが、取り巻く環境や戦略により全く逆のアプローチによるサービスレベルの目標設定がなされている。

サービスレベルの目標設定を行うには、以下に挙げた顧客やビジネス・ニーズとともに、コール数の予測と同じくビジネス・ドライバー（図表3-11）の影響度合いを踏まえて検討する。

- 顧客の期待やニーズ
- 予算、コスト
- 顧客戦略、顧客サービス方針
- 緊急性、必然性
- ビジネス・ニーズ
- 業界、競合他社の動向
- 顧客のモチベーションや忍耐力の度合い

図表3-39は、コールセンターのタイプ別のサービスレベル目標の設定例だ。あくまでも例であり、現実にはさまざまな考えに基づき、さまざまな目標が設定される。

なお、業界標準や適正値が存在しないといっても、結果はある程度集約される。最も多数派は、国の違いを問わず80／20であることから、「80／20ルール」と呼ばれる。

図表3-39 コールセンターのタイプに応じたサービスレベル目標

レベル	サービスレベル目標例	コールセンターのタイプ例
超高レベル(緊急)	100／0	警察、消防、救急
高レベル(サポート、既存顧客)	90／10 90／15 85／15	クレジットカード・ゴールドデスク 自動車保険事故対応、PCテクニカルサポート 家電お客さま相談室
中レベル(セールス、新規顧客)	90／30 85／20 80／20	エアライン予約、チケット予約、資料請求 自動車保険申し込み、モバイル・プリセールス
消極的	80／60 75／20 70／30	社内向けITヘルプデスク、高級宝飾品通販

世界中のコールセンターの経験から、80／20が顧客の満足・不満足を分ける分岐点となっていることの結果だ。従って、初めてコールセンターを立ち上げる企業の多くが、80／20からスタートするケースが多い。

(7) サービスレベルの実績を表す

サービスレベルは、その実績の表し方に3つの方式がある。図表3-40を使って説明する。

図表3-40 サービスレベルの実績を表す

時間帯	コール数	コール数比率	サービスレベル(目標：80／20)
09:00 – 10:00	330	13.2%	65%
10:00 – 11:00	320	12.8%	70%
11:00 – 12:00	305	12.2%	75%
12:00 – 13:00	255	10.2%	85%
13:00 – 14:00	295	11.8%	80%
14:00 – 15:00	270	10.8%	85%
15:00 – 16:00	275	11.0%	85%
16:00 – 17:00	230	9.2%	90%
17:00 – 18:00	220	8.8%	95%
		単純平均方式：	81%
		加重平均方式：	80%
		絶対値方式：	67%

①単純平均方式：1日のサービスレベルの実績を単純に平均する。平均なので時間帯別の状況(顧客経験)が見えない。全体の4割近くを占める9:00から12:00までのピーク時間帯はいずれも目標の80％を下回っているにもかかわらず、12:00以降の結果によって相殺され、1日単位で見ればこの日は目標達成として報告される。実態を正確に反映しているとは言い難い。

②加重平均方式：各時間帯のサービスレベルに重みづけをして平均する方式。((65％×0.132)＋(70％×0.128)＋・・・＋(90％×0.092)＋(95％×0.088)÷(0.132＋0.128＋・・・＋0.092＋0.088))×100＝80％という計算式だ。各時間帯の価値が均等化されるので、単純平均方式よりも実態に近く、最も多く使われている。しかし、この場合もピーク時間帯のネガティブな結果は見えないので、時間帯ごとの変動が大きければ、顧客の実感との差異が生じることがある。

③絶対値方式：目標を達成した時間帯のコマ数(12:00から18:00の6コマ)の、1日の全コマ数(9コマ)に対する割合を求める方式。計算式は(6÷9)×100＝67％となる。①②に比べかなり低い結果となるが、4割近くのコール数を占めるピーク時間帯のネガティブな状況をよく表している。

　3つの方式のうち、本来のサービスレベルの考え方に最も忠実なのは絶対値方式だ。顧客経験を明確にするために、平均値でなく絶対値(時間帯ごとの結果)で、また1カ月や1日単位ではなく時間帯ごとの単位でパフォーマンスを評価しようとする考え方だ。ただし、絶対値方式はコストへの影響が大きいため、新たにサービスレベルを導入しようとするセンターにはハードルが高いかもしれない。従って、まずは加重平均方式でスタートし、マネジメントが軌道に乗った段階でタイミングを見て絶対値方式に切り替えるとよい。

(8)「許容範囲」によるサービスレベルの管理

　サービスレベル目標は、サービスとコストのバランスを考慮して設定する。従って、限りなく目標値に近いところで運用するのがベストな状態であり、目標値に対して高過ぎる結果は、コストの無駄遣いとみなされる。サービスレベルが上昇するほど、**図表3-41**のように必要なエージェント数が増え、コストへの影響が高まるからだ。

　しかし、サービスレベルを目標値と寸分たがわず運用することは不可能だ。そこで、目標値に対して「許容範囲」(**図表3-42**のグレーの帯の部分)を設定し、実績がその範囲内に収まるように運用する。目標値を下限として5～10％の幅で設定するのが一般的だが、その前後5％(77.5％～82.5％)を設定する場合もある。

図表3-41　サービスレベルとエージェント数

前提条件 ・1時間あたりコール数：100　・平均処理時間：240秒　・サービスレベル目標：80／20						
サービスレベル	52%	74%	87%	94%	97%	99%
エージェント数	8人	9人	10人	11人	12人	13人

図表3-42　「許容範囲」によるサービスレベル目標の管理

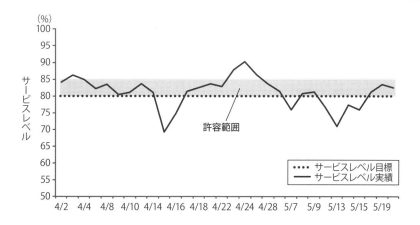

2. 効率性目標を設定する

(1) 平均処理時間の定義と計算式

　サービス目標に続いて設定する効率性（または生産性）目標は「平均処理時間」だ。「AHT」（average handle time）と、英語の短縮形で呼ばれることが一般化している。下記がその計算式だ。

$$平均処理時間 = \frac{特定の時間帯における「通話時間」+「保留時間」+「後処理時間」}{特定の時間帯における「応答コール数」}$$

①**通話時間**：エージェントが顧客のコールに応答（電話を取る）してから切断する（電話を切る）までの時間。エージェントと顧客が電話を通じて会話を交わす時間と同義である。統計管理システムによっては「ACD時間*」と呼ぶ場合もある。

＊ACDとはautomatic call distributor（コールの自動分配機能）の略。コールセンターの電話システムに着信したコールを、あらかじめ設定したルールに従い最適なエージェントにつなげる機能。ACDのルール上で機能しているコールの通話時間を、ACD機能によらない内・外線通話と区別するためにACD時間と呼ぶ

②保留時間：エージェントが顧客との通話の途中で電話を保留モード*にして情報の確認等の作業を行い、その作業が終了すると、保留モードを解除して顧客との通話を再開するまでの時間。通話時間に含めて記録する場合と、通話時間とは別に記録する場合がある等、統計管理システムによって計測・記録方法が異なるので注意が必要だ。通話時間に含む場合は、前頁の計算式から保留時間を除く。

③後処理時間：「ACW」(after call work)と英語の短縮形で呼ぶのが一般的だ。エージェントが顧客との通話を終了し、電話を切断してACWモードにしてから、通話内容の入力等の処理を行い、それが終了すると、ACWモードを解除して次の電話に応答可能な状態に戻るまでの時間。「ラップアップ・タイム」(Wrap-up Time)とも呼ばれる。顧客との電話を切断してACWモードにするには、エージェント自身が操作する場合と、電話システムが自動的に行う場合とがある。

(2) AHTの目標を設定する

　AHTの目標設定は、基本的にサービスレベルの目標設定と変わらない。ヒストリカル・データを基にして、顧客やビジネスのニーズや、ビジネス・ドライバーを反映させる。注意すべきは、業務自体には何の変化がなくても、時間帯によりAHTが変化することがあることだ。例えば、夕方になるとエージェントの疲労から後処理のスピードが低下しAHTが長くなるといったことだ。従って、ヒストリカル・データは、月、週、曜日、時間帯のパターンをしっかり把握しておくことが重要だ。

　さらに、AHTの目標設定で重要なのは、ヒストリカル・データとビジネス・ドライバーだけでなく、AHTの改善・向上を図るための要素を盛り込むことだ。以下はそのポイントだ。

- 年間計画等、長期的な計画を策定する場合、実績ベースの予測だけでなく、AHTの改善・向上を図るよう計画する。例えば、四半期ごとに5秒ずつ短縮するといったことだ
- 積極的な目標設定を否定はしないが、エージェントのスキルや習熟度等を考慮し、決して無理はしない。AHTが大きく改善するのは新人のデビュー直後や新規プログラムの導入3カ月程度までだ。その後の改善カーブは平行線に近く、ITシステムのリプレイス等、大きなイベントでもない限り、大幅な短縮は見込めない
- 目標設定の目的は短縮ばかりではない。例えば、新人のデビューや新システムの導入、ビジネスプロセスの変更時等はAHTが長くなるのが普通だ。AHTの伸長・短縮に影響を及ぼすビジネス・ドライバーを洩れなく把握し、計画に反映させることが重要だ

---

*顧客との通話時に、保留の操作を行うことによって電話を一時中断状態にすること。顧客に対しては保留音等が流れ、会話ができない。電話機の所定のボタンを押すか、ソフトフォンの場合は所定のアイコンをクリックすることで保留モードとなる

3. ベース・エージェントを算出する

 コールセンターのワークフォース、すなわちエージェントの人数は「ベース・エージェント」と「トータル・エージェント」の2つのレベルに分けて算出する。両者の定義は次の通り。

- ベース・エージェント：電話オペレーション等、顧客コンタクト業務を行うために配置された「実働人数」
- トータル・エージェント：ベース・エージェントにミーティングやトレーニング、休憩時間、休暇、欠勤等、顧客コンタクト業務以外に費やす人数を加えた「在籍人数」

 両者の人数算出は、最初にベース・エージェント、次にトータル・エージェントの順に行う。まずはベース・エージェントの算出から解説する。

(1) ベース・エージェントの計算モデル

 世界中のコールセンターが、ベース・エージェントを算出するために最も使用しているのが、「アーランC式」(erlang-C) と呼ばれる計算モデルだ。アーランC式は、デンマークの数学者であり、コペンハーゲン電話会社の技師であったA.K.アーラン(1878-1929) によって考案された、ランダム着信の環境におけるエージェント数を算出する計算モデルだ。アーランC式の他に電話回線数を算出するための「アーランB式」等いくつかのモデルがある。

 図表3-43がアーランC式だ。見ての通り、この計算式を理解するには数学や統計学の専門知識が必要だが、通常は、このアルゴリズムを組み込んだソフトウエア・ツールを利用する。ワークフォース・マネジメントのベンダー・ソリューションの多くも、この計算モデルを使用している。Excel用の関数も公開されており、個人でオリジナルの計算フォームを作成することも可能だ。

図表3-43　アーランC式

$$P(>0) = \frac{\dfrac{A^N}{N!} \dfrac{N}{N-A}}{\displaystyle\sum_{x=0}^{N-1} \dfrac{A^x}{x!} + \dfrac{A^N}{N!} \dfrac{N}{N-A}}$$

A = 1時間あたりのコールロード（アーラン）
N = エージェント数
$P(>0)$ = キューで待つ確率

(2) アーランC式によるベース・エージェントの算出

図表3-44はExcelで作成した計算フォームだ。左の太枠に条件を入力すると、入力したサービスレベルの目標を達成するのに必要なベース・エージェント数、およびその場合のサービスレベル、放棄率、平均応答時間、稼働率の予測値が白抜きの行に表示される。図の例では、1時間に500コール、AHT 360秒、サービスレベル目標 80／20の場合、ベース・エージェントとして57名のエージェントを配置すれば、サービスレベルの結果は83.3％が期待できるというわけだ。また、57名を起点に人数を増減した結果も表示されるので、このフォームで後述のトレードオフの検討も可能だ。

(3) アーランC式の特性

アーランC式を利用するにあたり、次の2つの特性を頭にとどめておこう。

① **ランダム着信を前提とした計算モデルである**：アーランC式は、ランダム着信を前提としたエージェントの計算モデルだ。

スムーズ着信については、「アーラン・エングセット」(erlang-engset)、ピーク着信については「ERT」(equivalent random theory)といったモデルが用意されているが、現実にはほとんど利用されていない。スムーズ着信におけるエージェント数の計算は、後述するノン・フォーン・コンタクトやアウトバウンド・コールの計算モデルが利用できるからだ。また、ピーク着信の場合は、ピークの集中度合い等の事前の予測が困難なため、そのスタッフィングは、固定の人数を配置し、不足分はアウトソーシング等のソーシング・オプション（第2章）を活用する方法が現実的で一般的だ。

図表3-44　アーランC式によるベース・エージェントの算出

条件		ベース・エージェント数	サービスレベル	放棄率	平均応答時間	ベース時間内エージェント稼働率
1時間あたりコール数：	500	52	37.4%	35.9%	126秒	96.2%
		53	51.1%	21.3%	69秒	94.3%
平均処理時間(秒)	360	54	62.1%	12.5%	43秒	92.6%
		55	70.9%	7.3%	28秒	90.9%
サービスレベル目標：	80.0%	56	77.8%	4.2%	19秒	89.3%
		57	**83.3%**	**2.4%**	**13秒**	**87.7%**
サービスレベル目標時間(秒)：	20	58	87.5%	1.4%	9秒	86.2%
		59	90.8%	0.8%	6秒	84.7%
最長放棄時間(秒)：	120	60	93.3%	0.4%	4秒	83.3%
		61	95.1%	0.2%	3秒	82.0%
		62	96.5%	0.1%	2秒	80.6%
		63	97.5%	0.1%	1秒	79.4%
		64	98.3%	0.0%	1秒	78.1%

②放棄の発生を前提としない：放棄の発生を前提としないため、ベース・エージェント数は若干多めに、サービスレベルは若干低めに算出する傾向がある。しかし、その差は小数点以下のレベルなので、計算結果に対し人数を再調整するほどの大きな問題にはならない。

また、図表3-44からわかるように、サービスレベルを達成していれば（あるいはサービスレベルが高いほど）放棄コールの発生は限りなくゼロに近づくため、その点からも、ほとんど影響はない。

---

column ベース・エージェント算出の考え方 ──キューイング・シナリオ

ベース・エージェントの算出は、コールがランダムに着信することを前提に、コール数、平均処理時間、サービスレベルの要素からなる計算モデルを利用して行う。ここでは、ランダム着信やサービスレベルが計算モデルにどのように反映されているのか、その考え方を図表3-45と図表3-46を用いて説明する。

両図は、ある日の9時から9時30分に着信した15コールに対する応答の状況を表すもので、「キューイング・シナリオ」と呼ばれる。図表3-45は2人（A、B）のエージェントが、図表3-46は3人（A、B、C）を配置している。いずれもサービスレベルの目標は80／

図表3-45　キューイング・シナリオ──エージェント2人（A、B）の場合

着信順	着信時間	通話開始時間	通話時間	エージェント	通話終了時間	応答時間
1	9:02:02	9:02:02	02:25	A	9:04:27	00秒
2	9:02:04	9:02:04	02:36	B	9:04:40	00秒
3	9:03:06	9:04:27	01:59	A	9:06:26	81秒
4	9:04:03	9:04:40	03:12	B	9:07:52	37秒
5	9:06:06	9:06:26	02:24	A	9:08:50	20秒
6	9:06:08	9:07:52	02:24	B	9:10:16	104秒
7	9:07:02	9:08:50	04:00	A	9:12:50	108秒
8	9:10:01	9:10:16	01:12	B	9:11:28	15秒
9	9:12:02	9:12:02	02:48	B	9:14:50	00秒
10	9:17:02	9:17:02	02:36	A	9:19:38	00秒
11	9:18:08	9:18:08	02:24	B	9:20:32	00秒
12	9:21:00	9:21:00	06:00	A	9:27:00	00秒
13	9:24:00	9:24:00	04:12	B	9:28:12	00秒
14	9:26:02	9:27:00	02:24	A	9:29:24	58秒
15	9:28:00	9:28:12	02:24	B	9:30:36	12秒
		平均通話時間：	172秒		平均応答時間：	29秒
					20秒以内の応答コール数：	10
					サービスレベル目標時間：	20秒
					サービスレベル実績：	67%

図表3-46　キューイング・シナリオ―― エージェント3人(A、B、C)の場合

着信順	着信時間	通話開始時間	通話時間	エージェント	通話終了時間	応答時間
1	9:02:02	9:02:02	02:25	A	9:04:27	00秒
2	9:02:04	9:02:04	02:36	B	9:04:40	00秒
3	9:03:06	9:03:06	01:59	C	9:05:05	00秒
4	9:04:03	9:04:27	03:12	A	9:07:39	24秒
5	9:06:06	9:06:06	02:24	B	9:08:30	00秒
6	9:06:08	9:06:08	02:24	C	9:08:32	00秒
7	9:07:02	9:07:39	04:00	A	9:11:39	37秒
8	9:10:01	9:10:01	01:12	B	9:11:13	00秒
9	9:12:02	9:12:02	02:48	C	9:14:50	00秒
10	9:17:02	9:17:02	02:36	A	9:19:38	00秒
11	9:18:08	9:18:08	02:24	B	9:20:32	00秒
12	9:21:00	9:21:00	06:00	C	9:27:00	00秒
13	9:24:00	9:24:00	04:12	A	9:28:12	00秒
14	9:26:02	9:26:02	02:24	B	9:28:26	00秒
15	9:28:00	9:28:00	02:24	C	9:30:24	00秒
		平均通話時間：	172秒		平均応答時間：	04秒
					20秒以内の応答コール数：	13
					サービスレベル目標時間：	20秒
					サービスレベル実績：	87%

20で、平均処理時間は172秒だ。ただし、数値が複雑になるため後処理時間は省略し、処理時間＝通話時間とした。まずは、図表3-45の最初の4本のコールを見てみよう。

①1本目：最初のコールが9時2分2秒に着信、エージェントAが即応答し、2分25秒の通話を経て9時4分27秒に電話を切断。
②2本目：1本目の2秒後の9時2分4秒に着信、エージェントBが即応答し、2分36秒の通話を経て9時4分40秒に切断。
③3本目：9時3分6秒に着信するもエージェントは両名とも通話中のため、そのまま待機。81秒待った9時4分27秒にエージェントAが通話を終了し、同時に3本目に応答。1分59秒の通話を経て9時6分26秒に切断。
④4本目：9時4分3秒に着信。エージェントは両名とも通話中のため、そのまま待機。37秒待った9時4分40秒にエージェントBが通話を終了し、同時に4本目に応答。3分12秒の通話を経て9時7分52秒に切断。

以下15本目まで同様の見方となる。この結果、サービスレベルの目標である20秒以内に応答したコールは15本のうち10本だ。従って、この30分間のサービスレベルは（10÷15）×100＝67％となり、目標を達成できなかった。

次に、エージェントが3人の図表3-46を見る。この場合、20秒以内の応答コール数が13本で、サービスレベルが（13÷15）×100＝87％となって80／20の目標を達成した。つまり、30分間に15コール、AHTが172秒、サービスレベル目標が80／20という条件では、3人のエージェントが必要ということだ。

これがベース・エージェント数算出の基本的な考え方だ。ランダムに着信するコールに対して、サービスレベルの目標を達成するためには何人のエージェントが必要かを計算するための基礎となる考え方だ。

4. トータル・エージェントを算出する

(1) シュリンケージを設定する

①**シュリンケージを定義する**：コールセンターのオペレーションは、ベース・エージェントだけでは回らない。「シュリンケージ*」に費やす時間分の人数を加えたトータル・エージェントで考える必要がある。

シュリンケージとは、エージェントが顧客応対以外のミーティングやトレーニング、休憩・休息、休暇・欠勤等に費やす時間のことだ。**図表3-47**に電話オペレーションのシュリンケージの構成を表した。エージェントが、その本来業務である電話オペレーションに従事する時間が「ベース時間」であり、それ以外の時間がシュリンケージだ。

シュリンケージは通常、ベース時間とシュリンケージを合わせた全体の必要時間に対する割合（パーセンテージ）で表す。コールセンターの管理者は、シュリンケージの量（時間数）と質（内容）を把握しコントロールしなければならない。それがコールセンターのコストやサービス品質に大きく影響するからだ。

図表3-47　電話オペレーションのシュリンケージの構成

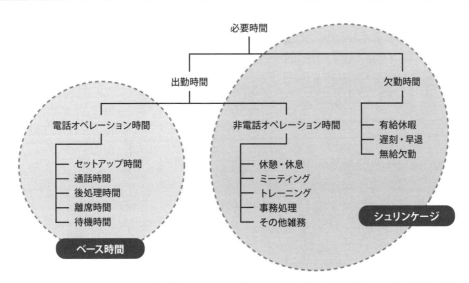

※本図は概念図であり、エージェントの時間の分類や定義の詳細については 第6章を参照

＊本来は収縮や縮小を意味するコールセンターの専門用語。非電話業務時間や欠勤時間の存在によって、コアとなるベース時間が「収縮」することから慣用的にこう呼ばれている

②**シュリンケージの実績を把握する**：シュリンケージの実績を把握するには、PBXの統計管理システムやCRMシステム、あるいはワークフォース・マネジメント・システムのスケジューリング・モジュール等から抽出する。システムから抽出する手段がない場合は、**図表3-48**のように、エージェントの時間帯別のスケジュールの実績人数から算出したり、**図表3-49**のようなフォーム*を用いてマニュアルで記録・集計を行う。

　シュリンケージに標準値や適正値は存在しないが、結果的にほとんどのコールセンターのシュリンケージの実績は、20%〜30%台後半の範囲内に集約される。従って、意図なしにこの範囲を超える場合は、何か問題が生じていないか確認すべきだ。

図表3-48　シュリンケージの実績を把握する

時間帯	ベース・エージェント			シュリンケージ・エージェント数									トータル・エージェント数	シュリンケージ
	電話(IB)	電話(OB)	メール	休憩・休息	ミーティング	トレーニング	事務処理	その他雑務	有給休暇	遅刻・早退	無給欠勤	合計		
9:00	39	0	6	0	0	0	0	0	3	1	1	5	50	**10%**
9:30	40	0	6	0	0	0	0	0	3	0	1	4	50	**8%**
10:00	33	2	6	5	0	0	0	0	3	0	1	9	50	**18%**
10:30	33	2	6	5	0	0	0	0	3	0	1	9	50	**18%**
11:00	31	2	6	7	0	0	0	0	3	0	1	11	50	**22%**
11:30	31	2	6	7	0	0	0	0	3	0	1	11	50	**22%**
12:00	30	0	6	10	0	0	0	0	3	0	1	14	50	**28%**
12:30	30	0	6	10	0	0	0	0	3	0	1	14	50	**28%**
13:00	31	0	7	7	0	0	0	0	4	0	1	12	50	**24%**
13:30	29	2	7	7	0	0	0	0	4	0	1	12	50	**24%**
14:00	29	2	8	6	0	0	0	0	4	0	1	11	50	**22%**
14:30	29	2	8	6	0	0	0	0	4	0	1	11	50	**22%**
15:00	25	2	8	5	0	3	0	0	4	0	1	13	48	**27%**
15:30	25	2	8	5	0	3	0	0	4	0	1	13	48	**27%**
16:00	22	0	8	3	4	3	1	2	4	0	1	18	48	**38%**
16:30	22	0	8	3	4	3	1	2	4	0	1	18	48	**38%**
17:00	20	0	6	3	4	3	1	2	4	1	1	19	45	**42%**
17:30	20	0	6	3	4	3	1	2	4	1	1	19	45	**42%**
平均	29	1	7	5	1	1	0	0	4	0	1	12	49	**25%**

シュリンケージ＝(シュリンケージ・エージェント数合計÷トータル・エージェント数)×100

*このような内容でエージェントが手書きで記録したり、ExcelやCRMシステム上での入力フォームとして使用する。ちなみにこのレポートは、後述する「スケジュール遵守率」やエージェント個人のパフォーマンス・レポート、給与計算のための出勤記録の基データ等として使える

③**シュリンケージを計画する**：シュリンケージは成り行き任せで運用するのでなく、**図表3-50**のようなワークシートを用いて、要素ごとの予測、あるいは目標設定を行い、しっかりとコントロールすべきだ。

　この図表のシュリンケージ要素の中で減らすべきなのは、遅刻／早退、欠勤、事務処理、その他雑務だろう。事務処理とその他雑務はゼロにはできないが、一般的に増やすべきものではない。遅刻／早退と欠勤もゼロにはならないが、どのように減らすかを追求すべき事項だ。有給休暇については、付与した日数をしっかり消化させることを目的として計画する。エージェントのワーク・ライフ・バランスの向上は積極的

図表3-49　エージェント・ワーク・レポート

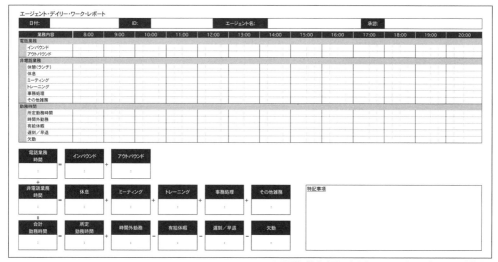

ランチは通常、勤務時間に含まないので下段の記録からは除外する

図表3-50　シュリンケージの算出——時間ベース

シュリンケージ要素	1日あたり発生時間	1週あたり発生日数	年間発生日数	年間発生週数	シュリンケージ時間
有給休暇	8.0		14		112.0
遅刻／早退	0.5		5		2.5
欠勤	8.0		3		24.0
休憩	0.5	5		50	125.0
ミーティング	1.0	1		50	50.0
トレーニング	2.0	2		50	200.0
事務処理	1.0	2		50	100.0
その他*	0.3	2		50	30.0

*システム・ダウン、プロジェクト、他部署ヘルプ、雑務等

シュリンケージ時間合計：	643.5
年間所定勤務時間：	2,000.0
シュリンケージ：	**32%**

に支援すべきで、どんなに人手不足であっても、取得の抑制を目的とした目標設定をすべきではない。

　ミーティングやトレーニングについては、いかにその時間を確保するかを考えるべきだ。それらが、エージェントのスキル／知識／意欲／センター全体のサービス品質に直接影響を及ぼすためだ。多ければ良いというわけではないが、ミーティングやトレーニングは、行えば行うほど効果があることは確かだ。

④**シュリンケージの運用における休暇や欠勤の扱い**：有給休暇、遅刻／早退、欠勤については、人事上の記録や評価の観点と、コールセンターのマネジメントの観点とを分けて考える必要がある。例えば、有給休暇は事前承認が原則だが、病欠等、予定にない欠勤は有給休暇で事後処理することになる。一般的に、エージェントが突然欠勤しても、有給休暇扱いにすることで、本人に人事上のデメリットは生じない。しかし、コールセンターにとっては、エージェント数が不足するという重大な問題だ。

　両者の矛盾は、一般の人事管理の観点とコールセンターのワークフォース・マネジメントの観点を分けて考えることで解消できる。具体的には、コールセンターにおける欠勤の扱いを、有給か無給かではなく事前承認の有無で評価するということだ。それによって、事前承認のない突然の欠勤を、一般の人事上の評価には影響がなくても、コールセンターでは要改善事項として指導できる。

(2) トータル・エージェントを算出する

①**トータル・エージェントの算出方式**：シュリンケージを算出したら、その分の人数をベース・エージェントに加えてトータル・エージェントを算出する。その計算方法には「リニア方式」と「インバース方式」がある*。それぞれの上段は計算式、下段は、ベース・エージェントを40人、シュリンケージを25%とした場合の計算例だ。

リニア方式：

トータル・エージェント ＝ ベース・エージェント×(1＋シュリンケージ)
40×(1＋0.25)＝50人

インバース方式：

トータル・エージェント＝ベース・エージェント÷(1－シュリンケージ)
40÷(1－0.25)＝53人

＊シュリンケージによって目減りした時間を埋めるには何人必要かという、シュリンケージとは逆説的に考えるアプローチを「ロスタード・スタッフ・ファクター」(rostered staff factor; RSF) と呼ぶ。RSFのアプローチによる計算式がリニア方式で、シュリンケージによるアプローチがインバース方式である

左記の例では3人の違いが生じた。どちらの方式を選択すべきだろうか。検討のポイントは以下の3点だ。

- **両方式の考え方**：リニア方式とは、「不足した分だけ埋める」という考え方だ。例えば、エージェントの欠勤により8時間分の不足が生じたら、他チームにその分のエージェントのヘルプを要請する。インバース方式よりも少ない人数で済むが、左記の例では、トータル・エージェント50人から、そのシュリンケージ分12人（＝50人×25％）を引くと38人となり、必要なベース・エージェントの人数（40人）を下回るため、その補充が必要になる。

　一方、インバース方式は、「追加したエージェントにもシュリンケージがある」という考え方だ。左記の例では、トータル・エージェント53人から、そのシュリンケージ分13人（＝53人×25％）を引いても、必要なベース・エージェント40人を終日確保できる

- **追加したエージェントのシュリンケージ**：追加したエージェントのシュリンケージは、通常のエージェントのシュリンケージより小さいはずだ。穴埋めなのだからミーティングやトレーニングは基本的になく、休憩／休息時間は必要だが、休暇や欠勤は存在しない。つまり、リニア方式によるベース・エージェントの不足分の補充は不要だといえる

- **エージェントのスケジューリングの頻度**：エージェントのスケジューリングをどれくらいの頻度で行っているか。毎週あるいは毎日それらを見直しているセンターの場合は、リニア方式で十分だ。そうでないセンターの場合は、インバース方式にしておくというのが一般的な考え方だ

　以上のような選択肢があるが、最近では、コールセンターを取り巻く環境の変化に伴うコール数の激しい変動に迅速・柔軟に対応するためには、インバース方式を採用すべきという考え方が主流となっている。

②**トータル・エージェントを算出する**：ベース・エージェントにシュリンケージを反映させて、リニア方式かインバース方式のいずれかでトータル・エージェントを算出する。**図表3-51**の「インバウンド・エージェント・カルキュレーター」は、そのためのExcelによる計算フォームだ。見ての通り、図表3-44のベース・エージェント算出フォームに、シュリンケージ、トータル・エージェント算出方式の入力、および結果としてのトータル・エージェント数の出力欄を加えたものだ。

　ワークフォース算出に関するこれまでの説明を整理したものが、**図表3-52**だ。コールセンターのワークフォースを3つの階層に概念的に表している。ワークロード・スタッフ⇒ベース・エージェント⇒トータル・エージェントというワークフォース算出のプロセスとステップを再確認してほしい。

図表3-51　インバウンド・エージェント・カルキュレーター

パラメータ	値
1時間あたりコール数：	500
平均処理時間(秒)：	360
サービスレベル目標：	80.0%
サービスレベル目標時間(秒)：	20
最長放棄時間(秒)：	120
シュリンケージ(%)：	25.0%
トータル・エージェント算出方式：	インバース

ベース・エージェント数	サービスレベル予測	放棄率	平均応答時間	ベース時間内エージェント稼働率	トータル・エージェント数
52	37.4%	35.9%	126秒	96.2%	69
53	51.1%	21.3%	69秒	94.3%	71
54	62.1%	12.5%	43秒	92.6%	72
55	70.9%	7.3%	28秒	90.9%	73
56	77.8%	4.2%	19秒	89.3%	75
57	**83.3%**	**2.4%**	**13秒**	**87.7%**	**76**
58	87.5%	1.4%	9秒	86.2%	77
59	90.8%	0.8%	6秒	84.7%	79
60	93.3%	0.4%	4秒	83.3%	80
61	95.1%	0.2%	3秒	82.0%	81
62	96.5%	0.1%	2秒	80.6%	83
63	97.5%	0.0%	1秒	79.4%	84
64	98.3%	0.0%	1秒	78.1%	85

図表3-52　コールセンターのワークフォース3階層

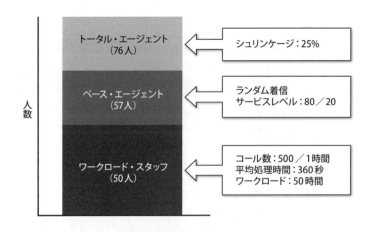

5. トレードオフを考える

　コールセンターは、そのステークホルダーである顧客・企業・エージェントのニーズにバランスよく応える必要がある。そのために「トレードオフ」の必要に迫られることになる。算出したエージェント数の増減によりサービス、効率性、コストや利益と、どう折り

合いをつけ、"最適な人数"として承認を得るか、そのための検討プロセスがトレードオフだ。

(1) サービスとのトレードオフ

図表3-53はトレードオフを検討するためのツールで、インバウンド・エージェント・カルキュレーター(図表3-51)に手を加えたものだ。ベース・エージェントの増減によるサービスレベル等への影響や変化をシミュレーションするものだ。

まずは顧客サービスの観点から、サービスレベル、放棄率、平均応答時間(average speed of answer；ASA)について見る。

ベース・エージェントが増えると(減ると)、サービスレベルは上がり(下がり)、放棄率は減り(増え)、ASAは短縮する(伸びる)。その効果という観点で見ると、サービスレベルが高くなるほどベース・エージェントの増加の効果が小さくなる。例えば、ベース・エージェントを57人から1人増やして58人にすると、サービスレベルは83.3%から87.5%と4.2ポイント上昇する。しかし59人にするとその増加は3.3ポイントに下がり、以下2.5、1.8、1.4ポイントと上昇幅が小さくなる。放棄率やASAも同じ傾向にある。

一方、ベース・エージェントを減らすと、サービスレベルが下がるほどベース・エージェントの減少の影響が強まる。ベース・エージェントを57人から1人減らして56人にすると、ASAは13秒から19秒と6秒長くなる。もう1人減らすと9秒長くなり、以下15秒、26秒、57秒と、1人減らすごとにASAの伸び幅が増す。

つまり、顧客サービスの観点から見ると、ベース・エージェントを増やすことで、それに伴うコストの増加に見合う効果を得られるのかを慎重に見極める必要があるということだ。他方、ベース・エージェントを減らすことは、顧客サービスの急激な悪化を招くということをしっかり認識したうえで検討すべきだ。

(2) 効率性とのトレードオフ

コールセンターのリソースの効率的な利用という観点から重要なのが、エージェントの稼働率(正式には「ベース時間内エージェント稼働率」)だ。これは、ベース時間に対する通話時間や後処理時間等、電話オペレーションの実働時間の割合を表す指標だ(第6章)。エージェントの側からは「仕事の忙しさ」を表し、企業の側からは「リソース利用の効率性」を表す。図表3-53から見て取れるように、ベース・エージェントが増えると(減ると)稼働率は下がる(上がる)。

エージェントにとって稼働率が高いということは「忙しい」ことを意味し、稼働率が低いとは「暇で退屈である」ことを意味する。高過ぎる(忙し過ぎる)と燃え尽き、また低過ぎると退屈する。いずれにしても仕事にやりがいを見い出せず、エージェントの離職を促す。一般には80～90%が適正といわれるが、コール数やAHT、センターの規模等が影響するため、標準値という観点は捨てて、自社にとっての適正値を見極めることが重要だ。

図表3-53　トレードオフ・シミュレーション(1)

		ベース・エージェント数	サービスレベル予測	放棄率	平均応答時間
1時間あたりコール数：	500	52	37.4%	35.9%	126秒
平均処理時間(秒)：	360	53	51.1%	21.2%	69秒
平均通話時間(秒)：	240	54	62.1%	12.5%	43秒
サービスレベル目標：	80.0%	55	70.9%	7.3%	28秒
サービスレベル目標時間(秒)：	20	56	77.8%	4.2%	19秒
最長放棄時間(秒)：	120	**57**	**83.3%**	**2.4%**	**13秒**
シュリンケージ(%)：	25.0%	58	87.5%	1.4%	9秒
トータル・エージェント算出方式：	インバース	59	90.8%	0.8%	6秒
エージェント時給単価(¥)：	¥1,200	60	93.3%	0.4%	4秒
1人あたり年間人件費(千円)：	¥4,000	61	95.1%	0.2%	3秒
電話代秒単価(¥)：	¥0.6	62	96.5%	0.1%	2秒
1件あたり利益(¥)：	¥5,000	63	97.5%	0.0%	1秒
		64	98.3%	0.0%	1秒

(3) コストや利益とのトレードオフ

　ベース・エージェントの増減はエージェントの人件費に直結する。図表3-53では時給を1,200円、1人あたり年間人件費を400万円として、ベース・エージェントの人数分の1時間あたりの時給総額と、トータル・エージェント数に応じた年間人件費総額を算出している。

　給与以外にベース・エージェントの増減の影響が強いのが電話代だ。ここでは1秒あたりの単価を0.6円として、応答したコールだけでなく放棄されたコールも含めた電話代を算出している。

　また、利益に関わる要素として、逸失利益を算出している。これは通信販売の受注のような利益創出型のセンターにおいて、ベース・エージェントを減らすことで増加した放棄がもたらす、本来獲得できたはずの利益の逸失額を算出したものだ。1件あたり5,000円として計算した。

　以上、ベース・エージェントの増減を軸にしたトレードオフについて見てきたが、トータル・エージェントについても同様に見ていくことが必要だ。シュリンケージをどう設定するかによって、コスト(人件費)や仕事の質に大きく影響するためだ。

　また、エージェント数の増減による間接的な影響についても注意する必要がある。以下に例を挙げる。

ベース時間内エージェント稼働率	トータル・エージェント数	ベース・エージェント時給(円)	トータル・エージェント年間人件費(百万円)	電話代(円)	逸失利益(円)
96.2%	69	62,400	276	89,768	897,500
94.3%	71	63,600	284	80,680	530,000
92.6%	72	64,800	288	77,720	313,750
90.9%	73	66,000	292	76,166	365,000
89.3%	75	67,200	300	75,252	105,000
87.7%	**76**	**68,400**	**304**	**74,506**	**60,000**
86.2%	77	69,600	308	73,904	35,000
84.7%	79	70,800	316	73,367	20,000
83.3%	80	72,000	320	72,950	10,000
82.0%	81	73,200	324	72,774	5,000
80.6%	83	74,400	332	72,536	2,500
79.4%	84	75,600	336	72,300	0
78.1%	85	76,800	340	72,300	0

＊放棄の場合のかけ直しは考慮していない

- サービスの低下 ⇒ 苦情の増加 ⇒ 苦情応対でAHTが長くなる
- サービスの低下 ⇒ 顧客の離反の増加 ⇒ 利益獲得機会の減少
- 稼働率の上昇 ⇒ エージェントが多忙を嫌い、意図的に後処理時間を伸ばす等、効率の低下
- 稼働率の過度な上昇または下降 ⇒ エージェントの離職の増加
- 稼働率の上昇 ⇒ 業務の品質の低下 ⇒ 顧客の離反、満足度低下

　これらによって、増員の必要性や逸失利益の増加等が重ねて発生し、さらなるコストの発生を引き起こすことになる。安易な人数削減による目先のコスト削減ばかりにとらわれず、上記に述べたさまざまな要因を十分に踏まえてトレードオフを検討することが必要だ。
　なお、シミュレーション・ツールの異なるパターンを紹介しておく。
　図表3-54は、上段の前提条件を変更するとどのような影響が表れるかを3つのパターンで比較検討するものだ。**図表3-55**は、サービスレベルとシュリンケージの変化がエージェント数とコストをいかに変化させるかのシミュレーションが可能だ。ステークホルダーのそれぞれのニーズと折り合いをつけ、最適解を見つけ出すために、これらのシミュレーション・ツールを、交渉相手、目的、用途に合わせて使い分けるとよいだろう。

図表3-54　トレードオフ・シミュレーション(2)

	Plan-A	Plan-B	Plan-C
1時間あたりコール数：	500	500	500
平均処理時間(秒)：	360	360	360
平均通話時間(秒)：	240	240	240
サービスレベル目標(%)：	70.0%	80.0%	90.0%
サービスレベル目標時間(秒)：	20	20	20
最長放棄時間(秒)：	120	120	120
シュリンケージ(%)：	25.0%	25.0%	25.0%
トータル・エージェント算出方式：	インバース	インバース	インバース
エージェント時給単価(円)：	1,200	1,200	1,200
1人あたり年間人件費(千円)：	4,000	4,000	4,000
電話代秒単価(円)：	0.6	0.6	0.6
1件あたり利益(円)：	5,000	5,000	5,000
ベース・エージェント数	55	57	59
トータル・エージェント数	73	76	79
サービスレベル予測(%)：	70.9%	83.3%	90.8%
放棄率(%)：	7.2%	2.3%	0.7%
平均応答時間(秒)：	28	13	6
ベース時間内エージェント稼働率(%)：	90.9%	87.7%	84.7%
ベース・エージェント時給(円)：	66,000	68,400	70,800
トータル・エージェント年間人件費(百万円)：	293	304	315
電話代(円)	76,166	74,506	73,367
逸失利益(円)	180,000	57,500	17,500

図表3-55　トレードオフ・シミュレーション(3)

		1時間あたりコール数	平均処理時間(秒)	1人あたり平均年収(千円)	トータル・エージェント算出方式
		500	360	4,000	インバース
			Plan-A	Plan-B	Plan-C
		サービスレベル目標(%)	70.0%	80.0%	90.0%
		サービスレベル目標時間(秒)	30	20	10
		ベース・エージェント数	55	57	60
シュリンケージ	0%	トータル・エージェント数	55	57	60
		人件費(百万円)	220	228	240
	25%	トータル・エージェント数	73	76	80
		人件費(百万円)	293	304	320
	30%	トータル・エージェント数	79	81	86
		人件費(百万円)	314	326	343
	35%	トータル・エージェント数	85	88	92
		人件費(百万円)	338	351	369
	40%	トータル・エージェント数	92	95	100
		人件費(百万円)	367	380	400

Ⅴ　スケジュールを作成する

　ワークフォース・マネジメントの3番目のステップは、算出したワークフォースを日々の勤務スケジュールに落とし込む作業だ。「できるだけ無駄なく効率的に」という管理者側のニーズと、「働きやすさ」を求めるエージェント側のニーズとの折り合いをどうつけるかが一番の考えどころだが、何より重要なのは、サービスレベルの達成だ。その意味で、コールセンターのスケジューリングは単なる勤務予定表作りではなく、戦略的なスケジューリング・マネジメントだといえる。

　勤務スケジュールの作成はコールセンターに限ったことではないので、企業ごとの慣習、ルール、ノウハウ等が存在しやすい。ここでは、そうした個別事情を除いて、標準的なコールセンターのスケジュール作成におけるポイントを解説する。

1. エージェント・スケジュールの作成

(1) スケジュール・マッピング

　「スケジュール・マッピング」とは、**図表3-56**のように、スケジュール作成の前提として、予測コール数に対して個々のエージェントの勤務シフト*を当てはめていく作業をいう。ベース時間や休憩／休息時間の調整、シュリンケージの設定、ソーシング・オプション（第2章）の選択等を計画するための基となる考え方を示すものだ。この図では、コール数の変化に合わせて、Ⓐはフルタイム勤務の正社員や契約社員、Ⓑは短時間勤務のパートタイマーや派遣社員、Ⓒはアウトソーシングや社内のＳＷＡＴチーム（**図表3-57**）によるオペレーション態勢を編成しようとするものだ。そのポイントは、時間帯別のコール数の変化（1日を通じて安定的に発生するコール数か、特定の時間帯に増加するコール数か等）とシュリンケージ（ミーティングやトレーニングを、どのタイミングでどれだけ行うか）だ。この図の場合は、コール数に無駄なく合わせた人員配置のため、シュリンケージの時間（コール数を上回るシフトの部分）が少ない。年間を通じて変化が少なく、多くの知識やトレーニングを必要としないタイプのセンターに見られるパターンだ。

　一方、高度な専門性を要求されるため、多くのトレーニングを恒常的に行う必要のあ

---

*スケジュール全体をシフトと呼ぶ場合もあるが、ここでは個々のエージェントの1日の勤務予定時間と定義する

図表3-56　スケジュール・マッピング

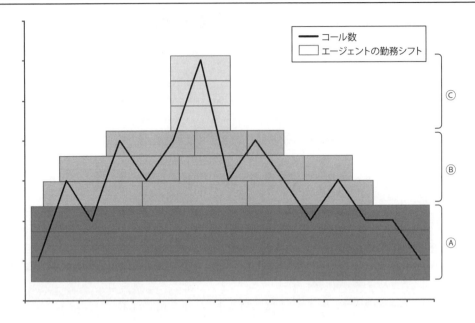

るセンターの場合は、Ⓑの部分にフルタイム勤務の正社員や契約社員を、Ⓒの部分に短時間勤務のパートタイマーや派遣社員をスケジュールして、シュリンケージの時間を多く設定する。このように、個々のセンターのタイプや業務の事情、人材の構成等を考慮して、効率的、効果的なスケジュール作成を支援するのがスケジュール・マッピングだ。

(2) スケジュール作成の頻度やタイミング

　エージェントのスケジュールは、いつどのタイミングで作成すべきか。一般的に、エージェントはできるだけ先のスケジュールを望む一方、管理者はできるだけ短い期間、つまりギリギリのタイミングで作成したいと考える。その方がスケジューリングの精度が高く、サービスレベル達成の確率が高まるからだ。こうした両者のニーズを勘案して、2週間〜1カ月前に決定するケースが多い。コール数や人員計画、予算等の見直しや更新を1カ月単位で行う場合が多く、エージェントのスケジュールもそれに合わせるのが都合が良いためだ。なお、ここでいうスケジュールとは1カ月単位の基本スケジュールであり、毎日のスケジュールは常時微調整を行う。また、スケジュールはサービスレベルを管理する時間帯の単位で作成する。基本は30分か1時間、規模の大きなセンターでは15分刻みが一般的だ。サービスレベルの時間帯と合わせるのは、スケジューリングの目的がサービスレベルを達成することにあるためだ。

(3) スケジュール表のフォーマット

スケジュール作成における企業の個性は、そのアウトプットであるスケジュール表に強く示される。そのため、模範例の類は存在しないが、参考までに"HARAメソッド"と呼ばれる週間スケジュール表のフォーマット例を紹介しておく(**巻末資料12**)。コールセンターのスケジュール表に必要な要素のほとんどが盛り込まれたフォーマットで、実際に多くのセンターが参考にしたツールだ。

2. スケジュールの作成と運用に関する選択肢

(1) スケジューリング・オプション

「スケジューリング・オプション」とは、効果的なスケジューリングを行うためのさまざまな選択肢のことだ。その工夫次第で、柔軟で無駄が少なく、エージェントの満足度も高いスケジューリングが可能だ。ピーク時間やスロー時間(ワークロードの少ない時間)も調整しやすくなる。図表3-57にさまざまなスケジューリング・オプションの例を示す。ただし、これらのすべてをどのセンターでもすぐに導入できるとは限らない。エージェントのスケジュールは勤務時間や雇用契約等、人事制度と密接に関わっているので、それらへの配慮や調整が必要になるためだ。法制度の遵守が必要であるのも当然だ。大規模なコールセンターでは、コールセンター専用の人事制度を持つ場合が多く、導入にあたっての障壁(社内調整等)も少ないが、中小規模のセンターでは専用の制度を作るのが容易でない場合が多く、既存の全社的な制度内でできることを模索するのが実際のところだ。だからといって諦めるのではなく、ひとつでも多くの引き出しを増やして、スケジューリングの柔軟性を高めたい。

(2) エージェント・プリファランス

「エージェント・プリファランス」とは、エージェント個人の細かなニーズや要望をスケジュールに反映することと、スケジュールの作成にエージェント自身を参加させることの2つの意味を持つ。

前者については、スケジューリング・オプションと狙いは同じだ。スケジューリング・オプションは会社側から選択肢を提供するのに対して、エージェント・プリファランスは、エージェントの側から個人的な要望をリクエストするということだ。そこで重要なのが、すべてのエージェントから公平かつシステマチックに要望を収集できる仕組みと環境を整えることだ。エージェント個人の要望をわがままと捉え、表面的には要望を受け付けると言いながら、そのための仕組みを用意せず、よほどの勇気がなければ要望できない(させない)雰囲気を醸し出しているセンターもあるが、それは通用しない時代だ。エージェントにとって働き方の選択肢が多いことは、労働意欲やワーク・ライフ・バランスの向上につながる。エージェントのニーズにできる限り応えていくという姿勢は、エージェン

図表3-57 スケジューリング・オプション

シュリンケージ・スケジュールの調整	ミーティング、トレーニング、休憩、ランチのスケジュールを変更する
オーバータイム	時間外勤務。必要人数が不足の場合に勤務予定時間の延長を募る
LWOP（leave without pay）	無給休暇。オーバー・スタッフとなる場合、希望者に無給休暇を与える
スタッガー・シフト	時差出勤。「スライディング・シフト」とも言う
フレックス・シフト	集中シフト、変則シフト。週の中で長時間勤務と短時間勤務を組み合わせ
スプリット・シフト	午前と午後等1日のシフトを複数回に分割
SWATチーム	「Sometime We Also Take a Call」 全社から希望者をSWATチームとして編成。コールセンターのリソース不足時にエージェントとして参加
インターナルSWAT	センター内のサポーティング・ファンクションや管理者によるSWATチーム
社内コラボレーション	マーケティング、営業、顧客サービス等コールセンターと日常的に密接な関連部署が、部署単位でコールセンター業務に参加。緊急時というよりもキャンペーン実施時等、追加の戦力として参画
オン・コール・プログラム	シフトに入っていないコールセンターの近隣居住者や在宅勤務者に、電話で緊急の出社や受電を要請
在宅勤務	在宅勤務プログラムの導入
ハイ・パフォーマー・プリファランス	ハイ・パフォーマーに、シフトや休暇スケジュールの選択の優先権を与える
アニュアライズド・ワーキング・アワー	年間の合計時間で勤務時間を契約。時季の繁閑に応じた勤務時間を都度設定
セルフ・コントロール・ブレーク	休憩時間の取得をエージェント個人の裁量に委ねる
ブレーク／バケーション・チケット	休憩時間や休暇を取得できるチケットを発行。エージェントは自分に付与された時間とは別の好きな時に休暇や休憩を取得。各種表彰の賞品等として使われる
セービング・ブレーク・プログラム	ピーク時にエージェントの申し出により休憩をキャンセル、希望時に消化
休暇スケジュールをチームで決定	休暇スケジュールや取得ルール等をエージェントのチームで決定
優先プリファランス・レベル	High：シングルマザーの保育園ピックアップ、Mid：スポーツの試合やボランティア、Low：選挙や公的イベントに参加等、エージェント・プリファランスに優先順位をつける
スケジュール・スワッピング	エージェント同士で休暇や休憩のスケジュールを交換
シフト・ビディング	あらかじめ設定された枠内で、エージェント自身が自由にシフトを選択
ワークバック・プログラム	遅刻したのと同じ時間を自主的に残業等でカバー。人事考課の減点を解消する
皆勤賞	皆勤賞を導入する
コラテラル・ワーク	スロー・タイムの発生時に行う穴埋め仕事を常に用意
エンベロップ・ストラテジー	コラテラル・ワークを電話業務とともにレギュラーの仕事として日常的に実施
アウトソーサーへのオーバーフロー	ピーク時やスパイク時にコールをアウトソーサーにオーバーフロー
勤務時間優先採用	必要な時間帯の勤務が可能な人を優先的に採用
ビジー・インフォメーション	ホームページ等でコールセンターの混雑状況を告知
フレックス・スキル・グループ	ピーク時、ノーマル時、スロー時のそれぞれに合わせたコールフローを用意、状況の変化に合わせて適切なスキル・グループに変更
サービス目標の一時的調整	ピークやスパイクが継続する場合、一定期間サービスレベル等の目標を調整
トランク・コントロール	トランク（電話回線数）の増減によるコントロール
レフト・メッセージ＆コールバック	ピーク時に用件のみ聴取、スロー時にコールバック

トの満足度を高め、離職を減らし、顧客応対の品質向上を促す。結果としてスケジューリングの柔軟性が増し、サービスレベルの達成に貢献することとなる。
　エージェントをスケジュール作成に参加させるのも、エージェントのモチベーション向

上につながる等、メリットが大きい(第7章)。すでに、休暇のスケジューリングをエージェントに任せるセンターは増えている。会社からは取得可能な枠だけを提供し、申請方法、取得ルール、優先順位等はエージェントに任せるパターンが多い。

今後は、休暇だけでなくシフトそのものをエージェントが選択できる「シフト・ビディング」がスケジューリングの基本になるはずだ。会社が定めた枠内で、エージェントの希望やライフスタイルに合ったシフト・パターンの選択や変更ができるようにする仕組みだ。これを、エージェントが自宅に居ながらにして、スマートフォンを使って操作する仕組みも、すでに現実のものとなっている。

3. スケジューリングに関するルールと配慮

(1) コールセンター内のルール

エージェントのスケジュール作成にあたって特に重要なのが「公平感」だ。公平で公正なスケジューリングのためには、ガイドラインやルールが必要だ。第9章の休憩時間と休暇の取得に関するルールのモデルを参考にされたい。一方で、意識しておきたいのは、あらゆることをルールや規定でがんじがらめにしないことだ。スケジューリングに関しては、その気になればいくらでもルール化できてしまう。それによってスケジューリング作業の多少の省力化には貢献できるかもしれないが、それ以上に、スケジューリングの柔軟性が失われ、エージェントに働きにくさを感じさせてはならない。

(2) 社内制度、法規制、コンプライアンス、ユニオン

スケジューリングは人事・労務関連の法制度や社内規程と密接に関係する。スケジューリング・オプションの導入等、何か施策を講じる際には、それらの確認を怠らないことが重要だ。コールセンターに関連する人事・労務関連の法や規制等については第9章および第12章を参照されたい。また、ぜひ意識しておきたいのが、どんなに良いアイデアでも会社からの強制による実施は避けるべきだ。スケジューリングに関しては、エージェントによる選択や同意が原則であることを徹底しておきたい。さらに、社内にユニオン(労働組合)が組織されている場合、それへの配慮も怠ってはならない。

(3) 社外の評判

働く側は、スケジューリングを通してコールセンターの働きやすさやエージェントに対する企業の姿勢を肌で感じる。エージェントがコールセンターを評価、選択する際の最も重要な事項といってもよいだろう。評価が高ければ、そこで働くことがファースト・チョイスとなり、優秀な人材が集まりやすくなる。そういった情報は口コミで広がりやすく、質の高いスケジューリング・マネジメントを行っているセンターに応募者が集まりやすくなる。センター管理者は、そのことも強く意識しておきたい。

VI パフォーマンスを管理する

　ワークフォース・マネジメントのプロセスの1～4のステップ(図表3-5)を計画フェーズとするならば、ステップ5の「パフォーマンスを管理する」は実践フェーズだ。ワークロードの予測からスケジューリングまで、計画した事項の実際のパフォーマンスをリアルタイムでモニタリングしコントロールするもので、「リアルタイム・マネジメント」と呼ぶ。その具体的なアクションは、次の3つの手順からなる。

- 察知する：リアルタイムのパフォーマンスをモニター(監視・追跡・記録)する
- 報知する：問題が生じたら関係者に迅速に知らせる
- 対処する：目標の達成のために迅速・的確に問題の改善・向上を図る

1. 察知する──リアルタイムのパフォーマンスをモニターする

(1) リアルタイム・マネジメントに必須のメトリクス

　リアルタイム・マネジメントの第一義的な目的は、サービスレベルの達成だ。そのためには、サービスレベルの最終的な結果だけでなく、それに影響を与えるさまざまな要因を常にリアルタイムでモニターする必要がある。そこで必要となるのが、状況の良し悪しを具体的・客観的に判断するためのメトリクス(評価指標)だ。コールセンターのさまざまなメトリクス(第6章)のうち、特にリアルタイム・マネジメントに不可欠なものを**図表3-58**に示す。これらのメトリクスを用いて、下記2つの観点からモニターを行う。

① リアルタイムの顧客経験とサービスの状況を把握する：まず必要なのは、時々刻々と変化する顧客経験とサービスの状況を把握し、問題の発生、あるいはその兆候にできるだけ早く気づくことだ。そのために、各メトリクスの目標値や許容範囲をしきい値として設定し、実績がそれを外れたら即時にアラート(警告)を発するように仕組んでおく。具体的には、PCやウォールボードの画面上でハイライト、あるいは点滅させたり、アラート音を発するといった仕掛けだ。そうしておけば、データを終日注視していなくても、システムがパフォーマンスの悪化や問題の発生を即時に知らせてくれる。

② 予測の正確性や計画の進捗を追跡し検証する：①に加えて必要なのが、ワークロードの予測の正確性やエージェントのスケジュールの遵守状況等を追跡・検証し、必要に応じて当日、翌日、今週等、直近の予測やスケジュールに反映させて、パフォーマン

図表3-58　リアルタイムのパフォーマンス・モニタリングに必要なメトリクス

分類	メトリクス	視点
サービス	サービスレベル	サービスレベルを達成しているか
	キューイング・コール数	何人の顧客がキュー内で待っているか
	応答コール数	エージェントは何人の顧客に応答しているか
	平均キュー時間	エージェントにつながるか放棄するまでの間、顧客がキュー内で待っている時間は？
	最長キュー時間	キュー内で最も長く待っている顧客の待ち時間は？
	平均応答時間	キューイングしてからエージェントが応答するまでの平均時間は？
	放棄率	キューイングしたコールのうち、エージェントにつながらずに放棄となった割合は？
効率性	平均通話時間	エージェントと顧客の通話時間の平均は？
	平均後処理時間	エージェントの後処理時間の平均は？
リソース使用状況	エージェント稼働人数	エージェントは何人稼働（電話システムにログイン）しているか
	エージェント稼働状況	エージェントの現在の状態（通話中、待機中、離席中等）は？
ワークフォース・マネジメント	スケジュール遵守率	エージェントはスケジュール通りに電話オペレーション業務に従事しているか
	フォーキャスト正確性	コール数等の予測の実績に対する正確性は？
	スケジュール適合性	エージェントの必要人数に対するスケジュール人数（配置人数）の適合度は？

スの悪化や問題の発生を未然に防ぐことだ。

図表3-59は、コール数と平均処理時間の予測と実績の誤差やエージェントのスケジュール非遵守によるエージェント数の過不足がもたらしたサービスレベルへの影響を表した例だ。aはコール数が予測を下回ってオーバー・スタッフとなりサービスレベルが過大に、bは平均処理時間が予測より30秒延びて2〜3人のアンダー・スタッフとなりサービスレベルが悪化、cはエージェントの欠勤でアンダー・スタッフとなりサービスレベルが悪化している。これらの原因を特定・分析して、当日の10:30以降、また翌日以降のワークロードの予測やエージェント数の見直し、スケジュールの調整等を行っていく。

以下では、図表3-58のうち、ワークフォース・マネジメントの観点から追跡・検証が必要な「スケジュール遵守率」「フォーキャスト正確性」「スケジュール適合性」の3つについて解説する。

(2) スケジュールの遵守を管理する

①スケジュール遵守率の定義と目標：欧米では「スケジュール遵守率」が常に重要指標の上位に挙げられるが、日本ではほとんど話題にならない。日本人の職業意識の高さや真面目さから、「エージェントが当たり前のようにきっちり時間を守るからだ」と言わ

図表3-59　予測と実績の誤差がもたらすスタッフィングやサービスレベルへの影響

サービスレベル目標	80.0%／20秒

a コール数

時間	予測			実績				エージェント必要数[※1]	エージェント過不足[※2]
	コール数	平均処理時間	エージェント数	コール数	平均処理時間	エージェント数	サービスレベル		
9:00	250	240秒	21人	215	240秒	21人	96%	18人	3人
9:30	275	240秒	23人	245	240秒	23人	95%	21人	2人
10:00	315	240秒	26人	275	240秒	26人	97%	23人	3人

b 平均処理時間

時間	予測			実績				エージェント必要数[※1]	エージェント過不足[※2]
	コール数	平均処理時間	エージェント数	コール数	平均処理時間	エージェント数	サービスレベル		
9:00	250	240秒	21人	250	300秒	21人	56%	23人	-2人
9:30	275	240秒	23人	275	300秒	23人	57%	25人	-2人
10:00	315	240秒	26人	315	300秒	26人	55%	29人	-3人

c エージェント実働人数

時間	予測			実績				エージェント必要数[※3]	エージェント過不足[※2]
	コール数	平均処理時間	エージェント数	コール数	平均処理時間	エージェント数	サービスレベル		
9:00	250	240秒	21人	250	240秒	18人	40%	21人	-3人
9:30	275	240秒	23人	275	240秒	21人	64%	23人	-2人
10:00	315	240秒	26人	315	240秒	24人	67%	26人	-2人

※1 エージェント必要数：コール数と平均処理時間の実績に基づき算出した、サービスレベル目標を達成するのに必要な人数
※2 エージェント過不足＝実績エージェント数－エージェント必要数
※3 エージェント必要数＝予測エージェント数

れるが、真相は不明だ。

　スケジュール遵守率とは、エージェントが電話オペレーションのスケジュール通りに従事した時間の割合のことだ。ワークロードの予測やワークフォースの算出を正確に行い、完璧なスケジュールを作成しても、エージェントがスケジュール通りに勤務しなければ、緻密な予測も完璧なスケジュールも意味をなさない。だからこそ、「時間通りの勤務は当たり前」と精神論に頼るのでなく、客観的なデータとして実態を把握・検証し、必要な対策を講じることが重要だ。

　スケジュール遵守率は、下記の計算式により算出する。**図表3-60**には、スケジュール遵守時間の定義を示す。

$$スケジュール遵守率 = \frac{スケジュールされた時間の範囲内で実際に電話オペレーションに従事した時間}{電話オペレーションにスケジュールされた時間} \times 100$$

　スケジュール遵守率の目標値で最も多いパターンは90％か95％だ。目標値は過去の実績に基づいて、センター全体、チーム、エージェント個人のそれぞれに設定する。

図表3-60 スケジュール遵守時間の定義

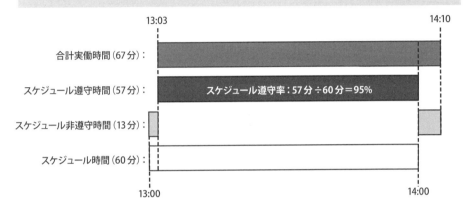

②**スケジュール遵守とその測定の重要性**：なぜスケジュール遵守が重要なのか。ビジネス上の問題として具体的に見てみよう。

図表3-61は、エージェントが1人抜けるだけでサービス（ここではサービスレベル、放棄率、平均応答時間）に大きな影響を及ぼすことを示している。コール数の予測やスケジューリングがどんなに完璧であっても、肝心のエージェントが、いるべき時にいないことには話にならない。立てた計画が確実に実行されるよう、「今、何人のエージェントが実際に従事しているか」をリアルタイムで確認し、スケジュール遵守率をモニターしていくことが必要だ。

また、**図表3-62**は、スケジュール遵守率のコストへの影響を表している。例えば、エージェント数が50人、スケジュール遵守率が95％の場合のロスト時間（エージェントがスケジュールを離脱することにより失われる時間）を金額に換算すると、1日24,000円、年間876万円となる。この金額はエージェントの給与のみであるから、この他にキュー時間が延びることによる通信費の増加、放棄による逸失利益の発生やリピート・コールの増加等を加えると、コストへの影響はさらに大きくなる。

以上のように、エージェントのスケジュール離脱によるサービスやコストへの影響は決して無視できるレベルではない。日本ではほとんど問題にならないとはいえ、その悪化は、エージェントのモチベーションにも影響することから、その兆候を早い段階でつかむためにも、スケジュール遵守率の継続的な測定が必要だ。

図表3-61　エージェントのスケジュール離脱による影響

前提条件
・コール数：250コール／1時間　・平均処理時間：240秒　・最長放棄時間：120秒

エージェント人数	サービスレベル （20秒以内）	放棄率	平均応答時間
18人	40%	34%	120秒
19人	60%	15%	49秒
20人	74%	6%	24秒
21人	84%	3%	13秒
22人	90%	1%	7秒
23人	94%	0%	4秒
24人	97%	0%	2秒

図表3-62　スケジュール遵守率とコストへの影響

前提条件
・スケジュール時間：8時間／日　・年間オペレーション日数：365日　・エージェント時給：1,200円

（金額単位：千円）

スケジュール遵守率	ロスト時間*	コールセンターの規模		
		50人	100人	500人
85%	72.0分	26,280	52,560	262,800
86%	67.2分	24,528	49,056	245,280
87%	62.4分	22,776	45,552	227,760
88%	57.6分	21,024	42,048	210,240
89%	52.8分	19,272	38,544	192,720
90%	48.0分	17,520	35,040	175,200
91%	43.2分	15,768	31,536	157,680
92%	38.4分	14,016	28,032	140,160
93%	33.6分	12,264	24,528	122,640
94%	28.8分	10,512	21,024	105,120
95%	24.0分	8,760	17,520	87,600
96%	19.2分	7,008	14,016	70,080
97%	14.4分	5,256	10,512	52,560
98%	9.6分	3,504	7,008	35,040

＊1人のエージェントがスケジュールを離脱することにより失われる1日あたりの時間

③**スケジュール遵守を阻む要因とその対策**：スケジュールの非遵守はエージェント個人の責任に帰して済まされることが多いが、それでは問題の解決にはならない。実際には、次のような4つの要因があるからだ。

- **不十分なリアルタイム・マネジメント**：最大の原因は、管理者がリアルタイム・マネジメントをしっかり行わず、現場のオペレーションの運営が成り行き任せになっていることだ。後述の「エージェント・ステータス・モニター」等のツー

ルにより、その状況を常にモニターするのは、スーパーバイザーやビジネス・コントローラーの仕事の第一歩だ。また、「MBWA*」により、今、この瞬間に何人のエージェントがスケジュール通り電話オペレーションを行っていて、何人が"いるべき時にいないのか"を直接確認し把握することは、現場のスーパーバイザーが当然行うべきことだ。

さらに重要なのは、エージェントの動きを「エージェント・パフォーマンス・レポート」や「リソース使用状況レポート」（第6章）に反映させて客観的なデータとして把握し、その原因を分析して的確な対策を講じることだ。

- **間際のコール**：休憩／休息のスケジュールの間際（直前）に応答したコールの処理時間（通話＋保留＋後処理時間）が延びることにより休憩／休息時間が後ろへずれ込み、その後の電話オペレーションに必要なエージェント数の不足が生じるものだ。エージェントの労働意欲や健康面を考えれば、休憩／休息時間を安易に短縮したり取り消すわけにもいかず、管理者にとっては頭の痛い問題だ。しかし、ほとんどの場合、やむを得ないと諦めるだけで具体策が講じられないのが現実だ。

「チーム単位の休憩／休息時間ブロック」を設定することは、この問題の緩和に有効だ。これは、通常、個人単位で設定する休憩／休息時間をチーム単位の固まり（ブロック）として設定する方法だ。例えば、あるチームに所属するエージェントが10人で、午前中に15分の休息時間を1回与えることが決まっている場合、「チームで9:00〜12:00の間に合計150分（1人15分）の休息を取る」というスケジュール設定をしておき、個人の実際の休息時間は、その時々の状況に応じてスーパーバイザーが指示して取得するというものだ。

ブロック制を採用できないセンターの場合は、少なくとも「間際のコールによるスケジュールのずれ込みが生じた場合のルール」を策定しておく。ずれ込みによるエージェント数不足の時間の穴埋めを誰がどのように行うのかといったルールだ。

- **長過ぎるログインするための時間**：エージェントがオペレーションに使用するツールは、PC、電話システム、CRMシステム、イントラネット、各種データベース、各種Webサイト、SNS、メール、社内業務システム等増える一方だが、これが思わぬ障害を生んでいる。エージェントがこれらのツールにログインするのに、かなりの時間がかかるのだ。最近ではツールの数だけでなく、セキュリ

＊Management By Walking Aroundの短縮形。スーパーバイザー等の管理者が、エージェントのデスクの周囲を歩いて回りながら、エージェントのサポートやコーチング等を行うマネジメント手法。スーパーバイザーが自席で一心不乱にPCに集中し現場の状況に気づかないことへの反省から始まった手法であるが、最近ではエージェントとのコミュニケーションが深まり、多くの気づきも得られ、モチベーションの向上にもつながる効果的な手法としての前向きな観点から広く奨励されている

ティーの厳しさによりさらに多くの時間が上乗せされることも多い。エージェントが仕事を始めるのに10分以上かかる場合も多く、営業開始からしばらくの時間、必要なエージェント数がそろわないためにサービスレベルが悪化する等、管理者を悩ませている。

これを解消する方法として、エージェントの自主性、つまり自発的な始業時間前の出勤に期待してはならない。もし、「始業前の準備時間」をセンターのルールとして設定したいなら、それは労働時間となり賃金が発生するため、人事・財務・法務部門と相談し慎重に検討する必要がある。

多く見られるのが、「スライディング・シフト」の導入だ。ログイン等の準備に必要な時間を考慮して、エージェントの始業時間を一律にするのでなく、数人ずつずらして設定する。スライドすることにより増員が必要となる場合もあるので、顧客満足、サービスレベル、予算（エージェント数、人件費）等を考慮して導入を検討する。

- **エージェントの意識**：スケジュール遵守率は、上記のようなプロセスの改善やITの導入等、仕組みだけで解決できるものではなく、エージェント個人の意識や行動にも大きく依存しなければならない。そのために、エージェントに対する教育が極めて重要だ。

スケジュール遵守に関する教育は、入社時の導入トレーニング（第1章）を皮切りに、年間を通じて、トレーニング、ミーティング、個人的なコーチング、フィードバック等あらゆる場面で手を変え品を変え繰り返し行う。個人別の業績評価項目にスケジュール遵守率を設けるのはもちろん、いわゆる皆勤賞等の報奨を与えるのも効果的だが、最も重要なのはスケジュール遵守率に対するエージェントの意識の向上だ。これを阻害する最大の要因は「私1人くらい……」という誰もが抱く感情だ。図表3-61や図表3-62のデータ等を使って、エージェント1人がもたらす影響をしっかり認識させる。欧米では、「Power of One」というコンセプトを掲げて、その教育を行う場合が多い。日本でポピュラーな「One for All」と同様の概念だ。こうした概念の理解を促し、出勤時間やランチの戻り時間を遵守するといった行動を習慣化させることが重要だ。

(3)「フォーキャスト正確性」を検証する

ワークロードの予測（フォーキャスト）は、コールセンターのすべての活動の起点となるだけに、その正確性を検証し精度を高めることは、コールセンターのマネジメントにとって極めて重要だ。同時に、ビジネス・コントローラー等フォーキャストを担当するスタッフ自身にとっての最も重要な業績評価指標でもある。この評価指標を「フォーキャスト正確性」と呼ぶ。

フォーキャスト正確性の測定や評価に決まったセオリーはなく、ビジネスの種類や目

Ⅵ　パフォーマンスを管理する

的に合わせたさまざまな方法がある。ここではコールセンターのフォーキャスト正確性に適した4つの方法論について解説する。

①**時間帯ごとの正確性を評価する**：予測の実績に対する誤差をパーセント（％）で表した「誤差率」を利用する。実績と予測が合致すること、つまり誤差率0％が究極の目標であり、誤差率が小さい（大きい）ほど予測の精度が高い（低い）ということになる。通常は±5〜10％の範囲で目標を設定する。**図表3-63**の例では、誤差率±5％を目標とするなら、10:00〜10:30、12:00〜12:30、13:30〜14:00、14:00〜14:30の4つの時間帯で目標を達成したことになる。

　ここで留意すべきは、18の時間帯を合計して求めた誤差率である-3.4％で評価してはならないということだ。合計することで、各時間帯の正の誤差（実績が予測よりも大きい）と負の誤差（実績が予測よりも小さい）が相殺され、誤差率が実態よりも過小に算出されてしまうからだ。誤差率は、白抜き数字で表した1つの時間帯ごとに算出し評価すべき指標であることを理解しておく必要がある。

図表3-63　フォーキャスト正確性──時間帯別の評価

$$誤差率(\%) = \frac{実績 - 予測}{実績} \times 100$$

時間帯	実績	予測	誤差	誤差率
09:00-09:30	251	225	26	10.4%
09:30-10:00	248	230	18	7.3%
10:00-10:30	219	225	-6	-2.7%
10:30-11:00	242	220	22	9.1%
11:00-11:30	239	215	24	10.0%
11:30-12:00	236	200	36	15.3%
12:00-12:30	198	190	8	4.0%
12:30-13:00	156	185	-29	-18.6%
13:00-13:30	179	205	-26	-14.5%
13:30-14:00	201	200	1	0.5%
14:00-14:30	197	195	2	1.0%
14:30-15:00	166	190	-24	-14.5%
15:00-15:30	152	180	-28	-18.4%
15:30-16:00	137	170	-33	-24.1%
16:00-16:30	119	160	-41	-34.5%
16:30-17:00	121	140	-19	-15.7%
17:00-17:30	99	125	-26	-26.3%
17:30-18:00	96	110	-14	-14.6%
合計	3,256	3,365	-109	-3.4%

ただし、時間帯という細かい単位で管理するのは、ビジネス・コントローラー等一部のスタッフに限られるだろう。現実的には、1日、1週、1カ月といった一定期間における結果を見るのが一般的だ。その場合は、次に述べる「絶対誤差」を用いる。

②**一定期間の正確性を評価する**：絶対誤差とは、予測と実績の誤差の数値から、プラスやマイナスの符号を取り去った絶対値のことで、これをパーセント（％）で表したものが「絶対誤差率」だ。

一定期間（**図表3-64**の場合、9:00～18:00）のフォーキャストの正確性を測定するには、18の時間帯ごとの絶対誤差率を算出し、その平均を求める。その結果算出された13.4％が「平均絶対誤差率」だ。「MAPE」（mean absolute percentage error）と英語で呼ばれるのが一般的で、さまざまなビジネスや研究で最も多く使われている。

図表3-64　フォーキャスト正確性──一定期間の評価

- 絶対誤差率(%) = $\dfrac{|実績 - 予測|}{実績} \times 100$
- ※ | | は記号内の数値が絶対値であることを意味する
- 平均絶対誤差率(MAPE) = 18の時間帯の絶対誤差率の平均

時間帯	実績	予測	絶対誤差	絶対誤差率
09:00-09:30	251	225	26	10.4%
09:30-10:00	248	230	18	7.3%
10:00-10:30	219	225	6	2.7%
10:30-11:00	242	220	22	9.1%
11:00-11:30	239	215	24	10.0%
11:30-12:00	236	200	36	15.3%
12:00-12:30	198	190	8	4.0%
12:30-13:00	156	185	29	18.6%
13:00-13:30	179	205	26	14.5%
13:30-14:00	201	200	1	0.5%
14:00-14:30	197	195	2	1.0%
14:30-15:00	166	190	24	14.5%
15:00-15:30	152	180	28	18.4%
15:30-16:00	137	170	33	24.1%
16:00-16:30	119	160	41	34.5%
16:30-17:00	121	140	19	15.7%
17:00-17:30	99	125	26	26.3%
17:30-18:00	96	110	14	14.6%
合計	3,256	3,365	383	241.5
平均	180.9	186.9	21.3	**13.4%**

平均絶対誤差率(MAPE)

③**予測のバラツキや実績との関係性から正確性を評価する**：図表3-65の左右2つの表は同じ1つの予測に対する異なる実績とその誤差率を表わしたものだが、どちらの予測の精度が高いだろうか。合計を見ると、誤差率が右表より小さい左表の方が精度が高いように見えるが、そう見るべきでないことは前述の①で示した。この場合の正確性を測定するための代表的な手法として、「標準偏差」と「相関係数」の2つがある。標準偏差とは、予測と実績の誤差の散らばりの度合い（バラツキ）を表すもので、数値が大きいほどバラツキが大きい、すなわち精度が低いことを意味する。相関係数とは、予測と実績のデータの関係性の強さを表すもので、予測と実績が近い（両者の数値の増減のパターンが似ている）ほど限りなく1.0に近い値となる。つまり、予測と実績の数値の増減パターンが完全に一致していれば、相関係数は1.0になるということだ。これらの特性から図表3-65を見ると、標準偏差も相関係数も右表の予測の方が精度が高いことがわかる。

なお、両者ともExcelに関数（標準偏差：「STDEV」、相関係数：「CORREL」）が用意されているので、それらを使って簡便に算出・評価できる。

④**フォーキャスト正確性の検証のポイント**：フォーキャスト正確性を検証する際に認識しておくべきポイントを示す。

- **コール数の定義**：コール数の予測の正確性を評価する場合は、発信コール数、または着信コール数を使う。キューイング・コール数や応答コール数では話中や放棄を含まず全体を正しく表さない。例えば、発信コール数が1,500コール、応答コール数が1,200コールという実績に対して、応答コール数が1,000コールという予測しかしていなければ、予測と実績の誤差は、実際は500コール

図表3-65　フォーキャスト正確性──バラツキや関係性の評価

- ●標準偏差：「STDEV」関数
- ●相関係数：「CORREL」関数

曜日	実績	予測	誤差率
月	3,717	3,756	-1.0%
火	3,379	2,678	20.7%
水	3,077	2,834	7.9%
木	2,870	3,213	-12.0%
金	2,524	3,158	-25.1%
土	1,216	1,251	-2.9%
合計	16,783	16,890	-0.6%
		標準偏差：	15.8%
		相関係数：	0.857

曜日	実績	予測	誤差率
月	3,824	3,756	1.8%
火	2,767	2,678	3.2%
水	2,946	2,834	3.8%
木	3,334	3,213	3.6%
金	3,301	3,158	4.3%
土	1,326	1,251	5.7%
合計	17,498	16,890	3.6%
		標準偏差：	1.3%
		相関係数：	0.999

(1,500 − 1,000)であるにもかかわらず、200コール(1,200 − 1,000)とミスリードすることになる。
- **時間帯の長さ**：フォーキャストの正確性を評価するための時間帯の長さは、短いほど精度が高まる。例えば、図表3-64と全く同じデータで、時間帯を60分単位とした場合の平均絶体誤差率は12.23%で、30分単位の場合の13.41%より精度が高くなったように見えてしまう。時間帯の長さが伸びるほど、その範囲内の数値のプラスマイナスの相殺によるデータの平滑化が増すためだ。

　一般的には15分単位が最適とされる。その理由は、データの平滑化の緩和とともに、「1時間あたりのコール数の着信時間による分配率」が影響する。具体的には、1時間のうち最初の15分で全体のコール数の40%が、次の30分で30%が、残りの30分で残りの30%が着信するという、多くの調査から得られた経験則だ。

　なお、時間帯の長さはAHT(平均処理時間)の2倍以上に設定すべきだ。15分単位にするのであれば、そのコールセンターのAHTは7分30秒以下であるべきということだ。そうでないと、コールの「オーバーハング」、つまり、前後の時間帯のコールが重なり合うという現象が生じ、計算の不具合を起こす可能性が増す。
- **実績と予測の位置関係**：誤差率や絶対誤差率の算出式における実績と予測の位置関係にルールはない。例えば、図表3-63では誤差率の算出式を(実績−予測)÷実績としているが、常に同じ方法で計算するという一貫性が確保されていれば、(予測−実績)÷予測でも構わない。

(4)「スケジュール適合性」を検証する

「スケジュール適合性」は、作成したエージェント・スケジュール上の必要人数と、実際に配置した人数との一致や誤差の度合いを数値化することで、サービスレベルの維持・向上をサポートするための指標だ。

①**配置人数と必要人数の一致度を評価する**：配置人数と必要人数の一致度を評価する際は、絶対誤差率を使用する。フォーキャスト正確性と異なるのは、算出した絶対誤差率の数値そのものを評価するのでなく、「しきい値」との比較で評価することだ。図表3-66の例では、10%に設定したしきい値内の時間帯が、すべての時間帯の88.9%(=16÷18)であることを示している。この88.9%がスケジュール適合性だ。

重要なのは、しきい値内に収まっている(「OK」)か否か(「NO」)を見ることでなく、「NO」の時間帯の改善策を講じることだ。この例では、スケジュール適合性の目標(90%)を達成するためには、2つの「NO」の時間帯のいずれかの配置人数を3人増やせばよいことになる。ただし、その結果、サービスレベルを達成することが目的で

あるから、しきい値はサービスレベルに与える影響度合いを優先して定めるべきなのは言うまでもない。

②**一定期間の配置人数と必要人数の誤差の度合いを評価する**：一定期間の配置人数と必要人数の誤差の度合いの測定と評価は、フォーキャスト正確性と同様に平均絶対誤差率（MAPE）を使用する。図表3-66からもわかるように、すべての時間帯を合計して算出した絶対誤差率（16÷1,461）は、各時間帯のオーバー・スタッフとアンダー・スタッフが相殺され、実態よりも過小な結果（1.1%）となる。

図表3-66　スケジュール適合性

- 絶対誤差率(%) = $\frac{|配置人数 - 必要人数|}{配置人数} \times 100$
- スケジュール適合性 = (「OK」の時間帯の数 ÷ すべての時間帯の数) × 100
- 平均絶対誤差率(MAPE) = 18の時間帯の絶対誤差率の平均

時間帯	配置人数	必要人数	絶対誤差	絶対誤差率	評価	しきい値
09:00-09:30	65	65	0	0.0%	OK	10%
09:30-10:00	66	65	1	1.5%	OK	
10:00-10:30	68	65	3	4.4%	OK	
10:30-11:00	73	71	2	2.7%	OK	
11:00-11:30	84	76	8	9.5%	OK	
11:30-12:00	83	78	5	6.0%	OK	
12:00-12:30	88	86	2	2.3%	OK	
12:30-13:00	93	94	1	1.1%	OK	
13:00-13:30	95	94	1	1.1%	OK	
13:30-14:00	93	95	2	2.2%	OK	
14:00-14:30	90	95	5	5.6%	OK	
14:30-15:00	83	94	11	13.3%	NO	
15:00-15:30	80	91	11	13.8%	NO	
15:30-16:00	79	86	7	8.9%	OK	
16:00-16:30	79	86	7	8.9%	OK	
16:30-17:00	83	85	2	2.4%	OK	
17:00-17:30	84	78	6	7.1%	OK	
17:30-18:00	75	73	2	2.7%	OK	
合計	1,461	1,477				

スケジュール適合性： 88.9%
平均絶対誤差率(MAPE)： 5.2%

(5) リアルタイム・マネジメントをサポートするツール

①**ステータス・モニター**:「ステータス・モニター」は、時々刻々と変化するコール数やスタッフィングのリアルタイムの状況（実際には3秒ごと等）を表示するツールだ。日本アバイアの「CMS」（コール・マネジメント・システム）のような統計管理システムがその代表だ。また、一般にCRMシステムと呼ばれるコンタクト・マネジメント・システムやワークフォース・マネジメント・システムに同様の機能を付加して使用するケースもある。

ステータス・モニターには次の3つのタイプがあり、どれもがリアルタイム・マネジメントに不可欠だ。

- **プログラム・ステータス・モニター**:プログラムごとのキューイング・コール数やキュー時間、平均応答時間や放棄率等の状況を把握する（**巻末資料13**）
- **エージェント・ステータス・モニター**:エージェント別に現在の状態（通話、後処理、待機、離席等）やその経過時間、離席理由等を示す（**巻末資料14**）
- **サービスレベル・モニター**:サービスレベルや放棄の状況を時間帯別に表す（**巻末資料15**）

一般的なステータス・モニターであれば、しきい値やアラートはいくつかのレベルを設定できるはずだ。例えばキューイング・コール数の場合、設定したしきい値に達すると、プログラム・ステータス・モニターやエージェント・ステータス・モニターにアラートを出す仕組みだ（**図表3-67**）。

なお最近では、タブレット端末やスマートフォン等のモバイル端末によるステータス・モニターの利用が増えている。時と場所を選ばずに、コールセンターにいる場合と同じ情報が入手できるので、リアルタイム・マネジメントが常に行える環境が提供されているということだ。

②**インターバル・パフォーマンス・レポート**:ステータス・モニターが、今この瞬間の状況を表すリアルタイム・レポートである一方、「インターバル・パフォーマンス・レポート」は、当日のオペレーション開始から現在までの状況を時間帯別に表すヒストリカル・レポートだ。CMS等の統計管理システムから出力される（**巻末資料16**）。

③**ウォールボード**:ステータス・モニターが個人用であるのに対し、ウォールボードはセンターの壁面や天井等に設置して全員に情報を提供する電子掲示板で、「デジタル・

図表3-67 ステータス・モニターのアラートの例

キューイング・コール数のしきい値	アラート
5コール	スクリーン上の当該部分を黄色くハイライト
7コール	スクリーン上の当該部分を赤くハイライト
10コール	スクリーン上の当該部分が赤く点滅しアラート音を発出

サイネージ」とも呼ばれる。かつては電光掲示板に単純なテキストと数字を表示するだけだったものが、現在はPCのデスクトップをそのまま大画面の液晶パネル等に映し出し、動画も含めた自由なデザイン、レイアウトで情報をグラフィカルに表示することができる(**巻末資料17**)。

　表示するのはステータス・モニターの情報がメインであるが、シンプルな計算図表の場合もあれば、メーターやグラフ等にビジュアル化したものまでさまざまだ。また、パフォーマンス情報のほかに、センターのイベント等の情報の告知、エージェントのモチベーション向上を促すメッセージやテレビニュース、天気予報等を表示するセンターもある。

2. 報知する──問題が生じたら関係者に迅速に知らせる

　リアルタイム・マネジメントをどれほどしっかり行っていても、問題の発生を100％防ぐことはできない。従って、"問題は発生する"ことを前提にして、それに対するできる限りの準備をしておくことが重要だ。

　まず、問題が発生したら(あるいはその兆候を察知したら)、最初にすべきは問題の内容や大きさに応じて、適切な関係者に迅速に知らせることだ。また、発生してから報知の仕方を考えていては、問題の対処が遅れ事態の悪化を招くうえ、その都度やり方が異なる可能性が高く一貫性が保てない。あらかじめ「問題報知の手順」をマニュアル化しておくべきだ。

　このマニュアルは、問題のサイズごとに5Ｗ1Ｈ方式(いつ、誰が、誰に、どんな方法で)で作成する。問題のサイズは3段階に切り分けるのが基本だ。重要なのは、レベルごとに知らせる先の選定だ。例えば、サービスレベルの急速な悪化が予想される場合、そのレベルに応じた通知先を、下記のように定めておく。

- レベル１：当該プログラムのオペレーションを直接担当しているスタッフ
- レベル２：すべてのコールセンター・スタッフ、プログラムのオーナーであるマーケティング・マネージャー
- レベル３：この問題により影響を受けるその他の部署のマネージャー、コールセンターを担当する役員

　このマニュアルは、コールセンターのスタッフ全員に徹底することはもちろん、伝える相手の理解も徹底しておく。いざという時に話が通じない、あるいは一から説明を求められ時間を浪費するといった事態を防ぎ、迅速に問題解決を図るためだ。

3. 対処する──目標達成のために的確に問題の改善・向上を図る

　発生した問題は、被害が拡大する前、すなわち"ボヤ"の段階で解決させたい。そのた

めには、何よりも迅速な行動が求められる。そこで必要なのが、問題の発生やパフォーマンスの悪化時に取るべき行動を、あらかじめリストアップおくこと、そして、発生した問題の大きさや進行状況に合わせた行動の選択基準を定めておくことだ。

(1)問題の性格や状況を見極めるための着眼点

下記は、発生した問題の性格や状況を瞬時かつ機械的に見極めるための着眼点だ。問題が発生したら、その状況をこれらの切り口で判断・分析し、その結果に適した行動を選択する。

- 状況はどれだけ厳しいか
- サービスレベルへの影響は？
- この状況がどれくらい続きそうか
- 原因は特定できたか
- オプション・プラン(解決のための行動の選択肢)はいつ開始できるか
- コストは？

(2)問題の分類と取るべき行動のリストアップ

問題のタイプを、「アンダー・スタッフの場合」「オーバー・スタッフの場合」「技術的な問題の場合」の3つに分類して、それぞれに適した行動(オプション・プラン)をあらかじめリストアップしておく。図表3-68に例を示す。

図表3-68 発生した問題に対処するオプション・プラン

問題のタイプ	オプション・プラン	
アンダー・スタッフ	●インターナルSWATの発動 ●エージェント・スケジュールの変更 ●ランチや休息時間の変更 ●後処理時間の上限設定や後回し ●スクリプト変更(アップセル、C-SAT、アフター・コール・サーベイ等を中断) ●転送、エスカレーション先の変更 ●締切り時間の変更(コールバックの回答時間等)	●SWATチームの発動 ●社内コラボレーション要請 ●オン・コール・プログラム ●在宅エージェントの増員 ●レフト・メッセージ&コールバック ●休暇の変更を要請
オーバー・スタッフ	●アウトバウンド・プログラム ●トレーニング ●ミーティング ●eラーニング	●コラテラル・ワーク ●プロジェクト ●LWOP
技術的な問題	●他サイト、アウトソーシングへオーバーフロー ●エージェント・スキル、プライオリティーの変更 ●EWT(予想応答時間)アナウンスをディレイアナウンスに変更(理由、待ち時間、キューの順番) ●ビジー・インフォメーション	●リングトーン回数や時間の調整 ●トランク調整 ●レフト・メッセージ機能(留守電等)のセットアップ ●テレフォン・サービス稼働 ●Webへ誘導

(3)オプション・プラン選択のガイドライン

図表3-68にリストアップしたオプション・プランを、発生した問題の内容や大きさ等に応じて選択するためのガイドラインを作成しておく。**図表3-69**に例を示す。上段の「発生した問題のスコアリング」で横軸の項目ごとの問題レベル（太字太枠部分）に応じたスコアリングを行い、下段の「オプション・プランの選択」から、その合計スコアに応じたオプション・プランを実行するという仕組みだ。

図表3-69　オプション・プラン選択のガイドライン

●発生した問題のスコアリング

問題レベル	スコア配点(a)	サービスレベル	サービスレベル目標未達継続時間	放棄率	キュー発生数	アンダースタッフ人数	アンダースタッフ継続時間	問題レベル該当数(b)	スコア(a)×(b)
1	1	75%≦<80%	1時間≦<2時間	5%≦<7%	5≦<7	**3人≦<5人**	**2時間≦<4時間**	3	3
2	3	70%≦<75%	**2時間≦<3時間**	**7%≦<10%**	7≦<10	5人≦<7人	4時間≦<6時間	2	6
3	5	<70%	3時間≦	10%≦	**10≦**	7人≦	6時間≦	1	5
								合計スコア：	14

●オプション・プランの選択

アクションレベル	合計スコア	SWAT発動	ACW	スクリプト	コールバック締切り時間	アウトバウンド／メール	休憩時間	ミーティング／トレーニング
1	1～6	インターナル	オート解除	マーケティングトーク中断	1時間	インバウンド優先	センター休憩室のみ	中断延期
2	7～18	SWATチーム	時間制限	CSAT中断	3時間	キャンセル	デスク	中断延期
3	19～	社内コラボ	後回し	付加トーク全面中断	当日	キャンセル	キャンセル	中断延期

VII その他のコンタクトの ワークフォースを算出する

1. サービスレベル・コンタクトとレスポンスタイム・コンタクト

　コールセンターの顧客オペレーションは、コンタクトのタイプによって「サービスレベル・コンタクト」と「レスポンスタイム・コンタクト」に分けられる。前者は、インバウンド・コールに代表され、ランダム着信という特徴を持ち、サービス目標としてサービスレベルを使う。後者は、アウトバウンド・コールやメール・コンタクトに代表され、サービス目標にはレスポンスタイムを使用する。これらの違いを**図表3-70**にまとめた。

　また、**図表3-71**には、図表3-70に示した特徴に従って、コンタクトのタイプ別にサービスレベルとレスポンスタイムとどちらが適しているのか一覧にしたものだ。この中で、レスポンスタイム目標が1時間以内のコンタクトは、即時の処理とほとんど等しいことから、サービスレベル・コンタクトとして扱う。インバウンド・コールのフォローアップとして行うコールバックは、インバウンド・コールのプロセスの一部として運用するので、これもサービスレベル・コンタクトの扱いとなる。

図表3-70　サービスレベル・コンタクトとレスポンスタイム・コンタクト

	サービスレベル・コンタクト	レスポンスタイム・コンタクト
代表的な コンタクト・タイプ	インバウンド・コール	アウトバウンド・コール メール・コンタクト
コンタクトや処理の特徴	・ランダム着信 ・即時処理 ・待機時間の発生 ・処理の重なりが発生	・順次処理 ・連続作業 ・目標時間内に処理を完了 ・待機時間や処理の重なりは発生しない
ワークロードの コントロール	受動的 （自らの意思でコントロールできない）	能動的 （自らの意思でコントロールできる）
サービス目標	サービスレベル	レスポンスタイム
効率性目標	平均処理時間	・平均処理時間 ・ダイヤル回数（アウトバウンド）
ワークフォース算出モデル	アーランC式	・ワークロード人数算出式 ・DPH方式（アウトバウンド）
ワークロード時間と スケジュール時間の比較	ワークロード時間 ＜ スケジュール時間	ワークロード時間 ＝ スケジュール時間
ワークロード時間と ワークロード人数の比較	ワークロード時間数 ＜ ワークロード人数	ワークロード時間数 ＝ ワークロード人数

図表3-71　コンタクト・タイプの分類と使い分け

コンタクト・タイプ	サービスレベル・コンタクト	レスポンスタイム・コンタクト
インバウンド・コール	○	
アウトバウンド・コール		○
コールバック（インバウンド・コールにより発生）	○*	○
メール	○*	○
Web問い合わせフォーム	○*	○
ライブチャット	○	
SNS（ソーシャル・メディア）	○*	○
SMS（ショートメール）	○*	○
ファクシミリ		○
郵便		○
来店	○	

＊レスポンスタイム目標を1時間以内に設定の場合

　以下では、レスポンスタイム・コンタクトのワークフォース算出について、ノン・フォーン・コンタクトとアウトバウンド・コールに分けて解説する。

2. ノン・フォーン・コンタクトのワークフォースを算出する

　メールやFax、レター等、電話以外の手段による「ノン・フォーン・コンタクト」のワークフォース算出は、一般事務系オフィスワークと同じく「ワークロード時間分の人数」を求めればよいのでシンプルだ。以下では、ノン・フォーン・コンタクトを代表するメール・コンタクトのワークフォース算出について解説する。

(1) レスポンスタイムの定義

　インバウンド・コールのサービスレベルに相当するメール・コンタクトのサービス目標を「レスポンスタイム」という。レスポンスタイムは次のように定義する。

> すべてのコンタクトは、目標時間（日数／時間／分）内に処理する

　例えば、

> すべてのメールによる問い合わせは4時間以内に回答を送信する

(2) レスポンスタイムの目標設定

　レスポンスタイムは目標時間内に100％の処理を約束する。それが可能なのは、メール・コンタクトが、受信したメールを順番かつ連続して処理することができるからだ。

図表3-72　メール・コンタクトのレスポンスタイム

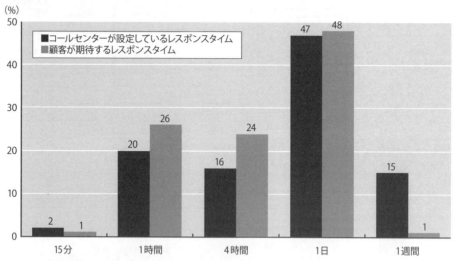

出典：Call Centre Webinar Poll–Webinar: The Best Ways to Exceed Customer Expectations. CallCentreHelper.com, 2015

　従って、レスポンスタイムにおいて設定するのは目標時間だけでよい。
　では、その目標時間はどのように設定するか。サービスレベルと同様に標準値や適正値の類は存在せず、個々の仕事の目的や事情に応じて決定する。なお、**図表3-72**に示した調査の結果では、コールセンターが設定しているメールのレスポンスタイム目標時間は、調査の半数近く（47%）が1日に集中している。なお、顧客が期待するレスポンスタイムも同様の結果（48%）だ。

(3) レスポンスの3つのタイミング

　レスポンスタイム・コンタクトの「レスポンス」には、次の3通りのタイミングがある。レスポンスタイムの目標時間の設定や評価をするにあたって、顧客満足、ビジネスプロセス、効率性の観点から、どのタイミングにおけるレスポンスを使用するのか定義しておく。

①**受信確認メールの送信のタイミング**：顧客からのメールを受信した際に、受信確認メールを顧客に送信したタイミング。メール・マネジメント・システム（第11章）等のメッセージング・システムが自動的に送信する場合と、エージェントが手動で送信する場合がある。

②**エージェントが顧客に最初に送信したタイミング**：エージェントが顧客の問い合わせに対する回答等を最初に送信したタイミング。上記の受信確認や下記の完了のタイミングと同時の場合がある。受信確認のみの場合は含まない。

③応対が完了したタイミング：1つの問い合わせについて顧客と複数回のやり取りをして、最終的に完了（最後のメール等を送信）したタイミング。なお、完了の定義に上位の管理者や他部署へのエスカレーションを含む場合がある。顧客の問題は解決に至ってはいないが、エージェントの責任は終了したという観点から、エスカレーションのタイミングを完了とする考え方だ。

(4) ベース・エージェントを算出する

メール・コンタクトに代表されるレスポンスタイム・コンタクトのベース・エージェントは、一般事務系オフィスワークと同様の下記「ワークロード人数算出式」で求める。

$$\text{ベース・エージェント数} = \frac{\text{コンタクト件数}}{\text{レスポンスタイム目標時間}\div\text{平均処理時間}} \div \text{効率因子}(\%)$$

「コンタクト件数」は、メールであれば受信したメールの件数、「平均処理時間」はコンタクト1件あたりの平均処理時間、いわゆるAHTだ。「効率因子」とは、前のコンタクトから次のコンタクトの処理に移る時に生じるインターバル（1件終わって一息つく、次のコンタクトの確認をする等）による目減り分のことだ。例えばメールのAHTが5分の場合、計算上は1時間に12件処理できるはずだ。ところが実際の処理件数が1時間あたり11件の場合、11÷12＝0.92で、効率因子は8％（＝1－0.92）となる。エージェントはロボットでないため、間髪置かず連続して作業することは不可能だ。むしろ、過度でない効率の維持・向上に必要な時間だともいえる。なお、効率因子の実績データがない場合は90％としておくのが一般的だ。

上の計算式に数値を当てはめて計算してみよう。着信したメールの件数が500件、レスポンスタイム目標時間が4時間、メール1件あたりの平均処理時間が4分、効率因子が5％の場合、（500件÷（240分÷4分））÷（1－0.05）＝9となり、必要なベース・エージェントは9人となる。

(5) トータル・エージェントを算出する

ベース・エージェントからトータル・エージェントを求める方法はインバウンド・コールと全く同じで、ベース・エージェントにリニアまたはインバースのいずれかの計算方式によりシュリンケージを反映させればよい。

図表3-73はレスポンスタイム・コンタクトのワークフォースを算出する「レスポンスタイム・コンタクト・エージェント・カルキュレーター」だ。「ベース・エージェント数」のセルに前述のレスポンスタイムのベース・エージェントの計算式を埋め込んである。「トータル・エージェント算出方式」のセルでリニア方式かインバース方式かを選択し、選択した計算方式によるトータル・エージェント数が「トータル・エージェント数」のセルに表示される。Excel等の表計算ソフトで簡単に作成できるので、備えておきたい。

図表3-73 レスポンスタイム・コンタクト・エージェント・カルキュレーター

トランザクション件数：	500
レスポンスタイム目標時間（分）：	240
平均処理時間（分）：	4
効率因子（%）：	5%
ベース・エージェント数：	9人
シュリンケージ・ファクター：	30%
トータル・エージェント算出方式：	インバース
トータル・エージェント数：	13人

3. アウトバウンド・コンタクトのワークフォースを算出する

　アウトバウンド・コンタクトにはコールバック（インバウンド・コールのフォローアップ）、ディスパッチ（メンテナンス要員の派遣等）、テレマーケティング（マーケティングやセールス）、コレクション（督促・回収）等さまざまなタイプがある。インバウンド・コールの一部として扱うコールバック等、タイプの違いによってワークフォースの算出も異なってくる。ここでは、最も典型的なアウトバウンド・コンタクトであるテレマーケティングを前提としたワークフォース算出について解説する。

（1）アウトバウンド・コンタクトの特徴
　アウトバウンド・コンタクトには、ワークフォース・マネジメントの観点から以下の4つの特徴がある。

①**リストが起点**：アウトバウンド・コンタクトが他のコンタクト・タイプと異なる最大の特徴が「リスト」の存在だ。リストがあることで、アウトバウンド・コンタクトは、実施するタイミングやボリューム等、コールセンターが自らの意思でオペレーションをコントロールできる。"いつまでにプロジェクトを終わらせるか"というアウトバウンド・コンタクトのプロジェクトの実施期間がレスポンスタイム目標に相当することから、アウトバウンド・コンタクトのワークフォースは、レスポンスタイム・コンタクトのワークフォース算出式により求めることができる。

②**ダイヤル数が鍵**：アウトバウンド・コンタクトのワークロードはリスト数と考えがちで

図表3-74　アウトバウンド・コンタクトの処理時間

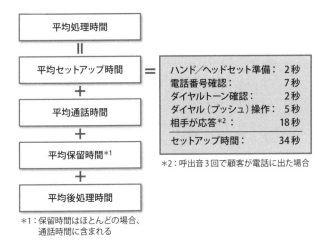

③**セットアップ時間**：アウトバウンド・コンタクトの処理時間にはインバウンドにない「セットアップ時間」が存在する。セットアップ時間とは、エージェントが顧客とコンタクトする前に行ういくつかの作業や状態に要する時間のことだ（**図表3-74**）。インバウンド・コールの場合は顧客の電話に応答する時点が処理の起点となるため、セットアップ時間は存在しない。一方、アウトバウンド・コンタクトの場合は、1回のコンタクトあたり約30秒前後の時間が加算される。この時間の存在を見逃して、インバウンドと同じ処理時間で計算してしまうと、アンダー・スタッフとなってしまうので注意が必要だ。

④**コンタクト・パターン**：さらにアウトバウンド・コンタクトに特徴的なのが、「コンタクト・パターン」の存在である。コンタクト・パターンとは、エージェントがアウトバウンド・コールを行うと、その結果がいくつかの異なるパターンに分かれることをいう（**図表3-75**）。インバウンド・コールの場合は、顧客からかかってきた電話にエージェントが応答するパターンしか存在しないが、アウトバウンドの場合は電話がつながらないパターンが多く発生する。厄介なのは、パターンごとに処理時間が異なることだ。従って、ワークフォースの算出に処理時間を使う場合は、パターンごとの処理時間を加重平均する必要がある。

前段落の続き：あるが、そうではなく、「ダイヤル数」だ。ダイヤルとは、エージェントが顧客にコンタクトするために電話を発信する行為のことで、これがアウトバウンド・コンタクトにおけるエージェントの「作業」であり、それを何回、どれくらいの時間をかけて行うかがアウトバウンド・コンタクトのワークロードとなる。

図表3-75　コンタクト・パターンと処理時間

(単位：秒)

コンタクト・パターン	コール数	平均セットアップ時間	平均通話時間	平均後処理時間	平均処理時間
ライブ応答	60	34	134	80	248
留守番電話	20	50	0	30	80
呼出音のみ	18	50	0	30	80
話中	2	30	0	30	60
合計	100	4,000	8,040	6,000	18,040
加重平均		40	80	60	180

（2）アウトバウンド・コンタクトのワークフォースを算出する

　上記の特徴を踏まえたアウトバウンド・コンタクトのワークフォース算出プロセスは**図表3-76**に示す5つのステップからなる。以下、そのステップに合わせて解説する。

①**リスト数を予測する**：アウトバウンド・コンタクトの起点となるリストは、以下の4種に分類される。

- **新規リスト**：プログラムの目的に応じて出力されたリスト
- **除外リスト**：除外基準[*1]によりコールの対象から除かれるリスト
- **コール対象リスト**：新規リストから除外リストを除いたアウトバウンド・コールの対象リスト
- **完了リスト**：アウトバウンド・コールを行い、完了基準[*2]によりオペレーションが終了したリスト

　上記のうち、ベース・エージェントの算出には「完了リスト数」を使用する。算出の起点はエージェントの作業量（ダイヤル数）であり、その実作業を行った結果発生するのが完了リストであるためだ。

②**効率性目標を設定する**：エージェントの行う実作業であるダイヤル数を予測する。①で予測した完了リスト数を達成するには、全部で何回ダイヤルする必要があるかを算出する。実はこの予測が最も難しい。ダイヤル数は、プログラムの目的、コンタクト基準や完了基準、オペレーション期間、コンタクト率、顧客の属性、エージェントのスキル等、多くの要因が影響し、一定の公式や係数等が存在しないためだ。そのため、過去の実績から完了リスト数に対する合計ダイヤル数の割合を算出する。それが「ダイヤル・ファクター」だ。完了リスト数（**図表3-77　e**）が6万に達するにはダイヤル・ファクターが200%、つまり完了リスト数の2倍の12万回のダイヤル数が必要であることを示している。もし、過去の実績がない場合は、内容のよく似たプログラムのダイヤル・ファクターを参考にするか、あるいは一定量のテスト・コールを実施しデータを取

Ⅶ その他のコンタクトのワークフォースを算出する

図表3-76 アウトバウンド・コンタクトのワークフォース算出プロセス

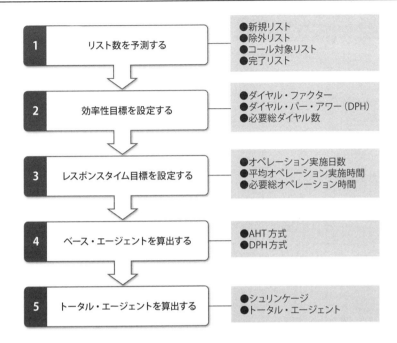

る。いずれにしろダイヤル・ファクターはデータが増えるほど精度が高まるので、アウトバウンド・プログラムの経験資産的な意味合いからも、データの蓄積に努める。

③**レスポンスタイム目標を設定する**：①で予測したリスト数をいつまでに、どれくらいの時間をかけて完了させるかを決める。その期間や時間の長短がエージェント数に影響する。期間は日数で、時間は1日あたりのオペレーション実施時間を入力する（図表3-77 j、k）。期間限定のキャンペーンであれば、キャンペーン期間とオペレーション実施期間はほぼ同一となる。また、期間の定めなく恒常的に実施するプログラムの場合は、予測の対象期間（月間、年間等）のオペレーション実施日数と、1日あたりのオペレーション実施時間を入力する。

アウトバウンド・コールをインバウンドの繁閑対策等で不定期に行っている場合は、予測対象期間における1日あたりのオペレーション時間を平均する等して求めた時間を入力する。

＊1：ターゲット顧客とのコンタクトが期待できない職業、苦情歴あり、競合他社従業員等、コールの対象から除外するための基準
＊2：いたずらにコールの回数を重ねて顧客の印象を悪化させないよう、オペレーションを終了させるための基準

図表3-77　アウトバウンド・コンタクト・ワークフォース算出テーブル

	AHT方式	DPH方式	計算式	説明
a. 新規リスト数	88,235		—	プログラムの目的に応じてセグメントされたリスト数
b. 除外リスト数	17,647		a−(a×c)	除外基準によりコールの対象から除かれるリスト数
c. 除外率	20%		—	新規リストのうち除外が発生する割合
d. コール対象リスト数	70,588		a−b	アウトバウンド・コールをする対象のリスト数
e. 完了リスト数	60,000		d×f	完了基準によりオペレーションが終了したリスト数
f. 完了率	85%		—	コール対象リスト数に対する完了リスト数の割合
g. 必要総ダイヤル数	120,000		e×h	eを達成するためには12万回のダイヤルが必要
h. ダイヤル・ファクター(%)	200%		—	完了リスト数に対する合計ダイヤル数の割合
i. 1時間あたりダイヤル数(DPH)	—	19.00	—	1人のエージェントが1時間に19回のダイヤルを目標
j. オペレーション実施日数	15		—	このプログラムのオペレーションを実施する日数
k. 1日あたりオペレーション時間(時)	6.0		—	営業時間(9:00〜18:00)からランチ1時間を減
l. 必要総オペレーション時間(時)	—	6,316	g÷i	12万回のダイヤルのためには6,316時間が必要
m. 1人あたりオペレーション時間(時)	90	—	j×k	1人のエージェントのオペレーション時間
n. 平均処理時間(秒)	180	—	o+p+q	1本のコールに費やす平均時間
o. 平均セットアップ時間(秒)	40	—	—	コンタクト・パターンに応じた時間の加重平均
p. 平均通話時間(秒)	80	—	—	コンタクト・パターンに応じた時間の加重平均
q. 平均後処理時間(秒)	60	—	—	コンタクト・パターンに応じた時間の加重平均
r. 効率因子	5%	—	—	セットアップ時間と重複の場合は100%としておく
s. ベース・エージェント数—AHT方式	70		(g÷((m×3,600秒)÷n))÷r	電話オペレーションのために配置する実働人数
t. ベース・エージェント数—DPH方式	70		l÷j÷i	
u. シュリンケージ(%)	28%		—	エージェントが電話オペレーション以外に費やす時間
v. トータル・エージェント数—リニア	90		s or t×(1+u)	ベース・エージェント数にシュリンケージを加味した要在籍人数
w. トータル・エージェント数—インバース	97		s or t÷(1−u)	

④ベース・エージェントを算出する：③までに算出したいくつかの要素を用いてベース・エージェント数を求める。先に、アウトバウンド・コンタクトのワークフォースはレスポンスタイム・コンタクトの計算式により算出すると述べたが、それには2通りの方法がある。平均処理時間（AHT）をキーとする「AHT方式」と、1時間あたりのダイヤル数（DPH）をキーとする「DPH方式」の2つだ。

• AHT方式

$$\frac{合計ダイヤル数}{エージェント1人あたり合計オペレーション時間 \div 平均処理時間（AHT）} \div 効率因子（\%）$$

上記は、平均処理時間（AHT）をキーとするベース・エージェントの算出式だが、AHTを使うにあたって難点が存在する。前述のコンタクト・パターンの存在だ。パターンごとにAHTが異なるので、プログラムごとにいかなるパターンが生じるかを予測し、パターンごとの処理時間を加重平均した値にする必要がある。

これは大変煩雑な作業である一方、精度の高い予測は困難だ。パターンごとの処理時間のデータを得るのも実際にはとても難しく現実的ではない。さらに、加重平均したAHTは、エージェントにとって実感に乏しく、図表3-75の場合、エージェントの通話時間は134秒であるが、計算に使用する加重平均値は80秒であり、エージェントにとって実感がないので、個人の業績評価の目標値としてAHTを使うことができない。

• DPH方式

$$合計ダイヤル数 \div \frac{エージェント1人1時間あたりダイヤル数（DPH）}{オペレーション実施日数} \div 1日あたりオペレーション時間$$

「DPH」(dial per hour；1時間あたりのダイヤル数)をキーとして、このプログラムのオペレーションに必要な合計時間を求め、そこからベース・エージェント数を算出する方式だ。「1時間に何回ダイヤルするか」というシンプルでわかりやすい指標だ。コンタクト・パターンや処理時間のすべての要素が含まれているうえに、エージェント個人の効率性目標値としても使いやすい。他のアウトバウンド・プログラムとの比較ができるのもメリットだ。

⑤トータル・エージェントを算出する：トータル・エージェントの算出はインバウンド・コールやノン・フォーン・コンタクトと同様に、ベース・エージェントにリニアまたはインバースのいずれかの計算方式によるシュリンケージを反映させればよい。

図表3-78にAHT方式、図表3-79にDPH方式による「アウトバウンド・コンタクト・エージェント・カルキュレーター」のサンプル・フォーマットを掲載した。図表3-77の算出テーブルと合わせて、参考にされたい。

図表3-78　アウトバウンド・コンタクト・エージェント・カルキュレーター【AHT方式】

新規リスト数：	88,235
除外リスト数：	17,647
除外率(%)：	20%
コール対象リスト数：	70,588
完了リスト数：	60,000
完了率(%)：	85%
必要総ダイヤル数：	120,000
ダイヤル・ファクター(%)：	200%
オペレーション実施日数：	15
エージェント1人1日あたり平均オペレーション時間(時)：	6.00
エージェント1人あたり合計オペレーション時間(時)：	90.00
平均処理時間(秒)：	180
平均セットアップ時間(秒)：	40
平均通話時間(秒)：	80
平均後処理時間(秒)：	60
効率因子(%)：	5%
ベース・エージェント数：	70
シュリンケージ(%)：	28%
トータル・エージェント数算出方式：	インバース
トータル・エージェント数：	97

図表3-79　アウトバウンド・コンタクト・エージェント・カルキュレーター【DPH方式】

新規リスト数：	88,235
除外リスト数：	17,647
除外率(%)：	20%
コール対象リスト数：	70,588
完了リスト数：	60,000
完了率(%)：	85%
必要総ダイヤル数：	120,000
ダイヤル・ファクター(%)：	200%
エージェント1人1時間あたりダイヤル数(DPH)：	19.00
必要総オペレーション時間(時)：	6,316
オペレーション実施日数：	15
エージェント1人1日あたり平均オペレーション時間(時)：	6.00
ベース・エージェント数：	70
シュリンケージ(%)：	28%
トータル・エージェント数算出方式：	インバース
トータル・エージェント数：	97

第II部

プロセス
Process

第4章

コールセンターの
ビジネスプロセス・マネジメント

ビジネスプロセス・マネジメントの技法やノウハウはコールセンターに限ったものではない。従って、ビジネスプロセスの設計や文書化の方法等、すべてのビジネスに共通の一般的な知識やノウハウについては、その分野の専門家や専門書に委ねることとし、本章ではコールセンターのビジネスプロセス・マネジメントに特有のマニュアル作成のポイントや文書化のノウハウ等を中心に解説する。

I コールセンターのビジネスプロセス・マネジメントとは

　ビジネスプロセスとオペレーションはとても似通った言葉だ。ひとつの文章で両者をそっくり入れ替えてもほとんど違和感がないほど同じような意味で使われることが多い。それぞれには専門家による多くの定義づけがされているが、ここでは策定したストラテジーを実行するコールセンターの活動全般を「オペレーション」とし、そのうち仕組みに相当する部分を「プロセス」、さらに、プロセスを構成する業務フローや業務マニュアルの作成、運用等の取り組みを「ビジネスプロセス・マネジメント」と定義する。

1.「全体最適」をデザインする——ビジネスプロセス・マネジメントのミッション

　コールセンターのビジネスプロセス・マネジメントに最も期待されるミッションは「全体最適」の設計と徹底だ。
　ここでいう全体最適とは、すべての組織（社内の各部署）が歩調を合わせ、組織全体のビジネスプロセスの最適化（一貫性と効率性の追求）を図ることだ。これに対して、個々の部署が自部署の最適化に注力するのが「部分最適」だ。
　顧客ファーストを理念として掲げる企業であれば、すべての部署が顧客の方を向き、顧客接点の最適化を最優先とすることが全体最適の観点で望ましい姿といえる。（図表4-1上図）。フロントラインのエージェントは、企業の代表として顧客にサービスを直接提供する。その背後にいるサポーティング・スタッフは、エージェントが顧客とのコミュニケーションに100％集中できるよう、エージェントをサポートする。ここでいうサポートとは、エージェントからの要求に最優先で応えることはもちろん、エージェントの顧客応対以外の作業（主に後処理で行う作業）を積極的に引き受け、エージェントの負担を軽くして顧客応対に集中できる環境を作るということだ。同様のことを関連部署のスタッフがコールセンターに対して行うというように、それが連鎖していくことで、全社が一丸となって顧客接点のパフォーマンスを最大化するために機能するようになる。
　ただし、そのためにサポーティング・スタッフの作業の増加や効率の低下が生じる場合がある。それでも、全体最適が図られている組織では、そのサポートが功を奏して全体最適が図られていることを理解しているが、その理解が低い組織では、作業の増加や効率の低下を“負担増”や“しわ寄せ”と捉えてしまい、「部分最適」に走ることになる。そして、フロントラインのスタッフに“自分たちの仕事の最適化”のための、さまざま

図表4-1 全体最適と部分最適

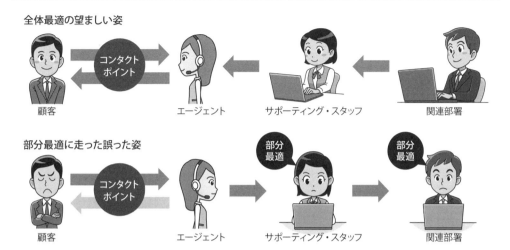

な要求を投げかけるようになる。その結果、エージェントは、顧客よりも後方のスタッフに気を遣い、迷惑をかけないことを優先するようになってしまう。組織全体が顧客に背を向けて仕事をするようになるということだ(**図表4-1下図**)。

このような状態に陥らないためには、センター長がリーダーシップを発揮しなければならない。掛け声や心構えだけで理解を得るのは困難だ。だからこそ、ビジネスプロセスの細部に至るまで、全体最適を損なわないよう設計し、それを厳格に運用するためのビジネスプロセス・マネジメントが必要となる。

2. ビジネスプロセス・マネジメントの役割

コールセンターのビジネスプロセス・マネジメントの最大の役割は、オペレーションの仕事のやり方とその流れを可視化し、マニュアル化することだ。それにより下記5点の実現を図ることができ、ひいては、オペレーションの品質や効率性の向上を促進する。

① **オペレーションの一貫性の確保**：コールセンターの生命線であるオペレーションの一貫性を確保するための最も重要なツールがオペレーション・マニュアルだ。心掛けだけでは、仕事の標準化や徹底は到底望めない。
② **柔軟なオペレーションの提供**：マニュアルの存在こそが仕事の柔軟性や創造性を損なう元凶だとする主張が多く聞かれるが、それは大きな誤解だ。柔軟性や創造性は、「標準の姿」が明確だからこそ発揮できる。また、例外事項の発生により、標準と異なるオペレーションが求められる時、それを可能にするのも、例外時の対処法がマ

ニュアル化されているからだ。例外処理を個人の裁量に委ねる場合も、そのための条件や場面がマニュアル上に想定されているからこそ「一貫性のある柔軟なオペレーション」が可能となる。

③オペレーションの理想形やコミュニケーション・スタイルの可視化：自社が理想とするオペレーションのカタチや顧客に提供するコミュニケーション・スタイル（第1章）を、オペレーション・マニュアルが具体的な文書で示してくれる。それなしで抽象的な概念のみでは、人によって解釈が異なり、オペレーションの一貫性を保つことは困難だ。

④オペレーション上の問題の特定と改善：仕事の進め方が具体的な文書で示されているからこそ、問題や障害の原因を特定でき、どこをどう修正すればよいかを見つけることができる。

⑤競争上の優位性の確保：ビジネスプロセス・マネジメントが有効に機能し、卓越したオペレーションを実践していくことで、優れた成果を継続的に挙げている状態を「オペレーショナル・エクセレンス」という。優れたビジネス・モデルやアイデアは簡単に真似されやすいが、オペレーショナル・エクセレンスの状態にまで高められた優れたオペレーションを模倣するのは容易ではなく、競争上の優位性を保つことができる。

3. マニュアル化への抵抗感を乗り越える

多くの日本企業の、特に事務系オフィスワークの現場では、オペレーションのマニュアル化に対して懐疑的であり消極的だ。これは、伝統的に日本企業の事務系職種では、組織のルールより個人の暗黙知が優先され、仕事のやり方を明確にせず個人の裁量で進める傾向にあるからだ。そのため、業務の平準化や明文化が不得手で、マニュアルの存在があたかも仕事の柔軟性や創造性の阻害要因であるかのような論調にすり替えられてしまいがちだ。

その影響はコールセンターのマネジメントにも色濃く作用しており、トランザクション*の伴わないオペレーションのマニュアル化、特にトークスクリプトに対して否定的な態度を示す管理者が少なくない。彼らはそろって、「顧客応対には例外処理が多くマニュアル化しても意味がない」「トークスクリプトでエージェントにロボットのような応対をさせるから顧客の不興を買って満足度を低下させる」という2つを口にする。前者は、例外処理ばかりに気を取られた例外の誇大視だ。後者は、トレーニング・ツールであるトークスクリプトと、エージェントの顧客コミュニケーション・スキルを混同した論調だ。

また、そこには「マニュアル化が面倒」「マニュアル化するリソースやノウハウがない」

---

*顧客応対の結果発生する具体的な処理をいう。例えば顧客から資料請求を受け付けると、その資料の発送作業が発生する。このように、顧客のリクエストを完了させるための具体的な処理や作業のことをトランザクションという

といった本音も透けて見える。既存のコールセンターの場合、個人の裁量や暗黙知に頼ったオペレーションに満足していると、「今さら大きな手間とコストをかけてマニュアル化することの価値を感じない」という管理者が少なくない。

しかし、業務のマニュアル化およびそれを核としたビジネスプロセス・マネジメントがおろそかであるからこそオペレーションの一貫性が保たれず、低い品質、低い効率、低い顧客満足に甘んじなければならないという現実に、マニュアル不在の運営に満足しているセンター長は気づくべきだ。

4. ビジネスプロセス・マネジメントの5つの取り組み

コールセンターのビジネスプロセス・マネジメントの取り組みは、次の5つに分類される。

①プログラム・オペレーション：コールセンターのオペレーションは、「資料請求」「受注」「問い合わせ」のように、特定の目的ごとに運用される。また、それらの業務単位に対して「○○カード新規会員ウエルカムコール」「△△キャンペーン」のような名称が付されることも多い。この業務単位を「プログラム」と呼び、そのプログラムを実践する取り組みがプログラム・オペレーションだ。

②ジェネリック・オペレーション：プログラム・オペレーションは、それぞれのプログラム専用だが、異なるプログラムに共通のオペレーションが存在する。それが「ジェネリック・オペレーション」だ。具体的には、「転送基準」や「苦情処理ガイドライン」等で、「間違い電話」のように、コールセンターの本来の業務ではないものも含む。

③情報のアップデート：コールセンターには新規、追加、変更等、毎日社内外からさまざまな情報やコンテンツが提供されるが、コールセンターでは、その情報を扱うすべてのスタッフに迅速・確実に伝え徹底する必要がある。そのための一連の取り組みが「情報のアップデート」だ。

④サービス・アグリーメント：コールセンターと社内の関係部署が相互に提供するサービスの内容やプロセス、目標、必要なリソース等を明示し、双方の達成責任について合意するのが「サービス・アグリーメント」だ。

⑤ビジネスプロセスの評価と改善：ビジネスプロセスは生きものであり、環境の変化や更新される情報により日々成長を続けていくものだ。つまりビジネスプロセス、その具体的なカタチであるオペレーション・マニュアルは、作って終わりではない。その効果や成果を点検・評価して、改善、更新していくことで初めて、質の高いサービスの継続的な提供が可能となる。

II ビジネスプロセス・マネジメントの実践

　ここからはビジネスプロセス・マネジメントの実践について、まずは、マニュアル作成のコンセプトやポイント等の概論を示し、続いて、「プログラム・オペレーション」「ジェネリック・オペレーション」「情報のアップデート」「サービスレベル・アグリーメント」「ビジネスプロセスの評価と改善の実践」の5つの取り組みについて解説する。

オペレーション・マニュアルを作成する

　ここでは、マニュアル作成に関する一般的な説明は省略し、コールセンターのオペレーション・マニュアルを作成するために踏まえるべきポイントについて説明する。

1. オペレーション・マニュアル作成のコンセプト

　単なる業務の解説書ではなく、ビジネス目標の達成に貢献する"成果のあがる"マニュアルを作成するために、下記の3つのコンセプトを常に意識することが重要だ。

①これ1冊で、この仕事のすべてがわかる：ポイントは、「オペレーションのすべてを文書化する」ということだ。「原理原則だけを示しておいて、後はエージェントに自分で考えさせるべきだ」「些細なことにこだわって無駄な時間や労力をかけないで、頻度の高いものに絞って効率的に作業すべきだ」と主張する管理者が少なからず存在するが、その主張にはコールセンターに重要な2つの視点が欠けている。
　1つは、オペレーション・マニュアルは新人からベテランまで、すべてのレベルのスタッフと、そのすべてのニーズに応える必要があるということだ。低頻度な事象や作業こそ判断基準となるマニュアルが必要となるのに、内容を高頻度な作業に絞り込んでしまっては役に立たない。特定のスタッフに限定したマニュアルを除き、基本のマニュアルは対象業務のすべてを網羅する必要がある。
　もう1つは、コールセンターは「細部にこだわる」仕事であることだ（序章）。1年に1回しかない問い合わせであっても完璧に応対する、そのために万全の準備をするのがコールセンターだ。

②昨日入社した新人でも正確な仕事ができる：仕事に関する知識や経験が全くない新人が初めて読んで正しく理解できることを前提に書くということだ。「そんなことは当然だ」と言いながらも、現実には関係者にしか理解できない内容や表現、言葉遣いで書かれたマニュアルが実に多い。マニュアルはそれ1冊で解決できるものであるべきで、マニュアルを理解するためにマニュアルが必要といったことにならないようにしたい。

③すべてが"同じ"である：1つのマニュアルの完成度がどんなに高くても、他のマニュアルとの一貫性や整合性に欠けていると、エージェントにとって使い勝手が悪く、結果としてオペレーションの品質や効率を損なう。コールセンターのオペレーション・マニュアルは、フォーマットやデザインを統一して作成すべきだ。

2. マニュアル・ライティングのポイント

コールセンターのオペレーション・マニュアルを"書く"ための18のポイントを示す。

①フォーマットを統一する：すべてのオペレーション・マニュアルは、「プログラム・オペレーション」「ジェネリック・オペレーション」「情報のアップデート」「サービス・アグリーメント」の種類ごとに、そのデザイン、サイズ、レイアウト、見出し構成、書式等を統一しテンプレート化する。これが徹底されないと、エージェントはマニュアルごとに"読み方"を考えなければならず効率が悪い。同じ内容でも、書き方の違いによって異なる解釈をしてしまうリスクもある。オペレーション・マニュアルのフォーマットが常に同じであることは、エージェントの理解の正確性や迅速性を大きく左右する。

②ファイリングや差し替えを考慮：オペレーション・マニュアルは保管して繰り返し活用するものだ。このため、保存や差し替えに配慮して設計する必要がある。例えば、紙ベースであればバインダーにファイリング、電子版であればサーバー等に保存することになるが、それらの作業が容易になるようあらかじめ準備する。また、情報の変更による差し替えが必ず発生することも考えて、ページや見出しの構成は「1ページ1テーマ」とする。こうした配慮が欠けると、わずかな情報変更のために何ページも差し替えねばならないといった無駄や手間、それに伴うエージェントのストレスが生じる。

③検索を考慮：目次や見出し構成は、検索の観点からも重要だ。必要な時に必要な箇所を迅速・簡単に見つけられないのは、エージェントにとって大きなストレスだ。

④編集可能な形態：マニュアルを実際に使うエージェントが、自身にとってより使いやすくアレンジできるよう、編集可能な形態にしておく。例えば、マニュアルを2部ずつ配布し、1部を自由にアレンジすることを推奨するセンターもある。

⑤誰が書くのか：大規模センター等でマニュアル作成の専任担当者がいる場合を除けば、大半のセンターでは、スーパーバイザー、あるいは、"業務知識が豊富な人"、"文

書作成が得意な人"、"手の空いている人"等に安易に任されているのが実態だ。しかし、マニュアルの作成は、トレーニングと同レベルの重みがあり、少なくともトレーナーやスーパーバイザーと同等の知識や経験が求められる。文章力やオフィス・ソフトの使いこなしといったスキルも必須だ。さらには、会社の方針や、業務に関連するマーケティング戦略に関する十分な理解も必要だ。これらを踏まえた、コールセンターの"マニュアル・ライター"の要件を規定しておきたい。

⑥ **全体像から詳細へ**：顧客とのコミュニケーション、エージェントのトレーニング等、あらゆることに共通の原則だが、オペレーション・マニュアルも「全体像から詳細へ」という流れで作成する。

⑦ **作業（プロセス）の順番で**：作業（プロセス）の順番を無視したマニュアルは、マニュアルとして機能しない。必ず作業の順番に沿った章立て、記述とする。

⑧ **DoでなくHow toを示す**：質の高いマニュアルとそうでないものとの違いは、この点に表れる。「資料を明日発送することを顧客に伝える」で終わるのではなく、どのように伝えるのかを示すことが重要だ。例えば、「資料請求に必要な情報を聴取し、終わった直後に、『それではご要望の○○は、明日の12:00発の便で東京より宅配便にて発送いたします』と約束する」といった具合だ。何をするのか（Do）だけでなく、それをどのようにするのか（How to）が示されていなければ、エージェントによってバラバラの案内になる。

⑨ **必ずスクリプト（トーク例）を記載する**：エージェントにとってのHow toの最たるものがスクリプトだ。必ず、「説明（Do）＋スクリプト（How to）」の形式で作成する。なお、スクリプトはあくまでもコミュニケーション・スタイル（第1章）に沿った理想形を示したものであり、それを実際の顧客とのさまざまな会話においてどのように使うのかは、エージェントのコミュニケーション・スキルやトレーニングの成果によるものであることを忘れてはならない。

⑩ **漢字や熟語を最小限に**：多くの日本企業では、稟議書のように漢字や熟語を多用し文語調で記載するカルチャーが根強く、実際にそのための指導を受けることも多い。しかし、それをコールセンターのオペレーション・マニュアルに持ち込むのはタブーだ。マニュアル・ライティングにおける漢字の扱いは、「漢字でないと不自然だったり読みにくいものに限る」というつもりで書くのが望ましい*。ひらがな主体で書くことを意識することで、堅苦しい文語調が解消され、熟語の多用も避けられる。

　また、電話の会話において熟語は相手に伝わりにくい。マニュアル上で安易に熟語を使うと、無意識に顧客との会話でそれが出てしまう。"熟語会話"は顧客満足を低下させる要因のひとつだ。

---

*例えばNHKの漢字使用の原則では、「読み方が難しい訓読みの語」「読み方がやさしい語でもひらがな書きが望ましいもの」「かな／漢字両方の表記の慣用があるもの」はひらがなを優先するとしている

⑪ 「対応」で済ませない：コールセンターで最も頻繁に使われる言葉の1つに「対応」がある。会話の上でも文書においても、また社員同士でも顧客に対しても、何かにつけて「対応する」のひと言で済ませられる大変便利な言葉だ。しかし、それだけで相手と共通の理解や認識ができているつもりになってはならない。どのようにも解釈できるからだ。具体性が絶対条件のビジネスプロセスを語るうえでは、「対応」という言葉はあまりに抽象的と言わざるを得ない。オペレーション・マニュアルにおいては、「対応」で済ませるのでなく、「どう対応するのか」を具体的に表現すべきだ。

⑫ 美しさでなく読みやすさ：オペレーション・マニュアルに、あたかもプレゼンテーションのスライドのように凝ったデザインや色使い、力作の図表やイラスト等を多用するのは、労多くして効果は少ない。マニュアルは、エージェントがすぐに内容を読み込めることが望ましく、読む前にまず"読み方"を考えねばならないのは、無駄な作業を強いるのに等しい。また、凝ったデザインは、エージェントによるマニュアルの編集を妨げることにもつながる。

⑬ フローチャートのルール：オペレーション・マニュアルには必ずフローチャートが使われる。さまざまなスタイルがあるので、描き方のルールやマナーを明確に定めておかないと、読み取りにくく、誤解を生じる原因ともなり得る。後述の「プログラム・オペレーション」でサンプルを示す。

⑭ 「発効日時」の重要性：「発効日時」とは、マニュアルに記載した情報やプロセスを一斉に公開あるいは開始するタイミングのことだ。特に情報のアップデートにおいて重要だ。人数が多く勤務時間が多様なエージェントの全員に情報が行き渡るには、一定の時間が必要だ。発効日時に無頓着でいると、エージェントによって適用開始のタイミングがバラバラになり、新旧の異なるプロセスが混在してオペレーションの一貫性を損なうことになる。そのために顧客サービスの不公平や苦情を招いたり、エラーの原因を特定できないといったことが生じる。

　そうならないよう、マニュアルやアップデートには「発行日」と「発効日時」を明示する。「発行日」を起点にして、エージェントに情報が行き渡るのに必要な時間やトレーニングに必要な時間を設定し、「発効日時」から逆算して「発行日」を定める。つまり、「発行日」がマニュアル完成の期限ということだ。

⑮ 回覧や掲示で済ませない：オペレーション・マニュアルや日々のアップデート情報を安易に回覧や掲示（イントラネット等、電子的な掲示も含める）で済ませてはならない。エージェントが業務に関する情報を受け取るタイミング、実行するタイミングにタイムラグがあってはならないからだ。

⑯ 「例外」の対処：「例外」の処理には大きく2通りの方法がある。1つは最後までエージェントが担当することを前提に例外事項を徹底的に抽出し、そのすべてについて対処方法をマニュアル化することだ。たとえ、年に一度の問い合わせであっても、きっちり作ることを徹底する。

もう1つが、例外処理は専任の担当者、あるいは管理者が担当すると割り切ることだ。その場合、エージェントのマニュアルは「このマニュアルに記載されていない問い合わせが発生した場合、すべてスーパーバイザーにエスカレーションする」「○○に関する問い合わせは、すべて内線△△番に転送する」といったシンプルな記載となる。なお、専任担当者や管理者のためのマニュアル化はケース・バイ・ケースで考えればよいが、処理の一貫性のために必要なことは文書化しておくことが望ましい。

⑰**更新のルール**：定期的に更新が行われず情報が古いまま放置されると、オペレーション・マニュアルが使われなくなる。誰もがその必要性をわかっていても、心掛けだけ

図表4-2　ワーディング・ガイドライン

1. いたずらに漢字を多用しない

正	誤	正	誤	正	誤	正	誤	正	誤
お客さま	お客様	あらためて	改めて	かける	掛ける	おこなう	行う	〜のように	〜の様に
かかわる	係る、関わる	じゅうぶん	充分	ください	下さい	すでに	既に	ただし	但し
ぜひ	是非	もとづく	基づく	ご〜	御〜	それ	其れ	ない	無い
および	及び	ならびに	並びに	よろしく	宜しく	さまざま	様々	できる	出来る
いただく	頂く	なお	尚	いたします	致します	ご(ご案内)	御(御案内)	また	又
ていねい	丁寧	ともない	伴い	たまわる	賜る	ほど	程	さらに	更に
ある	有る	ありがたく	有り難く	こと	事	ため	為	すべて	全て

2. 送り仮名は最もていねいに記載する

正	誤	正	誤	正	誤
お支払い	お支払	お問い合わせ	お問合せ	申し込み	申込み

3. 外来語の2語以上からなる複合語の場合、原則として語間に中点(・)をつける

正	誤	正	誤
インバウンド・コール	インバウンドコール	パフォーマンス・レポート	パフォーマンスレポート
ヒストリカル・データ	ヒストリカルデータ	ミッション・ステートメント	ミッションステートメント

※商品名等、固有名詞として定められている場合は中点をつけない：「フリーダイヤル」等
※広く普及しエージェントによる判読に困難がない場合は中点を省略して構わない：「コールセンター」「サービスレベル」「カスタマーサービス」等

4. 長音符号：語尾の -er、-or、-ar、-y 等は長音符号で表す

正	誤	正	誤	正	誤
コンピューター	コンピュータ	クオリティー	クオリティ	サーバー	サーバ
コールセンター	コールセンタ	ユーザー	ユーザ	マネージャー	マネージャ

5. 並列表記：単語の並列にはスラッシュ(／)または読点(、)を使用する

正	今回のベンチマーク・サーベイは、コールセンター／マーケティング／ファイナンスの各部が対象です。
誤	今回のベンチマーク・サーベイは、コールセンター・マーケティング・ファイナンスの各部が対象です。

※新聞用語基準では単語の列記には中点(・)を使ってよいとしているが、コールセンターのマニュアルでは複合語との混同を避けるため使用しない

6. カタカナの表記(カタカナは全角で記載し、半角カナは使わない)

正	コールセンター・マネジメント
誤	ｺｰﾙｾﾝﾀｰﾏﾈｼﾞﾒﾝﾄ

7. 英数字の表記(英数字、および英数字を記載する際のスペースは半角を用い、全角は使わない)

正	Number One Call Center
誤	Ｎｕｍｂｅｒ　Ｏｎｅ　Ｃａｌｌ　Ｃｅｎｔｅｒ

では実行されない。更新の仕組みやツールを整え、タイミングや頻度、方法や担当者等、更新のルールを必ず定めておくことが重要だ。
⑱ **ガイドライン（ルールブック）を備える**：ここまでに述べたことを、ガイドラインやルールブックとして文書化する。ファイリング、ワーディング（用語の使い方、表記法）、メンテナンス（更新のルール）、デリバリー（マニュアルの配布、情報の提供方法）は、ガイドラインに欠かせないコンテンツだ。**図表4-2**に「ワーディング・ガイドライン（表記法）」のサンプルを示した。エージェントにとって最も読みやすく理解しやすいことを主眼とするコールセンターのワーディング・ガイドラインの作成例として参考にされたい*。

3. オペレーション・マニュアルの作成をサポートするツール

オペレーション・マニュアルはさまざまな図表を多用することもあり、Word、Excel、PowetPointといったオフィス・ソフトだけでなく、以下に紹介するような専用のツールを利用することで、作成の効率を上げることができる。

代表的なのがマイクロソフトの「Visio（ビジオ）」だ。ビジネス・グラフィック・ソフトと呼ばれる高機能な図表作成ツールで、ExcelやPowerPoint等と同じくOfficeアプリケーションの1つでもあるので馴染みやすい。テンプレートやシェイプも豊富で、ビジネスプロセス・マネジメントに限らず、組織図の作成やオフィス・レイアウト等、コールセンターのあらゆる業務に活用できる。コールセンターの管理者にとって必携のツールだ。

また、プロセス・マッピング・ソフト等と呼ばれるビジネスプロセス・マネジメントのための専用ツールも多くある。代表的な製品が「iGrafx」や「Archi」だ。専用ツールだけに機能が豊富で、ビジネスプロセス・マネジメントに関する多くのノウハウやトレーニング等も提供している。

プログラム・オペレーション

ここからは、ビジネスプロセス・マネジメントの5つの取り組みについて、プログラム・オペレーションから順に解説していく。

プログラム・オペレーションの実践のために作成するツールが「プログラム・オペレーション・マニュアル」であり、コールセンターの多種多様なマニュアルの中核的な存在だ。

---

*エージェントにとっての読みやすさや理解のしやすさを第一義とするならば、新聞、放送で使われる言葉遣い（日本新聞協会新聞用語懇談会が定める新聞用語や、放送用語委員会が定めるNHK放送用語の基準）に基づいて作成することが望ましい。本書の用字用語は新聞用語の基準に従っているが、コールセンターのワーディング・ガイドラインの場合、エージェントによる正確な読みや発音を確実なものとするために、上記基準にさらにコールセンター独自のアレンジが加えられる

混同しやすいのが「プロダクト・マニュアル（製品・商品マニュアル）」だ。こちらは製品や商品の知識、各種社内情報等であり、"仕事の仕方"を解説するプログラム・オペレーション・マニュアルとは性格が異なる。もちろん両者とも、同等のレベルでコールセンターにとって必須のツールだが、往々にして、プロダクト・マニュアルを優先し、プログラム・オペレーション・マニュアルの作成やメンテナンスがおろそかになる場合が少なくない。製品知識を重視するメーカー系の「知識中心型」コールセンター（第1章）に多く見られる症状だが、プロダクト・マニュアルをオペレーション・マニュアルと混同して扱ってはならない。

1. プログラム・オペレーション・マニュアルの形態

　プログラム・オペレーション・マニュアルの形態は、前述のマニュアル・ライティングのポイントに加えて、エージェントの利便性やトレーニング効果を高めるために、要点をコンパクトにまとめた携帯サイズのポケット・ガイドがあると便利だ。また、電子版もPCだけでなく、タブレット版やスマートフォン版を作成する等の工夫を施すことができれば、より効果的だ。

2. プログラム・オペレーション・マニュアルの構成とコンテンツ

　プログラム・オペレーション・マニュアルは、以下の9つのコンテンツから構成する。

①**文書情報**：プログラム・オペレーション・マニュアルの文書自体に関する定型情報や属性情報等のことだ。具体的には、プログラム名、マニュアル種別、管理番号、バージョン、発行日、最新改訂日、承認日、発効日時、作成者、承認者、更新履歴、リーガル・ノート、ページ番号、総ページ数等だ。ヘッダーあるいはフッター情報とも言われるように、文書の上部や下部、冒頭ページ等に定型的に記載する。全社的な文書管理規定によって文書情報の記載項目が定められている場合はそれに従う。

②**目次**：情報の検索という観点からプログラム・オペレーション・マニュアルにとって不可欠の機能だ。プログラム・オペレーション・マニュアルは、少なくとも6〜7ページの文書となるので目次は必須だ。ページ数が10ページ以上に及んだり、専門用語が多く使われる場合は、索引を設けることが望ましい。いずれにしても、エージェントが苦労なく必要な箇所を迅速に見つけられることを主眼に考える。

③**プログラムサマリー（図表4-3）**：プログラムの全体像をコンパクトにまとめたもの。プログラムの目的、コンタクト・タイプ、ターゲット顧客、コールソースやアクセス方法、キャンペーン期間、オペレーション時間、パフォーマンス目標等からなる。第三者にプログラムの概要を1〜2分で説明する際に伝えたい情報といったイメージだ。

図表4-3 プログラムサマリー

プログラム	○○キャンペーン資料請求			種別	プログラムサマリー	
管理番号	01-2345-XYZ-02	バージョン	2.0	ページ番号／ページ数		1／1
発行日	2017年4月1日	発効日	2018年6月1日	作成者	ビジネス太郎	
最新改訂日	2018年5月15日	承認日	2018年5月20日	承認者	プロセス一郎	

1. **プログラム概要**：○○キャンペーンの特典資料請求の受け付けと新規顧客のデータ収集
2. **目的**
   2.1.1 顧客のニーズに的確かつ迅速に対応し、顧客の期待を超えるクォリティーの高いサービスを提供する
   2.1.2 顧客の抱えている問題や要望を的確かつ迅速に解決し、XYZ会社に対する信頼感を高める
   2.1.3 見込み客データベースの構築に貢献する
3. **フォーマット**：インバウンド
4. **ターゲット顧客**
   4.1.1　プロスペクト：新規入会を検討している個人顧客
   4.1.2　カスタマー：　プレミアム会員へのアップグレードを検討している既存会員
5. **コールソースとフリーダイヤル番号**
   5.1.1　TVCM：　　　　　0120-XXX-123
   5.1.2　新聞広告：　　　　0120-XXX-456
   5.1.3　雑誌広告：　　　　0120-XXX-789
   5.1.4　ダイレクトメール：0120-YYY-012
6. **キャンペーン期間**：　2017年5月1日〜2018年11月30日
7. **オペレーション時間**：　9:00〜21:00（月〜金／祝日を除く）
8. **パフォーマンス目標**
   8.1.1　応答コール数：　　　　150,000コール
   8.1.2　サービスレベル：　　　80％/20秒
   8.1.3　平均応答時間：　　　　300秒
   8.1.4　特典資料受付数：　　　85,000件
   8.1.5　見込み客データ獲得数：67,500件
   8.1.6　見込み客データ獲得率：45％
   8.1.7　コーラー満足度：　　　Top 2 Box：85％

④**プロセスマップ（図表4-4）**：プログラムのインプット（開始）からアウトプット（終了）までの流れと全体像をフローチャートで一目で見られるようにしたもの。コールセンターのオペレーションの部分だけでなく、関連部署を含めたプログラム全体のビジネスプロセスが把握できる。このプロセスに関わる担当部署（または担当者）を時間軸のマトリックス上に表すことで、個々のプロセスを誰（どの部署）がいつ（どのタイミングで）行うのかを示し、線でつなぐことで個々のプロセスのインプット（どこから）、アウトプット（どこへ）も確認できる。

　全体像の把握が主目的のため、1枚で描く。そのため、タスクの詳細まで表すことはできないが、エージェントが最初に全体像を把握し、その中のコールセンターの位置づけや役割を理解するのに優れたツールだ。作成にあたっては、接続線を過去に戻さない（必ず左から右へ進み、その逆は描かない）ことと、接続線が交差しないよう

図表4-4　プロセスマップ

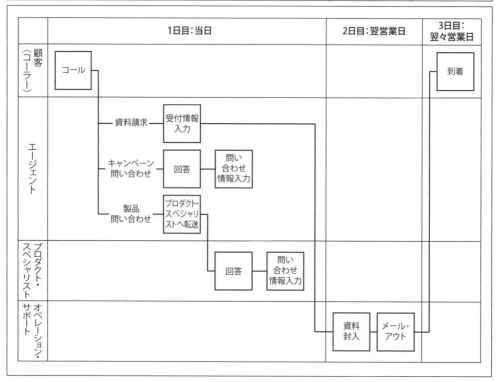

に描くことがポイントだ。

　プロセスマップは、ビジネスプロセス・マネジメントの主要なツールの1つでもあるので、その形式や書き方は書籍等で多数紹介されている。図表4-4はその一例に過ぎないので、専門書等で多くの事例に触れて、自社のオペレーションにフィットするものを選択するとよい。

⑤**トークフロー（図表4-5）**：トークフローはトークスクリプトとともに、プログラム・オペレーション・マニュアルの中核を成すツールだ。トークフローは、プロセスマップからエージェントの顧客応対部分を抜き出し、その全体像をフローチャートで表す。会話の流れを把握することが目的のため、個々の具体的な会話までは記載しない。エージェントはこれを使い、まずは会話の流れの全体像を頭に叩き込む。そのため、プロセスマップと同様、1枚で描くことが望ましい。

図表4-5　トークフロー

プログラム	〇〇キャンペーン資料請求			種別	トークフロー	
管理番号	01-2345-XYZ-02	バージョン	2.0	ページ番号／ページ数		1／1
発行日	2017年4月1日	発効日	2018年6月1日	作成者	ビジネス太郎	
最新改訂日	2018年5月15日	承認日	2018年5月20日	承認者	プロセス一郎	

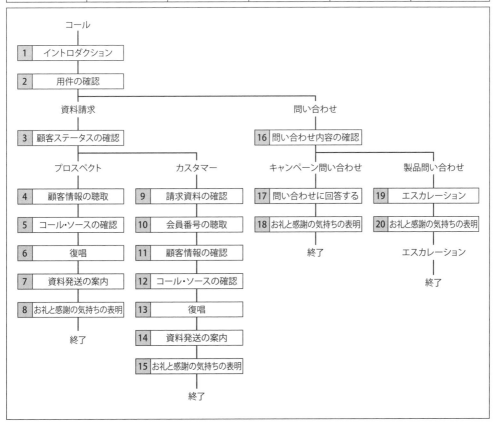

⑥**トークスクリプト（図表4-6、4-7）**：トークフローの個々のプロセスに具体的な会話を加えたものがトークスクリプトだ。多くの場合、複数ページにわたることとなるが、図表4-5と図表4-6を見ればわかるように、フローチャート自体の構造はトークフローと全く同じになる。個々の会話プロセスに付した番号も同一にして、トークフローを見ながら特定の箇所のスクリプトを確認したい時にすぐに見つけられるよう、両者を連動させている。

　このようなフローチャートには多くのデザインやパターンがあるが、ここで紹介したサンプルは、以下の共通のルールを反映している。エージェントにとっての読みやすさ、理解の正確性、編集の利便性を考慮した結果だ。

図表4-6　トークスクリプト

プログラム	○○キャンペーン資料請求			種別	トークスクリプト	
管理番号	01-2345-XYZ-02	バージョン	2.0	ページ番号／ページ数		1／2
発行日	2017年4月1日	発効日	2018年6月1日	作成者	ビジネス太郎	
最新改訂日	2018年5月15日	承認日	2018年5月20日	承認者	プロセス一郎	

1　(イントロダクション)
お待たせいたしました。ABCコールセンターの○○(エージェント名)でございます。

2　(用件の確認)
本日は資料のご請求でいらっしゃいますか。

　　　　資料請求　　　　　　　　　　問い合わせ
　　　　　　　　　　　　　　　　　2ページ 16 へ

3　(顧客ステータスの確認)
ありがとうございます。
ただ今お電話をいただいているお客さまは、私どもの会員カードをお持ちでいらっしゃいますでしょうか?

　　　プロスペクト　　　　　　　　　　カスタマー

4　(顧客情報の聴取)
(漢字のフルネーム)
それではまずお客さまのお名前のフルネームを漢字で教えていただけますでしょうか。
(送付先住所)
次にこの資料の送り先のご住所を郵便番号から教えていただけますでしょうか。
(連絡先電話番号)
念のため連絡先のお電話番号を教えていただけますでしょうか。

5　(コール・ソース(メディア)の確認)
最後になりますが、○○さまは本日は何をご覧になってお電話をいただきましたでしょうか。

6　(復唱)
それでは念のために復唱させていただきます。
お名前は……、ご住所は……、ご連絡先の電話番号は……
以上でよろしいでしょうか。

7　(資料発送の案内)
それでは本日うけたまわりました資料は、(明日)○○さまのご指定のご住所にお送りいたします。

8　(お礼と感謝の気持ちの表明)
もし何かご質問やご不明な点などございましたら、ご遠慮なくただ今おかけのフリーダイヤルにお問い合わせください。
本日はわたくし○○がうけたまわりました。
お電話をいただきありがとうございました。
失礼いたします。

　　　　　　　終了

9　(請求資料の確認)
本日はどういった資料をご希望でいらっしゃいますでしょうか。
□□のご請求でございますね。

10　(会員番号の聴取)
それではまずカードに印字された2で始まる10桁の会員番号を教えていただけますでしょうか。

11　(顧客情報の聴取)
(漢字のフルネーム)
次にお客さまのお名前のフルネームを漢字で教えていただけますでしょうか。
(送付先住所)
この資料の送り先のご住所を郵便番号から教えていただけますでしょうか。
(連絡先電話番号)
念のため連絡先のお電話番号を教えていただけますでしょうか。

12　(コール・ソース(メディア)の確認)
最後になりますが、○○さまは本日は何をご覧になってお電話をいただきましたでしょうか。

13　(復唱)
それでは念のために復唱させていただきます。
お名前は……、ご住所は……、ご連絡先の電話番号は……
以上でよろしいでしょうか。

14　(資料発送の案内)
それでは本日うけたまわりました資料は、(明日)○○さまのご指定のご住所にお送りいたします。

15　(お礼と感謝の気持ちの表明)
もし何かご質問やご不明な点などございましたら、ご遠慮なくただ今おかけのフリーダイヤルにお問い合わせください。
本日はわたくし○○がうけたまわりました。
お電話をいただきありがとうございました。
失礼いたします。

　　　　　　　終了

- スタート地点は左上に配置
- 最左列が最も基本のプロセス・フローを示す
- 分岐は左から右へ分かれる
- 上下左右の逆流はしない
- ボックスの幅をそろえる
- 接続線とボックスの接点はボックス上下の中心部のみ
- 異なる接続線を交叉させない
- 同じプロセスの固まりの途中で改ページしない
- エージェントによる書き込みや編集のしやすさに配慮したレイアウト

　ちなみに、「複数ページあるよりも1枚で済んだ方が便利でスマート」という程度の理由で、無理矢理1枚に収めたスクリプトは、エージェントにとって非常に使い勝手が悪い。もちろん1枚で収まればそれに越したことはないが、よほどシンプルなオペレーションでない限り、それは現実的ではない。

　トークスクリプトはフローチャート形式で作るのが基本だが、図表4-7のようなパターンもある。会話本体だけでなく、多くの情報を付加できるデザインだ。見ての通り、会話の流れの視認性は犠牲にされているため、経験の浅いエージェントが使うのは難しい。

　具体的な会話は自分で組み立てられるベテランのエージェントには、この方が使

図表4-7　トークスクリプト

プログラム	〇〇キャンペーン資料請求			種別	トークスクリプト	
管理番号	01-2345-XYZ-02	バージョン	2.0	ページ番号／ページ数		1／7
発行日	2017年4月1日	発効日	2018年6月1日	作成者	ビジネス太郎	
最新改訂日	2018年5月15日	承認日	2018年5月20日	承認者	プロセス一郎	

1. イントロダクション
   『お待たせいたしました。ABCコールセンターの（エージェント名）でございます』
   - 午前10：00まで
     『おはようございます。ABCコールセンターの……』
   - アラートが発出している時
     『大変お待たせいたしました。ABCコールセンターの……』
   ・明るく、小気味よく
   ・コーラーの気持ちをほぐす
   ・エージェント名は姓のみ

2. 用件の確認
   『本日は資料のご請求でいらっしゃいますか。』
   - 資料請求 ⇒「3. 顧客ステータスの確認」へ
   - 問い合わせ ⇒ P.3「16. 問い合わせ内容の確認」へ
   ・「資料請求」と質問することで、問い合わせとの切り分けを明確に

3. 顧客ステータスの確認
   **『ありがとうございます。
   ただ今お電話をいただいているお客さまは、私どもの会員カードをお持ちでいらっしゃいますでしょうか。』**
   - 持っていない（＝プロスペクト）⇒「4. 顧客情報の聴取」へ
   - 持っている（＝カスタマー）⇒ P.3「9. 請求資料の確認」へ
   ・単なる挨拶でなく、資料請求に対する歓迎と感謝の気持ちを伝える
   ・「会員カード」の有無によりプロスペクトとカスタマーを判断

い勝手が良い場合がある。

　また、アウトバウンド・プログラムのようにエージェントのペースで会話が進行するプログラムの場合は、インバウンドに比べて分岐が少なく済む一方、セールストークの複数のパターンやオファー（顧客への提案や特典の提供）の内容等を記載できるため、この形態を好んで使う場合が多い。

⑦ **オペレーション・プロシージャー（図表4-8）**：オペレーションの個々のプロセスにおける具体的な応対や処理の手順、注意事項や付加情報、使用するツール類の説明等、オペレーションのプロセスの詳細を文書や図表で解説するもの。プログラムサマリー、プロセスマップ、トークフロー、トークスクリプトで示した個々のプロセスについて、さらにその具体的な処理手順や詳細な情報を説明するというイメージだ。

　例えばトークスクリプトであれば、番号を付した1つひとつのボックス内の会話に

図表4-8　オペレーション・プロシージャー

プログラム	○○キャンペーン資料請求			種別	オペレーション・プロシージャー	
管理番号	01-2345 XYZ-02	バージョン	2.0	ページ番号／ページ数		1／10
発行日	2017年4月1日	発効日	2018年6月1日	作成者	ビジネス太郎	
最新改訂日	2018年5月15日	承認日	2018年5月20日	承認者	プロセス一郎	

1. **イントロダクション**
   コールはIVRを経由せずに直接着信する場合と、IVRを経由して着信する場合によってイントロダクションの挨拶と名乗りのトークを以下のように使い分ける
   1.1 直接着信の場合
   　　1.1.1　ノーマル
   　　　　『お電話ありがとうございます。ABCコールセンターの○○でございます』
   　　1.1.2　午前9:00から午前10:00まで
   　　　　『おはようございます。ABCコールセンターの○○でございます』
   　　1.1.3　アラートが発生している場合
   　　　　『大変お待たせいたしました。ABCコールセンターの○○でございます』
   1.2 IVR経由の場合
   　　1.2.1　ノーマル
   　　　　『お待たせいたしました。ABCコールセンターの○○でございます』
   　　1.2.2　午前9:00から午前10:00まで
   　　　　『おはようございます。ABCコールセンターの○○でございます』
   　　1.2.3　アラートが発生している場合
   　　　　『大変お待たせいたしました。ABCコールセンターの○○でございます』
2. **顧客ステータスの確認**
   コーラーがプロスペクトかカスタマーかのどちらかを、会員カードの有無によって特定する
   『今お電話をいただいているお客さまは、私どもの会員カードをお持ちでいらっしゃいますでしょうか？』
3. **顧客情報の聴取**
   3.1 コーラーの属性情報
   　　― 氏名（フルネーム、漢字）
   　　― 送付先住所
   　　― 連絡先電話番号（お客さまの要望、都合の良い方法を聴取）
   　　※2回目以降のコールで、すでにDBに登録されている場合は聴取不要
   3.2 コール・ソース（メディア）
   　　― コールのきっかけとなったメディア（新聞、雑誌、DMなどの媒体）
   　　※明確でなかったり、ひとつのメディアとは限らない場合もあるので、最近のメディアの中から選択肢を与え絞り込むように聴取する

関する詳細をオペレーション・プロシージャーで説明する。ちなみに図表4-7のトークスクリプトの場合は、スクリプト内に詳細情報を記入できるため、トークスクリプトがオペレーション・プロシージャーを兼ねている。

　オペレーション・プロシージャーのフォーマットにはルールやセオリーの類はないが、"説明書"の性格が濃いことから、図表4-8のように一般的なビジネス文書のスタイルで作られる場合が多い。注意すべきは、プログラムサマリーからトークスクリプトまでのコンテンツとの連動性だ。トークスクリプトの個々のボックスに付した番号をオペレーション・プロシージャーにも明記して検索しやすくする等の工夫を施すと使い勝手が向上する。

⑧ **Q＆A（図表4-9）**：トークスクリプトでカバーできない、顧客からのさまざまな問い合わせや質問に対する回答や応対方法は「Q＆A」（questions and answers）に一問一答形式で記載する。プログラムの全般について、想定される問い合わせをできる限り抽出し反映させることがポイントだ。

　Q＆Aは、頻度の多いものに絞り込むべきではない。そもそも頻度の多いものはQ＆Aに頼ることは少なく、頻度の少ないものが網羅されていることにQ＆Aとしての意味がある。

　ちなみに、Q＆AとFAQ（frequently asked questions）を混同しているケースがある。Q＆Aはコールセンターが事前に想定した問答集であり、FAQはオペレーショ

図表4-9　Q＆A

プログラム	○○キャンペーン資料請求			種別	Q＆A
管理番号	01-2345-XYZ-02	バージョン	2.0	ページ番号／ページ数	5／7
発行日	2017年4月1日	発効日	2018年6月1日	作成者	ビジネス太郎
最新改訂日	2018年5月15日	承認日	2018年5月20日	承認者	プロセス一郎

5. キャンペーンに関する問い合わせ

- Q1　キャンペーンの期間はいつまでですか？
- A1　『今年の11月30日までおこなっております』

- Q2　TVCM／新聞広告のスケジュールを教えてください
- A2　（TVCMはエリアを、新聞は新聞の名称を確認し、「メディア・プラン」を見て回答する）
　　　『○○での広告は□月□日の週に掲載する予定でございます』

- Q3　どこのエリアで広告をおこなっているのですか？
- A3　『TVCMや新聞・雑誌の広告など全国規模で広告をおこなっております』

6. 資料の配送に関する問い合わせ

- Q4　お願いした資料は何日に届きますか？
- A4　『配送にかかる日数は地域により異なるため、具体的な到着日はわかりかねますが、明日東京より普通郵便で送らせていただきます。何かございましたでしょうか？』

　💡 事情をうかがい、到着希望日を確認する。郵便では希望日に間に合わない場合は、スーパーバイザーに相談し、着払いの航空便の提案などを検討する

- Q5　どのように発送するのですか？
- A5　『普通郵便で明日東京より送らせていただきます』

ンが始まってから実際に顧客から寄せられた実際の質問とその回答集をいう。この違いに応じた使い方をすべきだ。
⑨**付属資料**：コールセンターのオペレーションに必要なツール類だけでなく、エージェントが知っておくべき、あるいは知っておいた方がよいものは漏らさずそろえておきたい。例えば、マーケティングがプロモーションのために使用する広告宣伝媒体や工場から出荷される製品のパッケージ等、顧客の目や耳に触れるものは例外なくすべてを収集しておく。改訂版や異なるバージョン等、複数のパターンがあればそのすべてを入手すべきだ。

　しかしながら、基本パターンの入手だけで済ませるセンターが少なくない。例えば、配布地域によって電話番号の記載だけが異なる場合や、レイアウトやデザインは多少異なるが記載の情報は全く同じといった場合に、代表する1つのパターンしか手に入れないと、電話番号がどの位置にどれくらいの大きさで記載されているか、紙の厚さやイラストの色味といった情報を正確に把握できないことがある。そうした些細な情報が、顧客の問題を特定したり、認識を合わせたりするための重要な手掛かりになることもある。情報不足は、応対の正確性を損なったり、意思疎通のために通話時間が延びて効率を下げることがある。管理者はエージェントの"情報環境"作りに決して手を抜いてはならない。

ジェネリック・オペレーション

　ジェネリック・オペレーションには、「異なるプログラムに共通するオペレーション」と「コールセンターの本来の目的から外れたオペレーション」の2つのタイプがある。

1. 異なるプログラムに共通するオペレーション

　図表4-10に異なるプログラムに共通するオペレーションの具体例を挙げた。これらは、ほとんどすべてのプログラムに発生するが、そのオペレーションを共通化しておかないと、エージェントの混乱を招き、エラーの発生や効率の低下を招くことになる。

　図表4-11には、「転送」のプロシージャー（手順や手続き）を定めたマニュアルを示した。この例のように、ジェネリック・オペレーションは、図表4-10に挙げたような個々の項目ごとにマニュアルを作成する。

2. コールセンターの目的の範囲外のオペレーション

　コールセンターには、「通販の受注」や「○○製品に関する問い合わせ」といった目的が必ず存在する。しかし、どんなにそれを明示していても、その目的から外れたコール

図表4-10　ジェネリック・オペレーションの具体例

異なるプログラムに共通するオペレーション

項目	説明
エスカレーション(上位移管)	高度な内容の問い合わせの対処を上位者に引き継ぐ
リファラル(照会)	顧客への正確な回答に不足の部分を、より詳しい担当者に問い合わせる
コールバック(かけ直し)	顧客に即答できない場合、いったん電話を切断し、調査／確認のうえ、かけ直す
保留(ホールド)	顧客に即答できない場合、電話を保留モードにして調査／確認したうえで回答する
転送(トランスファー)	正しい担当者への引き継ぎやエスカレーションのために電話を転送する
ハード・コンプレイン(強い苦情)	エージェントが対処できない強い苦情に対処する
サンキュー・コール	顧客からの感謝のメッセージを受け、記録・報告する
提案／要望	顧客からの提案や要望を受け、記録・報告する
フィードバック(社内還元)	顧客の問い合わせと応対の内容を社内にフィードバックする

図表4-11　ジェネリック・オペレーション・マニュアル——異なるプログラムに共通するオペレーション

プログラム	転送プロシージャー			種別	ジェネリック・オペレーション	
管理番号	01-2345-XYZ-03	バージョン	3.0	ページ番号／ページ数	1／1
発行日	2017年11月10日	発効日	2018年6月1日	作成者	ビジネス太郎
最新改訂日	2018年5月29日	承認日	2018年5月31日	承認者	プロセス一郎

1. 目的
1.1　顧客のコールをその用件に応じた最も適切なエージェントに的確かつ迅速に転送することで、転送に対する顧客満足の低下を回避する
1.2　このプロシージャーは質の高い転送を行うための手順や方法について定める

2. 転送の手順
2.1　コーラーに転送する理由を伝え、転送する了承を得る
『私は○○専門の担当のため、ただ今のご質問については私ではわかりかねます。恐れ入りますが、このお電話を△△の担当者に転送させていただきます。このままで少々お待ちください』
⇒「転送してよいか」と直接的な聞き方はしないが、上記のトークでコーラーが拒否を示さなければ転送を行う
2.2　コンタクト・マネジメント・システムの「転送」ボタンをクリックし、転送作業を開始する
⇒ 転送作業を行っている間、電話は自動的に保留モードになり、保留の音楽が流れている
2.3　ポップアップした転送オプション・ウィンドウで、転送先のチームを選択し、「転送実行」ボタンをクリックする
2.4　転送先のチームのエージェントとつながったら、コーラーの氏名、問い合わせ内容を伝え、「転送確定」ボタンをクリックしてコールを引き継ぐ
『○○(自分の名前)です。個人のお客様から□□についてのお問い合わせです。お名前はXXYY様です。おつなぎしますのでよろしくお願いします』

3. 転送先のエージェントがビジーの場合
3.1　転送先のチームのエージェントが全員ビジーの場合、リング音が10コールで転送を諦め、「転送復帰」ボタンをクリックしてコーラーとの通話に戻る
3.2　コーラーに転送先の担当者が全員ビジーであることを説明し、転送先直通のフリーダイヤルへのかけ直しをお願いする
『XX様、大変申し訳ありませんが、ただ今□□の担当者が全員、他のお客さまのお問い合わせの応対中のため、この電話を転送することができませんでした。恐れ入りますがこの電話はいったん切らせていただき、しばらくしてから、今から申し上げます電話番号におかけ直しください。』
3.3　かけ直しを拒否された場合
コーラーにかけ直しを拒否された場合、転送先チームのエージェントから2時間以内にコールバックすることを伝え、コーラーの了承を得てコールを切断する
『かしこまりました。それでは今から2時間以内に□□の担当者よりXX様にお電話をさせていただきます。それまでしばらくお待ちください。』
コールの切断後、コンタクト・マネジメント・システムに必要事項を入力して、転送先チーム宛にエスカレーションする

が必ず入ってくる。それがコールセンターの目的の範囲外のオペレーションであり、**図表4-12**にその具体例を挙げた。

この具体例を見ると、「間違い電話」のように"かかってきて欲しくない"ものと、「会社の概要」や「特殊機関からのコール」のように、"慎重に扱うべき"ものがある。前者については、いかに効率的に処理するか、後者については、いかに質の高い応対をするかという目的のために、それらのオペレーションをマニュアル化する必要がある。

図表4-13に、例として「外国語の顧客応対」のオペレーション・マニュアルを示す。

目的外のコールをどのようにオペレーションするかは、センターごとの方針によって異なるが、一般的には次の7通りに分かれる。

①目的外ではあるが、コールセンターの担当業務として、コールセンターで回答する
②担当部署が明確な場合でも、すべてコールセンターで回答する（コールセンターから担当部署に回答方法を照会し、担当部署はコールセンターに回答の仕方を指示するのみ）
③担当部署に電話を転送し、担当部署が回答する
④担当部署から顧客にコールバック（電話のかけ直し）して回答する
⑤顧客自身で担当部署に直接コンタクトする（電話をかけ直す）よう、顧客に依頼する
⑥応対を拒否する
⑦内容や顧客の希望に応じて上記①〜⑤を使い分ける

図表4-12　ジェネリック・オペレーションの具体例

コールセンターの目的の範囲外のオペレーション

項目	説明
会社の概要	会社の概要、社長のプロフィール等に関する問い合わせ
報道機関から	新聞社、雑誌社、テレビ局、ラジオ局等、報道機関からの問い合わせ
特殊機関から	警察、裁判所、行政機関、業界団体、その他各種団体・組織からの問い合わせ
クリティカルな内容	商品に関するネガティブな問題、リスク関連、災害や事件等、不測の事態に関する問い合わせ
来客	顧客が会社やコールセンターに直接訪問してきた場合
取引先から	取引先からの問い合わせ
外国語	外国語しか話せない顧客からの問い合わせ
社員の採用	社員の採用に関する問い合わせ
他社製品	他社の製品やビジネスに関する問い合わせ
他部署宛	他部署宛の問い合わせ
個人的用件	社員の個人的な用件
在籍確認	クレジットカード会社等からの在籍確認
セールス	セールスやアポイントメント
間違い電話	間違い電話
無音	音声が聞こえない
セクハラ	エージェントに対するセクハラ行為
不審者	社内の機密情報や社員の個人情報を聞き出そうとする

左記のうち、①に該当するものについては、特に慎重にオペレーションする必要がある。例えば、「会社の概要」は、顧客にとって"完璧に答えて当然"な質問であり、目的外だからといって完璧な応対ができなければ、その瞬間に顧客の信頼を失うことになる。

　コールセンターが自社の商品について完璧に説明できるのは当然だ。資料請求の受付センターが資料請求を無駄なくスマートに受け付けても顧客は驚かない。しかし、他社の商品についてよどみなくスマートに説明されれば、多くの顧客は「よくトレーニングされている」「エージェントの質が高い」等と、良い印象を抱いてくれる。つまり、ジェネリック・オペレーションは本来の目的外だからと軽視すべきでないということだ。目的の内であるか外であるかは企業側の勝手な都合に過ぎず、顧客にとっては、エージェントが社長の名前を答えられないということは憤慨するに足る出来事だ。

　問い合わせの内容にもよるが、ジェネリック・オペレーションへの対処の仕方には企業の姿勢が垣間見えるとともに、企業に対する顧客の評判や信頼に相応の影響を与えることになるので、決して場当たり的な対応で済ませるのでなく、コールセンターとしての方針（どこまで応対するか）を明確に決めておくことが必要だ。

図表4-13　ジェネリック・オペレーション・マニュアル──コールセンターの目的の範囲外のオペレーション

プログラム	外国語の顧客応対			種別	ジェネリック・オペレーション・プロージャー	
管理番号	01-2345-XYZ-02	バージョン	1.0	ページ番号／ページ数		1／1
発行日	2017年4月1日	発効日	2018年4月1日	作成者	ビジネス太郎	
最新改訂日	N/A	承認日	2018年3月30日	承認者	プロセス一郎	

1. **英語を話せるエージェントに転送することを伝える**
『Thank you for calling ABC Corporation. I am (Agent's name) at ABC Call Center.　Sorry, but I can't reply in English. I'll transfer you to English-speaking staff. Hold on a second please.』
（日本語要旨）
『お電話ありがとうございます。ABCコーポレーションの○○でございます。
私は英語での応対ができないため、英語が話せる担当者に転送いたしますので少々お待ちください』
＊英語を話せる担当者は、別途指示される。

2. **英語が話せるエージェントに転送する**

3. **英語が話せるエージェントが応対可能な時**
『Hello, sorry to have kept you waiting. I'll transfer you to English-speaking staff. Please hold on a second again.』
（日本語要旨）
『お待たせいたしました。それでは英語が話せる担当者にかわります。少々お待ちください』

4. **英語を話せるエージェントがビジーまたは不在の時**
　4.1　2時間以内のコール・バックを案内する
『I'm very sorry, but English-speaking staff is not available right now. If you are available, English-speaking staff will call you back within 2 hours.
So, could you give me your name please? Telephone number please? …Thank you. Thank you for calling ABC Corporation. Bye.』
（日本語要旨）
『ただいま英語の話せる担当者が電話に出ることができませんので、2時間以内にコールバックいたします。
お名前と電話番号を教えていただけますでしょうか。お電話いただきありがとうございました』
　4.2　CRMシステムに必要な情報を入力してスーパーバイザーにエスカレーションする

情報のアップデート

「アップデート」とは一般には既存の情報を更新することを意味するが、本書では新規の情報の提供も含めた情報全般の提供のことを「アップデートする」と表記する。

毎日社内外から寄せられる多くの情報を、多数のエージェントに迅速・確実に伝え、エージェントが顧客に的確にアウトプットできるようにすることは容易なことではない。しかし、このプロセスに不備があると、顧客に提供する情報の正確性を損なうことになるため、決して軽視はできない。

情報のアップデートのプロセスは、収集、加工、周知、徹底の4つのステップからなる。各ステップにおける具体的なアクションを加えて、順を追って解説する。

1. 情報を収集する

①情報の受け入れ窓口を絞り込む：コールセンターが扱う情報は、社内外のあらゆる部署、関係者から寄せられる。重要なのが、コールセンター側の情報の受け入れ窓口を最小限に絞り込むことだ。センター長に加え、情報発信元の部署や案件を担当するリエゾン（第1章）やスーパーバイザー等の管理者に絞り込む。

②"生"の情報を受け入れる：コールセンターが受け入れる情報は、トークスクリプト等に加工されていない生の情報であることが望ましい。情報の提供者が気を利かせてトークスクリプトに加工して提供する場合がある（コールセンターがそれを要求する場合もある）が、それは無用だ。情報のスクリプト化はコールセンターの管理者が行うべき仕事だ。

③コールセンターへの情報提供ガイドラインを定める：上記2点を徹底するために、コールセンターへの情報提供の方法（提供先、タイミング、提供する情報の範囲や形式等）を明示したガイドラインを定め、全社に協力を仰ぐ。また、社内のメーリングリストやメール配信ルール等も、必要に応じてコールセンター独自のルールを定めて運用する*。全社一斉配信メールがエージェントに直接届き、エージェントが無秩序に顧客にアウトプットしてしまうような事態は避けねばならない。

---

*情報共有の重要性から、社内の情報を全社員へ一斉にメールで提供するといった取り組みが奨励されているが、ここで述べる情報受け入れ窓口の集中化やメーリングリストの独自運用、エージェントへのメール配信制限等は、そのトレンドに逆行しているかのような印象を与えるかもしれない。しかし、コールセンターには「顧客に対する一貫性の確保」という揺るぎない使命があり、これらの施策はその実現のために行うものであることを関係者は理解しておく必要がある。また、コールセンターのエージェントは契約社員や派遣社員を中心に組織されていることが多いため、社内一般の情報や知識に正社員とはギャップがある。そのため、管理者による解説がないと、直接提供された情報をエージェントが理解できないことも多いという事情もある

2. 情報を加工する

①**コールセンター言語に翻訳／加工する**：入手した情報を生のままでエージェントに転送してはならない。コールセンターの専門領域であるコミュニケーション・スキルのノウハウやテクニックを生かして生の情報をスクリプト化し、顧客にアウトプットするための運用ルール等も加味してエージェントに指示する必要がある。

②**「アップデート」を書く**：加工した情報をエージェントに周知するために文書化する作業が、「アップデート・フォーム」の作成だ。これを書くための基本的なテクニックやマナーは前述のマニュアル・ライティングのマナーに準ずる。関連するプログラム・オペレーション・マニュアルやジェネリック・オペレーション・マニュアルに、そのまま追加できるようにするためだ。サンプルを図表4-14に示す。CRMシステム等で電子的に行う場合も、スクリーンに表示する必要項目は図表4-14に準じて作成すればよい。

図表4-14　アップデート

	ABCコールセンター 情報アップデート		
タイトル	「〇〇キャンペーン資料請求」キャンペーン期間の延長	管理番号	012-XYZ-345-01
To:	カスタマーサービス・チーム　エージェント全員 サポートサービス・チーム　フルフィルメント担当スタッフ	ページ番号／ページ数	1／1
		発行日	2018年5月20日
From:	ビジネス太郎（カスタマー・サービス・スーパーバイザー）	発効日時	2018年6月1日 9:00
cc:	コールセンター長、マーケティング・マネージャー	承認者	プロセス一郎

　〇〇キャンペーンは11月30日で終了する予定でしたが、資料請求の件数が当初の計画を大幅に上回り、今後数カ月間は現状のまま推移することが予想されるため、キャンペーン期間を延長することになりました。

・新しいキャンペーン期間：<u>2018年12月30日</u>まで
・資料請求の受付期間：2018年12月30日 18:00（コールセンターの営業終了時間）まで
・キャンペーン期間延長の対外告知：
　　コールセンター：<u>6月1日 9:00</u>より告知を開始
　　新聞／雑誌広告：6月5日の毎朝新聞朝刊より新キャンペーン期間を記載
　　※6月1日 9:00までは変更前の期間を案内してください
　　※6月1日 9:00より6月4日営業終了時間までは、お客さまからキャンペーン期間について質問された場合のみ案内してください。エージェントの皆さんから積極的にPRすることは控えてください
　　　　コーラー：キャンペーンはいつまでやっていますか？
　　　　エージェント：『〇〇キャンペーンは6月30日までとなっております。資料のご請求は6月30日の私どもの営業時間が終了する午後6時までうけたまわります』
　　※6月5日 9:00からはエージェントの皆さんからの積極的な告知も解禁します
　　　　コーラー：キャンペーンはいつまでやっていますか？
　　　　エージェント：『おかげさまで〇〇キャンペーンは大変好評をいただいていることから、キャンペーン期間を12月30日まで延長させていただくこととなりました。資料のご請求は12月30日の午後6時までうけたまわります』

3. 情報を周知する

① **「発行日」と「発効日時」を設定する**：アップデート・フォームはコールセンターの全スタッフに一斉に発行して全員同時に周知する。しかし、人数が多く勤務時間が多様なコールセンター環境では、エージェントがアップデートを確認するタイミングに、どうしても時間差が生じる。そのために、アップデート・フォームには「発行日」（アップデート・フォームを配布した日）と「発効日時」（アップデート・フォームの内容を実際に開始する日時）の両方を設定する。両者の時間差を利用して、アップデート・フォームを発行してから全員に行き渡るまでに必要な時間、ブリーフィング（短時間での説明）やトレーニング等の時間を確保する。

② **文書＋口頭で伝える**：コールセンターにおける情報の周知の基本は、「文書＋口頭」による説明だ。説明が不要なルーティン情報でない限りは、アップデート・フォームを配布するだけでなく、必ず口頭による説明も加えるべきだ。口頭での説明は、アップデートする情報の内容に応じて、ブリーフィング、ミーティング、トレーニングを使い分けて行う。全員が一堂に会するのは困難なため、その時々のワークロードやスタッフィングの事情に応じてスケジューリングする。少人数でも集まるのが難しければ、スーパーバイザーがエージェントの席を回る、あるいは自席に呼んで1人ずつ説明する。

　　管理者からの一方的な文字による情報だけで、すべてのエージェントがアップデートの内容を完全に理解できるとするのは、楽観的過ぎる考えだ。情報のアップデートは絶対に軽視してはならない。

③ **複数のツールを活用する**：「アップデート・フォーム＋口頭」に加えて、社内で提供されているコミュニケーション・ツールも積極的に活用する。あの手この手で周知徹底を図るというわけだ。ただし各ツールにはそれぞれ一長一短があることから、その特徴をよく見極めて利用する。

- **メール**：誰もが使えることから、メインのツールとしたいところだが、情報のアップデートの観点から見ると、次のようなデメリットがある
  - 多数のメールに埋没して見逃しやすい
  - 後で読もうと思って忘れやすい
  - 誤って削除しても気づきにくい
  - 確実に読んだか確認できない（開封確認はメールを開いたことしかわからない）
  - 他のマニュアルのアップデート時の差し替えがしにくい
  - エージェントのセルフ・マニュアル作りのための編集がしにくい

　　以上から、アップデート・フォームに替わるメインのツールとしてメールを使うのはリスキーであり推奨しない。ただし、リマインド（再確認を促す）の目的であれば、上記のデメリットによる影響は小さく済み、メールの利便性を生かすことができる。また、伝える情報が一過性の情報（その場限りで終息し、記

録や保管も必要ないケース)である場合にもメールが利用しやすい
- **ウォールボード**：オフィスの壁面や天井に設置する電子掲示板だ(第3章)。多人数への告知に有用ではあるが、情報量に限りがあること、見るタイミングがエージェントの任意である(偶然の要素が強い)ことから、リマインドかアップデート・フォームの補助的な使い方が望ましい
- **イントラネット**：アップデート・フォームをそのまま掲載することが可能で、リンク機能により関連情報を示すことも容易なので有効なツールだ。ただし、エージェントが"見に行く"必要があるため、メインのツールとして使うなら、見に行くことを促すリマインドのツールが必須だ。特に、オペレーション作業中の閲覧がしにくいことに配慮すべきだ
- **SNS／社内SNS**：メールと同様の理由から、いずれもリマインド目的の利用が望ましい
- **CRMシステム**：コールセンターが使用するCRMシステムには、そのほとんどがエージェントに対する情報連絡等の機能を備えており、エージェントが出勤して同システムを立ち上げると、最初にアップデート発行の通知が目に飛び込んでくるというコールセンターは少なくない。アップデートを発行した管理者は、エージェントが最後まで読んだかどうかを確認することができ、未確認のエージェントにはリマインドを発することもできる。こうした機能があれば紙ベースのアップデート・フォームにとって替わることが十分可能だ

④**緊急時は二段構えで**：緊急のアップデートが必要で、アップデート・フォームの作成等の時間が取れない場合もあるはずだ。その場合は、形式にこだわらず迅速に伝えることを優先する。取りあえずは手書きのメモで構わないので、とにかく第一報を発する。そして可能なら、エージェントを数名ずつ集めて短時間のブリーフィングを行う、あるいはエージェントのデスクを口頭で説明して回る等、方法はいろいろある。

　重要なのは、それだけで終わってはならないことだ。第一報の周知が終わったら、あらためて正規のアップデートを行うことを怠ってはならない。「取りあえず第一報⇒あらためて所定の手続き」という二段構えで緊急時を乗り切る。ちなみにエージェントが混乱しないよう、「緊急時には二段構えで行う」ということを、あらかじめ周知徹底しておくことも必要だ。

4. 徹底する

①**「伝え方」「理解」「実行」を徹底する**：情報のアップデートは伝えて終わりではない。最後のステップである「徹底する」ことが極めて重要だ。徹底するのはアップデート情報を迅速、確実に伝えるための「伝え方」の徹底、情報の内容を正確に把握するための「理解」の徹底、そして理解した情報を顧客にアウトプットするための「実行」の徹底の

3つだ。いずれも具体策についてはこれまでに述べた。ここで強調したいのはそれらを徹底して行うという強い意志を持ち続けることだ。

②アップデートのプロセスもマニュアル化しておく：これまで述べた情報のアップデートのプロセスそのものもマニュアル化し周知徹底しておく。一般の職場と大きく異なる情報共有の仕組みの必要性や考え方を、すべてのスタッフが理解しておく必要があるからだ。また、このプロセスのために社内のメーリングリストがコールセンター独自に運用されることや、緊急時の暫定運用の方法等について説明し、エージェントの混乱や不安を避け、事前の合意や理解を得ておくことが大切だ。**図表4-15**に情報のアップデートの重要性と、そのプロセスを明示したマニュアルのサンプルを示す。

図表4-15　アップデート・プロセスのマニュアル化

ABCコールセンター 情報アップデート			
タイトル	情報のアップデート・プロセス	管理番号	012-XYZ-345-01
To:	コールセンター全員	ページ番号／ページ数	1／1
		発行日	2016年5月29日
From:	ビジネス太郎（コールセンター長）	発効日時	2016年6月1日 9:00
cc:	コールセンター担当ディレクター	承認者	プロセス一郎

コールセンターでは、毎日のように業務上のアップデート事項（新規の情報、プロシージャーの追加や修正など）が発生します。これを確実かつ迅速に全員にもれなく伝え徹底することは、質の高い顧客サービスを提供するうえでとても重要です。また、一過性でない情報は確実に記録／保存して、新人のトレーニングやオペレーション・マニュアルなどに反映させる必要があります。

そこでコールセンターでは、一過性でないすべての業務上のアップデート事項は、必ずこの「ABCコールセンター 情報アップデート」フォームで文書化して皆さんに通達することとします。内容によっては、このフォームに加えて口頭でのブリーフィング（説明）やトレーニングを行って内容の理解の徹底を図ります。

このフォームが配布されたら、何ものにも優先して内容を熟読し徹底してください。そして、配布されたフォームは各自でファイリングし保管してください。ファイリングの方法は皆さんにおまかせします。各自が最も使いやすく、必要な時にすぐに参照できるようにしておいてください。

以下はこのフォームの使用に関するガイドラインです。

1. 一過性でない業務上の情報のアップデート事項は必ずこの「ABCコールセンター 情報アップデート」（以下「アップデート」）に記入して、関係するスタッフ全員に一斉に配布する
2. コールセンターに寄せられるすべての業務上の情報は、センター長および担当のリエゾンに集中する。そのため、全社一斉メールの配信ルールやメーリングリストなど、社内一般とは異なるコールセンター独自の運用を行う場合がある
3. 「アップデート」はコールセンターのスーパーバイザー以上の管理者が作成して発行する。例外的にマネージャーが任命したスタッフがドラフトを作成する場合がある
4. 「アップデート」に記載するアップデート事項は、1枚につき1件とする。1枚のフォームで異なる複数の情報のアップデートは行わない
5. 「ABCコールセンター 情報アップデート」を発行する際はマネージャー以上の承認を必要とする。ただし以下の場合はスーパーバイザーの承認で発行する場合がある
   ・ルーティン化されたもの（例えば、毎月顧客に発行する請求書の発送日だけを毎月アップデートするような場合）
   ・マネージャー以上が不在だが、緊急に発行する必要のある場合
6. すべてのスタッフは「アップデート」の内容および発効日時を遵守しなければならない
7. 何らかの緊急な事情で直ちにアップデートを行う必要があるが、「アップデート」の作成など所定の手続きを踏むための時間がない場合、簡易メモや口頭による暫定的な通達を行う。その場合、後刻あらためて、所定の手続きにもとづく正式な「アップデート」を発行する
8. 発行した「アップデート」のオリジナル・ファイルは、ネットワークの共有ドライブにデータとして永久保存するとともに、プリントアウトして専用のセンター・ファイルにも保管し、スタッフはいつでも閲覧できる

以上

サービス・アグリーメント

ビジネスプロセスには必ずインプットとアウトプットが存在する。コールセンターの前後に、社内外の関係者、関連部署とのつながりがあるということだ。また、業務の全体または一部を関連部署と"協働"で行ったり、コールセンターが他部署の業務を請け負うシェアード・サービス＊という形もある。いずれの場合も、コールセンターのパフォーマンスが関連部署の業績に影響を与えることになるため、関連部署から効果的なサポートを得ることが重要だ。そのために、お互いが提供するサービスの水準や達成責任を明確にし合意するために交わすのが「サービス・アグリーメント」だ。

1. サービス・アグリーメントの必要性

多くのコールセンターが、社内の関連部署に対して、以下のような問題や不満を抱えている。

- マーケティング・プロモーション等の情報がコールセンターに知らされない
- 事前の確認なしにコールセンターの電話番号が外部に告知される
- イベントのスケジュールがコールセンター抜きに決められる
- 資料請求キャンペーンなのに、資料の在庫切れが発生する
- 商品開発部に新製品のトレーニングを依頼しても多忙を理由に後回しにされる
- 苦情の対処を依頼しても快く引き受けてくれない

このような問題の発生を防ぐためには、サービス・アグリーメントの締結が効果的だ。ところが、「社内でアグリーメントを交わすのは、部署間、社員間の信頼関係を損なう」といった感情論が優先され、サービスレベル・アグリーメントの締結に至らないケースが多い。

しかし、ビジネスプロセス・マネジメントの観点から、ここは信頼関係云々といった情緒的な議論でなく、異なる部署間のビジネスプロセスを可視化＝文書化し、具体的な指標を設定して、その達成責任を両者が約束し合意する仕組みを構築することが必要だ。そのためのツールとしてサービス・アグリーメントが有効だ。

＊グループ企業に所属する個別の企業や、1つの企業内の事業部や各部門に共通する機能（主に総務、人事、法務、財務等の管理部門やIT部門等）を本社等に統合し、その機能を各社、各部門で共同利用するもの。利用する側の企業や部門は、その利用料をシェアード・サービスに支払う。社内ベンダーのようなイメージだ。最近ではコールセンターをシェアード・サービスとして位置づける企業が増えている

2. サービスレベル・アグリーメントとの違い

サービスレベル・アグリーメントは、アウトソーサーやITベンダーが提供するサービスの水準（サービスレベル*）をクライアント企業と合意する。それに対して、サービス・アグリーメントは、コールセンターと関連部署が相互に提供するサービスやビジネスプロセス、目標や必要なリソース等を明示し、双方の達成責任を合意する。

3. サービス・アグリーメントの構成

サービス・アグリーメントは対象とする業務によって内容が異なるが、基本的な枠組みは以下のような構成となる。**図表4-16**にサンプルを示す。

図表4-16　サービス・アグリーメント

---

1. 適用範囲と目的
この同意書は家電事業本部の販売促進および顧客サービス業務に関して、コールセンターと同事業本部との業務分担、達成責任、シェアード・サービス・コストについて定めるものとする

1.1. 家電事業本部の顧客である一般生活者に対し質の高いサービスを提供し顧客満足の向上および販売促進を図るために、コールセンターと家電事業本部販売促進部とのパートナーシップを構築することを合意する
1.2. 家電事業本部販売促進部の担当業務と達成責任および費用負担を規定する
1.3. コールセンターの担当業務と達成責任および費用算定方法を規定する
1.4. このアグリーメントで合意した各事項における業務フローや業務手順の実務的な詳細については、別途定める「家電製品顧客オペレーション・マニュアル」で規定し合意する

2. 家電事業本部の責務
（エスカレーションの処理）
2.1. 家電事業本部販売促進部は、コールセンターよりエスカレーションされた問い合わせ（以下）の迅速な問題解決を図り、適切に完了させることに責任を持つ
　① コールセンターの回答範囲（別途定める）を超える問い合わせ
　② 返品、返金や賠償請求など、顧客からの具体的な要求や処理を伴う問い合わせ
　③ 製造物責任法、リサイクル法に関連する問い合わせ
2.2. 家電事業本部販売促進部は、顧客へのコールバックが必要なエスカレーションについて、コールセンターが顧客に提示した締切時間内にコールバックしなければならない
2.3. コールセンターからエスカレーションされた問い合わせがエスカレーションの基準から外れている場合、家電事業本部販売促進部はその問い合わせの処理が完了した後、基準外である旨をコールセンターの管理者またはリエゾンにフィードバックする

（コールセンターへの協力／情報提供）
2.4. 家電事業本部販売促進部は、コールセンターのオペレーションに影響のある製品仕様の変更がある場合、発効日の5営業日前までにコールセンターに通知する
2.5. 家電事業本部販売促進部は、コールセンターのオペレーションに影響を及ぼすマーケティング活動に関する情報を以下の通りにコールセンターに通知する

＊コールセンターの専門用語であるサービスレベル（第3章）のことではなく、同音異義の一般名詞である

①**適用範囲と目的**：このサービス・アグリーメントが対象とする部署名、業務概要、規定範囲等。
②**○○部門の責務**：コールセンターの相手方の部署が、このサービス・アグリーメントが対象とする業務において担う責任や、コールセンターに対して提供するサービスの内容やプロセス等。
③**コールセンターの責務**：このサービス・アグリーメントが対象とする業務においてコールセンターが担う責任や相手方の部署に対して提供するサービスの内容やプロセス等。
④**責務不履行の場合**：②、③に明示した責務を達成しない場合の対処（ペナルティー等）。
⑤**費用算定と配賦方法**：シェアード・サービスを利用する対価として、費用負担が発生する場合の算定基準や計算式、他業務と共同利用する部分の配賦方法等。
⑥**契約解除条項**：このサービス・アグリーメントを解除する場合の条件等。
⑦**承認／合意の署名**：コールセンターと相手方部門の責任者による承認／合意の署名。

ビジネスプロセスの評価と改善

　ビジネスプロセスのマニュアル化だけで満足してはならない。それを使った実際のオペレーションのパフォーマンスを測定し、作成したマニュアルの効果を評価する。その結果に基づいて必要な改善を講じていく。それをマニュアルに反映し新しいプロセスを実行するというように、「測定⇒診断⇒改善」のサイクルを回して、ビジネスプロセスの継続的な改善・向上を図ることが重要だ。

1. プロセス改善に積極的に取り組む

　ビジネスプロセスの可視化・マニュアル化を図り、発生する問題の解決に日々取り組む。オペレーションが進化していくコールセンターと劣化していくコールセンターに分かれるのは、プロセスの改善に対する取り組み姿勢の違いによるところが大きい。
　前者は、常に積極的な姿勢でプロセス改善に取り組み、表面化した問題の解決だけでなく、常に先を見据えて潜在的な問題、本質的な問題の改善を進めていく。
　後者は、常に受け身の姿勢で、発覚した問題の表面的な解決にとどまる。問題の本質に手をつけないので、同じ問題が再発する。それを"モグラたたき"のように目先の問題の対処に終始する結果、ますます多忙になり、取り組みへの意欲も時間もなくなる。マニュアル等の修正も"パッチワーク的"に行われ、その結果、オペレーションの一貫性

が欠落し始め、最終的にビジネスプロセスが崩壊する。

　このように、プロセスの崩壊はある日突然起こるのではなく、モグラたたきやパッチワークに終始した取り組み姿勢が、せっかく築いたプロセスをじわりじわりと崩していくことで起こる。だからこそ、毎日の積極的で継続的なプロセス改善の取り組みが必要となる。

2. プロセス改善のアプローチ

(1) 継続的なプロセス改善

　プロセスの評価と改善は"わざわざ"行うものではない。日常のオペレーションの一環として恒常的に行うものであり、それが第一のアプローチである「継続的なプロセス改善」だ。世界中の企業やコールセンターが導入している「シックス・シグマ」や「リーン」等は、その代表的な手法だ。

　図表4-17にコールセンターにおける継続的なプロセス改善のサイクルを示し、以下に補足する。

図表4-17　継続的なプロセス改善のサイクル

●評価指標 ●スタンダード ●レポーティング	1　パフォーマンスの測定
●因果関係の分析 ●問題の発見 ●原因の特定	2　既存のプロセスの評価
●既存のプロセスの見直し ●新しいプロセスのデザイン	3　改善案の検討と作成
●オペレーション・マニュアル ●サポート・ツール ●新しい評価指標	4　新しいプロセスの開発
●トレーニング ●テストの実施 ●テスト結果による調整	5　導入の準備とテスト
	6　新しいプロセスの導入

①パフォーマンスの測定：オペレーションのパフォーマンスの測定を通じて、その基となるビジネスプロセスの出来具合を評価する。目標値や標準値を設定し、毎日のパフォーマンス・レポートに示された結果を点検する。
②既存のプロセスの評価：毎日のパフォーマンス・レポートに示された結果から、ビジネスプロセスとの因果関係を分析する。ネガティブなパフォーマンスやオペレーションに生じた問題が、ビジネスプロセスに起因していると考えられる場合、そのプロセスを見直して原因を特定する。
③改善案の検討と作成：原因となったプロセスの改善案を検討し、問題部分を修正した新しいプロセスをデザインする。
④新しいプロセスの開発：考案した新しいプロセスをオペレーション・マニュアルに落とし込む。また、その運用のために必要なツールやアプリケーション等の作成や修正を行う。新しいプロセスによるオペレーションのパフォーマンスを評価する評価指標も検討しておく。
⑤導入の準備とテスト：新しいプロセスに関するアップデートやエージェントのトレーニングを行う。テストを実施し、その結果により必要な調整を行う。
⑥新しいプロセスの導入：新しいプロセスによるオペレーションがスタートし、そのパフォーマンスの測定から、この改善サイクルが繰り返される。

継続的なプロセス改善の取り組みで大切なのは、「問題意識」と「現状を肯定しない姿勢」を維持し続けることにある。発生した問題を表面的に解決するだけの消極的な取り組みとなってしまえば、オペレーションの長期的な劣化を招くことになるからだ。

(2) ビジネスプロセス・リエンジニアリング

プロセスの劣化が進んでオペレーションの崩壊にまで至り、「継続的なプロセス改善」では手に負えない状況となった場合、ビジネスプロセスだけでなく、オペレーション全体や組織等も含めた抜本的な構造改革が必要となる。そのような状況で使われるアプローチが「ビジネスプロセス・リエンジニアリング」（business process reengineering; BPR）だ。

BPRは、その施策の一環として人員の調整が図られることも少なくない。そのため、「BPR＝人員削減手法」との誤解も多いが、そうとは限らない。なお、この段階になると、もはやコールセンター・マネジメントの範ちゅうを超え、企業経営の抜本改革といった領域の話題となるため、ここでの説明は割愛する。

(3) プロセス改善の2つのキーワード

コールセンターのオペレーションのプロセス改善に効果的な問題解決のためのキーワードとして、「アボイダブル・インプット」（avoidable input）と「ナイス・トゥ・ハブ」

(nice-to-have)を紹介する。既存のオペレーションのプロセスを、このキーワードに基づく視点で見ることで、要改善点が具体的に浮かび上がってくる。

①**アボイダブル・インプット**：直訳すれば「避けられる入力」となる。問題やエラーが発生してからその改善に取り組むのでなく、そもそも問題やエラーが発生しないようにすることを意味するもので、コールセンター・マネジメント全般に適用できる考え方だ。

例えば、インバウンド・コールに混在する目的外のコールについて、その効率的な応対の仕方よりも、最初から目的外のコールが入ってこないための対策を講じるという考え方だ。効率的な応対により平均処理時間が十数秒短縮することより、不要なコールをなくすことの方が効果が高い。外出中の社員宛の電話に対して、「ただ今、○○は出かけております」と、聞かれたことに答えるだけの応対では、また同じ電話がかかってくる。不在の理由に加えて、帰社予定時間と本人からのコールバックを伝えるというプロセスの変更を行うことで、再コール自体がなくなり、コール数を減らすことができる。

このように、コールセンターのオペレーションを、アボイダブル・インプットの観点で見渡すと、意外に多くの"改善ネタ"が見つかるはずだ。

②**ナイス・トゥ・ハブ**：「あると良いもの」「念のためにあるもの」つまり「なくても構わないもの」のことだ。月1回のエラーの発生を防ぐために、スーパーバイザーが毎日すべてのコールの記録をチェックする。入力エラーが発生するたびに二重チェック、三重チェックとチェック回数が増えていく。すでに更新された過去の資料を念のためにと破棄せずに保管しておく。これら二重、三重のチェックや更新前の過去の資料が本当に必要なのか、それがなければオペレーションに支障があるのか、それをなくしたら困るのか、といった観点で既存のプロセス等を点検することで、「なくても構わない」ものが見つかるはずだ。

コールセンターの現場では、放っておくとナイス・トゥ・ハブなプロセスやツールが日々増殖していく。数値化する等、客観的に見直して、マスト・トゥ・ハブ（must-to-have ── 必ず必要なもの）に集中する思考と環境を構築することが重要だ。

第5章

コールセンターの
クオリティー・マネジメント

コールセンターの優れたオペレーションは、洗練されたビジネスプロセスと、そのプロセスにより提供される質の高いサービスの両者がそろって初めて達成される。第4章ではビジネスプロセス・マネジメントについて述べたが、本章ではもう一方の質の高いサービス（サービス品質）をコントロールする手法や手順について解説する。

I コールセンターのサービス品質

コールセンターのサービス品質を定義する

「コールセンターのサービス品質」という言葉は多くの解釈ができるが、本書では「顧客接点の場面で提供するサービスに対する顧客の満足の度合い」と定義する。

顧客接点は、コールセンターのすべての活動の成果を示す最も重要な"場"だ。そのため、エージェントは顧客接点におけるサービスの質を高めることに全力を尽くす。そして、管理者やサポーティング・スタッフは、エージェントが最高のパフォーマンスを発揮できるようあらゆる手を尽くし、顧客接点における顧客とのコミュニケーションを成功に導く。

顧客にとっては、顧客接点こそがコールセンターの提供するサービスを直接体感できる重要な"場"であり、そこでの経験が企業やコールセンター全体を評価する決め手になる。だからこそサービス品質の向上は、常にコールセンター運営の最優先事項であり、顧客接点が「真実の瞬間」(moment of truth; MOT)*と呼ばれる。

コールセンターのサービス品質を評価する

コールセンターの仕事の"現場"は目に見えない(序章)。また、そこで顧客に提供される"サービスという商品"も目に見えない。そのため、現場での仕事ぶりやサービスの良し悪し、それらに対する顧客の満足度を評価するのは難しい。以下に7つの代表的な評価方法を示すが、万能なものはない。従って、単一の手法に頼るのでなく、できるだけ多くの手法を用いた多角的な評価をすることが望ましい。

(1) クオリティー・モニタリング

顧客とエージェントの応対を聴いてサービス品質を評価する、コールセンターのマネジメントにおける最も重要な活動のひとつだ。電話での会話だけでなくメールやチャッ

---

*スカンジナビア航空のCEOであったヤン・カールソンが、1989年に出版した同名の書籍により提唱した概念。顧客サービスの原点を示す考え方として、同書はセンター管理者にとってのバイブル的存在として位置づけられている

トでのやり取り、ITツールの使い方、情報の検索の仕方、商品／製品知識の評価に特化したナレッジ・モニタリング等、目的に応じて評価の範囲や方法はさまざまだ。

(2)顧客満足度調査

提供したサービスに対する顧客の満足度は「サービスを利用した顧客自身に直接聴く」のが基本だ。かつては「CS」(customer satisfaction)と呼ばれていた顧客満足度は、最近では、調査を含めた「顧客満足向上のための活動全般」を意味する「C-SAT」（シー・サット）という呼び方が一般的となっている。

(3)ベンチマーキング

競合他社や他の優良企業の優れたパフォーマンスと自社のそれとを比較分析し、自社の活動の評価や改善を図るもの。コールセンター自体のベンチマーキングはミステリー・コールを通じて行う場合が多い。

(4)ボイス・オブ・カスタマー (voice of customer ; VOC)

VOCの3文字表記で広く知られている。第一義的には顧客の声を業務改善や商品開発に生かすことを目的とするが、コールセンターでは顧客とのコミュニケーションから得られる生の声や、その他の外部のステークホルダー（株主等の利害関係者）も含めて寄せられるコメントから、サービス品質の評価を導く等、さまざまな目的を持って活用される。

(5)企業ランキング／満足度調査

外部の調査会社やメディアが独自に実施する企業の格付けやサービスに対する満足度調査等。コールセンター関連では、窓口の応対に対する満足度調査やサービスの格づけ調査、テクニカルサポートのランキング等、多くの調査が行われている。また、製薬企業のコールセンターに対する評価調査のように、特定の業界に特化した調査も行われている。

(6)アワード／コンテスト

国内で行われているコールセンター関連の主なアワード／コンテストを**図表5-1**にまとめた。自社のセンター運営の成果を第三者の専門家等による客観的な評価を受けることはセンターの成長に大変有効なので、積極的にチャレンジすることが望ましい。ちなみに、欧米等諸外国では大変多くのアワードが行われており、世界規模の大会もあるが、日本からの参加はまれで、残念ながら現状では世界の中での日本の存在感は薄いと言わざるを得ない。

図表5-1　主なコールセンター関連のアワード／コンテスト（国内）

#	表彰制度	主催	参加対象	表彰対象／2017年度開催回数、応募数、受賞数／URL[*]
1	電話応対コンクール	日本電信電話ユーザ協会	個人	個人の優れた電話応対スキル 開催56回、参加11,629名（全国）、入賞20名（全国大会） http://www.jtua.or.jp/education/concours/
2	企業電話応対コンテスト	日本電信電話ユーザ協会	すべての企業・団体	企業の優れた電話応対サービス 開催21回、応募435事業所、受賞20事業所 http://www.jtua.or.jp/education/contest/
3	コンタクトセンター・アワード	リックテレコムコールセンタージャパン編集部／イー・パートナーズ	コンタクトセンター	コンタクトセンター・マネジメントのベスト・プラクティス 開催14回、応募23社、受賞12社 http://www.cc-award.com/cca/
4	カスタマーサポート表彰制度	企業情報化協会	コンタクトセンター	顧客サポートに関する創意工夫や先進的な試みによる経営貢献 開催20回、応募数不明、受賞12社 https://www.jiit.or.jp/cc/award.html
5	サービス・ホスピタリティ・アワード	企業情報化協会	すべての企業・団体	サービス・ホスピタリティに関する創意工夫や先進的な試みによる経営貢献 開催4回、応募数不明、受賞8社 https://www.jiit.or.jp/cc/award-service.html
6	CRMベストプラクティス賞	CRM協議会	すべての企業・団体	CRM活動のベスト・プラクティス 開催14回、応募数不明、受賞17団体 http://www.crma-j.org/
7	日本サービス大賞	サービス産業効率性協議会	すべての事業者	多岐にわたる業種の「優れたサービスをつくりとどけるしくみ」 開催2回、前回2016年度：応募853件、受賞31件 （2017年度の結果は2018年春に発表） http://service-award.jp/
8	日経ニューオフィス賞	日本経済新聞社／ニューオフィス推進協会	すべてのオフィス	創意と工夫をこらした快適かつ機能的なオフィス 開催30回、応募129件、受賞16件（ニューオフィス推進賞） http://www.nopa.or.jp/prize/
9	コールセンターオペレーターコンテスト	みやぎコールセンター協議会	宮城県内所在のコールセンターに勤務の個人	コールセンターのエージェントの電話応対／タイピング・スキル 開催13回、応募数不明、受賞不明 http://callcenter-miyagi.com/

[*] 2018年2月現在

（7）レピュテーション（reputation）

「評判」を意味する。一般紙、業界紙／誌、ソーシャルメディア、テレビ番組等による取材や紹介記事の掲載、講演やセミナーでの登壇、アワードやコンテストでの受賞等、各種のメディアに採り上げられることによって得られる評判等も、自社センターのサービス品質やパフォーマンスに対する世間一般の評価のひとつと考えることができる。最近では、これらを積極的に活用して企業イメージやブランド価値の向上を図ろうとする企業も増加しており、コールセンターのミッション・ステートメントに「レピュテーション向上への貢献」が明確に謳われるケースも増えている。

以上7種のうち、(1)〜(3)はコールセンター自らが行い、(4)以下は第三者が行う評価だ。特に後者の場合、自社の意に沿わない基準や方法により行われる場合もあるが、それらも謙虚に受け入れて、第三者による客観的な評価に積極的に耳を傾ける姿勢が大切だ。そうして、さまざまな角度から自社センターのサービス品質やパフォーマンスを評価、点検することが改善や向上に貢献するからだ。

II クオリティー・モニタリング

　ここからは前節で示した7種類の評価方法のうち、コールセンター自らが行うクオリティー・モニタリング、顧客満足度、ベンチマーキング、VOCの4つについて設計から運用までの手順やプロセスについて解説する。
　まずはクオリティー・モニタリングだ。

クオリティー・モニタリングの定義

　クオリティー・モニタリングとは「顧客接点において提供するサービスの質を、企業の品質方針に基づいて評価、検証するプロセス」だ。
　コールセンターのフロアで聞こえるエージェントのトークがどんなに流暢でも、それは一方の音声に過ぎず、顧客とのやり取りの"真実"はわからない。クオリティー・モニタリングを行うことで、その真実が明らかになり、そこで得られた事実としての情報が、コールセンターのあらゆる活動の起点となる。その意味では、クオリティー・モニタリングを行わないコールセンターの活動は、企業側の一方的な想像と思い込みをよりどころに、暗闇を手探りで進むようなものだと言わざるを得ない。クオリティー・モニタリングはコールセンターのマネジメントにとって絶対に欠くことができない活動であり、それを"やるかやらないか"という選択は全く不要だ。

クオリティー・モニタリングの目的

1. クオリティー・モニタリングの目的

　クオリティー・モニタリングを行う動機や目的はさまざまだが、ほとんどすべてのセンターに共通する第一の目的は、「エージェントのパフォーマンスの評価とサービス品質の向上」だ。これを筆頭に、以下のような目的が挙げられる。これらの中から、各社の戦略や目的に応じた目的を3～5つ程度設定するのが一般的だ。

- 顧客満足の向上

図表5-2　クオリティー・モニタリングの効能範囲

直接的効能
- サービス品質
- エージェントのパフォーマンス
- センターのパフォーマンス
- 顧客経験／顧客満足
- ビジネスプロセス
- トレーニング／コーチング
- 人材ニーズ
- テクノロジー
- VOC／顧客ニーズ
- 顧客の問題
- コンプライアンス

間接的効能
- ミッション・ステートメント
- 品質方針
- ストラテジー
- コスト
- 効率性
- ワークフォース・マネジメント
- 人材戦略
- 人事制度
- オフィス環境
- リスク・マネジメント

- トークスクリプトやビジネスプロセスの有効性の検証
- オペレーションの一貫性の確保
- トレーニング・ニーズの発見
- 顧客の潜在的な不満や問題の顕在化
- クオリティー・ポリシーやコミュニケーション・スタイルとのアライメント（整合性、連動性）の確認
- 効率性の向上
- サポート・ツールやテクノロジーの改善
- 人材ニーズの発見
- VOCの収集
- 顕在化した顧客の問題の解決
- コンプライアンス事項の点検

　これらの目的は、クオリティー・モニタリングがもたらす"効能"と言い換えることができる。この効能は、顧客接点だけでなく、コールセンターのオペレーション全般に対して、より広範囲に効果を及ぼす。顧客接点に対するものを「直接的効能」とするならば、後者は「間接的効能」といえる（図表5-2）。

2. クオリティー・モニタリングの課題

　クオリティー・モニタリングを行うには、多くのリソースやスキルを必要とする等、課題がある。
　図表5-3は英国の調査であるが、センター管理者のクオリティー・モニタリングに対する"悩み"をよく表している。日本のコールセンターにもそっくり当てはまる結果だ。

図表5-3　クオリティー・モニタリングの課題

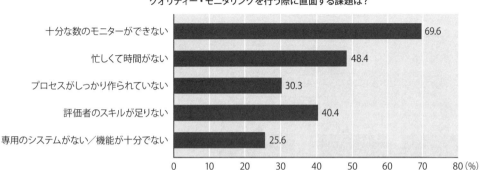

出典：callcentrehelper.com website webinar poll. "What challenges do you face in improving Quality Monitoring and Performance Management?". callcentrehelper.com, 2013

　クオリティー・モニタリングを行うには、このような克服すべき課題があることを念頭に入れ、次に述べる一連のプロセスをしっかり踏んで行う必要がある。

クオリティー・モニタリングのプロセス

1. クオリティー・モニタリング・ライフサイクル

　まず最初にクオリティー・モニタリングのプロセスの全体像を把握するために、世界中のコールセンターがプロセス設計の参考にしている「クオリティー・モニタリング・ライフサイクル」を紹介しておく（**図表5-4**）。このライフサイクルは、クオリティー・モニタリングのPDCAサイクルに相当するもので、エージェントの「新規採用」を起点に「導入トレーニング」（新人の入社時トレーニング）を経て「顧客応対」にデビューすると、その後は「モニタリング＆スコアリング」⇒「エージェント・フィードバック」⇒「トレーニング＆コーチング」⇒「顧客応対」というサイクルに入ることを示している。

①**新規採用**：エージェントの採用は、②〜⑦のプロセスにより得られた情報や経験等を反映した採用方針や採用基準に基づいて行われる。また、採用選考プロセスの一環として応募者に対する電話インタビュー（第7章）を行い、評価のためのモニタリングを行う場合がある。

②**導入トレーニング**：エージェントを新規に採用すると、直ちに導入トレーニングが始まる。そこではエージェントがデビューするのに必要なスキルとのギャップを埋めること

図表5-4　クオリティー・モニタリング・ライフサイクル

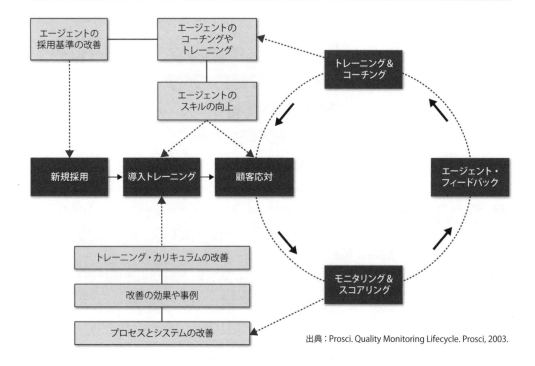

出典：Prosci. Quality Monitoring Lifecycle. Prosci, 2003.

を主眼としたモニタリングを行う。

③**顧客応対**：導入トレーニングを経て正式なエージェントとして顧客応対にデビューすると、日常的、恒常的なクオリティー・モニタリングを行う。

④**モニタリング＆スコアリング**：クオリティー・モニタリングの結果は2つの面に生かされる。1つはエージェントにフィードバックされ、その成長を支援する。もう1つは、クオリティー・モニタリングにより得られたさまざまな情報がビジネスプロセスにフィードバックされ、プロセスやシステムの改善を促す。それが具体的な改善効果や事例を生み出すとともに、トレーニングのカリキュラムや内容に反映して導入トレーニング等、エージェントのトレーニング強化に生かされる。

⑤**エージェント・フィードバック**：エージェント個人のパフォーマンスの評価と、スキル向上のためのトレーニングの2つの目的がある。パフォーマンス向上のためにはスキル向上が必要であるから、フィードバックは単に評価結果を伝えて終わるのでなく、その場でのコーチングやその先のトレーニングに直結する。

⑥**トレーニング＆コーチング**：クオリティー・モニタリングの結果はエージェント個人へのコーチングだけでなく、チーム全体でのスキルの向上とその共有のためのトレーニングへと展開する。それにより向上したスキルや新たに獲得したノウハウが、新人の導入

トレーニングや既存エージェントの日常の顧客応対に反映される。さらにその内容はエージェントの採用基準の改善にも反映され、より適切な人材の採用に生かされる。

2. クオリティー・モニタリングの形態

クオリティー・モニタリングを"いつ"、"どこで"行うかという観点から見た場合、以下の8つの形態に分類できる。どれか1つということでなく、目的や環境に合わせて適切な方法を選択、あるいは組み合わせて行う。

① MBWA (management by walk around)：スーパーバイザー等の管理者がエージェントのデスクの周囲を歩いて回ることで、顧客とのコールが耳に入り、同時にPCの操作や使い勝手、資料の活用の様子、および全体的な執務環境等を観察できる。ただし、会話はあくまでもエージェントの一方的なものであるため、評価というよりもエージェントの応対のサポート色が強い。

② ピア・トゥ・ピア・モニタリング (peer-to-peer monitoring；P-T-P)：サイド・バイ・サイド・モニタリング (side-by-side；S-B-S) とも言う。エージェントの隣に座って、ダブルジャックやY字ケーブル*により接続したヘッドセットを使いライブでコールを聴く。同時にエージェントのPCの操作や資料の活用等を観察する。新人エージェントのOJT等で先輩のエージェントが行うことも多い。エラーや顧客の苦情等の問題が発生した時に、その場で即指導やサポートができるのがメリットだ。これを心強く思い歓迎するエージェントもいれば、緊張からこれを嫌うエージェントも多い。いずれにしてもエージェントは少なからず緊張を強いられ、"よそ行き"の応対になりがちなのは否めない。P-T-Pの場合はそのことを踏まえて、エージェントに一定の配慮をしながら行うべきだ。ちなみに、同じチームの同僚や先輩エージェント等による、評価抜きでサポート目的のみのP-T-Pには好意的なエージェントが多い。

③ ライブ・モニタリング：スーパーバイザーが自席にいる時は、常にヘッドセットを装着して部下のエージェントのコールをライブでモニターしているのが日常の姿だ。コールの状況のチェック、エージェントのサービス品質の評価等、その時によって目的はさまざまだ。また、常にモニターできる態勢にあれば、エージェントのリアルタイムの状況をいち早く察知できる。苦情で困っていれば、すぐにアシストすることが可能だ。ワイヤレス・ヘッドセットを使えば、MBWAと組み合わせる等して、スーパーバイザーのエージェントに対するサポートをより柔軟に行える。

④ リモート・モニタリング：モニタリング・ルーム等、エージェントから離れた場所でモ

---

*1台の電話端末にヘッドセットを2台同時に接続できるのが「ダブルジャック」、1台の電話端末に接続した1本のケーブルの先端を2本に分岐してヘッドセットを2台同時に接続できるようにしたものが「Y字ケーブル」

ニターをする。ライブ・モニタリングのリモート版だ。品質管理やトレーニング、あるいはマーケティング等他部署のスタッフやシニア・マネジメントによるモニタリングはこのスタイルが基本だ。エージェントに無駄な緊張を強いることがないため、よそ行きでない自然体の応対を聴くことができるが、必ずしも"聴きたいコール"が聴けるわけではないこと、オフピーク（コール数が少ない時間帯）の時はコールの待ち時間が生じる等、効率の悪さが難点だ。また、細部を反復して確認できない一発勝負のため、エージェントの評価は難しい。

⑤**コール・ログ・レビュー**：コール・ログとは録音したコールの記録のことだ。エージェントの評価を目的とする場合に最も多く使われる。専用のシステムが必要となるが、時と場所を選ばないため効率が良い。その反面"正しい"評価のために何度も繰り返して確認するのに長い時間をかけてしまい、せっかくの効率の良さを打ち消してしまいがちなのが悩みどころだ。コール・ログはエージェントへの評価のフィードバックにも使う。エージェントが事前に自己評価できること、コールを再生してエージェントと評価者がディスカッションできること等、トレーニング効果が高い。なお、コールの録音には個人情報保護法による規制の遵守が必要だ（第12章）。

⑥**ボイス＆スクリーン・レビュー**：音声録音のコール・ログに加えて、エージェントによるPCのスクリーンの操作を記録して評価する。⑤の発展型だ。手軽なスクリーン・キャプチャー用のソフトウエアやアプリケーションにより、多くのコールセンターが利用できるようになってきた。

⑦**ミステリー・コール**：自らのセンターに顧客としてコンタクトして自社のエージェントを評価する。簡単に行うことができ、顧客の立場に立って評価できる有効な手法と考えがちだが、実査を担うスタッフのスキルや主観に影響されやすいため、評価の結果は主観的・表面的なものにとどまりがちだ。それ自体にも一定の意味はあるが、本質的な評価を行うためには、実査プロセスの緻密な設計と、実査スタッフに対する十分なトレーニングが不可欠だ。ミステリー・コールという、1つのプログラムを構築するのに等しいからだ。

⑧**グループ・モニタリング・セッション**：複数名が集合して、1つのコール・ログを聴き、評価およびディスカッションを行う。エージェントのコミュニケーション・スキル・トレーニングの核となるトレーニングであり、評価者のキャリブレーションもこのスタイルで行う。また、マーケティング等、他部門とのディスカッションや社内に対するコールセンターPR活動の一環として行う場合もある。

以上の8つのモニタリングの形態について、それぞれの目的や特性の比較を**図表5-5**にまとめた。

図表5-5 モニタリングの形態別の目的と特性を比較する

		MBWA	P-T-P	Live	Remote	Call log	V&S	Mistery	GMS
目的	エージェントの全般的な行動や執務環境の観察	A	A	B	D	D	B	D	D
	リアルタイムのコールの状況確認とコントロール	C	A	A	A	D	D	NA	D
	リアルタイムでエージェントの応対をサポート	A	A	A	A	D	D	NA	D
	トレーニング／コーチング	B	A	A	B	A	A	A	A
	エージェントのサービス品質の評価	C	A	A	A	A	A	A	A
特性	モニターと評価のための時間を選ばない	D	D	D	D	A	A	C	A
	モニターと評価のための場所を選ばない	D	D	D	A	A	A	C	A
	エージェントの自然体のコールが評価できる	C	C	B	A	A	A	A	B
	リピートして確認できるので評価の正確性が高まる	D	D	D	D	A	A	D	A
	コールを選べず待ち時間もあり効率が悪い	NA	A	A	A	D	D	D	D
	エージェントにとって監視／盗聴感がある	B	A	B	D	D	D	D	D
	エージェントの一方通行の音声に過ぎない	A	D	D	D	D	D	D	D
	エージェントも同じコールを評価できる	D	B	D	B	A	A	A	A
	エージェントと評価者が同じコールを聴きながら討議できる	D	B	B	B	A	A	A	A
	エージェントも評価側に参加できる	D	B	D	D	D	D	A	A
	リアルタイムでフィードバック&サポートができる	B	A	A	A	D	D	D	D
	システムの使い勝手の評価や問題点の把握ができる	A	A	B	D	D	A	D	D
	エージェントの動作や行動を観察できる	A	A	B	D	D	D	D	D
	執務環境全体の観察ができる	A	A	B	D	D	D	D	D
	他のエージェント、チーム全体でシェアできる	D	B	B	B	A	A	A	A
	プログラム構築の時間と手間、リソースが必要	NA	NA	NA	NA	NA	NA	A	NA
	専用のテクノロジーやツールが必要	D	B	A	A	A	A	B	A
	セットアップのコストがかかる	D	A	A	A	A	A	A	A

※手法の略記：MBWA=マネジメント・バイ・ウォーク・アラウンド／P-T-P=ピア・トゥ・ピア／Live=ライブ・モニタリング／Remote=リモート・モニタリング／Call log=コール・ログ・レビュー／V&S=ボイス&スクリーン・レビュー／Mistery=ミステリー・コール／GMS=グループ・モニタリング・セッション
※評価記号の定義：A=当てはまる／B=一部当てはまる／C=どちらとも言えない／D=当てはまらない／NA=該当しない

3. クオリティー・モニタリングのプロセスと評価基準の定義

　一般にコールセンターは、サービス品質に関する方針やガイドラインを定め、自社が提供するサービス品質のあるべき姿や顧客応対の理想形を表すものとして、オペレーションのよりどころとしている。しかし、それだけでクオリティー・モニタリングによるエージェントの評価を行うには無理がある。方針やガイドラインを定期的にトレーニングして、スーパーバイザーやエージェントの理解醸成に努めるにしても、概念的、総論的な考え方だけでは、個人の主観や価値観の違いにより、どうしても解釈にバラツキが生じてしまうからだ。

　従って、方針やガイドラインが示す考え方や概念を、より実務に即した具体的で客観的な評価の基準やプロセスに落とし込んで示す必要がある。誰が行っても、同じ解釈で同じ評価ができるような明確な基準作りが不可欠だ。

　クオリティー・モニタリングのプロセスや評価基準の定義に有効なのが、以下に示す3つのツールだ。

①**クオリティー・コーリング・ガイドライン**(quality calling guideline; QCG)：顧客接点におけるエージェントの顧客応対のガイドラインで、センターが定める「コミュニケーション・スタイル」（第1章）を実際の顧客応対で具現化するための具体的な方法論や標準型を定める。エージェントのトレーニング、トークスクリプト等のマニュアル類の作成、クオリティー・モニタリングの評価基準等、コールセンターのオペレーションに関するすべてが、このガイドラインをベースに設計・構築される。まさに、コールセンターのオペレーションのバイブル的なツールと言えよう。

　QCGの一例を図表5-6に示す。なお、QCGには付属ツールとして、NGワードのリスト（図表5-7）、漢字の確認方法、漢字の部首の一覧、50音の伝え方、ローマ字の伝え方、数字の伝え方、キーボード記号の伝え方、敬語の使い方等が含まれる。

②**クオリティー・モニタリング・オペレーション・マニュアル**(quality monitoring operation manual; QMO)：クオリティー・モニタリングを実施するには多くのリソースや手順が必要なため、その運用方法をマニュアル化しておくことが必要だ。図表5-8にQMOの構成例（目次）を示す。

③**クオリティー・モニタリング・スタンダード**(quality monitoring standard; QMS)：クオリティー・モニタリングの評価項目の定義と評価基準を定める。「クオリティー・モニタリング・フォーム（QMF）」の内容に対応するもので、QMFの1つひとつの評価項目に対して、その定義と、定義に即したトークの標準型（評価がYes）、定義を外れたトーク例（評価がNo）の3点をセットで示す。説明としての定義だけでなく、具体的にどうすればYesで、どうなるとNoなのか、その標準型やトーク例を複数挙げて理解と徹底を図るためのツールだ。図表5-9に評価項目の1つを抜き出して作成例を示す。

　なお、QMSは評価基準を解説するだけでなく、評価者相互のキャリブレーションの

図表5-6　クオリティー・コーリング・ガイドライン(抜粋)

クオリティー・コーリング・ガイドライン

1　インバウンド・コールの導入部分
　1.1　第一声は満面に笑みを浮かべながら明るく小気味良く発声する
　1.2　直接着信した場合は、『お電話ありがとうございます。ABCカンパニーの(エージェント名)でございます。』と名乗る
　1.3　IVRを経由して着信した場合は、『お待たせいたしました。コールセンターの○○でございます。』と名乗る
　1.4　直接着信した場合で午前10：00までは、『お電話ありがとうございます。』に替えて、『おはようございます。ABCカンパニーの(エージェント名)でございます。』と名乗る
　1.5　キューイングや保留でお待たせした顧客には、必ず冒頭に『大変お待たせいたしました』と述べる
　1.6　あなたが応答したすべてのコールに全力を尽くす。あなたにとっては数百、数千のコールのうちのわずか一回に過ぎないかもしれないが、顧客にとってはこの電話がABCカンパニーの顧客サービスを体験する唯一の貴重な瞬間であり、その体験がABCカンパニーのイメージを決定づけることを常に忘れずに応対する

2　呼称のマナー
　2.1　顧客の名前は『～さま』と呼ぶ
　2.2　顧客の本人確認が必要な時は、必ず姓名(フルネーム)で行う
　2.3　顧客の勤務先名や所属部署名の確認も必ず正式名称で行う。会話内で顧客が通称や短縮形を使う場合、不自然あるいは失礼でなければ、エージェントは顧客に合わせて構わない
　2.4　自分自身の名前は姓のみでよい。顧客にフルネームを求められたら躊躇せず明確に伝える
　2.5　自社のことは『私ども(わたくしども)』と述べる。当社、弊社、こちら、当方などは好ましくない
　2.6　自社名を安易に短縮形で呼ばない。顧客が使う場合に合わせるのは構わない
　2.7　会話の登場人物を『あちら』『こちら』『そちら』と表現しない。必ず具体的な名称を使って会話をする
　2.8　「さま」などの敬称は顧客の個人名につけ、法人・団体名にはつけない。顧客がそうする場合に限り、会話の不自然さを避けるために意図してつけるのは構わない

3　コミュニケーション
　3.1　顧客との電話による会話は、「共通語」の表現、イントネーションを標準とする
　3.2　顧客との会話は、すべてプロフェッショナルなビジネス会話で行う。一般生活レベルのくだけた表現、クセのある語尾、若年層の流行語による幼稚な表現など、ビジネスにふさわしくない表現で顧客と会話しない
　3.3　『たぶん、きっと、おそらく、～のはず、個人的な考えですが』といった、顧客にいたずらに不安や誤解を与えるような推測、推定表現を使わない
　3.4　『担当の者に～させます、～と聞いております、～のようです』といった責任転嫁的な表現をしない。実際の責任や処理は他の担当者や部署にあるとしても、エージェントはあくまでも会社の代表者として、常に主体的な表現で会話をする
　3.5　直接的に表現する。方向を表す以外の『～のほう』や『～になります』といった表現をしない

ツールとしても有効だ。また、エージェントのコーチングやトレーニングのツールとして、さらにはエージェントの自己学習のテキストとしても活用できる。エージェントが、自分がどうすればYesまたはNoの評価となるのかを、具体的なトーク例により学ぶことができるのは大変有効だ。

　QMSの細部のアップデート(追加・修正)は日常的に行い、キャリブレーション・セッション等のタイミングでアップグレードすることが望ましい。会社のミッションやビジネスプランの変更等があれば、それらとのアライメント(整合性)をチェックし、必要なアップデートを行うのはセンター長の役割だ。

図表5-7 クォリティー・コーリング・ガイドライン── NGワード（抜粋）

NGワード／フレーズ集

NGワード／フレーズ	用例	説明
～というかたち	「電話をお受けする**かたち**になっております」	若年者の婉曲表現、幼稚
～という状態	「その製品は開発中**という状態**でございまして…」	若年者の婉曲表現、幼稚
～という感じ	「私どもより依頼する**という感じ**でやっておりまして…」	若年者の婉曲表現、幼稚
～みたいな	「粉末**みたいな**状態になっておりまして…」	若年者の婉曲表現、幼稚
～的には	「業界**的には**このような方針で…」	若年者の婉曲表現、幼稚
微妙	「この薬の効果は**微妙**ですね」	若年者の婉曲表現、幼稚
もしもし	「**もしもし、もしもし**…」	ノン・ビジネス
大丈夫	「追加はいかがですか?」「はい、**大丈夫**です」	ノン・ビジネス
すみません	「**すみません**が、おかけ直しをお願いします」	ノン・ビジネス
こちら、そちら、あちら	「**こちら**の店舗では」「**そちら**でお申し込みください」	指示語
そのこと	「**そのこと**につきましては…」	指示語
～のほう	「ご住所**のほう**お願いできますか…」	場面方言
～からいただきます	「1,000円**から**お預かりします」	コンビニ敬語
よろしかったでしょうか	「以上で**よろしかったでしょうか**」	コンビニ敬語
～になります、～となっております	「この商品は無料**になります**」	コンビニ敬語
～させていただきます	「年末年始は休ま**させていただきます**」	さ入れ言葉
～れる	「見**れる**」「食べ**れる**」	ら抜き言葉
～めれる	「読**めれる**」	れ「足す」言葉
(過剰な"様"づけ)	患者**様**、社長**様**	誤用、乱用
いたしかねます	「そのデータはお調べ**いたしかねます**」	誤用、乱用
いただいてください	「お食事を**いただいてください**」	敬語の誤用
お待たせしております	(保留が終わって)「お客さま、**お待たせしております**」	時間軸の誤用
～にさせます	「申し訳ございません。すぐに担当より発送**させます**」	第三者的(他人事)
～と聞いております、～のようです	「お席は満席になった**と聞いております**が…」	第三者的(他人事)
～と思われます、～だそうです	「この部品が必要かと**思われます**」	推測表現
～のみ、～しか、～なら	「3件**のみ**」、「該当は2件**しか**」、「昨年の作品**なら**」	自ら価値を低める
(熟語トーク)	「今なら**無手数料**となります」	漢字の熟語
下の名前	「**下の名前**も教えていただけますか」	人格を軽視
～くださいませ	「ご不明な点がありましたらお電話**くださいませ**」	媚びた印象が残る語尾
1コ上	「あの人は私より学年が**1コ上**だ」	ノン・ビジネス(幼稚、軽薄)
～してもらっていいですか	「お手元の用紙に記入**してもらっていいですか**?」	ノン・ビジネス(幼稚、軽薄)
っていうか	「**っていうか**、お客さまのおっしゃりたいことは…」	ノン・ビジネス(幼稚、軽薄)
全然～(肯定文に全然を使う)	「**全然**元気です」「暑さには**全然**強いです」	ノン・ビジネス(幼稚、軽薄)
半端ない	「今日は**半端ない**寒さです」	ノン・ビジネス(幼稚、軽薄)
普通に	「みなさん、**普通に**お使いになっていらっしゃいます」	ノン・ビジネス(幼稚、軽薄)
安定の	「若者に人気の街といえば**安定の**原宿ですね」	ノン・ビジネス(幼稚、軽薄)

図表5-8　クオリティー・モニタリング・オペレーション・マニュアル──目次

1. 目的
2. 適用範囲
3. 改版履歴
4. 関係者の役割と責任
   ① センター長
   ② オペレーション・マネージャー
   ③ オペレーション・スーパーバイザー
   ④ クオリティー・アナリスト
   ⑤ トレーナー
   ⑥ ビジネス・コントローラー
   ⑦ シニア・エージェント
   ⑧ メンター
   ⑨ エージェント
5. クオリティー・コーリング・ガイドライン
   ① 目的
   ② 運用方法と手順
   ③ メンテナンス
6. クオリティー・モニタリング
   ① 定義
   ② 目的
   ③ クオリティー・モニタリング・サイクル
   ④ 実施者／評価者の役割と責任
   ⑤ プロセス─スケジューリングと実施手順
   ⑥ サンプル・サイズ
   ⑦ コールの選択
   ⑧ 評価基準と評価のプロセス
   ⑨ クオリティー・モニタリング・フォーム ― 使い方と運用
7. クオリティー・モニタリング・スタンダード
   ① 目的
   ② 運用方法と手順
   ③ メンテナンス
8. フィードバックとコーチング
   ① 目的
   ② 実施者／エージェントの役割と責任
   ③ 環境
   ④ 頻度と時間
   ⑤ 進行
   ⑥ パフォーマンス・レビュー・シート─使い方と運用
9. カリブレーション
   ① 目的
   ② 参加者の役割と責任
   ③ プロセス─スケジューリングと実施手順
   ④ カリブレーション・セッションの進行、ツール、グランド・ルール、記録
10. その他のクオリティー・モニタリング
    ① ナレッジ・モニタリング
    ② エージェント・セルフ・モニタリング
    ③ 新規プログラム・ローンチ
    ④ 他部署スタッフによるモニタリング
    ⑤ シニア・マネジメントによるモニタリング

図表5-9　クオリティー・モニタリング・スタンダード(抜粋)

	ゴール：顧客との関係を確立する		
	定義：顧客が「この人(会社)なら安心して任せられそうだ」と感じるような信頼関係を築く		
		ゴール：適切な挨拶と歓迎の態度	
		定義： ・クオリティー・コーリング・ガイドライン(QCG)に従い正しく名乗る ・歓迎の意思を表明し、顧客を安心させる ・お待たせしたお詫び等、適切な挨拶ができる	
1	1-01	YES	NO
		・名乗りと挨拶がQCG通りに徹底されている ・エージェント名がクリアに聞こえる ・「お待たせいたしました」と必ず言う(IVR経由時) ・当社らしい明るさ、品の良さ、知性が感じられる ・歓迎の気持ちが明確に伝わり、顧客が「電話をかけて良かった」と安心する ・「私があなたをサポートします」と顧客に手を差し伸べるような態度が感じられる ・名前を聞き返されても、怪訝な態度を見せたり躊躇したりせず、にこやかに即答する	・元気がない、暗い、素っ気ない、不機嫌そう ・歓迎の意思が伝わらない ・事務的に名前を名乗っただけ ・言葉を発しただけで顧客に話しかけていない ・文字として書き起こせない(早口、不明瞭) ・エージェントが応答する前に、顧客は多くの時間を費やしていることの意識がない ・態度でなく声で雰囲気を出そうとする ・当社らしさが感じられない ・顧客に聞き返される

4. クオリティー・モニタリングの実施者とその役割

　クオリティー・モニタリングを誰が行うべきかは、実施する目的によって異なる。以下に、実施者のポジション別の条件や役割、責任等を示す。なお、ここで述べるクオリティー・モニタリングとは、ピア・トゥ・ピア・モニタリング、コール・ログ・レビュー、ボイス＆スクリーン・レビューを指す。

①**同僚のエージェント**：同僚のエージェントによるモニタリングは、必ず直属のスーパーバイザーの指示により行い、以下に示すような目的を双方のエージェントに明確に伝える。
- OJTのサポート。本番環境におけるコツや経験を伝えたり、エラーやトラブル、高度な問い合わせ、苦情等が発生した場合のサポートを行う
- 新規プログラムの導入時にスキルやノウハウを共有する
- テレマーケティング・プログラムにおけるセリング・スキルを共有する
- エージェントのモチベーション向上のために、P-T-Pの機会を利用して、実務と離れた問題や悩みを共有する

なお、モニターには以下のような条件を設定する。
- グッド・パフォーマーである
- エージェント経験満1年以上
- モニターする側もされる側も違和感がない
- シニア・エージェントやスーパーバイザー候補者である
- 批評家／批判家タイプでない
- 評価の仕方等、モニタリングを行うためのトレーニングを受講済みである
- エージェント同士の個人的関係に影響されない

　エージェントによるクオリティー・モニタリングは"やりっ放し"であってはならない。終了後は、あらかじめ指示された目的に対するスーパーバイザーへの報告を確実に行い、必ず記録を残しておく。また、エージェントがクオリティー・モニタリングで同僚の評価を行うのは、グループ・モニタリング・セッション等、トレーニング目的の評価に限られ、人事上の業績評価は行わない。

②**メンター**：ここでいうメンターとは、外部のコーチングの専門家によるものでなく、同僚の先輩社員による職場での身近な相談役の制度のことだ（日本企業では、メンターのほかに、「ブラザー」「シスター」「指導担当者」等と呼ばれることが多い）。役割の性格上、実務的・技術的なことよりも、メンタル部分のアドバイスに重きを置いてモニターし、アドバイスを行う。

　実務的・技術的なアドバイスや指導を行ったら、必ず直属のスーパーバイザーに報告して記録を残し、スーパーバイザーはその内容を把握しておく。

③**シニア・エージェント／チームリーダー**：シニア・エージェント（以下シニア）やチーム

リーダーが行うクオリティー・モニタリングは、スーパーバイザーのサポート（スーパーバイザーが担うエージェントの評価のためのクオリティー・モニタリングの一部を分担する）として行う場合が多い。シニアやチームリーダーのスーパーバイザー候補としてのトレーニング（実践経験を積むこと）が主たる目的だ。この場合、スーパーバイザー、シニア、チームリーダーのそれぞれが以下のように自覚と規律をもって行う。

- シニアやチームリーダーによるモニタリングが円滑に行えるよう、スーパーバイザーがシニアやチームリーダーを信頼して任せることをチーム内で明言し、エージェントの理解と賛同を得ておく。その場合、具体的にどの部分を任せるのかも明確にしておく
- スーパーバイザー自身の業務量の軽減を目的に行わない。また、自分の分身のように内容を問わず安易に任せるべきでない
- シニアやチームリーダー、あるいはメンターは、スーパーバイザーのサポート役に徹する。スーパーバイザーよりもエージェントに近い存在であるため、この自覚がないと両者の癒着が生じチーム内の秩序を乱す元となる

シニアやチームリーダーがエージェントの評価目的で行ったクオリティー・モニタリングの結果は、スーパーバイザーに報告され、スーパーバイザー自身による評価と合わせてスーパーバイザーからエージェントにフィードバックする。

なお、スーパーバイザーは、エージェント、メンター、シニア等の一般職のスタッフがクオリティー・モニタリングを行った場合、そのスタッフを特別業績として評価することが望ましい。クオリティー・モニタリングを行うには高いスキルや経験、見識等が必要で、本来は管理者の専任事項であること、実施するスタッフには大きなプレッシャーがかかる"重い"仕事であることから、その成果を認めることが重要だ。

④**直属のスーパーバイザー**：エージェントに対するクオリティー・モニタリングにおける筆頭の責任者であり、スキル向上のためのトレーニングと人事上の業績評価を主たる目的とする。モニターし評価するだけでなく、その結果のフィードバック、トーク以外のエージェントのパフォーマンスのレビューもあわせて行う。エージェントに対するフィードバックは、上から目線でなく、あくまでもエージェントを助け、一緒にエージェントのスキルやパフォーマンスを向上させようという姿勢で臨む。

フロントラインのスーパーバイザーの最も重要な仕事と認識し、決して後回しにしない。「忙しくて時間がない」はその意識が低いがための言い訳に過ぎず、特にエージェントの耳には絶対に入れるべきでない。

⑤**直属でないスーパーバイザー**：エージェントの評価に偏りやバイアスが生じないよう、スーパーバイザー間で部下のエージェントのモニタリングを一部分担し合うことを目的に行う場合が多い。直属でないスーパーバイザーによる評価の結果は、すべてを直属のスーパーバイザーに報告し、直属のスーパーバイザー自身による評価と合わせて直属のスーパーバイザーからエージェントにフィードバックする。

⑥**クオリティー・アナリスト／トレーナー**：クオリティー・アナリスト（品質管理担当者）やトレーナーによるモニタリングは、直属のスーパーバイザーが行うモニタリングとは別に、コールセンターのサービス品質の監査やトレーニング・プログラムの検証、トレーニング・ニーズの発見といった観点から行う。リスク・マネジメントの専任チームが存在しない場合、コンプライアンス・チェック等、リスク・マネジメント関連のチェックも合わせて行う場合がある。また、組織としての評価を行うという観点から、全社のミッションやクオリティー・ステートメント等に対するコールセンターのアライメント（連動性）の度合いを評価し、問題があれば指摘し軌道修正を促す。

　エージェント個人のさまざまな事情は一切除外し、完全に顧客の立場に立ってモニターし、エージェント個人でなくコールセンターを評価する。評価の結果はセンター長やマネージャーに報告する。また、会社（シニア・マネジメント）に対する報告も行う。その場合、クオリティー・アナリストやトレーナーからのフィードバックの主語はエージェント名でなく"コールセンター"とするのが望ましい。

　このように、クオリティー・アナリストやトレーナーによる評価は徹底して客観的であることが求められることから、たとえコールセンターの組織の一部であっても、実務のうえではオペレーションの現場との一定の距離感を保つことが必要だ。

⑦**センター長／マネージャー**：センター長の立場でモニタリングを行うのは、エージェント個人のサービス品質よりも、次のような大局的な観点からの評価を主眼とする。

- コールセンターのオペレーションの健全性を評価する
- 会社のミッションやクオリティー・ステートメント、プログラムの目的等との適合度合いを評価する
- コミュニケーション・スタイルの具現化度合いを評価する
- コールセンター・プライマリー・ポリシー（第1章）に基づく新規プログラムの導入時のレビューを行う
- VOCを自分の耳で聴き、シニア・マネジメントに自分の言葉で説明する
- エージェントのリコグニション（仕事を認め、ねぎらう）やモチベーションの向上を図る
- コンプライアンス・チェックを行う

　コミュニケーション・スキルの技術的な事項については、必ずスーパーバイザーやトレーナーにフィードバックする。その面でセンター長が現場に直接指示、指導をするのは好ましくない。エージェント個人に対する評価は直属のスーパーバイザーに任せるべきである。

⑧**アウトソーシング**：エージェントの評価が目的のクオリティー・モニタリングを外部にアウトソースするのは、基本的に不可能だ。評価のためのクオリティー・モニタリングを行うには、商品知識、業務知識、ビジネスプロセス、ミッションやガイドライン等を完璧に把握している必要があるためだ。従って、日常的な関係性のないアウトソーシ

ング・パートナーに単発で依頼するクオリティー・モニタリングは、企業の格づけ調査のような、外部の第三者評価と同じ位置づけのものとして利用する。なお、不測の事態によるリソースの不足や、外部の第三者の目による定期的な評価を取り入れることを目的にアウトソースする場合は、コミュニケーション・スキルのトレーニングを継続的に依頼している外部のトレーナーや、自社センターに対するミステリーコールやベンチマーキングを継続的に担当しているアウトソーサーに限るのが望ましい。

5. エージェントの評価者としての資格条件

　エージェントの人事上の業績評価を目的としてクオリティー・モニタリングを行う場合は、誰がモニターするかではなく、「誰が評価すべきか」という観点で考えるべきだ。仕事の評価とは、組織における最も繊細な行為であり、高度なスキルや経験、見識が求められるからだ。そのため、以下のような評価者としての資格要件を定めておく。

- コールセンターのエージェントの経験1年以上
- スーパーバイザー以上の管理者
- 所定のトレーニング（スーパーバイザー・トレーニング、リーダーシップ・トレーニング、クオリティー・モニタリング・トレーニング、フィードバック・トレーニング、トレーナーズ・トレーニング、カリブレーション・セッション等）を受講済み
- シニア・エージェントまたはチームリーダーで、クオリティー・モニタリング・トレーニングとカリブレーション・セッションを受講済みでスーパーバイザーから認定、指名された者

　このような資格要件を設けず、評価者を安易に選定することは、エージェントの納得を得られず、反発や退職に発展することもあり得ることを、すべての評価者はしっかり認識して取り組むべきだ。

6. クオリティー・モニタリングのコールの選定

　クオリティー・モニタリングを行う際のコール選定の切り口には、エージェントの業績評価が目的の場合と、グループ・モニタリング・セッション等、エージェントのトレーニングが目的の場合の2つがある。

①**コール選定の前提条件**：コールの選定は、以下の4つを前提条件として行う。
- **偏りがないこと**：評価を受けるエージェントが担当するプログラムのコールの内容や対象顧客、受電の日にちや時間帯、それぞれのコールの頻度やシェア等に偏りが生じないようにする
- **恣意的でないこと**：個人的な感情や人間関係に左右されたり何らかの不公平

な扱いがあってはならない。管理者に対するエージェントの信頼を一瞬にして失うだけである
- **自然体であること**：評価を意識した"よそ行き"のコールを選ばない
- **どのエージェントも同じ条件であること**：同じ業務を担当する同じチームのエージェントのコールの選択条件を同一にする。異なる条件でチーム内の優劣をつけるようなことをすれば、その評価は誰にも信用されない

②エージェントの評価を目的とする場合のコールの選定：エージェントの評価を目的とする場合の4つの選定ポイントを示す。
- **「ランダム」に選ぶ**：特定の目的がない限りランダム（無作為）に選ぶのが基本だ。ただし、いい加減なランダムさは偏りを生じやすい
- **「ランダム」な選び方を工夫する**：一定の規則性のある選び方をすれば、偏りのリスクを回避できる。例えば、毎日朝一番のコールを評価する等。ちなみにこの方法はVOCの選択時にも有効だ
- **通話時間を調整するか検討する**：エージェントによって選択したコールの通話時間の長短による不公平が生じないよう、対策を講じておく。例えば、多くのコールセンターでは、通話時間の最短時間の制限を設けている
- **内容の調整をするか検討する**：コールの内容についても、偏りが生じないように調整することは重要だ。選択したコールの内容が、全体（プログラムやチーム）のコールの傾向と大きなギャップを生じていないか、エスカレーションや転送を行っていないか、苦情や困難な顧客のコールをどうするか等、考えておくべきことは多々あるはずだ

③トレーニングを目的とする場合のコールの選定：トレーニングを目的とする場合とは、グループ・モニタリング・セッション等の"教材"として使うコールの選定のことだ。トレーニングの目的やテーマに応じて選ぶのが基本だが、例えば下記のような選び方もある。また、エージェント自身に選ばせる場合もある。
- 成功したコール　・失敗したコール　・苦情のコール　・難しい顧客のコール
- 方言の顧客のコール
- エスカレーションしたコール　・保留したコール
- コールがスパイクしたピーク時のコール
- オフピークで手持ち無沙汰な時のコール
- 特定の顧客タイプ（性別、年齢、職業等）
- 特定のプログラム　・特定のプロセス　等

7. クオリティー・モニタリングの回数や頻度

　　クオリティー・モニタリングをどれくらいの数または頻度で行うべきかは、多くのセン

ター管理者を悩ます問題だ。以下に挙げる要素を考慮して、コールセンターごとの標準値や適正値を決定することが必要だ。

①**エージェントの経験や熟練度**：デビューして最初の1カ月、3カ月まで、6カ月まで、1年までといった経験期間や熟練度による区切りを設ける。新人が最も多く、その後は標準以上のパフォーマンスを保っていれば、経験や熟練度に応じて減らしていくのが一般的だ。
②**エージェントのパフォーマンス**：パフォーマンスの低いエージェントにはより多く、パフォーマンスの優れたエージェントには必要最低限とし、これに①の経験期間等を加味してサンプル数を調整する。
③**プログラムのタイプ**：経験の少ない新規プログラムや、難易度の高いプログラムは多くする等、プログラムの内容や重要度に応じて変化をつける。
④**コール数や通話時間**：コール数が多いほど、対象コールの選択に多くの時間がかかる。また、通話時間が長くなれば、モニター、評価、フィードバックに要する時間が長くなる。つまり、クオリティー・モニタリングのプロセス全体の時間が膨らみ、そのために必要なリソースやコストの増加を招く。
⑤**フィードバックの頻度**：エージェントに対するフィードバックの頻度（回数やサイクル）も、スーパーバイザーのリソースやコスト（金銭的・時間的）に大きく影響する。
⑥**会社のマネジメント・サイクル**：業務報告の頻度や間隔、予算管理のスケジュール、人事部門が定める業績評価レビューのサイクル等に、クオリティー・モニタリングの実施サイクルを合わせる。
⑦**オペレーションの環境や背景の安定度**：職場の環境変化が激しいときは、エージェントが仕事に集中できず、安定したパフォーマンスを発揮できない場合があることを配慮する。
⑧**予算**：クオリティー・モニタリングをできるだけ頻度高く行いたいと考えるのは当然だが、予算の限度がある限り、それとのバランスの考慮は必須だ。

図表5-10に、上記の要素を踏まえて、スーパーバイザーがクオリティー・モニタリング関連業務に要する月間のワークロード時間を試算した。直属のエージェントが10名で1名あたり月間5コールを評価し、30分のフィードバック、1時間のカリブレーションを行うという条件の場合、1カ月に約76.5時間必要という結果だ。クオリティー・モニタリングの頻度や回数は、このワークロード時間、そのために必要なコスト、上記の8つの要素とのトレードオフ等の検討を通じて設定する。ちなみに、このワークロードは、スーパーバイザーのスパン・オブ・コントロール（第2章）の検討にも重要な要素だ。

図表5-10　スーパーバイザーがクオリティー・モニタリング関連業務に要する月間のワークロード時間

#	業務	説明／計算式	ワークロード時間
1	スケジュール作成	計画、調整、決定等	3時間
2	コールの選択や振り分け	評価／フィードバック／カリブレーション用のコール選択	3時間
3	モニタリングとスコアリング	10名×5コール×30分	25時間
4	評価結果の入力	50コール×5分	4.5時間
5	エージェントのコール・レビューの手配	10名×30分	5時間
6	パフォーマンス・レビュー・シートの作成	データ確認／フィードバック方針やゴール案検討／コメント記入等 10名×30分	5時間
7	フィードバック／コーチング	10名×（セッション：30分+準備等：30分）	10時間
8	カリブレーション	セッション：1時間+準備／フォローアップ：2時間	3時間
9	クオリティー・モニタリングを通じて発現した問題や課題の解決	解決のアクション／プロセスの策定や変更／報知／トレーニング	12時間
10	各種ツールの作成やメンテナンス	QCG／QMF／QMPG／QMD／PRS／オペレーション・マニュアル等（報知、トレーニング等も含む）	6時間
	【条件】直属のエージェント数：10名、サンプル・サイズ：エージェント1名月間5コール 　　　　フィードバック・セッション：毎月1回30分、カリブレーション・セッション：毎月1回1時間 ※小数点第2位以下は繰り上げ	合計	76.5時間

column 「1人月間5コール」は統計学的に有意なのか

　クオリティー・モニタリングの"定番"ともいえる「1人月間5コール」は、統計学的に有意なのだろうか。
　1人のエージェントの1カ月の応答コール数を1,000とした場合に必要なクオリティー・モニタリングのサンプル・サイズを、アンケート調査等で使用する「サンプリング調査」の手法により試算した。その結果、1人のエージェントに対し毎月278コールのモニターが必要と

母集団（コール数）：　　1,000
許容誤差：　　　　　　　±5%
信頼度：　　　　　　　　95%
必要なサンプル・サイズ：278

なり、ほとんどすべてのコールセンターでは、統計学的に意味のある量のモニタリングを行うのは現実的でないことが明らかになった。
　しかし、悲観する必要はない。コールセンターの場合、1つひとつのコールの内容（問い合わせ内容、顧客の属性、プログラム、通話時間等）が異なるため、同じ性格を持つ1つの集合体として扱うには無理があると考えられるからだ。
　従って、月間5コールの結果のみでエージェントのパフォーマンス全体を評価するには無理があるが、効率性、顧客満足、コンピテンシー、業務知識、出勤状況等、多面的な評価項目の1つとして利用する限りは、統計学上の有意性に過度にとらわれる必要はなく、評価指標の1つとして使うのに差支えはないといえる。

8. クオリティー・モニタリングの評価項目

クオリティー・モニタリングの評価項目は、コールセンターの最も重要なノウハウだといえる。コールセンターが(企業が)目指すサービス品質の具体的な姿が、この評価項目によって可視化されるからだ。

図表5-11に例を示した。このように1本のコールの会話の流れを意識しながら、目的を達成するために必要なコミュニケーション・スキルを4〜8程度のカテゴリーに分類し、カテゴリーごとの具体的な評価項目が複数並ぶのが一般的なスタイルだ。

図表5-11　クオリティー・モニタリングの評価項目

		顧客との関係を確立する
1	定義	顧客が「この人(会社)なら安心して任せられそうだ」と感じるような信頼関係を築く
	項目	●適切な挨拶と歓迎の態度　●顧客の属性を確認する　●コールの理由の確認と復唱 ●積極的に顧客の名前を呼びかける
		トーン＆マナー
2	定義	当社のコミュニケーション・スタイル(当社らしさ)を顧客に印象づけることのできる電話のマナーを発揮する
	項目	●当社らしさ　●笑みの感じられる明るい声　●クリアな発声　●明瞭な発音 ●顧客の理解度に合わせた速度　●クセのない明瞭な語尾　●単調でない　●ムラがない ●適切なビジネス会話　●正しい敬語　●適切な言葉遣い　●適切なイントネーション ●顧客の状況や時間に配慮
		アクティブ・リスニング・スキル
3	定義	積極的な質問スキルを駆使して顧客の情報や背景の確認に努め、顧客の要望や問題の本質、事実関係を明らかにする
	項目	●効果的な相づち、添え言葉　●想像や憶測で判断せず、正確な事実、問題の本質を理解する ●顧客を否定しない　●顧客の話をさえぎらない、一方的に話さない、結論を急がない ●正しい理解のためにパラフレーズ、復唱、確認等のスキルを駆使する
		プレゼンテーション・スキル
4	定義	説明、説得、表現の技法を駆使して、顧客の要望や問題に的確で価値をもたらす提案や回答を行う
	項目	●簡潔で説得力ある説明　●顧客が理解しやすい話の展開(全体像から話す等) ●スクリプトや印刷媒体を棒読みしない　●できないことを明確に伝える　●代替案を提案する ●一般論のみで話さない、顧客の事情に合わせて説明する
		プロフェッショナリズム
5	定義	当社の代表としてプロフェッショナルな顧客応対を行う
	項目	●当社の代表者としての主体的な態度と表現　●冷静な態度で会話をコントロール ●肯定表現、利点手法、提案型手法を積極的に使う　●推測、抽象的、主観的、安易に同意を促す表現をしない ●声でなく言葉で表現、声の印象を残さない
		アライメント／ビジネスプロセス／コンプライアンス
6	定義	当社のミッションを体現するコミュニケーション、正確なビジネスプロセス、コンプライアンスの遵守
	項目	●ポリシーやガイドラインの遵守　●各種オペレーション・マニュアルに従った正しいプロセス ●情報や知識の正確性　●法規制、社内外の各種制度の遵守　●高い倫理観
		顧客との関係を維持する
7	定義	顧客のアクセスに感謝し、再度利用したいといったポジティブな印象を与えて会話を終了する
	項目	●コール終了後のフォローやアドバイス　●再度名乗り責任を明らかにする　●お礼と感謝の気持ちの表明

クオリティー・モニタリングの評価項目はセンターによってさまざまだ。全く同じ文言で書かれていたとしても、それぞれの企業のミッションやビジョンが評価項目の原点なので、各項目の背景や意味するところ、あるいは行間のニュアンスまでもが全く同じということはあり得ない。従って、その策定は必ずコールセンターが自ら行うべきだ。もしその作成を第三者に委ねたり、他社の模倣で済ますようでは、その企業はクオリティー・モニタリングに対する意識が低いと言わざるを得ない。

評価項目の策定にはどれだけ時間をかけてもよいし、実際に大変な時間がかかるはずだ。フロントラインのオペレーションの管理者自らが作成するのが基本だが、優れた事例をできるだけ数多く参考にするのは、むしろ良いことだ。コールセンターのマネジメントの経験が少ない場合は、品質管理やコミュニケーション・スキルの専門家の助けを借りることも必要だ。人を評価するためのツールであるから、未熟なもので済ませるわけにはいかないからだ。

9. 会話以外の評価（観察）

クオリティー・モニタリングは、MBWAやピア・トゥ・ピア・モニタリング等により、エージェントの会話以外のことについても観察、評価することが可能だ。そのためにQMFのような評価指標やフォームを作ることはまれだが、観察の結果はクオリティー・モニタリング以外の業績評価に反映したり、エージェントのコーチングやトレーニング、あるいはプロセス改善の材料等に活用する。

会話以外の評価（観察）項目には下記のようなものがある。
- 後処理の作業
- データベースやマニュアル等、情報のナビゲーション
- PCやアプリケーションの使い方
- 勤務態度
- コールセンターでの勤務上のルールや規定
- 時間の使い方の適切さ
- オフィスの導線
- エージェントの執務環境

10. クオリティー・モニタリングのスコアリング

クオリティー・モニタリングの評価の結果を客観的な形で表すためにスコアリング（採点）を行う。クオリティー・モニタリングのプロセス構築の核心部分だ。スコアリングの方法には、「Yes／No方式」「スライディング・スケール方式」「両者のミックス」の3つのパターンがある。

①Yes／No方式：評価項目として設定した1つひとつのプロセスを"行ったか／行わなかったか"の二者択一で評価する。「うまくやった」「上手に応対した」「きれいなトークだった」等、内容や質のレベルで評価しない。つまりYes／No方式は、エージェントが一本のコールで行うべきプロセスの着実な実行を促すための評価方法だ。ちなみに、Yes／Noの他に、OK／NG、満足／不満足、0／1、＋／－、Pass／Fail等いろいろな表現がある。

　新人等、経験の浅いエージェント、設立後年数の浅い成長途上のセンター、クオリティー・モニタリングを新規に導入するセンター等、クオリティー・モニタリングに対する経験が少ない場合は、Yes／No方式により"行うべきことを確実に行う"ことを優先して評価することからスタートするのがセオリーだ。行うべきことを確実に行えないことが未熟さの大きな要因であり、それを確実に行えるようになることで、必要最低限のサービス品質を達成できるという考え方だ。

　現実には、成熟したセンターでもYes／No方式を継続している場合が少なくない。ビジネスの変化やエージェントの入れ替わりが激しいことがその理由だ。また、行うべきことを確実に行うことは、経験豊富なベテランのエージェントにとってもオペレーションの基本であるからだ。

　なお、顧客との会話の流れや内容によって、行うべきプロセスを省略した（行う必要がなかった）場合にQMFにマークされる「N／A」（Not Applicabl；観察せず／評価対象外）が多く、評価が成立しない場合がある。それを避けるためには、モニタリングのために選択するコールの内容や通話時間を一定レベルに保つ（基準を設けて選択する）等の必要がある。

　また、単純明快な評価項目を設定しても、すべての評価項目を機械的にYesかNoに切り分けることはできない。例えば、会話の流れによって、行うべきプロセスの一部だけ行った（決められたすべてのプロセスを行う必要がなかった）という場合があるからだ。その場合もYesかNoのどちらかにせざるを得ず、部分的な評価ができないのが、Yes／No方式の難点だ。

②スライディング・スケール方式：評価項目の内容や質のレベルの度合いを評価する。俗に"芸術点方式"といわれる方法だ。スケール（尺度）は3～10段階とするのが一般的で、5段階が最も多い。

　評価の明確な線引きは困難で、評価者の主観が入り込むのは否めず、エージェントに評価結果を客観的・具体的に説明することが難しい場合がある。そのため、新人や成長途上のセンターを最初からこの方式だけで評価すべきでない。一方、会話の流れによって、行うべきプロセスの一部だけ行った場合の評価が可能という利点もある。

③ミックス方式：最も多く使われるのがYes／No方式とスライディング・スケール方式の組み合わせだ。評価項目の内容に応じて使い分ける。

　1つひとつのプロセスはYes／No方式で評価し、同種のプロセスをまとめたカテ

ゴリーのレベルはスライディング・スケール方式で"出来栄え"を評価する方法と、プロセスのタイプによりYes／No方式とスライディング・スケール方式を使い分ける方法がある。

11. クオリティー・モニタリング・フォーム

評価項目と採点方式が決まったら、それをレイアウトしてクオリティー・モニタリング・フォーム(QMF)を作成する。以下に作成のポイントを説明する。また、巻末にQMFの2つのサンプルを示す(**巻末資料18、19**)。

①**勘どころ**：最初にQMF作成にあたっての勘どころを挙げる。
- できるだけシンプルに
- 考え込まずに"機械的に"採点できる
- エージェントの納得感が得られる
- このフォームだけで評価の内容を説明できる
- 評価者の主観を排除できる
- エージェントの属性や態度、人間関係等に影響されない
- 客観的な事実のみで評価できる
- エージェント自身もレビューができる
- 人事上の業績評価に反映できる

②**評価項目の数**：評価項目の数はどれくらいが適切だろうか。QMFの評価項目に適正あるいは標準という考え方は存在しない。シンプルにしたいがために、できるだけ数を絞り込もうとすると、1つの評価項目が持つ意味の範囲が広くなり、評価のブレが生じやすい。解釈の幅が広くなるので考え込んでしまい、採点に時間がかかる場合もある。

シンプルとは量的な意味ではなく、質的な観点から、誰が行っても同じ解釈による同じ評価ができるということを意味する。つまり、項目数よりもその内容のシンプルさを優先すべきということだ。となると、必然的に項目数は増えるが、評価という仕事の重さを考えるならば、正しく質の高い評価ができることを優先すべきだ。参考までに、米国のQATCによる2014年の調査では、QMF上の評価項目の数は、1～10が11%、11～20が40%、21～30が29%、30超が20%という結果であった。日本も大差はないという印象だ。

③**1つのQMFにつき1コール**：QMFには、最大5コール程度を1つのQMFで評価できるようにする場合がある。巻末資料18のようなデザインであれば、コメント欄をなくすことで、1つのQMFに複数のコールをレイアウトすることが可能だ。エージェント1人に対する月間のモニター数に合わせて作成すると便利である一方、評価者が複数の場合はQMFの取り回し等、運用面での不便さが生じることもある。

④採点方式：Yes／No方式、スライディング・スケール方式、両者のミックス方式のいずれにするかは、各センターの考え方次第だ。巻末資料18、19の例はいずれもミックス方式だ。巻末資料18は、1つひとつのプロセスをYes／No方式で、数個の項目をまとめた7つのカテゴリーをスライディング・スケール方式（この例のスケールは4段階）で評価できるようにしている。巻末資料19は、1つひとつのプロセスを、そのタイプに応じてYes／No方式とスライディング・スケール方式に分けて評価する形式だ。

⑤ボーナス・ポイント：ボーナス・ポイントは、顧客由来の理由により付与するケースが多い。顧客の側からエージェント個人に対する大きな賛辞が得られた場合等に、その事実を大いに称えようという考えによるものだ。

⑥エージェントの自己評価：スーパーバイザーがクオリティー・モニタリングの結果をエージェントにフィードバックする前に、エージェントによる自己評価を行う。サンプル・コールを聴きながら、エージェントとスーパーバイザーがディスカッションできるのが大きなメリットだ。巻末資料18の例にエージェント自身によるコメントや署名欄があるのはそのためだ。

⑦ITサポート・ツール：クオリティー・モニタリングのIT化が進化している。すでに大半のセンターが、少なくともExcel等の表計算ソフトやAccess等のデータベース・ソフトは使用しているはずだ。巻末資料18、19の両サンプルともExcelで作成しており、評価のチェックや採点を入力すればスコアが計算される。クオリティー・モニタリング専用のITツールにも多くの製品があり、全コールを自動的に評価するものも現れている。さらには、AIエンジンの利用等によって評価の質や結果の精度が改善されれば、将来的には評価者のワークロードの大幅な削減が期待できる。

　その一方で、紙ベースによるQMFも根強く残っている。"機械的に"評価ができるようにならない限り、評価者がサンプル・コールを聴きながら悩む姿は解消されず、そのためには紙ベースのQMFが便利という現実があるからだ。巻末資料18は、その観点から手書きでも使えるフォーマットにしている。評価は紙ベースで行い、その結果をExcelに入力して集計や評価の計算を行うというパターンが多数派だ。

⑧QMFのメンテナンス：業務の変化に伴い、QMFの改訂が必要になる。他のマニュアル類と同様、細かい修正は変更等の発生の都度行う。また、定期的に行うカリブレーション・セッションの際に全体的な見直しを図るといったプロセスを、あらかじめ定めておくことが望ましい。

⑨QMFの管理：QMFのフォーマットの作成やメンテナンス、データの管理や集計、フィードバック・レポートの作成と配布、ITサポート・ツールの管理等の作業を担うのはビジネス・コントローラー（第1章）が最も適任だ。サービス品質管理という業務の性格から考えれば、品質管理チームやトレーナーが担当するという選択もあるが、現実には現場のスーパーバイザーが行うケースがほとんどだ。しかし、スーパーバイザーがこれらの事務的な作業を抱えることで、肝心のエージェントのケアがおろそか

になるのは本末転倒であり、それこそがクオリティー・モニタリングが挫折する大きな要因でもある。事務的な準備や管理は専門のビジネス・コントローラーに任せ、フロントラインのスーパーバイザーはその活用に徹するべきだ。

評価の結果のフィードバック

クオリティー・モニタリングと、その結果のフィードバックはセットで考えるべきだ。評価することが目的ではなく、その結果をエージェントのスキル向上に生かさなければ意味がないからだ。ここでは、フィードバックの手順や方法等について解説する。

1. フィードバックの目的

フィードバックの目的は、クオリティー・モニタリングの結果をエージェントに伝え、エージェントのサービス品質のスキルやパフォーマンスの向上を図ることであり、そのための"場"として、スーパーバイザーとエージェントの1対1のミーティングを行う。ミーティングは、クオリティー・モニタリングの評価のフィードバックをメインに、下記のような内容で行う。

- クオリティー・モニタリングの評価のフィードバック
- 評価したコールのレビューとディスカッション
- 要改善点等についてのコーチング
- クオリティー・モニタリング以外の業績評価項目の進捗状況のフィードバック
- 前回設定した目標やアクション・プランのレビュー
- 次月の目標やアクション・プランの設定および合意
- コミュニケーション・スキル等、継続的に行うトレーニングの課題やアクション・プランのフォローアップ
- エージェントの問題、疑問、要望等のヒアリングとアドバイス

なお、ライブ・モニタリング等でエラーや問題の発生を確認した際、その場で直ちにエージェントに伝え指導することもクオリティー・モニタリングのフィードバックのひとつの形だが、それはスーパーバイザーの日常的なエージェントのケアと位置づけ、本章では、定期的に行うフィードバック・ミーティングについて解説する。

2. フィードバックの実施者とリソースの捻出

フィードバックはエージェントの直属のスーパーバイザーが行うのが基本だ。しかし、通常10～15名程度の直属のエージェントにフィードバックを行うには、その準備やフォローアップ等も含めると、かなりの業務量となる（図表5-10）。フィードバックのために不

在にする間、エージェントのケアがおろそかになったり問題処理が遅れることは、現場に責任を持つスーパーバイザーにとって致命傷だ。とは言うものの、それを理由にフィードバックを後回しにしたり、安易に部下のシニア・エージェントやチームリーダーに任せたりすべきでない。フィードバックにより不在となる事実を受け入れて、その間の現場のケアに支障が出ない、あるいは軽減するための対策を講じるという発想が必要だ。

　フィードバックのリソース捻出のために通常とられる対策は、同僚のスーパーバイザーや品質管理チーム、あるいはトレーナー等、現場のケアが可能なスタッフと分担し合うことだ。組織が小さい場合は、上司のマネージャーやセンター長がサポートするのも当然だ。ただし、分担といってもフィードバック自体を分担すべきでない。フィードバックは、エージェント個人にとって、自分の業績評価に直結する極めて重要なイベントであるため、それを誰が行うかは非常に重要だ。人を評価することの重さや責任を考えれば、スーパーバイザーとして安易に他に任せることはできないはずだ。任せるのはあくまでも不在の間の現場のケアであり、フィードバック自体は必ず直属のスーパーバイザー自身で行うのが望ましい。

　なお、まれなケースとして、大規模なセンター等がフィードバック専任のコーチやスーパーバイザーを任命する場合があるが、基本的に好ましくない。「私の上司は誰？」という状態になり、直属のスーパーバイザーに対する信頼が低下し、チームの混乱を引き起こすことになるからだ。また、非常に専門性の高いセンターで、評価したコールのレビューを行う際に、スーパーバイザーの知識を超える高度な内容について、社内のスペシャリストがフィードバックに同席してエージェントを直接コーチングするのは構わない。

3. フィードバックを行うための環境

　スーパーバイザーは、フィードバックを行う場所と環境についてもしっかり考えるべきだ。

　スーパーバイザーは長時間現場を離れたくない。現場のエージェントもスーパーバイザーが現場を不在にして欲しくない。そのためにエージェントを自席に呼ぶ、あるいはエージェントの席でフィードバックを行おうとするスーパーバイザーがいるが、それは少々軽率だ。フィードバックやコーチングを受けるエージェントにとっては、"誰から"とともに、"どこで"フィードバックを受けるのかということは非常に重要だ。言うまでもなく、プライバシーが確保される場所を望むからだ。

　ところが、コールセンターのミーティング・ルームは常に予約で一杯だ。そのために上記のような安易な行動に走ったり、エージェントを連れて社外のカフェ通いを強いられたりする。だからこそ、コールセンターには、通常の会議室やトレーニング・ルームとは別に、以下のような専用のスペースを設けたい。

- 2名のみのわずかなスペースで構わない
- 本格的な造作をせずとも、ロー・パーティションで簡易なプライベート空間を

作る
- 長時間にならないので、椅子を置かずスタンディング環境にするのもよい
- パーティションをガラスにして目線部分をスモークにすれば、スーパーバイザーの視認性（フロアの様子が確認できる）とエージェントのプライバシーの双方を確保できる
- 上記のような小間をフロアのそこかしこに設けることができれば、単なる場所の確保だけでなく、フィードバックの確実な実施と現場のケアを両立できる

4. フィードバックの頻度、タイミング、時間

①**フィードバックの頻度**：フィードバックを実施する頻度やサイクルは、クオリティー・モニタリングの頻度やサイクルに合わせればよい。定期的に行うためのサイクルは、特殊な事情や目的がない限り「毎月1回フィードバックを行う。それに合わせてクオリティー・モニタリングやフィードバック後のトレーニングのスケジュールを立てる」というのが最も一般的であり基本だ。

　基本のサイクルを1カ月にするということは、エージェントの経験やパフォーマンスの度合いにより、それより短い、あるいは長いサイクルで行うケースが出てくるということだ。リソースや予算とのバランスも踏まえながら検討する。

②**フィードバックのタイミング**：頻度とともにタイミングも重要だ。特に1カ月サイクルの場合、前月の結果が確定するのを待つと、次月に数日から1週間食い込んでしまう。すると、フィードバック・セッションをする頃には、すでに3分の2の日にちが経過しており、次月の目標設定等が意味をなさなくなってしまう。

　基本は前月末だ。前月の実績が未確定ではあるが、直近の実績であれば月末の確定実績と大差なく、それを基に次月の目標や計画を策定しても支障はない。もちろん月が明けて確定実績が出たらすぐにフィードバックし、必要があれば目標や計画を確定実績に合わせて調整すればよい。

③**フィードバックの時間**：1回あたりのフィードバックの時間は、その内容により異なるが、基本は30分だ。それ以上行うとしても、スーパーバイザーのワークロード、エージェントの集中力、その他の要因を考えれば最長1時間が限界だ。

　もし1時間かけたとしてもフィードバックの目的をすべてこなすのは難しいかもしれない。その最大の原因は、評価したコールの繰り返しの確認だ。それを避けるために、エージェント自身も評価コールを事前にレビューしておくようにする。その他、事前に伝えられる情報はできるだけ提供し、エージェントも受け身一辺倒でなく、十分な準備をしてスーパーバイザーと対等の立場で積極的にフィードバック・セッションに臨めるようにしておく。

5. フィードバック・ミーティング実施のポイント

　スーパーバイザーと合意した目標や計画を、エージェントが達成しようと努力し、それをスーパーバイザーがサポートする。そのシナリオやアクション・プランを作る場であるフィードバック・ミーティングが極めて重要であるのは言うまでもない。それを成功させるために、ミーティングの進行にあたってスーパーバイザーが押さえるべきポイントを以下にまとめる。

- 会議室、トレーニング・ルーム、モニタリング・ルーム等、プライバシーが確保できる空間で行う。録音コールが再生できる設備やPCは不可欠だ
- 広いスペースでも、テーブルは1台で行う。コの字やロの字形等、エージェントとスーパーバイザーが離れたレイアウトは好ましくない
- フィードバックの際に、スーパーバイザーが腕や足を組まない。エージェントに無言のプレッシャーを与え無用な緊張をもたらす
- 最初にポジティブな話題（エージェントの毎日の貢献に感謝する等）から入り、リラックスさせる
- 唐突にスーパーバイザーによるフィードバックを始めない。まずは、エージェントから事前にレビューしたコールに対するコメント（感想でよい）と、何かサポートして欲しいことがなかったか尋ねることから始める
- スーパーバイザーは、前回の課題の改善や目標の達成があれば、それを最初に大きく評価（賞賛や感謝）することから始める
- エージェントに伝える指導やアドバイスは3つまでとする（上記の導入部分の質問等は含めない）。それがエージェントの集中、改善意欲、実際に改善行動を起こすことができる限界だ
- 改善目標やアクション・プランはスーパーバイザーからの一方的な提示にならないようにする。事前にエージェント自身で考えたことを最初に言わせて、それをベースに2人の協働作業でアクション・プランを作り合意する
- 要改善点等の課題もスーパーバイザーが先に言わない。エージェントに答えを出させる等、自分で気づき、自分の意思で改善を図るように仕向ける
- 技術的なアドバイスをする時は、抽象的な課題を伝えるのでなく、それを具体的にどうするのかというハウツーを伝える
- 課題や指導の"ネタ"を無理に作らない。なければ褒めて終わるだけでよい
- 評価したコールのレビューのみで終わらないようにする
- 同じ内容のアドバイスでも、異なるエージェントに同じ言葉で同じ伝え方をしない。必ずエージェント個人別にカスタマイズして伝える
- フィードバックの内容は、その日のうちに他のエージェントに広まることを認識しておく。手を抜くと、すぐにチーム内に広まり、スーパーバイザーに対する信頼の

低下を招く
- 後味の悪いフィードバックとならないよう、最後もポジティブな話題で締めくくる
- 優れたコールはチームでシェアする(グループ・モニタリング・セッション等の題材とする)ことの合意を得る
- 必ず実行(エージェント)とサポート(スーパーバイザー)をお互いに"約束"し、「パフォーマンス・レビュー・シート」(performance review sheet; PRS)に残す
- フィードバックの内容はPRSに記録し、エージェントにその場でコピーを渡す
- フィードバックの終了後、PRSのオリジナルをスーパーバイザーの直属のマネージャーやセンター長に回付し、直筆の署名入りのコメント(ポジティブでモチベーション向上を促すコメント)をもらい、コピーをエージェントに渡す

6. パフォーマンス・レビュー・シート(PRS)を活用する

　クオリティー・モニタリングの最終的な結果は、その他の業績評価項目の結果とともにPRSに記録し、スーパーバイザーからエージェントにフィードバックする。

　PRSのフォーマットに決まったセオリーはなく、センターのニーズに応じて作成する。**巻末資料20**の例は、インバウンドのカスタマーサービス型のセンターで、9つの「オペレーショナル・パフォーマンス」指標の月別の結果と目標、両者の差異とともに、指標ごとに重みづけした5段階のスコアを示している(上段部分)。また、半期ごとに評価する「知識とスキル」「行動/取り組み姿勢」「特別業績」の5段階のスコアも示し(中段部分)、オペレーショナル・パフォーマンスと合わせた現時点での「総合スコア」を示す(下段部分)。右下の「フィードバック/ディスカッション」部分には、エージェントとスーパーバイザーが共同で今後の目標とアクション・プランを計画し、そのために必要な情報やコメントを記録する。毎月のフィードバック・ミーティングは、このPRSを用いて行い、1年が経過すれば、そのまま1年間の業績評価表としても利用できる。

　この他、データをグラフ化してトレンドをわかりやすくしたり、レーダーチャートで強味や要改善点を視覚的に表現するといった工夫を行うセンターも多い等、PRSの内容やフォーマットはバラエティーに富んでいるが、共通して押さえるべきポイントとして以下の4つが重要だ。

- PRSは管理者のためのツールではなく、エージェントとスーパーバイザーが対等の立場で一緒に使うコミュニケーション・ツールであること
- 目標やアクション・プランはスーパーバイザーから一方的に示すのでなく、エージェントと一緒に考え合意する。その実行をエージェントが約束し、そのサポートをスーパーバイザーが約束する。この合意と約束を明記すること
- 会社の人事評価と連動していること。両者の連動がなければ、PRSもクオリティー・モニタリングも、コールセンター限りの形式的なものにとどまり、目標

- 達成という本来の目的が弱まってしまう
- PRSは、スーパーバイザーの上司であるマネージャーやセンター長にも回付され、彼らのコメントや署名を得ることで、上位管理者も1人ひとりのエージェントのことを認知している、気にかけているというリコグニション（第7章）のメッセージをエージェントに伝えることができる

カリブレーション

1. カリブレーションとは

　「カリブレーション」（calibration）は一般に「クオリティー・モニタリングにおける評価者相互の目線合わせ」と解釈し、評価結果の"答え合わせ"といった受け止め方をされがちだ。実際に、スーパーバイザーが時々集まって、お互いの評価結果の答え合わせをして終わりというセンターも少なくない。そこでのディスカッションは、スーパーバイザー個人の主観的意見が中心で、原因をスーパーバイザー個人の知識やスキルに求めがちだ。そのようなミーティングは、"やり玉"にあがったスーパーバイザーの「頑張ります」という宣言で終了し、その後の具体的なアクションやフォローアップ等が見られないのがほとんどだ。残念ながら、これでは多忙なスーパーバイザーの貴重な時間を浪費するだけで、なんの解決も改善も図ることはできない。カリブレーションの本質的な定義は、評価のギャップの原因を多角的、客観的に分析し（決して個人のスキルに帰するのでなく）、そこから得られた"気づき"を評価自体はもちろん、評価基準、評価方針、サービス品質方針、各種ポリシーやガイドライン、トレーニング、ビジネスプロセス等に反映させ、継続的な改善を講じていくことにある。答え合わせのミーティングをすることではなく、コールセンターの顧客接点におけるサービス品質方針の実質的な意思決定機関としての役割を担うほどの重要な活動であることを理解しておきたい。

2. カリブレーションの目的

　カリブレーションの目的や直接的な期待効果は次の通り。
- クオリティー・モニタリングの評価の一貫性／公正性を確保する
- クオリティー・モニタリングの評価に対するエージェントの信頼度を高める
- クオリティー・モニタリングの評価者のスキルの向上
- クオリティー・モニタリングの評価基準を継続的に見直し改善する
- エージェントのトレーニング・ニーズを発見し、トレーニングに反映する
- QCG、QMO、QMS、QMF、PRS等のツールやビジネスプロセスの継続的な

改善を図る

これらを通じてコールセンターのサービス品質方針を形成していくこととなる。

3. カリブレーション・セッションの参加者

カリブレーション・セッションには、以下のスタッフがコア・メンバーとして参加する。
- エージェントを部下に持つスーパーバイザー
- 評価の権限を持つシニア・エージェント、チームリーダー、メンター
- コールセンターのモニタリング評価を担当する品質管理スタッフ
- コールセンターのモニタリング評価を担当するトレーナー
- コールセンターのコミュニケーション・スキルの継続的な指導を担う外部の専任トレーナー
- その他、クオリティー・モニタリングの評価者

また、必要に応じてオブザーバーとして参加すべきなのが以下の面々だ。
- センター長
- オペレーション・マネージャー
- ビジネス・コントローラー（評価データやツールの構築、管理の観点から）
- 品質管理やトレーニングのマネージャー

4. カリブレーション・セッションの頻度や時間

　カリブレーション・セッションの頻度やサイクルにセオリーはない。各センターのクオリティー・モニタリング・ライフサイクルに合わせてスケジューリングする。
　頻度としては、1人の参加者が3カ月に1回は必ず参加するようにする。刻々と変化するビジネス環境を考えれば、カリブレーション・セッションで協議した内容の鮮度を保つには少なくとも3カ月ごとのレビューが必要だ。評価者のスキルも3カ月サイクルでリフレッシュしたい。1回のセッションは、少なくとも1時間は必要だ。3コールをレビューするとして、1コールあたり3回の再生とディスカッション、評価基準やガイドライン、各種ツールの修正等の協議も含めれば、最低1時間は不可欠だ。

5. カリブレーション・セッションの進行

　下記は標準的なカリブレーション・セッションの進行だ。

①セッションで使用するツールを準備する。
- コール・ログ（録音コール）

- QMF(クオリティー・モニタリング・フォーム)
- QCG(クオリティー・コーリング・ガイドライン)
- QMO(クオリティー・モニタリング・オペレーション・マニュアル)
- QMS(クオリティー・モニタリング・スタンダード)
- レビューするコールのプログラム・オペレーション・マニュアル
- その他、レビューするコールのプログラムに関して必要と思われるツール
- ホワイトボード(またはPCスクリーンをプロジェクターで投影)
- カリブレーション・セッションの記録フォーム
- コール・ログの再生環境のセットアップ

②用意したコールを再生し、評価を行う。
③1本のコールの繰り返し再生は3回まで。
④参加者の評価を順に発表する。比較できるよう、表形式でホワイト・ボードに書き出す。
⑤ディスカッション。
⑥評価のギャップを調整する。
⑦モデル評価を定め合意する。
⑧②〜⑦までを3コール分実施。
⑨評価基準を調整する。
⑩評価基準の調整(追加や修正)を決定し合意する。
⑪QCG、QMO、QMS等のガイドラインやマニュアルへ反映(追加、修正)する事項を確認し合意する。
⑫トレーニング、ビジネスプロセス等へ反映(追加、修正)する事項を確認し合意する。
⑬上記の修正作業等の実施の手順、担当者、期限を決定する。

6. カリブレーション・セッション実施のポイント

　カリブレーション・セッションは簡単なミーティングではなく、安易な妥協や先送り等は許されない。参加者には積極的な参加意識と、事前の十分な準備が求められる。以下に参加者全員が認識しておくべきポイントを挙げる。

- 一般に、カリブレーション・セッションの内容は非常にタフであり、参加するのに"気が重い"ことが少なくないが、このセッションを最優先に位置づけて、"絶対に実施する"という強い意思の基に行うことが必要だ。安易な先送りや後回し、挙句の果てにキャンセルするようでは、そのチームはサービス品質に関する使命感が欠けていると言わざるを得ない
- セッションを中断しない。そのために参加者の呼び出し等で中断されない環境を整えておく

- 同じコールを使ったセッションを異なるメンバーで複数回行う場合でも、ファシリテーター（進行役）は同一の者が務める
- ガイドラインやビジネスプロセスへの反映作業は、必ず期限を決め迅速に実行する。1週間以内に完了させるのが基本だ
- ディスカッションの内容は必ず記録を残す。評価のギャップ調整等の結論に至った議論の経過は非常に重要だ
- カリブレーション・セッションにおける討議は必ず合意に至るわけではなく、タフな議論の場であることを参加者全員が自覚する
- 完全合意に至らなくても、結論を先送りしたり安易な妥協をすることなく、必ず"決める"
- 評価に影響を与えないよう、参加者は、コール再生中に表情を変えたり声を出したりしない
- 評価の理由は、スーパーバイザーがエージェントにクリアに説明でき、またエージェントが確実に理解できる内容および表現でまとめる
- 議論は建設的であるが対立的にはならないよう意識する
- 事実に基づく議論であるべきことを強く意識し徹底する。個人の主観による意見は排除する
- 組織や人間関係等、実務上の諸事情、背景を持ち込まない
- 正解を探さない（正解はない）。顧客のために、あるいはプログラムの成功のために何が最適かという観点で考える
- 批判のみで終わらない
- 独裁的な決定をしない。組織のポジションや権力をよりどころにして物事を決めない
- 民主的という言葉に名を借りた思考停止状態（何も考えずに足して2で割るような）の安易な決め方をしない
- 合意事項には謙虚に従う。個人的に納得していないからと、現場に戻って"俺のやり方"を押し通さない
- センター長はカリブレーション・セッションの内容、合意事項等を完全に把握、理解し、担当役員等に自分の言葉で説明できること
- カリブレーション・セッションは、クオリティー・モニタリングの評価基準、それに関わるコールセンターのサービス品質の意思決定機関であることをすべての関係者に認知させる
- センター長や担当役員等は、セッションでの決定事項を覆すような口出しをせず認める

クオリティー・モニタリングに対するエージェントの賛同を得る

クオリティー・モニタリングはどんなに完璧な仕組みを作っても、エージェントの賛同が得られなければ機能しない。クオリティー・モニタリングを行うことを当然のこととしてエージェントに接するべきでなく、どのようにエージェントの理解を求めるかを考えることが必要だ。

1. クオリティー・モニタリングに対するエージェントの拒否感や嫌悪感

クオリティー・モニタリングに対するエージェントの賛同を得るためには、根深く存在するエージェントのクオリティー・モニタリングに対する拒否感や嫌悪感等をできるだけ具体的に把握して、その解消や軽減に努めることが必要だ。一般には、次のような表現で、拒否感や嫌悪感が示される。「盗聴されているよう」「屈辱的」「信頼されていない」「隠し立てされているよう」「コソコソされている」「陰であら探しをされている」「一生懸命やっているのにダメ出しばかり」「肩ごしの評価は不愉快だ」等。

多くが、感情面から発していることがわかる。"頭では理解していても……"というところだろうか。つまり、理屈やキレイごとだけではエージェントの理解を得るのは難しいということだ。

2. エージェントの賛同を得るための施策

エージェントの賛意獲得のためには、前述したエージェントの拒否感や嫌悪感を踏まえながら、以下のように、あの手この手の施策を講じることが必要だ。

- クオリティー・モニタリング単体でなく、会社のミッション・ステートメントから連なるクオリティー・マネジメント活動全体の理解を得る
- クオリティー・モニタリングはコールセンターや会社だけでなく、エージェント自身にこそ利益をもたらす(スキルが向上する⇒会話が楽になる⇒顧客応対がうまくいく⇒評価が上がる)ことを強調する
- あら探しをして批判、減点するのが目的ではなく、エージェントのスキルが向上して評価が上がるようサポートすることが目的であること、それが会社の利益にも貢献すること、改善点の指摘や課題の指導はスキルが向上するためのコーチングであることを説明する
- 採用選考プロセスにクオリティー・モニタリングに関する説明を組み込み、面接時に具体的に説明する
- 会社とエージェント間でクオリティー・モニタリングの実施に関する同意書を交

わす(これは人事部門と法務部門の事前の了解が必要)
- 導入トレーニングに、クオリティー・マネジメントに特化したカリキュラムを設ける
- コールセンターを新規に立ち上げた場合、クオリティー・モニタリングを最初からいきなり始めない。モニタリング自体は最初の1本目のコールから行うが、エージェントの評価は、エージェントのスキルが向上し、いわゆる"一人前"に成長してから始める
- すでに稼働中のコールセンターが新しくクオリティー・モニタリングを導入する場合は、センター全体から、サイト、ユニット、チーム、そして個人に至るまで、すべてのレベルごとに説明会を実施する
- 説明会はやりっ放しにしない。表明された質問や疑問は遅くとも3日以内にフィードバックする
- すでに稼働中のコールセンターが新しくクオリティー・モニタリングを導入する場合も、エージェントのスキルが一定レベル以上にあることを見極めたうえで開始する
- エージェントのコミュニケーション・スキル・トレーニングは、グループ・モニタリング・セッションをメインに組み立てる。それによって、モニタリングされることや評価を受けることに馴れ、さらにそこでの学びがエージェントのパフォーマンス向上に確実に貢献することに気づかせる
- クオリティー・モニタリングはマネジメント・スタッフ固有の仕事ではないという認識を根づかせる。ピア・トゥ・ピアやセルフ・モニタリング、優れたコールをライブラリー化し誰もがいつでもそれを聴いて学ぶことができる等の機会を積極的にエージェントに提供する。優れたコールセンターのエージェントほど、暇さえあれば(コールの待ち時間等を利用しながら)、頻繁にモニタリングをしているものだ
- クオリティー・モニタリング・フォームや評価項目、評価基準の策定にエージェントを参加させる。新規プログラムの立ち上げ時等は良い機会だ
- 専任の外部トレーナーからも、クオリティー・モニタリングの利点を強調してもらう。話す内容が、センター管理者と全く同じであっても、外部の専門家が言うことで信用度が増す。また、普段は斜に構えたエージェントが真っすぐに耳を貸すきっかけにもなる
- 採点することよりも、エージェントのスキル向上をサポートすることに重きを置く。それがエージェントのパフォーマンスの向上、そして評価が上がることにつながる
- クオリティー・モニタリングにより発覚した顧客や会社の問題は絶対に放置しない。最優先に取り組み、必ず解決することで、"クオリティー・モニタリングのおかげで……"というように印象づける
- クオリティー・モニタリングは、エージェントの実際の仕事の結果、つまり事実に基づく評価であり、評価者の主観や恣意的な要素が入り込まない、公平で公正な評価であることを認識させる

その他のクオリティー・モニタリング

以下に、クオリティー・モニタリングの応用例を挙げる。

① ナレッジ・モニタリング（knowledge monitoring）：ナレッジ・モニタリングとは、評価項目を"知識"に特化したクオリティー・モニタリングのことだ。エージェントに高度な専門知識や資格が要求されるコールセンターで行うことが多い。提供する商品やサービスが高度・複雑であることにより、通常のクオリティー・モニタリングではカバーしきれないため、オペレーションに必要なナレッジ（知識）の部分を独立させたものだ。

② エージェントによるモニタリング：エージェント自身が行うクオリティー・モニタリングで、自分のコールを聴く「セルフ・モニタリング」と他のエージェントのコールを聴く「ピア・モニタリング」がある。フィードバック・ミーティングの事前に自分の評価コールをレビューする場合はQMFを用いて行うが、それ以外の場合は、よりシンプルなフォーム（**巻末資料21**）を使用する。また、モニタリングとは多少観点が異なるが、コール終了直後に**巻末資料22**のようなフォームを利用したふり返りのトレーニングもよく行われる。

③ 新規プログラムの開始：コールセンター・ポリシー（第1章）に定めた、新規プログラムの導入時に、当初の計画通りにオペレーションが行われていることを確認するためにセンター長およびプログラム・オーナー（マーケティング・マネージャー等）が行うモニタリングのこと。**巻末資料23**のようなフォームを使って行う。

④ ゲストによるモニタリング：シニア・マネジメントをはじめとする他部署の社員、あるいは外部の訪問者がモニタリングを行う機会も少なくない。目的は千差万別だが、コールセンターに対する第三者の理解を促進する良い機会だ。従って、可能であれば**巻末資料24**のような汎用のフォームを備えておき、評価を依頼するように努めたい。

クオリティー・モニタリングに対する規制

日本には欧米諸国のようなクオリティー・モニタリングそのものを直接規制する法制度等は存在しないが、以下の点については確実に対処しておく必要がある。重要なのは、クオリティー・モニタリングを、エージェントはもちろん、人事や法務部門、シニア・マネジメント等の合意の下で行うよう環境を整えておくことだ。

- 「不正な盗聴」と誤解されないよう、プロセスを公開し、積極的に説明してエージェントの理解を得る
- プロセス、評価基準等、すべてを文書化し人事部門、法務部門の同意を得ておく
- 個人情報保護法における「個人データ」の保管期間に注意する（第12章）

Ⅲ 顧客満足度調査

　コールセンター白書によると、国内コールセンターで顧客満足度調査を行っているのは61.3％と、顧客満足にフォーカスする仕事の代表格であるにもかかわらず、意外にその実施率は低い。いくら顧客満足、顧客経験等と声高に叫んでも、顧客にとってのサービス品質の良し悪しの度合いとその理由がわからなければ、改善するにしろ向上するにしろ、具体的な策を講じることができない。それを知るためには、サービスの受け手である顧客自身に聞くことが必須なのは言うまでもない。

　また、顧客への聞き方や手順も重要だ。正しいやり方で正確な情報を得るためのポイントやプロセスについて見ていく。

顧客満足度調査の目的

　コールセンターにおける顧客満足度調査は、顧客接点におけるサービス品質の評価の一環として行うが、調査自体の直接的な目的は次の通りだ。
- コンタクト体験の事実を聞き出す
- 顧客満足度の要素を聞き出す
- 顧客ロイヤルティーの要素を聞き出す
- それぞれのキー・ドライバーを明らかにする

　得られた情報に、顧客満足に影響する各センターのユニークな要因を加味して「顧客満足度」を指標化し、その結果や過去との比較等から現在のサービス品質を評価する。

顧客満足度調査の14のポイント

　コールセンターの顧客満足度調査を行うにあたって踏まえるべきポイントを以下に示す。

①**サンプルはランダム（無作為）に選択する**：選択が恣意的であったり偏っていることによるノイズやバイアスがかからないようにする。

②**すべてのコンタクト・チャネルについて行う**：複数のコンタクト・チャネルを提供して

いる場合は、すべてのコンタクト・チャネルについて行う。チャネルごとに満足度やロイヤルティーは異なるため、限られた範囲の結果で全体を語ることはできない。

③**質問・回答の仕方を慎重に設計する**：回答結果のキー・ドライバー（その結果に至った主な要因）が明らかになるよう、質問の仕方、回答の仕方等を慎重に設計する。それを怠ると、特にネガティブな回答の場合、すべての原因がコールセンターに帰結されてしまう場合が多いからだ。本当は商品に対する不満であるにもかかわらず、たまたま聞かれたコールセンターの満足度調査で不満足と回答したり、製品の不備が気に入らないのに、それを説明したコールセンターに不満をぶつけたことが"コールセンター自体に対する不満足"といった誤解を招いてしまう。それを真に受けたシニア・マネジメントがコールセンターを問題視したり、他部署がコールセンターを不満の根源であるかのように責め立てるといった"濡れ衣"をきせられることが少なからず発生する。センターにペナルティーが課せられたり、業務改善を強いられるといったことにまで発展し、コールセンターのスタッフがやる気をなくすといったことが現実に起こっている。このような事態を招かないためにも、キー・ドライバーの見極めは非常に重要だ。これは、社外の第三者が行う各種調査においてはさらに注意する必要がある。

④**公正さを厳守する**：都合のよい質問だけをしたり、都合のよい結果しか見ないという態度は、顧客にすぐに見抜かれる。自ら調査にバイアスをかけたり、結果を都合よく操作するといった不公正さは厳に慎むべきだ。

⑤**継続的に行う**：1回の調査で見えるのは現状の事実であり、それだけで良し悪しを判断するには無理がある。継続的に行うことで見えてくるトレンドをベースに評価することが必要だ。

⑥**結果は必ず数値化する**：満足度やロイヤルティーを客観的に測定できるよう、調査を設計する。

⑦**目標を設定する**：結果は必ず目標と対比して見る。目標とのギャップを問題意識の起点にする。

⑧**結果は組織や業務の単位ごとに表す**：エージェント個人、チーム、サイト、センター等の組織やプログラム等の業務の単位で表す。目標の設定や結果に対するアクションも、その単位で行う。

⑨**結果は業績評価に反映させる**：顧客満足をミッションやビジョンとして掲げるなら、それは不可欠だ。

⑩**透明性を確保する**：調査をコールセンター自身で行う場合も、例えば回答の回収と集計は第三者に委託する等、公正さ、透明性を確保する。

⑪**専門的な方法論に基づいて行う**：顧客満足度調査は誰もが日常的に多く体験しているため、見よう見まねで簡単にできそうに見えるが、統計手法や調査に関する専門知識やノウハウは不可欠だ。

⑫**顧客に負担をかけない**：回答に時間がかかったり、回答の仕方が面倒等、顧客に

とって負担感のある調査は、回答率もその質も大幅に低下する。
⑬ **調査のタイミングを重視する**：顧客はコールセンターの利用経験を、すぐに忘れてしまう。コンタクト・チャネルが複数ある場合は、チャネルごとの内容まで覚えていないし、ましてや1年に1回聞かれる質問に正確な回答を期待すること自体に無理がある。時間を置くほど精度は確実に下がる。
⑭ **シニア・マネジメントに報告する**：調査の結果はコールセンター内にとどめるべきではない。定期的にシニア・マネジメントに報告し、企業のフロントドアであるコールセンターに対する顧客の評価や評判が、企業全体のそれに直結することを認識させることが重要だ。

顧客満足度調査のプロセス

9つのステップからなる顧客満足度調査のプロセスを**図表5-12**に示す。各ステップのポイントを以下に補足する。

図表5-12　顧客満足度度調査のプロセス

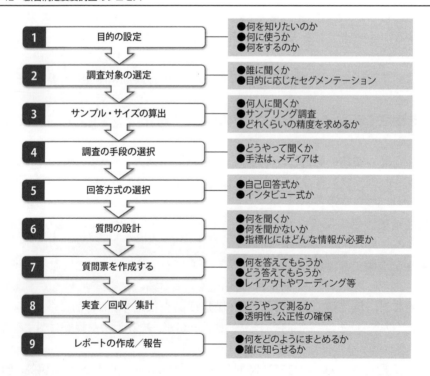

1. 目的を設定する

漠然と満足度を集計するだけでは、ただ結果を見て終わるだけで何も得られない。その結果からどのような情報を得たいのか、それを何に使うのか、それによってどんな課題を解決したいのか、その結果に基づいてどのようなアクションを起こし、どのような結果を導きたいのか等について、最初に具体的に示しておく。その目的を達成するために、調査のプロセスを設計することが重要だ。

2. 調査対象を選定する

調査対象の選定とは、顧客接点におけるサービス品質の評価を「誰に聞くか」ということだ。コールの理由、問い合わせ内容、顧客の属性、コンタクト履歴、購入履歴等、多くの切り口があるが、調査の目的に最も適した顧客を選択する。電話による資料請求のプロセスに対する評価を得たいのなら、電話で資料請求のサービスを多く利用した実績のある顧客をセグメントする。

3. サンプル・サイズを算出する

顧客満足度調査のサンプル・サイズ算出は、一般的なアンケート調査で最も多く使われる「サンプリング調査」(標本調査)と呼ばれる手法で行う。これは、「母集団」「許容誤差」「信頼度」といった要素から、必要なサンプル・サイズを求める方法だ。

一般的に許容誤差は1〜10%、信頼度は90〜99%の範囲で設定して適切なサンプル・サイズを算出する。具体的な計算方法等、一般的な統計学に関する説明はここでは割愛するが、例えば、母集団が10,000人で許容誤差を5%、あるいは信頼度を95%とした場合、いずれも370人という結果が得られる。

なお、ここで言うサンプル・サイズとは、正確には「必要な回答数」を意味する。つまり、調査手法によってはもう1ステップが必要になる。例えばダイレクト・メールで行うアンケート調査の場合は、下記のようにレスポンス率(回答率)を考慮に入れて「発送数」を算出しなければならないということだ。

必要なサンプル・サイズ(回答数):	100人
予想するレスポンス率(回答率):	10%
ダイレクト・メールによるアンケートの発送数:	1,000通 = 100人÷10%

ちなみに、国や地方公共団体等が行うサンプリング調査は、通常、許容誤差:5%、信頼レベル:95%、回答率:5%で設計している。

4. 調査の手段を選択する

　調査の目的や顧客の特性等の条件から適切な方法を選択する。面接調査や電話調査のように、質問者が回答者に直接質問して回答を得る方法と、コールセンターに集まった顧客のコメントや苦情等から、その満足感を推定するという間接的な方法がある。

①直接質問して回答を得る方法
- 面接調査（フェイス・トゥ・フェイス・インタビュー）：専門の質問者が顧客を訪問する等してインタビューを行う方法
- 電話調査（アウトバウンド・フォーン・サーベイ）：顧客にアウトバウンド・コールでコンタクトして、質問者としてのエージェントがインタビューを行う方法
- 郵便調査：顧客に郵便（レターや往復ハガキ等）で質問票（アンケート）を送付し、回答を返信用封筒や返信ハガキで返送してもらう方法
- メール調査：メールで質問票（アンケート）を送信して回答を返信してもらう方法
- インターネット調査：インターネット上にアンケート・サイトを設け、メールやホームページ、SNS等のリンクや各種の媒体による案内を通じて、顧客がそのサイトにアクセスし回答する方法
- アフター・コール・サーベイ：コールセンターにコンタクトした顧客の用件が終了したところで、エージェントが「ただ今の応対について評価して欲しい」旨を顧客に依頼する。顧客が同意すると、電話がそのままアンケート用のIVRに転送され、IVRによる自動音声の質問に音声やプッシュ・ボタンで回答する方法
- フォーカス・グループ・インタビュー：専門の質問者により、調査のために集められた複数名に対して座談会形式でインタビューを行う方法

②間接的に推定する方法
- クオリティー・モニタリング：クオリティー・モニタリングを通じて顧客の満足感を推定する
- ソーシャルメディア・モニタリング：FacebookやTwitter等をモニタリングすることにより、投稿されたメッセージから顧客の満足感を推定する
- ミステリー・コール／ショッピング：調査者自らが顧客として調査対象のコールセンターにコンタクトしたり、商品の購入やサービスを利用する等して、顧客の立場で満足感を推定する
- ボイス・オブ・カスタマー（VOC）：コールセンターが収集した顧客のコメントから、満足感を推定する
- ユーザー・グループ・フィードバック：特定の製品やサービスのユーザー相互

の情報交換や交流等を目的としたグループから寄せられた意見や要望から、顧客の満足感を推定する

　他にもこれらの組み合わせ等、調査の手段は多岐にわたるが、回答のしやすさやコスト等の観点から、現在ではWebサイトに誘導する方法が主流となっている。特に対象顧客のメールアドレスが登録されている場合は、インターネット調査が第一選択肢となっている。

　なお、ほとんどの場合、外部の調査会社にアウトソースして行われる。基本はインハウスで行う場合も、透明性確保の観点から、回収、集計等、一部のプロセスを外注して行うことが多い。

5. 回答方式

　調査の回答方式には、「インタビュー方式」と「自己回答方式」の2つがある。これは上記の調査の手段の選択により自動的に決まってくるが、それぞれに次のような特徴がある。

①インタビュー方式
- 専門の質問者によって、リラックスした雰囲気で十分な回答を引き出すことができる
- 顧客の知識や教育レベル、視野等に左右されない
- 質問者が、状況に応じて質問順等をコントロールすることで、データ収集や分析に支障のない回答を得ることができる
- 自己回答方式よりコストが高い

②自己回答方式
- 一般に、インタビュー方式より低コストである
- 質問者によるバイアスを避けることができる
- 社会一般の偏見や圧力が感じられる質問に流されることなく、個人の主張ができる
- 顧客に直接接触できる可能性が高い（間に質問者を介在しない）
- 短時間で多くの顧客に調査できる
- 結果を迅速に得ることができる

6. 質問を設計する

　質問の設計は、調査プロセス設計の核心部分といえるほど重要だ。
　設計にあたっては、"何を聞くか"を考えるばかりでは、たいていの場合、質問数が増え顧客の負担を増幅させることになる。顧客の負担をできる限りやわらげて精度の高

い回答をより多く得るには、回答を絞り込む、言い換えれば"何を聞かないか"という観点も必要になる。

　また、「顧客に顧客満足度を聞くことはできない」ことも認識しておきたい。顧客満足度はコールセンター自身が指標化して表すものであり、顧客に聞くことができるのは指標化するための元となる「満足感」だ。そのため本書では、顧客が示すものを「満足感」、企業が指標化したものを「満足度」と使い分けて表記している。

①**基本の質問項目**：コールセンターの顧客満足度調査で使用する基本的な質問項目を7つのカテゴリーに分類して以下に示す。ここに挙げた項目をすべて質問するわけではなく、実施する調査の目的や調査方法に応じて選択する。

- **コンタクト経験**：顧客がコールセンターにコンタクトした時に経験した具体的な事実（着信してからキューイングするまでの時間、キューイングしてからエージェントにつながるまでの時間、保留の長さ、転送の有無、自動音声のわかりやすさ、回答までの時間、完了までのコンタクト回数等）
- **顧客の満足感**：顧客が触れた企業活動の一端に対する顧客の認識（どうであったか）や感想（どう思ったか）、および満足感の度合い。満足感は以下の3つの観点から質問する
    - ・商品やサービス、コールセンターや会社全体に対する満足感
    - ・エージェントの応対（専門性、知識、回答の的確さ、正確性、会話のトーンやマナー等）に対する満足感
    - ・顧客がコールセンターにコンタクトした時に経験した具体的な事実に対する満足感
- **顧客にとっての重要度**：上記の3つの観点は、顧客にとってどれくらい重要か、あるいは全体的な満足感を評価するためにどれくらいの重み（影響力）があるか
- **顧客ロイヤルティー**：主に以下の4つの観点から質問する
    - ・商品の購入やサービスの利用等の継続意向
    - ・利用した商品やサービスの他者への推奨意向[*]
    - ・商品やサービスの利用あるいは回答を得るために要した労力に対する負担感[*]
    - ・問題の解決やサポートを得るための簡便さの度合い[*]
- **キー・ドライバー**：上記の満足感やロイヤルティーの回答に至った要因は何か
- **総合的な満足感**：コンタクト経験からキー・ドライバーまでの5つのカテゴリーの総合評価。会社全体に対する満足感といった誤解を招かないように、

---

[*]推奨意向を指標化したものに「ネット・プロモーター・スコア」（net promoter score; NPS）、労力に対する負担感の指標に「カスタマー・エフォート・スコア」（customer effort score; CES）、簡便さの度合いを示す指標に「ネット・イージー・スコア」（Net Easy Score; NES）がある（第6章）

質問文の表現に気をつける
- **フリー・コメント**：顧客の負担感の原因やキー・ドライバーの具体的な記述が期待できるため、必ず設ける。あるいは、それらを明示して記載してもらうための独立したコメント欄を設ける方法もある

②**具体的な質問文に落とし込む**：上記の基本的な質問項目をベースに、調査の目的に応じた質問を選び、具体的な質問文に落とし込んでいく。その際に踏まえるべきなのが次の3点だ。

- **上記の枠組みや質問の分類を保つ**：これを崩して、目的の異なる質問が混在すると、キー・ドライバーの見極めがつかなくなってしまう。顧客も何について答えればよいかわからなくなり、回答の精度が低下する
- **満足感やロイヤルティーは、具体的な行為や行動に対して聞く**：例えばエージェントの応対の質を聞きたい場合の質問は、次のように考える
    - 漠然とした質問の仕方──「エージェントの応対はどうでしたか？」：聞きたいことを、ただそのまま質問しているだけだ。"応対"にもいろいろな要素（挨拶、説明、トーン、マナー等）があるため、この質問の仕方では、顧客は何についてどのように答えるべきかの判断がつかない
    - 明確で具体的な質問の仕方──「応対したエージェントの最初の名乗りは明るかったでしょうか？」「応対したエージェントの言葉遣いは丁寧でしたか？」：聞きたいことの要素（この場合は、名乗りや言葉遣い）を具体的に聞くことで、顧客は質問の意図を明確に理解でき、正確に答えることができる
- **「顧客にとっての重要度」は「顧客の満足感」と合わせて聞く**：例えば、「エージェントの回答はあなたの質問に対して的確でしたか？」という質問に加えて「その満足感はいかがでしたか」という満足感の評価を聞き、さらに「それはあなたにとって当社のコールセンターを利用するのにどれくらい重要ですか？」という重要度の評価を合わせて聞くということだ。それぞれの回答は5段階のスライディング・スケール方式で答えてもらう方法が一般的だ

7. 質問票を作成する

　一般に、アンケート調査の質問票の作成にあたっては、レイアウト（見やすさ、読みやすさ、興味を引く）、質問の流れ、ワーディング（話し言葉で表現する、専門用語を使わない）、信頼性（誘導尋問は厳禁、恣意的でない）等に関するテクニックやノウハウが必要だ。これらについては、コールセンター独自のノウハウといった類のものはないので、ここでの説明は割愛する。

　図表5-13に、これまでの説明を踏まえた、コールセンターの利用に関する質問票のイメージを示したので参考にされたい。

図表5-13　顧客満足度調査の質問の設計

今回のコールセンターのご利用について	満足感はいかがでしたか					それはどれくらい重要ですか				
電話がつながってから担当者が出るまでの時間はいかがでしたか	5	4	3	2	1	5	4	3	2	1
自動音声による会社名の名乗りやご案内は明瞭に聞き取れましたか	5	4	3	2	1	5	4	3	2	1
最初に電話に出た担当者から、他の担当者に電話が転送されましたか	5	4	3	2	1	5	4	3	2	1
お客さまのご質問は1回の電話で解決しましたか	5	4	3	2	1	5	4	3	2	1
今回のコールセンターのご利用は、手間なく簡単にできたと思われますか	5	4	3	2	1	5	4	3	2	1
応対したコールセンターの担当者について	**満足感はいかがでしたか**					**それはどれくらい重要ですか**				
挨拶や言葉遣い等、電話応対の礼儀や態度はいかがでしたか	5	4	3	2	1	5	4	3	2	1
名前を明瞭に名乗り、責任ある態度を示しましたか	5	4	3	2	1	5	4	3	2	1
お客さまのご要望やお問い合わせの内容について的確に理解しましたか	5	4	3	2	1	5	4	3	2	1
迷ったりダラダラすることなく、てきぱきと手際よく応対しましたか	5	4	3	2	1	5	4	3	2	1
説明はわかりやすかったですか	5	4	3	2	1	5	4	3	2	1
知識や情報をじゅうぶんに備えていましたか	5	4	3	2	1	5	4	3	2	1
今回のお問い合わせを通じての全体的な印象等について	**どのように思われますか**									
今回のお問い合わせに対する総合的な満足感はいかがでしたか	5	4	3	2	1					
今後もコールセンターを継続してご利用になりたいと思われますか	5	4	3	2	1					
ご家族やお知り合いの方にコールセンターの利用を薦めたいと思われますか	5	4	3	2	1					

今回のコールセンターのご利用で、手間がかかる、不便だ等と思われたところがあれば具体的にお知らせください

何かお気づきの点や私どもに対するご意見、ご要望等がありましたら、ご遠慮なくお聞かせください

評価いただく番号について
5：大変満足／強くそう思う　4：満足／そう思う　3：どちらともいえない
2：やや不満／あまりそう思わない　1：大変不満／まったくそう思わない

8. 実査、回答の回収、結果の集計

　調査における「透明性」や「公正性」の確保は常に意識しておくべきだ。調査の対象者（ここではコールセンター）自らが調査を行う場合に、最も疑義が生じやすいのが、実査／回収／集計のプロセスの部分だ。基本的にはインハウスで行うにしても、回収と集計を社外の業者に委託する（顧客からの回答の宛先を業者宛にし、業者が集計した結果だけを受け取る）だけでも、多くのコストをかけずに透明性を確保することができる。

9. レポートを作成し報告する

　顧客満足度調査の結果は、「顧客満足度」（C-SAT）、「顧客ロイヤルティー」（NPS、CES、NES）として指標化し、そのトレンドを分析して、変化の要因を特定する。それに基づいて適切なアクションを講じていくという、いわゆるPDCAサイクルを回していく。

そのためにも顧客満足度調査は、「継続すること」が重要だ。

また、分析の結果はレポート化して、シニア・マネジメントに定期的に報告する。

レポートのフォーマットにセオリーはなく、各社のニーズに応じて作成すればよい。ただし、シニア・マネジメントはコールセンターの日常のオペレーションには身近でないため、彼らにとっての"読みやすさ"、"理解のしやすさ"、"アクションのしやすさ"を意識して作成する。

レポートには以下の内容を盛り込む。これらに2、3分で目を通し内容を把握することができるように工夫する。

- 顧客満足度指標（C-SAT）とトレンド（目標との対比、グラフ化）
- 顧客ロイヤルティー指標（NPS、CES、NES等）とトレンド（目標との対比、グラフ化）
- キー・ドライバー
- 目立った変化の要因
- 必要なアクション・プラン
- 特徴的、象徴的なVOC

10. 追加のプロセス

これまで見てきた9つのステップに、調査の種類に応じて以下のような追加のプロセスが発生する。これらも含めて、必要なリソースや予算の手当、スケジューリング等を行う。

- アウトソースする場合：アウトソース先の選定や契約、トレーニング等
- インタビュー方式の場合：インタビュアーのトレーニング、実施プロセス等
- 電話調査の場合：オペレーション・プロセスの構築、トレーニング等
- IVR、メール、Webサーベイの場合：ツールやアプリケーションの開発、プロセス構築等

IV ベンチマーキング

ベンチマーキングの定義と目的

「ベンチマーキング」（Benchmarking）とは、自社の企業活動のパフォーマンスを競合企業やその他の優良企業のそれと比較して改善や変革を進める経営手法のことをいう。

コールセンターが行うベンチマーキングは、ミステリー・コールによる顧客接点のサービス品質の比較がほとんどだ。他社のコールセンター訪問等も行われるが、オペレーションの核心的なノウハウやKPI実績等の経営情報の公開は期待できないため、ベンチマーキングというよりもスタッフの体験学習や交流が目的のイベント的な色彩が濃い。

ベンチマーキングの種類（対象）

一般に、次のような活動がベンチマーキングの対象として多く採り上げられる。

- ビジネスプロセス
- 応対品質
- サービスレベル
- KPIパフォーマンス
- 労働環境
- 製品（機能、品質）
- 戦略
- 社内の特定部門
- 財務状況
- 技術
- 人事制度
- 物流、配送

コールセンターの場合は、ミステリー・コールによる他社センターのビジネスプロセスやサービス品質（応対品質やサービスレベル）の調査がほとんどだ。

コールセンターのベンチマーキングのプロセス

調査の方法によって異なる部分はあるが、ベンチマーキングはおおむね以下のプロセスで行われる。

①ベンチマーキングの目的を定める：漠然と調査を行うのでなく、「エージェントの応対

品質の比較」「資料請求の受付プロセスの確認」といったように具体的な目的を設定する。

②比較対照するコールセンターを選定する：競合他社やアワード上位入賞企業等、目的に応じた対象を選定する。

③調査の方法を決める：ミステリー・コール、ミステリー・ショッピング、現地調査等の方法がある。

④評価項目／質問項目／スクリプトを作成する：必要な情報を確実に得られるように質問の仕方を工夫する。

⑤ベンチマーキング・プログラムのオペレーション・マニュアルを作成する：ミステリー・コール自体がひとつのアウトバウンド・プログラムであり、そのオペレーション・プロセスのマニュアル化は必須だ。

⑥実査を行うエージェント(または委託するアウトソーサー)を選定する：必要な知識等、オペレーションの難易度により求める人材のスキルが異なる。

⑦エージェント(またはアウトソーサー)のトレーニング

⑧調査の実施

⑨結果をデータ化し集計する

⑩データを比較・分析し自社とのパフォーマンスのギャップを明らかにする

⑪⑩で明らかになったパフォーマンス・ギャップの原因を特定する

⑫レポートを作成し改善案を策定する

⑬シニア・マネジメントにベンチマーキングの結果の報告とともに、改善案を提案する

⑭アクション・プランを策定する

⑮改善プロセスを開発し、導入の準備やトレーニングを行う

⑯改善プロセスの実行、モニタリング、評価、検証を行う

⑰①〜⑯のサイクルを回す

外部のベンチマーキング調査サービスを利用する

　コールセンターのベンチマーキングで最もニーズが高いのが、評判の良いセンターのエージェントの応対品質と、競合他社のKPIの実績の2つだ。前者はミステリーコールで知ることができるが、前述のプロセスから見て取れるように、ベンチマーキング・プログラムを自社で行うにはかなりハードルが高い。また、後者については、自社で行おうとしてもなす術がない。

　従って、ほとんどの場合、外部のベンチマーキング調査サービスを利用することになる。

　ミステリー・コールのサービスは多くの調査会社やコールセンター・エージェンシー

により提供されている。手軽に実施できて、迅速さや低価格を売り物にする汎用のサービスも多いが、ベンチマーキングのデータとして科学的な分析を行うには、調査のプロセスや提供される結果の詳細をよく見極めて利用する必要がある。その観点から、ベンチマーキングとしてミステリー・コールを行う場合は、カスタマイズしたプログラムが利用しやすいといえる。

　また、最初からベンチマーキングを目的として、センター・マネジメントの経験豊富なプロデューサーによる緻密なプロセス設計のもと、高度なスキルを有するエージェントに、調査の対象となる企業や業界に関する徹底したトレーニングを施したうえでミステリー・コールを行うサービスも存在する。このサービスの場合、評価の対象は、ミステリー・コールを通じて浮かび上がる企業の方針、文化、姿勢、戦略、プロセス、トレーニング、オペレーションのありようといった組織全体としてのサービス品質であり、ベンチマーキングの基礎情報としての利用価値は高い。

　競合他社のKPIの実績や業界標準等については、コールセンターのコンサルティング会社が、自社のコンサルティング活動により蓄積した情報をもとに、ベンチマーキング・データを提供するサービスがある。Webサイトに自社のデータを入力することで業界標準との比較やパフォーマンスの診断等をしてくれるもので、米国のベンチマークポータル（BenchmarkPortal）やメトリックネット（MetricNet）のサービスがよく知られている。

V ボイス・オブ・カスタマー

VOC活動とは

「VOC」(voice of the customer)とは、顧客が実際に「声」として発したかどうかは別にして、顧客が企業やサービス提供元に対して抱くニーズや要望、あるいは不満等を「声」の一語で総称したもので、それを商品開発やマーケティング、顧客サービス等の企業活動に活かそうとするのが「VOC活動」だ。今や、大企業から零細な商店に至るまで、VOC活動に取り組まない組織は皆無といってよいだろう。

VOC活動のプロセス

VOC活動を成功させ継続させるのは容易ではなく、しっかりとした計画とプロセスの構築が不可欠だ。**図表5-14**に、10のステップからなるVOC活動のプロセスを示した。以下、このステップにあわせて解説を進める。

1. コールセンターの位置づけを明確にする

多くの場合、社内でVOC活動に最も深く関わる組織はコールセンターだ。そのためか、「VOC活動＝コールセンターの仕事」と誤解する向きが少なくない。もちろんコールセンターの独自の活動として行う場合もあるが、本来のVOC活動は全社的な取り組みであることが望ましく、コールセンターは「VOCを収集し社内にフィードバックするための窓口」として位置づけるのが自然だ。

VOC活動の成功と継続のためには、社内のすべての部署が当事者意識を持つことが不可欠であり、そのためには、VOC活動における各部署の位置づけや関わり方を明確にしておくことが必要だ。

図表5-14　VOC活動のプロセス

2. コールセンターの目的を設定する

VOC活動におけるコールセンターの目的には、大きく次の2つがある。

①**コールセンターのオペレーションの質の向上を図る**：コールセンターでは、VOCを次のような目的で活用する。
- オペレーションの改善や向上
- C-SAT（顧客満足）の測定
- サンキュー・コール等の顧客のポジティブ・コメントによるエージェントの評価やモチベーションの向上
- テスティモニアル（顧客による推奨）として、商品やサービスの広告やレピュテーション（評判）の向上に活用
- コンプライアンスのコントロール

「何か良いネタが見つかるかも」といった程度の動機で、VOCを漠然と眺めていて

も得るものは少ない。「VOCを何に使うのか」「VOCを何に活かすのか」「VOCを聴く／集めることで何を得たいのか」を明文化しておくことで、エージェントが問題意識を持って顧客の声を聴くことができ、それだけ顧客の真意やキーワード、潜在的なニーズを捉えやすくなる。

② 収集したVOCを社内のVOCユーザーにフィードバックし、その目的達成に貢献する：「VOCユーザー*へのフィードバック」という作業自体が目的というわけではない。コールセンターが収集しフィードバックしたVOCがきっかけとなり、例えば、新商品の開発やビジネスプロセスの改善が図られ、その結果、全社あるいは当該部署のビジネス目標の達成や業績向上に貢献する。VOCユーザーへのフィードバックはそのための作業だと考えることで、VOCの聴き方、記録の仕方、フィードバックの仕方等の質の向上に努めるということだ。

3. VOC活動におけるコールセンターの役割と責任を定める

位置づけと目的が定まれば、それを踏まえて、VOC活動におけるコールセンターの役割や責任が以下のように決まってくる。

① 「コールセンターはVOCの収集窓口、あるいは社内の収集ソースの1つ」と位置づける場合：この場合のコールセンターの役割は、VOCの収集窓口として、「VOCを正確・忠実に記録し、社内のVOCユーザーにフィードバックする」ことだ。

その際、コールセンターはあくまでも顧客の「生の声」のフィードバックに徹することが重要だ。つまりコールセンターの役割と責任は、集まったVOCに手を加えることなく「生のまま」提供することであり、その編集・加工・分析等を行うのはVOCユーザーであるということだ。このことはVOCユーザー側もしっかり認識しておくことが重要だ。

② コールセンターが全社のVOC活動を統轄する場合：コールセンターが、顧客オペレーションだけでなく、全社的な顧客戦略を統轄している場合、VOC活動についても、コールセンターを全社の統轄部門として位置づけることになるだろう。そうなると、VOCの収集とフィードバックに加えて、収集したVOCの編集・加工・分析・データ化、さらには改善・向上策の立案や提言等を担うことになるかもしれない。その場合に注意すべきは、VOCユーザーである社内の各部署が当事者意識を失い、受け身の態度になることだ。そうならないよう、コールセンターには統轄部門としての強力なリーダーシップが求められる。

---

*コールセンターで収集したVOCを業務改善や商品開発等の企業活動に活用しようとする社内の各部署あるいは担当者

4. VOC活動のプロセスを構築する

　VOC活動の位置づけや目的、役割等を経営陣以下全社が明確に認識したうえで、VOC活動のビジネスプロセスを構築し、マニュアルに落とし込む。VOC活動が企業活動の1つとして根づき、一定の成果をあげている企業のビジネスプロセスには、多くの場合、下記に示すような仕組みや体制が見られる。

- コールセンターがVOC収集のための顧客接点の1つであるとの位置づけが明確である
- 顧客接点の部署はもちろんのこと、経営陣を含めた社内のVOCユーザーの役割が明確で、それぞれがVOC活動に対する当事者意識を持って臨むことのできる体制になっている
- VOCの分析や提言を顧客接点の現場に任せず、本社の品質管理部門が担うことで偏りのない客観的な分析や検証を可能にしている
- 一過性のイベントでなく、PDCAサイクルが回り、VOC活動が継続する仕組みとなっている
- 活動から得られた成果を冊子として発行したりWebサイトに掲載する等して、顧客にフィードバックしている

5. VOCを聴く（収集する）

　VOCの聴き方には、「コールセンターによる聴き方」と「VOCユーザーによる聴き方」の2通りがある。コールセンターの第一義的な目的は、顧客の問題の解決であり、そのために顧客の顕在化したニーズを聴く。一方、VOCユーザーの目的は、顧客の声に潜む問題やアイデアを見つけ出すことであり、そのために顧客の潜在的なニーズを聴くという違いがある*。

　それではVOCユーザーはどのようにしてVOCを聴くべきか。その扱い方やVOCユーザーとしての振る舞い方等も含めて、Do's and Don'tsの形式で以下に表した。VOCユーザーとして最も関わりの深いマーケティング部門の担当者を想定したものだ。

(1) Do's

- VOCは録音済みコールでもライブ・モニタリングでも、必ず自分の耳で直接聴く
- 顧客の「生の声」（言外の本音やニュアンスも含めた、顧客の発した言葉そのもの）を聴く

＊コールセンター自身がVOCユーザーである場合は、エージェントが顕在ニーズを、管理者（VOC担当者）が潜在ニーズを聴くという位置づけになるだろう

- エージェントの意見は自分が聴いた事実を補完するための参考情報と位置づける
- エージェントに意見を求める場合は、エージェントの動機づけを主な目的とする
- 新製品発売等のイベントやキャンペーンの開始時には、真っ先にコールセンターに行ってモニターをする
- VOCの分類、データ化、集計、加工は、コールセンターに任せないで自ら行う

(2) Don'ts(やってはいけないこと)
- 顧客のことはコールセンターが最もよく知っているから、VOCはエージェントに聞き、その意見を最も重視する
- 問い合わせタイプごとのVOCの集計をコールセンターに任せ、その件数の報告を受けている
- コールセンターには滅多に足を運ばない。集計データや問い合わせ記録を定期的に報告してもらっているので、その必要もない

6. VOCを記録する

①どのように記録すべきか：VOCの聴き方とともに重要なのが、その記録の仕方だ。とはいえ、今や大半のコールセンターがコール・ロガー（録音装置）を備えており、意識せずとも自動的に完全な形でコールが記録される。しかし、録音したすべてのコールを聴くのは物理的に不可能であるうえに、コール・ロガーの容量や個人情報保護法の制約（第12章）により短期間で消去されることもあるため、分析や報告のためには、VOCのテキスト化が必要だ。

CRMシステムへの「コンタクト履歴の記録」であれば、効率性を鑑みた要約化が求められるが、「VOC活動のためのテキスト化」の場合は、顧客の生の声を忠実に再現することが重要になる。生の声の再現とは、顧客が音声として発した言葉に加えて、顧客の感情や言外の本音、あるいはニュアンス等を含めた顧客の会話を、読み手であるVOCユーザーに伝わるように記録することだ。

②どのようなスキルが必要か：記録されたVOCの「質」の良し悪しは、その聴き手であると同時に書き手でもあるエージェントのスキルに大きく左右される。具体的には次のようなスキルが必要だ。
- 音声外の要素も含めた顧客の会話を総合的に聴き取るコミュニケーション・スキル
- キーワードやパラフレーズ等を効果的に使いながら音声外の情報も含めて表現できる文章力
- 上記を補完する豊富な業務知識

これらはコールセンターのエージェントに求められる基本スキルと共通するが、い

ずれも高いレベルであることが必要だ。つまり、VOC収集の担い手としての役割を果たすことは、エージェントとして優秀であることに等しいということだ。VOC活動の成功と継続のためには、質の高いVOCを収集できる優秀なエージェントが必要ということだ。

③すべてを記録するのか：すべてのコールをVOC活動のために記録するのは不可能だ。また、記録するVOCの選択をエージェント任せにすると、苦情のコールばかり記録するといった偏りが生じる可能性が高くなる。そのために、下記の例のようなルールを設けて、偏りなく安定的にVOCを収集するための工夫を凝らすことが必要だ。

- タイミングを決める方法：毎朝1本目のコールとランチ終了後の1本目のコールを必ず記録する
- コールの内容で決める方法：○○製品の購入方法と△△サービスの利用方法に関する問い合わせは必ず記録する

④VOCの記録をサポートするテクノロジー：VOCの記録をサポートするさまざまなITシステムやツールが提供されている。

- マルチメディア録音システム（muiti-media recording；マルチメディア・レコーディング）
- 会話認識エンジン（speech recognishon；スピーチ・リコグニション）
- 感情認識エンジン（emotion recognition；エモーション・リコグニション）
- 会話分析ソリューション（speech analytics；スピーチ・アナリティクス）

これらのテクノロジーを利用することで、通話、スクリーン、ビデオ、テキスト、チャット等、あらゆるチャネルにおけるVOCの録音・記録をはじめ、会話内容の認識、分類、キーワード抽出、傾向や因果関係の分析、テキスト化等の一定レベルの自動化が実現できる。これらのシステムやツールの機能等に関しては第11章を参照されたい。

7. VOCを共有する

収集・記録したVOCをVOCユーザーにフィードバックして共有するには、文字情報による方法と、音声情報による方法の2通りがある。

①文字情報として共有する：文字情報とは、エージェントがCRMシステムに入力、あるいはコール・ロガーに録音したVOCをテキスト化してレポートや一覧表にまとめたものだ。レポートの種類や形式は、以下の例のように、VOC活動の目的や共有先によって異なる。

- VOCレポート：テキスト化したVOCの一覧表的なレポート
- 苦情レポート：顧客の苦情等、ネガティブなVOCを集めたレポート。これは

VOC活動というよりも、お客様相談室等の本来業務として行われることが多い
- **サンキュー・コール**：顧客からの感謝や称賛等、ポジティブなコメントを集めたレポート
- **得意先コンタクト・レポート**：例えば、営業マンの得意先からコールセンターに問い合わせがあった場合に、その内容を担当の営業マンにフィードバックし共有するもの

②**音声情報として共有する**：VOC活動にとって、文字情報よりも実際の音声による生の声を聴く方が、はるかに効果的であることに議論の余地はないだろう。しかし現実には、VOC活動の専任の担当者でもない限り、音声のモニタリングは物理的、時間的な制約から十分に行えないのが悩ましいところだ。音声情報の共有の仕方には次の2通りがある。

- **ライブ・モニタリング**：顧客とエージェントの通話をリアルタイムでモニターする。コールの内容や着信のタイミングをコントロールできないので、VOCユーザーがテーマを持って効率的にモニターするのは難しい。一方、例えばVOCユーザーであるマーケティング・マネージャーが、自らが仕掛けたキャンペーンの開始初日に、コールセンターに集中するレスポンスをモニターすることで、顧客の反応や雰囲気をいち早く把握するといった使い方には有効だ。なお、その付随効果として、キャンペーン初日にマーケティング・マネージャーがコールセンターを訪れることが、キャンペーンに対するエージェントのモチベーションを高め、それによって、より積極的なVOCの収集を促すことが期待できる
- **録音コールのモニタリング**：録音コールのモニタリングは、時と場所を選ばず、また内容を選んでモニターすることができるため、VOC活動では通常こちらを利用する

③**VOCの共有の「場」**：VOCを共有するために、以下のようなさまざまな「場」が設けられる。

- **VOCコミッティー**：VOC活動の推進のために設けられた社内の委員会を組織する
- **経営会議**：定例の経営会議の議題としてVOCのレビュー等を行う
- **マネジメント・インタッチ**：経営陣を含むコールセンター以外の部署の管理者を中心に、コールセンターでエージェント業務を体験する。イベント的な要素も多分にあるが、現場感覚の維持と現場スタッフのモチベーション向上等に有効だ
- **社内メディア**：イントラネット、社内SNS、ウォールボード、社内報等によりVOCを紹介する
- **CRMやSFAシステム**：顧客とのコンタクト履歴等を、その顧客に関わるすべての関係者が共有し、CRM（カスタマー・リレーションシップ・マネジメント）

やオムニチャネルの基礎情報として活用する
- モニタリング・セッション：コールセンターが、VOCユーザーをはじめとする社内の各部署にVOCやコールセンター業務を紹介し共有することを目的に、モニタリング・セッションを開催する

④ **モニタリング・セッションのルール**：モニタリング・セッションはVOCの共有やディスカッションのみならず、コールセンターの社内PR、認知度向上、コミュニケーション促進等、非常に有効な場だ。ただし、通常2時間程度のセッションで聴くことのできるVOCは4～5本が限界であるため、セッションを成功させるには緻密な構成と十分な準備、効率的な運営が不可欠だ。そのためには、以下のようなルールを設けて徹底することが必要だ。

- 内容を聴き落とさないために、コールが終わるまで沈黙を貫き、発言はおろか一切声を発しない
- 顧客の声を聴くことに徹する。エージェントのトークを評価する場ではないので、エージェントのトークばかりに捉われない
- 些細なことでもメモを取る。顧客の何気ないキーワードを確実に捉える
- トークの細部（イントネーション、声の大きさ、方言等）に捉われて、コールの本質を聴き逃さない
- エージェントのトーク（コールセンターが提供している情報の内容）の誤り等は、コールセンターの管理者にフィードバックし、原則としてセッションの場では話題にしない
- あらかじめコールセンターのコミュニケーションの方針や当該プログラムのトークフロー、スクリプト等を把握しておく

モニタリング・セッションで必ずと言ってよいほど見られるのが、コールの本質から外れた顧客の話し方（例えばユニークな方言等）に気を取られ、そのことでコールの途中で参加者同士で盛り上がってしまう姿だ。誰か1人が声を発した瞬間に、そのコールのモニタリングは中断してしまう。VOCのモニタリングは、最後まで集中しなければ決して内容を理解することはできず、ましてや顧客の潜在的ニーズを捉えることは到底できない。そのため、せっかくのセッションであるにもかかわらず、「よくわからなかった」「わざわざ時間を取って行うメリットが感じられなかった」「たかが1人の顧客の会話がビジネスに影響すると思えない」といった残念なコメントが参加者から発せられることになる。

こうした事態を招かないよう、上記のようなルールを定め、参加者に厳格に守らせることが必要だ。

8. VOCを分析する

　共有されたVOCは、VOCユーザーによりそれぞれの目的に応じた分析・検証が加えられ、その結果に応じたアクション・プランが策定される。VOC活動の核心部分ともいえる作業であり、それをコールセンターに任せるべきではない。繰り返し述べるように、VOCは自らの耳で聴かなければ意味がなく、第三者に委ねるのは当事者意識の欠如と言わざるを得ない。

9. アクション・プランを実行する

　分析の結果、見出された課題に対して策定されたアクション・プランを実行する。現場のオペレーションに直結するネガティブな問題は、できるだけ優先して行う。これを怠ると、コールセンターの現場のスタッフの信頼を損ない、VOC活動に対する意識の低下を招くことになる。

10. 顧客へのフィードバック

　これまでの一連の活動で得られた成果を、以下のような目的から、顧客にフィードバックすることが重要だ。
- 成果創出の源となった顧客の声に対する感謝
- 顧客中心の経営の実践に対するコミットメント（決意表明）
- 今後もさらに「声」を寄せてもらうことの促進

　フィードバックの方法としては、VOCとその成果を冊子化したりWebサイトに掲載する等の方法がある。

column　VOC活動の現実

"コールセンターといえばVOC"と言われるほど広く定着しているVOC活動だが、成功例よりも、次のような"実情"を耳にすることが多い。

- 『VOCの収集を始めてみたものの、業務改善等の具体的な活動には至っていない』
- 『社長の号令一下、全社的な取り組みを大々的に開始したが、1年後には話題にもあがらなくなった。当初は、VOCのレビューが経営会議の議題のトップに挙げられていたが、3カ月もすると他の案件の後回しにされ、半年後には議題からなくなった』

多くの企業がこのような状況に陥るのは、以下のような"VOC活動の現実"を直視しないまま、安易に始めたことが大きい。

- 報告されるVOCのほとんどは、すでに誰もが知っていることばかり
- VOCのほとんどは同じことの繰り返しのため、すぐに飽きてしまう
- コールセンター等の現場が訴えたい問題や、繰り返される問題、放置されている（と現場が思い込んでいる）問題ほど、経営陣やマーケティング等の関連部門ではとうに把握している場合がほとんど
- 社内事情により改善困難な既知の問題を蒸し返してしまうことで、コールセンターが嫌われる
- 大きな発見を期待するも、小さな要改善事項ばかりで期待はずれ
- 「その程度のことは、わざわざVOC活動と銘打ってやらなくても、日常の活動の中で担当部署間で解決すれば済むだろう」と思うようになる
- せっかくのVOCを顧客の「生の声」でなく、数字や図表に加工してしまうので、顧客のニュアンスや雰囲気等は何も伝わらず、新商品の"種"や業務改善の"ネタ"を見つけることができない
- コールセンターにVOCの分析まで求めても分析を得意とするマーケティング等の部門と比べ、レポートや提言の内容が表面的になりがち。ややもすれば現場の不満のはけ口と化す場合もある
- 内容にインパクトが少ないわりには、数が多く、レポートを作るのも読むのも時間と手間がかかり過ぎる
- マーケティング等の担当者がコールのモニタリングを行っても、顧客の方言や言葉遣い等、本質から外れたことに気を取られて、よくわからないまま終わってしまう
- すぐに具体的な成果につながらないことから、次第に後回しにされる
- 「VOC活動はコールセンターの仕事」と決めつけ、社内の各部署が受け身の態度に終始するばかりか、一部の部署は「コールセンターがもたらす面倒で余計な仕事」という否定的な態度を示す

これらはVOC活動のネガティブな側面ばかりを強調しているわけではなく、むしろほとんどの企業が直面する課題と考えるべきだ。換言すれば、VOC活動による本質的な成果を挙げている企業は、このような課題の克服に相当な努力を払っている。

なお、無策のままスタートしたことで、短期間で活動が自然消滅してしまうと、コールセンターの現場に深い傷跡を残すことを覚悟しておくべきだ。エージェントやスーパーバイザーに「会社は顧客への関心が薄い」「顧客優先のミッションは絵に描いた餅だ」等と言わしめ、彼等の期待を裏切ることになるからだ。

第6章

コールセンターの
パフォーマンス・マネジメント

　クルマを上手に運転するには、「正しい運転の仕方」と「運転の質の高さ」が必要だ。運転中は計器盤やカーナビに表示される速度等の「指標」を確認しながら運転をコントロールし、目的地に到着すると、要した時間や燃費効率等の「データ」からその運転を評価して次の運転に生かすことになる。
　これをコールセンターのマネジメントに置き換えるならば、「正しい運転の仕方」が「ビジネスプロセス・マネジメント」（第4章）であり、「運転の質の高さ」が「クオリティー・マネジメント」（第5章）だと言える。そして、「指標」や「データ」により適切にコントロールし評価して次に生かすのが、本章で述べる「パフォーマンス・マネジメント」だ。

I コールセンターのパフォーマンス・マネジメント

コールセンターのパフォーマンス・マネジメントとは

　戦略に基づいて業務計画を策定し、それを具体化するためのビジネスプロセスやクオリティー・マネジメントの仕組みを構築する。実践(オペレーション)が始まると、パフォーマンスのモニタリングや評価を行い、設定したゴールや目標とのギャップを特定して適切な対策を講じるといった活動を継続して行うことになる。それが、本章で述べるパフォーマンス・マネジメントの定義だ*。

パフォーマンス・マネジメントの構成要素

　パフォーマンス・マネジメントは、特定の1つの活動ではなく、企業活動の起承転結を表すほどの広い意味を持つ概念で、主に次の4つの要素から構成される。

- パフォーマンス・マネジメント・サイクル(一般にはPDCAサイクル)
- バランスト・スコアカード
- パフォーマンス・メトリクスとKPI
- パフォーマンス・レポーティング

　以下、本章では、この4つの要素を順に解説する。

---

*パフォーマンス・マネジメントという言葉は、人事領域における個人の業績管理と定義される場合も多い。コールセンターでもエージェント個人の業績管理や評価の意味で使われることが多い

Ⅱ コールセンターのパフォーマンス・マネジメント・サイクル

　パフォーマンス・マネジメント・サイクルとは、「PDCAサイクル」と同義で、Plan（計画）⇒Do（実行）⇒Check（評価）⇒Action（改善）の4つのプロセスを繰り返すことによって業務の継続的な改善を推進するマネジメント手法。「PDCAを回す」という言い方で知られているように、今やほとんどの企業や組織、職場で使われる最もポピュラーなマネジメント手法だ。

　PDCAサイクルは、企業活動のさまざまな場面、さまざまなレベルでさまざまなサイズのPDCAが回っている。本書でも第3章のワークフォース・マネジメント、第4章のビジネスプロセス・マネジメント、第5章のクオリティー・マネジメントのそれぞれにおけるPDCAサイクルについて説明している。本章では、それらを含むコールセンター・マネジメント全体のパフォーマンスを管理するという観点から、パフォーマンス・マネジメントにおけるPDCAサイクルを「パフォーマンス・マネジメント・サイクル」と表現する。

　コールセンターのパフォーマンス・マネジメント・サイクルの概念図を**図表6-1**に表した。PDCAの4つのプロセスについて以下に補足する。

① **Plan（計画）**：最上位の戦略を策定し、具体的なプロセスに落とし込む。その実行度合いや達成状況を評価するためにKPI等の指標を設定する。これら一連の計画立案プロセスを行うのに最も適したツールがバランスト・スコアカードだ。
② **Do（実行）**：①で策定した計画を実行する。その実行度合いや達成状況を、ステータス・モニターでリアルタイムに監視したり、パフォーマンス・レポートで測定する。
③ **Check（評価）**：②における計画の実行や測定の結果をダッシュボードやスコアカードに落とし込み、①の計画との比較や分析、原因の特定を行う。
④ **Action（改善）**：計画と実行のギャップを修正（改善策の策定）する。それを次の新たなPDCAサイクルに反映し、業務の継続的な改善を進める。

図表6-1 コールセンターのパフォーマンス・マネジメント・サイクル

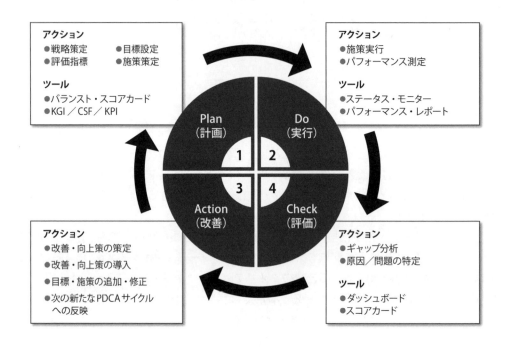

III コールセンターのバランスト・スコアカード

コールセンターのバランスト・スコアカードとは

「バランスト・スコアカード」(balanced scorecard; BSC)は、1992年、米ハーバード大学のロバート・キャプラン教授らによって発表された世界で最もよく知られた経営管理手法だ。企業全体の戦略目標を「財務」「顧客」「内部のビジネスプロセス」「学習と成長」の4つの視点に分類し、それぞれの視点ごとに戦略目標を達成するのに必要な「重要成功要因」(critical success factor; CSF)と、その実行度合いを具体的に測定するための「重要業績評価指標」(key performance indicator; KPI)を定めて業績の評価を行い、戦略目標の達成を図る。

コールセンターのパフォーマンス・マネジメントを行うのに最もフィットした目標管理ツールであり、パフォーマンス・マネジメント・サイクル(図表6-1)におけるPlan(計画)策定のためのツールとして使用する。

図表6-2にBSCの策定プロセスを、**図表6-3**にはその例として、リテール・ビジネスの企業による通信販売事業展開を想定したBSCの策定例を示した。

バランスト・スコアカードの3つのタイプ

BSCは戦略立案から業績評価に至るまで、コールセンターのパフォーマンス・マネジメントに最もフィットしたアプローチだ。なぜなら、BSCは企業のミッションや戦略と組織全体の活動との連動を重視するが、コールセンターも、企業のミッションや戦略を最前線のエージェントに至るまで浸透させて、一貫性のある顧客応対を行うことを最も重視するからだ。なお、企業が全社的なレベルでBSCを導入していない場合でも、コールセンター独自でその手法を用いることは十分可能だ。

図表6-4にコールセンターのBSCの全体像のイメージを表した。この図に示した通り、コールセンターのBSCには以下の3つのタイプがある。

図表6-2 バランスト・スコアカードの策定プロセス

1	ビジョンの策定	●ビジョン（最終的に目指す姿）を策定する
2	戦略目標の策定	●ビジョンを実現するための戦略目標を策定する
3	重要目標達成指標（KGI）の設定	●戦略を具体化するための最終目標とその結果を定量的に評価する指標（KGI）を設定する
4	重要成功要因（CSF）の設定	●戦略目標を達成するのに必要な要因（CSF）を4つの視点ごとに考える ●企業、部門、個人それぞれのレベルで設定する
5	重要業績指標（KPI）の設定	●戦略目標やCSFの実行度合いを定量的に測定、評価するための指標（KPI）を設定する
6	KPIターゲットの設定	●設定したKPIの具体的な数値目標を設定する
7	アクション・プランの策定	●CSFを実行しKPIを達成するための実行計画を策定する
8	実行／評価／修正	●アクション・プランを実行する ●KPIをモニターし結果を検証・評価する ●戦略やアクション・プランの見直しや修正を図る

KGI：key goal indicator；重要目標達成指標
KPI：key performance indicator；重要業績指標
CSF：critical success factor；重要成功要因

図表6-3 バランスト・スコアカードの策定例

ビジョン	リテール・ビジネスの市場シェアで業界トップに立つ
戦略目標	●通信販売の年間売り上げを業界1位にする ●通信販売市場において、顧客から最も高く支持される
重要目標達成指標（KGI）	●通信販売の年間売り上げ100億円を達成する ●通信販売の顧客ロイヤルティー指標で業界1位を獲得する

視点	財務	顧客	内部のビジネスプロセス	学習と成長
重要成功要因（CSF）	通販事業への集中投資による成長促進	顧客満足／顧客ロイヤルティーの向上	受注センターのキャパシティー拡大	従業員のスキルと満足の向上
重要業績指標（KPI）	①通販売り上げ成長率 ②通販事業予算配分率	①顧客満足度スコア ②CES（顧客努力指標） ③NPS（ネット・プロモーター・スコア）	①サービスレベル ②エージェント1時間あたり受注件数	①通販エキスパート資格取得率 ②エージェント・エンゲージメント
KPIターゲット	①前年比30%以上 ②総予算の70%	①トップ2ボックス：90%以上 ②③前年比20%向上	①10秒以内に90%以上 ②12件以上	①9月末までにSクラス取得率100% ②前年比10%向上
アクション・プラン	ビジネス・ユニット別ダッシュボード導入	①②ベンチマーキングによる改善活動拡大 ③ブランドイメージ向上	①ワークフォース・マネジメント能力の向上 ②最新受注システム導入	①トレーニング強化 ②報奨・褒賞制度改善

図表6-4　コールセンターのバランスト・スコアカードの全体像(イメージ)

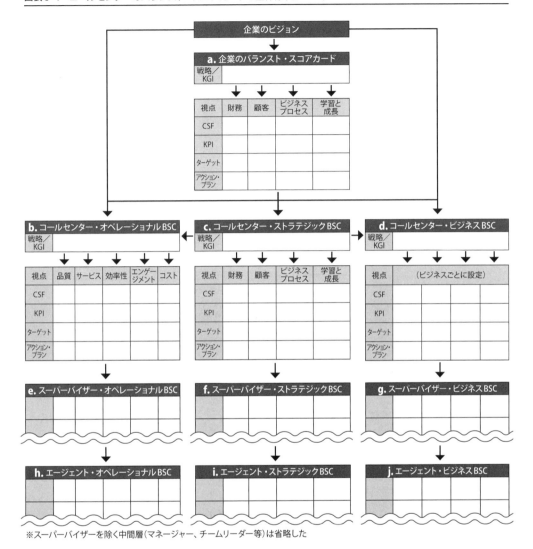

※スーパーバイザーを除く中間層(マネジャー、チームリーダー等)は省略した

1. コールセンター・ストラテジック・バランスト・スコアカード(図中のc.)

　企業のバランスト・スコアカード(a.)に示された全社レベルの戦略目標の実行と達成のためにコールセンターが担う役割と責任を表す。「財務」「顧客」「内部のビジネスプロセス」「学習と成長」の4つの視点でコールセンターのCSF、KPIやアクション・プランを策定する。

　コールセンター・ストラテジックBSCに示した目標の達成は、コールセンターのトッ

プであるセンター長が責任を持つ。そして、企業の戦略目標がセンター長の目標に落とし込まれるのと同様に、センター長からマネージャー、マネージャーからスーパーバイザー、スーパーバイザーからチームリーダーというように直属の部下の戦略目標に順次落とし込まれ、各ポジションのBSC（例えばスーパーバイザー・ストラテジックBSC(f.)）に反映される。そうして最終的にはエージェント・ストラテジックBSC (i.) に反映される。こうして全社的なミッションや戦略目標をセンターの隅々に至るまで浸透させる。換言すれば、センターのすべてのスタッフの業績目標が企業のミッションや戦略目標につながっていることを1人ひとりが認識でき、各自が全社の戦略にどのように貢献しているかを自覚しながら仕事をすることができる。

2. コールセンター・オペレーショナル・バランスト・スコアカード（図中のb.）

コールセンター全体のオペレーションをいくつかの視点（ここでは「品質」「サービス」「効率性」「エンゲージメント」「コスト」）に分類し、それに基づくCSF、KPI、アクション・プランを策定する。

このBSCに示した目標達成の責任はセンター長にあり、ストラテジックBSCと同様にセンター長から順にエージェントまで落とし込まれ、各ポジションの業績目標に反映される。なお、最上位のBSCで分類した5つの視点は、ポジションによって取捨選択されていく（例えば、エージェントの業績目標に「コスト」は含まない）。

3. コールセンター・ビジネス・バランスト・スコアカード（図中のd.）

コールセンターが実施するプログラムやプロジェクト等の業務単位で作成する。プログラムやプロジェクトの目的や戦略目標に応じて分類した視点に基づきCSF、KPI、アクション・プランを策定する。対象は、当該プログラムを担当するスタッフに限られる。ストラテジックBSC、オペレーショナルBSCと同様に、このBSCに示した当該プログラムの業績目標が、当該プログラムの責任者から、最終的にエージェントへと落とし込まれる。

以上のように、コールセンターのオペレーションのスタッフの多くは、1人が3つのタイプのBSCに関わる。なお、これらBSCに基づいて行った仕事の結果を表し評価するためのレポートや業績評価表等は、3つのタイプの要素が反映されていれば、物理的には1つで構わない。

Ⅳ　コールセンターの業績評価指標

業績評価指標に関する用語を定義する

　企業の業績評価指標には、KPIをはじめ多くの用語が存在するが、その定義や使い方は曖昧だ。特に日本では、コールセンターに関する数値をすべてKPIのひと言でくくってしまう傾向にある。
　本書では、用語の解釈や使い方の相違による誤解や混乱を招かないよう、コールセンターのマネジメントに使用する評価指標の分類を、「KGI」「KPI」「メトリクス」の3つに絞り込み、それぞれ以下のように定義する。

①KGI(key goal indicator; 重要目標達成指標)：戦略目標を具体的な数値で表した指標。図表6-3の例では、「売り上げ業界1位」と「顧客の最も高い支持」という戦略目標に対して、「売り上げ100億円」「顧客ロイヤルティー指標1位」がKGIにあたる。図表6-4に見られる通り、組織の各階層におけるBSCの最上位の目標に対する評価指標として設定する。

②KPI(key performance indicator; 重要業績評価指標)：戦略目標を達成するために必要な要素（これを「CSF」（重要成功要因）という）の実行度合いや進捗を測定・評価するための指標。KGIとの混同、あるいは、KPIをKGIと同じとする誤解が多いが、そうではない。戦略目標を達成する(＝KGIを達成する)ためには、日常的にはKPIをモニターし適切にコントロールしていれば、最終的に戦略目標の達成につながるという関係になる。

③メトリクス(metrics)：コールセンターのマネジメントに使用するあらゆる数値やデータ。「メジャー」(measure)をはじめいくつかの類似の用語があるが、その違いは曖昧で、区別するのも煩雑であるため、本書では「メトリクス」に統一する。上記のKGIやKPIもメトリクスのひとつだ。例えば図表6-3の「内部のビジネスプロセス」の場合、受注センターのキャパシティーに影響を与えるものとして、1時間あたり応答コール数、放棄率、平均応答時間、平均処理時間等、多くのメトリクスがあるが、その中からキャパシティー拡大というCSFを最もよく表すKPIとしてサービスレベルを選択したということだ。

コールセンターの最も重要な23のメトリクス、8つのKPI

パフォーマンス・マネジメントを効果的かつ効率的に行うには、システムから出力される膨大なメトリクスに手当たり次第に手をつけるのでなく、前述のBSCの策定プロセス（図表6-2）に従い、各メトリクスの定義や条件等をよく吟味して、BSCの戦略目標やCSFの実行度合いを的確に表現できるものをKGIやKPIとして選定する。

本書では、一般的なコールセンターに共通する、インバウンド・コンタクトのパフォーマンス・マネジメントに不可欠な23のメトリクスを抽出し、さらにその中から最も重要な8つをKPIとして選定した。これに、アウトバウンド、メール、ソーシャルの各コンタクトに特有の13のメトリクス（うち4つのKPI）を加えた。

これらのメトリクス／KPIを、BSCの視点や顧客コンタクトのタイプに合わせて、「オペレーショナル・パフォーマンス・メトリクス──インバウンド・コンタクト」「オペレーショナル・パフォーマンス・メトリクス──その他のコンタクト」「ビジネス・エフェクティブネス（効果性）・メトリクス」の3つに分類し、その分類に従って、選定したメトリクス／KPIの定義や計算式、使い方等の詳細を解説する。なお、解説の補足事項をあらかじめ以下に挙げておく。

- コールセンターのパフォーマンスに与える影響度や重要性に応じて、メトリクスごとに「最重要」「重要」「補足的」の3段階の「優先度」を設定した。このうち「最重要」のメトリクスをKPIとして選定した
- 「計算式」は、単位をパーセンテージで表す場合、100を乗じる記載は省略した
- 「ベンチマーク」のデータは、一般的にその数値のレベルが高いと評価される場合は「High」、平均レベルの場合は「Mid」、低い場合は「Low」に分類した

1. オペレーショナル・パフォーマンス・メトリクス──インバウンド・コンタクト

インバウンド・コンタクトのオペレーションのパフォーマンスを測定・評価する指標。23のメトリクス、うち8つのKPIからなる。その目的や性格に応じて、「クオリティー」「サービス」「効率性」「エンゲージメント」「コスト」の5つに類別する。これは、コールセンター・オペレーショナルBSC（図表6-4）の視点の分類と同じだ。

図表6-5に一覧を示し、以下に各メトリクスの詳細を解説する。

図表6-5 オペレーショナル・パフォーマンス・メトリクス──インバウンド・コンタクト

クオリティー・パフォーマンス・メトリクス	
KPI	クオリティー・モニタリング・スコア(QMS)
KPI	初回コール完了率(FCR)
重要	正確性(ACCUR)

サービス・パフォーマンス・メトリクス	
KPI	サービスレベル(SL)
重要	放棄率(ABN)
補足的	話中率(BLK)
補足的	平均応答時間(ASA)
補足的	最長応答遅延時間(LDQ)

エンゲージメント・パフォーマンス・メトリクス	
KPI	顧客満足度(C-SAT)
KPI	エージェント・エンゲージメント(A-ENG)
重要	顧客努力指標(CES)
補足的	エージェント離職率(TOV)

効率性パフォーマンス・メトリクス	
●コンタクト効率性	
KPI	1時間あたり応答コール数(CPH)
重要	平均処理時間(AHT)
補足的	平均通話時間(ATT)
補足的	平均後処理時間(ACW)
補足的	平均保留時間(HLD)
●リソース効率性	
KPI	スケジュール遵守率(SDA)
補足的	ベース時間内エージェント稼働率(OCC)
補足的	勤務時間内リソース利用率(UTIL)

コスト・パフォーマンス・メトリクス	
KPI	1分あたりオペレーション単価(CPM)
重要	オペレーション費用(OPEX)
補足的	コンタクト単価(CPC)

クオリティー・パフォーマンス・メトリクス

クオリティー・モニタリング・スコア(quality monitoring score ; QMS)

優先度	最重要：KPI
定義	エージェントによる顧客との応対の品質
単位	％またはレーティング・スケール(大変良い、良い……等)による評価
計算式	・標準的な計算式はない ・実績スコア÷満点スコアのパターンが多い
データソース	クオリティー・モニタリング
評価対象	センター、プログラム、チーム、エージェント
ゴール設定例	過去の実績や経験から評価対象ごと(個人別等)に設定
ベンチマーク	High：90％以上、Mid：60〜90％、Low：60％未満
コメント	・クオリティー・モニタリングのスコアリングやレーティング・スケールによる評価の方式は個々のコールセンターが定める方法論に基づく ・高度な専門知識が求められるセンターの場合、「ナレッジ・クオリティー・モニタリング」(knowledge quality monitoring)として独立させ、エージェントが有する知識のレベルや顧客に提供する情報の質を評価する方法がある ・クオリティー・モニタリングに関する詳細は第5章を参照

初回コール完了率（first call resolution；FCR）

優先度	最重要：KPI
定義	初回のコンタクトで顧客の用件が完了した割合
単位	％
計算式	初回コンタクト完了数÷（合計応答コール数−目的外コール応答コール数）
データソース	CRMレポート、ACDレポート、マニュアル・トラッキング
評価対象	センター、プログラム、チーム、エージェント
ゴール設定例	90％以上
ベンチマーク	High：95％以上、Mid：80〜95％、Low：80％未満
コメント	・初回コンタクト完了数の計測方法に標準的な方法はない ・「初回コンタクト」は、「顧客視点」と「エージェント視点」により定義が異なる。顧客視点には、「初回のコールに応答した1人のエージェントの応対で完了した場合」と、「転送により複数のエージェントが応対したが1回の電話で完了した場合」がある。また、エージェント視点の場合は、「転送やコールバック等、顧客にとっては1回の電話で完了していないが、エージェント自身はマニュアル等で定められた責任を1回のコンタクトで果たした」というケースだ。このケースはエージェントの知識や業務の遵守度の評価が目的だ。3つの切り口のうち、どれを自センターの定義とするか明確にし、それを算出する計算式を考える必要がある ・計算式の合計応答コール数から目的外のコールを除くケースは少ないが、FCRのブレをなくしたり、エージェントの真の実力を正確に表すためには重要

正確性（accuracy；ACCUR）

優先度	重要
定義	エージェントが顧客に提供した情報や処理の正確性
単位	％
計算式	（合計応答コール数−エラー発生応答コール数）÷合計応答コール数
データソース	クオリティー・モニタリング、CRMレポート、マニュアル・トラッキング
評価対象	センター、プログラム、チーム、エージェント
ゴール設定例	100％
ベンチマーク	98％以上
コメント	・正確な情報提供は当然のことなのでゴールは100％が基本

- 欧米では正確性の対であるエラーの発生にフォーカスした「エラー発生率」(Error/Rework Rate)として算出するのが一般的

サービス・パフォーマンス・メトリクス

サービスレベル (service level ; SL)

優先度	最重要：KPI
定義	すべてのインバウンド・コールのうち、定められた時間以内に応答したコールの割合
単位	％
計算式	(Y秒以内応答コール数＋Y秒以内放棄コール数)÷(合計応答コール数＋合計放棄コール数) ※定められた時間(しきい値)をY秒とする ※上記以外に複数の計算式がある(第3章)
データソース	ACDレポート
評価対象	センター、プログラム
ゴール設定例	・20秒以内に80％以上応答　(慣習的に"80／20"と表記する) ・許容範囲：しきい値±5〜10％
ベンチマーク	High：90／10、95／20　Mid：90／20、85／10、80／20　Low：90／120、70／30
コメント	・コールセンターの根本指標と位置づける最も重要なKPI ・結果は高ければ良いわけではない。しきい値に対して高過ぎる場合は調整が必要。その目安としてしきい値±5％〜10％の許容範囲を設定し、サービスレベルがその範囲内に納まるようにコントロールする ・サービスレベルの詳細は第3章ワークフォース・マネジメントを参照

放棄率 (abandon rate ; ABN)

優先度	重要
定義	エージェントやIVR等の自動応答装置が応答する前に顧客が自ら電話を切った割合
単位	％
計算式	(合計放棄コール数−ショート放棄コール数)÷(合計放棄コール数＋合計応答コール数)
データソース	ACDレポート

評価対象	センター、プログラム
ゴール設定例	5%以内
ベンチマーク	High：3%未満　Mid：3〜5%　Low：5%超
コメント	・着信直後の短時間（通常3秒以内）で放棄となった「ショート放棄コール」を合計放棄数から除くのが通例 ・放棄の発生はIVRのプロセス中、セルフサービスのプロセス中、キューイング後の応答待機中の3パターンがある。それぞれのデータを測定する ・放棄率の詳細は、第3章ワークフォース・マネジメント参照

話中率（blockage rate；BLK）

優先度	補足的
定義	すべての電話回線が通話中でふさがっている等、ビジー状態（ツーツーツーというビジー音が聞こえる）により顧客のコールがコールセンターのPBX等の電話システムにつながらない割合
単位	％
計算式	話中コール数÷発信コール数
データソース	・通信キャリア提供のトラフィック・レポート ・フリーダイヤルの場合、NTTコミュニケーションズ提供の「カスタマコントロール」
評価対象	センター、プログラム
ゴール設定例	1%以内
ベンチマーク	電話通信技術的にも許容できるのは最大1%
コメント	・コールセンターの電話システムが、キューの累積を防ぐために意図的にビジー音を発する"ビジー返し"により顧客が切断したコールは、コールセンターの電話システム内で発生する事象のため話中コールではなく放棄コールに含める ・第3章ワークフォース・マネジメント参照

平均応答時間（average speed of answer；ASA）

優先度	補足的
定義	コールが着信（またはキューイング）してからエージェントが応答するまでの平均時間
単位	秒
計算式	応答までの合計待ち時間÷合計応答コール数

データソース	ACDレポート
評価対象	センター、プログラム
ゴール設定例	10秒以上
ベンチマーク	High：10秒未満　Mid：10〜20秒　Low：20秒超
コメント	平均値のため顧客経験の実態を忠実に表すのは困難。サービスレベルや放棄率の補足的に確認する

最長応答遅延時間（longest delay in queue；LDQ）

優先度	補足的
定義	コールが着信（またはキューイング）してからエージェントが応答するまでの最長時間
単位	分または秒
計算式	実測値
データソース	ACDレポート
評価対象	センター、プログラム
ゴール設定例	120秒
ベンチマーク	High：30秒未満　Mid：30秒以上120秒以内　Low：120秒超
コメント	・日常のマネジメントにおける優先度は低い（最長応答遅延時間によるコントロールの機会は少ない）が、顧客経験の最悪のケースの実態を知ること、レッドフラッグ発出の判断等に使用する ・最終的に放棄になるまでの最長時間は「最長放棄時間」（longest delay to abandon；LDA）で表す

効率性パフォーマンス・メトリクス
コンタクト効率性

1時間あたり応答コール数（calls per hour；CPH）

優先度	最重要：KPI
定義	1人のエージェントの1時間あたりの応答コール数の一定期間（1日、1カ月等）あたりの平均
単位	件数
計算式	合計応答コール数÷（直接業務時間−稼働準備時間）
データソース	ACDレポート、WFMレポート
評価対象	センター、プログラム、チーム、エージェント
ゴール設定例	プログラムの内容に依拠するため標準的な例はない

ベンチマーク コメント	プログラムの内容に依拠するためベンチマークは有効でない ・エージェントの「直接業務時間」を分母にする例が多いが、勤務時間や待機時間等の長短によるエージェント間のデータの不釣り合いを避けるためには、「直接業務時間」から待機時間やリング時間等からなる「稼働準備時間」を除いて計算するのが望ましい ・エージェントの顧客応対業務に混在して存在する内線通話時間、内外線発信通話時間、ワーキングAUX時間等からなる「準稼働時間」を含めるか除くかを決めておく ・各時間の定義は**図表6-6**を参照

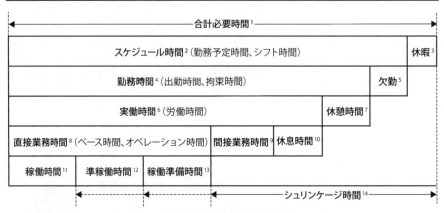

図表6-6　エージェントの時間の分類と定義

1. 合計必要時間：エージェントが勤務するのに必要なすべての要素を合計した時間
2. スケジュール時間：エージェントの勤務がスケジュールされた時間
3. 休暇：事前に承認／スケジュールされた有給休暇等
4. 勤務時間：エージェントが出勤してから退勤するまでの会社に拘束されている時間
5. 欠勤：事前に承認／スケジュールされていない欠勤、遅刻、早退等（人事手続き上は有給休暇で処理したものも含む）
6. 実働時間：勤務時間のうち休憩時間を除いた時間。労基法上の労働時間と同義である
7. 休憩時間：ランチタイム等、就業規則で定められた無給の休憩時間
8. 直接業務時間：エージェントの本来の目的である顧客応対業務に直接従事する時間。この時間に必要なエージェント数を「ベース・エージェント」という
9. 間接業務時間：実働時間のうちミーティング、トレーニング、事務処理、その他雑務等、エージェントが顧客応対以外に費やす時間
10. 休息時間：業務上の必要性からコールセンター独自に付与する有給の休息時間。業務の一環として実働時間に含む
11. 稼働時間：エージェントが実際に顧客応対を行う時間。ACD受発信通話時間、保留時間、後処理時間、セットアップ時間からなる
12. 準稼働時間：エージェントの顧客応対業務に混在して存在する内線通話時間、内外線発信通話時間、ワーキングAUX時間[15]等
13. 稼働準備時間：エージェントのACD受発信に付随して発生する呼出し時間やコールフロー上生じるその他時間、応答の待機時間、離席時間等
14. シュリンケージ時間：間接業務時間、休憩、休息、休暇、欠勤に要する時間。ベース時間のうち、準稼働時間や稼働準備時間の一部を含める場合がある（センターのニーズによって異なる）。ベース・エージェントにシュリンケージ時間分の人数を加えることで要在籍人数（＝トータル・エージェント）を算出する
15. ワーキングAUX時間：直接業務（電話オペレーション）時間中にACDのAUXモードで電話以外の顧客オペレーションを行う時間

平均処理時間（average handle time；AHT）

優先度	重要
定義	1本のコールの処理（通話＋保留＋後処理）に要する平均時間
単位	分または秒
計算式	（合計通話時間＋合計保留時間＋合計後処理時間）÷合計応答コール数
データソース	ACDレポート
評価対象	センター、プログラム、チーム、エージェント
ゴール設定例	プログラムの内容に依拠するため標準的な例はない
ベンチマーク	プログラムの内容に依拠するためベンチマークは有効でない
コメント	・コールセンターのあらゆる活動の設計の起点となるメトリクス ・第3章ワークフォース・マネジメント参照

平均通話時間（average talk time；ATT）

優先度	補足的
定義	エージェントと顧客との通話（電話に応答してから切断するまで）の平均時間
単位	分または秒
計算式	合計通話時間÷合計応答コール数
データソース	ACDレポート
評価対象	センター、プログラム、チーム、エージェント
ゴール設定例	プログラムの内容に依拠するため標準的な例はない
ベンチマーク	プログラムの内容に依拠するためベンチマークは有効でない
コメント	・ワークロードの予測やエージェント数の算出の場合には通話時間、応答コール数ともACDレポートによる実数を用い、パフォーマンスの評価や分析を行う場合は、実数から目的外のコールを除いた数値を使用するのが望ましい ・コスト削減目的で意図して通話時間の短縮を図ることは、クオリティーとのトレードオフを考慮すれば安易に行うべきでない。テクノロジーのサポートやビジネスプロセスの見直し等による短縮を第一に検討すべきで、エージェントに安易に通話時間短縮のプレッシャーをかけるべきではない ・第3章ワークフォース・マネジメント参照

平均後処理時間(average after call work time；ACW)

優先度	補足的
定義	エージェントが顧客との通話の切断後に行った後処理の平均時間
単位	分または秒
計算式	合計後処理時間÷合計応答コール数 ※1コールあたりではなく、後処理1回あたりの平均時間を見るために、合計後処理回数で割る場合もある
データソース	ACDレポート
評価対象	センター、プログラム、チーム、エージェント
ゴール設定例	プログラムの内容に依拠するため標準的な例はない
ベンチマーク	プログラムの内容に依拠するためベンチマークは有効でない
コメント	・後処理時間はコールセンターのみに必要な時間であるため短いほど良い。ただし正確性とのトレードオフを考慮すれば、"適正な"後処理時間は必要だ ・後処理時間短縮のためのエージェントへの指導は、タイピング・スキルの向上等、方法を具体的に指示する。方法を示すことなく短縮を促すだけでは、後処理時間の適正さが損なわれ正確性の低下を招くことになる ・多くの統計管理システムは、応答コール数でなく後処理の回数で割って算出するため注意が必要。回数で割ると、1回のコールで後処理を2回に分けて行った場合、見かけの時間がコール数で割った場合よりも短くなり、フォーキャストやエージェントの業績評価等に支障が生じる ・第3章ワークフォース・マネジメント参照

平均保留時間(average hold time；HLD)

優先度	補足的
定義	エージェントが顧客との通話中に電話を保留モードにした1回あたりの時間の平均
単位	分または秒
計算式	合計保留時間÷合計保留回数
データソース	ACDレポート
評価対象	センター、プログラム、チーム、エージェント
ゴール設定例	1分以内
ベンチマーク	High：1分以内　Mid：1分～3分　Low：3分以上

コメント	・求めるのは1回あたりの保留時間なのか、1コールあたりの保留時間なのかを考慮して測定する。後処理と異なり保留の場合は1回あたりが基本だ ・保留は顧客満足の低下に強く影響する。時間のみならず保留の操作、保留実施時の顧客応対の質も含めて厳格に運用することが必要 ・第3章ワークフォース・マネジメント参照

リソース効率性

スケジュール遵守率(schedule adherence；SDA)

優先度	最重要：KPI
定義	エージェントが電話オペレーションのスケジュール通りに従事した時間の割合
単位	％
計算式	電話オペレーションにスケジュールされた時間の範囲内で実際に電話オペレーションに従事した時間の実績÷電話オペレーションにスケジュールされた時間 ※各時間の定義は図表6-6を参照
データソース	ACDレポート
評価対象	センター、チーム、エージェント
ゴール設定例	95％以上
ベンチマーク	High：98％以上、Mid：95％以上98％未満、Low：95％未満
コメント	・エージェントが"いるべき時にちゃんといる"かどうかを表す。日本ではこれが問題になることは極めて少ないが、エージェントのスタッフィング、スケジューリング、出勤状況、モラール等を総合した結果であること、また、日常的にはわずかなロスト時間("いるべき時にいなかった"時間)でも、長期間で見ればコストへの影響も無視できないことから注視すべきメトリクス ・第3章ワークフォース・マネジメント参照

ベース時間内エージェント稼働率(occupancy rate；OCC)

優先度	補足的
定義	ベース時間(電話オペレーション時間＝エージェントが電話オペレーションにスケジュールされた時間)のうち通話時間等の稼働時間の割合

単位	％
計算式	稼働時間÷ベース時間 ※各時間の定義は図表6-6を参照
データソース	ACDレポート
評価対象	センター、プログラム、チーム、エージェント
ゴール設定例	・安定稼働しているプログラムの過去の実績から当該プログラムの適正値を見極め、それを目標値として利用する ・許容範囲：目標値±5％
ベンチマーク	プログラムの内容に依拠するためベンチマークは有効でない
コメント	・日本ではブーム的に拡がり、多くのコールセンターが主要なKPIとして使用しているが"稼働率は高ければ良い"と誤解しているセンターが多い ・稼働率が上がればサービスレベルは下がる。エージェントの疲労が増し"燃え尽き"の引き金にもなるといった、このメトリクスの本質を正しく知る必要がある ・プログラムの内容、コール数やサービスレベルの実績に依拠するため一般的な標準値や適正値は存在しない ・数値を上げることが目的ではなく、効率性とエージェントの疲労度とのバランスから適切な数値を発見し、そのレベルを維持するようコントロールするための指標が稼働率だ。そのために目標値±5％程度の許容範囲を設定し、その範囲内に納まるようにコントロールする ・オペレーション実施期間が1年未満、コール数の変動が激しい、フォーキャスト正確性が5％超の業務における目標値としての利用は避ける ・稼働時間にワーキングAUX時間等の準稼働時間を含める考え方もある。センターの目的やニーズに応じた定義を決めておく ・第3章ワークフォース・マネジメント参照

勤務時間内リソース利用率（utilization rate；UTIL）

優先度	補足的
定義	エージェントの勤務時間のうち通話時間等のリソース利用時間の割合
単位	％
計算式	リソース利用時間÷勤務時間
データソース	ACDレポート

IV　コールセンターの業績評価指標

評価対象	センター、プログラム、チーム、エージェント
ゴール設定例	プログラムの内容に依拠するため標準的な例はない
ベンチマーク	プログラムの内容に依拠するためベンチマークは有効でない
コメント	・エージェントの人件費使用効率という財務的な視点や、シュリンケージのコントロール等ワークフォース・マネジメントの視点からの活用がメイン ・リソース利用時間は①稼働時間、②稼働時間＋ワーキングAUX時間、③稼働時間＋準稼働時間、④①～③のそれぞれに稼働準備時間の一部を加える等、センターのニーズによって定義が異なる ・エージェントの時間の分類と定義（図表6-6）を参照

エンゲージメント・パフォーマンス・メトリクス

顧客満足度（customer satisfaction；C-SAT）

優先度	最重要：KPI
定義	コールセンターを利用した顧客のコールセンターやエージェントに対する満足度
単位	％
計算式	トップ2ボックスの評価の件数÷全体の回答件数
データソース	顧客満足度調査
評価対象	センター、プログラム、チーム、エージェント
ゴール設定例	トップ2ボックス：90％以上
ベンチマーク	High：90％以上　Mid：75％～90％　Low：75％以下
コメント	5段階スケールのトップ2ボックス（上位2つ；大変良い＋良い）への評価を満足度評価とするのが多数派であるが、収益への貢献はトップ1ボックスの感情的満足に限るという顧客エンゲージメントの観点から、最近はトップ1のみで測定するセンターが増加

エージェント・エンゲージメント（agent engagement；A-ENG）

優先度	最重要：KPI
定義	エンゲージしているエージェントの割合
単位	％
計算式	エンゲージしているエージェント数÷すべてのエージェント数
データソース	エージェント・エンゲージメント調査

評価対象	センター、チーム
ゴール設定例	エンゲージメント調査の方法やエンゲージメント・レベルの定義により異なるため、標準的な例はない
ベンチマーク	エンゲージメント調査の方法やエンゲージメント・レベルの定義により異なるため、標準的な指標はない
コメント	・エンゲージメントは、業績への貢献が明確でリテンション施策にも多大な影響を与えるため、従来の従業員満足度に替わる重要な指標だ ・ただし、その方法論は標準化されているわけではなく、自社のエンゲージメント施策の内容に合わせて調査や指標の設計・構築を行うのが基本 ・エージェント・エンゲージメントに関する詳細は、第7章を参照

顧客努力指標（customer effort score；CES）

優先度	重要
定義	コールセンターにコンタクトし、問題の解決のために要した手間や努力の度合い
単位	％
計算式	「容易」に評価（トップ2スケール）の割合－「困難」に評価（ボトム3スケール）の割合 ※一般に7スケール（トップ2：容易、ボトム3：困難）で評価する
データソース	アフター・コール・サーベイ
評価対象	センター、プログラム
ゴール設定例	プログラムの内容に依拠するため標準的な例はない
ベンチマーク	プログラムの内容に依拠するためベンチマークは有効でない
コメント	・「CES」の英表記も浸透している ・コールセンター以外の社内のプロセスが評価に影響する場合がある ・コールセンターのプロセスに限定した評価を聴くことができるのに加えて、顧客が努力を要した点を具体的に確認することも可能なため、コールセンターのパフォーマンスの評価やプロセス改善等に効果的 ・「顧客推奨度」（ネットプロモータースコア、net promoter score；NPS）を使用するセンターも多いが、マーケティング（顧客戦略）の側面が強いメトリクスであることから、本書ではビジネス・エフェクティブネス・メトリクスに位置づける

エージェント離職率（turnover rate；TOV）

優先度	補足的
定義	対象期間内における退職や異動等によるエージェントの離職者数（または補充者数）の、同期間内における平均在籍者数に対する割合
単位	％
計算式	（対象期間内の離職者数（または補充者数）÷対象期間内の平均在籍者数）×（12÷対象期間の月数） ※エージェント離職率には共通の計算式は存在しない
データソース	コールセンター人員計画等
評価対象	センター
ゴール設定例	人員計画や採用環境等、個別の事情に依拠するため標準的な例はない
ベンチマーク	人員計画や採用環境等、個別の事情に依拠するためベンチマークは有効でない
コメント	・「離職」とは退職に限らず、異動や昇進等によりエージェントのポジションを離れることを意味する ・退職や異動の理由（ポジティブかネガティブか）を考慮して計算、評価を行うことが望ましい ・エージェント離職率の計算式に標準型はなく、上記は最も多く使われるパターンだ ・離職者数と補充者数は必ずしも一致しないため、目的に合わせて使い分ける ・対象期間が1年に満たない場合は、年間ベースに換算して算出する ・詳しくは第7章を参照

コスト・パフォーマンス・メトリクス

1分あたりオペレーション単価（cost per minute；CPM）

優先度	最重要：KPI
定義	応答したコールの処理時間1分あたりのオペレーション費用
単位	¥
計算式	オペレーション費用÷（応答コール数×平均処理時間）
データソース	コストセンター・レポート、ACDレポート
評価対象	センター、プログラム
ゴール設定例	プログラムの内容に依拠するため標準的な例はない
ベンチマーク	プログラムの内容に依拠するためベンチマークは有効でない

コメント	・クオリティーや効率性等、コールセンターのオペレーションのすべての活動の成果が反映される、コールセンター・マネジメントの総合成績といえる
	・ワークロードの変化等の影響が少なく、異なるプログラムや他社との比較が可能

オペレーション費用（operating expense；OPEX）

優先度	重要
定義	コールセンターのオペレーション費用
単位	¥
計算式	コストセンター・レポートに計上された実額
データソース	コストセンター・レポート、ACDレポート
評価対象	センター、プログラム、チーム
ゴール設定例	予算や財務戦略等、個別の事情に依拠するため標準的な例はない
ベンチマーク	予算や財務戦略等、個別の事情に依拠するためベンチマークは有効でない
コメント	オペレーション費用のデータの入手、費用に何を含めるか等の検討、管理者やサポーティング・スタッフの人件費や共用設備に関する費用のプログラムやチームへの配賦ルール、それらを含めたオペレーション費用の明確な定義づけが必要

コンタクト単価（cost per contact；CPC）

優先度	補足的
定義	顧客とのコンタクト1回あたりのオペレーション費用
単位	¥
計算式	オペレーション費用÷応答コール数
データソース	コストセンター・レポート、ACDレポート
評価対象	センター、プログラム
ゴール設定例	プログラムの内容に依拠するため標準的な例はない
ベンチマーク	プログラムの内容に依拠するためベンチマークは有効でない
コメント	・センターのプロセスやスタッフィングに変化がなくても、コール数の影響を受けやすいため、評価のブレが生じやすい。また、他のコールセンターやプログラムとの比較ができない
	・コール数やそのトレンドが安定したプログラムであれば有効なメトリクスだ

2. オペレーショナル・パフォーマンス・メトリクス——その他のコンタクト

　アウトバウンド、メール、ソーシャルといったインバウンド以外のコンタクトのオペレーションのパフォーマンスを測定・評価する指標。インバウンドとの共通部分を除いた、各コンタクトに特有の13のメトリクス、うち4つのKPIからなる。**図表6-7に一覧を示し、その詳細を以下に解説する。**

　また、顧客コンタクトのパフォーマンスを示すものではないが、コールセンターのオペレーションに大きく影響するワークフォース・マネジメントのプロセスを評価するメトリクスも合わせて解説する。

図表6-7　オペレーショナル・パフォーマンス・メトリクス——その他のコンタクト

アウトバウンド・コンタクト	
KPI	1時間あたりダイヤル数(DPH)
重要	平均処理時間(AHT)
補足的	平均セットアップ時間
補足的	ダイヤラー放棄率
補足的	ダイヤラー接続数
補足的	ダイヤリング完了率

ソーシャル・コンタクト	
KPI	インバウンド・ボリューム
KPI	初回レスポンスタイム(FRT)
重要	レスポンスタイム(RT)
重要	平均処理時間(AHT)

メール・コンタクト	
KPI	レスポンスタイム(RT)
重要	平均処理時間(AHT)
補足的	1時間あたり完了数

ワークフォース・マネジメント	
KPI	フォーキャスト正確性
KPI	スケジュール遵守率(SDA)
重要	スケジュール適合性(SDE)

アウトバウンド・コンタクト

1時間あたりダイヤル数 (dials per hour；DPH)

優先度	最重要：KPI
定義	エージェント1人1時間あたりダイヤル数の**一定期間**（1日、1カ月等）あたりの平均
単位	件数
計算式	**合計ダイヤル数÷合計オペレーション時間**
データソース	ACDレポート、ダイヤラー・レポート
評価対象	センター、プログラム、チーム、エージェント
ゴール設定例	プログラムの内容に依拠するため標準的な例はない
ベンチマーク	プログラムの内容に依拠するためベンチマークは有効でない

コメント	・アウトバウンド・コンタクトの効率性やスタッフィング等のキーとなるメトリクス ・レポートのデータとエージェント個人の実績に違和感が生じないため、アウトバウンド・コンタクトにおけるエージェント個人の効率性目標や業績評価指標として適している ・第3章ワークフォース・マネジメント参照

平均処理時間（average handle time；AHT）

優先度	重要
定義	アウトバウンド・コンタクトにおける1本のコールの処理（セットアップ＋通話＋保留＋後処理）に要する平均時間
単位	分または秒
計算式	**（合計セットアップ時間＋合計通話時間＋合計保留時間＋合計後処理時間）÷合計発信コール数** ※発信コール数はダイヤル回数と同義
データソース	ACDレポート、ダイヤラー・レポート
評価対象	センター、プログラム、チーム、エージェント
ゴール設定例	プログラムの内容に依拠するため標準的な例はない
ベンチマーク	プログラムの内容に依拠するためベンチマークは有効でない
コメント	・インバウンド・コンタクトには存在しない「セットアップ時間」を含むのが特徴 ・第3章ワークフォース・マネジメント参照

平均セットアップ時間（average set-up time）

優先度	補足的
定義	エージェントが電話をかける前に行う準備や確認に要する時間
単位	分または秒
計算式	**（合計ハンド／ヘッドセット確認時間＋合計電話番号確認＋合計ダイヤルトーン確認時間＋合計ダイヤル操作時間＋合計応答待ち時間）÷合計発信コール数** ※発信コール数はダイヤル回数と同義
データソース	ACDレポート、ダイヤラー・レポート、マニュアル・トラッキング
評価対象	センター、プログラム、チーム、エージェント
ゴール設定例	プログラムの内容に依拠するため標準的な例はない
ベンチマーク	プログラムの内容に依拠するためベンチマークは有効でない

コメント	・セットアップ時間はアウトバウンド・コンタクトに特有の処理時間 ・「応答待ち時間」とは、電話をかけるダイヤル操作を行ってから、相手が応答する(誰かが電話に出る)または応答しないため電話を切断するまでの時間 ・この時間をアウトバウンド・コンタクトの処理時間に含めないセンターが少なくないが、1回のコンタクトにつき30秒前後かかるため、決して無視できるレベルではない ・第3章ワークフォース・マネジメント参照

ダイヤラー放棄率 (dialer abandon rate)

優先度	補足的
定義	ダイヤラーが架電し顧客が応答するも、エージェントの空きがなく応答できないためダイヤラーにより放棄されたコール数
単位	％
計算式	ダイヤラー放棄コール数÷ダイヤラー発信コール数
データソース	ダイヤラー・レポート
評価対象	センター、プログラム
ゴール設定例	1％未満
ベンチマーク	公表されている実績例が少なくベンチマーク・データがほとんどない
コメント	・ダイヤラーを使用する場合に特有なメトリクス ・ダイヤラーが一方的に放棄するため、顧客満足に強い負の影響を与えるリスクがある

ダイヤラー接続数 (dialer connected calls)

優先度	補足的
定義	ダイヤラーによる発信コールが顧客の電話に着信した件数
単位	件数
計算式	ダイヤラーの発信レポートによる実数であり計算式はない
データソース	ダイヤラー・レポート
評価対象	センター、プログラム
ゴール設定例	プログラムの内容に依拠するため標準的な例はない
ベンチマーク	プログラムの内容に依拠するためベンチマークは有効でない
コメント	・顧客の電話への着信はライブ応答に加え、留守番電話、呼び出し音のみの場合も含む ・ダイヤラーの効率性の評価が目的のメトリクス

ダイヤリング完了率(penetration rate)

優先度	補足的
定義	ダイヤラーによる発信対象のすべてのリストのうち、発信が完了したリストの割合
単位	％
計算式	**ダイヤラー発信数÷ダイヤラー発信対象リスト数**
データソース	ダイヤラー・レポート
評価対象	センター、プログラム
ゴール設定例	プログラムの内容に依拠するため標準的な例はない
ベンチマーク	プログラムの内容に依拠するためベンチマークは有効でない
コメント	ダイヤラーによるリスト消化の進捗状況を把握するのが目的のメトリクス

メール・コンタクト

レスポンスタイム(response time ; RT)

優先度	最重要：KPI
定義	すべてのインバウンド・メールのうち定められた目標時間内に回答の返信を完了した割合
単位	％
計算式	**目標時間内に処理を完了したメール数÷着信したすべてのメール数**
データソース	メール・マネジメント・システム・レポート、CRMレポート
評価対象	センター、プログラム、チーム
ゴール設定例	100％
ベンチマーク	※レスポンスタイム目標時間のベンチマーク High：1時間　Mid：1～4時間　Low：24時間
コメント	・レスポンスタイム目標が1時間以内の場合、エージェント数の算出はレスポンスタイムでなくサービスレベルを使う ・レスポンスのタイミングには、①受信確認メールの送信　②エージェントが顧客に最初に送信　③応対が完了（またはエスカレーション）の3つがある。顧客やビジネスのニーズを考慮して、どのタイミングを使うか定義しておく ・第3章ワークフォース・マネジメント参照

平均処理時間(average handle time ; AHT)

優先度	重要

定義	1本のメールを処理（メールを開く／回答作成／回答返信）するのに要する平均時間	
単位	分または時間	
計算式	**合計処理時間÷合計オペレーション時間**	
データソース	メール・マネジメント・システム・レポート、CRMレポート	
評価対象	センター、プログラム、チーム、エージェント	
ゴール設定例	プログラムの内容に依拠するため標準的な例はない	
ベンチマーク	プログラムの内容に依拠するためベンチマークは有効でない	
コメント	電話のように通話、保留、後処理といった作業の区分はない	

1時間あたり完了数（completion per hour；CPH）

優先度	補足的
定義	1人のエージェントが1時間に処理を完了したメール数の一定期間（1日、1カ月等）あたりの平均
単位	件数
計算式	**合計完了数÷合計オペレーション時間**
データソース	メール・マネジメント・システム・レポート、CRMレポート
評価対象	センター、プログラム、チーム、エージェント
ゴール設定例	プログラムの内容に依拠するため標準的な例はない
ベンチマーク	プログラムの内容に依拠するためベンチマークは有効でない
コメント	効率性はレスポンスタイムで評価するため、優先度は低い

ソーシャル・コンタクト

インバウンド・ボリューム（inbound volume）

優先度	最重要：KPI
定義	対象のソーシャル・チャネルで発せられ、コールセンターによるサポートを要するメッセージの件数
単位	件数
計算式	ソーシャル・リスニングにより収集したメッセージから抽出した実数であり計算式はない
データソース	ソーシャル・メディア
評価対象	センター、プログラム
ゴール設定例	プログラムの内容に依拠するため標準的な例はない
ベンチマーク	プログラムの内容に依拠するためベンチマークは有効でない

コメント	マーケティング目的で行うソーシャル・リスニングにより収集したメッセージのうち、コールセンターによるサポートの対象となるメッセージをいう

初回コンタクト・レスポンス・タイム（first response time；FRT）

優先度	最重要：KPI
定義	ソーシャル・チャネル上に発せられた最初のメッセージに対して、エージェントが最初のリプライ（回答または反応）を発するまでの時間
単位	分または時間
計算式	システムにより測定・レポートされた時間の実数であり計算式はない
データソース	ソーシャル・オペレーション・システム等
評価対象	センター、プログラム
ゴール設定例	30分以内
ベンチマーク	High：10分　Mid：30分〜1時間　Low：2時間超
コメント	ソーシャル・コンタクトはリプライの迅速性が顧客満足に強く影響するため、このメトリクスの測定は非常に重要

レスポンスタイム（response time；RT）

優先度	重要
定義	対象のソーシャル・メッセージのうち定められた目標時間内にリプライを完了した割合
単位	％
計算式	目標時間内にリプライを完了したメッセージ数÷対象のすべてのメッセージ数
データソース	ソーシャル・オペレーション・システム等
評価対象	センター、プログラム、チーム、エージェント
ゴール設定例	100％
ベンチマーク	公表されている実績例が少なくベンチマーク・データがほとんどない
コメント	レスポンスタイム目標が1時間以内の場合、エージェント数の算出はサービスレベルを使う

平均処理時間（average handle time；AHT）

優先度	重要
定義	ソーシャル・チャネル上に発せられたメッセージに対して、エージェントがリプライ（回答または反応）を発するまでの時間の平均

単位	分または時間
計算式	合計リプライ時間÷合計リプライ数
データソース	ソーシャル・オペレーション・システム等
評価対象	センター、プログラム、チーム、エージェント
ゴール設定例	1～5分
ベンチマーク	公表されている実績例が少なくベンチマーク・データがほとんどない
コメント	ソーシャル・コンタクトの特性上、処理時間は短く、同時に複数の顧客のメッセージの処理が可能

ワークフォース・マネジメント

フォーキャスト正確性(forecast accuracy)

優先度	最重要：KPI
定義	ワークロードの予測の実績に対する正確性
単位	％
計算式	・時間帯ごとの予測の正確性 　誤差率＝(実績－予測)÷実績 ・一定期間の予測の正確性 　絶対誤差率＝((実績－予測)の絶対値)÷実績 　平均絶対誤差率(MAPE)＝絶対誤差率の合計÷すべての時間帯数 ・予測と実績の誤差の散らばり度合い：標準偏差(STDEV関数)により算出 ・予測と実績の関係性(パターンの一致度)：相関係数(CORREL関数)により算出
データソース	ACDレポート、WFMレポート
評価対象	センター、プログラム、WFMチーム、ビジネス・コントローラー等予測を担当するスタッフ
ゴール設定例	時間帯／一定期間の予測の正確性：5％以内
ベンチマーク	High：5％以内　Mid：5％～10％　Low：10％～15％
コメント	・予測の精度がセンター全体に与える影響は極めて大きく、WFMチーム、およびその担当スタッフにとっての最も重要な評価指標である ・誤差率は時間帯ごとの正確性の評価にのみ使う。複数の時間帯の合計に対する誤差率は、プラスとマイナスの誤差が相殺され実

　　　　態より過少に算出されてしまう
- 1日、1週、1カ月等、一定期間の正確性の評価には平均絶対誤差率(MAPE)を使う
- 標準偏差は予測と実績の誤差の散らばりの度合いを表す。数値が大きいほど散らばりの度合いが大きい、すなわち精度が低い
- 相関係数は予測と実績のデータの関係性の強さを表し、予測と実績が近い(両者の数値の増減のパターンが似ている)ほど限りなく1.0に近い値となる
- 標準偏差と相関係数は複数の予測の精度の比較を目的とするため、通常は目標値を設定しない
- 第3章ワークフォース・マネジメント参照

スケジュール遵守率(schedule adherence；SDA)

※効率性パフォーマンス・メトリクスを参照

スケジュール適合性(schedule efficiency；SDE)

優先度	重要
定義	作成したスケジュール上のエージェントの必要人数と、実際に配置した人数との一致度や誤差の度合い
単位	％
計算式	・配置人数と必要人数の一致度 　絶対誤差率＝((配置人数－必要人数)の絶対値)÷配置人数 ・スケジュール適合性＝しきい値内の時間帯数÷すべての時間帯数 ・一定期間の配置人数と必要人数の誤差の度合い 　平均絶対誤差率(MAPE)＝絶対誤差率の合計÷すべての時間帯数
データソース	ACDレポート、WFMレポート、エージェント・スケジュール
評価対象	オペレーション・スーパーバイザー、WFMチーム、ビジネス・コントローラー等、エージェント・スケジュールの作成を担当するスタッフ
ゴール設定例	スケジュール適合性：90％(しきい値を10％に設定した場合)
ベンチマーク	High：5％　Mid：5％〜10％　Low：10％〜15％
コメント	・算出した絶対誤差率の数値そのものを評価するのではなく、時間帯ごとの配置人数と必要人数の誤差がしきい値内に収まっているか否かを確認する ・全体の時間帯数に対するしきい値内の時間帯数の割合を一定期間のスケジュール適合性として評価する

> - 配置人数と必要人数は、エージェント数の予測と実績と同義であり、その誤差はフォーキャスト正確性と同様に平均絶対誤差率（MAPE）により評価する
> - 第3章ワークフォース・マネジメント参照

3. ビジネス・エフェクティブネス（効果性）・メトリクス

コールセンターが実施するセールス、ディスパッチ、テクニカル・サポートといったプログラムに課せられた成果目標に対するパフォーマンスを測定・評価する指標。

図表6-8にビジネス・エフェクティブネス・メトリクスの例を挙げる。1つひとつのプログラムの目的に応じて設定されるメトリクスであることから、この他にもプログラムの数だけ存在すると言える。

図表6-8　ビジネス・エフェクティブネス（効果性）・メトリクス

分類	日本語	English
カスタマーサービス	顧客維持率 1時間あたり処理件数 問い合わせタイプ別コール数 IVR完了率 資料請求件数 エラー発生率 苦情解決率	Customer Save Rate Transaction per Hour Calls by Inquiry Type IVR Completion Rate # of Literature Request Error/Rework Rate Complaints Resolution Rate
テレマーケティング	ターゲット顧客コンタクト率 1コンタクトあたり販売額 クロス／アップセル・コンバージョン率 アップセリング成功率 コンバージョン率 1時間あたり販売件数 リード獲得数 任意解約率	Right-Party Contact（RPC） Sales per Contact Cross/Up-Sell Conversion Rate Up-Sell Success Rate Conversion Rate Sales per Hour Leads Generated Voluntary Attrition Rate
受注	1時間あたり受注件数 平均受注額	Order per Hour Average Order Size
債権回収	1コールあたり回収額 平均回収額 保証獲得率	Collection per Call Average Balance Saved Promises Kept
テクニカルサポート	案件完了率	Ticket Closed Rate
ディスパッチ	アポイント・スケジュール件数 サイト別派遣率 サービスリクエスト平均未処理件数	# of Appointments Scheduled Dispatch Rate by Site Average Service Request Backlog
マーケティング	ネット・プロモーター・スコア 製品別マーケット・シェア	Net Promoter Score（NPS） Market Share by Product
ソーシャル	感情好転率	Sentiment Conversion
コスト／収益性	顧客1人あたり利益 エージェント人件費単価 1コールあたり利益 投資利益率 顧客生涯価値	Revenue per Customer Cost per Agent Revenue per Call Call Center ROI Customer Lifetime Value（CLV）
ピープル・マネジメント	出勤率 顧客評判指数	Attendance Rate Customer Reputation Index

※この図は英語表記を基準とし、著者が対応する日本語に訳して記載した

V コールセンターの パフォーマンス・レポーティング

コールセンターのパフォーマンス・レポーティング

パフォーマンス・マネジメント・サイクル(図表6-1)におけるDo(実行)とCheck(評価)を行うために不可欠なツールが「パフォーマンス・レポーティング」だ。

コールセンターのパフォーマンス・レポーティングとは、単にレポートを作成して発行するだけのことではなく、「意思決定」と「コミュニケーション」という2つの重要な目的を達成するためのマネジメント活動を意味する。そのツールである「パフォーマンス・レポート」には次のような機能や役割が求められる。

- オペレーションの現状のパフォーマンスを正確に表す
- 現状のパフォーマンスと目標とのギャップを示す
- それを精査して原因を分析・特定し、意思決定のための判断材料を導き出す
- 改善や向上を図るためのアクションの要点やステップを示す
- 予測や計画の基礎となる過去の客観的な事実を提供する
- コミュニケーション・ツールとして社内のステークホルダー(マーケティング等の関連部署やシニア・マネジメント等)に対するコールセンターの理解や活用を促進する

以下では、これらを可能にするためのパフォーマンス・レポートのデザインや機能、使い方等について具体例を示しながら解説する。

パフォーマンス・レポートを設計する

パフォーマンス・レポートのデザインは、業務の目的や利用者のニーズによってさまざまだ。「意思決定」と「コミュニケーション」のツールとして上記の役割を果たすレポートであるためには、次の9つのポイントを踏まえて設計する。

①目的:「意思決定」と「コミュニケーション」はすべてのレポートに共通の目的だが、1つひとつのレポートは、その利用者によって目的やニーズが異なる。エージェントは自分自身(個人)のパフォーマンスの詳細が知りたいであろうし、スーパーバイザーやマ

ネージャーはオペレーションに関する詳細な情報が必要だ。プログラム・オーナーであるマーケティングは、自分がリードするプログラムのビジネス・エフェクティブネス（成果目標）に関する情報を求めるし、シニア・マネジメントはコールセンターの総合評価とともに、財務的な観点からリソース活用の有効性、および顧客ニーズとの適合度合いを知る必要がある。このように利用者によって異なるニーズや目的を考慮して、それぞれに提供するレポートの種類やデザインを考える。

②**対象範囲・区分**：レポートの目的や利用者のニーズに応じて、どの範囲（センター全体、プログラム、チーム、エージェント個人等）を作成の対象とするのか、どの単位（年、月、週、日、時間帯等）で区分するのかを決める。

③**掲載する情報**：まずは掲載するメトリクスを選択する。次に、選択したメトリクスについて、結果のみか、あるいは目標値、目標値と実績の差異、進捗率、過去の実績、ベンチマークのデータ等、レポートの目的に応じた情報を選ぶ。さらにその情報をどのように見せる（数値のみか、グラフ化するのか、コメントを加えるのか、シグナルやアラートを付加するのか等）のが効果的なのかを検討する。

④**適時性**：ヒストリカルかリアルタイムか。これはレポートの目的や使う場面に応じて決まってくる。

⑤**配布先**：このレポートは誰に配布するのか、あるいは誰が見られるようにするのか。その対象者を細かく設定する。配布先の限定や制限が必要なものもある。個人のパフォーマンス・データは人事上の業績評価に直結するため、慎重な取り扱いが必要だ。

⑥**メディア**：パフォーマンス・レポーティングの「コミュニケーション」の目的を果たすためには、レポートをいかに効果的に伝達するかが重要だ。例えば、リアルタイムの状況を紙に印刷して配布していては、その役割を果たすことはできない。活用目的に応じて最適なメディアを選択する。

⑦**発行のタイミング、頻度**：レポートを発行したりデータをアップデートするタイミングは非常に重要だ。例えば、オペレーションの現場のマネージャーは、当日の営業開始時間前に前日の結果が確定したレポートが配布されることを望むが、データの確定・抽出・加工・レポート化・配布といった作業には一定の時間が必要であり、利用者のニーズに応えられない場合がある。しかし、レポートの発行が遅きに失して無用の長物になることだけは避けねばならない。そのために、データの確定や抽出のタイミングに合わせて「速報版」と「確定版」に分けて発行する等の工夫が必要となる。

⑧**データソースと計算式**：レポートに掲載する情報の正確性に妥協は許されない。そのためには上記③で選択したメトリクスのデータをどこから持ってくるのかをしっかりと定義しておく。同じメトリクスでも、システムの都合や切り口によって複数の異なる表現*がな

---

*例えば「サービスレベル」（SL）と「テレフォン・サービス・ファクター」（TSF）は電話システムにより表記が異なるが同義語だ。また、同じ「放棄率」でもインバウンド・コンタクトの場合と、ダイヤラーによるアウトバウンド・コンタクトの場合とでは意味が異なる

図表6-9 レポーティング・フレームワーク

レポート名	目的	範囲・区分	メトリクス	適時性	
オペレーショナル・パフォーマンス					
コールセンター・パフォーマンス・レポート	・センター総合評価 ・オペレーション詳細	・センター全体 ・プログラム ・チーム	・コール数 ・オペレーショナル ・ビジネス効果性 ・リソース	・ヒストリカル	
エージェント・パフォーマンス・レポート	・エージェント評価	・エージェント	・オペレーショナル ・ビジネス効果性 ・リソース	・ヒストリカル	
リソース使用状況レポート	・リソース有効性	・センター全体 ・チーム ・エージェント	・リソース ・勤務状況 ・シュリンケージ	・ヒストリカル	
リアルタイム・パフォーマンス					
ステータス・モニター	・オペレーション現況	・センター全体 ・プログラム ・チーム ・エージェント	・コール数 ・オペレーショナル ・ビジネス効果性 ・リソース	・リアルタイム	
デジタル・サイネージ（ウォールボード、エージェントボード等）	・センター総合評価 ・オペレーション現況	・センター全体	・コール数 ・オペレーショナル ・ビジネス効果性	・リアルタイム	
ダッシュボード／スコアカード					
インターナル・ダッシュボード	・センター総合評価 ・オペレーション詳細	・センター全体 ・プログラム ・チーム	・コール数 ・オペレーショナル ・ビジネス効果性 ・リソース	・ヒストリカル	
エクスターナル・ダッシュボード	・センター総合評価	・センター全体	・KGI ・KPI	・ヒストリカル	
オペレーショナル・スコアカード	・センター、プログラム、チーム、エージェント等の総合評価	・センター全体 ・プログラム　・チーム ・エージェント	・オペレーショナル ・ビジネス効果性 ・リソース	・ヒストリカル	

＊センター管理者：センター長、マネージャー、トレーナー、クオリティー・アナリスト、ビジネス・コントローラー、スーパーバイザー、シニア・エージェント

される場合もある。その場合はどれを使うのかをしっかり見極める必要がある。また、複数のメトリクスを使って計算により求める場合も多い。その場合の計算式の要素となるメトリクスや数値の選定、および計算式そのものについても、正確性およびデータの一貫性が損なわれないよう定義づけておく。

⑨レポート・オーナー：レポートの作成・発行には複数名が関わる。発行の責任者、作成者、ツールの管理者等、役割と責任を明確にしておく。

以上の9つのポイントは、コールセンターのパフォーマンス・レポートを構成する要素と言い換えることもできる。作成するレポートごとに、これら9つの要素についての定義を明記した「レポーティング・フレームワーク」（図表6-9）を備えておきたい。パフォーマンス・レポートに掲載したメトリクスやKPIの元となるデータは、ビジネスプロセス、ITシステム、ビジネス環境等の変化の影響を受けやすく、明確な定義づけをしていないと、気づいた時にはデータの内容や意味合いが変質していたということが起こり得るからだ。

	配布先	メディア	タイミング	データソース	オーナー
	・センター管理者* ・プログラム・オーナー	・ペーパー ・イントラネット ・CRMシステム ・モバイル	・日次 ・月次 ・年次 ・時間帯	・ACDレポート ・CRMレポート ・WFMレポート ・エージェント・ワークレポート	・センター長 ・ビジネス・コントローラー
	・センター管理者	・ペーパー ・イントラネット ・CRMシステム ・モバイル	・日次 ・月次 ・年次	・ACDレポート ・CRMレポート ・WFMレポート ・エージェント・ワークレポート	・センター長 ・ビジネス・コントローラー ・スーパーバイザー
	・センター管理者	・ペーパー ・イントラネット ・CRMシステム ・モバイル	・日次 ・月次 ・年次	・ACDレポート ・WFMレポート ・エージェント・ワークレポート	・センター長 ・ビジネス・コントローラー ・スーパーバイザー
	・センター管理者	・リアルタイム・ディスプレイ(PC) ・モバイル	・秒単位	・ACDレポート ・CRMレポート ・WFMレポート	・ビジネス・コントローラー
	・全スタッフ	・リアルタイム・ディスプレイ(大型パネル)	・秒単位	・ACDレポート ・CRMレポート ・WFMレポート	・ビジネス・コントローラー
	・センター管理者	・イントラネット ・ペーパー ・CRMシステム ・モバイル	・日次	・ACDレポート ・CRMレポート ・WFMレポート ・エージェント・ワークレポート	・ビジネス・コントローラー
	・エグゼクティブ ・シニア・マネジメント （社内不特定多数）	・イントラネット ・ペーパー ・プレゼンテーション ・CRMシステム	・日次 ・月次 ・四半期 ・年次	・ACDレポート ・CRMレポート ・WFMレポート	・センター長
	・センター管理者 ・プログラム・オーナー ・エージェント	・ペーパー ・イントラネット ・CRMシステム	・月次 ・四半期 ・年次	・ACDレポート　・CRMレポート ・WFMレポート ・エージェント・ワークレポート	・ビジネス・コントローラー

コールセンターのパフォーマンス・レポート、基本の8種

　本書では、コールセンターのパフォーマンス・マネジメントに不可欠な8種のレポートを選択し、その性格や活用の場面に応じて「オペレーショナル・パフォーマンス」「リアルタイム・パフォーマンス」「ダッシュボード／スコアカード」の3種に分類する。それらの詳細について、レポーティング・フレームワーク（図表6-9）の内容に合わせて、各レポートのフォーマットのサンプルおよびメトリクスの一覧とともに解説する。なお、解説の補足事項をあらかじめ以下に挙げておく。

- 一般にレポートのフォーマットやデザインには企業ごとの方法論や慣習、全社統一のテンプレート等が用意されていることが多い。その場合は、コールセンターに特有のメトリクスやKPIの表記の仕方や、それらの効果的な見せ方、計算方法といったところを参考にされたい
- メトリクス一覧の計算式欄に記載した「実データ」とは、計算により算出するの

でなく、リスト数のように現物をカウントするものや、システムから抽出するローデータ等を指す
- レポートのサンプル・フォーマット（巻末資料25〜38）上のメトリクス項目名の下部に付した番号①、②……は、各レポートとセットのメトリクス一覧の最左列に示すNo.に対応している
- 実績と目標の差異は、実績が目標よりもポジティブ（Better）な場合は正数で、ネガティブ（Worse）な場合はカッコ付きの正数で表現する。結果がポジティブ（ネガティブ）という場合には、目標に対して実績が大きい場合と小さい場合の両方のケースがあることに配慮した欧米式の表記方法だ。実績がネガティブな場合に、カッコでなくマイナス（−）記号を付すこともあるが、その場合、負数を表していると誤解しないよう注意する
- 単位をパーセンテージで表すメトリクスの実績と目標との差異は「パーセントポイント」（pp；パーセントが単位の2つの数値の差異の絶対値）で表している

1. オペレーショナル・パフォーマンス

　毎日のオペレーションや成果目標の結果を表す最も基本のヒストリカル・レポート。日次または月次の発行が基本で、必要に応じて時間帯別（「インターバル」という場合が多い）、週次等、さまざまな時間軸で切り分けて発行する。センターの総合的なパフォーマンスの詳細データを示し、コールセンターの管理者が、オペレーションの詳細な状況把握や検証・分析のための原資料として活用する最も重要なレポートだ。レポートの対象に合わせて「コールセンター・パフォーマンス・レポート」「エージェント・パフォーマンス・レポート」「リソース使用状況レポート」の3種のレポートを作成する。

	コールセンター・パフォーマンス・レポート
概要	センター全体のオペレーションのパフォーマンスを表す基幹レポート。これをさらにサイト、ユニット、チーム等、コールセンターの組織単位や、プログラムやプロジェクト等の業務単位で切り分けて作成する
目的	・オペレーションのパフォーマンスの総合評価 ・オペレーションの詳細な状況把握、検証、分析
範囲／区分	・コールセンター全体、サイト、ユニット、チーム等の組織単位 ・プログラムやプロジェクト等の業務単位
掲載する情報／メトリクス	・コール数 ・サービス・パフォーマンス・メトリクス（サービスレベル、放棄率等） ・クオリティー・パフォーマンス・メトリクス（初回コール完了率等）

	・コンタクト効率性（1時間あたり応答コール数、平均処理時間等） ・リソース効率性（スケジュール遵守率等）
適時性	ヒストリカル
配布先	・コールセンターのフロントライン管理者（センター長、マネージャー、スーパーバイザー、チームリーダー等） ・コールセンターのサポーティング・スタッフ（トレーナー、クオリティー・アナリスト、ビジネス・コントローラー等） ・コールセンターを傘下に持つシニア・マネジメント ・プログラムやプロジェクトのスポンサーやオーナー（マーケティング・マネージャー等）
メディア	ペーパー、電子版（イントラネット、CRMシステム、モバイル等）
タイミング	日次、月次、年次、時間帯
データソース	・ACDレポート（PBX等電話システムの統計管理システム） ・CRMレポート（CRMシステムの統計管理機能） ・WFMレポート（WFMシステムのレポーティング機能） ・その他（ファイナンシャル・レポート、予実管理レポート、エージェント・ワークレポート、出勤記録表等）
オーナー	・センター長（発行責任者） ・ビジネス・コントローラー（作成責任者） ・各組織、プログラム、プロジェクトの責任者
サンプル	・コールセンター・パフォーマンス・レポート（インバウンド）：**巻末資料25** ・コールセンター・パフォーマンス・レポート（インバウンド）のメトリクス：**巻末資料26** ・コールセンター・パフォーマンス・レポート（アウトバウンド）：**巻末資料27** ・コールセンター・パフォーマンス・レポート（アウトバウンド）のメトリクス：**巻末資料28**
ポイント	インバウンド ・「サービスレベル」や「ベース時間内稼働率」等、目標値に許容範囲を設定するメトリクスの場合、許容範囲の上限または下限を超えた場合の目標との差異はカッコ付きの正数（目標に対してネガティブの意）で表す ・「サービスレベル」には複数の、「初回コール完了率」にはセンターによって特有の計算方法が存在する

アウトバウンド(巻末資料28)
- 「③前営業日からの繰り越しリスト数」の週間計、月間累計、期間累計は集計期間初日の数値に等しい
- 「⑧在庫リスト数」の週間計、月間累計、期間累計は集計期間最終日の数値に等しい
- ⑯〜⑲：コンタクト・パターンにより異なる処理時間の加重平均値は、エージェントの実感を欠いた計算上の数値であり使い勝手が悪いため、ライブ応答に限った値の記載の方が効果的だ(第3章)
- ビジネス効果性のメトリクス㉑〜㉕は当該プログラムの目的や内容に応じて設定する。巻末資料27の例は商品の販売を目的とするプログラムで、成約と金額に関する5つのメトリクスを設定している

エージェント・パフォーマンス・レポート

概要	エージェント個人のパフォーマンス・レポート。毎日作成するが、個人のパフォーマンスは1日単位ではブレが大きく、それに一喜一憂することの意味は薄い。評価のためには月間累計の方が有効だ
目的	エージェントのパフォーマンス評価
範囲／区分	エージェント個人単位
掲載する情報	・インバウンド・パフォーマンス(応答コール数、クオリティー・パフォーマンス、コンタクト効率性等) ・アウトバウンド・パフォーマンス(発信コール数、コンタクト効率性、ビジネス効果性等) ・リソース効率性(ベース時間内稼働率、スケジュール遵守率、ベース時間内訳等)
適時性	ヒストリカル
配布先	・コールセンターのフロントライン管理者(センター長、マネージャー、スーパーバイザー、チームリーダー等) ・コールセンターのサポーティング・スタッフ(トレーナー、クオリティー・アナリスト、ビジネス・コントローラー等) ・エージェント(配布する本人の情報(サンプルの下段)に限る)
メディア	ペーパー、電子版(イントラネット、CRMシステム、モバイル等)
タイミング	日次、月次、年次
データソース	ACDレポート、CRMレポート、WFMレポート、エージェント・ワークレポート等
オーナー	・エージェントあるいはエージェント・グループの直属のスーパーバ

サンプル	イザー（発行責任者） • ビジネス・コントローラー（作成責任者） • エージェント・パフォーマンス・レポート（インバウンド）：**巻末資料29** • エージェント・パフォーマンス・レポート（インバウンド）のメトリクス：**巻末資料30** • エージェント・パフォーマンス・レポート（アウトバウンド）：**巻末資料31** • エージェント・パフォーマンス・レポート（アウトバウンド）のメトリクス：**巻末資料32**
ポイント	インバウンド、アウトバウンド共通 • エージェント・パフォーマンス・レポートは、ユニットやチームに所属する複数名のエージェントを一覧にした形式（巻末資料29、30の上段）と、1人のエージェントの日次のパフォーマンスを表す形式（同下段）とがあり、スーパーバイザーが目的によって使い分ける インバウンド • 「アウトバウンド」とは、コールバックや転送、エスカレーション等、インバウンド・コールの一環で生じたコールを指す • エージェントによるコールの受発信は、複数のルートを使って行われる（**図表6-10**）。例えばアウトバウンド・コールやエスカレーションのための転送は、外部顧客からの着信を妨げないよう、メ

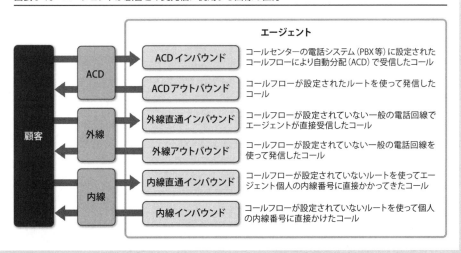

図表6-10　エージェントが顧客との受発信に使用する回線の区分

回線	種別	説明
ACD	ACDインバウンド	コールセンターの電話システム（PBX等）に設定されたコールフローにより自動分配（ACD）で受信したコール
ACD	ACDアウトバウンド	コールフローが設定されたルートを使って発信したコール
外線	外線直通インバウンド	コールフローが設定されていない一般の電話回線でエージェントが直接受信したコール
外線	外線アウトバウンド	コールフローが設定されていない一般の電話回線を使って発信したコール
内線	内線直通インバウンド	コールフローが設定されていないルートを使ってエージェント個人の内線番号に直接かかってきたコール
内線	内線インバウンド	コールフローが設定されていないルートを使って個人の内線番号に直接かけたコール

インのインバウンド・コールとは別のルートを使うよう設定する。それらを正確に把握しデータを取り込まないと、エージェントのパフォーマンスの正確な把握に支障を生じる
- 「後処理時間」と「保留時間」には1コールあたりと1回あたりの2つの切り口があるため、統計管理システムのデータの確認が必要
- ベース時間の「その他」とは「リング時間」等、電話システム内部のなんらかのプロセスにより生じた時間。微細な時間のため「その他時間」としてまとめる

アウトバウンド
- 処理時間はエージェントにとって実感のあるライブ・コンタクトの時間を掲載する方が効果的だ
- ビジネス効果性のメトリクスはプログラムの目的や内容に応じて設定する
- プログラム全体の成約率は「ターゲット・コンタクト完了リスト数」に対する割合を見るが(巻末資料31)、エージェント個人の成約率は「ターゲット・コンタクト回数」に対する割合で評価する

リソース使用状況レポート

概要	エージェントのリソースの使い方を時間軸で点検・評価するレポート。勤務状況等、エージェントの業績評価のみならず、シュリンケージ等、ワークフォース・マネジメントのための基礎データとしても重要だ
目的	・リソース活用の有効性評価 ・ワークフォース・マネジメントのための基礎データ
範囲／区分	・コールセンター全体、チーム、ユニット等の組織単位 ・エージェント個人
掲載する情報	・勤務時間(実働時間、出勤率等) ・ベース時間(スケジュール遵守率等) ・シュリンケージ(シュリンケージ・ファクター、シュリンケージ時間詳細等)
適時性	ヒストリカル
配布先	コールセンターのフロントライン管理者(センター長、マネージャー、スーパーバイザー、チームリーダー等)
メディア	ペーパー、電子版(イントラネット、CRMシステム、モバイル等)
タイミング	日次、月次、年次
データソース	ACDレポート、CRMレポート、WFMレポート、エージェント・ワー

オーナー	クレポート等 ・エージェントあるいはエージェントグループの直属のスーパーバイザー（発行責任者） ・ビジネス・コントローラー（作成責任者）
サンプル	・リソース使用状況レポート：**巻末資料33** ・リソース使用状況レポートのメトリクス：**巻末資料34**
ポイント	・出勤率：一般に人事上の出勤率には有給休暇を含めるが、このレポートではコールセンターのスタッフィングの観点から、有給休暇を除いた実質的な出勤率を記載しており、「勤務時間遵守率」と言い換えることができる ・シュリンケージ項目は各センターのニーズに応じて設定する ・シュリンケージ時間に目標を設定する場合は、必要な時間（確保・増加すべき時間）と減らすべき時間とに分けて考える

2. リアルタイム・パフォーマンス

刻々と変化するセンターの状況をリアルタイムで把握し、その場で必要な対策を講じていくためのレポート。第3章で述べた「リアルタイム・マネジメント」に使用するツールのことだ。

ステータス・モニター	
概要	センター管理者がリアルタイムの状況を常時モニターするためのツール。フロントライン管理者のデスクトップPCをはじめ、モバイル端末を利用して、時と場所を選ばずにオペレーションの状況を確認できる環境を整えるセンターも増えている
目的	オペレーションのリアルタイムの状況把握
範囲／区分	・コールセンター全体、チーム、ユニット等の組織単位 ・プログラム、プロジェクト等の業務単位 ・エージェント・グループ／個人
掲載する情報	・コール数とキューイング・ステータス（キューイング・コール数や最長放棄時間等） ・サービス・パフォーマンス・メトリクス（サービスレベル、平均応答時間、放棄率等） ・コンタクト効率性（1時間あたり応答コール数、平均処理時間等）

	・リソース効率性(スケジュール遵守率、エージェント・ステータス等)
	・ビジネス効果性
適時性	リアルタイム
配布先	コールセンターのフロントライン管理者(センター長、マネージャー、スーパーバイザー、チームリーダー等)
メディア	・リアルタイム・ディスプレイ(デスクトップPC)
	・モバイル(タブレット、スマートフォン等)
タイミング	秒単位
データソース	ACDレポート、CRMレポート、WFMレポート
オーナー	・ビジネス・コントローラー(作成責任者)
サンプル	・プログラム・ステータス・モニター:巻末資料13
	・エージェント・ステータス・モニター:巻末資料14
	・サービスレベル・モニター:巻末資料15
	・インターバル・パフォーマンス・レポート:巻末資料16
ポイント	・ステータス・モニターはPBX等電話システムの統計管理システムの機能の一部であるか、専用のアプリケーションのため、そのデザインや表示する情報は、利用するシステムやアプリケーションの仕様に依拠する。本書のサンプル以外にも表示する情報やデザインはさまざまで、カスタマイズ機能が提供されているものもある
	・ステータス・モニターのメインはプログラム・ステータス・モニター(巻末資料13)とエージェント・ステータス・モニター(巻末資料14)だが、サービスレベル等、特定のメトリクス専用のモニター(巻末資料15)や、時間帯経過ごとに出力されるインターバル(時間帯別)パフォーマンス・レポート(巻末資料16)も、リアルタイム・マネジメントに効果的なツールとして活用する
	・管理者が終日モニターを注視しているわけにもいかないため、しきい値を設定してウォーニングを発する機能は不可欠だ
	・第3章ワークフォース・マネジメント参照

デジタル・サイネージ

概要	ステータス・モニターが管理者用のツールであるのに対して、不特定多数向けにリアルタイムの状況を表示するための電子掲示板だ。センターの壁面や天井に大型のLCDパネル等を設置してさまざまな情報をグラフィカルに表示する「ウォールボード」や個人のデスクトップPCやモバイル等に表示する「エージェントボード」等。それらの

目的	機器を総称して「デジタル・サイネージ」という ・オペレーションのリアルタイムの状況把握 ・センター内のコミュニケーション、情報提供 ・社内外のビジターに対する教育や啓もう
範囲／区分	コールセンター全体
掲載する情報	・コール数とキューイング・ステータス（キューイング・コール数や最長放棄時間等） ・サービス・パフォーマンス・メトリクス（サービスレベル、平均応答時間、放棄率等） ・ビジネス効果性やトランザクションの実績 ・最新ニュース、アップデート情報 ・ビジター向けPRメッセージ
適時性	リアルタイム／ヒストリカル
配布先	センター内オープン・スペースに掲示
メディア	・リアルタイム・ディスプレイ（大型パネル） ・デスクトップPC ・モバイル（タブレット、スマートフォン等）
タイミング	秒単位
データソース	ACDレポート、CRMレポート、WFMレポート
オーナー	・センター長（発行責任者） ・ビジネス・コントローラー（作成責任者）
サンプル	・ウォールボード：巻末資料17
ポイント	・コール数、サービスレベル、キューイング状況の3つが表示する情報の代表だ ・オペレーションのパフォーマンスだけでなく、天候、為替や株式相場、TVCF、TVショッピング番組等のビジネス・ドライバーや、製品・サービスやビジネスプロセスに関する最新情報等を動画も含めて表示するケースが多い ・第3章ワークフォース・マネジメント参照

3. ダッシュボード／スコアカード

「ダッシュボード」は、オペレーションのパフォーマンスの概要や特定の指標をまとめて一覧的に表す。また、センターやエージェントの総合評価を表す。いずれもセンター全体

への報知や経営陣への報告等に利用する。また、スコアカードは個人の業績評価やそのフィードバックのツールとしても利用する。

	インターナル・ダッシュボード
概要	複数のオペレーショナル・パフォーマンスをグラフ化する等して一覧化し、迅速な意思決定やアクションの実行のための機動的なツールとして、主にフロントライン管理者が使用するが、コールセンターの全体状況を"1枚で"把握できることから、シニア・マネジメントにとっても便利に使えるツールだ
目的	・コールセンターの総合評価 ・オペレーションの詳細データ提供
範囲／区分	・コールセンター全体、サイト、ユニット、チーム等の組織単位 ・プログラム、プロジェクト等の業務単位
掲載する情報	・コール数 ・オペレーショナル・パフォーマンス全般 ・リソース状況 ・ビジネス効果性やトランザクション実績
適時性	ヒストリカル
配布先	・コールセンターのフロントライン管理者（センター長、マネージャー、スーパーバイザー、チームリーダー等） ・コールセンターのサポーティング・スタッフ（トレーナー、クオリティー・アナリスト、ビジネス・コントローラー等） ・コールセンターを傘下に持つシニア・マネジメント
メディア	ペーパー、イントラネット、CRMシステム、モバイル
タイミング	日次
データソース	ACDレポート、CRMレポート、WFMレポート、エージェント・ワークレポート等
オーナー	・センター長（発行責任者） ・ビジネス・コントローラー（作成責任者）
サンプル	インターナル・ダッシュボード：**巻末資料35**
ポイント	・フロントラインの管理者は、日常的にこのダッシュボードでセンターのパフォーマンスの全貌を迅速に把握し、オペレーショナル・パフォーマンス・レポートによってその詳細なデータやトレンドを確認する ・シニア・マネジメントをはじめ、社内外のステークホルダーへの説

明・交渉の機会の多いセンター長やマネージャーにとって、センターの現在・過去・未来を1枚で把握できるダッシュボードは大変有用だ

エクスターナル・ダッシュボード

概要	センターの総合評価や特定の指標について、シニア・マネジメントへの報告や社内他部署へのPRのために、ビジュアル効果高く表現する
目的	・コールセンターの総合評価 ・キャンペーン等の速報 ・社内コミュニケーション、教育、PR
範囲／区分	コールセンター全体
掲載する情報	KGI、KPI、その他目的に応じた特定のメトリクス
適時性	ヒストリカル
配布先	エグゼクティブ、シニア・マネジメント、イントラネット(社内不特定多数)
メディア	イントラネット、ペーパー、プレゼンテーション、CRMシステム
タイミング	日次、月次、四半期、年次
データソース	ACDレポート、CRMレポート、WFMレポート
オーナー	センター長(発行・作成責任者)
サンプル	エクスターナル・ダッシュボード：巻末資料36
ポイント	・社内コミュニケーションや情報共有の観点から、イントラネット等を利用して全社レベルで各部署のKGIを掲出するといったケースが多い。そのために共通のテンプレートやフォーマットが用意されている場合が多い ・達成状況や進捗状況をひと目で把握するために、巻末資料36のようなアイコンやシグナル等のビジュアルを活用する等、工夫を凝らす

オペレーショナル・スコアカード

概要	コールセンターの組織や業務、ポジションごとのパフォーマンスの総合評価を算出するためのツール
目的	下記の範囲／区分におけるパフォーマンスの総合評価
範囲／区分	・コールセンター全体、サイト、ユニット、チーム等の組織単位 ・プログラム、プロジェクト等の業務単位 ・エージェント個人
掲載する情報	コールセンターのKPI

適時性	ヒストリカル
配布先	・コールセンターのフロントライン管理者（センター長、マネージャー、スーパーバイザー、チームリーダー等） ・コールセンターのサポーティング・スタッフ（トレーナー、クオリティー・アナリスト、ビジネス・コントローラー等） ・コールセンターを傘下に持つシニア・マネジメント ・プログラムやプロジェクトのスポンサーやオーナー（マーケティング・マネージャー等）
メディア	ペーパー、電子版（イントラネット、CRMシステム等）
タイミング	月次、四半期、年次
データソース	ACDレポート、CRMレポート、WFMレポート、エージェント・ワークレポート等
オーナー	・センター長（発行責任者） ・ビジネス・コントローラー（作成責任者）
サンプル	・オペレーショナル・パフォーマンス・スコアカード（アクチュアル・スコアリング方式）：**巻末資料37** ・オペレーショナル・パフォーマンス・スコアカード（ベンチマーク方式）：**巻末資料38** ・エージェント・パフォーマンス・レビューシート：**巻末資料20**
ポイント	・コールセンターのKPIの実績値を、それぞれの目標値、あるいはベンチマーク・データと対比して採点し総合評価を行う ・エージェントのスコアカード（業績評価）は「エージェント・パフォーマンス・レビューシート」（巻末資料20）に組み込まれている ・スコアカードによるスコアリングの方法には以下の3つがある 「アクチュアル・スコアリング方式」：KPIの実績に対してあらかじめ定めたスコア（例：巻末資料37の下段）を適用する方法 「ターゲット・バリアンス方式」：アクチュアル・スコアリング方式の応用版。KPIの実績とターゲット（目標値）との差異の数値に対して定めたスコアを適用する方法 「ベンチマーク方式」：KPIの実績値と、あらかじめ行ったベンチマーキングの「ワーストケース」と「ベストケース」の数値を使って、下記の計算式からスコアを求める方法 ((ワーストケース－KPI実績)÷(ワーストケース－ベストケース))×100

第III部

ピープル
People

第7章

コールセンターの
フロントライン・マネジメント

第Ⅰ部で述べたコールセンターの戦略とデザインに基づき、第Ⅱ部ではそのオペレーションを実行するための一方の軸であるプロセス（仕組み）について解説した。第Ⅲ部ではもう一方の軸であるピープル（人）に関するマネジメントについて、フロントライン・マネジメント（第7章）、トレーニング＆デベロップメント（第8章）、ヒューマンリソース・アドミニストレーション（第9章）の3つに分けて解説する。

I コールセンターのフロントライン・マネジメント

コールセンターのフロントライン

　「フロントライン」とは、まさにコールセンターの最前線において、顧客とのコンタクトやコミュニケーションを直接担う組織または機能のことだ。

　コールセンターという職場には、「コールセンター・オペレーションのユニーク7原則」（序章）や「コールセンターの組織 5つの特性」（第2章）といった特徴があり、そのマネジメントはとてもユニークだ。とりわけ、フロントラインの管理者が担う職務のほとんどは人＝エージェントに対するケアであることから、人材管理全般における十分な理解と、その高度な実践スキルが求められる。本章では、そういったコールセンターのフロントライン・マネジメントに特有の知識やノウハウを中心に解説する。

フロントライン・マネジメントの職務を分類する

　フロントライン・マネジメントの職務は以下の5つのカテゴリーに分類できる。

①チームを編成する：エージェントの採用、スケジューリング、ジョブ・ディスクリプションの作成等（第2章）
②エージェントのトレーニングと育成：新人エージェントの導入トレーニング、既存エージェントの継続トレーニング、コーチングとフィードバック等（第8章）
③パフォーマンス・マネジメント：オペレーションのリアルタイム・マネジメント、エージェントのサポート、クオリティー・モニタリング、メトリクスとKPI、ゴールの設定、パフォーマンス・レビュー、ビジネスプロセスの運用と管理等（第3、4、5、6章）
④エージェント・エンゲージメント：エンパワーメント、モチベーション、リテンション等（本章）
⑤ヒューマンリソース・アドミニストレーション：勤務規程、採用、雇用、契約形態、報酬制度、業績評価、キャリア開発等（第9章）

　見ての通り、フロントライン・マネジメントのほとんどは、各章に示したコールセン

ター・マネジメントの全般に関わる。従って、左記に示した各章の解説を合わせて参照されたい。

スーパーバイザーの役割と責任

1. スーパーバイザーの位置づけ

　フロントライン・マネジメントにおいて中心的な役割を果たすのが、フロントライン・オペレーションのスーパーバイザー（以下、本章ではスーパーバイザー）だ（第2章）。
　スーパーバイザーは、コールセンターにおける初級管理職としてエージェントを部下に持ち、「コールセンターのミッションや戦略に従って、すべての顧客接点において常に質の高いサービスを提供して顧客経験や顧客満足、生産性の最大化およびリソースの最適化を図るとともに、チームの業績目標を達成できるよう、日々のオペレーションの運営管理／エージェントの指導・育成／顧客コンタクトのアシスト等を行う」（巻末資料3）といった職責を担う。オペレーションの最前線の司令塔として、そのパフォーマンスがコールセンターの命運を左右するほど重要なポジションだ。
　その一方で、日本企業におけるスーパーバイザーの定義は曖昧で、その身分、待遇、職責等に企業によってかなりの違いがみられ、そのことがスーパーバイザー自身のモチベーション等にさまざまな影響を与えているという現実がある*。そこで、ここではまず、その役割、責任、必要なスキル等を明らかにして、スーパーバイザーの"あるべき姿"への理解を深めることとする。

2. スーパーバイザーの役割と責任

　一般に、コールセンターのスーパーバイザーが担う仕事の範囲は大変広い。そのことが、スーパーバイザーの日常的な多忙さや、「何でも屋」と見られるようなポジションの曖昧さを招いている。
　多くの企業に共通するスーパーバイザーの基本的な役割と責任を整理すると、次のように表すことができる。なお、これらはスーパーバイザーのジョブ・ディスクリプションの骨格を成すものであり、巻末資料3を合わせて確認されたい。

---

*スーパーバイザーとは欧米企業における初級管理職に対するごく一般的な役職名だが、日本ではコールセンター特有の職種を示す専門用語との誤解が定着している。管理職であるとの認識が少ないことから、管理職としての権限を持たず、管理者教育等も施されないことが多い。当然、管理職としての報酬や待遇を得るケースは少ない。にもかかわらず、仕事は、エージェントの管理・監督・評価等、管理職としての職責に加えて、フロントライン・マネジメントの職務の一切を担う"ウルトラ・スーパーバイザー"も少なくない（第1章）

①クオリティー・マネジメント
- 日常的にクオリティー・モニタリングを行い、評価し、オペレーションの改善や向上を図る
- クオリティー・モニタリングの内容をエージェントと共有し、サービス品質の改善・向上をサポートする
- すべての顧客接点において質の高いサービスを提供して顧客経験や顧客満足の最大化を図ることができるよう、あらゆる手を尽くしてフロントライン・オペレーションをリードする

②トレーニング／コーチング
- エージェントにトレーニングを実施、あるいはその機会を提供する
- エージェントのトレーニングニーズに応じた効果的なトレーニングを開発、あるいは提案する
- 商品やサービスをはじめとする顧客応対に必要な情報を、迅速・確実にエージェントに提供する
- 日常的にエージェントに指導や助言を行い、エージェントの成長をアシストする

③イントラデー・マネジメント
- 可能な限りフロアを歩き回る（MBWA; management by walk around）。それ以外は極力自席に在席して、エージェントがスーパーバイザーにアクセスしやすい状態を保持し、エージェントのオペレーション全般をアシストする
- MBWAやライブ・モニタリングを励行し、常にエージェントの状況に気を配り、必要があれば求められなくても積極的にエージェントを助ける
- エージェントからの質問や疑問には他の何事にも優先して対処し、迅速で的確な問題解決を図る
- 人員不足によるサービスレベルの悪化時の受電アシスト、苦情や難しい顧客の応対を積極的に引き取り、エージェントの負担軽減、サービスレベルや効率の向上を図る
- エージェントからのエスカレーションに対処する
- 予期せぬコールのスパイク、人員不足、システム障害、災害発生等の緊急事態に適切・迅速・冷静に対処する

④パフォーマンス・マネジメント
- コール数やサービスレベル等のリアルタイムの状況を常にモニターし、状況に応じて迅速・的確に対策を講じる
- メトリクスやKPI等の業績評価指標を理解し、その目標の達成に努める
- エージェントの業績目標を設定し、その達成をサポートする
- エージェントの業績を評価し、進捗状況に合わせ、目標達成に向けた今後の計画を策定する

- 毎月1回、エージェントに対する業績のフィードバックの機会を設け、今後の計画について話し合う
- オペレーションの状況の把握と分析に努め、問題のフィードバックや改善策の提案等を行う

⑤スタッフィング／スケジューリング
- ワークロードに応じたワークフォースの最適な人数を満たすよう、効果的なスケジューリングを行う
- エージェントのスケジュール遵守を指導・監督する
- サービスレベルとコール数の状況に合わせて、エージェントのスケジュールを調整する
- エージェントの採用面接を行う。また、離職をコントロールし優秀な人材の維持・確保に努める

⑥エージェント・エンゲージメント
- エージェントと日常的なコミュニケーションを図り、その痛みを理解してサポートする(メンタリング)
- エージェントにさまざまな動機づけの機会を与える(モチベーション)
- エージェントの努力や成果を認め、成果に報いるためのさまざまな機会を提供する(リコグニション)

⑦ビジネスプロセス
- 担当するプログラムのビジネスプロセスを構築し、オペレーションのマニュアルやツールを作成する
- ビジネスプロセスの適切な運用を図る
- ビジネスプロセスの継続的な改善を図る

⑧コミュニケーション
- 定期的にチーム・ミーティングを実施してコミュニケーションやディスカッションの機会を持つ
- オープンで明るい職場環境を創る
- リエゾンとして社内の関連部署とのオープンで良好な関係の構築・維持に努める

⑨オフィス環境／テクノロジー
- すべてのITツールや機器の操作に精通し、エージェントに正確で効率的な活用を指導する
- コールセンターで使用するすべてのITツールや機器の障害発生時に適切な措置を講じる
- エージェントが顧客応対に集中し最高のパフォーマンスを発揮できるよう、執務環境と健康管理に配慮してBPTW(best place to work; 最高の職場環境)を提供する

3. スーパーバイザーに必要な6つの資質

　これらの役割や責任を担うためには、スーパーバイザーはどのような資質を備えていることが必要か。さまざまな調査等から、世界中のコールセンターに共通のスーパーバイザーに必要な6つの資質を以下に示す。

①卓越したリーダーシップ
- 客観的な事実に基づきチームをリードする
- エージェントの良き助言者である
- クオリティーに対して安易に妥協しない意思の強さ
- 誠実な対応
- エージェントを適切に称賛する
- 他者の成功を喜ぶ

②優れた対人スキル
- 根気強く精力的なコーチでありメンターである
- 部下の懸念を的確に把握できる
- 信頼を得る
- チームワークを重視する
- 明るく社交的

③ビジョナリー*
- 大局を示す
- チームにインスピレーション（創造性）を与える
- スタッフをやる気にさせる
- 企業のゴールとの整合性を保つ

④豊富な知識と経験
- 豊富な知識を持つ業界のエキスパートである
- エージェントとしての経験を持つ

⑤優れたコミュニケーション・スキル
- 組織のあらゆるレベルと適切にコミュニケーションできる
- 丁寧で上質な会話
- ニーズを明確に伝えることができる
- 交渉力に長けている

---

*明確なビジョンを持ち、洞察力や先見の明を持つ人

⑥結果を重視する
- 目標を達成する
- 優先順位が明確
- 継続的な改善に努める

4. スーパーバイザーがとるべき11の行動

　上記に示した6つの資質は、具体的なスキルやノウハウというよりも、広範囲にわたる仕事を全うできる優秀なスーパーバイザーの人物像といったイメージだ。

　ここでは、コールセンターのフロントラインの日常において、スーパーバイザーが上記の資質をどう発揮すべきかを、具体的な行動・姿勢・振る舞い方に落とし込んで説明する。

①エージェントとともに考える
- すべての問題に回答・アドバイスする必要はない。「どうしたらよいか」と投げかけ、エージェントが自分で考えるよう仕向ける。それによりスーパーバイザーからの押しつけでなく、エージェント自身の「コミットメント」となる
- 「良い話題」⇒「良くない話題」⇒「良い話題」の順で話を進める
- フィードバックの目的は、「指摘」をすることではなく、エージェントの努力を「認め」、成果を「褒める」こと
- 抽象論のみのアドバイスに意味はない。「具体的な方法論」をアドバイス、あるいは一緒に考える
- ミーティングは「頑張ろう」だけで終わらない。必ずゴール（期限と目標）を設定し、それを文字に残す

②事実に基づくマネジメント
- 想像、推測、主観のみで発想・判断・行動しない
- 必ず具体的・客観的な事実（数値等）で仕事を語る
- エージェントの「声」は現場の状況を判断するための1つの情報であり、事実は管理者が自らの目と耳で確認する

③サポーティング・カルチャー
- 「管理」でなく「サポート」する
- エージェントが顧客応対に集中できるよう手を尽くす
- エージェントが顧客応対に集中できない原因や障害を取り除く
- エージェントの「痛み」を知る
- 困っているエージェントを一刻も早く助ける
- まず助けて、それから指導する

- エージェントをやる気・その気にさせる
- エージェントが必要な時にスーパーバイザーはいつもそこにいる
- エージェントが最優先。いつもウェルカムな態度を示す

④徹底するということ
- 徹底するために使える手段やツール（ペーパー、メール、掲示、ネット、SNS、ミーティング、ブリーフィング、トレーニング等）はすべて使う
- くじけずに徹底するまでしつこく言い続ける。言いっ放しで済ませないで、徹底されたかどうかを必ず確かめる
- 全員が足並みをそろえて一斉に始める
- 一度の徹底が継続するのは3カ月が限度。繰り返し行うことをいとわない

⑤現状に満足しない
- もっと速く、もっと正確に、もっと簡単にできないか、常に考える
- 常に前回より、昨日より良くなるよう努力する
- 改善・向上・変化を楽しむ。現状維持であることに停滞感を感じる
- ナイス・トゥ・ハブ（nice-to-have）、アボイダブル・インプット（avoidable input）に目を光らせる（第4章）

⑥何事も始めが肝心
- 「新しい仕事」「新しい人」に精力を注ぐ
- 黙って始まり、黙って終わらない。率先して機運を盛り上げる
- すべての準備が必ず事前に完了している

⑦見て見ぬふりは最大の罪
- 現場の問題やエージェントの質問は自ら探して歩く
- エージェントの問題、顧客の問題にはこちらから首を突っ込む
- 指導や指摘はすぐにその場で。時間が経つほど効果は弱まる

⑧コミュニケーション
- エージェントに関心を持つ
- フロアを歩き回る（MBWA）
- PCではなくエージェントに顔を向ける
- 業務上のコミュニケーションは時間と場所を決めて「きちんと」「わざわざ」行う。一般事務系オフィスのような「ながらコミュニケーション」に頼らない
- 目線の高さを合わせる。立っているエージェントには、立って話を聞く
- 主語は常に「私」で語る。「われわれは」「会社は」で語らない

⑨公平であること
- 徹底的に公平であること
- 非公式な場（居酒屋、休憩室、喫煙室、給湯室……）で仕事をしない
- エージェントはすべてを見ていることを意識する

- 会社の理屈でなく、エージェントにとっての公平性を追求する

⑩コールセンターのトレーニング
- 知識を得る(インプット)ばかりでなく、コミュニケーションのスキル(アウトプット)の訓練に重きを置く
- OJTと称して顧客を練習台に使わない

⑪すべては顧客のために
- 身内(社内)への遠慮を優先しない。徹底して顧客に顔を向ける
- どうすることが顧客にとって最善かを考える
- そのためにバックオフィスはどうサポートすべきかを考える
- エージェントは顧客を、それ以外のスタッフはエージェントをサポートするためにある

II チームを編成する

エージェントを採用する

ここから、フロントライン・マネジメントの具体的な職務について見ていく。

まずはチームの編成だ。エージェントの採用活動（正社員や契約社員等の直接雇用の場合）は、人事部門のサポートを得ながら、図表7-1に示したプロセスにより行う。

以下、このプロセスの5つのステップに従って解説する。なお、新卒者の一括採用に関しては、通常は企業の人事部門が行うため、ここでは割愛した。

図表7-1　エージェントの新規採用プロセス

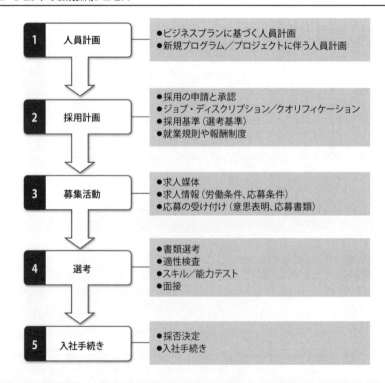

1. 人員計画

　コールセンターのビジネスプランに基づき、あるいは新規のプログラムやプロジェクトの立ち上げ等に伴い、フロントライン・オペレーションの人員計画が策定される（通常の場合、ビジネス・コントローラーが計画案を策定し、オペレーション・マネージャーが承認する）。そこに示されたスタッフィング・ニーズ（どの仕事にどのような人材がどのタイミングで何人必要なのか）に基づいてエージェントの新規採用を行うことになる。

2. 採用計画

(1) 採用の申請と承認

　エージェントを新規に採用することが決定したら、直ちにシニア・マネジメントと人事部門に採用の申請を行い承認を求める。昨今の企業運営における人員に関する手続きは非常に厳格化しており、年間の人員予算が承認されていても、都度、厳しい審査を受けるのが一般的だ。特に、人数の多いコールセンターにとっては、承認を得るためのハードルは非常に高い。そのため、コールセンター長は事前の根回しを含め、あの手この手を尽くして承認者（シニア・マネジメントや財務・人事部門）に対する説明・説得を試みる。その際に不可欠なのが、ワークロードの正確な予測とサービスレベルに基づく合理的、客観的、具体的な説明だ（第3章）。

(2) ジョブ・ディスクリプション／クオリフィケーション

　人員計画で示されたスタッフィング・ニーズに基づき、採用するポジションの具体的な職務を明確にし、その遂行に必要な人材のスキルと資格要件を特定して、前者を「ジョブ・ディスクリプション」（第2章）、後者を「クオリフィケーション」（qualification; 資格要件）として文書化する（クオリフィケーションはジョブ・ディスクリプションの一部として記載されることも多い）。

　両文書は、通常の企業活動において目標設定や業績評価、人材育成や報酬・職階制度等に活用されるが、採用プロセスにおいては、採用申請の際の添付資料、報酬等の採用条件の検討資料、募集要項の元となる情報、応募者への説明資料、採用決定者に対する職責や業績目標の提示文書として利用する極めて重要な文書だ。

　クオリフィケーションは、ジョブ・ディスクリプションの追記程度の認識である場合が少なくないが、ジョブ・ディスクリプションに示した職務と、それにフィットする人材とのマッチングの成功確率を高めるには非常に重要な情報であり、決しておろそかにすべきでない。**図表7-2**は、エージェントとオペレーション・スーパーバイザーのクオリフィケーションの作成例だ。最も一般的な顧客問い合わせ業務を想定している。

　この例の通り、クオリフィケーションは、ジョブ・ディスクリプションに記載の職務を

図表7-2 クオリフィケーション

		エージェント	オペレーション・スーパーバイザー
経験	必要	・顧客応対業務(接客、営業、コールセンター等)の実務経験1年以上 ・ビジネス電話応対	・3年以上の複数の顧客コンタクト業務経験 ・インハウスのコールセンター・オペレーションのマネジメントまたはリーダー的ポジションの経験1年以上
経験	あれば望ましい	・FAX、メール等、電話以外の顧客コンタクト業務経験	・FAX、メール等、電話以外の顧客コンタクト業務経験 ・テレマーケティング業務経験 ・マーケティング、営業企画等の実務経験
スキル	必要	・PCスキル(インターネット、ワード、エクセル):実務での使用経験 ・タイピングスキル:100ワード以上／1分 ・基礎的英語力:高卒程度。アルファベット、カタカナ用語の日常的使用に抵抗のないレベル	・リーダーシップ・スキル ・文書／口頭双方における優れたコミュニケーション・スキル ・トレーニング／コーチング・スキル ・基礎的英語力(専門文書の読解、日常会話、メール／レポート／プレゼンテーションのライティング) ・PCスキル(インターネット、オフィス系アプリケーション):実務での使用経験3年以上
スキル	あれば望ましい	・ブラインドタッチ・タイピング	・エージェントを指導できる高度なコミュニケーション・スキル ・CRM系テクノロジーやインターネットに関する専門知識 ・マーケティング、顧客コミュニケーションに関する専門知識
資格	必要	・高校卒程度	・大学卒程度 ・TOEIC 500点以上
資格	あれば望ましい	・電話応対技能検定3級	・電話応対技能検定1級以上 ・スーパーバイザー／トレーナー養成講座受講
行動／姿勢	必要	・顧客サービス&セールス・マインド ・定められた手順に従い忠実に仕事をすることができる ・変化を積極的に受け入れる ・謙虚に耳を傾ける態度 ・問題意識を持ち、積極的に提案／質問ができる ・社会人としての規律やビジネスマナーを遵守しチームの一員としての役割と責任を果たす姿勢	・高度な顧客サービス&セールス・マインド ・品位ある行動 ・肯定的な考え方 ・コミュニケーションとチームワーク ・ドライブ&コミットメント ・プロフェッショナリズム

遂行するのに必要な「経験」「スキル」「資格」「行動や姿勢」を、それぞれ「必ず必要なもの」と「あればなお良いもの」とに分けて記載する。これによって、募集側、応募側の双方に、求める人材像をより具体的に示すことができる。

(3) 採用基準(選考基準)

　採用基準は必ず事前に明確化しておくべきだ。そのポイントは次の3点だ。

- 採用計画の段階で設定する：非常に多く見られるのが、採用面接が終了してから採用基準を検討するパターンだ。この場合、ジョブ・ディスクリプションやクオリフィケーションをあらかじめ作成していないことが多いのが特徴だ。つまり、自社の業務に必要な適性や能力を具体化しないまま採用プロセスを進め、集まった応募者のレベル感や全体的な雰囲気に基づいて、"その場限りの"選考基準を合意してしまうということだ。どんな人材が必要かということでなく、応募者のレベルに合わせて選考してしまうため、その場ではいかにももっとも

しい採否の判断をした気になるが、その結果、採用活動および人材の一貫性が損なわれ、採用時期の違いによるエージェントの世代間格差といった現象が生じる。問題なのは、こうした事態に対する問題意識の欠如であり、そのことが後に、世代間の不協和音、退職の増加、スキル格差のリカバリーのためのコスト増加といった問題に発展する原因となることを認識すべきだ

- **適性・能力を採用基準とする**：伝統的な日本型雇用慣行を背景に、適性や能力よりも"人柄"を重視した選考が少なくない。そうあるべきと主張する管理者が多いのも事実だ。人材の採用は、「公正な採用選考」の理念のもと、適性と能力のみを基準に行うべきことに議論の余地はない。そのためにも、仕事の"見える化"を図り、ジョブ・ディスクリプションやクオリフィケーションに落とし込むことが必須となる

- **採用時点での必要な適性・能力を設定する**：「ジョブ・ディスクリプションを作ったが、それに見合った人材が集まらない」と言われることがあるが、そこには明確な誤解がある。ジョブ・ディスクリプションは、あくまでもそのポジションのあるべき姿、あるいは理想形を表すため、応募者とギャップがあるのは当然だ。必要なのは、作成したジョブ・ディスクリプションやクオリフィケーションに基づき、「採用時点で求める適性や能力」を明確にすることだ

（4）就業規則や報酬制度

コールセンターには、独自の（正社員向けの通常の人事制度とは異なった）就業ルールや報酬制度が必要となる場合が多い。センターの規模が大きくなるほど、そのニーズは高くなる。コールセンターの報酬制度等については、第9章で詳しく説明する。

3. 募集活動

①**求人媒体**：求人広告を掲載する媒体は下記のようにさまざまだ。媒体の種類により、集まる人材の質やタイプに特徴や傾向があるため、それらをよく見極めて、自社が求める人材にフィットした媒体を利用する。公的な資格の保有者等、専門性が要求される業界の場合は、まずは会社の人事・採用部門を通じて選択するのが得策だが、業界の専門性には長けていても、コールセンターという職種にはなじみが薄い場合も少なくないので、そのギャップを埋めるための戦略が必要だ。

- 求人誌（冊子版、Web版）
- 新聞（求人欄、折り込みチラシ）
- テレビ、ラジオ
- 一般雑誌
- カタログ、会員誌等自社媒体
- 求人サイト
- SNS、ブログ、メルマガ
- ハローワーク、人材バンク
- 社員紹介
- 人材紹介会社

- 店頭、店舗掲示　　　　　　　・街頭チラシ配布
- ジョブフェア（自治体や人材会社の求人・求職イベント）

②**求人情報**：求人広告は一般の商品広告等と異なり、見た目のデザインよりも掲載する求人情報の内容の方が圧倒的に重要だ。厚生労働省は、求人情報に以下の情報の記載を求めている。

- 業務内容　・休憩時間　　・加入保険
- 契約期間　・休日　　　　・募集者の氏名または名称
- 試用期間　・時間外労働　・賃金　・就業時間

上記のうち労働条件については、各種法令により義務づけられた遵守事項があるので注意が必要だ。応募条件も誤解を与えない表現が求められる等、単に広告効果だけを求めるのでなく、コンプライアンスに対する意識も持って慎重に記載することが大きなポイントとなる。

求人情報を告知するための最も重要なツールが募集要項だ。求人広告にはデザインの美しさ等、情緒的な要因が効果をもたらす余地は少ない。「具体的」「正確」「正直」「誠実」「信頼」等が、質の高い人材を集める告知のキーワードとなる。

図表7-3にコールセンターの募集要項の作成例を示した。以下に各項目の補足をする。

- **キャッチ**：どんな人材を求めているか、どういう意識で応募して欲しいか等を端的に示す
- **仕事の内容**：応募者が具体的にイメージできる表現、言葉遣いで記載する。
- **契約形態・期間**：年次により変化する場合等、将来の予定や可能性等、条件も添える
- **勤務地**：所在地、ビル名、最寄駅、交通アクセス等。勤務可能性のある場所が複数の場合、そのすべての情報を明記
- **勤務日・時間**：フルタイムでない場合は日数、曜日等の条件を仔細に表す。シフトは固定制か変動制か、ランチタイムや休憩時間、入社時のトレーニングに関する情報も明らかにしておく
- **給与**：時給か月給か、交通費支給有無等、曖昧さが残らないように記載する
- **休日**：休日制度を詳しく。休日勤務の有無等の情報も記載
- **休暇**：休暇制度を詳しく。半休取得可能性も重要
- **その他待遇**：報奨制度、特別休暇、社会保険、健康診断等の情報は信頼性につながる
- **応募資格**：経験、スキル、資格の区分と必要度のレベルを示す
- **採用人数**：記載する人数の多少による応募のレスポンスへの影響を過度に意識しない。率直な情報提供を優先する
- **入社日**：入社時研修の情報も必ず添える
- **特徴等**：応募者の立場に立って、不安感を取り除く情報等も効果的だ

図表7-3　募集要項(例)

名称	ABC株式会社
キャッチ	○○業界の国内トップ企業ABC社のコールセンターでの仕事です 顧客サービスの分野でキャリアアップを目指すあなたに最適の、やりがいのある職場です
仕事内容	コールセンター顧客サービススタッフ ABC社の製品をご利用の個人のお客さまからの電話による問い合わせの応対や資料請求の受け付け等 ※経験とスキルに応じてさまざまな顧客応対業務を担っていただきます
契約形態・期間	初年度1年契約(契約社員)、業績とご希望に応じて2年目より複数年契約
試用期間	あり(3カ月)
勤務地	沖縄県那覇市(那覇ABCビル)　※2018年春にオープンしたばかりの新しく快適なオフィスです
勤務日・時間	9:00～18:00のうち実働4～8時間／週3日以上 ※昼食時間1時間(無給)　スケジュールに応じて1回15分単位の休憩時間(有給)を付与 ※入社時の研修期間(10／1～11／30の平日、9:00～17:00)はすべて参加していただきます ※時間外労働：顧客応対の残務処理等で月平均2～3時間
給与	時給：1,200円　※交通費別途支給、賞与(年1回)、時間外勤務手当、休日勤務手当
休日	・休日：完全週休二日制(土日祝日および会社が定める休日)
休暇	・休暇：初年度は3カ月の試用期間終了後、10日間付与　※0.5日単位の取得可
その他待遇	・各種報奨制度(業績、皆勤、提案等) ・育休、慶弔、生理、ボランティア等、各種休暇・休職制度あり ・社会保険(雇用保険、労災保険、厚生年金、健康保険)完備(週30時間以上勤務の方) ・健康診断(年1回)
応募資格	顧客応対業務(接客、営業、コールセンター等)の経験がありサービス・マインドにあふれている方 PCの実務使用経験がある方 ※電話業務未経験者、主婦の方も歓迎
採用人数	10名
入社日	2018年10月1日(月) ※最初の2カ月間の丁寧で充実した研修を経てデビューしていただきます
特徴	・日本○○協会主催の電話応対コンテストで毎年上位入賞する等、質の高さが全国的に評判のコールセンターです ・スタッフの皆さんの執務環境を最優先に考えた先進のオフィスで、とても働きやすい職場です ・業界の専門知識は不要です。基礎的な知識は丁寧な研修で習得できるので安心です。資格の取得も可能です ・正社員への登用等、キャリアアップの機会が提供されています。管理者は全員エージェントからの登用者です

　なお、意外に重要なのが、入社時のトレーニングの実施時間や日数等の情報だ。応募者の希望がフルタイム勤務でない場合、予定されたトレーニングにきっちり参加できるかどうかも応募側、採用側の双方にとって重要な条件となるからだ。

③**応募の受け付け**：応募の受け付けは、応募者からの応募書類の郵送による提出が一般的だ。そのほかに、求人広告で面接日時と会場を告知し、面接時に応募書類を持参してもらう場合がある。また、電話インタビューを兼ねる目的で、応募者からの電話による応募の意思表明を求める方法もある。

　応募書類は、市販の履歴書と職務経歴書(書式自由)をセットで提出するのが一般的だ。最近はPCで応募者が自作するケースや、企業が作成したネット上の応募フォーム等を活用する場合も多いが、いずれも「公正な採用選考」の観点から記載(入力)項目の設定に注意が必要だ。「JIS規格の様式例に基づいた履歴書」(いわゆる市販の

履歴書）が基本であり、自作の場合は応募者、企業の双方とも市販の履歴書に準じて作成するのが無難だ。

職務経歴書についても、就職差別（第9章）と疑われる情報が意図せずに記載されることのないよう、企業側のホームページ上で書式例の掲載やダウンロードができるようにしておく等の配慮が望ましい。

4. 選考

選考にはさまざまな方法があるが、コールセンターのエージェントの採用選考で一般的に行われているのは、主に「書類選考」「適性検査」「実技試験」「面接」の4つだ。この他に新卒者の採用選考で多く見られる「小論文」もあるが、エージェントの採用で行うのは極めてまれだ。

図表7-4に4つの選考方法の測定内容や特徴をまとめた。これらのすべてが必要というわけではなく、それぞれの特徴、および以下の3点を踏まえたうえで、自センターのニーズに合った方法を選択する。

図表7-4　エージェントの採用選考方法

	書類選考	適性検査			実技試験	面接
		能力	性格	興味		
目的	・応募者の基本情報の確認	・応募者の基本的な特性を測定し、将来の職務行動を予見 ・書類選考や面接では観察できない応募者の人物理解を深めるための情報を短時間で効率的に収集する			・応募者が保持する実務スキルのレベルの確認 ・応募者が保持する知識のレベルの確認 ・募集職種を担うための潜在的な技能の確認	・基本的な姿勢や態度の確認 ・コミュニケーション能力の確認 ・志望動機の確認
評価内容	・属性 ・経歴 ・志望動機 ・仕事の好み ・一般常識	・一般的能力 ・特殊能力 「能力テスト」 「知能テスト」 「学力テスト」	・日常的な行動の特徴や性向 「心理テスト」 「パーソナリティーテスト」 「性格テスト」	・職業や職種に対する好き嫌い ・職業観や価値観 ・行動を起こすための欲求や意欲 「興味テスト」	・電話応対 ・メール／文書作成 ・タイピング ・データ入力	・人柄 ・態度 ・好感度 ・意欲 ・判断力 ・洞察力 ・柔軟性
特徴	・誇張、矮小化した表現、飾った文章、意図した記載等により事実誤認の可能性がある ・全体的な雰囲気で応募の意欲や真剣さを感じ取ることができる	・適性検査のみで採否の判断をするものではなく、書類選考や面接では観察できない人物特徴等の情報を補完し、採用面接の精度を高める ・求める人物像や採用基準に対して、一定の水準を満たしているかを確認する ・ランクづけをして排除するのでなく、一定水準を充足した応募者を次のステップに進める			・入社時点で最低限求める水準を充たしているかの確認に利用する ・書類選考や面接では観察できない具体的なスキルを確認できる	・表面的な印象に惑わされる場合がある ・面接者の好みやスキル、面接の展開に左右されがち ・面接者の主観が入り込みやすい ・他意なく「公正な採用選考」を損なう情報を得るリスクあり

参考：●日本の人事部(https://jinjibu.jp/)　●適性検査.jp(http://hr-tekisei.jp/)

- 必ず行う書類選考と面接の不足部分を補える方法であること
- 「公正な採用選考」の観点から、適性と能力のみを評価する方法であること
- 求める人材像や採用基準に、応募者がどれだけフィットしているかを評価できる方法であること

　以下では、エージェントの採用選考の特性を踏まえた適性検査、実技試験、面接の特徴や方法等について解説する。

(1) 適性検査

　適性検査は、書類選考や面接では観察しにくい能力、性格、興味といった情報を、短時間に客観的なデータとして収集できる方法だ。これにより募集職種と応募者との"相性"の度合いを判断する手助けになる。手助けにはなるが、その結果だけで決定すべきでない。あくまでも、採用選考の判断に必要な情報を補強し、精度を高めるために利用するものであり、書類選考や面接と合わせて行うことが重要だ。

　図表7-4に示したように、適性検査とは大きく「能力」「性格」「興味」の3つのタイプがあり、具体的には「能力テスト」「知能テスト」「学力テスト」「心理テスト」「性格テスト」「興味テスト」といったさまざまな検査方法がある。また、これらを組み合わせて、能力、性格、興味のすべてを測定できる「総合テスト」がある。

　なお、適性検査には次のような使い方がある。

- **採用選考における応募者の絞り込み**：一定水準を充たす応募者を次のステップに進める
- **面接の補強**：面接による観察と検査結果の矛盾点、面接での確認事項の選定等
- **採用選考活動のレビュー**：面接者側のスキルや個性の確認・調整
- **配属・育成**：新卒者の配属先選定、入社後の育成計画、上司との関係性確認
- **今後の採用戦略や人事管理の分析資料**

　エージェントの採用選考に適性検査を使う例は現状では少ない。しかし、人材像や必要なスキル等が明確なエージェントという職種においては、適性検査が有効だ。

(2) 実技試験

　適性検査と同様に、書類選考や面接を補強するツールとして実技試験は有効だ。特に電話インタビューは、電話応対のスキルを評価できる絶好の機会であり、エージェントの選考に大変効果的だ。その方法には下記のように2通りある。

- **採用選考に関する連絡と兼ねて行う**：例えば、応募の受け付けを電話で行う、あるいは書類選考の結果通知や面接の日程調整のために応募者に電話をかける。その際のやり取りを評価する方法だ。応募の受け付けは応募者によるアウトバウンド、結果通知や日程調整はインバウンドと業務別に評価することもできる。応募者に選考の一部であることを意識させずに、自然体のビジネス電話

を評価できることや、企業側のインタビュー実施者に特段のスキルを必要としないことも、手軽に実施できるメリットだ
- **電話インタビュー単独で行う**：面接と同様に電話インタビューの時間をスケジュールして行う。当然、応募者はそれなりの準備をするであろうし、緊張もするだろう。実際に仕事として行う場合にも、ある程度の緊張は生じるし、"よそ行き"の応対にもなるはずなので大きな支障はない。ただし、インタビューを行う側に、応対が不自然にならないようなスキルが求められ、また、シナリオ作りや準備の手間等も生じる

　電話インタビューの目的は、顧客に与える全体的な印象を確認することだ。具体的には「ビジネス電話における常識的なマナーの有無」と「顧客に不快感を与えたりコミュニケーションに支障を生じるような会話の強いクセやトーン等の有無」の2点が確認できればよく、既存のエージェントに対するクオリティー・モニタリングのような詳細な評価をする必要はない。それらの実施には、トレーニングを受けた一人前のエージェントであることが前提だからだ。

　従って、電話インタビューのシナリオや評価項目はシンプルだ。とはいえ、評価の一貫性は確保しなければならないため、質問項目の設定と評価表の作成は必須だ。**巻末資料39**はその一例だ。このようなフォームがあれば、直接雇用の場合だけでなく、派遣社員や業務委託社員の採用選考のために、人材派遣会社や業務委託先と共有することも可能だ。

　エージェントの実技試験は電話インタビューがメインだが、例えばメール・コンタクトのエージェントには簡単なメール文書の作成を課し、要約力の評価をしたりタイピングやデータ入力のスキルを見るといったことも可能だ。

(3) 面接

　エージェントの採用のメインとなるのは面接だ。面接のプロセスや技法は、他の職種と大きく異なることはないので、一般的な方法論についての説明は割愛し、ここでは、コールセンターのエージェントの採用における面接のポイントについて解説する。

①**応募者も顧客である**：面接はお見合いの場と言われるように、応募者の側もコールセンターを評価している。応募者に対し上から目線の権威的な態度を示すようなセンターには、決して良い人材は集まらない。広告やWebサイトで"顧客優先"を標榜していても、"言っていることとやっていることの違い"に会社の姿勢やセンターの雰囲気が見え隠れし、応募者はそれを敏感に感じ取る。エージェントの中には、転職を繰り返し複数のコールセンターを渡り歩く"コールセンター・ショッピング"を行っているケースも少なくない。そうした応募者側の見る目は厳しいことを肝に銘じておくべき

だ。日頃の顧客に対する姿勢や行動を応募者に対しても行えばよいだけのことであり、そう難しいことではないはずだ。

②**実務経験は優先条件**：一般にエージェントの仕事には、なんらかの実務経験や社会経験を有することが望ましい。新卒者や実務未経験者を採用してはならないというわけではないが、その場合は、通常の新人導入トレーニングの前に、いわゆる"社会人教育"の類のトレーニングを行う必要がある。エージェントの場合、対面の顧客応対業務のように、"見習い中"の札をつけて顧客の側に理解を求めることができない（新人であることが言い訳にならない）ため、一般の職場における新人教育よりも、デビューに至るまでに質・量ともに多くのトレーニングが必要だ。つまり、それだけ多くの時間とコストが必要ということだ。

③**仕事のスタイルをしっかり伝える**：一般のオフィスワークとの実務面での違いもさることながら、たいていの場合、コールセンター独自のカルチャーや雰囲気があるものだ。そのことについて面接の場でしっかり説明し、応募者にあらかじめ認識させておくことも重要だ。あまりのユニークさに、入社してから「イメージが違う」「自由がない」「こんなはずではなかった」ということにならないようにしたい。ちなみに、多くのセンターに共通の、一般のオフィスワークとの違いには次のようなものが挙げられる。

- ・PCを常時使用
- ・ヘッドセットを常時装着
- ・スケジュールを遵守
- ・プロシージャーを遵守
- ・クオリティー・モニタリング
- ・頻繁なトレーニング
- ・数値による評価／管理
- ・フィードバック、コーチング
- ・会社の代表
- ・一貫性の確保
- ・チームのメンバーは皆同じ仕事

④**応募者に話をさせる質問**：コールセンターに限ったことではないが、面接者が長々と質問し、応募者の答えは「はい」か「いいえ」のみという面接風景が少なくない。面接者が応募者に上述のコールセンターの特徴をしっかり説明しておきたいという気持ちが強い場合にそうなりやすい。また、重要な事項について応募者のコミットメントを得ておきたい場合に、答えを誘導してしまう質問（選択の余地がない問いかけ）となる場合も多く見られる。応募者に考えさせ、本音を引き出し、話をさせることのできる質問を設定しよう。**図表7-5**にエージェントの面接で一般的によく使われる25の質問例を挙げたので参考にされたい。

⑤**公正な採用選考**：選考時に示される企業の態度や行動からも、応募者は"入社後の扱われ方"を想像し、応募企業を厳しく評価する。企業の中で、顧客に対して最も上品、公正であるべきなのがコールセンターであることが期待されているし、そうでないところでは決して働きたくないからだ。

⑥**企業のビジネス・スタイルとのフィット感**："相性"という言葉で表現されることが多いが、企業の代表として、企業のイメージやメッセージ、想いを顧客に伝えるコールセ

図表7-5　エージェントの採用面接の質問25例

1. なぜこのコールセンターで働きたいのですか？
2. あなた自身について説明してください
3. どうして経験のない仕事をしてみたいと考えるのですか？
4. この1年で、あなたが直面した最大のチャレンジ（取り組み、試練、成果等）は？
5. コールセンターの仕組みや、どんな仕事をしているところか知っていますか？
6. あなたの上司（現職または前職）は、あなたのことをどのように言いますか？
7. あなたの仕事の経験の中で最も成功したことは何ですか？
8. 顧客に素晴らしい体験をしてもらうために、どんな努力をしてきましたか？
9. コールセンターが成功するために（顧客の高い評価を得るために）必要なことは何だと考えますか？
10. 仕事で起こるいろいろな変化に、あなたはどう対処しますか？
11. あなたは苦労している同僚がいたら、どんなサポートができますか？
12. 不機嫌な顧客にどう応対しますか？
13. あなたが顧客応対で心がけているのはどんなことですか？
14. 気分が落ち込んでいる時、やる気が出ない時は、どのように立て直しますか？
15. 月曜日と金曜日とどちらが元気ですか？
16. あなたがスーパーバイザーだったら、落ち込んでいる部下のエージェントにどんなサポートをしますか？
17. 苦情の顧客に何をしますか？
18. 最近、顧客応対でどんな苦労をしましたか？
19. それ（上記）をどのように解決しましたか？
20. 良い仕事をするために毎日心がけて行っていることはありますか？
21. 顧客応対で「うまくできた」と思うのはどんな時ですか？
22. あなたの顧客応対が「うまくいく」時と「うまくいかない」時の違いはどんなところにありますか？
23. あなたは将来スーパーバイザーを目指したいですか？
24. あなたが顧客応対の仕事でやりがいを感じるのはどんな時ですか？
25. この仕事に対する意気込みを聞かせてください

ンターのエージェントにとって、企業のスタイルとのフィット感は極めて重要だ。両者のスタイルとタイプがフィットする（相性が合う）ことは、その企業らしさを顧客に伝えるのにとても重要であるとともに、顧客応対のみならず、職場での雰囲気や人間関係、行動の志向性等にも影響を及ぼす。従って、応募者の具体的なスキルや能力とともに、全体的な印象やフィット感といったことも選考の判断にとても大切だ。

⑦**面接時の着目点の明文化**：エージェント業務に対する適性を判断するのに、いわゆる"人となり"は重要な要素だが、その判断基準はとても曖昧で、面接者の主観に左右されがちだ。そこで、**図表7-6**のように面接時の着目点を明文化しておくことで、面接者間の、あるいは人材派遣会社や業務委託先との目線合わせができる。

巻末資料40に上記のポイントを踏まえた面接評価表の一例を示した。全社的な人材像の一貫性を保持するため、人事部門が作成した全社共通の評価表とともに、このよ

図表7-6　求める人材──面接時の着目点

- 明るくにこやかでハキハキしている
- 正直さ、素直さがうかがわれる
- 誇大な表現やアピールをしない
- 自分を開放できる、見栄を張らない
- 柔軟性がある、変化をいとわない
- 肯定的な思考や表現ができる
- 過去の経験に固執しない
- 前職に対する不平・不満や感情的な批判をしない
- こちらの質問に対する理解度の高さ、反応のよさ
- 説明がシンプルでわかりやすい
- 当社の一員としての自覚ややる気が感じられる

うなコールセンターのユニークさを鑑みた専用の評価表を使うことで、的確なエージェントの採用を図ることが肝要だ。

新人エージェントを迎える

　エージェントの採用が完了すると、早速取りかかるのが、採用したエージェントを迎える準備だ。「何事も初めが肝心」「新しい人に精力を注ぐ」「すべての準備が事前に完了」といったフロントラインの管理者が取るべき行動の、まさに実践の場面だ。

①意欲を高める：新人エージェントを迎える作業は、コールセンターの重要なイベントとして取り組むべきだ。そうすることで、以下の観点から新人エージェントの意欲を高めることができる。また、エージェントの離脱のリスクが最も大きい入社直後から6カ月の期間を乗り越え、リテンションにも寄与する最も重要な時期であることも強く意識して取り組みたい。

- **歓迎の気持ち**：入社の喜び、期待に応えたい
- **ぬかりない準備**：会社への信頼、プライドの醸成
- **入社初日から緩みない雰囲気**：前向きな緊張感、自覚の高まり

②**新規採用エージェント入社準備チェックリスト**：しっかりと準備を行うために、チェックリスト等のツールを活用する。エージェントを迎えるには**図表7-7**に示すような多くの手続きや準備が必要だ。特に近年はIT系のツールが増加するのに伴って、その登録や設定等の業務量が格段に増えている。その複雑さも増している。ということは、トレーニングも質・量ともに増加・複雑化するということだ。

③**既存のビジネスプロセスやオペレーションを点検する良い機会**：新人エージェントの入社の準備は、既存のオペレーションの点検を行う良い機会だ。新人エージェントに対して、ミッション・ステートメントやビジネスプロセスの徹底ぶりを実感させるためにも、既存スタッフに対する確認テスト等を行う(第1章)ことは意味あることだ。

④**誰が仕切るか**：図表7-7に示すような多くの作業を誰が仕切るかが重要だ。採用したエージェントの上司となるスーパーバイザーと考えがちだが、それは少々安易だ。日常のオペレーションの傍らで、これだけの作業を仕切るのは現実的でない。多くが事務的な作業であることから、ビジネス・コントローラーやトレーナー等のサポーティング・スタッフ、あるいは規模の大きなセンターであれば、専任の採用担当者が担うのが適当だろう。

チームの役割と責任を定める──ジョブ・ラダーを作成する

　新人エージェントに対し、入社後のオリエンテーションや導入トレーニングでジョブ・ディスクリプション(第2章)を提示して、仕事の内容についてあらためて詳細な説明を行い合意することが必要だ。それとともに、ジョブ・ディスクリプションに示した各タスクのチーム内での位置づけや役割、上位者やサポーティング・スタッフとの関係性等について説明し理解を求めることも重要だ。そのために使用するツールが「ジョブ・ラダー」だ。

　ジョブ・ラダーとは、エージェント、スーパーバイザー、マネージャー等、コールセンターのフロントラインの各ポジションについて、オペレーション上のタスクごとの役割や責任を、各ポジション間の連動性を意識しながら一覧的に表したものだ。これによって、1つのタスクに課せられたポジションごとの役割や責任が、下位のポジションから上位のポジションへ"はしご"(ラダー)を登るように拡大していくことが理解できる。

　また、タスクに加えて、アカウンタビリティー(達成責任)やクオリフィケーション(ポジション資格要件)等も記載すれば、ジョブ・ディスクリプションとしての機能も果たすことができる。さらには、エージェントのキャリア向上のための道筋を示し、そのための能力開発の指針を提供する「キャリア・ラダー」としての機能も有する大変有用なツールだ。

　巻末資料41にジョブ・ラダーのサンプルの一部を示した。また、**巻末資料42**にはジョブ・ラダーの最左列に記載するタスクについて、多くのコールセンターに共通する項目を列挙したので参考にされたい。

図表7-7 新規採用エージェント入社準備チェックリスト

1. 採用決定／周知	9-2 商品・サービス情報データベース
1-1 新規採用者の情報を関連スタッフに通知	9-3 マーケティング情報データベース
1-1-1 ビジネス・コントローラー	9-4 e-ラーニング
1-1-2 トレーナー	**10. 電話関連システム登録・設定**
1-1-3 クオリティー・アナリスト	10-1 エージェントID
1-1-4 テクノロジー担当	10-2 エージェント・スキル
1-2 コールセンターの全員に新規採用と組織に関する発表	10-3 PBXにエージェントの詳細機能／情報の設定
2. 入館手続き	10-4 通話録音システム
2-1 セキュリティーカード	**11. コンタクト・マネジメント・システム登録・設定**
2-2 セキュリティーカード用写真撮影	11-1 ユーザー・アカウント
2-3 入室セキュリティー登録	11-2 エージェント・プロファイル情報
3. マネジメント・インフォメーション	11-3 チーム設定
3-1 新人エージェント入社準備チェックリスト	**12. その他コールセンターシステム登録・設定**
3-2 組織図	12-1 WFMエージェント・プリファランス
3-3 人員計画表	12-2 クオリティー・モニタリング・システム
3-4 コールセンター住所録	**13. レポーティング登録・更新**
3-5 緊急時連絡網	13-1 PBX統計管理システム
3-6 社内電話帳	13-2 エージェント・パフォーマンス・レポート
3-7 管理者用の個人別ファイル	13-3 リソース使用状況レポート
4. オフィス・ファシリティー	13-4 エージェント・ダッシュボード
4-1 フロアプラン	**14. オリエンテーション**
4-2 レイアウト変更／席替え	14-1 アジェンダ
4-3 座席表	14-2 スケジューリング
4-4 ロッカーの割り当て	14-3 オフィス・ツアー
5. エージェント・ワークステーション	14-4 オリエンテーション資料の作成／更新
5-1 PC設置	14-4-1 会社概要
5-2 電話端末設置／設定	14-4-2 人事関連（就業規則、服務規程、福利厚生、教育研修、人事サービス等）
5-3 ヘッドセット	
5-4 清掃	14-4-3 コールセンター・ワーキング・ガイドライン
5-5 文房具／事務用品	14-5 机上ネームプレート
5-6 個人用防災ツール（ヘルメット等）	**15. 新人導入トレーニング**
6. ウェルカミング・アクション	15-1 トレーニング企画（構成／コンテンツ／トレーナー等）
6-1 ウェルカムボード	15-2 スケジューリング
6-2 ウォールボード用ウェルカム・メッセージ	15-3 トレーニング・ルーム
6-3 フロアのデコレーション	15-4 トレーニング・テキスト等の作成／更新
6-4 新人のワークステーションのデコレーション	15-4-1 ミッション・トレーニング
6-5 自己紹介メール	15-4-2 コールセンター・ビジネス概要
7. エージェント・ケア	15-4-3 オペレーション・トレーニング
7-1 メンター任命	15-4-4 商品・サービストレーニング
7-2 定期個人面談のスケジューリング	15-4-5 ITトレーニング
8. 社内ネットワーク登録・設定	15-4-6 コミュニケーション・スキル
8-1 メールアドレス	15-4-7 ロールプレイング
8-2 共有フォルダー	15-5 マーケティング・ツール（カタログ／取り扱い説明書／プロモーション）
8-3 共有メールボックス	
8-4 社内チャット	15-6 商品サンプル
8-5 社内SNS	15-7 ITトレーニング用システム環境セットアップ
8-6 イントラネット	15-8 ロールプレイ用電話回線
9. 社内業務システム登録・設定	**16. 既存業務の点検**
9-1 PC用ソフト・アプリケーションの選定／設定	16-1 既存スタッフ向け業務レビュー／確認テスト

III コールセンターの エージェント・エンゲージメント

エンゲージメントとは

1. エンゲージメントの定義

「サグラダファミリアの2人の石工」はリーダーシップやエンゲージメントを語る際に、決まって紹介される有名な話だ。――ある日、サグラダファミリアを訪れた旅行者が、石切り場の2人の石工に何をしているのか、とたずねた。1人の石工は不機嫌な表情で、「このいまいましい石を切っているところさ」とぼやいた。もう1人の石工は満足そうな表情で、「大聖堂を建てる仕事をしているんだよ」と誇らしげに答えた。――後者の石工こそが、まさにエンゲージしている状態にあるというわけだ。

「エンゲージメント」という言葉は、日本では「婚約」「エンゲージリング」で馴染みがあるが、経営用語としてのエンゲージメントをわかりやすく言葉や文章で定義するのは大変難しい。例えば米国の調査会社ギャラップは、従業員のエンゲージメントとは、「組織に対して強い愛着を持ち、仕事に熱意を持っている状態」とし、英国の人材育成専門機関であるCIPDは、「単なるモチベーションではない、仕事への満足度を上回るもの」としている。また日本の組織・人事コンサルティング企業のヒューマンバリューは、「『組織（会社）』と『個人（社員・構成員）』が一体となって、双方の成長に貢献しあう関係」と定義している。

2. なぜエンゲージメントが必要なのか

今、コールセンターにエンゲージメントが求められるのは、価値観や雇用形態の多様化、人材の流動化といった仕事、組織、個人をめぐる社会的変化と厳しさを増す雇用環境が背景にある。

このような環境においては、優れた人材をつなぎとめ、1人ひとりの能力を高めてより良い成果をあげることが求められ、そのために必要なのが、従来のモチベーションや従業員満足を超えたエンゲージメントという概念だ。

コールセンターのエージェント・エンゲージメント

1. コールセンターのエージェント・エンゲージメントの構造

　図表7-8にコールセンターのエンゲージメントの全体像を概念的に表した。
　エンゲージメントに関連する要素には、エンパワーメント、モチベーション、エンカレッジメント、リコグニション、リワード、リテンション等、多くのキーワードが挙げられるが、エンゲージメントと同様に、それぞれの定義をズバリと言い表すのは困難だ。これらは単独で機能するのではなく、複合的に取り組むことで効果を発揮していくということを踏まえて、エンゲージメントの考え方や具体的な施策について見ていく。

2. エンゲージしている状態とは

　一般に、エンゲージしている従業員には、次のような意識や行動が見られる。このような個々の意識や行動を総合して、エンゲージしている状態の全体像をイメージするとよい。

- 組織を信頼し、そのビジョンや価値観に同意している
- 組織の業績向上に貢献できるよう、より良い仕事をしたいと思う
- ビジネスの全体像やその中での自分の仕事の位置づけや役割をよく理解している
- 同僚を尊重し助け合う
- 組織に貢献するために努力や苦労をいとわない
- 常に成長や改善を続け最新の状態にある

図表7-8　エージェント・エンゲージメントの全体像

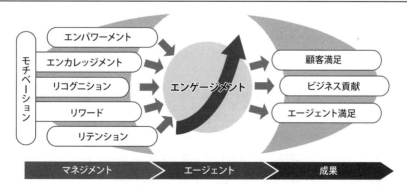

会社の代表として顧客と直接コンタクトする立場であるからこそ、エージェントをこのようなエンゲージしている状態に導きたい。

例えば、エージェントが冒頭に紹介したサグラダファミリアの後者の石工のような意識を持って仕事に取り組むようになるには、センター長をはじめとする管理者が、エージェントに対し、企業やセンターのミッションや目的を頻繁にわかりやすく語り、理解させることが重要だ。ミッション・ステートメントやビジネスプランはその意味でも重要だ（第2章）。

3. エンゲージメントの現状と効果

実際にどれくらいの従業員がエンゲージしているのか。米ギャラップが2014〜2016年に世界各国の企業を対象に行った調査（産業、職種を問わない）によれば、日本の場合、エンゲージしている従業員は、わずか6％であった。これは調査対象の139カ国のうち132位と最下位に近い。コールセンターに限ったデータはないが、一般にコールセンターのエンゲージメントは全産業の平均を下回ることが知られているので、6％を大きく上回ることは考えにくい。なお、先進諸国の中では米国が32％と際立っているが、全世界の平均は15％と、低いレベルにとどまっている。

それでも、世界中の企業がエンゲージメントに注力するのは、従業員のエンゲージメントが企業の業績に直結することがわかってきたからだ。その最も代表的なデータが、世界73カ国、49業種、180万人の従業員を対象にギャラップが行った以下の調査結果だ。

- 顧客ロイヤルティー／顧客エンゲージメント：上位25％は下位25％より10％高い
- 利益率：上位25％は下位25％より21％高い
- 生産性(セールス)：上位25％は下位25％より20％高い
- エージェント離職率：下位25％は上位25％より24〜59％高い
- 従業員の欠勤：下位25％は上位25％より41％高い
- 安全性(事故の発生)：下位25％は上位25％より70％高い
- 品質に関する問題の発生：下位25％は上位25％より40％高い

従来の従業員満足度では、確かに従業員にとっての職場の"居心地の良さ"は向上できたものの、それがビジネスにどうつながるのかを立証することはできなかった。このことを考えれば、企業がエンゲージメントに注目するのが理解できる。

4. エンゲージメント向上を促す要因

エージェントのエンゲージメントを高めるためにはどうすればよいか。何か特効薬があるわけではないので、あらゆる手を使って、絶え間なくエージェントにアプローチしていくことが重要だ。そのためには、以下に列挙した、エージェントのエンゲージメント向

上を促す「エンゲージメント・ドライバー」と、その逆の「エンゲージメントを阻害する事象」を認識しておくことが必要だ。

①エンゲージメント・ドライバー
- 良い仕事が認められ賞賛を受ける
- ハードワークが報われる
- 画一的・形式的でない報奨制度
- 自分が何を期待されているかわかっている
- 自分の仕事の重要性を認識している
- 組織のゴールと目的を理解している
- シニア・マネジメントは頻繁に会社の目標や経営状況を社員に語る
- 個人の業績目標と報酬は会社のゴールに連動している
- 自分の意見が仕事に反映される
- 十分なトレーニングが施されている
- 学習と成長の機会がある
- 会社や上司は成長を後押ししてくれる
- キャリア向上の道筋や方法が示されている
- 顧客応対上の現場の裁量範囲が大きい
- 同僚は質の高い仕事をコミットしている
- 毎日みんながベストを尽くしている
- 職場ではいつも活発な会話が交わされている
- 職場の空気が前向きである
- 協力して仕事をすることが奨励されている
- エージェントが1人の個人として尊重されている
- 上司は常に部下を優先し積極的にケアしてくれる
- 職場に友人がいる
- 必要なシステムやツールがそろっている
- 個人の要望を反映した柔軟なスケジューリング

このように多くのドライバーがあるが、最も重要なのは、「上司が握手をして直接『ありがとう』と伝えること」であることは、エンゲージしているスタッフやその上司の多くが認めるところだ。つまり上記のようなエンゲージメント・ドライバーや後述するモチベーション施策等は、このシンプルな「感謝」を補完するものであり、施策ばかりに頼るべきでないということを示唆している。

②エンゲージメントを阻害するエージェントの不安
- 私のスーパーバイザーは私と話したがらない。何か悪いことしたかしら……

- どうして私のフィードバック・ミーティングはまたキャンセルになったのだろう……
- このように頻繁にシステムがダウンすると仕事にならない
- 私のスーパーバイザーはエスカレーションを快く受けてくれない
- 私のスーパーバイザーは肝心な時にいつも席にいない
- 私の方が絶対に一生懸命働いているのに、彼女の方が評価が高いのは納得できない
- どうして私の休暇申請は、いつも「人が足りないから」と承認されないのかしら。休暇は従業員の権利なのだから、取りたい時に取れるべきだ
- 知識やスキルを高めたいと思っているのに何の機会も与えられない
- 私には良い仕事をするためのスキルがない

阻害要因の多くが、上司の態度や会社のカルチャーや制度に起因していることが見て取れる。

5. エンゲージメント・マネージャーを配置する

近年、欧米企業を中心に、コールセンター独自に「エンゲージメント・マネージャー」といったポジションを配置する例が増えている。その目的は、企業の視点でなくスタッフの側に寄り添ってエンゲージメントの促進を図ろうというものだ。エンゲージメント・マネージャーは特定の実務の担当を持たず、遊軍的な立場でエンゲージメント施策のすべてに関わり、一貫性のある活動がなされるよう支援またはリードする。

欧米の例を見ると、英国のロイズ銀行、テスコ(小売業)、OVOエナジー(電気／ガス)には「コリーグ・エクスペリエンス・マネージャー」(colleague experience manager)という名称で、エンゲージメント・マネージャーが配置されている。また、米国を中心に「チーフ・ピープル・オフィサー」(chief people officer; 最高人財責任者)を設けて、企業全体の従業員エンゲージメントを強化していく例も増えている。

エンパワーメント

1. エンパワーメントとは

エンゲージメントの重要な要素である「エンパワーメント」も日本語化は難しい。日本では「権限移譲」や「裁量権の拡大」と定義することが多いが、それでは限定的だ。

一方、多くの専門家や機関による定義に共通するのが、「ビジョンや目標の共有」「自律性の育成と支援」「当事者意識の促進」の3つの要素だ。エンパワーメントとは、目標を明確に示し(ゴールのシェア)、その達成のための自律的な行動を促し(当事者意識)、

自律性を育むためのトレーニングやコーチング等による支援を提供する(育成と支援)という3つの活動を通じて成果を導き出すと解釈されている。

2. エンパワーメントの効能

エンパワーメントが促進されると、エージェントの意識や行動に次のような効能をもたらす。

- 自分が必要とされていること、貢献していることを実感したり認識できるようになり、コールセンターや会社の業績にもっと貢献したいとの意欲が高まる
- 自らの意思で成果をあげることの喜びを感じるようになり、より効率的／効果的な仕事をすることの貪欲さが増す
- もっと良い仕事ができるよう自ら学習するようになり、エージェントの成長が加速する
- 自分の意志で前向きに取り組むようになり、トップダウン(言われたことを言われた通りにやる)よりも高いパフォーマンスをあげるようになる
- コールセンターのマネジメント業務に関わることで、「問題指摘者」から「問題解決者」に変化する
- 真剣さが増し、秩序やルールの大切さを自覚するようになり、コンプライアンスの意識が高まる
- 現在の職場で継続して勤務しキャリアを向上させたいと思うようになり、人材の維持を促進する

3. エンパワーメントを促進する施策

エンパワーメントを促進するために採られる施策は、会社の方針、センターのニーズ、エージェントの知識やスキルのレベル等によってさまざまだ。以下に、その具体例を挙げる

- エージェントが行う事務処理をエージェント自身が管理する
- エージェントの新規採用面接に参加する
- 新人エージェント入社時のオリエンテーションやトレーニングの運営をサポートする
- 新人エージェントのメンターを担う
- エージェント同士で恒常的なピア・トゥ・ピア・モニタリングを行う
- 苦情処理やエラー発生時にエージェントの判断で処理できる権限(返金・減額等の金額調整、商品の返品・交換等)を付与、または拡大する
- シニア・マネジメントや他部署とのVOCモニタリング・セッションで発表／報告する

- オペレーションの改善・向上策を提案し実行する
- エージェントの個人的な才能や技能・特技を活用(例えば、優れた文章力を持つエージェントによる社内報の編集や顧客レターの作成)する
- 特定の商品やサービスにおける秀でた知識や経験を持つエージェントが、そのスペシャリストとして活動(高度な問い合わせの対応、トレーニング、マニュアル作成、他部署とのリエゾン等)する
- チームの業績目標の策定作業に参加する
- 競合他社へのベンチマーク調査(ミステリー・コールやミステリー・ショッピング)に参加する
- 外部のトレーニング、セミナー、トレードショー等に参加する
- チームのスケジュールの策定や調整に関わる
- ランチタイムや休憩時間の取得方法を考案し提案する
- 休暇の取得方法を考案し、スケジューリング(承認や調整)の策定作業に加わる
- リワード/インセンティブの開発や運用に関わる
- モチベーション施策の開発や実行作業に加わる
- センター内の各種イベントを主催する
- 関連部署の仕事を経験する

　上記から見て取れるのは、従来、管理者が行ってきた仕事の多くがエンパワーメント施策の対象になり得るということだ。さらに、これらの機会を提供することは、エージェントのキャリア・デベロップメント(第8章)にも効果がある。

　なお、施策の実行にあたって踏まえておくべきは、上記のいずれにおいても"〜させる"という上から目線では決してうまくいかないということだ。

4. エンパワーメント施策の実行を判断する

　エンパワーメント施策を実施するにあたっては、管理者の側もエージェントの側も、それなりに勇気と覚悟が必要だ。安易に行うと、コールセンターのオペレーションにとって致命傷となる場合があるからだ。

　図表7-9は、エンパワーメント策の実行が可能かどうかの判断を助けるツールだ。このツールの特徴は、管理者だけでなくエージェントも同時に行うということだ。管理者が一方的に大丈夫と判断しても、肝心のエージェントにその気がなければ、エンパワーメント施策は成功しない。両者の認識や覚悟にギャップがないか確認し、そのことを記録として残しておくことが、このツールの目的だ。

図表7-9　エンパワーメント・レディネスレベル診断シート

エンパワーメント・レディネスレベル診断シート【マネジメント用】	強く同意				まったく同意しない
1. 私のチームのエージェントは、業務に必要な知識やスキルを備えている	5	4	3	2	1
2. 私のチームのエージェントの仕事は細かくチェックしなくても支障はない	5	4	3	2	1
3. 私のチームのエージェントは、顧客のニーズに応えるために自ら進んで責任を負う	5	4	3	2	1
4. 私のチームのエージェントは、私のサポートがなくても顧客応対に関して正しい判断ができる	5	4	3	2	1
5. 私のチームのエージェントには、失敗を恐れずにチャレンジすることを奨励している	5	4	3	2	1

エンパワーメント・レディネスレベル診断シート【エージェント用】	強く同意				まったく同意しない
1. 私は、業務に必要な知識やスキルを備えている	5	4	3	2	1
2. 私のスーパーバイザーが私の仕事を細かくチェックすることは滅多にない	5	4	3	2	1
3. 私は、顧客のニーズに応えるためなら自ら進んで責任を負うことをいとわない	5	4	3	2	1
4. 私は、スーパーバイザーのサポートがなくても顧客応対に関して正しい判断ができる	5	4	3	2	1
5. 私のスーパーバイザーは、失敗を恐れずにチャレンジすることを奨励している	5	4	3	2	1

モチベーション

1. コールセンターのモチベーションを定義する

「モチベーション」とは、一般に「やる気」「意欲」「動機づけ」という意味で使われることが多いが、その定義はかなり曖昧だ。

コールセンターでも、今やマネジメントの必須用語だが、注意したいのは、「やる気がない」「やりたくない」といったエージェント個人の感情を、「モチベーションが上がらない」といった言い方で責任転嫁するのに都合よく使われるケースが目立つことだ。これは明らかな誤用であり、これに管理者が振り回され、事の本質を見失うことのないようにしたい。

本書ではモチベーションをエージェント・エンゲージメントの要素のひとつと位置づけ、「エージェントが自律的かつ積極的に行動するための具体的な動機」と定義し、それを促すための具体的な施策を「モチベーション施策」とする。

モチベーション施策は、**図表7-10**に示すように非常に多岐にわたるが、目的や手法の違いから、「エンカレッジメント」「リコグニション」「リワード」の3つに分類することができる。以下、それぞれについて解説する。

図表7-10 モチベーション施策をサポートするアクションやツール

①日常的なリコグニション活動	良い仕事・行動を認め褒める、握手と感謝の言葉、Pat on the Back（背中を軽くたたいて褒める）、ポジティブ・ポット（同僚の称賛・感謝メッセージ）、顧客フィードバック掲示、サンキュー・カード掲示
②日常的なモチベーション活動	マネージャーズ・ランチ、バースデー・パーティー、歓迎会、送別会、クッキー・タイム、キャンディー・バスケット、ユニフォーム、ノベルティー・グッズ、デスク・アクセサリー、コールセンター・ニュースレター、コールセンター・ファン・カレンダー、エージェント専用イントラネット・サイト
③エンパワーメント・プログラム	セルフ・スケジューリング、シフト抽選プログラム、シフト交換プログラム、社内アンバサダー、コールセンター・リエゾン
④学習プログラム	ブッククラブ（読書会、図書レンタル）、リスニング・クラブ（優秀コールの聴取会）、VOCモニタリング・セッション、社内講演会、顧客訪問、フィールド・ウォッチング、店舗・工場・研究所見学、他社コールセンター訪問、関連部署インターンシップ・プログラム、マネジメント・インタッチ・デー（上級職の実務体験）、サービス視察ツアー
⑤業績表彰プログラム	エージェント・オブ・ザ・マンス、エージェント・オブ・ジ・イヤー、コールセンターMVP、苦情ゼロ連続日数、KPIポイント、無遅刻・無欠勤、応答数チャンピオン、最高改善率、最速目標達成、ナレッジ・マスター（知識テスト）、ベスト・セリング、グレート・パフォーマー、サービス・チャンピオン
⑥執務環境／従業員サービス	オフィス・デコレーション、モチベーショナル・ポスター、整理整頓デー、ブレークルーム・マネージャーbyエージェント、環境アセスメント、アスレチック・ジム、ウィークエンドBGM、マッサージ・サービス、靴磨きサービス、通勤送迎ワゴン、保育所（自社、提携）、食事無料提供、フリー・ビバレッジ
⑦ノン・キャッシュ・リワード	休暇チケット（1日、半日）、ブレーク・チケット、タイムオフ・チケット（遅刻、早退、1時間）、VIP駐車スペース、特別仕様ワークステーション、社内プロジェクトにアサイン、学習チケット（セミナー参加、他社見学等）、通販カタログ、ギフトカード、ウィークエンド・トリップ、フラワー・アレンジメント、観葉植物、デスク・アクセサリー
⑧トロフィー・バリュー	トロフィー、カップ、メダル、盾、表彰状、感謝状、フラッグ、ペナント、スペシャル・ヘッドセット、スペシャル・チェアカバー、メモリアル・ウェア（Tシャツ、ジャケット、キャップ）、受賞者ID（バッジ、髪留め、社員証）、エグゼクティブ・レター、記念グッズ（マグカップ、文房具等）、額装写真、エージェント・ネーミング・ライツ、レッド・カーペット
⑨ゲーミフィケーション	コールセンター・オリンピック（ゴミ箱バスケットボール、紙飛行機大会、チェア・マラソン、パイ投げ、ピンポン玉ボーリング、ダーツ、紙風船バレーボール）、数独、コールセンター検定、コールセンター・トリビア、コールセンター・ウルトラクイズ、エグゼクティブ・ピクチャー、チャイルド・コールセンター、コールセンター・ギネスブック、宝さがし、エグゼクティブ・ギフト、カスタマーサービス・キーワード・ビンゴ

2. エンカレッジメント

「エンカレッジメント」（encouragement）とは、「勇気づける」「励ます」「後押しする」といった意味を持つ。

ポイントは、スーパーバイザー等の管理者（以下スーパーバイザー）が、エージェントを「導く」「引っ張る」のでなく、「後押しをする」「後ろから支える」といったスタイルでエージェントをサポートすることだ。特に重要なのが、エージェントの「話を聞き応援する」ことだ。エージェントは具体的な解決策ばかりを求めているわけではなく、誰かに話を聞いてもらうだけでもモチベーションが高まることがあるからだ。従って、スーパーバイザーには、指導・監督・教育するマネージャーやトレーナーではなく、エージェント個人を尊重・支持・サポートするコーチとしての役割が強く求められる。

このように、エンカレッジメントとは、エージェントとの接し方やコミュニケーション

等、スーパーバイザーの日常的なマネジメント・スタイルに着目した取り組みであり、その実行のために専門的な知識やスキル、ツール、予算手当等を必要としないモチベーション施策の第一歩だと言える。

3. リコグニション

「リコグニション」（recognition）とは、エージェントの努力や成果を「認め」「褒める（賞賛する）」ことで、スーパーバイザーにとって最も優先すべき行為のひとつだ。

エージェントがよい成果をあげた時はもちろん、その優れた行動・態度・努力等、日常のどんな些細なことでも目にとまったものは決して素通りすることなく、そのことを認識・支持・感謝していることを本人に伝える。「組織の中で価値ある存在として認められたい」という承認欲求を満たすわけだ。それよってエージェントの意欲がさらに高まり、優れた成果や行動が継続するよう促すことがリコグニションの目的だ。その効果を高めるためのポイントを以下に示す。

- どんなに些細なことでも見逃さない
- 時間を置かずにすぐに伝える
- 繰り返されるよう仕向ける
- 結果だけでなく進行中の行動も認める
- 結果に至るプロセスも認める
- 努力や工夫、ハードワークも認める
- メールで済ませるのでなく、しっかり口頭で伝える
- 同僚にも広く知らせる
- 上司からのレターや表彰状等のツールを効果的に使う

4. リワード

「褒賞」または「報奨」を意味する。前者は「優れた業績に対する賞賛」、後者は「優れた行為に対する感謝」だ。

「リワード」の提供の仕方も多岐にわたる（図表7-10）が、その目的の違いから、「デイリー・セレブレーション」「ノン・キャッシュ・リワード」「キャッシュ・リワード」の3つのタイプに分類する。

①デイリー・セレブレーション（daily celebration）：日常のオペレーションの中で、エージェントの「良い仕事」「良い成果」「良い行動」を見つけたら、そのことをすぐに「認め」「知らせ」「褒める」。リコグニションの色彩が強く、その効果を高めるためにささやかなリワードを小道具的に使おうというイメージだ。チームで拍手するだけでも

よいが、できればスーパーバイザーやマネージャーから、決して大げさでない賞品があるとより効果的だ。

事例を1つ紹介しよう。ある外資系企業のコールセンター・マネージャーは、幼児向けのおまけつき駄菓子をストックし、エージェントの良い成果や良い行動に、手製の感謝状を添えて"ご褒美"として提供した。これがエージェントに好評で、マネージャーとエージェントの距離を縮め、チームに話題を提供する等、チーム内のコミュニケーション向上に一役買った。駄菓子のおまけのコレクションがエージェントの楽しみとなり、それが具体的な成果につながることもあった。

このように、デイリー・セレブレーションの賞品は、費用負担の少ないささやかなもので構わない。ただし、受け取るだけで終わりとならないよう、それがきっかけでなんらかの具体的な成果につながるような工夫があるとよい。上記の例では、次のような狙いがあった。

- エージェントには幼少の子を持つ母親が多い。幼児向けの駄菓子は子供への土産として喜ばれる
- 菓子は食べて終わりだが、おまけが残る。それが話題提供になる
- シリーズ化したおまけは、それをコレクションしたいという欲求へとつながり、「またもらえるよう頑張ろう」という動機づけになる。時にはコレクションの数を競うまでに拡がる

このように、ささいなものでも、賞品には一時のものでなく継続的な効果を促すような仕掛けを込めたものとするようにしたい。

②**ノン・キャッシュ・リワード**(non-cash reward)：金銭によらない褒賞／報奨のことだ。表彰、休暇、商品券、各種チケット、食事券、旅行券等、あらゆるものが使われる。「タンジブル・リワード」(tangible；目に見える、実体のある)ともいう。

人は誰しもキャッシュを好むと思われがちだが、仕事に与える効果となると、ノン・キャッシュ・リワードがキャッシュ・リワードよりも勝ることが、多くの調査で立証されている。シカゴ大学の調査によると、キャッシュ・リワードを得た従業員は、何もリワードを得ていない従業員よりパフォーマンスが14.6％向上したが、ノン・キャッシュ・リワードを得た従業員の場合は38.6％もの向上が見られた。

この結果は、ノン・キャッシュ・リワードの特徴である「周囲からの認知」「記憶に残る」という価値（これを「トロフィー・バリュー」という）がモチベーションの向上に作用していることを示唆している。人は賞賛の証としてトロフィーや表彰状等を受け取ると、再びそれを得たいがためにさらなる意欲が増し、これまで以上に努力をする。また、その事実を他者に披露したり、時折思い出しては励みにする等、1つのトロフィーが長い期間にわたって効果を発揮する。

スーパーバイザーに褒められた際に渡された手書きのカードをパーティションに貼って励みにしている……エージェントのそのような光景がよく見られるが、リワード

としてはささやかなものであっても、そのモチベーション効果は意外に高い。

ノン・キャッシュ・リワードの効果を高めるには、エージェントのタイプや好みに合わせた褒賞を工夫するとよい。ライフ・ワーク・バランスを重視するエージェントには、休暇や家族とのディナーが喜ばれるかもしれない。キャリア志向の場合は、社内のプロジェクトやタスクフォース、あるいは社外のセミナーやトレーニング等、本人が望むものに参加できることがハッピーかもしれない。可能ならば、アイテムの選択作業に同僚のエージェントも巻き込んだり、さらにはリワード・プログラム自体の企画から運営までをエージェント自身に任せて、そのプロセス自体をチームで楽しむのもよいだろう。

③ **キャッシュ・リワード(cash reward)**:優れた業績に対する特別ボーナスや、成果に応じた手当の支給等、金銭による褒賞／報奨が「キャッシュ・リワード」だ。褒賞金、報奨金、賞金、奨励金、一時金、インセンティブ等、さまざまな呼び方がある。一時的、臨時的なものと、継続的、恒常的なものがあり、後者は一般的に、「インセンティブ・プログラム」と呼ばれる。

日本では、社内の公平感等に配慮して、コールセンター独自のキャッシュ・リワードの実施には二の足を踏むことが多く、人事部門が全社を対象に設けた褒賞／報奨金制度等を利用するのが一般的だ。

なお、キャッシュ・リワードの実施にあたっては、社内への配慮とともに、税務・会計上の規定等の確認も必要だ。ノン・キャッシュ・リワードに分類している金券類も、金銭同等として制限がかかる場合もあるので、これも必ず確認しておく必要がある。

以下に、コールセンター独自にキャッシュ・リワードやインセンティブ・プログラムを実施する際のメリットや注意点を挙げた。

- わかりやすく好まれる
- 設計や構築に手間はかかるが、開始後は半ば自動的に処理できるので運用は簡単
- プログラム化すれば長期的に機能する
- 実体がないためトロフィー・バリューは期待できない
- 既存の報酬制度との整合性をどうするか、方針を定めておく
- 他部署従業員との公平性や納得性に配慮する
- 人事、経理、法務部門との確認や調整が必要
- ノン・キャッシュ・リワードの金券類(商品券、鑑賞券、旅行券、食事券等)の扱いについても要確認
- 給与との区別がつきにくい。給与に混在してリワードとしての効果が半減しがち
- 継続的に行われると、リワードでなく権利と化していく
- キャッシュ・リワードばかりに頼っていると、従業員がすべての仕事に対価を求めるようになる

5. モチベーション施策をサポートするイベントやツール

　モチベーション施策は、社内のキャンペーンやイベントの一環として行われることが多い。新製品発売キャンペーンでチームごとに売り上げを競う、新入社員歓迎のピクニックに出かける、オープンハウスで従業員の家族を職場に招く等、多くの機会がある。ここでは、その中でも、フロントラインの顧客サービス・スタッフのモチベーション向上を目的として世界的に行われている「カスタマーサービス・ウィーク」と「ボス・デー」について紹介する。また、モチベーション施策の実施に不可欠なツール類に関してもあわせて述べる。

(1) カスタマーサービス・ウィーク

　「カスタマーサービス・ウィーク」(customer service week; CSWeek)は、企業における顧客サービス業務の重要さを認め、その仕事に従事するフロントラインのスタッフをねぎらい、感謝し、賞賛するための国際的なイベントだ。1992年に、米国大統領ジョージ・ブッシュ(当時)が議会宣言をして正式な国民行事として定めたことに端を発し、毎年10月の第1週に世界各国でさまざまな感謝イベントが実施されている。

　カスタマーサービス・ウィークの統一テーマ(目的)は以下の5つだ。
- モラール、モチベーション、チームワークの醸成
- フロントライン・スタッフへの感謝と褒賞
- 全社的な顧客サービス業務の重要性の認知拡大
- フロントライン・スタッフが関連部署のサポートに感謝
- 顧客満足への決意を顧客にアピール

　このテーマに沿って、期間中のさまざまなイベントを企画し実行する。エージェントに楽しんでもらうことを基本としつつも、テーマにあるようにエージェントへのねぎらい、関係者への感謝等を盛り込むのがポイントだ。最終日には社内外の関係者を広く招いて感謝パーティーで締めくくる。図表7-11にプログラムやイベントのアイデア例を掲載した。

　カスタマーサービス・ウィークは、60を超える国の数千の企業が参加している。日本では一部の外資系企業が行うだけだったが、約10年前から日本企業にも認知され始めてきたところだ。

(2) ボス・デー

　「ボス・デー」(boss's day)とは、毎年10月16日(休日の場合は翌営業日)に米国の多くの企業で行われているイベントで、この日に上司を昼食に招待したりプレゼントを贈る等して日頃の労をねぎらい感謝の意を表すイベントだ。1958年に、米国のパトリシア・ベイ・ハロキス氏が、会社を経営していた父のために、経営者と部下の関係を円滑

図表7-11　カスタマーサービス・ウィークのイベントのアイデア例

- オフィスのデコレーション・・・ポスター、風船、写真、その他
- 社内外からのコールセンターに対する感謝状の取得と掲示
- 社長をはじめとする経営幹部によるオフィス・ツアーと激励・感謝
- 幹部社員をホストとする朝食、ランチ、おやつ、ドリンクの提供と意見交換
- オープンハウス（社内他部署社員や家族、近隣住民等）
- 他部署社員による顧客応対のモニタリング（ライブまたは録音）
- 経営幹部、他部署社員による顧客サービス業務体験（電話やメールの応対）
- 映画／DVD上映
- 日替わりクイズ、ゲーム、バンド演奏等のエンターテイメント
- ケーキ、クッキー、アイスクリーム、パイその他スィーツ提供
- カジュアル・デー、ドレスアップ・デー
- 感謝パーティー（スタッフ表彰、関連部署社員との懇親等）
- 顧客サービス・スタッフ表彰（業績、優れたサービス、サンキュー・コール等）
- サポートチームとの業務交代
- 組織逆転デー（管理職とスタッフが1日立場を逆転）
- 社外イベントへの出張、他社コールセンター見学
- チームT-シャツ配布

にする日として提唱し、アメリカ商工会議所に登録されたことが始まりだ。

日本では1988年から百貨店業界で行われるようになり、現在では大企業のトップと秘書室等に広がりを見せているが、一般の認知は低い。米国のコールセンターでは、ちょうどカスタマーサービス・ウィークの翌々週というタイミングであることから、カスタマーサービス・ウィークの返礼も兼ねて行われることが多い。

なお、ボス・デーと対になる形で、毎年4月の最終土曜日の直前の水曜日には「セクレタリーズ・デー」(secretary's day; 秘書の日）として、上司が自分の秘書や部下のスタッフに感謝の意を込めたプレゼントを贈る日も設けられている。

(3) ゲーミフィケーション

「ゲーミフィケーション」(gamification)とは、モチベーション施策を行うにあたり、そのプロセスにゲーム的な要素（ポイント制、コンテスト、個人やチームによる競技形式等）を盛り込んで、楽しみながら、あるいは競争意欲を煽りながらパフォーマンスの向上を図ろうとする取り組みだ。

また、最近では、ゲーミフィケーションを支援するITツールも多く登場している。以下はゲーミフィケーション・ツールが提供する主な機能だ。

- **ポイント付与機能**：エージェント個人、チーム等、自由な単位で、ACDの統計管理システムやCRMシステム等のデータと連携して、ポイントあるいはキャッ

シュ・リワード等を自動的に付与
- **ポータル・サイト機能**：チームや個人の最新のポイントやスコア、キャッシュ・リワードの実績等を確認できるポータル・サイト
- **レポーティング機能**：競合チームとの比較や個人のランキング等のレポートを、ポータル・サイト、イントラネット、メール、ダッシュボード、ウォールボード等、好みの方法で定期的に提供

　ゲーミフィケーションを盛り込んだモチベーション施策の構築や運用は、スーパーバイザーをはじめとする関係スタッフにとって、かなりの負担となるが、ゲーミフィケーション・ツールを導入することで、その負担は確実に軽減される。また、このツールは決して大掛かりなシステムではないことから、大きな負担なく導入できるのもメリットだ。

(4) グッズやノベルティー

　モチベーション施策の実行に欠かせないのが、リワードの賞品、オフィスのデコレーション、イベント用品等のためのグッズやツール類だ。自社の商品やノベルティー、販促用グッズ等を使う場合が多いが、通常はそれだけでは賄えない。また、すべてを一から調達するのも、多くの手間がかかり現実的ではない。

　そこで利用したいのが、企業のモチベーション施策をサポートする米国の「Successaries」（サクセサリーズ）のようなサービスだ。海外はもちろん国内でも、外資系企業のオフィスには必ずと言ってよいほど同社のモチベーショナル・ポスターが掲示されている。モチベーション施策に利用するさまざまなグッズが同社のWebサイトを通じて調達できるので大変便利だ。また、「CSWeek.com」では、カスタマーサービス・ウィークに関するあらゆる情報やツールをサポートしている。

リテンション

1. リテンションとは

　「リテンション」（retention）は、一般には「保持」「維持」と訳されるが、企業経営においては「既存顧客を維持する」ためのマーケティング戦略、あるいは「従業員をつなぎとめる」ための人事戦略を表す。

　厳しさを増す企業の雇用環境を背景に、人事戦略としてのリテンションの重要性が増している。特にコールセンターにとって、エージェントのリテンションの悪化は、オペレーションの停滞や後退、そして業績の悪化にまで発展しかねないことから、センター・マネジメントにおける優先順位は上昇する一方だ。

2. ターンオーバーを定義する

エージェントのリテンション戦略は2つの軸からなる。まずは、エンゲージメントだ。エンゲージメントが直接的・間接的にもたらす効果のひとつにリテンションがあり、また、リテンションの向上のためにエンゲージメントが必要というように、両者は互いに働きかける関係にある。

もうひとつの軸が「ターンオーバー」(turnover)だ。この言葉には売上高、回転等、多くの意味があるが、コールセンターでは「エージェントの離職とその補充」の意味で使用する。なお、ここで言う「離職」とは、エージェントが以下のような理由によりそのポジションを離れることであり、単に退職のみを指すわけではない。

- 自己都合退職
- 会社都合退職
- 引退／定年
- 他部署への異動
- 昇進／昇格

3. ターンオーバー改善・向上施策とその対象

ターンオーバーの悪化とは、想定を超える離職の増加、あるいは離職者の補充に必要な人数が確保できないことを意味する。これらはいずれもエージェントのリテンションの悪化に直結する。つまり、リテンションの改善・向上施策は、ターンオーバーの改善・向上施策と表裏の関係にあると言える。

ターンオーバー改善・向上施策（以下、ターンオーバー施策）は、上記の離職理由のうち、「病気や事故によるものを除いた自己都合退職」と「会社都合退職の中の解雇」の2つを対象とする。なぜなら、定年や異動、病気等はコントロールできないこと、また昇進や昇格はポジティブな出来事であり、ターンオーバー施策によって減らすべきものではないからだ。

4. ターンオーバーによる影響

ターンオーバー施策が重視されるのは、以下のようにターンオーバーがコールセンターのマネジメントに多くの負の影響を引き起こすことによる。

- **コストに対する影響**：エージェントの離職による欠員を補うためには、多くの作業とリソース、そのための多大なコストを要する。一般的に、ターンオーバー施策に要するコストは従業員の年収の60％から200％にまで及び、企業の税引き前利益の12％から最高40％に達するといわれる。ターンオーバーが企業の業績を揺るがすというのは、決して大げさな話ではない

- 顧客満足に対する影響：これは3つの側面から影響をもたらす。まず、ベテランあるいは優秀なエージェントの離職による顧客応対力の低下という「質的な面での顧客満足の低下」だ。次に、欠員によりアンダースタッフの状態に陥りサービスレベルが低下するという「量的な面での顧客満足の低下」だ。さらに、これら2つが、顧客経験にもネガティブな影響をもたらす
- エージェントのモラールに対する影響：同僚のエージェントが転職等の理由で退職すると、少なからずチームのメンバーは動揺する。具体的には、取り残されたような感覚を抱いたり、「この職場に何か問題があるのだろうか」と不安になる。あるいは、欠員の影響で、スケジュールの変更を強いられたり、時間外勤務や担当業務の追加・変更を求められる等、さまざまな負担が発生することで、「しわ寄せを受けた」と被害者意識に陥ることもある。一時的にせよ、このような動揺がモラール（士気ややる気）の低下を招き、オペレーションのパフォーマンスの停滞や低下の要因となる
- 知識やノウハウに対する影響：ベテランや優秀なエージェントの離職は、豊富で質の高い知識、スキル、ノウハウ、経験等が減衰するばかりか、転職によって競合企業への流出を招く場合もある。時には、そのエージェントについていた顧客を失う場合もある
- 会社の業績に対する影響：上記のいずれも、コールセンターのサービス品質や効率性の低下を招き、それが会社全体の業績悪化にまで発展するリスクがある

5. ターンオーバー・コスト

「ターンオーバー・コスト」とは、ターンオーバーに要する経費や人件費のことで、費用の支出を伴う「ハード・コスト」と、費用の支出は伴わないが、時間的、知的、精神的な部分における負担や損失をもたらし、その延長で経済的負担につながる「ソフト・コスト」からなる。具体的で目に見えるという意味で、前者を「タンジブル・コスト」(tangible cost)、実体がなく目に見えないという意味で、後者を「インタンジブル・コスト」(intangible cost)とも言う。

①ハード・コストの定義と種類：ハード・コストは採用広告費やトレーニング施設利用費のような直接的な経費と、関係者の人件費からなる。具体的には以下の通り。
- 採用・選考：採用広告の作成や掲載、人材サーチ、求人サイト、ジョブ・フェア、面接や選考に関わる人事担当者やスーパーバイザー等の人件費
- トレーニング：トレーニング施設や設備、トレーニング資料やテキストの作成、トレーナーやスーパーバイザーの人件費、OJTやロールプレイング等のサポートをするスタッフの人件費、デビュー前の新人の給与
- コーチング：新人の環境適応やスキル向上のサポートを行うスーパーバイザー

やメンターの人件費
- **時間外勤務**：欠員によるスケジュールの穴埋めのためのエージェントやスーパーバイザーの時間外勤務手当
- **派遣・アウトソーシング**：欠員が充足されるまでの間に利用する派遣会社の手数料やアウトソーシングの業務委託費、交渉や契約のためのマネージャーや人事担当者の人件費
- **設備・機器・ITツール**：ワークステーション（机・椅子等）やPC（ハード、ソフト）等の購買・設置・設定等、ビジネス・コントローラーや総務、購買、IT担当者の人件費

②ソフト・コストの定義と種類：ソフト・コストとは、下記のように、金額ではなく「代償」や「損失」を表すものだ。経済的損失として金額換算できるものは、客観視できるよう可能な限り算出を試みるべきだ。
- 顧客サービスやビジネスの機会損失
- 生産性やパフォーマンスの低下
- 顧客満足、顧客経験の低下
- エージェントのモラールの低下
- 知識やノウハウの減衰
- 顧客からの信頼感や評判の低下

③ターンオーバー・コストを算出する：ターンオーバー・コストの算出には、**図表7-12**のワークシートを用いる。この例を見ると、ハード・コストのみでエージェント（補充者）1人あたり863,500円となっている。ターンオーバーに関する業務を通常業務の一部と捉え、それに要するコストを意識しないセンターが多いが、とても無視できる金額ではない。以下にこのワークシートの使い方や算出のポイントを補足する。
- **離職の発生に伴う補充者数**：離職者数と補充者数は必ずしも一致しない。例えばオーバースタッフの状態を人員の調整で解消する場合、その補充は不要だからだ。補充しなければターンオーバー・コストは発生しない。従って、このワークシートの前提条件として入力するのは離職者数ではなく、「離職の発生に伴う補充者数」となる
- **人件費の算出方法**：このワークシートでは、作業時間×ポジションごとの平均時間給（あるいはその換算額）で求めている。また、合計勤務時間のうちターンオーバー関連作業に費やした時間の割合を、対象期間のポジションごとの給与総額に乗じて算出する方法もある
- **人件費の適用範囲**：例えばコールセンター担当役員等のシニア・マネジメントが採用面接を行う場合もあり、ターンオーバー関連作業に関わるスタッフやポジションは多岐にわたる。そのため、どの範囲（ポジションや関係部署）までをターンオーバー・コストの人件費算出に含めるのか、あらかじめ方針を決めておく

図表7-12 エージェント・ターンオーバー・コスト算出ワークシート

前提条件

対象期間：	2018年1~12月
対象期間中のエージェント平均在籍人数：	100名
離職の発生に伴う補充者数：	30名
新規エージェント採用期間（歴日）：	30日
新規エージェントのトレーニング期間（歴日）：	60日

※シニア・マネジメントや人事・IT以外の関係者は通常業務の範囲内とし、ターンオーバー・コストには含めない
※新規エージェントのデビューまでの間、毎日既存エージェント2名が2時間の時間外勤務により欠員をカバー

ハード・コスト

人件費	金額	算出式／根拠
コールセンター・マネージャー（面接、選考、業務委託、トレーニング）	¥189,000	（採用：30時間＋トレーニング：18時間＋その他：6時間）×時間給換算：¥3,500
コールセンター・スーパーバイザー（面接、選考、入社手続き、トレーニング、コーチング）	¥1,664,000	（採用：60時間＋トレーニング：300時間＋コーチング：150時間＋その他：10時間）×時間給換算：¥3,200
メンター、シニア・エージェント（面接、トレーニング・サポート、コーチング）	¥952,000	（採用：30時間＋トレーニング：200時間＋コーチング：100時間＋その他：10時間）×時間給換算：¥2,800
エージェント（トレーニング・サポート、欠員カバーのための時間外勤務）	¥420,000	（トレーニング：200時間×時間給：¥1,200）＋（時間外勤務：60時間×2名×（時間外手当：¥1,200×1.25））
トレーナー、クォリティー・アナリスト（トレーニング、資料作成、デビュー評価）	¥2,144,000	（トレーニング：600時間＋資料作成：50時間＋デビュー評価：20時間）×時間給換算：¥3,200
ビジネス・コントローラー（ワークステーション、IT関係）	¥64,000	20時間×¥3,200
新規エージェント（デビューまでのトレーニング期間中の給与）	¥17,280,000	60日×8時間×30名×¥1,200
人事担当者（採用広告、募集手続き、面接、入社手続き）	¥128,000	40時間×¥3,200
IT担当者（テクノロジー関連導入・設定）	¥64,000	20時間×¥3,200
人件費合計	**¥22,905,000**	

オペレーション経費	金額	算出式／根拠
採用／選考	¥1,000,000	採用広告、求人サイト、人材サーチ、ジョブフェア、自社募集サイト
トレーニング	¥500,000	トレーニング施設・設備・備品の利用・調達、資料・テキスト作成
派遣／アウトソーシング	¥1,000,000	欠員カバーのための派遣社員やアウトソーシングの利用
設備・機器・ITツール	¥500,000	ワークステーション、テクノロジー関連の調達・導入・設定
オペレーション経費合計	**¥3,000,000**	
ハード・コスト合計	**¥25,905,000**	補充者1名あたり¥863,500

ソフト・コスト

代償や損失	推計値	算出式／根拠
顧客サービスやビジネスの機会損失	¥7,500,000	機会損失コスト【前提条件】着信コール数：30,000／放棄率：5％増／1コールの価値（平均受注額）：¥5,000 ●顧客サービスの機会損失：1,500放棄コール＝30,000コール×5％ ●ビジネス機会の損失：¥7,500,000＝1,500放棄コール×¥5,000
生産性やパフォーマンスの低下	n／a	
顧客満足／顧客経験の低下	n／a	
知識やノウハウの減衰	n／a	
信頼感や評判の低下	n／a	
ソフト・コスト合計（推計）	**¥7,500,000**	

ターンオーバー・コスト

ターンオーバー・コスト合計：	**¥33,405,000**	補充者1名あたり¥1,113,500

- **ソフト・コスト**:この例では機会損失コスト以外の推計値を算出していないが、ビジネスへの影響が強いものについては、以下のような切り口で可能な限り算出を試みる
    - 生産性の低下:10名のチームのうち1名の離職によって、3カ月の間、生産性が5%低下した場合 ⇒ 残りの9名が3カ月間、仕事をせずに給与の5%を受け取っていたのと同じと考える
    - 熟練度の低下:優秀なベテランのエージェントの退職によって、後任の新人エージェントの熟練度が前任者のレベルに達するまでの6カ月の間、新人の熟練度が前任者より平均30%低い場合 ⇒ 6カ月にわたって新人エージェントの給与(人件費)が前任者よりも30%高いことと同じようなものだと考える
- **機会損失コスト**:ワークシート(図表7-12)の例では、対象期間の着信コール数が30,000のコールセンターで、エージェントの離職により放棄率が5%増加した場合、離職がなければ応答できるはずであった1,500の放棄コール(=着信コール数:30,000×放棄率:5%)分のサービス提供の機会を損失したと考える。ゆえに、もしこのコールセンターが受注センターであった場合、1応答コールあたりの平均受注額が5,000円とするならば、合計750万円(放棄コール数:1,500×平均受注額:5,000円)分のビジネス機会を損失したと考える

④**ターンオーバー・コストの目標を設定する**:ターンオーバー・コストの目標とは、ターンオーバー・コストの総額と、前年の実績に対するセービング(削減または節減)額の目標を設定することであり、後述するエージェント離職率の目標が決まれば、それに連動して決まってくる。**図表7-13**にターンオーバー・コストの目標設定の計算プロセスを示す。

図表7-13　ターンオーバー・コストの目標を設定する

2018年実績		
① エージェント1人あたりターンオーバー・コスト	1,113,500円	
② 平均在籍者数	100人	
③ エージェント離職率	40%	
④ 合計離職者数	40人	…②×③
⑤ 合計ターンオーバー・コスト	44,540,000円	…①×④
2019年目標／予測		
⑥ 平均在籍者数	120人	
⑦ ノーマル・ターンオーバー率	10%	
⑧ バッド・ターンオーバー率	15%	
⑨ エージェント離職率	25%	…⑦+⑧
⑩ 合計離職者数	30人	…⑥×⑨
⑪ 合計ターンオーバー・コスト	33,405,000円	…①×⑩
⑫ ターンオーバー・コスト・セービング	11,135,000円	…⑤-⑪

6. エージェント離職率

(1) エージェント離職率を算出する

　ターンオーバーを測定・評価するためのメトリクスが「エージェント離職率」(turnover rate; %T/O)だ。下記の計算式にて求める。

$$エージェント離職率 = \frac{対象期間内の離職者数（または補充者数）}{対象期間内の平均在籍者数} \times 100$$

- 離職者数と補充者数は必ずしも一致しないため、エージェント離職率の利用目的により使い分ける
- エージェント離職率は月次ベースで継続的に計測する。算出結果は1カ月単位で見るのでなく、**図表7-14**の例のように、必ず年間ベースに換算（上記の算出式に「12÷対象期間の月数」を乗じる）した数値を見る

　上記がエージェント離職率算出の基本だが、個々のコールセンターに独自の方法も多く見られる。センターによって、対象期間や、ターンオーバーの構成要素が異なるからだ。従って、異なる企業やセンター間で比較をするときは、必ずそれぞれの計算式の定義等を確認しておく必要がある*。

図表7-14　エージェント離職率算出ワークシート

	1月	2月	3月	4月	5月	6月	7月	8月	9月	10月	11月	12月	年間
当月の離職者数（または補充者数）	3	1	2	0	1	3	1	4	0	2	0	5	22
年間累計の離職者数（または補充者数）	3	4	6	6	7	10	11	15	15	17	17	22	22
当月の平均在籍者数	54	57	59	59	61	63	64	64	64	61	61	59	60.5
年間の平均在籍者数	54.0	55.5	56.7	57.3	58.0	58.8	59.6	60.1	60.6	60.6	60.6	60.5	60.5
エージェント離職率	66.7%	43.2%	42.4%	31.4%	29.0%	34.0%	31.7%	37.4%	33.0%	33.7%	30.6%	36.4%	36.4%

$$エージェント離職率 = \frac{対象期間内の離職者数（または補充者数）}{対象期間内の平均在籍者数} \times 100$$

- 8月時点のエージェント離職率：$\frac{15}{60.1} \times \frac{12}{8} \times 100 = 37.4\%$

- 年間のエージェント離職率：$\frac{22}{60.5} \times 100 = 36.4\%$

*日本ではエージェント離職率の計算式の分母を「対象期間の期首（または前期末）の在籍者数」とする企業が多いので注意したい。離職の定義も、定年、異動、昇進等は含めず、離職＝退職とする場合がほとんどだ

（2）バッド・ターンオーバー率を見る

「バッド・ターンオーバー」（bad turnover）とは、前述の5つの離職理由のうち、病気・事故・家庭の事情を除いた自己都合退職と、会社都合退職のうちの解雇による離職のことだ。これらは、コールセンターがコントロール（会社側のケアや本人の努力等による離職の回避）できる可能性がありながら、結果として離職に至ったものだ。その意味から、これらの発生は"好ましくない"ため、「バッド・ターンオーバー」と呼び、それを減らすためのターンオーバー施策を講じる対象となる。

従って、ターンオーバー施策を的確に行うためには、エージェントの離職をバッド・ターンオーバーと「ノーマル・ターンオーバー」（normal turnover；バッド・ターンオーバーでない離職）とに切り分けることが重要だ。**図表7-15**にバッド・ターンオーバーによる離職率を算出するための計算式と、算出例を示す。

（3）エージェント離職率の目標を設定する

エージェント離職率の目標を設定するためには、まずは測定したターンオーバーの意味を正しく捉え、バッド・ターンオーバーとノーマル・ターンオーバーを切り分けたうえで目標を設定する。

① ターンオーバーを正しく捉える
- **一定のターンオーバーは必要**：ターンオーバーはゼロが望ましいと考えがちだが、次の2つの理由から誤りだ

図表7-15　バッド・ターンオーバー率を算出する

$$\text{バッド・ターンオーバー率} = \frac{\text{対象期間内のコントロール可能な自己都合退職および会社都合による退職者数（または補充者数）}}{\text{対象期間内の平均在籍者数}} \times 100$$

● 対象期間内の理由別離職者数

a.	自己都合退職（コントロール可能）	25人
b.	自己都合退職（コントロール不可）	7人
c.	会社都合退職（コントロール可能）	3人
d.	会社都合退職（コントロール不可）	1人
e.	引退／定年	2人
f.	他部署への異動	3人
g.	昇進／昇格	2人
h.	離職合計 (a.〜g.)	43人
i.	バッド・ターンオーバー (a+c)	28人

● 対象期間内の平均在籍者数
　平均120人

● エージェント離職率
　35.8% ＝ (43人 ÷ 120人) × 100

● バッド・ターンオーバー率
　23.3% ＝ {(25人 + 3人) ÷ 120人} × 100

ひとつは、離職理由のうち定年、異動、昇進、病気退職等は必ず一定数発生すること、またそれらは"減らすべき"ものではないからだ

　もう1つは、組織の活性化、予算の平準化のために、一定割合で人材のリフレッシュが必要であるからだ。ターンオーバーがゼロということは、パフォーマンスの低い人材や、今後の成長が見込めない人材を抱え込んでいるという可能性が高い。そのことが、サービス品質、顧客満足、他のエージェントのモラールの低下や投資効果の少ない人件費の増加等を引き起こす原因となる場合は、人材のリフレッシュにより品質や生産性の低下を防ぐとともに、コストの平準化を図ることが必要だ。一般に、エージェントのラーニングカーブ*は入社から3年程度で頂点を迎える。以後はそのレベルを維持するか、徐々に低下する傾向にある。それだけで短絡的に判断すべきではないが、人材のリフレッシュを検討するひとつのタイミングと言えよう

- **バッド・ターンオーバーを切り分けて考える**：バッド・ターンオーバーとノーマル・ターンオーバーの切り分けによる離職率の捉え方を、**図表7-16**のグラフで説明する

図表7-16　エージェント離職率を正しく読み取る

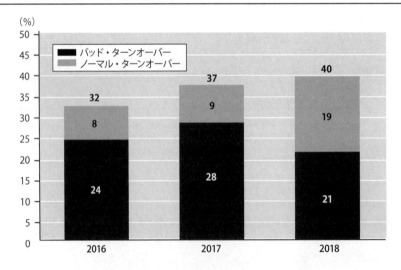

＊経験曲線、学習曲線のこと。コールセンターでは、主にエージェントが入社後に、トレーニングや実務の経験を経て知識やスキルが向上していく度合いの意味で使われる。一般的に入社直後の上昇カーブが最も高く、年月を経るに従って徐々に弱まり、標準的な内容のコールセンターの場合、満3年程度で頂点を迎え、以後はそのレベルを維持するか徐々に低下していくとされる

バッド・ターンオーバーとノーマル・ターンオーバーを合わせた全体の離職率は、2016年から2018年にかけて32%、37%、40%と右肩上がりに増加している。これだけを見ると、エージェント離職率が年々悪化の一方というネガティブな評価となる。しかし、バッド・ターンオーバーとノーマル・ターンオーバーを切り分けて見ると、2016年から2017年にかけては全体的に悪化傾向だったが、2018年にはノーマル・ターンオーバーが10ポイント増加した一方、バッド・ターンオーバーは7ポイント減少している。つまり2018年は、前年まで悪化傾向だったターンオーバーが好転したというポジティブな評価となる

②**エージェント離職率の目標を設定する**：エージェント離職率の目標は、バッド・ターンオーバーの目標とノーマル・ターンオーバーの予測からなる。図表7-16の例では、2018年のバッド・ターンオーバー率（21%）を、2019年に何パーセントに下げるかという課題に対する目標値を設定する。ノーマル・ターンオーバーについては、定年の予定、異動や昇進等の計画、家庭の事情や病気等のコントロールできない離職の予測（ヒストリカル・データからトレンドを予測する）を行う。

仮にバッド・ターンオーバーの目標を15%とし、ノーマル・ターンオーバーの予測を10%と予測するならば、両者を合わせた25%が2019年のエージェント離職率の目標となる。

7. リテンションを向上する10のターンオーバー施策

設定した目標に基づいて、ターンオーバーの適正化（最小化）を図り、エージェントのリテンションを向上させるための10の施策を以下に挙げる。

①**採用活動を最適化する**：退職理由の大きな要因である「こんなはずではなかった」という期待とのギャップは、採用活動時の説明をきっちりとしておくことで、かなりの部分を防ぐことができる。採用広告や採用面接等の機会に、会社、コールセンター、仕事の内容、評価、報酬、トレーニング、キャリアパス、職場の雰囲気、仕事のスタイル等について（特にコールセンター未経験者に対しては一般のオフィスワークとの違いについて）詳細に説明し、応募者の納得や合意を得ておくことでミスマッチを事前に回避することが必要だ。

②**トレーニングを充実させる**：エージェントにとってトレーニングは、「安心して」「自信を持って」仕事をするためのよりどころだ。にもかかわらず、トレーニング態勢の脆弱なコールセンターが多く、「十分なトレーニングをしてくれない」という不満から退職に至ることも多い。この問題に対する施策は明確だ。次の4点を実践することで、エージェントの会社や管理者に対する信頼感やロイヤルティーを高めることができる。

- **専任のトレーナーを配置する**：現場のリソースを削ってでも、トレーニングのた

めのリソースを優先的に確保する（第8章）
- **エージェントのレベルごとのFCRを設定する**：エージェントの経験やスキルに応じたFCR（初回コール完了率、第6章）の目標値を定め、この目標値を安定的にクリアできるように育てる。新人エージェントにとって、この目標をクリアすることがデビューの条件であり、管理者にとっては、エージェントを確実にデビューさせることがトレーニングのゴールということになる
- **完了できないコールのサポート方法を定めておく**：例えばFCRの目標が80％の場合、残りの20％のコールをどのように処理するのかを定めておく。そこが曖昧であれば、エージェントは不安を抱えたままのオペレーションを強いられることとなる
- **トレーニングは必ず事前に完了する**：エージェントが「安心して」「自信を持って」仕事をするには、「すべての準備が完璧に整ったうえで顧客を迎える」ことが前提となる。顧客向けのプロモーションの内容を顧客より後に知る等ということがあっては、エージェントはとても安心してオペレーションすることができず、それによって管理者や会社への信頼は大きく失われる。情報のアップデートを含めて、すべてのトレーニングは必ず事前に完了させる（第4章）

③**オープンでクリアなコミュニケーションを確立する**：エージェントと管理者が、お互いに躊ちょなくコミュニケーションできる仕組みと雰囲気をつくる。管理者は率直でタイムリーなフィードバックを励行し、エージェントに対する期待を明確に伝える。また、エージェントからのフィードバックや提案を積極的に受け入れ業務に反映する。いわゆる"風通しの良い"コミュニケーションを図るということだ。これによって、エージェントは会社からの期待と自らの貢献を実感でき、組織における自身のプレゼンスを自覚できるようになる。自分が会社から信頼されている、頼りにされている、役に立っているという感覚を醸成することが重要だ。

④**ペイ・フォー・パフォーマンスを確立する**：報酬が退職理由となる最大の要因は、同じ仕事なのに報酬に格差があることによる不公平感。一般のオフィスワークでは、同じチームでも個人ごとに担当が異なるのが一般的だが、コールセンターのエージェントは皆が同じ仕事のため、「公平であること」に非常に敏感だ。ところが日本企業では、給与の算定に属性（年齢、学歴、身分等）が影響する場合が多いことが不公平感の温床となっている。この不公平感を解消し、より高い成果を促すのが「ペイ・フォー・パフォーマンス」（業績に基づく報酬）の理念の確立と、それに基づいた制度の構築だ。

⑤**リコグニション／リワードを充実する**：リコグニション、モチベーション、リワード・プログラムに積極的に取り組む。そのポイントは、過去の結果に対して報奨を与えるだけでなく、将来の成果に具体的な効果をもたらすものであることだ。

⑥**コーチング・カルチャーの醸成**：エージェントのエンゲージメントが高いレベルにあるコールセンターほど、仕事の「やらされ感」が少なく、エージェントの自律性が高い。つまり、エンパワーメントが進んでいるということだ。そこで行われるエージェントの育成は、エージェントが自ら考え判断できるスキルや能力を養うことを目的とした「コーチング」が指導のメインのスタイルだ。

⑦**能力開発を推進する**：実務に必要な知識やスキルのトレーニングのみならず、エージェント個人の能力開発を積極的にサポートする。基本的には自センター、自社内での将来のキャリア向上に資するサポートを提供するが、強制はしない。この取り組みには、ツールとしてジョブ・ディスクリプションやジョブ・ラダーが有効だ。特にジョブ・ラダーでキャリアの指針を示すことで、エージェントは将来のビジョンを描きやすくなる。

⑧**恒常的に昇進・昇格の機会を提供する**：管理職への昇進等、エージェントのキャリア向上は、エージェントと会社の双方にとって望ましい姿だ。そのために、エージェントが昇進・昇格できる機会が恒常的に提供されていることが必要だ。意欲のあるエージェントにとっては、その実現のためにますます良い成果をあげようとするだろう。

⑨**業績評価指標のモニターを強化する**：クオリティー・モニタリングやC-SAT（顧客満足度調査）に見られる顧客のニーズや不満から、エージェントが直面する問題を知る。また、FCRやAHT（平均処理時間）からエージェントの知識レベルやトレーニング・ニーズを確認する。さらにはCPH（1時間あたり応答コール数）やOCC（ベース時間内エージェント稼働率）、UTL（勤務時間内リソース利用率）からエージェントの仕事の負荷を把握する。そのために、これらの評価指標を恒常的にモニターし、エージェントのニーズや痛み、執務環境等を具体的・客観的な事実で理解することは、すべてのターンオーバー施策の原点だ。

⑩**オフィス環境を改善し優れた設備やツールを整備する**：例えばオフィスのノイズや適切でない照明、使いにくい机や椅子、エラーや障害の多いIT環境、少な過ぎるトイレ等、ハード面でのストレスフルな環境の放置は、エージェントからの信頼を失う大きな要因となるため、その迅速・確実な解消に努める。

column 辞める理由、とどまる理由

　効果的なターンオーバー施策を講じるには、その原因である「エージェントの退職理由」とともに、「エージェントが現在の職場にとどまる（満足している）理由」を知ることも大変有効だ。米国の研修・コンサルティング企業であるThe Call Center Schoolが行った調査による両者のベスト5を紹介しよう。

退職する理由	とどまる理由
1. 仕事や職場が自分にフィットしない 2. 報酬の不満 3. 昇進等キャリア向上の機会がない 4. ストレスフルな労働環境 5. リコグニションの不足（報われない、やりがいがない）	1. 仕事や職場が自分にフィットする 2. ここで働くことが誇らしい 3. トレーニングや能力開発の機会に恵まれている 4. エンパワーメント（任せてくれる、信頼されていると感じる） 5. リワード・プログラムが充実

出典：Penny Reynolds. Call Center Supervision. The Call Center School Press, 2004, 228p.

　興味深いのは、両者ともトップが「仕事や職場とのフィット感」であることだ。これには、「自分のやりたい仕事ができない」「こんなはずではなかった」という具体的な側面と、職場の空気や雰囲気、人間関係等、「なんとなく肌に合わない」という情緒的な側面の両方が混在しているように思われる。

　また、「報酬」は退職の大きな理由であるものの、とどまる（満足している）理由のベスト5にないのも興味深い。エージェントがエンゲージしている、あるいは満足している状態に促すのは、報酬よりも自分の成長や貢献、頼りにされているという充実感等の方が勝っているということが読み取れる。

　また、退職理由を見る場合、日本的な「本音」と「建て前」の使い分けも盛り込んでおく必要がある。ダイヤモンド社が2015年に全国の10～30代の働く女性300人を対象に行った調査によると、86％の女性が退職理由について本音と建て前を使い分けるということだ。それぞれの退職理由は次の通りだ。

建て前の退職理由	本音の退職理由
・家庭の事情：38％ ・キャリアアップ：21％ ・労働時間や労働環境：12％ ・仕事の内容：10％ ・人間関係：6％ ・給与：6％ ・社風や経営方針：4％ ・その他：3％	・人間関係：23％ ・給与：22％ ・労働時間や労働環境：19％ ・仕事の内容：13％ ・社風や経営方針：10％ ・評価：5％ ・キャリアアップ：4％ ・家庭の事情：3％ ・その他：2％

出典：ダイヤモンド・オンライン編集部．"会社の退職理由、8割がウソ!?　女性が本音を隠す3つのテクニック". DIAMOND Online.

　これを見れば、建て前の約60％を占める「家庭の事情」と「キャリアアップ」は、本音ではわずか7％に過ぎず、建て前では6％ずつに過ぎない人間関係と給与が、本音では23％、22％と、ほとんど逆転していることがわかる。この実態を知らないまま、多くの企業で行われている退職時面談等による形式的な情報ばかりを鵜呑みにしていては、ターンオーバー施策もピントのずれたものとなってしまうだろう。

エージェント・エンゲージメントを測定する

本章で述べるさまざまな施策の成果を測定・評価するために「エージェント・エンゲージメント調査」を行う。かつて主流であった「従業員満足度」は、企業の業績向上への貢献を科学的に立証できないのが難点だったが、前述の通り、エージェント・エンゲージメントは、企業の業績や顧客満足の向上に貢献することが多くの実例によって明らかになっている。ここでは、エージェント・エンゲージメント調査のプロセスと実施のポイントについて解説する。

1. エージェント・エンゲージメント調査の成功のポイント

エージェント・エンゲージメント調査で重要なのが、エージェントが管理者を信頼し、安心して率直な回答ができるような環境を整えることだ。そのための5つのポイントを以下に示す。

- エンゲージメントの理想とする姿が、文章によって具体的でわかりやすく示されている
- エージェントに調査の目的を伝える
- エージェントに調査の結果をいつ、どのように伝えるかを約束しておく
- 調査の結果得られたデータや情報は、最初に伝えた目的の範囲内のみで使用することを約束する
- 調査の実施と結果の集計・分析は社外の第三者に依頼して行う

2. エージェント・エンゲージメント調査を設計する

①調査の頻度：エージェント・エンゲージメント調査は、少なくとも1年に1回、できれば半年に1回、望ましくは四半期（3カ月ごと）に1回行う。英国の調査によると、年1回が34％、3～6カ月ごとが25％、毎月が16％、毎週が2％と、全体の4分の3（77％）のコールセンターがエージェント・エンゲージメント調査を継続的に実施しており、そのうちの半数以上（56％）は6カ月以内ごとに行っている。

②有効回答数：調査の有効回答数は、同じサイトや部門に所属するエージェント数の少なくとも25％を確保する。一般的に、従業員のエンゲージメントには、直属の上司の影響が強いことが知られている。そのため、大規模なコールセンターの場合、センター全体の25％を確保しても、その中に異なるサイトや部門のエージェントが混在していては有意な結果が得られない場合がある。従って、調査の対象者の選定の際にはこうした点に注意を払う。

③**質問の数**：質問の数は5〜25個の範囲に収めるのが望ましく、10〜12個が最適とされている。旧式の従業員満足度調査では、質問が50個以上の場合もあるが、エージェント・エンゲージメント調査をその延長であるかのように錯覚をして大量の質問を並べるべきではない。

④**質問文を作成する**：エージェント・エンゲージメント調査の質問は、調査を行う組織のエンゲージメントに影響のある具体的な要因を質問文に盛り込むのが効果的だ。以下に示す質問例から、自社にフィットするものを選択して、最終的に10〜12個の質問パッケージを作成するのは合理的な方法だ。

- 最近、仕事の成果を認められたり褒められる機会があったか
- 上司を信頼しているか
- 仕事に必要な裁量が十分に与えられているか
- 部署の内外を問わず、お互いが協力し合える環境にあるか
- 仕事の成果に連動した報奨制度があるか
- 仕事を通じての学習・成長の機会があるか
- 休暇や勤務時間が柔軟に選択できるか
- 安全快適に業務を行うための執務環境が整備されているか
- IT環境やツールは良い仕事をするのに役立っているか
- 上司は部下の仕事の成果や進捗状況について把握しているか
- 良い仕事をするために必要なトレーニングが提供されているか
- 自分の仕事が部門や会社の業績に貢献していることが実感できるか
- 仕事をするうえで自分の意見が取り入れられているか
- 経営トップのビジョンや方針を聞いたり、直接話をする機会があるか
- 職場になんでも話せる友人がいるか
- キャリア開発の方法や道筋が知らされているか
- 新人エージェントのトレーニングや育成をサポートする機会があるか
- 現在の仕事は価値があると感じているか
- 家族や友人にこの職場を薦めるか
- この調査の結果で何かが変化することを期待するか

⑤**あらかじめデザインされた調査プログラムを利用する**：エンゲージメント調査は自社のオリジナルだけでなく、専門の調査会社のプログラムを利用する方法がある。自社オリジナルの場合でも、透明性や公正性の確保のために、実査（実際の調査の実施）や集計・分析等を第三者に委託することを考えれば、汎用プログラムを利用して全工程を委託するのに違和感はないだろう＊。

＊代表的な汎用プログラムとして、米ギャラップ社の「Gallup Q^{12} EMPLOYEE ENGAGEMENT Survey」（ギャラップQ^{12}従業員エンゲージメント調査）が有名だ。同社が30年以上にわたる170万人以上の従業員の行動経済の研究をベースに開発したもので、「Q^{12}」と呼ばれる12個の質問により従業員エンゲージメントを測定・評価する

3.回答のスコアリングとエージェント・エンゲージメントの算出

「エージェント・エンゲージメント」(第6章)の算出方法は標準化されていない。よって、自社のエンゲージメント施策に適した方法により行うこととなる。**図表7-17**のエージェント・エンゲージメント算出の事例を利用したエージェント・エンゲージメント算出のプロセスを以下に解説する。

①**回答のスコアリング**:調査の質問に対する回答を、5段階のスコア(5=強く同意、4=同意、3=どちらともいえない、2=同意しない、1=まったく同意しない)で採点する。

②**エージェントごとの平均スコアの算出**:質問への回答(採点)が終了したら、図表7-17のように、エージェントごと(図の横軸)、および質問ごと(図の縦軸)のスコアの平均を算出する。ちなみに後者は調査結果の分析に使用するもので、エージェント・エンゲージメントの算出には不要だ。

③**エージェント・エンゲージメントの算出**:②で算出した平均スコアを3つのエンゲージメント・レベルに分類し、4.0以上をエンゲージしていると定義する。ここでは回答者の総数が100人、平均スコアが4.0以上のエージェントが30人で、以下の計算式に当てはめて、30人÷100人=30% と算出された。この30%がエージェント・エンゲージメントだ。

$$\text{エージェント・エンゲージメント} = \frac{\text{エンゲージメント調査における平均スコアが4.0以上の回答者数}}{\text{有効回答したエージェントの合計人数}}$$

図表7-17 エージェント・エンゲージメントを算出する

	Q1	Q2	Q3	Q4	Q5	Q6	Q7	Q8	Q9	Q10	Q11	Q12	平均スコア
エージェント-1	3	4	3	2	1	3	2	3	2	1	3	2	2.42
エージェント-2	5	5	4	4	4	5	3	5	5	5	4	4	4.50
エージェント-3	4	4	3	5	4	5	5	5	4	4	3	4	4.08
エージェント-98	5	4	3	4	5	4	4	4	3	4	5	5	4.25
エージェント-99	3	4	3	3	2	5	4	3	4	4	4	5	3.75
エージェント-100	5	3	5	3	5	4	4	3	4	4	5	1	3.83

エンゲージメント・レベル	平均スコア	人数	シェア	
エンゲージしている	4.0以上	30人	30%	⇒エージェント・エンゲージメント
エンゲージしていると感じない	3.0以上/4.0未満	50人	50%	
エンゲージしていないと強く言える	3.0未満	20人	20%	

エージェント・エンゲージメント=(30人÷100人)×100

4. 調査結果の扱い方

①**調査結果の報告**：エージェントに対する調査の"やりっ放し"は禁物だ。調査に先立ってエージェントに約束したタイミングと方法を厳守し、以下のポイントを踏まえて必ず報告する。
- 報告はエージェントとシニア・マネジメントの双方に行う。どちらか一方であってはならない
- ポジティブな結果、ネガティブな結果ともに、ありのままの事実を全員でシェアする
- 調査で広く示された懸念（多くのエージェントが抱いている懸念）については特にしっかり伝える
- ネガティブな結果が特定の管理者のチームに集中することがあるが、その場合の報告は、当該の管理者を衆目にさらすことのないよう配慮し、本人の上司が個人的に伝え一緒にレビューする。その際、伝える側は決して偏見を持って接してはならない。回答者の側に何か思惑があるかもしれず、あくまで事実のみを伝え、その原因を本人と同じ目線で一緒に考えるという態度で臨む
- 会社に都合の良い結果のみを採り上げ、そこに都合の良い解釈を加えて、ポジティブな側面だけを強調したきれいごとの報告は逆効果以外の何ものでもない。エージェントのモチベーションを高めるどころか、失望感をあおり、管理者や会社に対する信頼を失墜させるだけのことである

②**調査結果の読み方**：エージェント・エンゲージメントのレベルごとの結果は客観的な数値として把握できるが、エンゲージしていないという結果の場合、エンゲージしている状態とのギャップをどう読み取るかが重要だ。

　エージェント・エンゲージメント向上のための活動は、その目指す姿が明確であることから、まずは「目指す姿を具体的に理解しているか」を確認したうえで、「常にそれを意識しているか」「その姿に近づくよう努力しているか」「結果を出しているか」といった視点でギャップの具体化を図る。それぞれの視点は、質問の内容によって、主語を会社、コールセンター、マネージャー、スーパーバイザー、同僚、自分に置き換えて考えることがポイントだ。

③**迅速なアクションで期待に応える**：エージェントは調査後の変化（もちろん改善）に大変期待している。従って、調査結果の分析やアクション・プランの策定はできるだけ迅速に行い、いち早く改善のための行動を起こすことが肝要だ。

　そのためには、取り組むべき課題から、「エンゲージメントの向上につながる課題」を選択したうえ、それを、「すぐにできるもの」と「時間やリソースがかかるもの」とに分類し、前者から迅速に着手することで、エージェントに改善による変化やマネジメントの本気度を実感させることが重要だ。

第8章

コールセンターの
トレーニング&デベロップメント

トレーニングは、コールセンター・ビジネスの成否を直接左右する。エージェントにとっても、トレーニングは「安心して」「自信を持って」仕事をするためのよりどころだ。本章では、コールセンターのトレーニングの開発から実施、そして評価に至るまでの一連のプロセスについて解説する。また、その延長線上にあるエージェントのデベロップメント（キャリア開発）についての説明も加える。

I コールセンターのトレーニング

コールセンターのトレーニングを分類する

コールセンターのフロントライン・オペレーションのトレーニングを**図表8-1**のように分類する。縦軸はトレーニングの対象者による分類で、以下の3つの階層に分ける。

- **導入トレーニング**：新規採用のエージェントに対するオリエンテーションや導入トレーニング
- **継続トレーニング**：既存のエージェントに対する継続トレーニング
- **スーパーバイザー・トレーニング**：スーパーバイザー等、フロントラインの管理者向けトレーニング

横軸は次の通り。

図表8-1 トレーニングの分類

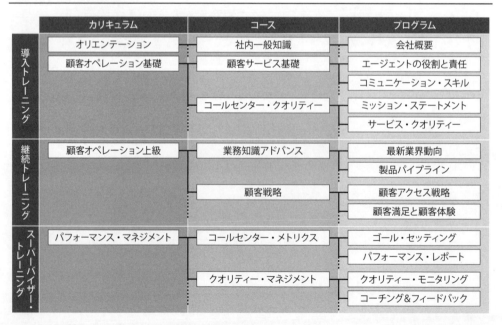

- **カリキュラム**：コールセンターの最上位のトレーニング計画あるいは教育課程
- **コース**：カリキュラムを具体的な目的ごとに分類したもので、複数のプログラムで構成する
- **プログラム**：トレーニングの分類の最小単位で、実際にこの単位でトレーニングは行われる

なお、プログラムの内容を構成する項目を、本書では「コンテンツ」と表記する。

トレーニングの重要性と阻害要因

1. トレーニングの重要性

トレーニングの重要性を挙げればキリがないが、例えば下記のような"トレーニングが必要な理由"が多く語られる。これらを見るだけでも、トレーニングは決して"必要悪"ではないことが理解できるはずだ。

- 実施すれば確実に成果につながる
- ポジティブな環境作りに貢献する
- トレーニングへの投資がエージェントに良い仕事の遂行を促す
- エージェント・エンゲージメントやモチベーションの向上に強く作用する
- エージェントのコールセンターおよび仕事に対する満足度が向上する
- エージェントのパフォーマンスが向上する
- エージェントのスキルや能力の最大化が図られる
- 将来のビジネスの成長に貢献できる
- 顧客の問題の正確な特定、効率的なシステムの活用、正しいビジネス・プロセスの実践を支える
- 顧客へのプロフェッショナルな応対が顧客の信頼を招き、卓越した顧客経験を提供する

2. トレーニングの実施を阻む要因

トレーニングが重要であることを理解はしていても、結果的に"必要悪"的な扱いにとどまるセンターが多いのは、彼らの前に以下のような障壁が立ちはだかっているからだ。

- 時間がない
- 予算がない
- トレーニングをするための物理的な環境が整っていない
- 専任のトレーナーが不在で、スーパーバイザーが兼務せざるを得ない

- トレーニングを行う明確な目的がない(新人の入社で「取りあえず」「やむを得ず」「形式的に」必要最低限の知識習得の研修を行うだけ)
- コールセンターのトレーニングに対する企業の無理解
- 最低限のリソース(時間とコスト)で済ませようとする
- コスト削減が求められると、真っ先にトレーニング予算が標的となる
- 「原理原則だけ教えて現場に早く出し、あとは身体で覚えろ」という精神論
- 「トレーニングしている暇があるなら電話を取れ」という旧態依然とした根性論

トレーニングのリソース(時間と予算)を確保する

1. 時間と予算を確保する

　トレーニングをしっかりと行うための前提となるのが、時間とコストの確保だ。

　質の高さが評判のコールセンターは、例外なくトレーニングに対する優先順位がトップレベルにあり、時間、予算、人材といったリソースを十分に用意している。トレーニングは、行えば行うほど成果があがることを知っているからだ。言い換えれば、質の高いオペレーションをしたい、優れた成果をあげたいと考えるなら、トレーニングのための時間と予算、トレーナーとして優秀な人材を優先的に確保することが不可欠だ。

　少なくとも勤務時間の5%、すなわち1人のエージェントが1カ月あたり1日をトレーニングに費やすのが望ましい。例えば、米国の国家経営品質賞であるマルコム・ボルドリッジ賞の受賞企業の場合、勤務時間の3〜5%、年収の2〜5%がトレーニング予算に充てられている。

2. トレーニング・プログラムの開発／準備期間

　トレーニングのスケジューリングを行う際に見過ごされがちなのが、トレーニング・プログラムの開発／準備に要する時間の見積もりだ。優れた成果をあげるためには、質の高いトレーニングが必要で、そのためにはトレーニング・プログラムの質が高くなければならない。トレーニング実施日の前夜に、スーパーバイザーが一夜漬けでテキストを作成する光景が多く見られるが、それでは質の高いトレーニングは期待できない。

　図表8-2に、トレーニング・プログラムの開発／準備時間の算出方法を示す。例えば、トレーニング実施時間が12時間、トレーニング実施時間1時間あたりの準備にかかる平均作業時間が35時間、開発・準備担当者のシュリンケージが25%の場合、開発／準備時間は計560時間＝$(12 \times 35) \div (1 - 0.25)$となる。この時間を過大に感じるかもしれないが、これには、トレーニング・プログラムの開発／準備に関わるすべての関係

図表8-2　トレーニング・プログラムの開発／準備時間を算出する

$$\text{トレーニング・プログラム開発／準備時間} = \frac{\text{トレーニング実施時間} \times \text{トレーニング実施時間1時間あたりの開発／準備に要する平均時間}}{1 - \text{開発／準備担当者のシュリンケージ率}}$$

- **トレーニング実施時間**：トレーニングの合計実施時間。1日正味6時間のプログラムを2日間行うのであれば計12時間
- **トレーニング実施時間1時間あたりの開発・準備に要する平均作業時間**：一般的には25〜40時間が必要とされている。トレーニングの内容が複雑、開発者の経験が少ない、開発者の知識が少ない、実施期間が長期、作成する資料の量が多いほど多くなる
- **開発・準備作業者のシュリンケージ率**：開発担当者のシュリンケージ（他の仕事や休暇等に費やす時間）の割合を考慮する（第3章）

者による、すべての作業時間（企画、デザイン、コンテンツ素材の収集・調達、教材（テキスト、スライド）の作成、テスト・パイロットの実施、レビュー、印刷・配布、管理・調整等）が含まれている。もちろん作業時間はセンターにより異なるため、過去の経験を踏まえた自社の標準時間を算出しておくことが望ましい。

3. コールセンター・トレーナー

①**トレーナーは必須のポジション**：トレーナーは、小規模のセンターでも専任の担当者を配置すべきだ（第2章）。安易にスーパーバイザーに兼務させると、エージェントのケアかトレーニングの質のどちらかが犠牲になり、オペレーションの質やパフォーマンスが低下するという悪循環に陥りやすい。エージェントを1名削ってでも専任のトレーナーを確保する方が確実にメリットがある。

②**トレーナーの資格要件（認定基準）**：商品やサービスの知識の豊富さのみを基準にトレーナーを選出しがちだが、「トレーナーは知識が第一」と考えるべきでない。コールセンターのトレーナーは知識を伝えるだけでなく、エージェントと向き合い、評価し、成長を促すのが仕事だ。従って、「誰がトレーニングすべきか」ではなく、「誰がエージェントを評価すべきか」「誰がエージェントの成長をサポートできるか」という観点で人選するのが望ましい。

　そのために、次のような資格要件を設定する。これは、トレーナーのジョブ・ディスクリプション（第2章）やジョブ・ラダー（第7章）にトレーナーとしてのクオリフィケーション（資格要件）として明示しているものだ。

- コールセンターのエージェントとして1年以上、シニア・レベルのポジションで6カ月以上の経験

- コールセンター業務の豊富な知識と経験
- コールセンターのミッションや位置づけに沿った行動を率先して行い、ロールモデルとしてスタッフをリードできる
- 潜在的な問題を発見し、問題の迅速な解決を図ることができる
- ピープル・マネジメント・スキル（リーダーシップ、チーム・ビルディング、ドライブ＆コミットメント等）
- 優れた文書・資料・プレゼンテーション作成スキル
- 口頭による高度なプレゼンテーション、説得のスキル
- 高度な顧客サービスとセールス・マインド
- フロントラインのスーパーバイザーと同等の高度な顧客コミュニケーション・スキル
- トレーニング／コーチング・スキル
- クオリティー・モニタリングの評価とフィードバックができる
- コールセンターで使用するテクノロジー（電話系システム、業務系システム、各種ソリューション、デスクトップ・アプリケーション、PC操作等）のユーザー・レベルでの高度利用
- 電話応対技能検定指導者級資格
- 上記に示された各種スキル習得のための所定のトレーニング（スーパーバイザー・トレーニング、リーダーシップ・トレーニング、クオリティー・モニタリング・トレーニング、フィードバック・トレーニング、トレーナーズ・トレーニング、カリブレーション・セッション等）を受講済み

③ **トレーナーは何人必要か**：コールセンターに必要なトレーナーの人数は、トレーナー1名あたりのエージェントの人数、つまりトレーナーのスパン・オブ・コントロール（第2章）の考え方を用いる。欧米のコールセンターの調査では、トレーナー1名に対してエージェントは15～20名が一般的だ。小規模のセンターを除けば15名未満のケースはほとんど見られない。また、同じセンターのスーパーバイザーのスパン・オブ・コントロールより10～20％多いことが特徴だ。いずれにしても、トレーナーの人数は、トレーニングの実施の頻度や期間、エージェント離職率（第7章）、トレーナーの位置づけ（コールセンター専属かどうか）、コールセンターのトレーニングに対する企業の取り組み姿勢等に影響を受けるため、標準あるいは適正人数は存在しない。

効果的なトレーニング構築のプロセス

効果的なトレーニングを構築するには、トレーニングの開発から実施、評価に至るまでの一連のプロセスを効果的にデザインすることが必要だ。そのために、「インストラクショナル・デザイン」(instructional design)という手法が効果的で、多くのコールセンターが採り入れている。その代表が「ADDIE（アディー）モデル」だ(**図表8-3**)。「分析(analysis)」「設計(design)」「開発(development)」「実施(implementation)」「評価(evaluation)」の5つのフェーズからなり、それぞれの英語の頭文字をとってADDIEモデルと呼ばれる。今日の企業研修のほとんどが、このモデルをベースに構築されているといっても過言ではない。

以下、各フェーズのポイントについて説明を加える。

図表8-3 効果的なトレーニング構築のプロセス——ADDIEモデル

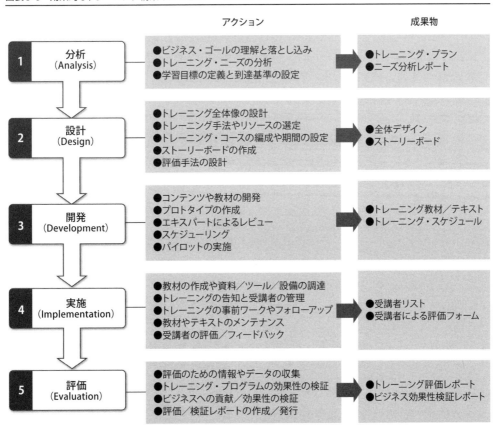

1. 分析フェーズ

①ビジネスの目的と課題を反映させる：トレーニングのプロジェクトが立ち上がると、まずはその元となるビジネス・ゴールや課題を理解し、トレーニングのニーズを明らかにしたうえで、それらを実際のトレーニングにどのように反映させて具体的なトレーニング・プログラムに仕上げればよいのかを構想する。

②学習目標を定義する：「このトレーニングを行う理由は何か」「このトレーニングによってエージェントはどうなる（どうする）ことを求められるのか」「その結果、ビジネスにどう貢献するのか」について、エージェントが容易に理解できる表現で示す。そのためにも、「明確であること」「現実的であること」「測定できること」の3つの要素は必須だ。

③エージェントの到達基準を設定する：エージェントの「到達基準」とは、トレーニングの結果、エージェントに求められた顧客応対における自己完了のレベル（エージェントが他者の助けを借りずに、回答すべきことを回答し、処理すべきことを処理できる範囲）のことであり、これを安定的にクリアできるようにするのが、トレーニングの重要な成果のひとつだ。

　その指標として、実施するトレーニングの対象業務におけるエージェントの初回コール完了率（以下FCR、第6章）の目標値を定める。例えば、FCRの目標を80％と設定するならば、エージェントは顧客からのすべての問い合わせやリクエストのうち、最低80％は独力で完了しなければならないということだ。

　新人導入トレーニングであれば、スタートラインが同じなのでFCRの目標値は同一となるが、既存のエージェント向けの継続トレーニングの場合は、個々のエージェントのスキルや知識／経験に応じて目標値を設定する。いずれにしても、設定したレベルに到達できるまで徹底的にトレーニングするのがトレーナーの使命であり達成目標となる。

2. 設計フェーズ

①トレーニングの全体像を設計する：ビジネス・ゴールや、設定した学習目標をベースに、トレーニングの全体像を設計する。ストーリーボードで大まかなシナリオを描き、必要なリソース（トレーナー、サポートする関係者、場所、設備、ツール、情報等）のリストアップや、開発・準備期間、本番の実施期間等も設定する。

②アダルト・ラーニングを考慮する：効果的なトレーニングの設定で必ず考慮すべきなのが、「アダルト・ラーニング」（adult lerning）の概念だ。「大人の学習者は、教師に促されて学習する子供の学習者と異なり、自己主導型で学習できる」という、米国の成人教育の理論家であるマルコム・S・ノウルズによる理論だ。**図表8-4**にアダルト・ラーニングを考慮したトレーニング・プログラムの構築について示す。

図表8-4 アダルト・ラーニングを考慮したトレーニングの設計

アダルト・ラーニングのアプローチ	アダルト・ラーニングを考慮したトレーニング・プログラム
今すぐ必要な情報を学ぶ	・課題中心型のワークショップ ・問題解決型のワークショップ
自らの経験を基に学ぶ	・エージェントの顧客応対の経験や事例を使った双方向のセッション
自分の必要性に基づいて学習項目を選ぶ	・エージェントにプログラムの開発や評価に参加してもらう ・エージェントが受講するトレーニングを自ら計画する
多様な学習スタイル	・eラーニングやモバイルによる学習等の選択肢を提供する
学ぶ必要性を理解しないと学ばない	・事前にトレーニング実施の理由をしっかり説明する
自己主導型で学ぶ	・トレーニングを受講することで得られる利点の理解を支援する

③**評価手法を設計する**：トレーニングの成果は、「トレーニング・プログラム自体の質」と、「トレーニングを実施したことによるビジネスへの効果性」の2つの観点からの評価が必要なことを踏まえて評価手法を設計する。後述の評価フェーズで詳述する。

3. 開発フェーズ

①**教材やテキストを開発する**：コールセンターのトレーニングで使用する教材やテキストについては、第4章と第5章を参照されたい。第4章では、マニュアル・ライティングの方法論についても解説している。

②**パイロットを行う**：初めて実施するプログラムについては、全体のデザインやストーリーボードに基づいたプロトタイプ（試行プログラム）を作成し、社内のエキスパートのレビューを受けるとともに、テスト・パイロットを実施する。いわゆるリハーサルの形式でも構わない。

4. 実施フェーズ

①**本番の準備と運営**：テキストの印刷・製本・配布をはじめとして、トレーニングの本番で使用するすべての資料やツールを調達しそろえる。特に顧客の目に直接触れるセールスやマーケティング関連のツール類は早い段階から手配しておく。また、トレーニング・ルームをはじめ、プロジェクター、ホワイトボード、PC等の設備・機器類やアプリケーション、ネットワークや電話システムの設定等もしっかり準備するとともに、当日のトレーニングに支障が生じないよう、スムーズな進行計画を立てる。

②**確実なメンテナンスによるトレーニングの質の維持**：実際にトレーニングが始まると、事前にどんなにパイロットを重ねていても、予期せぬ追加・修正事項が出てくるものだ。それらを確実に反映させ、トレーニングの質の維持を図る。たいていの場合、ADDIEモデルの各フェーズにおける担当者が異なるため、追加・修正が必要な場合

の手順をあらかじめ定めておく。当該のトレーニング・プログラムに関わる全員が、追加・修正事項を洩らさず反映できるようにするためだ。

③ **告知活動と受講者の管理**：コースの概要やスケジュールをイントラネット、メール、掲示等の手段を使って告知する。特に受講者が自ら検索・選択し申し込む形式の場合は、この告知活動が重要だ。また、複数のサイトを持つ大規模なセンターで、各地から受講者を募るような場合には、社内へのプロモーション活動が必要になる場合もある。

告知活動とともに、受講申し込みの受け付け、受講登録、受講者名簿の作成、当日の出欠管理、費用が発生する場合の精算処理、事前の質問や要望の受け付け、受講当日のケア等、受講者に関わるいくつかの業務も発生する。

④ **事前ワークやフォローアップ**：トレーニングの実施当日だけでなく、トレーニングの目的やゴールの事前の確認、必要な準備、事前のワーク（宿題）、さらに受講後のフォローアップもトレーニングの効果を高めるための重要な要素だ。そのためにトレーニング・チームは、受講者だけでなく、受講者の直属の上司ともコミュニケーションを図る。受講者の上司は、受講当日だけでなく事前・事後のワークのためのスケジュールの確保等を配慮する。

5. 評価フェーズ

多くのコールセンターでは、受講者やトレーナーの評価は行っても、トレーニング自体の効果測定を行う例は少ない。トレーニングの効果が具体的に見えづらいことと、評価手法に関する知識不足が主な原因だ。

図表8-5は、企業の教育研修の評価手法として世界的に使用されている「カークパトリックの4段階評価モデル」に、コールセンターのトレーニングを当てはめて表したものだ。以下に補足する。

① **レベル1―― 受講者の満足度**：カークパトリックの4段階評価モデル（以下4モデル）の「反応」（リアクション）にあたる。受講者アンケート等によりトレーニングの評価を得るもので、おそらくほとんどのトレーニングで行われていることだろう。ただし、評価といっても、アンケートの結果で知ることができるのは受講者の満足感までであることを認識しておく。なお、具体的な改善要望や指摘された問題点を、文面だけで真に受けるべきではない。受講者の指摘から改善点等を探りたいのであれば、フォーカスグループ・インタビューによる、より深い"事情聴取"や事実関係の確認を行ったうえで判断することが必要だ。

② **レベル2―― 受講内容の習得度**：4モデルの「学習」（ラーニング）にあたる。受講者がトレーニングで学習した内容をどれだけ習得できたかを評価する。同時に、最終

図表8-5　コールセンターのトレーニングの4段階評価モデル

レベル	カークパトリックの評価分類	コールセンターの評価分類	評価の内容/ポイント	評価のタイミング	評価ツール
1	反応（リアクション）	受講者の満足度	●トレーニング・プログラムやトレーナーに対する受講者の評価。内容の改善よりも受講者の満足感の把握がメイン ●具体的な改善事項については、フォーカス・グループ等による深堀りが必要	トレーニング・プログラム終了直後	●受講者アンケート ●フォーカス・グループ
2	学習（ラーニング）	受講内容の習得度	●学習目標に対する到達の度合い ●到達基準の達成の度合い	中間レビュー：随時実施 最終評価：コース終了時	●テスト ●クオリティー・モニタリング ●ロールプレイング
3	仕事への適用（トランスファー）	実践とパフォーマンス	●トレーニングで学習した内容の実践の度合い ●期待したパフォーマンスの達成度合い	コース終了6カ月後	●クオリティー・モニタリング ●パフォーマンス・レポート ●C-SAT／NPS／CESスコア ●コントロール・グループとの比較
4	ビジネスへの影響度（ビジネス・リザルト）	ビジネスへの効果	●トレーニングの実施によるビジネス目標の達成度や貢献度 ●トレーニングの成果とビジネスの成果との因果関係	コース終了6～12カ月後	●ビジネス・パフォーマンス・レポート ●360°サーベイ／ヒアリング ●コントロール・グループとの比較

参考：Kirkpatrick, D.L., & Kirkpatrick, J.D.. Evaluating Training Programs. Berrett-Koehler Publishers, 1994.

的な到達基準であるFCRの達成度合いを確認する。トレーニング・コースの実施期間中に中間レビューとして随時行い、コース終了時に最終評価を行う。評価はトレーナーによるクオリティー・モニタリングによる"実技"の評価と、筆記試験による知識の確認との二本立てで行うのが望ましい。

　設定した学習目標、到達基準に達していなければ、トレーニングの延長や補習が必要となる。また、新人エージェントの導入トレーニングであれば、この最終評価の結果によりデビューの可否の判断がなされることになる。

　以上は、ほとんどのコールセンターが行っているはずだ。重要なのは、個々のエージェントのパフォーマンスの評価だけでなく、その結果を通じてトレーニング・プログラム自体の評価をすることだ。「学習目標やFCRの到達基準に達しないのは、トレーニング・プログラム自体に問題があるのかもしれない」といった視点で、トレーニング・プログラムの内容の検証を行うべきであり、それが4モデルの狙いだ。

③レベル3──**実践とパフォーマンス**：4モデルの「仕事への適用」（トランスファー）にあたる。トレーニングで学習した内容を実際の顧客オペレーションの場で実践しているか、また、期待通りのパフォーマンスの向上や改善がなされたかを評価する。パフォーマンスの測定や評価のための情報（例えばC-SATスコア）のレポートに時間を要する場合もあるため、トレーニング終了から6カ月程度のスパンで見ていく。この

6カ月経過時点でのパフォーマンスが、期待する基準を満たすことで、いわゆる"一人前""独り立ち"と認識されることになる。

なお、この検証は、レベル2と同様にトレーニング・プログラム自体についても行う。

ちなみにコンプライアンスやセキュリティーといった理解することが目的のトレーニングは、レベル3以降の測定や評価は不要だ。それらの効果測定は理解度、あるいは受講率等で評価できる。

④レベル4——ビジネスへの効果：4モデルの「ビジネスへの影響度」（ビジネス・リザルト）にあたる。2つの視点——「トレーニング・プログラム自体の質」と「トレーニングを実施したことによるビジネスに与えた効果や貢献度」——から評価する。トレーニングによる成果とビジネスの成果との因果関係を明らかにすることが必要であり、そのためにはBSC（バランスト・スコアカード、第6章）に基づくゴールや評価指標の設定が重要となる。

4モデルを提唱したカークパトリックは、企業経営の観点から、次の5点によりプログラムの効果性を判断できるとしている。

- プログラムを継続するか、しないか
- ビジネスの目的に合っているか
- どう改善できるか、改善の余地があるか
- プログラムの予算の正当性
- プログラムの必要性の証明

センター長やトレーニング・マネージャーは、これらの観点に基づきトレーニング・プログラムの効果測定を積極的に行い、その結果から客観的で具体的なエビデンスを得てコールセンターにとってのトレーニングの重要性の可視化に努める。それによって、トレーニングのリソース（予算や人材等）の確保を促すことができる。

コールセンターのトレーニング・プログラム

コールセンターのフロントラインで行われるトレーニング・プログラムについて、図表8-1で表した階層別の分類に従って見ていく。

1. オリエンテーション

オリエンテーションは導入トレーニングの一部（図表8-1）としたが、他のトレーニングとは性格を異にするため、抜き出して解説する。

オリエンテーションは、新規に採用したエージェントを迎えて最初に行われる。その目的

は、新人エージェントが会社やコールセンターにできるだけ早く順応できるよう手助けすることだ。緊張感でいっぱいの新人エージェントをセンター全体で歓迎し、「この会社に入社して良かった」「この職場ならうまくやっていけそうだ」といったポジティブな印象を与えることが大切だ。そのためには新人エージェントを迎えるための周到な準備を行う(第7章)。

オリエンテーション・プログラムで行うのは、会社やコールセンターについての紹介、全社的な人事規定や制度、コールセンターにおける勤務のルール、報酬の条件、設備や環境等、これから仕事をするうえで知っておくべき基本的なルールや情報についての説明や案内だ(**図表8-6**)。

なお、ほとんどの企業が入社初日に行う人事部門の主催によるオリエンテーションで、会社のミッションやビジョン、組織、ビジネスプラン等が紹介されるが、コールセンターのエージェントは、それだけで済ませてはならない。エージェントにとって、これらの情報やメッセージは極めて重要であり、これらの事項は導入トレーニングにおけるコールセンター独自のプログラムとして、より時間をかけて質の高いトレーニングを行うべきだ。

図表8-6　オリエンテーションのコンテンツ

プログラム	コンテンツ	プログラム	コンテンツ
歓迎	●ウェルカム・グリーティングス ●新人エージェント紹介 ●既存スタッフ紹介	役割と責任	●コールセンターの役割と責任 ●エージェントに対する期待 ●エージェントの仕事の概要
スケジュール	●年間スケジュール/行事予定等 ●トレーニング・スケジュール ●トレーニングの概要説明 ●試用期間/デビュー認定基準	報酬と福利厚生	●コールセンター給与規定 ●時間外・休日勤務 ●業績評価 ●パフォーマンス・フィードバック ●インセンティブ・プログラム ●リワード・プログラム ●表彰制度 ●自己啓発支援プログラム ●健康管理プログラム ●メンタル・サポート・プログラム
組織	●コールセンターの組織 ●所属するチーム ●チームの同僚とスーパーバイザー ●メンターの紹介と説明 ●スタッフ間の呼称		
施設や設備	●オフィス・ツアー ●フロア・プラン(オフィス・レイアウト) ●個人ロッカーのセットアップ ●カフェテリア/休憩室/トイレ/医務室 ●トレーニング・ルーム/モニタリング・ルーム/ミーティング・ルーム ●オフィス機器(コピー/FAX/シュレッダー) ●オフィス・サプライ(文房具/社内便/備品) ●郵便/駐車場/通用口 ●オフィスの美化	セキュリティーとコンプライアンス	●セキュリティー・ポリシー ●IT/ネットワーク・セキュリティー ●機密保護 ●入退館/入退室 ●個人情報保護 ●撮影機器/記録媒体 ●携帯電話/スマートフォン ●個人用情報機器
勤務ルール (コールセンター勤務ガイドライン)	●コールセンターの行動基準 ●勤務スケジュールの基本的考え方 ●スケジュール表の読み方 ●スケジュールの運用(作成/変更/申請方法) ●スケジュールの遵守—"POWER of ONE" ●当日の病欠や欠勤の連絡 ●休憩時間ガイドライン ●休暇取得ガイドライン ●ドレスコード	行動規範	●倫理規定 ●メール/SNSの利用 ●文書/情報の保存 ●ダイバーシティー ●ハラスメント防止

2. 導入トレーニング

「導入トレーニング」は、新規採用のエージェントが最初に担当する仕事をこなすのに必要な知識やスキルのすべてを習得するために行う。「インダクション・トレーニング」（induction training）と英語で呼ぶ場合も多い。担当する仕事だけでなく、会社やコールセンターに関する一般的な情報や周辺知識を一から学ぶ。スポーツであれば、まずはランニングや筋力トレーニング等、体力面の強化からスタートし、素振りやキャッチボール等の基礎技術の訓練を経て、競技の技術や戦術面の実践トレーニングに展開していくが、それと同じイメージだ。

導入トレーニングも、この流れに合わせて用意されたプログラムを順を追ってこなしていくよう設計されている。体力づくりに相当する、会社の基礎情報から始めるため、コンテンツのボリュームは多く、その分時間もかかる。図表8-7に導入トレーニングのプ

図表8-7　導入トレーニングのコンテンツ

プログラム	コンテンツ	プログラム	コンテンツ
会社概要	●基本情報 ●ミッション・ステートメント ●ビジネス・プラン ●業績概要 ●組織と機能	エージェントの役割と責任	●エージェントに対する期待 ●ジョブ・ディスクリプション／ジョブ・ラダー ●スタッフィングとスケジューリング ●エージェントの業績評価 ●トレーニングと能力開発 ●コーチングとフィードバック
ビジネス概要	●ビジネス概要 ●マーケティング活動（戦略／ブランド／販売促進） ●マーケット／業界知識／業界動向 ●競合他社	コールセンター・ジェネリック・オペレーション	●ジェネリック・オペレーションの種類 ●ジェネリック・オペレーションのプロセス ●ジェネリック・オペレーションのQ&A
プロダクト知識（商品／サービス）	●プロダクトの種類や仕様 ●プロダクトの全社的オペレーション・フロー ●販促／コミュニケーション・ツール ●プロダクト関連Q&A	コールセンター・プログラム・オペレーション	●プログラム・オペレーション・マニュアル（プロセスマップ／トークスクリプト／オペレーション・プロシージャー／Q&A）
コールセンター概要	●基本情報 ●コールセンター・ポリシー ●サービスと顧客 ●組織と機能 ●ビジネスプラン ●業績概要 ●プログラム／プロジェクト ●コールセンター・テクノロジー ●コールセンター専門用語	コミュニケーション・スキル	●クオリティー・コーリング・ガイドライン ●クオリティー・モニタリング・スタンダード ●顧客関係の確立と維持 ●トーン&マナー ●アクティブ・リスニング・スキル ●プレゼンテーション・スキル ●プロフェッショナリズム ●アライメント／ビジネスプロセス／コンプライアンス ●モニタリング・セッション
ミッション・ステートメント	●コールセンター・ミッション ●コールセンター・ビジョン ●バリュー／行動規範	コールセンター・テクノロジー	●デスクトップ ●電話システム ●CRMシステム ●コールセンター・ソリューション ●顧客／商品データベース ●社内業務システム
サービス・クオリティー	●クオリティー・ステートメント ●カスタマーサービス・ビジョン ●コミュニケーション・スタイル ●顧客の期待／顧客満足／顧客経験 ●サービス・プロセス	ロールプレイング／OJT	●ロールプレイング ●ピア・トゥ・ピア／セルフ・モニタリング ●PC／システム操作

ログラムとコンテンツの例を表したが、これだけのボリュームをこなすには1カ月(1日8時間×20日＝160時間)程度要するのが普通だろう。センターによっては3カ月～6カ月かける場合もある。

一方、期間限定の短期プロジェクトで、オペレーションに必要な知識やスキルが狭い範囲に限定された単純かつ定型的な業務の場合、トレーニングもオペレーションに最低限必要な知識とスキルだけにとどめる場合がある。

ところが、継続的かつ質の高いサービスの提供が求められる業務であるにもかかわらず、限られた内容(コールセンターで取り扱っている商品やサービスに関するコールの応対や処理のみ)のトレーニングしか行わないコールセンターが少なからず存在するが、それでは不十分だ。ジェネリック・オペレーション(第4章)に対する意識を高め、トレーニングの内容を見直すべきだ。

3. 継続トレーニング

「継続トレーニング」は、既存のエージェント向けに"継続的に"行っていくトレーニングのことであり、「オンゴーイング・トレーニング」とも言う。"新人でない"エージェントに対するすべてのトレーニングの総称だ。エージェントは、コールセンターに在籍する限り、恒常的・継続的にさまざまなトレーニングを受ける。しかし、その内容はコールセンターによって質・量ともに大きく異なる。

継続トレーニングを行う理由には、情報のアップデート等、必要に迫られて行うという受動的な理由と、より質の高いサービスを提供するために行うという能動的な理由がある。後者に対する積極性が、そのセンターのトレーニングの量を決定づけ、それがエージェントのエンゲージメントやリテンションに影響し(第7章)、ひいてはセンターのパフォーマンスや顧客満足の向上に貢献することとなる。トレーニングへの投資はセンターの業績向上と正比例の関係にあることを忘れてはならない。

継続トレーニングの目的には、次のようなものがある。

- 情報のアップデート
- 新規のプログラムやプロジェクト
- 新商品や新サービス
- ビジネスプロセスの追加・変更
- 商品知識／業務知識の向上
- 新しいテクノロジーやツールの習得
- 新人導入トレーニングのブラッシュアップや高度化
- エージェントのマルチスキル化
- 電話応対スキルの向上
- 特定の分野のスペシャリストの養成

- スーパーバイザー候補の育成

このそれぞれに、消極的に実施する場合と積極的に実施する場合とがある。

例えば、商品の仕様に変更が生じれば、否応なくすべてのエージェントにその情報を伝えねばならない。それだけで済ませるならば、最低限のことを必要に迫られて行うに過ぎない（消極的）。一方、仕様の変更がなくとも、既存の知識やスキルを強化して、より高度なサービスの提供を図っていくためのトレーニングを行うのであれば、それは積極的な取り組みということができる。

トレーニングに積極的に取り組むには、そのためのリソース（予算や時間）が必要となるが、業績向上のためのキーとなるアクションと位置づけて、積極的な投資を行いたい。

4. スーパーバイザー・トレーニング

スーパーバイザーの質がコールセンターの成否に大きな影響をもたらすことに議論の余地はない。だからこそ、その人選や育成は極めて重要だ。

多くの場合、スーパーバイザーは優秀なエージェントから選出される。しかし、スーパーバイザーには、エージェントとして培ってきた知識や経験以上に「マネジメント・スキル」が求められる。にもかかわらず、多くのスーパーバイザーがそのための教育をなされないまま、全く未知のマネジメント業務を見よう見まねで始めることになる。

質の高いコールセンターは、例外なくスーパーバイザー・トレーニングを重要視し、優れた育成計画、トレーニング・プログラムを有している。**図表8-8**にスーパーバイザー・トレーニングのコンテンツ例を、スーパーバイザーに必要な次の3つのスキル領域に分けて表した。

- **コールセンター・マネジメント**：センター・マネジメントに関わる知識やマネジメントの方法論、スキルを習得する。見ての通り、その内容は本書が提唱するコールセンターのマネジメント体系と同じだ
- **コンピテンシー**：スーパーバイザー個人のマネジメントとしての資質や能力を習得する
- **顧客戦略／マーケティング**：コールセンターがサポートする会社の戦略やマーケティング活動について知る

この内容を見るだけでも、スーパーバイザーに求められる知識やスキルは、エージェントに比べて格段に広いことがわかる。これほどのことを、見よう見まねや自己流で習得できるものではない。

図表8-8 スーパーバイザー・トレーニングのコンテンツ

コールセンター・マネジメント			
リーダーシップ（第1章）	●コールセンター・ビジネス ●ミッション・ステートメント ●リーダーシップ・スタイル ●ビジネス・コミュニケーション	フロントライン・マネジメント（第7章）	●採用／スタッフィング ●ジョブ・ラダー ●エージェント・エンゲージメント ●リテンション ●リコグニション／モチベーション／リワード
コールセンター・デザイン（第2章）	●ビジネスプラン ●コールセンターの組織と機能 ●ソーシング・オプション／ベンダー・マネジメント ●予算策定とコントロール	トレーニング＆デベロップメント（第8章）	●インストラクショナル・デザイン ●トレーニング・プログラム ●エージェントのキャリア開発
ワークフォース・マネジメント（第3章）	●ワークロード・フォーキャスト ●ワークフォース・フォーキャスト ●スケジューリング ●リアルタイム・マネジメント	ヒューマンリソース・アドミニストレーション（第9章）	●人事ポリシー ●勤務規定 ●採用と契約 ●業績評価 ●報酬制度
ビジネスプロセス・マネジメント（第4章）	●ビジネス・プロセス開発／運用 ●オペレーション・マニュアル ●マニュアル・ライティング ●継続的なプロセス改善	ベスト・プレイス・トゥ・ワーク（第10章）	●ファシリティー・マネジメント ●ポジティブな労働環境 ●健康管理 ●ストレス・マネジメント
クオリティー・マネジメント（第5章）	●クオリティー・マネジメント・プロセス ●クオリティー・モニタリング ●コーチング／フィードバック ●C-SAT／ベンチマーク／VOC	テクノロジー・マネジメント（第11章）	●電話システム ●コールセンター・システム（CRM／各種ソリューション） ●デスクトップ／社内業務システム ●顧客／商品データベース ●トラブル・シューティング
パフォーマンス・マネジメント（第6章）	●バランスト・スコアカード ●パフォーマンス・メトリクス／KPI ●ゴールの設定 ●レポーティング ●パフォーマンス・レビュー	リスク・マネジメント（第12章）	●各種規制とコンプライアンス ●災害復旧／業務継続計画 ●オペレーションのアセスメント
コンピテンシー		顧客戦略／マーケティング	
コンピテンシー	●プロジェクト・プランニング＆マネジメント ●問題解決スキル ●チーム・ビルディング ●タイム・マネジメント ●効果的なコミュニケーション・スキル	顧客戦略／マーケティング	●顧客満足／顧客体験 ●コンタクト・ストラテジー ●マーケティング戦略 ●顧客価値／ROI

II　エージェントのキャリア・デベロップメント

1. 新人エージェントの育成計画を策定する

　エージェントのトレーニングと育成計画とは必ず連動している。換言すれば、育成計画を背景にしないトレーニングはあり得ないということだ。

　新人エージェントについては、入社から18カ月程度の期間における育成計画を策定する。それを図表8-9のように表して、エージェント本人にも提示する。それによって自分の成長目標を具体的に認識できるため、トレーニングやコーチングに積極的に取り組めるようになり、また自己啓発の意欲も高まる。

図表8-9　エージェント育成計画

経験月数	1	2	3	4	5	6	7	8	9	10	11	12	13	14	15	16	17	18	コールセンター	トレーニング部	人事部門	マーケティング	IT部門	外部トレーナー
エージェント・ステータス	新人／試用期間						新人／OJT						レギュラー											
トレーニング・ステータス	新人導入			継続 - ブラッシュアップ									継続 - アドバンス											
オリエンテーション	■																		★	★	★			
会社概要	■																		★	★				
ビジネス概要	■																		★	★		★		
プロダクト(商品／サービス)	■	■	□	□	■	□	□	■	□	□	□	□	□	□	□	□	□	■	★	★		★		
コールセンター概要	■																		★					
サービス・クオリティー	■	■	□	□	■	□	□	■	□	□	□	□	□	□	□	□	□	■	★					
コールセンター・ダイナミクス	■	■																	★					
フロントライン・ジョブ	■	■	■																★					
ジェネリック・オペレーション	■	■																	★					
プログラム・オペレーション―1	■	■	■	□	□	□													★			★		
プログラム・オペレーション―2							■	■	■	□	□	□							★			★		
プログラム・オペレーション―3													■	■	■	□	□	□	★			★		
顧客コミュニケーション・スキル	■	■	■	■	■	■	■	■	■	■	□	■	□	■	□	■	□	■	★				★	★
コールセンター・テクノロジー	■	■	□	□	■	□	□	□	□	□	□	□	□	□	□	□	□	□	★				★	
スーパーバイザー養成														■	■	■			★	★				★

■：OFF-J-T　　□：O-J-T

また、育成計画があることで、トレーニングを長期的な視点でブレずに行えるようになる。方向修正が必要な場合にも、エージェントにその理由を明確に説明することができるし、エージェント自身の納得感も高い。

エージェントもスーパーバイザーも、入社してまず目指すのは、期待通りの"一人前"に成長することだ。そのためのツールとしてエージェントの育成計画を活用したい。

2. エージェントのキャリア・デベロップメント

(1) エージェントにキャリア向上の機会を与える

エージェントが導入レベルのトレーニングを終え"一人前"に成長したならば、次に取り組むべきは、「キャリア・デベロップメント」(キャリアの開発・育成・向上)だ。多くのエージェントは、入社時に任命された仕事にいつまでもとどまろうとせず、センターの内外での新しい経験やキャリアの向上を目指すようになる。エンゲージメント・ドライバー(第7章)にも、キャリアの向上が含まれている。逆に、それが期待できないと、退職の引き金にもなり得る。

キャリア向上を目指すエージェントには意欲があり、パフォーマンスも優れている場合が多い。従って、会社の側も、その中からスーパーバイザーやスペシャリストを育成しようと考える。コールセンターの中だけでも、シニア・エージェント、メンター、スーパーバイザー、トレーナー、クオリティー・アナリスト、ビジネス・コントローラー等、多くのキャリア向上の機会があるうえに、それらのポジションは慢性的に不足傾向にあるからだ。そのために、スーパーバイザーは意欲とポテンシャル(潜在能力)のあるエージェントに、以下のようなさまざまな機会を与える。

- エージェントが行うルーティン作業の管理
- エージェントの新規採用面接
- 新人エージェント入社時のオリエンテーションやトレーニング
- 新人エージェントのメンター
- エージェント同士で恒常的なピア・トゥ・ピア・モニタリング
- 苦情処理やエラー発生時にエージェントの判断で処理できる権限(返金・減額等の金額調整、商品の返品・交換等)の付与、または拡大
- シニア・マネジメントや他部署とのVOCモニタリング・セッションで発表・報告
- オペレーションの改善・向上策の検討・提案・実行
- エージェントの個人的な才能や技能・特技の活用(例えば、優れた文章力を持つエージェントによる社内報の編集や顧客レターの作成等)
- 特定の商品やサービスにおける秀でた知識や経験を持つエージェントが、そのスペシャリストとして活動(高度な問い合わせの応対、トレーニング、マニュアル作成、リエゾン等)

- チームの業績目標の策定に参加
- 自社や競合他社へのベンチマーク調査（ミステリー・コールやミステリー・ショッピング）
- 外部のトレーニング、セミナー、トレードショー等に参加
- エージェントのスケジューリングの策定や調整
- ランチタイムや休憩時間の取得方法の考案やスケジューリング
- 休暇の取得方法の考案やスケジューリング
- リワード／インセンティブの開発や運用
- モチベーション施策の開発や実行
- センター内の各種イベントの主催
- 関連部署の仕事を経験

　エージェントが、このような多くの経験をすることで、エージェントとスーパーバイザーの双方に、多くの事実が見えてくる。それは、必ずしもすべての経験が期待通りの成果を生むとは限らないということだ。あるいは、成果をあげることはできても、エージェント自身がその仕事を楽しむことができなかったり、興味を持てない場合があるということだ。従って、スーパーバイザーに求められるのは、これらの経験を通じて、エージェントの"適職"を見つけ出すことだ。

(2) エージェントの"適職"を見つける

　エージェントの適職探しをサポートするツールとして、**図表8-10**の「エージェント・キャリア・ポテンシャル・チェックリスト」を用いる。マネジメントやスペシャリストの仕事に求められるスキルや能力をエージェントが潜在的に持ち合わせているか、また、エージェントがそのことに興味や関心を持っているか、の2つの視点で確認するためのツールだ。スーパーバイザーとエージェントの両者が、各プロファイルに対する「スキル／能力」と「興味／関心」について2段階（高いか低いか）でチェックする。図表8-10の例は、各ポジション共通／ライン・マネジメントおよびビジネス・コントローラーに求められるプロファイルの一部を記載しているが、この要領でその他のポジションについても、必要なプロファイルをリストアップしてチェックリストを作成する。チェックの結果は下記のマトリックスにプロットする。

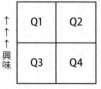

Q1：高い興味／低い能力
Q2：高い興味／高い能力
Q3：低い興味／低い能力
Q4：低い興味／高い能力

図表8-10 エージェント・キャリア・ポテンシャル・チェックリスト

エージェント		スーパーバイザー		日付	年　月　日
ポジション	プロファイル			スキル／能力	興味／関心
共通／ライン・マネジメント	ミッション／ポリシー／ガイドライン				
	品位ある行動(インテグリティー)				
	肯定的な考え方(ポジティヴ・シンキング)				
	リーダーシップ				
	意思決定(デシジョン・メイキング)				
	積極性(ドライブ＆コミットメント)				
	プロフェッショナリズム				
	信頼性(リライアビリティー)				
	問題解決スキル(プロブレム・ソルビング)				
	チーム・ビルディング				
	リコグニション＆モチベーション				
	文書による優れたコミュニケーション				
	口頭による優れたコミュニケーション				
	高度な説得力、プレゼンテーション・スキル				
	高度な顧客サービス＆セールス・マインド				
	オペレーションの業務知識とスキル				
	商品知識とスキル				
	ITリテラシー				
	計数管理(スタティスティクス)				
	エージェントを指導できる高度なコミュニケーション・スキル				
	トレーニング・スキル				
	フィードバック／コーチング・スキル				
	クオリティー・モニタリングの評価とフィードバック				
ビジネス・コントローラー	高度なPCオペレーション				
	数学的センス／統計学知識				
	分析力				
	情報感度・収集能力				

　スーパーバイザーとエージェントの両者ともにQ1かQ2にプロットされた場合は、当該業務あるいはポジションの育成候補者として機会を与え経験を積ませる。前提として重要なのは本人の興味や関心だ。それが高ければ、能力やスキルは本人の努力で伸ばすことができるが、低ければ、いくら高い潜在能力を持っていたとしても高い成果をあげるのは困難だ。ということから、Q1は育成候補となり、Q4は現状では候補とならない。

(3)エージェント・キャリア・デベロップメント・ワークシート
　育成候補のエージェントは、スーパーバイザーの支援を得ながら目指すキャリア獲得のためのアクションを開始する。その際に活用したいのが、**図表8-11**の「エージェント・

図表8-11　エージェント・キャリア・デベロップメント・ワークシート

エージェント：		スーパーバイザー：			レビュー日付：	
成長目標／キャリア・ゴール			成長プラン			
			フェーズ	到達目標		期限
			1			
			2			
			3			
目標キャリアの要求事項	現状		現状とゴールのギャップ		ゴール	
	知識：		知識：		知識：	
	スキル／能力：		スキル／能力：		スキル／能力：	
	その他の要素：		その他の要素：		その他の要素：	
育成計画							
アクション	必要なリソースや支援		メトリクス	ターゲット		期限

キャリア・デベロップメント・ワークシート」だ。目指すキャリアとそこに到達するためのゴールおよび現状とのギャップを明らかにし、ゴールに到達するためのアクションの着実な実行を促すものだ。

「エージェント・パフォーマンス・レビュー・シート」（第6章）とセットで使い、スーパーバイザーとともに定期的に進捗状況をチェックする。

(4)雇用形態や報酬スキームとの連動を考慮する

エージェントのキャリア・デベロップメントを進めるにあたって、必ず考慮しなければならないのが、エージェントの雇用形態や報酬スキームとの関係だ。キャリア・デベロップメントの対象となるのは自社の直接雇用するエージェントに限られ、さらに、その大半が契約社員やパートタイマーであるからだ。

図表8-12は、コールセンターの雇用形態の関係性やキャリア・デベロップメントの道筋を模式的に示すものだ。このようなスキームを示すことで、エージェントは現状の位置づけを知り、今後のキャリア・デベロップメントの目標設定をしやすくなり、スーパーバイザーも、それに歩調を合わせたサポートが可能となる。

図表 8-12　エージェントのキャリア・デベロップメント

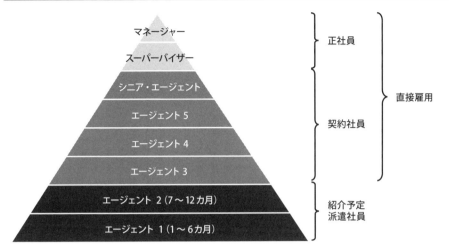

- 6カ月に1回の業績評価の結果に基づいて昇格
- エージェント3または4からシニア・エージェントへの昇格あり
- エージェント4または5からトレーナーやビジネス・コントローラー等のサポーティング・ファンクションへの異動の場合もあり

第9章

コールセンターの
ヒューマンリソース・アドミニストレーション

前2章では、コールセンターのピープル・マネジメントの核であるフロントライン・マネジメント（第7章）とトレーニング＆デベロップメント（第8章）について、その考え方や運用の方法論について見てきたが、「人」に関わる取り組みには、よりどころとなる「制度」とその根拠や背景となる「法令」等が多数あり、コールセンターの管理者にはそれらに関する知識と理解が不可欠だ。

通常の場合、それらは会社の人事や法務部門等のサポートが得られるはずだ。しかし、「人」に関することはセンター運営にとって極めて重要かつ繊細な事項であるため、管理者自らが関連する法規や諸規定を十分に理解し、コールセンターのニーズに合った制度を設計することが重要だ。

そこで本章では、コールセンターのピープル・マネジメントに関してセンター管理者が理解しておくべき法令や諸規程について、運用ツールや制度のサンプル等を交えながら解説する。

I エージェントの採用選考

公正な採用選考

　エージェントの採用活動において決してはずしてはならないのが、厚生労働省が掲げる「公正な採用選考」の考え方と、そのための具体的な遵守事項の理解と徹底だ。
　そのために、コールセンターの採用活動に関わるすべての管理者は、会社の人事・採用部門からレクチャーを受ける等、「公正な採用選考」の内容の理解に努めることが必須だ*。
　以下では、「公正な採用選考」の中から、特にコールセンターのエージェントの採用に関係する事項を採り上げて解説していく。なお、通常、人事部門が行う新卒の採用に関する解説は割愛する。

採用選考時に配慮すべき事項

1. 採用選考時に配慮すべき14の事項

　公正な採用選考の大原則は、「応募者に広く門戸を開放する」ことと、「本人の持つ適性・能力以外のことを採用基準にしない」ことだ。これらを阻害する要因を排除するために、以下に示す「採用選考時に配慮すべき14の事項」が定められている。

（本人に責任のない事項の把握）
①「本籍・出生地」に関すること
②「家族」に関すること（職業・続柄・健康・地位・学歴・収入・資産等）
③「住宅状況」に関すること（間取り・部屋数・住宅の種類・近隣の施設等）
④「生活環境・家庭環境等」に関すること

＊厚生労働省が発行する「公正な採用選考をめざして」「採用選考自主点検資料」の2つの資料は、すべてのセンター管理者が熟読しておきたい

(本来自由であるべき事項(思想信条に関わること)の把握)
⑤「宗教」に関すること
⑥「支持政党」に関すること
⑦「人生観・生活信条等」に関すること
⑧「尊敬する人物」に関すること
⑨「思想」に関すること
⑩「労働組合・学生運動等、社会運動」に関すること
⑪「購読新聞・雑誌・愛読書等」に関すること
(採用選考の方法)
⑫「身元調査等」の実施
⑬「JIS規格の履歴書に基づかない事項を含んだ応募書類(社用紙)」の使用
⑭「合理的・客観的に必要性が認められない採用選考時の健康診断」の実施

　①〜⑪については、応募書類への記載を求めたり、面接時に質問する等して把握してはならない。項目によっては、面接時のアイスブレークのつもりで気軽に聞いている事項もあるだろう。特に家族に関する質問がなされることが多いので注意すべきと厚生労働省は指摘する。
　いずれにしろ軽率な質問をすることのないよう、例えばエージェントの採用面接時の評価表に、これらに対するリマインドを記載しておくのも手だ(巻末資料40)。

2. 募集・採用における性別による差別および年齢制限の禁止

　エージェントの仕事は、プログラムの内容によっては性別や年齢による適性があるのは確かだ。しかし、それらを応募や採用の条件としてはならない。性別による差別は「男女雇用機会均等法」で、年齢制限については「雇用対策法」による禁止事項だ。

3. 収集してはいけない個人情報

　「職業安定法」では、求職時の個人情報の取り扱いについて定めており、以下の情報の収集が認められていない。「採用選考時に配慮すべき14の事項」以外の事項もあるので確認しておく。

①家族の職業、収入、本人の資産等の情報。
②容姿、スリーサイズ等差別的評価につながる情報。
③人生観、生活信条、支持政党、購読新聞・雑誌、愛読書。
④労働運動、学生運動、消費者運動その他社会運動に関する情報。

4. 病歴の確認について

　コールセンターにとって、メンタルヘルス疾患に関する問題は深刻だ。再発率も高いことから、できれば同疾患の病歴の有無を見極めたいところだ。一般に、メンタル疾患の病歴を確認してはならないといったイメージがあるが、業務に明確な支障が生じるのであれば、採用面接時に確認することは原則として認められている。もちろん、メンタル疾患の病歴の有無を応募や採用の条件とすることは就職差別となるので、確認の仕方には注意を払う必要がある。

　また、派遣社員については、人材派遣会社に対して安全配慮義務の観点から、事前にメンタル疾患を含めた病歴の有無を確認したうえで派遣して欲しい旨を要請することが可能だ。

5. 応募書類

　応募書類1～4に就職差別につながるリスクのある項目が含まれないための配慮も必要だ。会社で独自に作成する「社用紙」や「エントリーシート」を使用する場合は、「採用選考時に配慮すべき14の事項」の①～⑪を含まないよう留意する。

　自社独自の応募用紙を作成しない場合は、「JIS規格の履歴書」[*1]や「ジョブ・カード」[*2]を使用する。

[*1]：いわゆる「市販の履歴書」のこと
[*2]：個人がキャリア・プラン、職務経歴や免許・資格、学習・訓練歴、職業訓練の評価等を「ジョブ・カード」と呼ばれる書類に記入・作成し、求職活動や職業能力開発に活用する制度

II エージェントの雇用形態

エージェントの雇用形態

1. エージェントの主な雇用形態

　一般に、インハウスのコールセンターが活用できるエージェントの雇用形態には、**図表9-1**に示す6つの選択肢がある。労働基準法等の法律上は、雇用形態に関する明確な区分や定義は示していないが、ここでは、一般に広く認知・利用されている労働者の区分や呼称のうち、エージェントの雇用で主に選択される6つを採り上げ、現場の運営に特に重要な19の要素に関する運用性の比較をまとめた。それぞれの運用性の違いは、オペレーションの品質、生産性、コスト等、コールセンターの活動や業績に大きく影響し、現場の運営を左右する。コールセンターの管理者は、本表および後述の雇用形態ごとの法制度や運用ルール等をしっかり把握・理解することが特に重要だ。

2. 有期雇用の非正規社員の利用

　日本のコールセンターは諸外国に比べて有期雇用の非正規社員の比率が著しく高い。その理由として断トツに多いのが「コストの圧縮」だ*。そのために短期の雇用契約の自動更新を繰り返す、「事実上の長期継続雇用」が常態化している。
　本来、有期雇用は雇用の柔軟性を確保するために利用するもので、業務計画に合わせた適切な雇用期間を設定し、長期継続雇用とならないよう管理すべきものだ。しかし日本では、「非正規社員＝低待遇で使える社員」と曲解して、有期雇用の非正規社員を都合よく利用するケースが多く見られる。
　このことが、昨今の非正規雇用問題の温床ともなっており、職場としてのコールセンターが労働市場から敬遠されるようになった一因でもある。このような状態の是正のた

＊「コールセンターの雇用と人材育成に関する国際比較調査」によると、対象17カ国の平均29％に対して、日本は断トツ1位の87％だ。その理由は、景気変動等の環境変化への対応を目的とするセンターが5％程度であるのに対して、圧倒的多数(約60％)がコスト圧縮のためとしている

図表9-1　コールセンター（自社）から見たエージェントの雇用形態別の運用性比較

	正社員	短時間正社員	契約社員	パートタイマー	派遣社員	業務委託社員
定義*1	雇用期間の定めのないフルタイム労働者	雇用期間の定めがなく所定労働時間が正社員より短い労働者	一般に、雇用期間の定めのあるフルタイム労働者	1週間の所定労働時間が正社員より短い労働者	人材派遣会社から派遣されて派遣先の指揮命令により就業する労働者	業務委託契約に基づき委託先の指揮命令により発注者の業務に従事する労働者
雇用主	自社	自社	自社	自社	人材派遣会社	業務委託先
契約形態	雇用契約	雇用契約	雇用契約	雇用契約	派遣契約	業務委託契約
雇用期間	無期	無期	無期／有期*2	無期／有期*3	有期*4	有期*5
所定労働時間	フルタイム	正社員より短い	通常フルタイム	正社員より短い	契約に基づく	契約に基づく
採用面接	できる	できる	できる	できる	できない	できない
指揮命令	できる	できる	できる	できる	できる	できない*6
労働時間の指示	できる	できる	できる	できる	できる	できない
勤怠管理	できる	できる	できる	できる	できる	できない
業績評価	できる	できる	できる	できる	できない	できない
給与の決定	できる	できる	できる	できる	できない	できない
昇給	あり	あり	契約更新時に可能性	契約更新時に可能性	契約更新時に交渉	委託先の制度による
賞与	一般的にあり	一般的にあり	事業所により異なる	事業所により異なる	一般的になし	委託先の制度による
トレーニング実施者	自社	自社	自社	自社	自社	業務委託先*7
コスト計上科目	給与（人件費）	給与（人件費）	給与（人件費）	給与（人件費）	派遣費（人件費）*8	業務委託費（経費）
コストへの影響*9	―	―	正社員より小さい	正社員より小さい	契約社員と同等*10	直接雇用より大きい*11
社員数計上	計上する	計上する	計上する	計上する	計上する	計上しない
一般的な認識	正規の社員	正規の社員	非正規の社員	非正規の補助的社員	社員とは一線	外部業者
業務改善意欲*12	能動的	能動的	能動的	能動的	派遣先の指示に従う	受動的*13
増減員柔軟性*14	大変困難	大変困難*15	正社員より柔軟	正社員より柔軟	契約社員より柔軟	契約社員より柔軟

*1　労働基準法をはじめとする法律上は、本表のような雇用形態の区分や定義は明記されておらず、一般的に広く認知・利用されている区分や定義を記載した
*2　契約1回あたり3年が上限。有期契約が反復更新されて通算5年を超える場合、労働者の求めにより無期契約への転換に応じる義務がある（「労働契約法の5年ルール」）
*3　原則として3年を超えてはならない。雇用期間が1年超で雇用契約を更新しない場合、契約期間満了の30日前までの予告が必要。契約社員と同じ無期転換の5年ルールの対象
*4　派遣先の同一の事業所に対し派遣できる期間（派遣可能期間）は、原則として3年が限度。3年を超える場合は、派遣先の事業所の過半数労働組合等からの意見を聴取する必要がある
*5　業務委託社員個人の契約期間に発注者は関与できない。なお、業務委託先企業もまた複数の異なる雇用形態の労働者を利用している場合がある
*6　業務委託（アウトソーシング）の場合、発注者と業務委託社員の間に指揮命令関係があると偽装請負となる。アウトソーシングのマネジメントはすべてアウトソーサー自身が自らの裁量と判断で行う
*7　商品知識等、発注者しか提供できない固有の情報に限って、発注者が業務委託社員に直接トレーニングを実施できる
*8　実際の科目は派遣手数料等の場合が多いが、人件費の範ちゅうに含まれる
*9　さまざまな条件の影響を受けるため、ここでの記載はあくまでも一般論である
*10　派遣会社への手数料の加算により契約社員と同等となる
*11　業務委託料には、人件費や管理費に加え、原則として業務遂行に必要なコストのすべてが含まれるため、単純比較のうえでは、一般にインハウスの運用コストよりも高くなる傾向にある
*12　同じ企業内でも部署やポジションによって異なるだろうが、ここではエージェントの一般的な意識という観点で記載
*13　業務委託先の指示や了解が前提となるため、契約書や仕様書を超える事項については受動的とならざるを得ない
*14　予算の条件を同じとした場合の相対的な比較を記載した
*15　欧米企業にはレギュラー・パートタイマー等と呼ばれる短時間契約の正社員の活用も一般的だが、日本でも行政による推進策により、短時間正社員制度が増えている

※関連する法律は、2018年3月現在の内容に基づいている

めに、国を挙げて同一労働同一賃金の実現を推進しているが、コールセンター自身も、「非正規社員はコスト削減のための制度に非ず」という基本に立ち返り、非正規社員の利用を見直す必要がある。

契約社員の雇用契約

　正社員の雇用契約は会社の人事部門が作成する。契約社員やパートタイマーの場合、コールセンターの現場のニーズに合わせた独自の規程を設けたり、コールセンターにしか契約社員が存在しないといった場合もあり、その作成や運用にコールセンターが直接関わる場合が多い。従って、センターの管理者自身も雇用契約に関する法令や諸規定の理解が必要だ。

　以下では、契約社員とパートタイマーの雇用契約に関してセンター管理者が理解しておくべきポイントを採り上げて解説する。

1. 契約社員の定義

　最も一般的な契約社員の定義は、「事業主に直接雇用されている労働者のうち、雇用期間の定めのあるフルタイム労働者（フルタイム有期契約労働者）」をいう。つまり有期契約であることが正社員との唯一の違いだ。

　しかし、企業の現場では、その意味が曖昧なことが多く、呼称も、「契約社員」の他に「準社員」「嘱託社員」「臨時社員」「非常勤」等さまざまだ。また、パートタイマーを契約社員と混在しているケースも多い。

　日本では伝統的に、契約社員がフルタイムの正社員より格下という意識が根強く、給与をはじめとする労働条件も正社員と格差があるのが一般的だ。これは今後急速に是正されていくことを認識しておくべきだろう。

　なお、有期契約が反復更新されて通算5年を超えた時は、本人の申し込みにより無期契約への転換が義務づけられており（労働契約法の「5年ルール」）、転換に際して労働条件の変更がなければ、「無期転換社員」（無期雇用ではあるが、正社員とは異なる）となる。

2. 契約社員の雇用契約

(1) 契約社員雇用契約書の法定記載事項

　契約社員の雇用契約書には**図表9-2**に示した項目を明示するよう、労働基準法が定めている。特に①から⑥は書面で交付することが義務づけられている。

図表9-2　契約社員雇用契約書の法定記載事項

必ず明示しなければならない事項
① 労働契約の期間
② 契約更新の有無と、更新する場合はその判断基準
③ 就業の場所
④ 従事すべき業務
⑤ 始業・終業の時刻、所定労働時間を超える労働（早出・残業等）の有無、休憩時間、休日、休暇、交替制勤務に関する事項
⑥ 賃金の決定、計算・支払いの方法、締切り・支払いの時期
⑦ 退職に関する事項（解雇の事由を含む）
⑧ 昇給に関する事項

制度を設けた場合に明示しなければならない事項
⑨ 退職手当の適用範囲、退職手当の決定、計算・支払いの方法、支払い時期
⑩ 臨時に支払われる賃金、賞与等に関する事項
⑪ 安全・衛生
⑫ 職業訓練
⑬ 災害補償、業務外の傷病扶助
⑭ 表彰、制裁
⑮ 休職

(2) 契約社員との雇用契約締結にあたってのポイント

① **契約期間**：有期雇用の1回あたりの契約期間は、原則として「3年を超えてはならない」と労働基準法が定めている。

② **途中解約は原則不可**：有期雇用とは、会社とエージェントの双方が、契約期間中の雇用と労働を約束しているものであることから、「特別な事情がない限り、会社、エージェントの双方とも一方的な理由だけでの解約はできない」と労働基準法が定めている。労働契約法においても、「使用者は、やむを得ない事由がある場合でなければ、契約期間が満了するまでの間において、労働者を解雇することができない」としている。この「やむを得ない事由」のハードルは非常に高く、認められることはまずないと考えるべきだ。

③ **5年ルール**：「5年ルール」とは、契約社員の雇用契約の更新を繰り返した結果、「通算5年を超える場合、有期契約社員から無期契約への変更を求められたら会社はそれに応じなければならない」ことを労働契約法が定めるものだ。コストを低く抑えたいがために、本来は無期雇用とすべきエージェントを、短期契約による自動更新の繰り返しで安価に利用しようとする行為に歯止めをかけるものだ。

(3) 契約社員雇用契約書

「契約社員雇用契約書」のサンプルを**巻末資料43**に掲載した。これは、上記で説明した事項を網羅したシンプルな様式の契約書だ。また、厚生労働省も同省ホームページにて「労働条件通知書」の様式例と記載要領を公開している。ビジネスの形態に合わ

せたいくつかのパターンがあるが、コールセンターの場合は、「【一般労働者用】常用、有期雇用型」を選択すればよい。

　なお、雇用契約書ではなく労働条件通知書となっているのは、労働条件の明示は書面で行う必要はあるが、必ずしも契約書の形式を求めてはいないからだ。しかしコールセンターのエージェントの場合は、企業の顧客戦略の一端を担うという重要なポジションであるから、一方的な通知で済ませるよりは、会社とエージェントの双方が署名捺印をしてお互いのコミットメントを明確に示すことにも価値があるといえる。

パートタイマーの雇用契約

1. パートタイマーの定義

　パートタイマーとは、「1週間の所定労働時間が、同じ事業所に勤務する正社員よりも短い労働者」のことで、法律上は「短時間労働者」と呼ばれる。「アルバイト」もこれに含まれる。契約が無期か有期かを問わない。契約社員と同じく無期転換の5年ルールの対象だ。

　なお、パートタイマーは、労働基準法に加えて、「短時間労働者の雇用管理の改善等に関する法律」（通称「パートタイム労働法」）により保護されている。

2. パートタイマーの雇用契約

(1) パートタイマー雇用契約書の法定記載事項

　パートタイマーの雇用契約書には、労働基準法が定める契約社員雇用契約書の法定記載事項15項目（図表9-2）に加えて、パートタイム労働法が、**図表9-3**に示す4項目の明示を定めている。

(2) パートタイマーとの雇用契約締結にあたってのポイント

①契約期間と5年ルール：有期雇用における1回あたりの契約期間が、原則として「3年を超えてはならない」という労働基準法の規定はパートタイマーも該当する。無期契約への転換を定める「5年ルール」も同様だ。

②シフト制の始業・終業の時刻の記載：雇用契約書に始業・終業時刻の記載が義務づけられているが、コールセンターの場合、エージェントの始業・終業の時刻があらかじめ決められていないことが多い。その場合、図表9-3に示す3点を盛り込んだ文言を記載する。

図表9-3　パートタイマー雇用契約書の法定記載事項

必ず明示しなければならない事項

契約社員雇用契約書の法定記載事項15項目に加えて以下を記載する
①昇給の有無　　②退職手当の有無　　③賞与の有無　　④相談窓口

シフト制の場合の始業・終業の時刻

シフト制により、あらかじめ始業・終業時刻が決められない場合、以下を盛り込んだ文言を記載する
①始業・終業時刻の決定のタイミングと周知方法
　　記載例：始業・終業時刻、および休憩時間については甲（会社）が毎月20日までに翌月の勤務スケジュールを定め、イントラネットの専用掲示板への掲載、電子メールの送信により周知する
②勤務時間に関する基本の枠組み
　　記載例：乙（エージェント）の勤務日は1週あたり4日とし、1週間の労働時間は32時間を上限とする。ただし、甲は業務の都合により、乙に所定時間外労働を命じることができる
③始業・終業時刻の主なパターン
　　記載例：甲は乙の勤務日および始業・終業時刻を以下のシフト・パターンから選定して、翌月の勤務スケジュールを定める。なお、甲は業務の都合により、他のシフト・パターンを定めることができる
- シフトA　　始業：09時00分、終業：18時00分、休憩時間：12時00分～13時00分
- シフトB　　始業：12時00分、終業：20時00分、休憩時間：16時00分～17時00分
- シフトC　　始業：15時00分、終業：21時00分、休憩時間：18時00分～19時00分

(3)パートタイマー雇用契約書

「パートタイマー雇用契約書」のサンプルを**巻末資料44**に掲載した。「就業時間」は、あらかじめ始業・終業時刻が定められている場合の例だ。勤務日によって始業・終業時刻が異なる場合は、この例のように記載する。また、休憩時間が勤務スケジュールにより変動する場合は、「休憩時間」の記載例のようにすればよい。

また、厚生労働省の「労働条件通知書」のパートタイマー用の様式例（【短時間労働者用】常用、有期雇用型）も参考にされたい。

派遣社員の受け入れ

派遣社員はコールセンターにとって欠かすことのできないリソースだが、昨今の非正規雇用に関する諸問題を契機として、派遣社員の利用にさまざまな制約が設けられるようになってきた。

以下に、コールセンターの管理者が必ず把握しておくべき派遣社員を受け入れる際の注意点として、コールセンターのマネジメントに大きく影響する4つのポイントを挙げる*。

＊これらに加えて、厚生労働省発行の「派遣社員を受け入れるときの主なポイント」は管理者全員が一読しておきたい

（1）期間制限

①事業所単位の期間制限
- 自社の同一の事業所（コールセンター）で受け入れることのできる期間は最長3年まで
- 3年を超えて同一の派遣エージェントを受け入れようとする場合は、事業所の過半数の労働組合（あるいは事業所の労働者の過半数を代表する者）の意見を聴取する

②個人単位の期間制限
- 同一の派遣エージェントをコールセンターの同一のチーム（一般の事務系オフィスの「課」に相当する組織単位）で受け入れることのできる期間は最長3年まで
- 3年間の間に異なる業務を担当したとしても、所属がコールセンターの同じチームであるなら、受け入れることのできる期間は最長3年まで
- チームが異なれば、同じ派遣エージェントを受け入れることができる（その場合も過半数の労働組合等への意見聴取は必要）
- 派遣元事業主（人材派遣会社）で無期雇用されている派遣エージェントは期間制限の対象外

（2）事前面接不可
- 派遣して欲しいエージェントを指名すること、事前にコールセンターが面接をすること、事前にコールセンターに履歴書を送付させることのいずれも行ってはならない
- 紹介予定派遣の場合、上記は例外である

（3）自社離職後1年以内の受入禁止
- 直接雇用していたエージェントを、離職後1年以内に派遣社員として受け入れることはできない

（4）自社社員との均衡待遇の推進
- 派遣元（人材派遣会社）に対し、同じコールセンターに勤務する自社の直接雇用のエージェントの賃金水準に関する情報を提供すること
- 業務に必要なトレーニングを、自社の直接雇用のエージェントと同様に行うこと
- 休憩室、更衣室、カフェテリア等、自社の福利厚生施設を利用できるようにすること

III 勤務のルール

就業規則

労働基準法では、10名以上の企業に就業規則の作成を義務づけている。

就業規則は会社の人事部門が作成するものだが、契約社員とパートタイマーの就業規則については、コールセンターに特有の条項が必要であったり、そもそも契約社員やパートタイマーがコールセンターにしか在籍しない場合もあるため、コールセンターが作成することも多い。ユニークな条項等がなく、作成に関わることがないとしても、多くのセンターにとってエージェントの多くを占める契約社員やパートタイマーの就業規則の内容は、コールセンターの管理者として熟知しておく必要がある。

労働基準法で就業規則に記載が義務づけられているのは**図表9-4**の上段の3点だが、ほとんどのコールセンターは下段の多くも対象となるだろう。これらを網羅した厚生労働省の「モデル就業規則」が公開されているので参考にするとよい。

図表9-4 就業規則の法定記載事項

必ず記載しなければならない事項
①始業・終業時刻、休憩時間、休日、休暇、交替制勤務に関する事項
②賃金に関する事項
③退職に関する事項

制度を設ける場合に記載しなければならない事項
④退職手当の適用範囲、退職手当の決定、計算・支払いの方法、支払い時期
⑤臨時の賃金（退職手当を除く）に関する事項
⑥食費、作業用品等の負担
⑦安全・衛生
⑧職業訓練
⑨災害補償、業務外の傷病扶助
⑩表彰・制裁
⑪その他、当該事業場の全員に適用される定めに関する事項

労働時間

1. コールセンターの労働時間に関わる法制度

(1) 労働時間の区分と定義

エージェントの労働時間について、以下の4つの区分を理解しておく必要がある（図表9-5）。

①**拘束時間**：出社してから退社するまでの使用者の監督下にあるすべての時間
②**労働時間**：拘束時間から休憩時間を除いた、使用者の監督のもと実際に労働する時間。残業時間、手待ち時間、始業前の準備や朝礼、終業後の残務処理、エージェントの連続作業に対して与えられる休息時間を含む
③**所定労働時間**：就業規則により定められた始業時刻から終業時刻までの時間
④**法定労働時間**：労働基準法が1日8時間、週40時間と定める労働時間

図表9-5 労働時間の区分

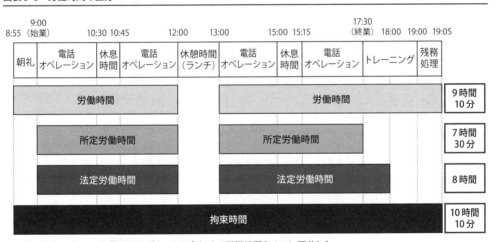

ある日のエージェントの勤務スケジュールに合わせて労働時間を4つに区分した
- 始業時刻は9:00、終業時刻は17:30、休憩時間（ランチタイム）は12:00～13:00だった
- 始業時刻前に全員の参加が必須の朝礼に参加した。出社時刻は定められてはいないが、始業時刻前の8:55に出社した
- 午前と午後に各1回ずつ15分間の休息時間を取得した。連続した電話業務に対して与えられるため、この休息時間には労働時間の一部として給与が支給される
- 終業時刻の17:30から19:00まで、参加が必須のトレーニングに参加した
- トレーニングが終了した19:00から5分間、提出が義務づけられている日報を作成した
- 法定労働時間は8:55～17:55の8時間と考えてもよい
- 割増賃金の対象となるのは17:55～19:05の1時間10分である

(2) 多様な労働時間の制度

　コールセンターの多様なオペレーションに対応するため、「交替制」「変形労働時間制」「シフト制」といった仕組みが利用されるが、それぞれの用語の定義や意味の違いを正確に把握している管理者は少ない。そのことによる無用なトラブルを防ぐためにも、センターの管理者には、これらの制度や用語に関する正しい知識と理解が必要だ。

①**交替制**：コールセンターの営業時間が恒常的に法定労働時間の1日8時間を超える場合、エージェントを交替で勤務させる制度。例えば24時間営業のセンターが、勤務時間が8時間となる始業・終業時刻の組み合わせのパターンを3つ設け、エージェントが3交替で勤務するといったケースだ。

　同じエージェントの始・終業時刻が周期的に変わること、1人のエージェントの勤務時間の上限が8時間であることを前提とする。始業・終業時刻の組み合わせに複数のパターンがあっても、同じエージェントの勤務時間帯が固定（常に同じ時間帯で勤務する）の場合は、交替制とは言わない。

②**変形労働時間制**：ワークロードの時期的な変動が激しい場合に、繁忙期のエージェントの労働時間を法定労働時間（1日8時間、週40時間）より長くするかわりに閑散期は短くすることで、一定期間を平均して法定労働時間内に納まるように調整して勤務させる制度。期間の単位には、1カ月、1年、1週間の3パターンがある。

　また、一定期間の総労働時間を定め、その枠内で労働者自身が始業・終業の時刻を決めて勤務する「フレックスタイム制」もあり、管理者やサポーティング・スタッフへの導入は増えているものの、スケジューリングの観点から、エージェントへの導入は少ない。

③**シフト制**：「シフト制」という特定の制度があるわけではない。交替制で定める勤務時間帯のパターンのことを「シフト」と呼ぶことから、交替制のことを指す場合が多い。また、勤務時間帯が固定されていない労働のことを概念的に表す場合や、勤務時間帯が固定であっても、時間ごとの行動予定が定められている勤務のことを指す場合もある等、「シフト」という言葉は頻繁に使われる一方、その使い方や定義はかなり曖昧だ。

　労働時間制度には上記の他にもいくつかあるが、コールセンターで利用するのは交替制と変形労働時間制、まれにエージェント以外のスタッフに対するフレックスタイム制ということになるだろう。

　いずれの場合も、導入するにあたっては、いくつかの制約や条件があり、労使協定の締結や当局への届け出等が必要となるので、決してコールセンターが思いつきで気軽に行ってはいけない。必ず人事部門の指示やサポートを仰ぐことが必要だ。

　法令等の詳細は、厚生労働省発行の「弾力的労働時間制度の概要」等を参考にされたい。

2. 労働時間に関する確認事項

以下の3点は、コールセンターでの運用に曖昧さが見受けられるので留意したい。

①手待ち時間:「手待ち時間」とは、勤務時間中に実際に作業をしていないが、いつでも作業できる状態で待機している時間のことをいう。インバウンド・コールを担当するエージェントが、前のコールの処理が完了し、次のコールが入ってくるのを待っている状態だ。コールセンターのサポーティング・ファンクションや一般の事務系オフィスで、休憩時間(ランチタイム)中の電話当番等も手待ち時間にあたる。どちらの場合も、エージェントがその時間を自由に利用することができないので、労働時間として扱う。

　なお、休憩時間の電話当番を担ったスタッフには、別途休憩時間を与える必要がある。

②始業前の準備や終業後の残務処理:始業前の準備のために始業時刻数分前の出社や、引き継ぎのために終業時刻数分後の退社が義務づけ、あるいは奨励されている(事実上の義務づけ)場合、それら数分間は労働時間となる。時間の設定がなくても、業務を開始するのに必要な準備(PCの起動、電話システムへのログイン、ヘッドセットの装着等)や、業務を終了するのに必要な残務処理(日報提出、点検、引継ぎ等)は原則として労働時間として扱われる。制服の着用が義務づけられているなら、その着替えも労働時間に含まれる。

③始業時刻前の朝礼:以下のような状態は、すべて労働時間となる。
- 参加が義務づけられている
- 参加しないと業務遂行に支障が出る
- 始業時刻より早い出社時刻が定められている
- 始業時刻より早い出社が奨励されている
- 参加しないと遅刻扱いになる
- 参加しないと人事考課でネガティブな評価がなされる

このような状態であるのに、表向きは任意参加とし、労働時間として扱わない(つまり無給)といったことがないように注意したい。

時間外・休日労働

1. コールセンターの時間外・休日労働に関わる法制度

エージェントの時間外・休日労働が発生する場合は、割増賃金の仕組みについて把握しておかねばならない。

①**時間外労働**：法定時間外の労働について25％以上の割増賃金を支払う。図表9-5の場合、17:30〜19:05が残業時間だが、このうち17:30〜18:00の30分から、朝礼に参加した8:55〜9:00の5分間を除いた25分間は法定時間内のため割増は発生しない（法定労働時間を8:55〜17:55と考えれば、17:55以後が割増賃金の対象となるということ）。
②**休日労働**：法定休日に労働させた場合、35％以上の割増賃金を支払う。
③**深夜労働**：22時〜翌朝5時に労働させた場合、25％以上の割増賃金を支払う。深夜労働が、22:00以前の時間外労働から連続している場合は、時間外労働と深夜労働のそれぞれの割増賃金が重複となるので、あわせて50％（時間外労働分：25％＋深夜労働分：25％）以上となる。休日労働が深夜におよび、深夜労働と重複する場合も同様で、合わせて60％（休日労働分：35％＋深夜労働分：25％）以上の割増賃金の支払いが必要だ。

2. 時間外・休日労働に関する確認事項

①**エージェント自身の判断による始業前準備や残務処理**：エージェントが自分の判断で行う始業前の準備（デスクの整理や飲み物の準備等）は時間外労働にはあたらない。一方、以下の例のように、エージェント自身の判断ではあるが、業務上必要な残務処理は時間外労働として扱う。
　例）終業時刻直前にインバウンドコールの応対が終了したが、提供した情報の誤りに気づいた。すでに終業時刻を過ぎてはいるが、顧客への早急な連絡が必要とエージェント自身が判断し、情報の訂正のためのコールバックを行った。この場合、スーパーバイザーからの指示がなくとも、業務上必要なコールバックであるため、時間外労働として扱う。
②**エージェントによる時間外労働の拒否**：時間外労働に関する会社と労働者間の労使協定の締結や雇用契約、就業規則上の規定がなされていれば、法的にはエージェントが時間外労働の命令を拒否することはできない。もちろん、エージェントに合理的な拒否理由がある場合、その事情に会社が配慮するのは運用上の判断事項だ。
③**半日年休＋終業時刻を超過の場合**：所定労働時間が9:00〜18:00で、半日の有給休暇を取得し14:00に出社したエージェントが21:00まで残業した場合、終業時刻の18:00〜21:00までの3時間は時間外労働にあたらないので、割増賃金を支給する必要はない。割増賃金は、あくまでも法定労働時間（1日8時間）を超えて発生するからだ。ただし、会社によっては就業規則で「終業時刻後の勤務にはすべて割増賃金を支払う」と定めている場合があるので確認しておこう。
④**週休2日制で土曜日に休日出勤**：週休2日制で土曜日だけの出勤であれば、法定休日の基準を満たしているため、割増賃金の支払いは必要ない。
⑤**早出や残業と遅刻の相殺**：同一の日であれば相殺することが可能。所定労働時間が

9:00〜18:00で、30分遅刻し9:30に出社したエージェントが19:00まで残業した場合、18:00〜18:30の30分で所定労働時間の8時間（＝法定労働時間）となり、18:30〜19:00の30分が時間外労働となる。

この場合、30分の遅刻の事実が人事上の処理としては隠されてしまう。しかし、コールセンターとしては、スケジューリングやエージェントのパフォーマンスの評価（スケジュール遵守率等）の観点から、遅刻の事実をエージェント・パフォーマンス・レポート等に漏らさず記録しておくことを忘れてはならない。

⑥**特別な事情による時間外労働の延長**：一時的または突発的な「特別な事情」が発生した場合に、労使協定に時間外労働の延長の特別条項を定めておくことができる。コールセンターの場合、「大規模な苦情の対応」等、適用の可能性がある。

休憩時間と休息時間

1. コールセンターの休憩時間と休息時間に関わる法制度

(1)「休憩時間」と「休息時間」

コールセンターには労働時間に含まれない「法定の休憩時間」と、電話オペレーション業務の特殊性により付与する「コールセンターの休息時間」が存在する。通常はどちらも「休憩時間」と表現するが、本書では両者を区別するために、前者を「休憩時間」、後者を「休息時間」と表記する。休憩時間は昼食時間に充てられるのが一般的だ。

(2)「法定の休憩時間」の定義

①**休憩時間の付与の基準**：労働基準法は、以下の基準で休憩を与えることを義務づけている。

- 実労働時間が6時間超、8時間以下の場合：45分以上
- 実労働時間が8時間超の場合：60分以上
- 実労働時間が6時間以下の場合：不要

②**所定労働時間でなく実労働時間**：図表9-5の場合、労働時間が9時間10分と、8時間を超えているため、少なくとも60分の休憩を与えねばならない。

③**労働時間の途中に与える**：言い換えれば、始業時刻や終業時刻に隣接して与えることはできない。

④**エージェントが自由に利用できなければならない**：休憩時間中になんらかの作業を与えられていたり、コールのキューが溜まったら電話を受けるように指示されている場合は、エージェントが自由に利用できるとはいえないため、休憩時間ではなく労働時間とみなされる。

(3)「コールセンターの休息時間」の定義

「コールセンターの休息時間」とは、エージェントの仕事の特殊性(スケジュールで管理され拘束性が高く、座りっ放しの状態を強いられる、会社を代表して顧客の矢面に立つ、モニタリング等による常時監視状態に対するプレッシャー等)を考慮し、生産性の維持や健康管理等、業務上の必要性から与える作業休止時間を意味する。

コールセンターにより、その扱いに若干の違いはあるものの、「休憩時間」と同様にエージェントが自由に利用できるものとし、また、業務上の必要性から与えるため労働時間の一部とみなし、有給とする場合が多い。

(4) VDT作業における労働衛生管理のためのガイドライン

「休息時間」を設ける理由のひとつが、VDT作業(video display terminal；PCや携帯端末等、VDT機器を利用する作業)における心身の負担軽減だ。その指針として、厚生労働省による「VDT作業における労働衛生管理のためのガイドライン」(通称「VDT作業ガイドライン」)がある。

ガイドラインの中では、「拘束型」の作業として「コールセンター等における受注、予約、照合等の作業」が例示されており、作業管理の基準として以下の内容を定め、その実施を推奨している。

①一日の作業時間：他の作業を組み込むこと、または他の作業とのローテーションを実施すること等により、一日の連続VDT作業時間が短くなるように配慮すること。
②一連続作業時間：1時間を超えないようにすること。
③作業休止時間：連続作業と連続作業の間に10〜15分の作業休止時間を設けること。
④小休止：一連続作業時間内において1〜2回程度の小休止を設けること。

2. コールセンターの休憩時間と休息時間に関わる確認事項

①休憩時間の分割付与：労働時間の途中であれば、例えば60分の休憩を30分ずつに分けて与えることは可能だ。
②休憩時間時の当番：例えばランチタイム等の休憩時間に、なんらかの軽作業を依頼された場合、エージェントが自由に利用できないため労働時間となる。よって、そのエージェントには別途休憩を与える必要がある。
③コールのスパイクのための待機：休憩室のパトライトが稼働したりアラーム音が鳴動したら、すぐに自席に戻って電話を取る、あるいは、緊急時に備えて、休憩時間中のコールセンターのフロア以外への移動を制限するといった場合、いつ発生するかわからない仕事を待機している状態、つまり手待ち時間と同じであり休憩時間とはいえない。
④休息時間の設定とガイドライン：「コールセンターの休息時間」の設定は「VDT作

業ガイドライン」の基準をベースにするのが望ましい。

　例えば、「ベース時間内エージェント稼働率」(第6章)が80%を超える等、"ひっきりなしに"コールが着信し、システムへの入力作業も間断なく行うセンターの場合は、このガイドライン通りに、「1時間ごとに10分」の休息時間を設定するのが望ましい。

　また、通話時間の長い"相談型"の業務で、コールの前後に一定の待機時間(手待ち時間)が生じるセンターの場合は、「2時間ごとに15分」が適当かもしれない。この場合、「VDT作業ガイドライン」の基準に満たないように見えるが、例えば下記のように、コールの前後の待機時間やシステムへの入力・検索作業の密度等を総合して考えると、妥当な時間設定と考えられる。

- コール数：100、平均処理時間：540秒、サービスレベル目標：20秒以内80%を前提とする
- この前提による必要なベース・エージェント数(第3章)は20名で、ベース時間内エージェント稼働率(第6章)は75%と予測できる
- 稼働率が75%の場合、単純に考えれば1人のエージェントの1時間あたりの待機時間は合計15分(= 60分×(1-0.75))
- この15分間は作業を完全に休止しているわけではない(待機時間を利用してマニュアルの確認等、自主的な作業を行っている)が、スーパーバイザーから何か作業を指示されているわけではない
- 相談型の業務のため、顧客との通話中に継続的に入力や検索作業を行うことは少なく、VDT作業の密度は必ずしも高くない
- 通話時間の長さ(平均9分)や、内容が相談型であることは、単純・定型的な内容のセンターより精神的な疲労を感じるかもしれない

　休息時間を設定したならば、その運用に関するガイドラインを定めることが重要だ。そのサンプルを**巻末資料45**に示す。

休日

1. コールセンターの休日に関わる法制度

(1)休日の定義

　労働基準法で定める休日である「法定休日」の日数は、毎週少なくとも1日、あるいは4週間を通じて4日以上だ。この条件を満たせば、休日は日曜、祝日である必要はない。

　休日1日の範囲は、午前0時〜午後12時(24時)の24時間であり、この24時間は完全に労働から解放されていなければならない。

(2) 振替休日と代休

コールセンターでは、予定外のキャンペーンの実施等により、エージェントの休日出勤が発生することが少なくない。その場合、振替休日や代休を付与することが必要だが、両者の違いを正確に把握しないまま、人事部門に言われるままに処理をするだけということにならないよう、確実な理解を図りたい。

① **振替休日**：休日をあらかじめ他の勤務日と振り替えることをいう。振替日は本来の休日とできるだけ近接した日を会社が指定し、本来の休日の前日までに労働者（エージェント）に通知する。なお、出勤した本来の休日には、休日労働に対する割増賃金を支払う必要はない。

② **代休**：振替休日の手続きを取らず、本来の休日に勤務させた後に、その代償として他の日を休日とすることをいう。代休は会社が指定するか労働者（エージェント）の申請により与える。出勤した本来の休日には、休日労働に対する35％以上の割増賃金を支払う必要がある。

通常は振替休日を優先的に利用する。代休の乱用は、振替休日よりもエージェントに無理を強いる度合いが高いためエージェントの不満に発展しやすく、また、割増賃金の発生により予算にも影響を与えるからだ。

2. コールセンターの休日に関する確認事項

① **前後の労働時間が休日と重複の場合**：24時間営業のセンターにまれに発生するケースだが、休日の前日の仕事が長引いて、休日が始まる午前0時を過ぎた場合、あるいは休日が終了する午後12時より前に、翌日の業務を開始する場合は、いずれも休日を取得したことにはならない。

② **週休2日制の一方の休日に出勤の場合**：毎週少なくとも1日の法定休日付与の基準は満たしているので、一方の出勤した日は休日労働にはならない。よって割増賃金も発生しない。

休暇

1. コールセンターの休暇に関わる法制度

(1) 休暇の種類と定義

エージェントにとって休暇は非常に重要だ。制度の有無、取得のしやすさ等が、コー

ルセンターで勤務するためのモチベーションや、エージェント採用における他社との競争力に大きく影響するからだ。

休暇には法律で定められた「法定休暇」と、就業規則により会社が任意に定める「法定外休暇」がある。それぞれには具体的に次のような休暇がある。

①**法定休暇**：年次有給休暇、生理休暇、産前産後休暇、育児休業、介護休業等。
②**法定外休暇**：慶弔休暇、夏季休暇、病気休暇、ボランティア休暇、リフレッシュ休暇、裁判員休暇等。

これらのうち、休暇中の賃金の支払いが義務づけられているのが年次有給休暇だ。その他の休暇の賃金支払いの有無については会社によって異なるので、自社の就業規則を確認しておく。

(2) 年次有給休暇の定義
6カ月間継続して勤務し、その間の全労働日の8割以上出勤した労働者に対し、10日の有給休暇を与えなければならない。その後1年経過ごとに、労働基準法が定める日数を付与する。

2. コールセンターの年次有給休暇に関する確認事項

①**適用範囲**：正社員に加えて短時間正社員、契約社員、パートタイマーおよび管理監督者にも同様に適用される。
②**付与の単位**：1日単位の取得を原則とするが、エージェントが希望し会社が認めれば、特に規定がなくても0.5日単位で与えることができる。最近では多くの企業がこれを就業規則で規定している。
③**繰越**：年次有給休暇を取得する権利は、付与した日から2年間ある。つまり、最初の1年間で使い切れなかった分は、翌年に繰り越して、翌年に新たに付与された日数に加算される。繰り越すことのできるのは1年限りのため、さらに1年間使わなかった場合には時効により消滅する。

年次有給休暇の付与日数は、エージェントのスケジューリングやスタッフィングの計画に重要な情報であることから、ビジネス・コントローラー等、ワークフォース・マネジメントの担当者が正確に把握できるよう管理する。
④**使い道の制限**：年次有給休暇の使い道を会社が指定することはできない。例えば、自己啓発と称して、年次有給休暇を利用して業務上の参考図書の購読を、具体的な書名を挙げて指示するといったことは認められない。
⑤**取得の拒否**：年次有給休暇は、エージェントから前日までに請求されれば、会社は無

条件で与えなければならない。多くの管理者が、会社の承認により与えられるものと誤解している。ただし、指定された日の取得が業務の正常な運営を妨げる場合には、会社は別の日に取得するよう求めることができる。これを「時季変更権」という。

⑥ **時季変更権の行使**：エージェントの請求に対し、会社が時季変更権を行使する際には具体的な理由が必要だ。単に「忙しいから」「人が足りないから」だけでは認められない。時季変更権を会社による承認と勘違いして、安易に乱用してはならない。このことは、エージェントにとっての"働きやすさ"の判断を大きく左右することになるので、行わざるを得ない時は、エージェントの十分な納得を得られるよう努めるべきだ。

⑦ **コールセンターの休暇取得手続きのガイドライン**：エージェントにとっては、休暇の制度の内容よりも、その取得のしやすさや方法の方がより重要かもしれない。どんなに優れた内容の休暇制度があっても、実際に請求した通りに取得できなければ意味がないからだ。特に請求が集中する時季は、家族との計画、交通機関や宿泊施設の予約等の事情も重なりがちだ。従って、取得の手続きをはじめ、万が一、時季変更を要請する場合の"公平性"は極めて重要だ。

そのために、休暇の取得に関する手続き方法について、必ずルールやガイドラインを取り決め、それを文書化してエージェントの入社時にトレーニングしておくことが不可欠だ。そのサンプルを巻末資料46に示す。

女性の保護規定

一般的に女性の多いコールセンターには非常に重要だ。にもかかわらず、管理者への教育の機会も少なく、発生した際に慌てて人事規定を確認する場合が多い。少なくとも以下に挙げる事項については、管理者の必須事項として把握しておくべきだ。さらに、会社の人事部門の指導を仰いだり、厚生労働省の情報にアクセスする等して詳細を知ることも必要だ。

① **生理休暇**：生理日の勤務が著しく困難なエージェントから請求された場合には、生理日に勤務させてはならない。取得の単位は半日でも時間単位でも可能。
② **育児時間**：1歳未満の子どもを育てるエージェントから請求された場合には、1日2回、各30分以上の育児時間を与えねばならない。
③ **妊産婦の労働時間、休日労働等の制限**：妊産婦の請求に応じて、時間外・休日労働、深夜業をさせてはならない。
④ **産前産後休暇**：6週間以内に出産予定のエージェントから請求された場合には、産前休業を取得させなければならない。また、産後8週間を経過しない場合は、産後休業を取得させなければならない。

管理監督者の扱い

(1) 管理監督者の適用除外事項

本章は、主にエージェントを対象として法規制等について説明しているが、フロントライン・オペレーションにも一定数の「管理監督者」(スーパーバイザー以上の人事上の管理職)が存在する。

管理監督者には、労働基準法で定める労働時間、休憩、休日の規定が適用されない。適用されるのは、深夜業と年次有給休暇に関する規定のみだ。

(2) スーパーバイザーは管理職か

管理監督者に上記の適用除外事項があることから、いわゆる「名ばかり管理職」による制度の悪用が報道されることがあるが、もちろんそれは認められない。管理監督者は、役職名ではなく、職務内容、責任と権限、勤務態様、待遇を踏まえて以下のような実態があることで判断される。

- 職責:経営者と一体的な立場で仕事をしている
- 勤務態様:出社、退社や勤務時間について厳格な制限を受けていない
- 待遇:その地位にふさわしい待遇がなされている

では、コールセンターのスーパーバイザーはどうなのか。本書では一貫してスーパーバイザーは管理監督者であると定義している。その理由等については第1章や第2章の解説を参照されたい。

コールセンターの執務ルール

これまで見てきたのは、労働基準法をはじめとする法令等の規定に関するものだ。こうした公的なルールとともに備えておきたいのが、「コールセンター独自の執務ルール」だ。

コールセンターのフロントライン・オペレーションにおける「働き方」や「職場の秩序」は、就業規則に盛り込まれた全社的な服務規律ではカバーできない場合が多く、独自の執務ルールで補う必要がある。

"伝統やカルチャー"を背景にした不文律によって学ぶ職場が多いが、コールセンター執務ルールとして明文化することで、新人エージェントでも「職場でのふるまい方」や「この会社のやり方」に戸惑うことなく、早期に実務に集中できる。

「コールセンター執務ルール」のフォーマットとコンテンツのサンプルを**巻末資料47**に、または、執務ルールの一部である「ドレスコード」のサンプルを**巻末資料48**に掲載した。

Ⅳ 報酬制度

エージェントの報酬を構成する要素

　エージェントにとって魅力的で、パフォーマンスに良い効果をもたらし、かつ競争力のある報酬制度を構築するには、単に給与の金額の多寡だけでなく、基本給以外のさまざまな要素や、それを運用するための評価や昇給のための仕組みも合わせて総合的に検討することが重要だ。

　無期雇用の正社員の場合は、会社が定める制度そのままであることが普通であり、また派遣社員や業務委託社員の場合は、その給与制度に手を出すことができない。そのため、ここではコールセンターがその制度設計に直接関わることのできる自社直接雇用の契約社員やパートタイマーに焦点を絞って、その報酬制度について見ていく。

　まずは、エージェントの報酬を構成する要素だ。諸手当や福利厚生の個別の要素については、多くの会社に見られる事例として列挙した。

①基本賃金(基本給)：月給、日給、時間給、出来高給等。
②時間外・休日労働に対する割増賃金：時間外、休日、深夜労働に対する割増賃金。
③賞与(ボーナス)：一時金、年末手当、夏季手当、冬季手当、決算賞与等。
④諸手当：通勤手当、特殊勤務手当、技能手当、技術手当、家族手当、扶養手当、住宅手当等、制度として該当者に等しく支給されるもの。個人のパフォーマンスに応じて支給される皆勤手当、業績手当等もあるが、これらは報奨あるいはリワードとして位置づける方が自然だ。
⑤福利厚生
　・住宅関連：住宅手当、家賃補助、社宅、独身寮、持ち家援助
　・健康・医療関連：健康診断、メンタルヘルスケア
　・育児・介護支援関連：育児休業、託児施設、育児補助、介護休業、看護休暇
　・慶弔・災害関連：慶弔・災害見舞金、遺族年金等
　・文化・体育・レクリエーション関連：余暇施設、社内ジム施設、文化・体育・リクリエーション活動支援
　・自己啓発・能力開発関連：公的資格取得・自己啓発支援、リフレッシュ休暇

- 財産形成関連：財形貯蓄制度、社内預金、持ち株会、個人年金等への補助
- 社内施設関連：休憩室、社員食堂、更衣室
- その他：食事手当、食事支給、ボランティア休暇

⑥インセンティブ／リワード：優れた業績や行為に対する賞賛や感謝を目的に提供する褒賞や報奨で、一般に、制度として継続的に行うものをインセンティブ、臨時的に行うものをリワードという（第7章）。

ペイ・フォー・パフォーマンス

「ペイ・フォー・パフォーマンス」（pay for performance）とは、コールセンターの報酬制度における基本方針を示すもので、日本企業に伝統的にみられる年齢や社歴等の属性や能力、志向、人柄等「人」を評価するのでなく、何を成し遂げたかという「仕事の結果」に重きを置いて評価するという考え方だ*。

各章で解説するコールセンター・マネジメントの仕組みは、ペイ・フォー・パフォーマンスの考え方が根底にあることを前提とする。なぜなら、いかに優れたマネジメントの仕組みを作っても、その成果がエージェントの報酬と連動していなければ機能しないからだ。報酬が「人」や「属性」で決められるならば、どれほど科学的な目標管理を行っても、その仕組みは絵に描いた餅に終わってしまう。

同じチームの全員が同じ仕事をするコールセンターでは、"公平感"が極めて重要であり、客観的で納得感のある評価・報酬の仕組みが不可欠だ。「元気がある」「気が利く」「頑張っている」「リーダー的存在」のような情緒的な評価は、仕事の成果との因果関係が希薄で、エージェントの納得は得られない。

エージェントの報酬スキーム

1. エージェントの基本給

ペイ・フォー・パフォーマンスの考え方に基づいた基本給部分の報酬スキームについて、図表9-6を用いて説明する。

---

*日本では、ペイ・フォー・パフォーマンスを単純に「業績給」と直訳して、「出来高給」や「売り上げノルマ」と同じ意味合い（どちらかと言えばネガティブなイメージ）で使われることが多い。また医療分野の「診療報酬の仕組み」やインターネットの「キーワード連動型広告」等、特定業界の専門用語として使われる場合もある

図表9-6　エージェントの昇給スキーム

●昇給スキーム[*1]

給与タイプ	初任給（時間給換算）	現在の基本給（時間給換算）	昇給額[*3] 経験	昇給額[*3] 業績（個人）	昇給額[*3] 業績（チーム）	昇給後基本給（時間給換算）	基本給上限（時間給換算）
スーパーバイザー	月給 ¥400,000（¥2,500[*2]）	—	—	ポジションごとの昇給基準による		—	—
シニア・エージェント	時間給 ¥1,800	—	—	ポジションごとの昇給基準による		—	¥2,500
エージェント	時間給 ¥1,200	¥1,310	¥30	¥50	¥100	¥1,490	¥1,800

●エージェントの昇給基準

経験		業績（個人）		業績（チーム）	
年数	金額	総合スコア[*4]	金額	サービスレベル[*5]	金額
1	¥30	4.0≦：期待を大きく超えた	¥70	絶対値方式達成	¥100
2	¥30	3.5≦：期待を超えた	¥50	加重平均方式達成	¥50
3	¥30	3.0≦：期待通り	¥30	加重平均方式未達成	¥0
		2.5≦：期待を下回った	¥10		
		2.5＞：期待を大きく下回った	¥0		

[*1] エージェントと上位ポジションの関連をわかりやすくするためにスーパーバイザーとシニア・エージェントも記載した
[*2] 所定勤務時間を1日8時間、勤務日数を月20日とする
[*3] エージェントの昇給額は下表の「エージェントの昇給基準」に基づく
[*4] 「エージェント年間業績評価シート」（巻末資料49）の総合スコアが反映される
[*5] 第3章参照

①**給与タイプ（方法）を決める**：エージェントの基本給は時間給が一般的だ。しかし、安定収入を求めるエージェントのニーズは月給制の方が高いことは明らかだ。さすがに期間限定の業務には適さないが、恒常的な業務で、かつ雇用契約が1年を超えるエージェントについては、積極的に月給制の適用を検討したい。確実にエージェントの意欲向上に寄与するはずだ。

　また、高度な知識や豊富な経験、あるいは公的資格を必要とする等、難易度が高く、通常は正社員が担うレベルの業務の場合は、正社員の給与条件との競争力も勘案する必要があるため、当初から月給制であることが望ましい。

②**初任給を決める**：同じ業界や地域のコールセンターに対する競争力を基本としつつ、上位ポジションとのバランスや正社員との均衡待遇も考慮（正社員の給与を時給換算する等）して決定する。

③**昇給タイプ**：1年を超える雇用であれば、昇給の仕組みを導入する。正社員の業績評価や昇給のタイミングに合わせて行うのが望ましい。昇給のタイプには、次の2つがある。

　　・**昇給型**：エージェントのポジションに複数の種類やグレード（職務の分類や格づけ）がなく、図表9-6のような昇給スキームに従って、基本給の金額が上昇し

ていく
　　・**アップグレード型**：エージェントのポジションに複数の種類やグレードがあり（図表8-12）、その種類やグレードごとの給与が定められている。ポジションの種類やグレードが上昇する（アップグレードする）ことにより基本給が上昇する

④**基本給の上限**：勤続年数と昇給が重なることで上位のポジションの給与を超えるのを避けるために上限を設ける場合がある。各センターの考え方次第だが、以下の視点から判断する。

- 上位ポジションへの昇格やスタッフィング・ファンクションへの異動を推進
- エージェントの成長力の限界
- 組織のリフレッシュ
- 人件費上昇分のリセットによる総額の抑制
- 上位ポジションの初任給に到達するまでの最短期間
- 上位ポジションのスタッフの心情への配慮とモチベーション
- 上限に到達したエージェントのモチベーション

2. エージェントの昇給スキーム

　図表9-6の例では、エージェントの昇給が下記の3つの要素から構成されている。当然のことながら、ペイ・フォー・パフォーマンスの考え方を反映するものだ。

①**経験**：エージェントが入社（着任）してからの経験年数による昇給。一般にエージェントのラーニング・カーブ（第7章）は着任後3年間は大きく上昇するとされ、その間のエージェントの意欲向上（この期間にできるだけ早く成長して一人前になるよう、エージェント自身が意欲を持って積極的に取り組むことを促す）が目的。パフォーマンスに関係なく一律に支給するため、業績の要素に匹敵するような額にならないようにする。また、3年を超えて以後のラーニング・カーブは緩やかな上昇、あるいは維持（平行線）に転じる。従って、経験による昇給は、入社（着任）後3年間（1年契約であれば、3回目の更新）までとする。

②**業績（個人）**：これが昇給のメインの要素だ。ペイ・フォー・パフォーマンスの精神をここで具現する。図表9-6では、エージェントの業績の総合スコアの結果に応じて5段階の昇給額を設定している。

③**業績（チーム）**：チーム、センター、あるいは部門、会社全体の業績を反映させる。組織の目標との連動や貢献を意識させるもので、これもペイ・フォー・パフォーマンスの一環だ。
　ここで設定する業績目標は、エージェント個人のパフォーマンスが直接影響する（自分の貢献が実感できる）ものが望ましい。図表9-6では、チームのサービスレベル

を目標として設定している。これは、コールセンターにとって最も重要な業績評価指標であること、個人の目標にはなりにくいこと、個人のパフォーマンスの影響力が大きいことから、昇給の要素とすることへのエージェントの納得も得られやすく、昇給スキームの要素として大変適している。

図表9-6の例では、入社初年度から最高額の200円（＝経験：30円＋業績（個人）：70円＋業績（チーム）：100円）の昇給を毎年継続すれば、最短3年でエージェントの時間給の上限、つまりシニア・エージェントの下限に到達する。3年間継続して最高の業績をあげれば、上位ポジションへ昇格する可能性が高まることから、優秀なエージェントが昇給のないまま滞留することは考えにくい。そう考えれば、この昇給スキームは理にかなった仕組みだといえる。

3. エージェントの賞与スキーム

エージェントの賞与については、正社員との均衡待遇やエージェントの安定収入に対するニーズを考えれば、1年超の雇用の場合は賞与の支給が望ましい。以下のように2つの考え方がある。

①**基本給の延長**：「基本給の月額の何カ月分」といった固定的な支給の仕方だ。報奨（貢献への感謝）的な色彩の濃い賞与だ。しかし、固定的な支給は、次第に給与化・権利化してしまい、具体的なパフォーマンスとの連動（エージェントが、どんな貢献に対して得られた賞与であるかの実感）が薄くなるというデメリットがある。

②**業績に応じた賞与**：対象期間中の個人やチームの業績の結果に対する評価に基づいて支給する。褒賞（業績への賞賛）を目的とした賞与だ。**巻末資料49**に示した例は、このシートを用いた年間の総合評価の結果を基本給の昇給額に反映させるものだが、賞与支給額の算定の場合には、このうちの「オペレーショナル・パフォーマンス」（クオリティーや効率性等、数値目標が設定された具体的な成果）の結果を抜き出して、賞与の支給額に反映させるといった使い方をする。

V 業績評価

エージェントの業績評価のプロセス

　エージェントの業績評価のプロセスについて、図表9-7に表した。企業や組織の一般的な業績評価の流れと大きく異なるものではない。

①業績目標の設定：期初に、業績評価のベースとなるエージェント個人の業績目標を、バランスト・スコアカード（BSC、第6章）を使用して、スーパーバイザーとエージェントが話し合い設定する。BSCに類する自社オリジナルの目標管理ツールを使用する

図表9-7　エージェントの業績評価のプロセス

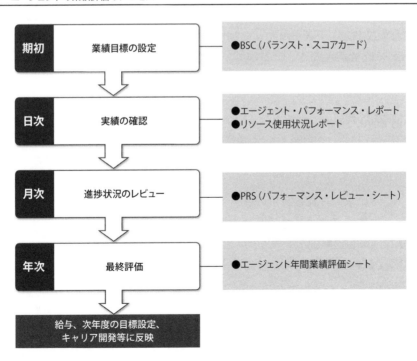

こともももちろん可能だ。
②**実績の確認**：業績目標が設定されると、スーパーバイザーは、ビジネス・コントローラーが毎日作成・発行するエージェント・パフォーマンス・レポート(第6章)やリソース使用状況レポート（第6章）により、エージェント個人別の実績を確認する。必要に応じて、コーチングを行う。
③**進捗状況のレビュー**：毎月1回、スーパーバイザーとエージェントが1カ月間の業績の結果と、目標に対する進捗状況について確認する。そして、業績目標達成のための今後の改善計画や目標等について話し合い合意する（第5章）。その際に使用するのがパフォーマンス・レビュー・シート(PRS、第5章)だ。
④**最終評価**：スーパーバイザーは、年間を通じて行ってきた上記の活動の集大成として、エージェントの年間の業績評価を行い、その結果を二次評価者に上申する。二次評価者との協議により評価が確定したら、スーパーバイザーはその結果をエージェントにフィードバックする。評価やフィードバックのために「エージェント年間業績評価シート」(巻末資料49)を使用する。

エージェントの業績評価ガイドライン

業績評価は報酬制度とともに、会社の方針や個性が最も色濃く表れる部分だ。コールセンターも、それを基本にしつつ、社内の一般の事務系オフィスとは異なるコールセンター業務の特性やニーズを反映した制度を構築するのが望ましい。センターの数だけ存在する業績評価制度だが、ここではコールセンターの特性を反映した、最も典型的な業績評価の方法について解説する。

1. 業績評価の方針

まず、自センターの業績評価における、下記のような基本方針（ガイドライン）を策定する。
①エージェントに求められる職責の遂行や実現の度合いを評価する。
②エージェント個人に期待される成果や業績目標の達成度を評価する。
③具体的、客観的な事実に基づき公平に評価する。
④会社のミッション・ステートメント、会社／部門／コールセンター／チームの目標に連動している。
⑤能力や志向、人柄、属人的要素等、「人」を評価するのでなく、「仕事」のプロセスや成果を評価する。

2. 業績評価項目と評価基準

　以下に、エージェントの業績評価の項目とその評価基準（ガイドライン）の例を示す。インバウンドの顧客サービス系のエージェントをイメージしている。

　評価項目は7つのカテゴリーに分類した20項目からなり、各項目に業績目標や行動目標を設定し、その結果や成果を評価する。巻末資料49は、これらの評価項目をそのまま反映しているので、以下の説明と合わせて参照されたい。

(1) クオリティー

- クオリティー・モニタリング・スコア：顧客に対しコミュニケーション・スタイル（第1章）に基づく質の高いサービスを提供することができたかを評価する。個人別の目標と実績の差異によりスコアを求める
- クオリティー・モニタリング正確性：顧客のニーズや問題に的確かつ正確な情報やサービスを提供することができたかを評価する。100％の標準に対する実績に応じてスコアを求める
- 初回コール完了率：顧客からの最初のコンタクトで回答／完了できたかを評価する。個人別の目標と実績の差異によりスコアを求める

(2) コンタクト効率性

- 平均後処理時間：エージェントが顧客とのコンタクト後の処理に要した時間の平均を評価する。個人別の目標と実績の差異からスコアを求める
- 1時間あたり平均応答コール数：エージェントの実働1時間あたりの応答コール数について評価する。個人別の目標と実績の差異からスコアを求める

(3) 顧客エンゲージメント

- 顧客満足度：顧客満足度調査（C-SAT）による、顧客のエージェント個人に対する満足度を評価する。顧客による評価の実績に応じてスコアを求める
- 顧客ポジティブ・フィードバック：サンキュー・コール、サンキュー・レター等、顧客からのエージェントに対するポジティブなフィードバックを評価する。評価期間中の応答コール数に対する、得られたポジティブ・フィードバックの件数の割合に応じてスコアを求める

(4) リソース効率性

- スケジュール遵守率：顧客オペレーション業務にアサインされたスケジュール通りに従事したかどうかを評価する。100％の標準に対する実績に応じてスコアを求める

- 予定外欠勤回数：事前にスケジュールされていない遅刻や早退、欠勤の回数を評価する。回数の実績に応じたスコアを求める。なお、公共交通機関の影響が強い都市部のセンターの場合は、回数の実績のみならず、交通機関の遅延に対する配慮が必要だろう

(5) 知識とスキル
- ミッション・ステートメント／コミュニケーション・スタイル：会社およびコールセンターのミッション・ステートメントやコミュニケーション・スタイルを理解し、その考え方や方針に基づいて業務を遂行したかを評価する
- オペレーションの業務知識とスキル：顧客の期待に的確かつ迅速に応じるために必要なオペレーションの業務知識と、それを使いこなすスキルが備わっているかを評価する。エージェントの経験年数やトレーニングの実績から、必要とされるレベルへの到達度に応じたスコアを求める
- 商品やサービス、業界に関する知識とスキル：顧客の期待に的確かつ迅速に応じるために必要な商品やサービス、業界に関する知識と、それを使いこなすスキルが備わっているかを評価する。エージェントの経験年数やトレーニングの実績から、必要とされるレベルへの到達度に応じたスコアを求める
- IT機器やアプリケーションの操作とタイピング・スキル：電話機器やコンタクト・マネジメント・システム等の使用方法を習得し、正確かつ迅速に操作する技術が備わっているかを評価する。エージェントの経験年数やトレーニングの実績から、必要とされるレベルへの到達度に応じたスコアを求める

(6) 行動／取り組み姿勢
- 品位ある態度や誠実な行動：会社およびコールセンターのミッション・ステートメントやコミュニケーション・スタイルを理解し、それに沿った行動を積極的に示したか、また、各種法令、規程やビジネスプロセスを遵守し誠実に仕事に取り組んだかについて、以下の着眼点から評価する
  - 会社およびコールセンターのミッション・ステートメントやコミュニケーション・スタイルを尊重し賛同している
  - 社内外の法令、規程、ビジネスプロセスを遵守し、高い倫理観を持って常に正しく行動している
  - 常に一貫性の重要性を意識している
- 積極性：与えられた仕事を自ら進んで意欲的に行ったかを、以下の着眼点から評価する
  - 仕事の工夫、改善に積極的に取り組む、あるいは受け入れる
  - 有言実行

- ・仕事の拡大や新しい試みに進んで取り組む
- **肯定的な考え方**：いかなる仕事も、またいかなる状況にも前向きに取り組んだかを、以下の着眼点から評価する
  - ・過去や現状、および利害に捉われない
  - ・変化を受け入れる柔軟性
  - ・実現させるためにはどうすればよいかを考える（できない理由を並べたてるのではなく）
- **コミュニケーションとチームワーク**：仕事を円滑に進めるために各部門のつながりを理解し、組織全体の立場に立って状況に応じた適切なやり取りができたかを、以下の着眼点から評価する
  - ・上司、同僚に対し業務上不都合なく的確なコミュニケーションができる
  - ・自己主張ばかりでなく、他人の意見を尊重し謙虚に受け止める
  - ・自己の利益のために他人を煽動しない
- **プロフェッショナリズム**：社会人としての規律やビジネス・マナーを遵守し、チームの一員としての役割を果たしたかを、以下の着眼点から評価する
  - ・性格や印象、プライベートにおける行動、あるいは私的な感情や思い込みに左右されず、仕事として割り切ったものの見方や行動ができる
  - ・公私混同しない
  - ・責任転嫁しない
  - ・自らに課せられたテーマは必ずやり遂げる
  - ・他人に頼らず自ら打開する
- **信頼性**：多くのサポートなしに仕事を任せることができたかを、以下の着眼点から評価する
  - ・上司による多くのサポートが必要か
  - ・独断専行することなく報告、連絡、相談できる
  - ・仕事の期限を守る

(7) 特別業績

- **特別業績**：通常業務とは別の特筆すべき業績や優れた行動に対し、その成果のレベルに応じて特別業績スコアを与える

3. 業績評価ガイドラインと業績評価シート

- 上記に示した内容は、「エージェント業績評価ガイドライン」として文書化し、エージェント全員の理解を徹底しておく
- エージェント業績評価ガイドラインは、作成段階から人事部門の指導や支援を

仰ぐのが望ましい。業績評価に関する専門知識はもちろんのこと、会社のミッションや人事ポリシー等との整合性や連動性の確保は非常に重要だ

- (1)〜(4)の評価項目は、業績目標（オペレーショナル・パフォーマンス）として、BSC（バランスト・スコアカード）と連動している
- (5)〜(6)の評価項目は、コールセンターのエージェントに求められる資質や態度、行動を一般論として挙げたものだ。実際には、企業やコールセンターの人材方針や目的に適したものを選択する

第IV部

ビジネス環境

Business environment

第10章

ベスト・プレイス・トゥ・ワーク

　第Ⅳ部では、コールセンター・マネジメントを実践するための"場"としての「労働環境」、マネジメントを実践するための"ツール"としての「テクノロジー」、マネジメントの実践に伴うリスクを回避・低減するための"安全網"としての「リスク・マネジメント」について解説する。

　まず本章では、単なる物理的なオフィス環境にとどまらず、エージェントの意欲を高めるポジティブな職場環境づくりや健康管理等のソフト面も含めた総合的な観点から、エージェントにとってのベストな労働環境＝ベスト・プレイス・トゥ・ワーク(best place to work；BPTW)について考察する。

I コールセンターのサイト・セレクション

　コールセンターを新規に立ち上げる場合、まずは自社の既存のオフィス内に設置することがほとんどだが、規模の拡大によるセンターの移転や複数拠点展開になると、"どこに設置するか"という「サイト・セレクション」が必要となる。

　従来、コールセンターの立地は、一部の地場企業を除き、ほとんどが通信設備等のインフラ環境が整った大都市圏に集中していた。しかし、もはや都市部と地方のインフラ格差は解消され、ネットワークやクラウド・テクノロジーの進展が初期投資の大幅な削減をもたらし、地方自治体の誘致策も相まって、拠点は全国に拡がっている。さらに、東日本大震災以降、BCP（business continuity plan；業務継続計画）の観点でも、拠点の複数化、分散化が進んでいる。

　ここでは、各企業の固有の方針や条件を除いた一般論としてのコールセンターのサイト・セレクションの考え方やポイントについて解説する。

サイト・セレクションのプロセス

　図表10-1に、8つのステップからなるサイト・セレクションのプロセスを表した。各ステップの補足を加える。

①プロジェクトチームを編成する：コールセンターと人事、IT、総務、購買、法務、財務等。
②要件定義と優先順位を決める
　・人材要件：求める人材の知識、スキル、方言
　・オフィス要件：物件スペック（面積や形状）、ロケーション
　・トレードオフ：上記の人材要件やオフィス要件とコストとのトレードオフの判断基準を定めておく
　・優先順位の設定：人材要件やオフィス要件の個々の事項を、「マスト・ハブ」（絶対に必要な事項）と「ナイス・トゥ・ハブ」（あればなお良い事項）に分けてリスト化する
③候補地・サイトを選定する：②でリスト化したマスト・ハブ事項をすべて満たすサイトを候補として選定する。

図表10-1 サイト・セレクションのプロセス

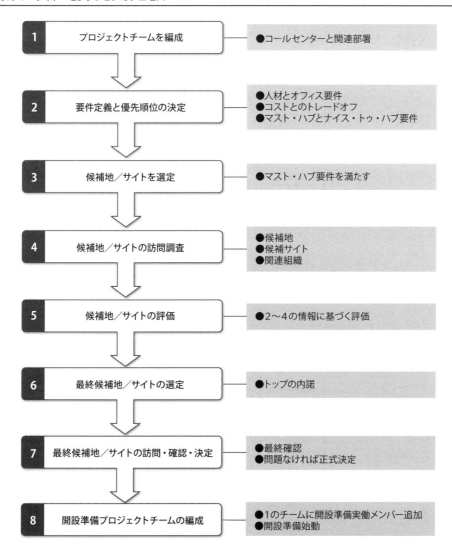

④**候補地・サイトの訪問調査**：現地調査は極めて重要だ。正確な評価のために候補サイトはすべて訪問し、後述のセレクション・ファクターに挙げたすべての事項を調査し情報を収集する。候補サイトのみならず、現地の関連組織（自治体の企業誘致担当部署、進出済みコールセンター、人材派遣会社、人材募集メディア、大学・高校、貸会議室等）も訪問し、情報収集・関係構築を図っておく。

⑤**候補地・サイトを評価する**：②～④で収集した情報や作成したリストに基づき候補サイトを精査する。

⑥最終候補地・サイトを選定する：⑤の精査の結果、最終候補を1つに絞り込み、トップの内諾を得る。
⑦最終候補地・サイトを訪問し最終確認のうえ決定する：最終確認で問題がなければ正式に決定する。
⑧開設準備プロジェクトチームを編成し、準備作業を開始する：最初に編成したプロジェクトチームに、オフィス家具メーカー、オフィスやITの施工会社等を加えて、新たに開設準備プロジェクトチームとして再編成し、具体的な準備作業を始動する。

サイト・セレクションの4つの視点

候補地・サイトの選定は、「人」「物件」「コスト」「環境」の4つの視点から検討する。

①人：質・量ともに求める人材がいるか、その人材の採用のしやすさはどうか。
- 労働市場：就労人口、就労率、有効求人倍率、完全失業率、若年人口、共働き率
- 採用環境：競合企業の求人状況、採用状況、企業進出状況、コールセンター集積度
- 人材の質：県民性、学力レベル（高校・大学の偏差値等）、方言、ITリテラシー
- コミュニティー：市民のコールセンターに対するイメージ

地方拠点を検討する場合、その最大の課題が「人」だ。コールセンターの立地は全国に拡大したが、その一方で地方における人材難は深刻だ。特にマネジメント・スタッフの即戦力となる人材は非常に少ないため、センターのコア拠点からの派遣や現地人材の長期的な育成が必須であることを心得ておく。

②物件：コールセンターに適した物件があるか（地方には200坪以上の既存オフィスビルは少ない）。
- 面積・形状：フロア面積、築年数、耐震性、天井高、シングルフロアか、無柱空間か、西日の有無
- IT環境：ITインフラ、ネットワーク環境、インテリジェントビルか否か
- エルゴノミクス（人間工学）対応環境：既存の設備の状況、後付け工事の可否、オフィスからの眺望
- ロケーション：コールセンターのコア拠点からの距離・時間・コスト、交通の便
- 地域の立地条件：エージェントにとって魅力的か、交通の便、繁華街か郊外か
- 付帯設備・施設：女子トイレ、駐車場、託児施設
- BCP（災害時業務継続計画）：物件（ビル管理会社等）自体のBCPの有無と内容

③コスト
- サイトの構築に要するイニシャル・コストと運用開始後のランニング・コスト（**図表10-2**）
- 地方拠点を検討の場合、地方自治体の助成金制度や企業誘致の支援策（通信費軽減等）

④環境
- **自然災害**：台風、地震、降雪、津波
- **地方自治体サポート**：誘致制度、人材採用の支援、担当者の熱意
- **通勤手段**：公共交通機関、自家用車
- **クオリティー・オブ・ライフ**：物価、教育環境、自然環境、文化、スポーツ、住宅事情、移住、治安、風習

図表10-2　サイト構築に必要なコスト項目（賃貸の場合）

●イニシャル・コスト

敷金・保証金	
電気・防災工事	
什器	オフィス家具等
内装工事	
セキュリティー	入室セキュリティーシステム
機器・備品	OA機器、休憩室等備品、事務用品
IT関連	インフラ、ハードウエア、ソフトウエア
採用費	採用広告、人材派遣会社、面接
貸会議室	入居前トレーニング用貸会議室

●ランニング・コスト

賃料	
人件費	
採用費	採用広告、人材派遣会社、面接
トレーニング	トレーナー人件費
出張旅費	（例）2週間×2名×2.5回分
通信費	
設備・付帯施設	清掃関連、飲料機器、駐車場
水道光熱費	
その他経費	備品、事務用品、図書、配送等
IT関連（純増分）	インフラ、ハードウエア、ソフトウエア

コスト・ベネフィット分析

コールセンターの拠点を増設、あるいは移転する場合、既存の拠点とのコスト・ベネフィット分析を行う（**図表10-3**）。単なるコストの多寡の比較でなく、新規サイトが既存サイトに比べてコストの面でどれくらいのベネフィット（節減効果等の利点）をもたらすかという観点で分析する。

図表10-3　サイト・セレクション　コスト・ベネフィット分析

コスト・ベネフィット要素		既存サイト	新規サイト
人件費	エージェント数	50人	50人
	基本給（時間給）	1,600円	1,200円
	年間給与／人	3,072,000円	2,304,000円
	年間給与総額	153,600,000円	115,200,000円
	人件費節減額		38,400,000円
ターンオーバー	エージェント離職	30%	20%
	ターンオーバー費用／補充者1人	1,000,000円	850,000円
	年間ターンオーバー費用総額	15,000,000円	8,500,000円
	ターンオーバー関連節減額		6,500,000円
ファシリティー	フロア面積(3.5坪／人)	175坪	175坪
	月間賃貸料／坪	30,000円	12,000円
	年間賃貸料	63,000,000円	25,200,000円
	ファシリティー節減額		37,800,000円
助成金等	トレーニング費支援（100,000円／人）		5,000,000円
	新規IT設備投資支援		10,000,000円
	助成金等合計		15,000,000円
	節減額＋助成金等合計		97,700,000円
開設関連	敷金・保証金（月額賃料×12カ月）		25,200,000円
	オフィス工事		15,000,000円
	家具・什器・備品		16,000,000円
	ITインフラ構築		30,000,000円
	採用・トレーニング		5,000,000円
	新規サイト開設関連費用		91,200,000円
	新規サイト開設節減額		6,500,000円

参考：Maggie Klenke. "Business School Essentials for Call Center Leaders". The Call Center School, 2004

> # column 地方進出を成功させるために

コールセンターの拠点を地方に設けようとする場合、その企画書にはさまざまな理由や目的が記載されるが、企業の本音としては圧倒的にコスト削減が多い。

しかし、コスト削減のみを目的とした「植民地的運営」では成功の可能性が低いことは、過去の多くの例が物語っている。進出したセンターをその地域に根づかせ、安定運用するためには、以下のようなポイントを踏まえ、積極的に現地と協調・融合・貢献する姿勢と活動が求められる。

- コア拠点との適切なバランスを考慮した、合理的で現地スタッフの納得感の高い給与設定
- 現地採用の管理者の積極的な育成、登用を図る
- 現地の運営の自主性を推進(現地へのエンパワーメントの促進)
- 現地の人材をコストでなく"人財"として位置づけ、人材開発、育成、トレーニング、エンゲージメント施策等に対する積極的な投資、施策を講じる
- 現地スタッフには"指導"でなく"支援""協働"の姿勢を持つ
- 現地のカルチャー、コミュニティー、社会貢献に関心を持ち、積極的に参加する

II コールセンターのオフィス・デザイン

オフィスの形態とスペック

(1) コールセンターのオフィスに必要な機能とスペース

　コールセンターのオフィスは、エージェントのワークステーション*が並ぶオペレーション・エリアを核として、下記に示す8つのエリアに分類される。コールセンターのオフィスの良し悪しは、オペレーション・エリアのみならず、この8つのエリアを総合した機能性や快適性により決まってくる。

① フロントライン・オペレーション・エリア
- エージェント・ワークステーション：センターの核であるエージェントの執務スペース。一般的に執務スペースは、オフィス全体の50〜60％を占めると言われる
- ワン・オン・ワン・ミーティング・スペース：コーチングやフィードバック、業績評価の面談等、スーパーバイザーとエージェントによる「ワン・オン・ワン」（1対1）のミーティング専用のスペースだ。センターの規模が大きくなるほど、常に誰かがワン・オン・ワン・ミーティングを行うことになるが、既存の会議室等では到底賄いきれず、そのための予約や調整も非常に煩雑だ。予約の都合でエージェントのスケジュールに支障が生じることもある。そのため、やむを得ずスーパーバイザーのワークステーションや休憩室等、プライバシーに支障のある場所を使うことになりがちだが、これはエージェントの不興を招くことにつながる。専用のスペースを確保することのメリットは非常に大きい。広いスペースは不要で、一坪足らずで十分な方法もある。例えば、オペレーション・エリアの余白部分やデッドスペース等を利用した円筒型のミーティング・ポッド（図表10-4）を設置するセンターもある
- アクティブ・ミーティング・スペース：オペレーション・エリアの一角に設ける4〜6名用のスタンディング形式のミーティング・スペースだ。フロントラインの

＊机、椅子、PC、電話端末、個人用キャビネット等、オフィス家具やIT機器からなるエージェント個人の執務セット、あるいはその設置スペース

図表10-4　ワン・オン・ワン・ミーティング・スペース

この写真の例は4名用スペースだが、2名のスペースであれば、1基あたり1〜2坪で済むだろう。
パーティションは、目線部分のマスキングをした透明素材を使用する

写真引用：Steve West. "Is Your Contact Centre in Need of a Re-Design?" callcentrehelper.com, 2016
https://www.callcentrehelper.com/is-your-contact-centre-in-need-of-a-re-design-78376.htm

　エージェントは、ワン・オン・ワン・ミーティングとは別に、チーム・ミーティング、情報のアップデート、少人数・短時間のトレーニング、発声練習等、"ちょっとした"ミーティングのニーズが非常に高い。しかしワン・オン・ワン・ミーティングと同じ理由で、そのニーズが十分に満たせないのが実情だ。専用のスペースを設けることで、わざわざミーティングルームへ出かけなくても、必要な時にサッと集まることができ、オペレーションのパフォーマンスの向上に貢献できる

②フロントライン・マネジメント・エリア
- コマンド・センター（マネジメント・スタッフ・ワークステーション）：フロントラインのマネジャーやスーパーバイザーのワークステーションは、一般の事務系オフィスと同様に、チームごとにエージェントと隣接して配置する場合と、オペレーション・エリアの一角にエージェントを見渡せるひな壇を設けて、複数の管理者やビジネス・コントローラーを集めて配置する場合（「コマンド・センター」等と呼ばれる）がある。前者の場合、スーパーバイザーがMBWA（第5、7章）等、エージェントのケアを機動的に行えるよう、スーパーバイザーのワークステーションをスタンディング・デスクとするケースが多い。後者のコマンド・センター方式は、管理者同士のコミュニケーションが取りやすいメリットがあ

る一方で、エージェントとのコミュニケーションの取りにくさやレイアウト変更のしにくさから、一時減少傾向にあった。しかし、ワイヤレス・ヘッドセット（第11章）の登場がそれらの問題を解消し、再び増加に転じている

③サポーティング・スタッフ・エリア
- サポーティング・スタッフ・ワークステーション：オペレーション・サポート、トレーニング、クオリティー、ビジネス・コントロール等のサポーティング・スタッフの執務スペースだ。上記①や②より優先順位が低くなりがちだが、①や②のレイアウト後の余ったスペースに配置する等、安易に考えるべきでない。それぞれの業務内容、ビジネスプロセス、オペレーションや他の関連部署との連携等を十分に考慮して設計する

④業務支援エリア
- トレーニング・ルーム（大・中・小）：中規模以上（40名以上）のセンターであれば、常時なんらかのトレーニングを行っているはずであり、そのためには専用のトレーニング・ルームは必須だ。40名未満の小規模センターであれば、着席で少なくとも20名、起立で全員が収容できるスペースを一室設ける。中規模以上のセンターは、所属するエージェントの人数に応じて、大・中・小のスペースを確保したい
- ITトレーニング・ルーム：IT系のトレーニングには、PCをはじめとする各種の機器・機材のセットアップが必要だ。その準備や撤収作業を都度行うのはかなりの労力と手間がかかるため、それらを常設した専用のトレーニング・ルームがあれば大変便利だ。中規模以上のセンターには必須のスペースだといえる
- モニタリング・ルーム：クオリティー・モニタリングは、PCか電話端末があれば場所を選ばずに行うことができるので、専用のスペースを設けるというよりも、トレーニング・ルームやワン・オン・ワン・ミーティング・スペース、アクティブ・ミーティング・スペースにモニタリングができる環境を備えるとよい。その他、社内外のビジター用に、オペレーション・エリア外に専用のスペースを設ける場合がある
- インタビュー・ルーム：採用面接のためのスペース。これも、規模が大きく採用活動を常時行っているセンターには必須のスペースだ
- OA機器スペース：プリンター、コピー、FAX、シュレッダー等の事務用OA機器の設置スペース。複合機化による機器本体の大型化に加え、コピー用紙等の在庫スペースも含めると、それなりのスペースが必要だ。また、注意すべきは各機器の動作音だ。シュレッダーのように大きな騒音を発する機器をエージェントのワークステーションの近くに設置すべきでない

- **エンゲージメント・スペース**：部屋というよりもスタッフが集まる場所の壁面等を利用して、実務を離れたさまざまな情報を中心に、顧客からのポジティブ・コメントや成績優秀者を掲示したり、アワードの表彰状やトロフィーを展示する等、コールセンターのスタッフ間のコミュニケーションを促進しエンゲージメントの向上を図ることを目的とするスペースで、大型の掲示板やショーケース等を活用する。ビジターも含めて誰もがいつでも見られるよう、エントランス・ロビーや必ず通るメインの通路等に設置すれば、PR効果も図ることができる

⑤情報管理エリア
- **ライブラリー**：書庫、書棚等
- **ファイリング・キャビネット**：文書・資料等の収納庫
- **ITマシーン・ルーム**：PBXやサーバー等、IT機器・機材の設置、および保守要員の作業スペース。専用の空調設備を伴う

⑥生活支援エリア
- **休憩室**：全社共用のカフェテリアや休憩室とは別に、コールセンター専用の休憩室は必要だ。10〜15分の休息時間のために、移動に無駄な時間をかけないようコールセンターに隣接していることが望ましい一方、エージェントが十分にリラックスできるよう、オペレーション・エリアとは完全に隔離していることも必要だ。できるだけ広いスペースを確保して、エージェントのさまざまな休憩・休息のスタイルに応えられるようにしたい
- **リフレッシュメント・スペース**：休憩室とは別に、オペレーション・エリア内の窓際等に一息つける小休止スペースを設けるのも効果的だ
- **ロッカー**：オペレーション・エリアに持ち込めない個人用の情報機器等の収納のために、男性にもロッカーを提供する

⑦ストレージ・エリア
- **倉庫**：オペレーション・エリアの通路やデスクの周辺に、むき出しの段ボールが山積みされた雑然としたオフィスにしてはならない。余剰のスペースを倉庫に利用するのでなく、最初から然るべきスペースを計画すべきだ

⑧トラフィック・エリア
- **エントランス・ロビー**：コールセンターが1つのオフィスとして独立している（専用の建物である、ビル内の1フロアを独占している等）場合は、ビジターの待ち合い・接客・受け付けのスペースが必要だ
- **通路**：動線はオペレーションの効率性を左右し、また、オフィスの快適性にも

図表10-5　適正な通路の幅

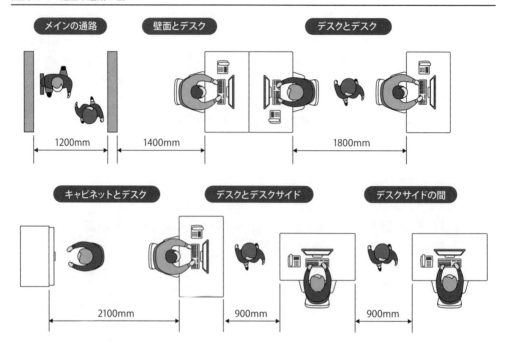

参考:「オフィスプランニング用語集」日本オフィス家具協会オフィスデザイン研究会．1998

影響を与える。ワークステーションや什器を配置して余ったスペースが通路という風に考えず、独立したスペースとして、最初から適正な通路の幅（**図表10-5**）を確保するよう設計する

(2) フロア面積

　コールセンターの1人あたりのフロア面積（コールセンターのすべてのスペースを人数で除した面積）は、2.5〜4坪（8.3〜13.2㎡）だ。前述のすべてのスペースをフル装備したセンターから、本社ビルの一角に居を構え、オペレーション・エリア以外のほとんどは会社の共用施設で事足りるセンターまで、さまざまなパターンがあるため倍近い差が生じる。

　一般の事務系オフィスの場合、2017年の「東京23区の1人あたりオフィス面積調査」による1人あたり面積は平均3.81坪（12.6㎡）で、年々減少傾向にある。PC等、IT機器の小型化やフリーアドレス制の導入拡大等が減少の要因だ。コールセンターもPCの小型化やペーパーレス化の拡大により、エージェントのワークステーションの面積は減少傾向だ。一方で、休憩室等、生活支援エリアの充実によるスペース拡大が進み、センター全体の面積は横ばい傾向にある。

図表10-6　エージェントのワークステーションの形状

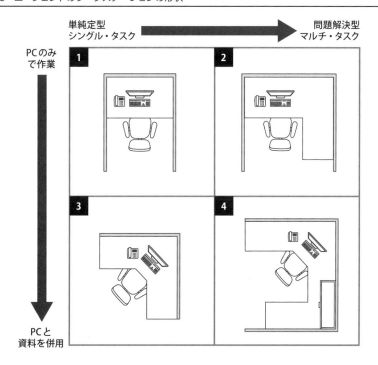

　以上のデータ等から考えれば、コールセンターの1人あたりフロア面積は、4坪（13.2㎡、フル装備の場合）～2坪（6.6㎡）の範囲が標準だといえる。なお、この範囲内での差は、前述のスペースの装備の度合いや、エージェントのワークステーションの形状の違い（**図表10-6**）によるものだ。

(3) オフィスの形態

　コールセンターのオフィスに適する形態的な条件には次のようなものがある。

①**シングル・フロア**：コールセンターのフロアが階をまたぐことは、マネジメント、コミュニケーション、ビジネスプロセスの効率が阻害され、好ましくない。ただし、地方の賃貸オフィスビルの場合、200坪（661.2㎡）を超える物件が少ないため、一定規模以上のセンターはそのことを考慮に入れておく。

②**無柱空間**：意図的に柱を利用するのでない限り、オペレーション・エリアに、レイアウトや動線等の大きな妨げとなり、マネジメントのしにくさの要因となる柱は無用だ。

③**インテリジェント・ビル**：スマート・ビルとも呼ばれ、フリーアクセス・フロアによるOA化対応、電話回線・LAN・Wi-Fi・インターネット接続等の通信設備、空調・照

明・防災・防犯等の集中管理や自動制御、エルゴノミクス（人間工学）対応設備等が施されたビルのこと。高度なIT装備や快適なオフィス環境が求められるコールセンターにとっては必須の条件といえる。新築物件の多くはインテリジェント化されているが、そうでない場合は、それらの設備・機器がないことによる業務の制約や、自前で設置するためのコスト増を招く場合があるので注意が必要だ。

④**西日の直撃を避ける**：温度上昇による不快感、西日対策のためのコストの増加、ブラインドを開けられず自然光の取り込み・活用ができないことによる閉塞感やメンタルヘルスの不調等、西日の直撃がもたらす影響は意外に大きいため、西向きの物件はできるだけ避けたい。やむを得ず西向きの場合は、対策をしっかり取る必要がある。

⑤**高い天井**：天井の高さは、温度、ノイズ、閉塞感等、オフィス環境に与える影響が大きい。一般の事務系オフィスの場合、快適性を確保できる天井高は2.6mで、2.8mあれば望ましいとされている。コールセンターの場合、OAフロアの必要性、人数の多さ、パーティションで細かく仕切られたワークステーション、それに伴う発熱やノイズといった環境条件を考えると、少なくとも3m、可能なら3.5m超の高さが望ましい。賃貸物件の場合、それを望むのは難しいかもしれないが、2.6mに満たない高さの物件は避けたい*。

オフィス・デザイン

効果的なオフィス・デザインとオペレーションのパフォーマンスには相関関係があることがわかっている。最近では、コールセンターに企業イメージを視覚化するショーケース的役割を期待されることも多いが、オフィス・デザインとは、豪華さや近未来デザイン等、表面的な見栄えだけの問題ではない。エージェントが身体的にも精神的にも快適かつ集中して仕事ができる環境を提供し、その結果、高いパフォーマンスを発揮することができるよう、労働環境全体をプロデュースするのがオフィス・デザインの本質だ。

以下に、オフィス・デザインに関してコールセンターの管理者が理解しておくべきポイントを示す。

（1）ワークステーション

ワークステーションは、デスク、椅子、個人用キャビネットの家具類と、キーボード・トレイ、ディスプレイ・アーム、タスクライト、パームレスト、アームレスト、フットレスト等、

＊2016年に日本ビルヂング協会連合会が実施した「ビル実態調査（全国版）」によると、調査対象の990棟の天井高の平均は2.61mであった

デスク回りのアクセサリー類、そしてPCや電話端末等のIT機器類から構成される。

通常、オフィスをデザインする際、最初に考えるのがデスクの形状とサイズだ。それがそのままワークステーションの形状と大きさに反映されるからだ。

デスクの形状とサイズは、仕事のタイプ（単純定型か問題解決型か）と作業のスタイル（PCのみか、資料等を併用か）により決まってくる（図表10-6）。一般的には、業務が複雑・高度化するほど、また資料が増えるほど、広いスペース、つまり大きなサイズのデスクが必要だ。ただし、ただ広いだけでは机上の使い勝手が悪く、かえって非効率な場合もある。机上のスペースを効率的・機能的に使うには平机よりもL字型のデスクが適している。

デスクの形状と大きさが決まれば、これに椅子の可動域（デスクの前端から背後の通路まで最短90cmを確保する）を含めることでワークステーションの形状とサイズが決まってくる。図表10-7には4つのパターンのワークステーションの面積を示した。これにより、コールセンターの一般的な形状とサイズのワークステーションは、エージェント1人あたり、おおよそ0.6〜0.9坪（1.9〜2.9㎡）を要することがわかる。

なお、ワークステーションの設計や選定には、後述するエルゴノミクス（人間工学）の要素が欠かせない。

図表10-7　エージェントのワークステーションのサイズ

仕事のタイプ	・単純定型（受注等） ・シングル・タスク		・問題解決（テクニカルサポート等） ・マルチ・タスク	
仕事のスタイル	PCのみで作業		PCと資料を併用	
図表10-6の番号	1	2	3	4
形状とサイズ*1 （単位：mm）	1200×1600 700/900	1600×1600 700/900	1600×1400 1050+550	1600×1800
面積*2	0.58坪（1.92㎡）	0.77坪（2.56㎡）	0.68坪（2.24㎡）	0.87坪（2.88㎡）

＊1：椅子の稼働域はデスクの前端から通路側まで最短900mmを確保
＊2：面積はパーティションの厚み分を除く

(2)パーティション

　パーティションは、エージェントが顧客応対に集中するための必須のアイテムだ。その選定にあたっては、高さ、素材、色の3点の吟味が必要だが、それらを決めるのが、集中とコミュニケーションの2つの視点だ。

　周囲のノイズや視線、あるいはエージェントの視界に入る周囲の人やモノの動きが、エージェントの集中を妨げる。これらを防ぐのにパーティションは必須だが、あまりに堅牢で閉ざされた空間を作ってしまうと、息苦しさや孤独感、閉塞感から、かえってエージェントのストレスを高めてしまうことになる。エージェントには集中が求められる一方で、周囲との適度なコミュニケーションも必要となる。この、集中とコミュニケーションの双方のニーズを満たすのに、パーティションの高さはとても重要だ。下記はパーティションの高さの違いによる視界の変化だ。

- 100～110cm：正面を向くと対面する人の顔は見えるが口元が隠れる高さ。視線を下げた状態では、周囲の様子が視界に入らず集中が可能だが、視線を上げると視界が広がる
- 120～140cm：着席の状態では周囲の様子は眼に入らず集中できる。140cmで顔はほとんど隠れる。立ち上がれば視界が広がり、隣席のエージェントとのコミュニケーションが可能
- 150cm超：周囲から隔離され、個室に近い状態

　なお、ノイズは、高さが増すほど低下する。単純に考えれば、集中とコミュニケーションの両方を満たせるのは120～140cmということになる。しかし、業務の特性から個室と同等の空間、すなわち高いパーティションを必要とする場合もある。その場合は、パーティションの一部にガラスや透過性クロス等の素材を使用する等、閉塞感を緩和する工夫を施したい。

(3)ワークステーションのレイアウト

　エージェントのワークステーションのレイアウトは、その形状やサイズとともに、フロア面積、フロアの形状、センターのタイプ、業務の内容、オフィスに関する会社の規程等、さまざまな条件を鑑みて決定する。

　コールセンターのデザインやレイアウトは急速に進化・多様化しており、ネットで検索すれば、膨大な数の先進的で美しい事例を見ることができるが、コールセンターとしての機能性や環境条件等を考慮すれば、基本は以下の8タイプに集約される。**図表10-8**にそれらの特徴、長所、短所をまとめた。

- 島型対向式
- 島型キュービクル対向式
- 島型キュービクルL字同向式
- 島型キュービクルL字交互式
- タスクチーム型
- ジグザグ型
- クウォッド型
- ポッド型

図表10-8　エージェント・ワークステーションのレイアウト

レイアウト・タイプ		特徴	長所	短所
島型対向式		・短期間限定、臨時的、単純定型処理、短通話時間の業務向き ・一般オフィス向き	・最も安価 ・レイアウト変更が容易 ・スペース効率が高い ・コミュニケーションしやすい	・ノイズ ・プライバシー ・周囲の視線 ・ありふれたレイアウト
島型キュービクル対向式		・キュービクル*を並列 ・定型、シングルタスク *パーティションで区切ったエージェントの執務スペース	・スペース効率が高い ・ノイズ抑制 ・プライバシー確保 ・安価	・孤独感・閉所感を感じる場合あり
島型キュービクルL字同向式		・マルチタスク、相談型、資料併用作業向き	・プライバシー確保 ・広く効率的な作業スペース ・自室感が高い	・対向式より高価 ・対向式よりスペース必要
島型キュービクルL字交互式		・マルチタスク、相談型、資料併用作業向き	・プライバシー確保 ・広く効率的な作業スペース ・自室感が高い	・対向式より高価 ・対向式よりスペース必要
タスクチーム型		・背中合わせのチーム ・テクニカルサポートに多い ・裁量権の高い同じ目的を持つ個人のチーム	・情報やノウハウの共有が容易で問題解決が迅速 ・チームスピリット促進 ・ミーティングスペース効率化	・島型よりスペース必要
ジグザグ型		・島型対向式の短所を改善しコールセンターにフィット	・見栄えの良さ ・目線が合わない ・変化や動きを感じる	・比較的高価 ・スペース効率が低い
クウォッド型		・4人1組のチームに最適 ・低いパーティション ・共同作業のチーム	・オープンでコラボ感高い ・コミュニケーションしやすい	・集中力や生産性に支障の場合あり ・ノイズ ・スペース効率低い
ポッド型		・クラスター型ともいう ・円形または六角形 ・ワークステーションはピザスライスで分割	・キュービクルよりオープンでチームのコラボ感高い ・センターブロックに装飾可能 ・見栄えの良さ	・比較的高価 ・スペース効率低い

(4) 照明 (ライティング)

連続的なVDT作業（video display terminal；PCや携帯端末等、VDT機器を利用する作業）を強いられるエージェントにとって、眼精疲労や頭痛等は避けられない問題だ。照明による影響は大きく、以下の諸点を踏まえた照明環境を構築する。

- オフィス全体の照明は間接照明にする。一般的な蛍光灯等、既設の施設照明にはルーバー*を設置して間接照明化を図る。最近ではPCのディスプレイのノ

---

*照明器具や天井等に取りつける細長い板状の器具

ングレア（非光沢）対応が進化しており、ルーバーの設置が不要なケースが増えているので、よく確認する
- 室内と手元の明るさに差がないようにする
- 資料を読んだり、データを入力するといった手元の作業のために、個人ごとにタスクライト（作業用照明）を設置する
- 光源をエージェントの視野に入れない。ワークステーションは窓を背にしないよう配置する。光源に対するエージェントのワークステーションの角度は90°がベスト
- 通路や共有エリアに自然光を取り入れる。メンタルヘルスに大きな効果がある
- ディスプレイの画面上の照度は500ルクス以下、書類やキーボード上は300ルクス以上（厚生労働省VDT作業ガイドライン）とする
- LED照明を活用する。LED照明には、コスト抑制、照度や色温度等の微細なコントロールが可能、省エネルギー効果、紫外線・熱線によるダメージ抑制、メンテナンス頻度が低い、といった利点がある

(5) 音響／ノイズ

エージェントの話し声をはじめ、四方から発生するさまざまな「ノイズ」は、エージェントが嫌がる要素の筆頭だ。顧客の声が聞こえにくいために大声を発したり、何度も聞き返しをするのは大変なストレスだ。顧客にとっても不快この上ない。聞き間違いによるエラーを引き起こしたり、機密事項や聞き苦しい笑い声を顧客に聞かせることで、セキュリティーや会社の評判に関わる深刻な問題に発展するリスクもあるため、以下のようなノイズ抑制対策が不可欠だ。

- エージェントのワークステーションにパーティションを設置する
- パーティションの材質は、布等の吸音・防音素材であること。スチール等反響するものは逆効果だ
- ノイズの発生源（シュレッダーやコピー機等、高ノイズのOA機器、会議室、トレーニング・ルーム、休憩室、その他生活支援エリア）をエージェントのオペレーション・エリアと隔離して配置する
- OA機器は低ノイズ仕様の製品を選択する
- ホワイトノイズ[*1]やBGMを流す、ノイズ・マスキング・パーティションや吸音パネルの設置等、「ノイズ・マスキング・システム」[*2]を導入する
- エージェントに適切な（自然な）声量のトレーニングを行う

[*1]：適度に心地よく集中力が高まるとされる雑音。周囲のノイズを遮断して集中力を高めるためにコールセンターで意図的に流されることが多い
[*2]：サウンド・マスキング・システムとも呼ぶ。空調音のような背景音を意図的に流すことにより、隣室からの音漏れや遠くからの小さな音を遮断（マスク）することにより、オフィスのセキュリティーや生産性を保とうとするもの

(6) OAフロア

　レイアウト変更の機会が多いコールセンターにとって、フリーアクセスのOAフロアは必須条件だ。そうでない場合のOAフロア化のコスト負担は大きいが、一度設置してしまえば、その後のレイアウト変更等は容易・迅速・低コストで行うことができる。また、床にむき出しの配線、乱雑なケーブルによるシステムの障害や事故の発生と、そのリカバリーやメンテナンスの負担、前時代的な美観のオフィスに対するエージェントの意欲の低下等も合わせて考えれば、設置コストは、十分にペイできるはずだ。

(7) HVAC(heating, ventilation and air conditioning；冷暖房空調設備)

　オフィス環境に関するエージェントの苦情の筆頭が不快な温度だ。

　平均室内温度が1度上昇すると、エージェントの1時間あたりの応答コール数が平均0.16低下、室内温度25度が26度に上昇すると作業効率が2.1％低下するという研究結果に見られるように、室内温度はビジネスに直接的な影響を与えるため、以下のようにコントロールする。

- 空調の風(特に冷風)がエージェントに直接当たらないようにする
- センター内のホットスポット、コールドスポット、およびエアコンの吹き出し直下のワークステーションに特に注意を払う
- 温度は17～28℃、湿度は40～70％に保つ

(8) 色彩(カラーリング)

　人は、色彩によりさまざまな刺激を受ける。言い換えれば、色彩をうまく活用することで、生産性が向上したり、冷静になれたり、意欲が高まるといった効果をもたらすことができる(図表10-9)。無機質になりがちな椅子、パーティション、カーペット、柱、壁、天井等に色彩を用いることで、オフィスの快適性と業務のパフォーマンスを高めたい。

　利用する色彩に、コーポレート・カラーやチーム・カラー等、意味を持たせた使い方も効果的だ[*1]。ただし、過度な刺激を与えたり、照明が反射するような、明る過ぎたり鮮やか過ぎる色彩の使用は避ける。

(9) 香り(アロマ)

　香りには、色彩と同様に人に刺激を与えることによる、集中力の向上、緊張・ストレスの緩和、覚醒、消臭、空間演出等、さまざまな効果がある。アロマの導入によりエージェントの欠勤や退職が減少したというコールセンターの事例[*2]や、アロマに体感温度

[*1] 沖縄県にあるコールセンターでは、椅子に沖縄の太陽を表すオレンジを、パーティションには沖縄県北部のやんばるの森を表すグリーンを、柱には沖縄の海を表すブルーを、壁には沖縄のサンゴを表すピンクを使用した

[*2] オンキヨーのオンキヨーPCカスタマーセンターでは、アロマを導入した結果、導入前に5％あった欠勤率が導入後は2～3％弱に下がり、猛暑日が続いた2010年夏も欠勤率の上昇が見られなかった

図表10-9　オフィスにおける色彩の効果

赤	活気	活力、歓喜、興奮、勝利、愛情、野望、リーダーシップ、やる気、情熱、元気、仕事、勢い、幸運
青	リラックス	安息、涼しさ、落ち着き、責任、沈静、冷静、誠実、伝統、信頼、清算、浄化、大自然
黄	元気	快活、明朗、愉快、笑い、やる気、集中力、改革
オレンジ	ポジティブ、チャレンジ	華やか、元気、明るさ、始動、現状変化、自己改革、挑戦、陽気
ピンク	ハッピー	夢、安らぎ、温もり、恋愛、人間関係
緑	落ち着き	やすらぎ、くつろぎ、平静、調和、若々しさ、自然、健康、再生、癒し
茶	育み	落ち着き、厳粛、冷静、集中、知的空間、土台、大地、歴史
ベージュ	安定	安心、曖昧、守り、緊張緩和
白	リフレッシュ	清々しさ、平和、良心、自由、従順、心、清潔、清楚、気品、冬、無、リセット、優しさ、清算
黒	格調	落ち着き、孤高、風格、重厚、安心感、神秘的、信用、秘密
シルバー	スタイリッシュ	パワー、現状維持、守り
ゴールド	決断とひらめき	才能、勝負、パワー

＜参考＞
・オフィスレイアウトナビ「オフィスの士気を左右する？カラーイメージ効果の活用」2016
・ビルNAVIニュース「オフィスの色がもたらす効果」2012
・キヤノンシステムアンドサポート「オフィス空間の色彩」2016

を調整する効果があるという実証実験の結果もある＊。エージェントは室温に非常に神経質なため、コールセンターでは政府推奨の室温（夏季28度、冬季19度）の維持が困難という現実があるが、アロマの利用により、その実行と、それに伴う光熱費の削減が期待できる。

　以上のようなメリットがある一方、日本人の多くは香りに敏感で、拒否感を示すことも少なくない。従って、使用にあたっては、微妙な、さり気ない香りにとどめるといった配慮も必要だ。

(10) 植物

　植物には、癒し、ストレス緩和、疲労軽減、眼精疲労緩和といった効果があることはよく知られており、オフィスに観葉植物が置かれているのは当たり前の光景だ。
　また、オフィスの自席の机上に小型の鉢による植物を設置すると、意欲の向上や疲労緩和に効果があることもわかっている。エージェントのデスクの形状やサイズにより、可能であればぜひ試みたい。ポッド型のレイアウト（図表10-8）であれば、センターブロックにはぜひ植物を設置しよう。
　なお、生の植物の設置が困難な場合、PCの壁紙やスクリーンセーバー、あるいはオフィスの壁面を植物のポスター等で装飾することでも、一定の効果がある。

＊2009年にオフィス用品総合メーカーのコクヨが東京大学生産技術研究所と共同で行った実証実験。政府が推奨するオフィスビルの室温設定（夏季28度、冬季19度）は快適性の観点から実行度が低いが、アロマの利用により快適性を損なわずに政府推奨の室温設定を維持できる

(11) ポジティブな環境・雰囲気づくり

　ビジネスに効果をもたらすポジティブな環境や雰囲気づくりを行うためには、機能面に優れた家具や設備を設置するだけでなく、それらをより快適に楽しく使うといった観点も重要だ。そのために多くのコールセンターで実際に行われている事例を紹介する。

- エージェント・ワークステーション
    - キュービクル（パーティションで区切ったエージェント個人の執務スペース）に名前をつける
    - 観葉植物や水槽の設置
    - 表彰状やトロフィー等のディスプレイ
    - 顧客のポジティブ・フィードバックの掲示
    - エージェント個人の自由なデコレーション
- ミーティングルーム
    - ミーティングルームに名前（世界の都市、著名人名、スポーツチーム名、ブランド名、功労者名等）をつける
    - テーマ性（ジャングル、ビーチ、山小屋、スタジアム、スタジオ等）を持たせる
    - ネーミングやテーマに合わせた内装
- オフィス・デコレーション
    - 青空の天井、人工芝のカーペット
    - コーポレート・カラー、ロゴ、ミッション、テーマカラー等で壁面や柱のペイント
    - モチベーショナル・ポスター
    - 季節やイベントに合わせたデザインやアイテム
- BGM（音楽）
    - ハッピーな音楽（リズムと暖かみのある曲）は、顧客と従業員の双方にポジティブな効果をもたらすことが研究によりわかっている
    - ホワイトノイズの効果を兼ねてBGMを流す

(12) アメニティー（快適性）

　オフィス環境、特に快適性を高めるには、ユニークさや奇抜さ、斬新なデザインばかりを追求するのでなく、オフィス・デザインの際にリストアップしたナイス・トゥ・ハブ（あると良い）なものを、ひとつずつ実現していくのが合理的な方法だ。そのいくつかの例を以下に示す。

- 休憩室関連
    - ソファ、クッション、畳、こたつ
    - マッサージ・チェア、マッサージ・サービス
    - ダーク・リラクゼーション・ルーム

    - 環境音楽、環境映像
    - 酸素カプセル
    - 和室、茶室
- キッチン
    - 大型冷蔵庫
    - オーブンレンジ
    - 調理器具
- 自動販売機(飲料、軽食)
- パーソナル・ミーティング・スペース
- デジタル・スペース
    - コンピューター・ゲーム
    - インターネット・アクセス
    - eラーニング
    - ライブラリー(業務関連以外)
- エクササイズ・ルーム(フィットネスジム)
    - トレーニング・マシン
    - シャワー
    - ロッカー
- アウトドア
    - 散策小道
    - ジョギングコース、アスレチックコース
    - バルコニー、デッキチェア、BBQ

(13) ホットデスク

　「ホットデスク」とは、複数名のエージェントの勤務時間を組み合わせて、1台のワークステーションを共有するようスケジュールすることだ。一般のオフィスの従業員が自ら好みの座席を選択できるフリーアドレスと異なり、会社側(スーパーバイザーやビジネス・コントローラー)が座席を指定するもので、スペースの効率的利用、設備・機器のリソース節減を目的に、大都市部所在のセンター、特にアウトソーサーに多く見られる方法だ。

　一方で、エージェントがワークステーションをカスタマイズできない、席が隣接するエージェントの顔触れがいつも異なるのでチーム・スピリットの醸成が難しく助け合いやサポート力が弱い、エージェントが一人前の社員として扱われている感覚に欠ける、といった負の効果もあるため、ホットデスクの利用はできるだけ最小限にとどめるのが賢明だ。また、利用する場合には、以下のような配慮や対策も必要だ。

- デスクや椅子、ディスプレー等は、エージェントに合わせて高さや角度が調整

できること
- エージェント個人の資料や文房具等の収納ロッカーや運搬ツールを用意する
- 感染対策のための予防措置を行う。使用したツールの除菌のためのふき取りや清掃を励行する
- 衛生上の観点とエージェントのモチベーションへの配慮からヘッドセットは共用しない

(14) ユニバーサル・デザイン(障がい者対応)

ユニバーサル・デザインへの配慮は当然必要だ。エージェントをはじめ、コールセンターには障がい者を生かせるポジションが多くあり、コールセンターにとって貴重な人材ソースでもあるからだ。

障がい者を受け入れるためには、段差の解消、手すり、スロープ、車いすの通行に無理のない通路幅、車いすの下肢空間の確保といったバリアフリー対策を施す。高さや角度の調整が可能な家具の設置も必要だ。

(15) 地域特性

地方に拠点を構える場合は、以下のように地域の環境条件への対応も考慮に入れる。
- 寒冷地の場合、明るく暖かい配色の内装にしたり、自然光を多く採り入れた、開放的ではあるが暖かいスペースを設ける
- 主要な通勤方法が公共交通機関ではなく自家用車である場合、駐車場の確保が必須だ。専用の駐車場の確保が困難な場合、周辺の貸駐車場との契約や、スタッフへの駐車場料金の手当の支給等
- 地方拠点では、託児所の有無がエージェントの採用に影響するほど重要だ。しかし、大規模なセンターでない限り、個社ベースでの確保は困難なため、周辺のコールセンター数社が共同で駐車場や託児所の設置・契約を行う例がある

(16) オフィス・デザイン専門業者の選定

オフィス・デザインは、コールセンターのオフィス構築に関する豊富な専門知識や経験を持つデザイン会社や専門家に総合プロデュースを依頼する。コンペを行う場合は、その点を十分にチェックする。

総務部門等の担当者が、コールセンターのオフィスやエルゴノミクスに関する専門的な要件に通じているのはまれなため、会社が契約しているオフィス家具メーカーに安易に任せるべきではない。それでも、会社の指定業者に依頼せざるを得ない場合は、その業者のコールセンターに関するエキスパートに担当してもらうよう交渉する。

オフィス・エルゴノミクス

オフィス・エルゴノミクス(人間工学)について、体にフィットする曲線デザイン等、単に快適性の高い家具を導入することと理解する向きが少なくない。しかし、その本質的な定義は、「安全」「効果的」「生産的」「快適」という4つのキーワードを満たすオフィス環境を構築するための「方針」「情報」「プロセス」「設備」「ツール」を設計する科学的アプローチを指す。

(1) オフィス・エルゴノミクスの重要性

コールセンターにとってのオフィス・エルゴノミクスは以下の4つの観点から重要だ。

①**長期的なパフォーマンス向上のために——コールセンターのオフィス・デザインに不可欠**：VDT作業による身体への物理的なストレスの軽減に着目し、そのためのエルゴノミクス・デザインの家具やツールを導入する。すべての家具や設備は個人のニーズに合わせて調整できるものであることが望ましい。

　エルゴノミクス・デザインの家具やツールの導入費用は単なるコストでなく、従業員に対する投資と位置づける。健康面のメリットのみならず、長期的にはビジネス・パフォーマンスの向上をもたらすことにつながるからだ。エルゴノミクスの配慮がないことによる健康障害、生産性の低下、モチベーションの低下、サービス品質と顧客満足の低下、欠勤や退職の増加、労災や健康保険等の負担、欠員補充のための採用やトレーニング等のコスト負担の方が高くつくことも認識しておきたい。

②**エルゴノミクス・デザイン家具の導入だけの話ではない——オフィスでの働き方や生活スタイルの向上を図ること**：経営者も従業員も、「エルゴノミクス・デザイン家具を導入したから、もっと長時間働ける」「快適になったのだから、もっと多くの仕事ができる」と勘違いし、これまで以上の長時間労働や業務量の増加を強いることで、かえって健康を害するという現実がある。しかし、どんなに高価なエルゴノミクス・チェアであっても、長時間座り続ければ必ず疲労は生じる。旧式の椅子は一気に疲労が増すのに対し、エルゴノミクス・チェアはその上昇曲線が緩やかであるものの、1時間も経てば両者は同じレベルの疲労度に達する。また、PCのディスプレイもどんなに改良したところで、何時間も継続して見続ければ目は疲労する。つまり、長時間労働等の働き方やオフィスでの生活スタイルを変えないままで、エルゴノミクス・ツールを導入しただけでは効果が得られない。

③**エージェントのワークステーションに最大の投資を**：エージェントが最も多くの時間を過ごし価値を生み出す場がワークステーションだ。国内の多くのコールセンターでは、エルゴノミクス対策としながらも、休憩室やカフェテリア、アメニティー等、生活支

援エリアばかりに目を向けがちな傾向にある。休憩室やアメニティーの豪華さや奇抜さを競うよりも、エージェントのワークステーションに最大の投資を行うべきだ。

オフィス環境に対する会社の取り組みや姿勢は、エージェントの意欲や職場に対する満足度を左右する。エージェントの執務環境に注力することで、「自分たちが大切に扱われている」と感じ意欲が高まる。未来的なデザインの先進的な休憩室を作っても、肝心の「仕事場」が昔ながらのままでは、エージェントの意欲や満足度は向上しない。

④**企業が率先して取り組む**：日本では、従業員が職場環境に対する要求や自己主張を遠慮して、我慢して働く傾向にある。エルゴノミクス・デザインのオフィスや家具に対する贅沢感は、経営者のみならず従業員にも少なくない。オフィス環境に対する意識の低さは、知らず知らずのうちに従業員の健康を害し、長期的にはパフォーマンスの低下やコストの増加をもたらす要因となり得る。だからこそ、企業が率先してエルゴノミクスを重視した質の高いオフィス環境の整備に取り組むことが必要だ。エージェントが最大のエンジンであるコールセンターであれば、なおさらだ。

（2）エージェント・ワークステーションのセットアップ

最も多くの時間をワークステーションで過ごすエージェントにとって、「正しい姿勢を保つ」ことは何よりも重要であり、そうするために適切なツールを適切に使用できなければならない。ワークステーションを構成する家具やアクセサリーに必要な機能や適切なセットアップの仕方について解説する。**図表10-10**に下記の①〜⑨で解説する事項をまとめて図示したので、あわせて確認されたい。

図表10-10　エージェント・ワークステーションのセットアップ

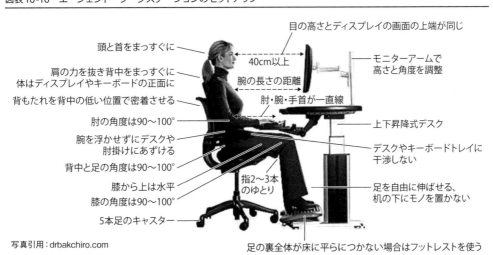

写真引用：drbakchiro.com

重要なのは、これらについて、総務部門やオフィス家具メーカーに任せきりにせず、センターの管理者自身が強い関心と知識を持って、家具の選定やチェックを行うことだ。

①デスク
- テーブル全体を上下に昇降できる。机上のモノの配置を変更することなく、着座／起立の変更ができる
- 高さ固定のデスクを使用する場合は、着座用デスクを基本とし、起立用デスクを共用として数台配置する(逆でも構わない)。エージェントのスケジューリングを工夫して、立ったり座ったり、変化をつけて仕事ができるようにする
- 高さ固定のデスクは、着座の場合は床からテーブル面までの高さが65～70cm、起立の場合は110cmが望ましい
- 着座の場合、デスクトップが肘の高さになるよう調整する。デスクが高さ固定の場合は椅子で調整し、必要に応じてフットレストを使用する
- 着座の際、デスクの下に足を伸ばせる十分なスペースがある(デスクの下にモノを置かない)

②椅子
- シートの高さを37～43cmに調整できる
- 立った状態で、膝のすぐ下に椅子のシートのトップが位置するのが適切だ
- 着座した状態で足の裏全体が床に平らにつく。つかない場合はフットレストを使用する
- シートの傾斜を調整できる。少し前(5度程度)に傾けることができる
- シートの深さを調整できる(シートをスライドさせることができる)
- シートの前縁が丸い
- シートには適度なクッションがある
- 背もたれの高さと角度(前後の傾き)を調整できる
- 背中と背もたれが密着できる。背もたれと腰の湾曲がぴったりフィットする
- 背中と足の角度は90～100°
- アームレストの高さや向きを調整できる
- 上記の調整は、すべて座ったまま操作できる
- キャスターは5つで安定性がある
- 背もたれとシートは通気性のある布地やメッシュ地である

③ディスプレイ
- 画面の高さを調整できる。画面の上端が目の高さになるようにする
- ディスプレイ本体が調整できない場合は、ディスプレイ・アームを使用する

- 画面と目の距離は40cm以上を確保する
- 画面と体との距離は腕の長さが適当
- 繊細な画像処理等、特殊な用途がない限り、一般的なコールセンター業務には光沢式でなくノングレア液晶ディスプレイを使用する
- 窓を背にしない。窓の光源に対して90°の角度で設置するのが理想的
- 画面上の表示は、シャープで読みやすく、ちらつきがないように調整する

④入力デバイス(キーボード、マウス)
- 主にテキストを入力する場合、キーボードは体の正面に置く
- 主にデータ入力を片手で行う(テンキーで数字を入力する)場合、キーボードのテンキー(または外付けのテンキーパッド)を入力する手の正面に置く
- キーボードの前端とデスクまたはキーボードトレイの前縁との間は6〜8cmのスペースを空ける
- キーボードのスペース・バーの上面はデスクトップから6.5cmを超えない
- キーボードのタイピング時に手首が曲がらないようにする
- 手の大きさにあったマウス(大き過ぎることも小さ過ぎることもない)を使用する
- マウスとデスクトップ、キーボード、肘が同じ高さになるようにする

⑤ヘッドセット
- ヘッドセットの使用による難聴等の聴覚障害を心配するエージェントがいるが、その騒音レベルは騒音障害防止のためのガイドラインの範囲内であり、ヘッドセットが原因による聴力の低下は見られないという研究結果が報告されている
- ワイヤレス・ヘッドセット。MBWAやエージェントのケアを行うスーパーバイザーやシニア・エージェント等には、ワイヤレスの方が明らかに使い勝手が良い。また、起立や離席が頻度多く発生する業務であったり、健康管理のために体を動かしやすくすることを目的とした場合等、エージェントにもワイヤレス・ヘッドセットを利用するメリットがある

⑥パームレスト
- 入力していない時に手首を休めるためのものであり、キーボード入力時には使用しない

⑦アームレスト(肘掛け)
- 高さ(肘の高さにする)や向き(内や外)を調整できる
- 高さや向きの調整ができないことによるデスクとの干渉、マウスやキーボード

の使用の妨げ等が起こる場合、状況に応じて取り外すことができる
- 人間の片腕の重さは体重の6.5%といわれる。つまり体重が60kgの人の場合、アームレストの支えがなければ両腕で約8kgの荷物を持っているのに等しい。その観点からもアームレストは重要だ

⑧ フットレスト
- 着座した状態で足の裏全体が床に平らにつかない場合は、フットレストを使用する
- 滑ったり動いたりせず安定していること
- 足首に負荷がかからないよう傾斜が調整できるものが望ましい

⑨ ラップトップPCを使用の場合
- ラップトップPCを使う場合は、ラップトップ・スタンドを使用して、デスクトップ・ディスプレイの場合と同じく、ディスプレイの上部がエージェントの目の高さとなるよう調整する。外付けのデスクトップ型ディスプレイを使用する方法もある
- 外付けのキーボード、テンキー、マウスを使って、デスクトップPCの場合と同様の環境で使用する。ブルートゥース等のワイヤレス方式であれば接続の手間が省け、ケーブルがデスクワークの邪魔になることもない

⑩ デスクトップのゾーニングとツールの配置
- 問題解決型／マルチ・タスク型の業務（図表10-7）の場合、机上の資料やツールを効率的に配置するのに十分な広さを持つL字型のデスクを使用する
- デスクトップは、**図表10-11**のように、半円形の「プライマリー・ワークゾーン」と「セカンダリー・ワークゾーン」に分けて資料等を配置する
    - プライマリー・ワークゾーン：頻繁かつ長時間使用するもの。キーボード、マウス、電話機、コーリングシート、タリーシート、応対メモ等。なお電話の操作をPCのディスプレイ上で行う場合、電話機はセカンダリー・ワークゾーンに配置する
    - セカンダリー・ワークゾーン：常時ではないが頻度多く使用し、かつ使用時間が短いもの。ディスプレイ、マニュアル、顧客向けプロモーション・ツール（DM、パンフレット、カタログ、ポスター、商品サンプル等）
- ディスプレイが複数台の場合、セカンダリー・ワークゾーンに円弧状に配置し、どれもがエージェントの目の位置から等距離になるようにする。ディスプレイ同士は離さずに隣同士に配置する
- 高度な内容の顧客サービスやテクニカルサポート業務のように、多くのマニュアルやツールが必要であるが使用頻度が少ないものはキャビネットに収納する。例えばオーバーヘッドのフラップドア・キャビネット（図表10-6の4）は、オ

図表10-11　デスクトップのゾーニング

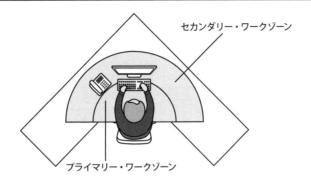

ペレーション時間中はドアを跳ね上げたままにしておけるので、顧客応対をしながら必要な時に資料を取り出すことができ、使い勝手がよい

⑪トレーニング
- オフィス・エルゴノミクスの意義や目的、エルゴノミクス家具やツールの特徴や機能、それらの使用方法（調整可能な家具やツールの調整の仕方、適切な高さや位置の決め方等）について、エージェントにトレーニングを行う
- まずは、入社時オリエンテーションの際に実施する。その後も定期的、例えば後述のオフィス環境評価の際にあわせて行うのが合理的だ

(3) オフィス環境評価

①エージェント・ワークステーション・エルゴノミクス・セルフ・チェックリスト：エージェント全員に対して、「エージェント・ワークステーション・エルゴノミクス・セルフ・チェックリスト」（図表10-12）を使用して、ワークステーションに関するセルフ・チェックを定期的に行う。不具合があれば迅速に調整・改善する。不具合の早期発見のためには四半期ごとの頻度で行うのが望ましい。

また、新人エージェントが入社したら、このチェックリストを用いて、1人ひとりにフィットするデスクや椅子の高さ等を設定する。

②コールセンター・オフィス環境評価：ワークステーションに加えて、以下を含めたオフィス全体に対する総合的な環境評価を年1回行う。
- 執務環境：照明、音響、空調
- 空間特性：フロアスペース
- 身体的影響：病気、ストレス
- エルゴノミクス：人の特性、生産性

図表10-12　エージェント・ワークステーション・エルゴノミクス・セルフ・チェックリスト

#	チェック項目	Yes	No	Noの場合のアクション
1	シッティング（座位）、スタンディング（立位）のいずれでも仕事ができる			・上下昇降式デスクを導入する ・全席導入できない場合は共有のスタンディング・デスクを数席設置する
2	デスクの下に足を自由に伸ばせるスペースがある			・デスクや椅子の高さを調整する ・デスクの下に荷物を置かない
3	椅子の高さ、座面、背もたれは調整できる			・完全に調整可能な椅子を使う
4	足の裏全体が床に平らにつく			・椅子の高さを下げる ・フットレストを使う
5	背もたれが背中と密着し、曲線部分が腰の部分の曲線にぴったりフィットしている			・背もたれの高さを調整する ・ランバーサポートを使う
6	深く腰かけた時、膝の裏側と座面の前縁との間に指2〜3本分の隙間がある			・座面の位置を前後に調整する ・ランバーサポートを使う
7	椅子のキャスターは5個（5本足）である			・5本足の椅子を使う
8	アームレスト（肘掛け）はデスクに当たっていない			・アームレストの高さを調整する ・アームレストを取り外す
9	キーボード、マウス、作業面は肘と同じ高さで、手首が上下に曲がらず、肘から先が一直線である			・姿勢を正す ・キーボードの足を立てず平らにする ・デスクや椅子の昇降
10	キーボードと机の前端との間に手首を置くスペースがある			・キーボードを正しい位置に移動する
11	マウスはキーボードと同じ高さで、体の近くの使いやすい位置にある			・マウスをキーボードに近づける ・マウスも乗るキーボードトレイを使う
12	オペレーション時間中、マウスを握ったままではない			・使わない時はマウスから手を放す ・時折逆手でマウスを使用して利き手を休める ・キーボードのショートカットを活用する
13	ディスプレイとキーボードは体の正面で、腕を伸ばした距離にある			・ディスプレイとキーボードの位置を調整
14	ディスプレイの上端は目の高さと同じ、あるいは少し下にある			・ディスプレイの高さを調整する ・ディスプレイ・アームやディスプレイ・スタンドを使う
15	ディスプレイに光が映りこんでいない			・ディスプレイは窓の横（90度）に配置 ・天井照明の調整（間接照明にする） ・窓をカーテンやブラインドで遮光する ・ノングレア・スクリーンやフィルムを使う
16	ディスプレイの画面から定期的に目を離している			・45分ごとに壁紙に画像を表示
17	ペーパーワークのために適切な手元の照明がある			・個人用のタスクライトを使う
18	頻繁に使用するアイテムはプライマリー・ワークゾーン内に、そうでないアイテムはセカンダリー・ワークゾーンに配置している			・配置を見直す
19	45分ごとに小休止している			・PCに小休止のリマインダーを設定する
20	ドキュメント・ホルダーは、ディスプレイの横（利き目と同じ側で上端は同じ高さ）、あるいは画面とキーボードの間の正面に位置している			・ドキュメント・ホルダーの再配置
21	ヘッドセットを使用している			・必ずヘッドセットを使う
22	ラップトップPCを長時間使用の場合、フルサイズの外付けキーボードとマウス、またはフルサイズのディスプレイまたはラップトップ・スタンド付きのドッキング・ステーションを使用し、デスクトップPCと同じ環境にしている			・適切なラップトップ・アクセサリーを使う
23	不快な温度（暑い、寒い）、振動、ノイズがない			・HVAC（冷暖房空調システム）で適切にコントロールする ・ノイズを吸収するカーペットやパーティション、天井の遮音マスキング、ホワイトノイズ等を使う
24	デスク、椅子、ディスプレイ等の調整機能を実際に使用できる			・直ちにトレーニングをする

III　コールセンターの健康管理

エクササイズ

　コールセンターの従事者の多くは、健康維持のためにオフの時間を利用してさまざまな運動を行っている。しかし、健康上のリスクを回避するにはそれだけでは不十分で、仕事をしながらも体を動かし続ける必要があることを、多くの研究が示している。

　しかし、拘束型業務＊であるコールセンターでは、そうしたくてもエージェントの自由にはならない。従って、管理者はエージェントが電話業務をしながら、あるいは休息時間を利用して行うことのできるエササイズのメニューを用意したり、その実施ルールを定める等して、エージェントの健康管理をサポートすることが必要だ。

　エササイズの方法やメニューはざまざまだ。専門のアスレチック・トレーナーのサポートを受ける等して、エージェントの仕事の特徴に合ったものを実施することが望ましい。インターネットを検索して得られるコールセンター向けのエクササイズを採り入れるのもよいだろう。

　また、オフィスでの日常的な活動を体を動かして行うことで、無意識にエクササイズの効果を得られるようにする以下のようなアイデアもある。

- 顧客との通話中に立ったり座ったりする
- スーパーバイザーや同僚とのコミュニケーションをメールで済ませないで、話に行く
- 異なるフロアへの移動には階段を使う
- 休憩・休息時間の際に、同僚のドリンクの給仕をする

　電話業務をしながらエクササイズ効果を得られやすくするために、ワイヤレス・ヘッドセット化を検討するのもよいだろう。

＊スケジュールに基づく勤務のため拘束性が強く、座りっぱなしの労働を強いられることから、厚生労働省はコールセンターを「拘束型」業務と位置づけている

Get Standing！Sit & Standワーク

　座り過ぎがもたらす健康リスクが多く叫ばれるようになり、仕事は座って行うものという常識が、常識でなくなりつつある。北欧では立ったり座ったりしながら仕事をする「Sit & Standワーク」が広く普及しており、デンマーク、スウェーデン、ノルウェー、フィンランドの北欧4カ国では、立って仕事をするための「Sit & Standデスク」（上下昇降デスク、図表10-13）の企業への浸透率は90％を超えている。

　北欧に続いて、ヨーロッパ、米国にも急速な普及を見せており、特にオーストラリアでは、現職（2018年2月当時）のマルコム・ターンブル首相の執務室をはじめ、政府機関の多くに「Sit & Standデスク」を導入する等、政府主導で、国を挙げてのSit & Standワーク促進運動を展開している[*1]。

　Sit & Standデスクは1970年代に腰痛で悩むスウェーデン国営電話会社の交換手の要望によって開発されたのが始まりとされており、まさにコールセンターのエージェントのニーズがその起源だと言える。

　日本でも会議のスタンディングはかなり普及してきたが、個人のSit & Standデスクは依然珍しい[*2]。

　Sit & Standワークには次のような効果がある。

- 疲労軽減
- 足のむくみや腰の痛みの軽減
- 眠気防止
- 睡眠の質の向上
- 心身のストレス反応の減少
- コミュニケーション活発化
- ダイエット効果
- 整理整頓

　これらはまさに、コールセンターのエージェントにとって必須の環境だ。新規立ち上げのセンターは、すべてのワークステーションにSit & Standデスクの採用を検討したい。また、既存のセンターですべてのデスクの交換が困難な場合は、共用のSit & Standデスクをチームに1〜数台導入することから始めるとよい。

[*1]：イギリス、アメリカ、オーストラリア、カナダでは、Get Britain Standing.org（"Britain"の部分が各国の名称）をはじめとする組織がSit & Standワークの普及運動を展開している

[*2]：2015年11月11日に放送された「NHK クローズアップ現代＋"座りすぎ"が病を生む!?」によって、ようやく日本でも関心が高まってきた

図表10-13　スタンディング・デスク

写真引用：SickChirpse（http://www.sickchirpse.com/standing-up-at-work/）

小休止（ショートレスト）

　どんなに高価なエルゴノミクス・ツールでも必ず疲労は生じる。エルゴノミクス・デザインの椅子が疲労度において有利なのは1時間程度だ。従って、その効果を活かすためには1時間経つ前に「小休止」（ショートレスト）することだ。そして、その時間を利用してエクササイズをする。あるいは、トイレに行くだけでもよいから、ちょっとした時間を使って体を動かすことで、疲労軽減に大きな効果がある。

　ただし、かけ声だけでは、その実行はほとんど期待できない。よって、小休止の使い方に関するルールやガイドラインを定めて、エージェントが実行しやすい環境を整える。

　なお、小休止を設定する場合、休息時間（第9章）との兼ね合いがあるが、以下のように考える。

- 「ベース時間内エージェント稼働率」（第6章）が特に高い業務は、「休息時間」を45分ごとにする等、休息時間のスケジュールの頻度を高める
- 「ベース時間内エージェント稼働率」が高い業務は、「休息時間」とは別に、「小休止時間」をスケジュールする。または、スケジュールはしないが作業の「小休止」の仕方やルールを定めて、「小休止」させる
- 「ベース時間内エージェント稼働率」が高くない（適度に待ち時間が発生する）業務の場合は、待ち時間を「小休止時間」とするよう、そのルールを定める

エージェントの健康管理、その他の施策

その他、エージェントの健康管理に関する施策やアイデアを挙げる。

①ヘルスケア・コミッティー：健康管理のための具体的な活動の推進役として、センター内に「ヘルスケア・コミッティー」（健康管理委員会）を設ける。センター長やマネージャーをリーダーとし、エージェントも含めて各階層、各チームから1名ずつ担当者を選出する。コミッティーは以下のような活動を行う。

- エージェントの健康管理施策と実施計画を策定する
- 担当者は、各チーム内で健康管理施策を実施する
- 「エージェント・ワークステーション・エルゴノミクス・セルフチェック」の実施と取りまとめ
- 「コールセンター・オフィス環境評価」の実施と取りまとめ
- センターの管理者や会社に対して、オフィス環境の維持・改善・問題等を提言する
- 「ヘルスケア・ゲーミフィケーション」の企画と実施

②肩こり：肩や首、腕をもんだりたたいたりすると筋肉を傷つけ慢性化して"くせ"になるため、なでるだけのマッサージ、外用薬の貼付・塗布、温熱療法を行う。

③マウスの両手使い：マウスを左右両手で使えるように練習する。左右両手で交互に使うことで腱鞘炎等を防ぐことができる。

④蒸気温熱アイマスク：コールセンターのエージェントに対する実験で、蒸気温熱アイマスクには、疲れ目、目の乾き、肩こりのほとんどの症状が改善・軽快し、イライラ、不眠の精神的疲労も緩和されるといった効果があることがわかっている。

⑤ヘルスケア・ゲーミフィケーション：健康管理施策の促進のために、次のようなゲーム的要素を盛り込む。

- 階段利用のリワード：ポイント制にして健康用品（歩数計、ランニング・ウォッチ、自転車、ジムの会員権等）との交換
- エレベーター利用によるペナルティー：集めた"罰金"を慈善団体への寄付やコールセンターの健康グッズの購入等に充てる
- オフィス・オリンピック：オフィス内で簡単にできる運動会の開催

コールセンターのメンタルヘルス

身体的にも精神的にも、従業員の健康に関する問題のほとんどすべてにストレスが

影響しているといわれる。ストレスフルな職場といわれるコールセンターにあっては、ストレスはすべてのエージェントに関わる問題だ。以下では、コールセンターの環境を踏まえたメンタルヘルス施策について解説する。

(1) ストレスとは

ストレスとは、「外部からの刺激（ストレッサー）等によって体の内部に生じる反応」のことをいう。一般に職場におけるストレッサーは、仕事の量や質、対人関係等の「心理・社会的ストレッサー」が主で、いわゆる「ストレス」とは、このストレッサーのことを指しているケースがほとんどだ。ストレスは必ずしも悪いものばかりとは限らないが、悪いストレッサーは、体や心に次のような反応をもたらす。

- 認識能力：記憶力の低下、集中力の低下、物忘れ、精神的錯乱、判断力低下等
- 心理面：活力の低下、イライラ、不安、抑うつ（気分の落ち込み、興味や関心の低下）等
- 身体面：体のふしぶしの痛み、頭痛、肩こり、腰痛、目の疲れ、動悸、息切れ、胃痛、食欲低下、不眠、便秘、下痢等
- 行動面：仕事のエラーや事故、ヒヤリハットの増加、飲酒や喫煙量の増加、食事や睡眠の変化、歯ぎしり、吃音症、赤面、引きこもり、優柔不断等

このような状態が続くと、メンタルヘルスの不調をきたしたり、ストレス関連の疾患を発症して、エージェントの健康や生活はもちろん、コールセンターのビジネス・パフォーマンスにもネガティブな影響を及ぼすことになる。従って、コールセンターの管理者には、エージェントのこのような兆候をいち早く察知し、深刻な事態に発展しないよう、迅速に対処することが求められる。

(2) コールセンターにおけるストレスの要因

コールセンターの職場でエージェントが受けるストレッサーをリストアップする。

- 職責の曖昧さや矛盾：ジョブ・ディスクリプションやジョブ・ラダーが未整備で、具体的な責務や期待が不明確。また、相反する目的（例えば「平均処理時間の短縮」と「VOCの詳細な記録」）について、なんら具体的な指針も示されないまま、どちらの達成も要求されるといった矛盾が、エージェントの混乱とストレスを引き起こす
- 業績目標と評価の矛盾：顧客満足の向上がエージェントの業績目標として掲げられているにもかかわらず、業績評価はオペレーションの効率性の結果のみでなされるといった矛盾
- 過大な要求（目標）：最初から達成不可能な目標を設定、あるいは、状況の大きな変化にもかかわらず、年初に設定した目標の変更や調整を行わない
- 予測不能なワークロード：エージェントは、1日、半日、あるいは1時間といっ

た短い単位での忙しさや、自分が応答するコールの難易度を気にしながら仕事に臨む。が、その予測はほとんど不可能なため、突然見舞われる困難さや業務量の繁閑等が、エージェントの精神的・身体的な不安定さを招く

- **リソースの不足**：もっと良いサービスを提供したいのに、リソースの不足でそれができないばかりか、その影響で、エージェントの評価も下がってしまうというのは納得できない
- **度を過ぎたモニタリング**：クオリティー・モニタリングを行うための環境作り（第5章）が不十分なまま、高い頻度で行われるモニタリングやフィードバックは、ストレスが効果に勝る
- **サポートの不足**：いつでも必要な時に助けが得られるという安心感は、エージェントがコールセンターで働く条件として優先順位が非常に高く、その期待に応えないスーパーバイザーやコールセンターに対するエージェントの評価は確実に低い（第7章）
- **厳格なだけのルール**：コールセンターを厳格なルールで運用するのは当然だ。問題なのは、意義も根拠もなく、形式だけで（つまり思考停止状態で）ルールを設定・運用し、管理者はそれを守らせることが目的化している状態
- **単調な仕事**：オペレーションの一貫性と効率性を高めるために、エージェントのタスクをできるだけ標準化・単純化し、厳格なプロセスのもと運用するのは当然だ。それだけで単調と感じるのではなく、そのプログラムにおけるエージェントの役割や意義、貢献度等を理解し、必要なトレーニングをしっかり行い、ノウハウの共有やアイデアの提案の機会を設けるといったことを行わず、ただ電話オペレーションだけをやらされている時に、エージェントは単調な仕事と評価する
- **貧弱な報奨**：金銭的報奨の金額の多寡ではなく、エージェントが、自分の苦労が報われたと感じることが重要だ。どんなに高額なインセンティブでも、形式的に提供するだけではやりがいを感じない
- **エージェントという仕事のステータスの低さ**：残念ながら、コールセンターの当事者か経験者でない限り、ほとんどの人に、エージェントの仕事は簡単で軽いと思われているのが現実だ。このように仕事が過小評価されることで、社内の位置づけは低く（ジョブ・グレードや給与も低い）、家族や友人にもプライドを持って伝えることができない。エージェントであることに誇りを持たせるのも、コールセンターの管理者の重要な役割だ
- **勤務時間の困難さ**：平日の9:00〜17:00が営業時間であっても、ひとたび事が起これば、曜日や時間を問わず緊急・臨時の勤務を要請されたり、リソース不足で休暇の取得がままならない等、会社の事情に我慢を強いられる状況の長期化は、エージェントの勤続期間の短期化を促す

- **不安定な雇用**：非正規雇用の場合、自分の雇用について100％安心して勤務することはできない
- **不公平感**：同僚も皆同じ仕事であるがために、エージェントは不公平であることに極めて敏感だ
- **高まる一方の顧客の期待**：インターネットの進展により顧客の情報レベルは加速度的に高まり、それに伴って顧客サービスに対する期待や要求も高度化する一方だ。それに応えるため、エージェントのプレッシャーも高まるばかりだ
- **不愉快・不機嫌・不満足な顧客**：エージェントにとって最も厄介な顧客かもしれない。苦情の顧客であれば、問題の解決という具体的なゴールが存在するが、これらの顧客にはそれがないため、高度なコミュニケーション・スキルが必要だが、そのためのトレーニングを施すセンターは極めて少ない。従って、これらの顧客に応対するスキルが向上せず、エージェントは憂鬱なばかりだ
- **旧式のIT機器やソフト**：リソースの不足に共通する。エージェントが良いサービスを提供したくても、それをサポートする環境やツールが貧弱では、せっかくのエージェントの思いが、ストレスに変質してしまう
- **キャリア向上の機会がない**：エージェントの大半が非正規社員であることから"対象外"とされてきたことが一番の原因だろう。キャリア向上を求めないエージェントも少なくないが、優秀なエージェントほど、それを求める傾向にあることは確かだ。それが機能しないことで、優秀なエージェントほど失ってしまうことになる
- **不十分なトレーニング**：多くのセンターが、トレーニングを必要悪でありコストであると位置づけている。だから必要最小限で済ませようとする（第8章）。それでは高い成果をあげることはできないし、エージェントの不満も解消されない。質が高く、優秀と評されるセンターは、例外なくトレーニングを投資と位置づけている
- **エルゴノミクスの欠落と健康上の負荷**：拘束性が高く、VDT作業の反復というコールセンターの環境は、エージェントの心と体にさまざまな負荷をもたらす。コールセンターは、オフィス・エルゴノミクスを看過することは到底できない。
- **未熟な管理者**：マネジメント・スキルの未熟な管理者の存在がエージェントの強いストレスを招くことは言うまでもない。また、上記のすべてを引き起こすのも、管理者の考え方や姿勢次第だ

(3) ストレスがもたらすエージェントへの影響

- **不健康**：ストレスはメンタルヘルスの不調をはじめとして、身体面でのあらゆる疾患を引き起こす引き金となる
- **パフォーマンスの低下**：ストレスにより、心理面・身体面・行動面に現れる反

応が、エージェントの能力発揮を阻害する
- **仕事・職場に対する満足度の低下**：ストレスを感じているエージェントは、気分よく仕事をしたり、職場に満足することができない
- **心身の消耗**：ストレスは、エージェントを心身ともに疲れさせる
- **皮肉や冷笑**：ストレスにより意欲が減退すると、仕事に対して皮肉や冷笑を交えた傍観者的な態度を示すようになりがちだ
- **エラーやトラブルの増加**：ストレスにより仕事への集中力が低下すれば、エラーやトラブルが増えるのは当然だ
- **欠勤・燃え尽き**：米国での調査によると、ストレスは、欠勤の半数、自己都合退職の4分の1を引き起こす。コールセンターの離職理由（第7章）も、ほとんどが上述のストレス要因と重なっている

(4) ストレスがもたらすビジネスへの影響

- **パフォーマンスの低下**：上記のストレスがもたらすエージェントへの影響は、そのまま鏡のようにビジネス・パフォーマンスの低下として表れる
- **顧客満足の低下**：顧客の満足に最も大きく影響するエージェントのパフォーマンスが低下すれば、顧客満足も低下するのは必然だ
- **高いエージェント離職率**：ストレスによるエージェントの離職の増加、つまりエージェント離職率の上昇は、多くのネガティブな影響をもたらす（第7章）
- **ターンオーバー・コストの増加**：ターンオーバーは高くつく（第7章）。企業にとって大きな痛手だ
- **メンタル・ヘルスケアのコストの増加**：メンタルヘルスの不調は、エージェントの欠勤や休職に直結し、それがパフォーマンスの低下というコストとしてビジネスに負の影響を与える

(5) コールセンターのストレス対策

　ストレスに関する問題は広範囲にわたっており、エージェント個人や企業への影響も非常に大きい。特にストレスフルな職場であるコールセンターにとっては深刻な問題だ。
　では、どのような対策を講じればよいのか。これといった特効薬があるわけではないが、必ず行うべきは、上述の「コールセンターにおけるストレスの要因」を解消することだ。ここに挙げた21の要因について、それぞれ逆に言い換えることで、21のストレス対策と読み替えることができる。
　なお、実際に対策を講じるには、自社センターにおけるストレスやメンタルヘルスに関する問題を明らかにし、その原因を特定することが必要だ。そのために、次に述べる「ストレスチェック制度」を利用すればよい。

(6) ストレスチェック制度

　「ストレスチェック制度」とは、職場における「うつ」等のメンタルヘルスの不調を未然に防止することを目的として、労働者が50人以上いる事業所に対し、毎年1回、すべての労働者に「ストレスチェック」や面接指導の実施を義務づけた、国の制度だ。

　ストレスチェックの結果は、医師等、ストレスチェックの実施者に、一定規模の集団（10人以上の部、課、グループ等）ごとに集計・分析してもらい、その結果を提供してもらうことができる。そのため、コールセンターが独自にエージェントへのメンタルヘルスに関する調査を行うことなく、ストレスチェックの結果を活用することが可能だ。

　従って、コールセンターの管理者は、ストレスチェックの実施を人事部門任せの受け身な姿勢で臨むのでなく、同制度に関する基本的な知識を備え、むしろ積極的に取り組むことが必要だ。

　ストレスチェック制度に関する情報は、会社の人事部門から提供される研修や厚生労働省の啓発資料等から得ることができる。フロントライン・オペレーションの管理者は、必ず目を通しておきたい。

第11章

コールセンター・テクノロジー

　コールセンターのエージェントは、テクノロジーで重装備されている。コールセンターが企業経営の縮図（序章）と言われるほど業務の守備範囲が広く、そのほとんどすべてに専用のテクノロジーが介在するからだ。加えて、Web、ソーシャル、モバイル等、顧客とのコンタクト・チャネルの増加やAIの実用化が、オペレーションに必要なテクノロジーの増加や複雑さに拍車をかけている。
　そのような状況にあって、正しいテクノロジーの選択とその効果的な活用は、まさにコールセンターの成功を左右する重要な要素だ。その一助とすべく本章では、一般的なコールセンター・テクノロジーに関して、コールセンターの現場のユーザーの視点から整理・分類し、その役割や機能について解説する。

I コールセンターのテクノロジーを理解する

コールセンター・テクノロジーは、なぜ難しいのか

「コールセンターのシステムは難しい」と言われることが多いが、次のような理由によるものだ。

図表11-1 コールセンター・テクノロジー

領域	業務分類	システム／ツール	マスト・ハブ	ナイス・トゥ・ハブ
コールセンター基盤システム				
電話ネットワーク／サービス	電話サービス	フリーダイヤル*	○	
		ナビダイヤル*	○	
	電話サービス運用管理	カスタマコントロール*	○	
	レポーティング	カスタマコントロール*	○	
コールセンター・プラットフォーム	スイッチング（PBX機能）ルーティング（ACD機能）	PBX／ACD	○	
	音声／データ統合	CTIミドルウェア	○	
	ACD運用管理	コール・マネジメント・システム（CMS）	○	
	ACDレポーティング	コール・マネジメント・システム（CMS）	○	
コンタクト・マネジメント	コンタクト・マネジメント	CRMシステム	○	
	アウトバウンド・コンタクト	ダイヤラー	○	
		コール・ブレンディング		○
	メール・コンタクト	メール・マネジメント・システム	○	
	マルチチャネル・コンタクト（Web／チャット／SMS／SNS／モバイル）	Web RTC Webコラボレーション ITR（インタラクティブ・テキスト・レスポンス）	○	
音声処理	音声応答	コール・プロンプト	○	
		IVR（インタラクティブ・ボイス・レスポンス）	○	
	会話認識	スピーチ・リコグニション	○	
	発信者認識／声紋認証	ボイス・バイオメトリクス		○

*いずれもNTTコミュニケーションズのサービス名。普及度の高さから一般名的に使用されている

①**広範な分野に多くの製品**：図表11-1に、現在一般的に利用されているコールセンター・テクノロジーを業務の種別ごとに分類し、それぞれに対応するシステムやツールと、その主な機能を一覧にした。

電話の受発信や顧客とのコンタクトの管理等、コールセンターに固有の基盤システムに加えて、コールセンターのマネジメントをサポートするシステムやツールが数多く存在し複雑に連携している。さらに、1つのシステムやツールにいくつものメーカーの製品が存在するため、それをリスト化すると図表11-1の何倍もの量となる。コールセンターやテクノロジーに対する知識や経験の浅い者にとっては、その概要を理解するのは容易ではない。

②**電話とコンピューター、実は世界が違う**：音声通信（電話の世界）と情報システム（コンピューターの世界）は、もともと全く別世界であったということだ。文系の者にはどちらも同じように見えるが、実はコンピューターの技術者には、電話のことはわから

	主な機能／用途
	・着信課金 ・オプション・サービス（ルーティング／IVR／ACDグループ／発信地域指定／通話量設定／案内ガイダンス／回線数変更／迷惑電話拒否等）
	・全国統一電話番号／発信者課金　・フリーダイヤルと同様のオプション・サービス
	・フリーダイヤル／ナビダイヤルのオプション・サービスの設定・変更
	・フリーダイヤル／ナビダイヤルのトラフィック・レポート
	・電話の接続（電話交換）　・ディレイ・アナウンス　・コールの均等分配　・EWT（待ち時間予測） ・ルーティング（1stイン・1stアウト／スキルベース／サービスレベル／インテリジェント／ダイレクト・エージェント） ・コール・プロンプト　・キューイング　・コールバック（キュー・ソリューション）　・ウィスパー／スキル表示 ・エージェントモード（ログイン・アウト／応答可／後処理／離席等） ・問い合わせ種別トラッキング　・エマージェンシー／ヘルプ対応　・ライブ・モニタリング
	・CTI連携　・画面転送　・ACD機能　・アウトバウンド・ダイヤリング／ブレンディング　・アプリケーション制御 ・スクリーンポップ　・レポーティング
	・コールフロー設定／変更　・エージェント・スキル設定／変更
	・ヒストリカル・レポート　・リアルタイム・ステータス・モニタリング
	・コンタクト・マネジメント　・ナレッジ・マネジメント　・ワークフロー　・VOCコレクション＆フィードバック ・カスタマーサービス　・テレマーケティング＆テレセールス　・セールスフォース・オートメーション ・オーダー・プロセシング　・スクリプティング　・フルフィルメント
	・プレビュー・ダイヤリング　・プログレッシブ・ダイヤリング　・プレディクティブ・ダイヤリング
	・インバウンド＋アウトバウンド　・マルチチャネル・コンタクト・ブレンディング
	・ルーティング　・回答検索・作成支援　・受信確認メール自動送信　・承認ワークフロー ・レスポンスタイム・マネジメント　・レポーティング（リアルタイム／ヒストリカル）　・テンプレート
	・チャネル連携　・ビジュアルIVR　・Webコンタクト・リクエスト（コールバック／クリック・トゥ・コール） ・Webセルフサービス　・画面共有　・ファイル共有　・ビデオチャット
	・コールフローの案内メッセージ
	・コールの振り分け　・セルフサービス
	・クオリティー・モニタリング　・ビジネスプロセス改善　・VOC　・顧客エンゲージメント測定 ・コーチング／トレーニング　・コンプライアンス
	・本人確認／ID認証／コーラー同定

図表11-1 コールセンター・テクノロジー（続き）

領域	業務分類	システム／ツール	マスト・ハブ	ナイス・トゥ・ハブ
コールセンター基盤システム				
エージェント・ツール	デスクトップ作業の効率化	エージェント・デスクトップ	〇	
	電話システムの操作と通話情報	ソフトフォン		〇
		エージェントボード		〇
	トークスクリプト	スクリプティング・ツール		〇
	ヘッドセット	ヘッドセット	〇	
		ワイヤレス・ヘッドセット		〇
コールセンター・マネジメント・ツール				
ワークフォース・マネジメント	ワークフォース・マネジメント	ワークフォース・マネジメント	〇	
	ワークフォース最大化支援	ワークフォース・オプティマイゼーション		〇
	リアルタイム・マネジメント	CMSステータス・モニター	〇	
		ウォールボード		〇
ビジネス・プロセス・マネジメント	マニュアル作成	ビジネス・グラフィック・ソフト	〇	
	ビジネスプロセス自動化	プロセス・オートメーション		〇
	ビジネスプロセス改善	エージェント・デスクトップ・アナリティクス		〇
		スピーチ・アナリティクス		〇
クオリティー・マネジメント	コンタクト・プロセスの録音・記録	通話録音システム	〇	
		マルチメディア録音ツール		〇
	クオリティー・モニタリング	クオリティー・モニタリング・システム	〇	
	会話内容の分析	スピーチ・アナリティクス		〇
	顧客エンゲージメント／VOC（ボイス・オブ・カスタマー）の収集と分析	顧客サーベイ・ツール		〇
		VOCマネジメント・ツール		〇
パフォーマンス・マネジメント	ビジネス・インテリジェンス	BSCソフト		〇
		BIツール		〇
	パフォーマンス・モニタリング	ウォールボード		〇
		エージェントボード		〇
フロントライン・マネジメント	エージェント・エンゲージメント	エージェント・ポータル エージェント・セルフサービス		〇
		インセンティブ・マネジメント		〇
		ゲーミフィケーション		〇
		デジタル・サイネージ		〇
トレーニング＆デベロップメント	トレーニング・マネジメント	ラーニング・マネジメント・システム		〇
		e-ラーニング		〇
	エージェント・トレーニング／コーチング	クオリティー・モニタリング・システム		〇
		スピーチ・アナリティクス		〇
		エージェント・デスクトップ・アナリティクス		〇
	ナレッジ・マネジメント	ナレッジベース	〇	
		FAQマネジメント・ツール		〇
リスク・マネジメント	コンプライアンス	スピーチ・アナリティクス		〇
		エージェント・デスクトップ・アナリティクス		〇

	主な機能／用途
	・シングル・サインオン　・デスクトップ・エディター　・全チャネル／アプリケーション統合
	・エージェントモード(ログイン・アウト／応答可／後処理／離席等) ・電話制御(応答／保留／転送／発信／切断)　・通話情報(通話時間／発信者番号／キュー・ステータス／スキル名)
	・スクリプト生成／修正／表示　・バージョン管理／差分表示　・実行履歴の管理　・問題点の特定／分析
	・ヘッドセット
	・ワイヤレス・ヘッドセット
	・ワークロード・フォーキャスト　・スタッフィング＆スケジューリング　・ワークフォース・フォーキャスト ・パフォーマンス・マネジメント
	・WFM＋クオリティー・モニタリング
	・キュー・ステータス　・しきい値設定／管理　・サービスレベル　・アラート発報
	・ビジネス用作図／テンプレート　・プロセス・マッピング
	・デスクトップの定型処理の自動化　・顧客に進捗状況の通知　・ロボティック・プロセス・オートメーション ・ドキュメントの集中管理
	・デスクトップの使用状況監視　・処理時間測定、効率性分析
	・会話内容の分析からプロセスの問題を特定
	・外線・内線・IP録音　・音声波形表示　・検索(日時／エージェントID／スキル／着信番号／発信者番号／通話時間等) ・各種ソリューション(クオリティー・モニタリング／会話・テキスト分析等)と連携
	・音声／スクリーン／ビデオ／テキスト／チャット
	・モニタリング(ライブ／録音)　・スコアカード／評価レポート作成　・インシデント・タギング／分類　・効果検証 ・インシデント・アラート　・カリブレーション　・評価対象コールの選定　・パフォーマンス・フィードバック ・評価／スコアリング　・マルチチャネル対応
	・キーワード・スポッティング　・音声インデックス　・スピーチ・トゥ・テキスト
	・電話／メール／アンケートハガキ　・アフター・コール・サーベイ(IVR)
	・全チャネルからのVOCの統合　・スコアリング　・音素検索　・傾向／因果関係分析　・感情認識 ・エンゲージメント・レポート作成　・テキスト・マイニング　・VOCレポート作成
	・BSC／ストラテジー・マップ作成　・BSCパフォーマンス・モニタリング　・KPI設定 ・BSCパフォーマンス・レポーティング
	・分析／レポーティング
	・キュー・ステータス　・パフォーマンス進捗　・サービスレベル　・アラート発報
	・スケジュールの確認／スケジュール・オプションの入力・調整　・各種人事手続き ・エージェント・エンゲージメント／エージェント・デスクトップの各機能の統合
	・インセンティブ・スキーム作成　・レポーティング：実績やランキング、分析 ・ポータルサイト：個人の実績や進捗状況の確認　・ワークフロー：給与部門との連携による自動計算・支払い処理
	・ACDやCRMとの連携によるポイント付与　・ポータルサイト：チームや個人のポイントやスコアの実績を確認 ・レポーティング：競合チームとの比較やランキング等
	・カスタマイズ・メッセージ　・インターナル・コミュニケーション　・ウォールボード　・エージェントボード
	・受講者管理　・受講者マイページ　・スケジューリング　・アンケート／フィードバック　・スコアリング／成績管理 ・レポーティング
	・コンテンツ作成　・受講者管理　・コンテンツ配信　・レポーティング
	(クオリティー・マネジメント参照)
	・ナレッジベース専用パッケージ　・社内専用ナレッジベース(製商品知識ベース、Q&A等) ・汎用ファイル／情報共有システム　・FAQ on Webサイト　・各種Webサイト閲覧(業界・製商品関係) ・イントラネット
	・FAQ作成／変更／編集　・顧客アンケート　・承認ワークフロー　・問い合わせ回答作成支援 ・検索(自然文／キーワード／カテゴリー／属性等)　・顧客閲覧履歴管理　・レポーティング
	・キーワード・スポッティングによる情報提供のコンプライアンス・チェック
	・ビジネスプロセスのコンプライアンス・チェック

なかった。多くの企業が、電話についてはIT部門でなく総務部が管轄していたのはそのためだ。

しかし、「CTI」（computer telephony integration；コンピューターと電話の統合）の技術が、それまで別世界であった電話とコンピューターをつなげたことにより、IT部門が両者を管轄するようになった。さらに現在では、コンピューターが電話自体を扱うことになり、電話がコンピューターの技術の一部と化した。しかしながら、そのことによって企業のIT担当者が皆一斉に電話の技術に習熟するようになったわけではなく、現状でも通信機器メーカーや専門のシステム・インテグレーターに委ねるケースが多い。

このことは、コールセンターの核心部分（図表11-1のコールセンター基盤システムに相当する部分）に関して、企業のIT部門がリーダーシップを発揮していないことを意味する。「コールセンターのシステムはよくわからない」「コールセンターのシステムは難しい」というイメージにつながっている。

③ **定義や名称の難解さ**：さまざまなメディアで、コールセンター・テクノロジーの一覧を目にするが、その定義や切り口は多様で混在している。リストの内容を正しく理解するためには、まず以下のようなポイントを踏まえ、名称の定義や意味を正確に読み取ることが必要だ。

- フロントエンドの製品（使用者が直接操作する、使用者の目に見える）なのかバックエンドの技術（フロントエンド製品のうら側に存在して、フロントエンドのシステムや製品を動かす技術）なのか
- 名称は概念（例えば"生産性の向上"）を表しているのか、システムやツールの一般名（例えば"プロセス・オートメーション"）なのか、もしくは製品名なのか
- コールセンターに特化したテクノロジーなのか、他のビジネス分野あるいは汎用のツールなのか（例えばACDはコールセンターに特化した技術だが、BIは汎用のツールである）

④ **境界の曖昧さ**：システムや製品ごとの境界が曖昧なことも、理解を困難にしている一因だ。今や、ほとんどの製品の機能が重なり合っている。同じ領域のツールが提供する機能のほとんどを持つ「統合パッケージ」もある。

コールセンター・テクノロジーを分類し全体像をつかむ

コールセンターが進化するほど、テクノロジーの重要度はますます上昇する。コールセンターの管理者はテクノロジーに対する理解を深め、センターの将来像を見据えながら正しい選択と有効な活用に采配を振るわねばならない。そのためにはまず、数多くのコールセンター・テクノロジーを分類し、その全体像をしっかりつかむことが必要だ。

(1) コールセンター基盤システムとコールセンター・マネジメント・ツール

　本書では、コールセンター・テクノロジーを、下記のように「コールセンター基盤システム」と「コールセンター・マネジメント・ツール」とに大別した(図表11-1)。前者をPCのOS(Windowsのような基本ソフト)に、後者をアプリケーション(WordやExcelのような応用ソフト)のようにイメージすればよいだろう。

①**コールセンター基盤システム**：コールセンターの基本的な仕組みを形づくるテクノロジーで、通信キャリアのネットワーク、コールセンターの電話の受発信(「プラットフォーム」)、電話以外の顧客コンタクトの管理(「コンタクト・マネジメント」)、音声処理の技術(「音声処理」)、エージェントが直接操作するデスクトップのツール(「エージェント・ツール」)の5つの領域からなる。

②**コールセンター・マネジメント・ツール**：センターのさまざまな運用をサポートするテクノロジーで、ワークフォース・マネジメント、クオリティー・マネジメント等、本書の章立てに合わせた領域に分類しているため、各章で解説した業務をサポートするシステムやツールを容易に確認できるはずだ。ツールによっては複数の領域にまたがった機能を持つものもある(例えば、スピーチ・アナリティクスはビジネスプロセス・マネジメント、クオリティー・マネジメント、トレーニング＆デベロップメント、リスク・マネジメントの4つの領域にまたがる)ため、その場合はそれぞれの領域に重複して記載した。また、コールセンター専用のツールではないが、コールセンターで多く利用されている汎用ツールも掲載した。

(2) コールセンター・テクノロジーを詳細に分類する

　図表11-1では、コールセンター基盤システムとコールセンター・マネジメント・ツールに大別したシステムやツールを、以下に示す通り、業務ごとに分類し、それぞれの主な機能や用途を記載した。さらに、各ツールの優先度の目安を示した。

①**業務分類**：各領域で行う具体的な業務により分類し、各業務に対応するシステムやツールを次欄に示した。ここには基本的に、"おもて側"のツールを記載しているが、スピーチ・リコグニションやボイス・バイオメトリクスのように、"うら側"の技術ではあっても、コールセンターのユーザーが認識しておくべきで、かつ、製品の選定に影響を与えるものは記載した。

　　システムやツールの表記は一般名を基本とした。ただし、例えば「フリーダイヤル」はNTTコミュニケーションズのサービス名であるが、その普及度の高さから事実上一般名化しているものは、意図的に商品・サービス名をそのまま記載した。

②**主な機能／用途**：システムやツールが提供する主な機能やサービス、または、その技術の用途(利用する業務)をカタログ・スペック的に列挙した。

③**マスト・ハブ／ナイス・トゥ・ハブ**：テクノロジーの導入の優先度や必要性の度合いを表す。マスト・ハブ（must have）はコールセンターの設立当初から必要な（導入すべき）テクノロジーを、ナイス・トゥ・ハブ（nice-to-have）は初期の段階では必要ではない（それがなくても必要最小限のコールセンター業務の遂行が可能）テクノロジーであることを意味する。

　優先度や必要度合いは、個々の企業の戦略、実施している業務、センターの成熟度、予算、優先順位等、センターによって異なるが、ここでは初期段階のコールセンターを想定し、一般論としての必要度合いを表した。

II　コールセンターの基盤システム

電話ネットワークとサービス

　コールセンターのマネジメントは、コールセンターに顧客の電話がかかってきてからではなく、顧客がコールセンターにアクセスを試みる（電話番号をダイヤルする）時点からスタートする。

　顧客がコールセンターの電話番号をダイヤルすると、そのコールは、いきなりコールセンターに到達するわけではなく、まずは通信キャリアのネットワークを通る。コールセンター側のキャパシティーが、同時にかかってきたコール数より少なければ話中が発生し、顧客は電話をかけ直すという作業を余儀なくされる（第3章）。

　ところが、その間の出来事（事実やデータ）はコールセンターにはわからない。コールセンターが把握できるのは、自社の電話システムにコールが着信して以後のことに限られるからだ。だからといって、それを通信キャリアの責に帰するわけにはいかない。顧客の電話がストレスなくつながるという経験を提供するのは、あくまでもコールセンターの責任だ。

　そのために、通信キャリアのネットワーク上における顧客のコールをコントロールするための通信キャリアのサービスを利用することになる。それが「フリーダイヤル」や「ナビダイヤル」であり、それを制御する「カスタマコントロール」だ。

①フリーダイヤル／ナビダイヤル：日本のコールセンターの歴史は、1985年に登場したフリーダイヤルの歴史とともにあるといっても過言ではない。それまでは単なる通信手段に過ぎなかった電話を、企業のマーケティング・ツールとして昇華させたのがフリーダイヤルだ。

　発信者通話料無料（着信課金）なのが「フリーダイヤル」で、その後に登場した「ナビダイヤル」は発信者課金を基本とした全国共通電話番号による通話サービスだ。いずれもNTTコミュニケーションズのサービスであり、他の通信キャリア各社も同様のサービスを提供しているが、フリーダイヤル／ナビダイヤルの普及率の高さから、各社のサービスを総称してフリーダイヤル／ナビダイヤルと呼ぶのが一般的だ。

　両サービスとも、通話料や共通電話番号といったメインのサービスに加えて、コー

ルのルーティングや音声応答、案内ガイダンス、コールセンターの運用支援等、さまざまなコントロール機能（オプションサービス）を提供している。コールセンターに着信する前の、通信キャリアのネットワーク内における顧客のコールをコントロールするためのコールセンターを設けるようなイメージだ。

　コールセンターがフリーダイヤル／ナビダイヤルを利用する目的は、着信課金のみならず、このオプションサービスを利用できることにある。これによって、コールセンターが直接手をつけられない通信キャリアのネットワーク上のコールのコントロールが可能になるとともに、さまざまなデータや統計レポートを入手することができるからだ。

　ＮＴＴコミュニケーションズの場合、約40種のオプションサービスが提供されており、少ない負担で多彩なコールセンター機能が利用できることは、フリーダイヤルによる通信料コスト負担の元を取って余りあると言っても過言ではない。

②**カスタマコントロール**：フリーダイヤル／ナビダイヤルのオプションサービスによる制御（照会、設定、変更）や利用状況の照会（レポーティング）を行うのがカスタマコントロール*だ。Webベースのアプリケーションとして無料で利用できる（ＮＴＴコミュニケーションズの場合）。場所を選ばず利用できることから、災害の発生等、緊急時の業務継続／災害復旧計画（第12章）のツールとしても活用できる。

　カスタマコントロールから提供されるレポートは有用で、通信キャリアの局内交換機による非常に詳細なデータを得ることができる。発信コール数や話中コール数は、このレポートでなければ得られない（第3章）。

　なお、マーケティング系のコールセンターの場合、発信コール数は顧客に対するマーケティング活動のレスポンスを把握するための重要な情報であることから、マーケティング・マネージャーがカスタマコントロールのユーザーとして利用する例も多い。

コールセンター・プラットフォーム

　コールセンターのプラットフォームとは、顧客のコールを受け入れ最適なエージェントにルーティングする「PBX／ACD」、電話と情報システムをつなぐ「CTI」、それらを適切に制御しマネジメントのためのデータや情報を提供する「CMS」からなる。コールセンターが最初に装備するのがこれらであり、コールセンターの基盤をつかさどるテクノロジーだ。

---

*フリーダイヤル、ナビダイヤル同様、ＮＴＴコミュニケーションズのサービス名称

(1)PBX／ACD

　コールが通信キャリアのネットワークを経由してコールセンターに到達した時の最初のエントリー・ポイントがPBX／ACDだ。

　「PBX」(private branch exchange；構内電話交換機)は、外部からの顧客のコールを社内の電話ネットワークに接続(「スイッチング」「電話交換」という)する装置だ。社内の電話の内線グループを編成したり、ダイヤルインを設定する企業には必ず設置されており、それ単独でコールセンター用の機能を持つわけではない。

　このPBXにコールセンター用の機能を付加するのが「ACD」(automatic call distribution；自動コール分配機能)だ。これは、PBXにより接続されたコールを、あらかじめ設定したルールに従い最適なエージェントにつなぐ(「ルーティング」という)役割を果たす。本書では、「ACD等、専用の電話システムを使う」ことを、コールセンターを定義する条件の1つとしている(序章)が、まさにACDはコールセンターの中核をなすテクノロジーだ。

　ACDの機能の提供形態は「PBX型」「サーバー型」の2つに大別されるが、PBXのソフトウエア化・ネットワーク化が進み*、現在ではサーバー型が主流となっている。

　PBX型は、PBXの付加機能としてACDの機能を追加するものだ。これが初期の形態であり、電話交換を担うPBXとルーティングを担うACDが一体となって、コールセンター用のシステムとして機能する。"PBX／ACD"とワン・ワードで表記するのはそのためだ。

　サーバー型は、PBX／ACDの機能をソフトウエア(PBXがソフトウエア化した「コミュニケーション・サーバー」や、PBX／ACDの機能を持つ「CTIサーバー」等)で提供する。また、それらのクラウド・サービスによる提供も拡大している。PBXというハードウエアが存在しないことにより以下のようなメリットが生じる。

- 場所を選ばないため、エージェントを物理的に分散できる。複数サイト化、地方展開、在宅エージェント、オフショア等が比較的容易になる
- ソフトウエア化されたことで、ACDにさまざまなアプリケーションを統合して利用できる。ただし異なるアプリケーションの統合にはコストがかかる。オールインワン・パッケージであれば、含まれる各機能のレベルは下がるがコストは抑えられる
- インターネットを利用してマルチチャネル化のためのインフラを構築できる

　下記はPBX／ACDの主要な7つの機能だ。

---

*従来のコールセンターでは、コールが着信する入口部分にはPBXという物理的な装置が必ず存在したが、現在ではPBXの機能のソフトウエア化が進み、ハードウエアとしてのPBXが存在しないコールセンターが主流となっている。そのため本書では、PBX型とサーバー型を総称して「電話システム」と表記している

①ルーティング：PBXに着信したコールを、あらかじめ設定したルールに従いエージェントにつなげるACDの基本機能だ。ルーティングの方式には、主に次の5つがある。

- ファースト・イン／ファースト・アウト：先に着信したコールから先にエージェントにつなげる（先着順）という、最もオーソドックスなルーティングの方式。英語表記の省略形で「FIFO」(first-in, first-out)と呼ばれる
- スキルベース・ルーティング：エージェントに知識や経験に応じた「スキル*」をあらかじめ設定し、コールのタイプにマッチしたスキルを持つエージェントにコールをつなげる。現在のコールセンターにおけるルーティングの基本であり、下記に述べるルーティングは、スキルベース・ルーティングの応用版だ

    エージェントは複数の異なるタイプのスキルを持つことができ、さらにスキルごとに着信の優先度（＝「スキルレベル」）を設定できる。これにより、個々のエージェントが持つスキルの種類とそのレベルの組み合わせによって、コールの最適化（効果的・効率的な処理）を図ることができる

    スキルベース・ルーティングを機能させるには、最初に、着信したコールのタイプを認識する必要がある。そのためには、「スキルグループ」（同じスキルを持つエージェントからなるACD内の仮想グループ）ごとに顧客がアクセスする電話番号を変える、あるいは「IVR」（音声応答システム）でコールのタイプを認識し、それに対応するスキルに振り分ける、の2通りの方法がある。**図表11-2**にスキルベース・ルーティングの基本的なイメージを表した
- インテリジェント・ルーティング：着信したコールの電話番号を社内のデータベースと照合し、顧客のタイプ（新規顧客、既存顧客、VIP顧客等）や購買履歴、コンタクト履歴等から最適なエージェントを選択したり、エージェントにつなげる優先順位を決めたりする。「データベース・ルーティング」とも呼ばれる
- ダイレクト・エージェント・ルーティング：発信者の電話番号によるコンタクト履歴から、前回、この顧客に応対したエージェント、あるいは、この顧客を担当するエージェントに直接つなげる。インテリジェント・ルーティングの1つのパターンだ
- サービスレベル・ルーティング：キューイング（コールがエージェントにつながるための順番待ち、第3章）した顧客の待ち時間とサービスレベル目標時間との関係性を計算して、混雑時にはバックアップ・エージェントを稼働させる等して、サービスレベルの目標を達成するようにルーティングをコントロールする

＊コールのタイプや理由に対し、エージェントがそのコールを処理（応対や手続き）するための能力（知識や技術）、あるいは業務の区分を意味する

図表11-2　スキルベース・ルーティングのイメージ

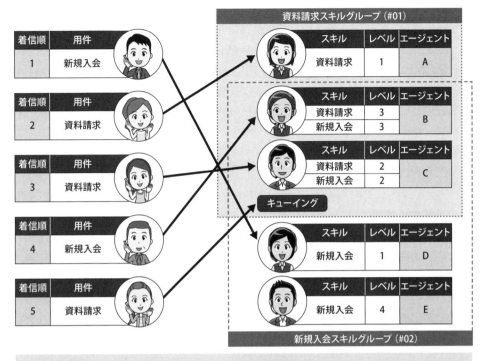

- 左側の顧客からのコールが、右側のどのエージェントにつながるかを表す
- このコールセンターは、資料請求と新規入会の2つの業務を行う
- エージェントA、B、Cの3人が資料請求のスキルを持ち、この3人からなる資料請求のスキルグループ（#01）内でスキルレベルが設定されている
- エージェントB、C、D、Eの4人が新規入会のスキルを持ち、この4人からなる新規入会のスキルグループ（#02）内でスキルレベルが設定されている
- エージェントA、D、Eはそれぞれ1つのスキルしか持たない（シングルスキル）が、エージェントB、Cは2つのスキルを持つ（マルチスキル）
- 1番目に着信した新規入会のコールは、新規入会のレベル1のスキルを持つエージェントDにつながる
- 2番目に着信した資料請求のコールは、資料請求のレベル1のスキルを持つエージェントAにつながる
- 3番目に着信した資料請求のコールは、資料請求のレベル2のスキルを持つエージェントCにつながる
- 4番目に着信した新規入会のコールは、新規入会のスキルレベル1、2が通話中のため、同レベル3のエージェントBにつながる
- 5番目に着信した資料請求のコールは、資料請求のスキルを持つ3人のエージェントが全員通話中のため、資料請求スキルグループにキューイングして、資料請求スキルを持つエージェントが空くのを待つ
- エージェントEは新規入会のスキルしか持たないため、5番目のコールを受けられず応答可（待機）の状態のままである

②**コールの均等分配**：着信したコールを同じグループのエージェントに均等に分配する機能。ACDはその名の通り、この機能が出発点だ。1973年にコンチネンタル航空に導入されたのが初めてとされているが、当時の米国のエージェントの報酬制度はフルコミッション制であることがほとんどで、応答コール数の偏りによる報酬機会の不均等を是正することを目的に開発された。現在では、業務量の均一化によるエージェントの健康管理や業務の均質化が目的となっている。

ちなみにACDという用語は、現在では、均等分配を含めたコールセンター機能全般を総称する用語として使われている。

③**キューイング**：接続するスキル・グループのエージェントが全員ビジー（通話・後処理・離席等、新たなコールを受けられない状態）になると、新たに着信したコールは、エージェントにつながるための順番待ちをする（例えば、資料請求のコールであれば、資料請求のスキルに順番待ちをする）。この順番待ちのことを「キュー」と言い、新たにキューに入る（順番待ちの行列に並ぶ）ことを「キューイング」という。

　キューの状態が長引くことで、待ちきれない顧客が自ら電話を切る（放棄）ことによる顧客満足の低下や、企業にとってのビジネス機会の損失を防ぐために、以下のようなさまざまな機能が用意されている。

- **ディレイ・アナウンス**：コールがキューイングしたこと、そしてその後の状況を顧客に知らせるためのメッセージ。「コール・プロンプト」（PBXの簡易的な音声応答機能）によりメッセージを流す
- **予測待ち時間**：「EWT」（expected waiting time）と省略形で呼ばれる。キューイングした顧客に、コールがつながるまでの予測時間を知らせたり、サービスレベル・ルーティングのアルゴリズムにおける計算に用いる
- **プライオリティー・キューイング**：例えば、VIPの顧客に高いプライオリティー（優先順位）を設定し、後から着信してもキューの先頭に並ばせるといった機能
- **コールバック（キュー・ソリューション）**：キューイングして待機中の顧客にEWTを伝え、希望者にコールバックを提案する。顧客の希望するタイミング（即時または指定時間）にエージェントが空き次第、自動的にコールバックする機能

④**コールプロンプト**：PBXによる簡易的なIVR（音声応答システム）で、コールの着信やキューイング等、コールフロー内のさまざまなタイミングで顧客に音声メッセージを流す機能。図表11-3にコール・プロンプトによる、主要な音声メッセージの例文を示す。

⑤**エージェント・サポート**：エージェントの顧客応対をサポートする以下のような機能がある。

- **着信スキル表示／ウィスパー**：顧客のコールがどのスキルにつながったのかをエージェントに知らせる機能。エージェントのPCのデスクトップや電話機のディスプレイに、着信したスキル名を表示する。「ウィスパー」は、エージェントのヘッドセットの耳元に、着信したスキル名を音声でささやく。エージェントが電話を「オートイン」（自動応答）で受ける（電話機の着信音を鳴らさず、応答するための操作も行わない）場合には必須の機能だ
- **エージェント・モード**：「応答可」「後処理」「離席」「ログイン」「ログアウト」等、エージェントの状態を定める。これにより、ステータス・モニター等の管理画

図表11-3　コール・プロンプト——音声メッセージ例文

プロンプト	目的	メッセージ
A	グリーティング	お電話ありがとうございます。ABCカンパニーでございます。 私どもでは社員教育やサービス向上のためにお客さまとの会話を録音させていただいております。あらかじめご了承ください。 入会のお申し込みは電話のプッシュボタンの「1」を、資料のご請求は「2」を押してください。
B	営業時間外の案内 （平日用）	お電話ありがとうございます。ABCカンパニーでございます。 せっかくお電話をいただきましたが、ただいまの時間は電話による受け付けを休ませていただいております。 私どもの営業時間は、土曜、日曜、祝日を除く午前9時から午後6時まででございます。 恐れ入りますが、営業時間内にあらためておかけ直しくださいますようお願いいたします。 本日はお電話ありがとうございました。
C	営業時間外の案内 （休祝日用）	お電話ありがとうございます。ABCカンパニーでございます。 せっかくお電話をいただきましたが、本日は電話による受け付けを休ませていただいております。 私どもの営業時間は、土曜、日曜、祝日を除く午前9時から午後6時まででございます。 恐れ入りますが、営業時間内にあらためておかけ直しくださいますようお願いいたします。 本日はお電話ありがとうございました。
D	遅延案内／待機依頼 （ノーマル／1stキュー）	ただ今電話が混み合っております。 申し訳ございませんが、担当者におつなぎできるまで、そのままでお待ちください。
E	遅延案内／待機依頼 （ノーマル／2ndキュー）	大変お待たせしております。ただ今電話が非常に混み合っております。 申し訳ございませんが、担当者におつなぎできるまで、もうしばらくこのままでお待ちください。
F	遅延案内／ 待機・かけ直し依頼 （スパイク／1stキュー）	現在お問い合わせが殺到し、電話が非常にかかりにくくなっております。 恐れ入りますが、そのままでしばらくお待ちいただくか、しばらくしてからあらためておかけ直しください。
G	遅延案内／強制切断 （スパイク／2ndキュー）	大変申し訳ありませんが、電話が大変混みあっており、しばらくの間担当者におつなぎすることができません。 恐れ入りますが、しばらくしてからあらためておかけ直しくださいますようお願いいたします。 このお電話は自動的に切断させていただきます。
H	遅延案内／ 待機・かけ直し依頼 かけ直し優先接続案内 （スパイク／1stキュー）	現在お問い合わせが殺到し、電話が非常にかかりにくくなっております。 恐れ入りますが、そのままでしばらくお待ちいただくか、しばらくしてからあらためておかけ直しください。 おかけ直しいただきましたら、自動音声によるメッセージが流れている間に電話のプッシュボタンの「3」を押してください。 コールセンターのスタッフに順番を早めておつなぎいたします。 この電話は自動的に切断させていただきます。
I	遅延案内／強制切断 かけ直し優先接続案内 （スパイク／2ndキュー）	大変申し訳ありませんが、電話が大変混みあっており、しばらくの間担当者におつなぎすることができません。 恐れ入りますがしばらくしてからあらためておかけ直しくださいますようお願いいたします。 おかけ直しいただきましたら、自動音声によるメッセージが流れている間に電話のプッシュボタンの「3」を押してください。 コールセンターのスタッフに順番を早めておつなぎいたします。 この電話は自動的に切断させていただきます。
J	受付中断	お電話ありがとうございます。ABCカンパニーでございます。 せっかくお電話をいただきましたが、ただいま都合により電話による受け付け業務が中断しております。 恐れ入りますが、しばらくしてからおかけ直しくださいますようお願いいたします。
K	臨時休業	お電話ありがとうございます。ABCカンパニーでございます。 誠に勝手ながら、都合により本日の電話による受け付けを休ませていただいております。 私どもの通常の営業時間は、土曜、日曜、祝日を除く午前9時から午後6時まででございます。 恐れ入りますが、営業時間内にあらためておかけ直しくださいますようお願いいたします。 本日はお電話ありがとうございました。

面で、スーパーバイザーが個々のエージェントの状態をリアルタイムで確認することができる。離席の場合は、離席の理由ごとに割り振ったコードを入力することで、その理由も確認できるとともに、シュリンケージ（第3章）の測定のためのデータ収集ができる。エージェントがPCのソフトフォンまたは電話機のボタンで操作する

- **エマージェンシー**：例えば、苦情のコールが入った時に、スーパーバイザーにモニタリングやヘルプを要請する。PCのソフトフォンまたは電話機のボタンで操作する

⑥**コール・モニタリング**：PBXのネットワーク上にあるPCのソフトフォンまたは電話機から、エージェントのコールをライブでモニタリングする機能。

⑦**トラッキング**：コール理由の分析やVOCの収集のために、コールのタイプや理由等の分類ごとに割り振ったコードをエージェントが入力することで、データの収集と集計ができる。PCまたは電話機のボタンで操作する。

(2) CTI

コールセンターのテクノロジーは、PBX／ACDによる"電話の世界"とCRMシステムをはじめとする"コンピューターの世界"とに大別されるが、両者はそのままでは連動しない。

この2つの世界をつないで、コールセンターらしく機能させるのが「CTI」（computer-telephony integration；コンピューターと電話の統合）だ。今日のコールセンターの発展は、CTIの技術によってもたらされたといっても過言ではない。しかし、その定義や役割を正しく理解している人は少ない。PBXやCRMシステム等もひっくるめて、コールセンターのシステム全体のことをCTIだと誤解する向きも少なくない。その理由の1つに、CTIの語を冠した複数の用語の存在がある。以下に各用語の意味と違いを整理する。

- **CTI**：コンピューターと電話を統合する技術のこと
- **CTIミドルウェア***：CTIの機能をプログラムしたソフトウエアのことで、これがCTIの本体といえる
- **CTIサーバー**：CTIミドルウェアをインストールして、実際にその機能を提供するコンピューター（ハードウエア）のこと
- **CTI連携**：PBX／ACDによる電話側の機能と、CRMシステム等、コンピューター側のアプリケーションを連携して機能させること

以下にCTI連携により実現する主な機能を挙げる。

---

*ソフトウエアの種類の1つで、OSとアプリケーションの中間に位置し、さまざまなソフトウエアが共通して利用する機能を提供するもの。OSが提供する機能よりも分野や用途を限定した機能を提供する

①**スクリーン・ポップ**：着信した電話番号からデータベース上の顧客情報を検索し、エージェントのPCのデスクトップに表示させる。エージェントは、デスクトップに表示された顧客の情報（属性情報、コンタクト履歴、購入履歴等）を確認しながら質の高い応対ができる。スクリーン・ポップによって、通話開始時の本人確認、通話中の顧客の情報の聴取、データベースの検索を省略または短縮でき、それだけで通話時間を30～60秒短縮できる。

②**画面転送**：コールを他のエージェントに転送したりスーパーバイザーにエスカレーションする際に、音声とともに、デスクトップに表示されている情報も同時に転送できる機能。これにより転送受付時の時間が短縮できるとともに、顧客の側も、転送先のエージェントに本人確認や用件の説明を繰り返す必要がなくなる。

③**CTI連携によりアプリケーションが提供する機能**：電話系のシステムと情報系のシステムが連携することで、以下のようなさまざまなシステムやツールが機能する。

- **ワークフォース・マネジメント・システム**：コール数をはじめとするワークフォース・マネジメントの元となるデータをPBX／ACDからWFMシステムに直接取り込むことができる
- **メール・マネジメント・システム**：電話と同様にメールのルーティングや、メールと電話のブレンディングによるオペレーションを実現する
- **クオリティー・モニタリング・システム**：特定のコールのモニタリングや録音のために、スーパーバイザーがクオリティー・モニタリング・システムやコールロガーからエージェントの電話にアクセスできる
- **通販受注システム**：電話番号をキーに、購入履歴からおすすめ商品を提案する
- **CRMシステム**：CRMシステム上の顧客のランキングやプライオリティーに基づくコールのルーティングを行う

　上記のような連携機能に加えて、コールの均等分配（ACD）、ルーティング、音声応答（IVR）、アウトバウンド・ダイヤリング、コール・ブレンディング、通話録音、コール・モニタリング等、専用のツールが提供する機能をCTI自身が続々と取り込んでいる。また、PBX／ACDも、CTIの機能を取り込むようになってきており、両者の境界はないに等しくなってきた。そのため、従来はPBX／ACDとCTIは必ずセットで導入されていたものが、最近ではどちらか一方で両者の機能を実現しているセンターも増えている。

(3) CMS

　「CMS」（call management system; コール・マネジメント・システム）は、そもそもコールセンター・システムを提供する米アバイアの製品名であるが、PBX／ACDの統計管理システムを示す一般名として汎用的に使われている。

　その主な役割は、PBX／ACDの運用管理とレポーティングだ。製品としてはPBX／

ACDのオプション的な扱いではあるが、その真の姿は、コールフローの設定や変更を一手に担い、パフォーマンスをリアルタイムで監視し、電話とエージェントに関するすべてのデータのレポーティングをつかさどるという、コールセンターの司令塔的な存在といえるものだ。主な機能を以下に挙げる。

①**コールフローの設計と管理**：コールフローとは、コールセンターの電話システムに着信したコールを、そのタイプや顧客の属性、キューイングの状況等、さまざまな条件に応じて適切なエージェントやグループに振り分けるための経路図のようなものだ。そのコールフローに従って、目的の場所（スキルグループやエージェント）にコールをつなぐのがルーティングだ。コールフローの設計は、その良し悪しでコールセンター全体のパフォーマンスを左右するほど重要な作業だといえる。

　コールフローの設計は、まず、フロントラインの管理者（またはビジネス・コントローラー）が、プログラムの目的や内容に基づいたコールフローの概要を文書化し、それをビジネス・コントローラー（または専門の技術者）が技術的な要項を加えてダイアグラムを作成する。このダイアグラムこそがコールフローの"設計図"であり、その設計図の内容をCMSを使ってPBX／ACDに設定する。**図表11-4**に、専門的・技術的な要項を除いた、ユーザー用のコールフロー・ダイアグラムのサンプルを示す。

　また、コールフローやルーティングの設計・メンテナンスをサポートするツールとして必ず作成しておくべきなのが「エージェント・スキル・マスターリスト」（**巻末資料50**）だ。1人ひとりのエージェントに設定したスキルや優先順位、所属する着信グループ、バックアップするスキル等のすべてが確認できる一覧表で、管理者にとっての"戦力一覧""要員配置図"のような意味合いを持つ重要なツールだ。

②**PBX／ACDの運用管理**：PBX／ACDを意図した通りに正確に動作させるため、以下のようなさまざまな設定や変更を行う。

- **スキルの管理**：スキル、スキルグループ、プライオリティー等の設定・変更
- **エージェントの管理**：スキル、スキルレベル、エージェント・グループ等の設定・変更
- **エージェント・モードの管理**：ログイン、ログアウト、受け付け方法、離席理由、後処理等の設定・変更
- **CMSレポートの管理**：計算式や条件の定義の設定・変更、レポートの編集・出力
- **分析・トラッキング**：分類コードの設定・変更、トラッキング・レポートの編集・出力
- **リアルタイム・マネジメント**：ダッシュボードのデザイン・出力、ステータス・モニターのしきい値やアラートの設定・変更

③**レポーティング**：リアルタイム・レポートとヒストリカル・レポートに大別される。総称

II　コールセンターの基盤システム

図表11-4　コールフロー・ダイアグラム（ユーザー用）

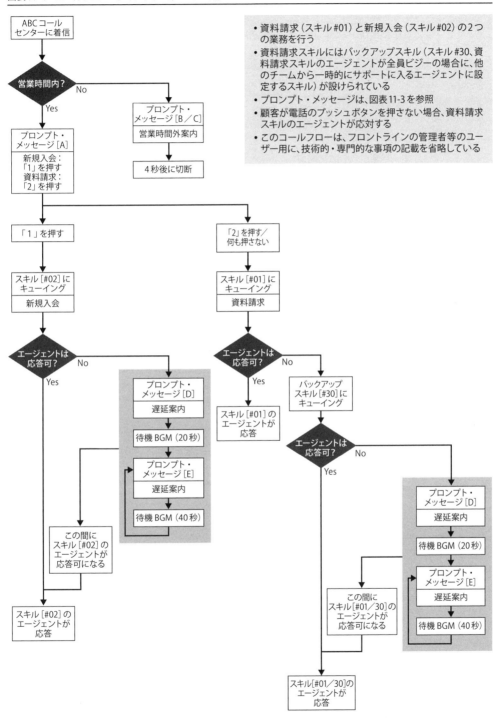

して、「CMSレポート」または「ACDレポート」と呼ばれる。

- リアルタイム・レポート：時々刻々と変化するコールセンターの状況をリアルタイムでモニタリングするための情報を提供する。センター全体、スキル（単独、グループ）ごと、エージェント（個人、グループ）ごと等の切り分けで、グラフィカルなダッシュボード・スタイルで表示し、3～5秒程度の間隔で情報を更新する。ダッシュボードのデザインは、使用するユーザーのニーズに合わせて変更できる。巻末に「プログラム・ステータス・モニター」（巻末資料13）「エージェント・ステータス・モニター」（巻末資料14）「サービスレベル・モニター」（巻末資料15）のサンプルを掲載した
- ヒストリカル・レポート：コールセンターの過去の状況を把握し、分析・評価・予測を行うための情報を提供する。センター全体、スキル（単独、グループ）ごと、エージェント（個人、グループ）ごとに切り分けて、インターバル（時間帯別、巻末資料16）、日次、週次、月次、年次の単位で集計して出力する。通常の場合、標準で100種類以上の標準レポートが用意され、カスタマイズ・レポートの作成も可能だ。CMSの標準のレポートは、非常に詳細で多量のデータが提供されるため、内容を読み込み理解するのは容易ではない。そのため、CMSレポート自体は"データ・ライブラリー"と位置づけ、そこから必要なデータをピックアップして、現場で使いやすいオリジナルのレポートにカスタマイズして活用するのが一般的だ（第6章）。ただし、加工作業に手間取ってレポートの発行が遅れるのでは本末転倒だ。そのために「BI（ビジネス・インテリジェンス）ツール」を利用して、加工作業の軽減化と迅速化を図ることが可能だ
- ハイブリッド・レポート：リアルタイム・レポートに、当日のオペレーション開始時間から現時点までのヒストリカル・データを一緒に表示したレポート。現時点までのコール数やサービスレベル等の状況を見ながら、リアルタイム・マネジメントに活用する

(4) コールセンター・プラットフォームの進化と構成

　100年を超える歴史を持つPBXは、これまでにデジタル化、IP化といった大きな技術的進化を遂げている。この進化に伴う、異なる構成のプラットフォームが混在していることがコールセンター・プラットフォームに対する理解を難しくしている。

　そこで、CTI登場後の3世代におけるPBX／ACDとCTIの関係性、およびプラットフォーム全体の構成を模式的に表して説明する。

①第1世代──デジタルPBX：PBXはこれまでに、「アナログPBX」⇒「デジタルPBX」⇒「IP-PBX」または「コミュニケーション・サーバー」⇒「SIPサーバー」⇒「クラウドPBX」という変遷をたどってきた。このうち、CTIが登場してコールセンターが

ビジネスとして確立した「デジタルPBX」の世代を「コールセンター・プラットフォーム第1世代」とし、「SIPサーバー」が登場した第3世代までのプラットフォームの構成について見ていく。

第1世代では、従来のアナログ交換機がデジタル化されて「デジタルPBX」に進化したことでCTIが登場し、それによって電話とコンピューターが融合して現在のコールセンターの姿を形成した。

CTIは、図表11-5の通り、異なる世界である電話とコンピューターをつないでいる（CTI連携）。CTIの"本体"である「CTIミドルウェア」は「CTIサーバー」にインストールされ、電話と連携して「CRMシステム」をはじめとする情報システム（アプリケーション）を制御する。

一方、電話の世界の側では、電話交換装置であるPBXにコールセンター機能を持つACDを一体化したことによって、PBX／ACDとしてコールセンターの電話を制御する。

エージェントの机上には、PBX／ACDと電話回線（音声を伝達する）でつながった「固定電話機」と、CTIサーバーとLAN回線（データを伝達する）でつながったPC

図表11-5 コールセンター・プラットフォームの第1世代

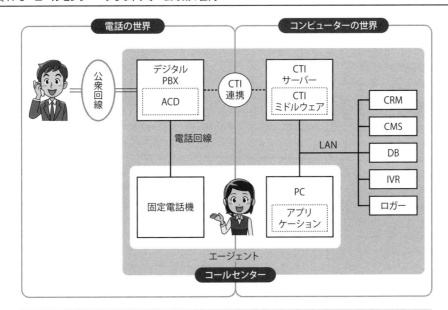

- エージェントの机上にはPBXにつながった固定電話機とCTIサーバーにつながったPCが並ぶ
- PBX／ACDが電話回線を介して電話を制御
- CTIミドルウェアがLANにつながったアプリケーションを制御
- CTI連携により顧客のコール着信と同時に、エージェントのPCに顧客の情報がポップアップ

参考：後藤聡.コールセンター業務を効率化するIPコンタクトセンターシステム.UNISYS TECHNOLOGY REVIEW, 2009, (102), p.107-125.

が設置されている。電話が着信すると同時にPCのスクリーンに、着信した顧客の情報が表示され（スクリーン・ポップ）、エージェントはその情報を見ながら顧客応対を行う。

②**第2世代── IP-PBX**：第1世代における電話回線は、伝統的な銅線であった。従って、オフィスでは必ず電話回線とLAN回線の両方を引く必要があった。第2世代になると、インターネットで電話を利用できるようになり、「IP-PBX」が登場して電話回線が不要となった（**図表11-6**）。

エージェントの机上の電話機も「IP電話機」に替わり、IP電話機、IP-PBX、CTIサーバーがLAN回線でつながった。IP電話機の制御はIP-PBXが、情報システム（アプリケーション）の制御はCTIミドルウェアが行う。

また、電話のIP化により、PBX／ACDの機能はソフトウエアでも提供されるようになった。このソフトウエアを搭載するのが「コミュニケーション・サーバー」であり、それを導入すれば、ハードウエアとしてのPBXは不要となる。

③**第3世代── SIPサーバー**：IP-PBXによるIP電話機の制御は、PBXベンダーの独

図表11-6　コールセンター・プラットフォームの第2世代

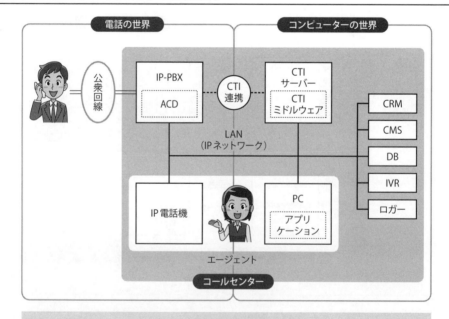

- エージェントの机上にはIPネットワークでつながったIP電話機とPCが並ぶ
- IP-PBX／ACDがIP電話を制御
- CTIミドルウェアがアプリケーションを制御
- コールセンターの電話回線がなくなりセンター内は完全にIP化

参考：後藤聡. コールセンター業務を効率化するIPコンタクトセンターシステム. UNISYS TECHNOLOGY REVIEW, 2009, (102), p.107-125.

自のプロトコル（通信規格）で行われていたが、第3世代では、公開のプロトコルが使えるようになった。その代表が「SIP」（session initiation protocol）だ。SIPにより、PBX／ACD、CTIの機能がすべてWindows上のソフトウエアとして提供されるようになり、電話も情報システム（アプリケーション）もすべて制御できるようになった。このソフトウエアを搭載するのが「SIPサーバー」だ。電話機もソフトウエア化して物理的な電話機がなくなり、「ソフトフォン」をPC上で操作する（**図表11-7**）。

物理的なPBXがなくなったことで、公衆電話回線の受け入れは「VoIPゲートウェイ」が担うことになる。その役割は、通信キャリアの公衆電話網を通じて到達したコールの音声データを、コールセンター側のネットワークのデータに変換して渡すといったイメージだ。

また、SIPによるネットワーク化でメール、チャット、Web等も扱えるようになり、マルチチャネル化が進んだ。さらに、ロケーションの制約を受けないため、物理的に離れた複数のサイトを1つのコールセンターであるかのように構築・機能させることも可能となった。

図表11-7　コールセンター・プラットフォームの第3世代

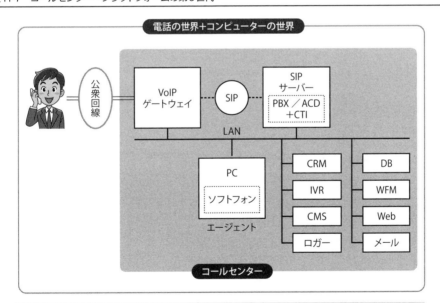

- 物理的な電話機がなくなり、ソフトフォンとしてPCのアプリケーションとして機能
- SIPサーバーがPBX／ACD、CTIの機能を持ち、電話とアプリケーションの双方を制御
- 電話、CRM等のアプリケーション、顧客DB等がすべてIPネットワーク上のアプリケーションとして機能
- 公衆回線はVoIPゲートウェイに収容され、電話の音声データをIPネットワークのデータに変換して渡される

参考：後藤聡．コールセンター業務を効率化するIPコンタクトセンターシステム．UNISYS TECHNOLOGY REVIEW, 2009, (102), p.107-125.

コンタクト・マネジメント

インバウンド・コールをはじめとする、コールセンターと顧客とのコンタクトが適切かつ効率的に行われるよう制御するのがコンタクト・マネジメントであり、その役割を総合的に担うCRMシステムを中心に、アウトバウンド、メール、マルチチャネル等の特有の機能をサポートするツールから構成される。

(1) CRMシステム

エージェントが顧客コンタクトに使用する最も代表的なシステムで、コールセンターの情報システムの中核的存在だ。

市販のCRMパッケージには、インバウンド・コールを核にして、アウトバウンド・コール、メール、チャット、Web、ソーシャル、SMS等、すべてのコンタクト・チャネルに対応したオールインワンのシステムと、インバウンド・コールを標準とし、その他はオプションとして必要なチャネルを追加できるものがある。スクラッチ（自社開発）の場合は、自社の顧客、業務、チャネル等に合わせた独自のシステムを構築する。

① CRMシステムの機能

CRMシステムは、作り込みの度合いによってその機能は無限に拡がるといえるが、多くのシステムに共通する一般的な機能を整理すると次のように分類できる。

- **顧客情報管理**：顧客の属性情報を集積・データベース化し、利用・購買履歴、コンタクト履歴、問い合わせ履歴等、顧客に関係するすべての情報と連携させ、CRMシステムを機能させる。SFAやMA*と連携して、コールセンターのみならず、顧客とコンタクトする社内のすべてのチャネル（営業、マーケティング、Webサイト、店舗等）で収集した情報を一元的に管理することが望ましい
- **コンタクト履歴**：コールセンターをはじめ社内のすべてのチャネルにおける顧客応対、トランザクション、プロモーション等、顧客とのコンタクトを記録・データベース化し、顧客コンタクトをサポートする。コールバック、再コール等、コンタクトが継続する場合は、その期日管理等を行う
- **ワークフロー管理**：顧客とのコンタクトの内容や結果に基づくコールの動きを自動化し管理する。例えば、コールセンターへの問い合わせ内容を、その顧客の営業担当者に即時にフィードバックするというルールに基づき、コールの選

＊「SFA」(salesforce automation; セールスフォース・オートメーション) は、営業分野におけるCRM戦略を実践する戦術およびそのための情報システムのこと。同様にマーケティング分野では「MA」(marketing automation; マーケティング・オートメーション) と呼ばれる

定からフィードバック・メールの作成、営業担当者への送信等、一連のプロセスを自動的に行う
- **トランザクション処理**：トランザクションとは、顧客とのコンタクトにより発生する具体的な処理のことで、例えば商品の受注、資料請求、顧客情報変更、技術者派遣等がある。ほとんどの処理は、その業務の担当部署や専用システムが行うため、CRMシステムはコールセンターで受け付けたトランザクションの処理を専用システムに要請するためのインターフェースを担う。専用システムで処理された結果がCRMシステムにフィードバックされ、コンタクト履歴に反映するまでが一連のプロセスとなる
- **ナレッジ・ベース**：顧客とのコンタクトをサポートするための知識や情報のデータベース。ナレッジ・ベースをCRMシステムと別に持つ場合は、両者のインターフェースを作り、CRMシステムに情報を取り込んで表示させる
- **インターナル・コミュニケーション**：CRMシステムをコールセンター内のコミュニケーションに活用するというオプション的な機能。社内のニュース、情報のアップデート、パフォーマンス・レポート、スケジュール等

② CRMシステム導入のポイント

CRMシステムの導入や活用においては、以下に挙げるポイントを押さえておきたい。

- **主導権を確保する**：CRMシステムの導入が、全社的なCRM戦略に基づくものであり、コールセンターのニーズによるものではない場合がある。企業がCRMを導入する動機の多くは営業力やマーケティング力の向上にあるため、主役はSFAやMAであり、コールセンターに必要な機能はオプション的な扱いであることが多い。このような経緯で導入されると、たいていの場合、CRMパッケージの既製のプロセスに従うことを強いられることになる。その結果、現場のオペレーションに大きな混乱をきたし、品質も生産性も低下してしまうという本末転倒な事態を引き起こす場合がある。そうした"悲劇"を生じさせないために、導入経緯がどうあれ、センター長は、コールセンターの機能の部分に関する主導権を確保するべく全力を傾ける必要がある
- **社内のすべての顧客接点を統合する**：CRM戦略の目的を達成するには、エージェントは自分が応対している顧客に関して、コールセンターのみならず、営業、マーケティング、Webサイト、店舗（自社施設だけでなく、代理店や提携販売店等も含む）等、すべてのチャネルにおけるコンタクト履歴を把握できるようにする。もし、他のチャネルと分断されているのなら、それは本質的な意味でのCRMシステムとは言い難い
- **バックオフィスのビジネスプロセスと連携する**：コールセンターが受け付けたトランザクションの処理をバックオフィス（担当部門）が行う場合、コールセン

ターとバックオフィスとのビジネスプロセスや、そのためのシステムと連携させる。それによって、オペレーションの効率化はもちろん、コールセンターとバックオフィスとのサービス品質の一貫性を保つ

- **シングル・スクリーン／シングル・サインオン**：エージェントが業務を開始するたびに社内の複数のシステムに異なるIDとパスワードでサインオンしなければならない、あるいは、イントラネット等、多くのスクリーンを開かねばならないといった事態に陥ると、エージェントの業務効率の低下を招く場合がある。豊富な情報を顧客応対に有効活用するには、エージェントにとっての使い勝手の良さも不可欠だ。各情報ソースとCRMシステムとのインターフェースを構築し、理想は1つの画面で、できれば3画面以内には収まるようにしたい。また、接続するシステムが複数の場合、シングル・サインオン（IDとパスワードの入力は1回のみ）は必須だ

- **カスタマイズの自由度を確保する**：CRMシステムの運用において、これが最も重要だ。一般に、コールセンターでは、業務の追加や変更が日常茶飯事に発生する。コールセンターのビジネスプロセス自体は変わらなくても、単発のマーケティング・キャンペーンや、新製品の発売といったイベントが絶え間なく発生する。それらに効率的・効果的に対応するためには、CRMシステムをタイミングよくカスタマイズする必要がある。しかし、作業に非常に時間がかかったり、そのたびに高額なカスタマイズ費用を要したり、システムの仕様が障害となる等、思うようなカスタマイズができないといった例は数多い。その結果、CRMシステムは既存業務だけにしか使えず、頻繁に行われるマーケティング・キャンペーンのオペレーションはアナログ作業を余儀なくされている例も少なくない。また、カスタマイズの不自由さで困るのは、データをシステムにより取得できないケースだ。応答件数をエージェントが"正"の字で記録するくらいのことはできても、AHTやFCR等を手作業で記録するのは不可能だ。データが取れないということは、評価や検証ができず、次に生かすことができないため改善の術がなくなるということを意味する。従って、CRMシステムは最初に作って終わりでなく、その後のカスタマイズの自由度がどれくらい確保できるかを、オペレーション上発生するあらゆる事態を想定して確認しておくことが不可欠だ。このことは、製品選定の評価基準において高い優先順位で含めるべきだ

- **コンタクトのデータはCRMから取らない**：コール数やサービスレベル、AHT等の顧客コンタクトに関するデータはCRMシステムから取るべきでない。CRMシステムのレポートは、エージェントが記録した情報に基づくからだ。通常、エージェントは本来目的とする内容のコールしかCRMシステムに記録しない。しかし実際には、間違い電話をはじめ、本来の目的外のコールも受けて

いる。他のチームへの転送やエスカレーションをした場合は、そのコールの記録は転送先の最終応対者が行い、最初に応対したエージェントにはデータが残らないといったケースもある。つまり、CRMシステムのレポートは、オペレーションの全貌を表していないということだ。傾向をつかむ程度であれば支障はないが、パフォーマンス・レポートのための正確なコンタクト・データは、CMSから取得する必要がある

- **コストは6つの要素に分けて考える**：CRMシステムは、コールセンター・テクノロジーの中でも、プラットフォームと並び、最も大きなコストを要する。また、このシステムが関わる範囲が非常に広いため、シニア・マネジメントや財務部門等が、その内容を理解し投資判断を行うのは容易ではない。予算を要求するコールセンター側が、説得力のある説明をわかりやすく行うのもまた、容易ではない。この広範さと難解さを和らげ、理解と判断を容易にするには、CRMシステムのコストを「ソフトウエア」「ハードウエア」「インターフェース」「カスタマイズ」「トレーニング」「サポート／メンテナンス（保守）」の6つにわけて検討・説明するとよい

---

column なぜ「CRMシステム」か？

　旧き時代のコールセンターは、主に社内の業務管理システムを使用していたが、1990年代半ばからの世界的なCRM（customer relationship management；顧客関係管理）ブームを背景に登場したのが「CRMシステム」だ。

　CRM自体は企業の顧客戦略やマーケティング戦略の1つであり、その戦略を実践するためのツールとして、営業分野には「SFA」（salesforce automation；セールスフォース・オートメーション）が、マーケティング分野には「MA」（marketing automation；マーケティング・オートメーション）が存在する。しかし、コールセンターには、SFAやMAのようにCRMの実践ツールを具体的に表現する名称が存在せず、次第にツール自体がCRMと呼ばれるようになった。これが「CRMシステム」と呼ばれる所以だ。

　とはいえ、コールセンターの「CRMシステム」の本質は「コンタクト・マネジメント・システム」であることは明らかだ。しかし、日本では「CRMシステム」と言わなければ通じないほど定着しており、「CRM」とは、コールセンターのシステム、あるいはコールセンターそのものを指す専門用語と誤解する向きも多い等、混乱を招いている。

　欧米でも、コンタクト・マネジメント・システムに対して「CRM」が使われるが、"CRM戦略をサポートするためのシステム"という意味合いを理解したうえで意図的に使用しているのが、日本とは異なるところだ。

(2) アウトバウンド・コンタクト

　アウトバウンド・コンタクトの効率性向上のためのダイヤリングの機能だ。PBX／ACDやCTIの機能として提供するもの（ソフトウエア・ダイヤラー）と、専用のツールによるもの（ハードウエア・ダイヤラー）とがある。ダイヤリングの方式には、「プレビュー」「プレディクティブ」「プログレッシブ」の3つがある。また、「コール・ブレンディング」は、インバウンドのコール数に合わせてエージェントをインバウンドとアウトバウンドに振り分けて、効率を高めるものだ。

①プレビュー・ダイヤラー (preview dialer)：エージェントが前の作業を終了し、次の電話をかけられる状態になると、次に電話をかける顧客の情報がエージェントのデスクトップに自動的にポップアップする。エージェントはその内容を確認し、あらかじめ設定した時間になると（あるいはエージェントが電話をかける操作を行うと）発信する仕組み。債権回収等、顧客ごとに内容が異なり、かつ複雑で、事前に内容を把握しておく必要のある業務に適している。

②プレディクティブ・ダイヤラー (predictive dialer)：システムが自動的に次々と発信し、相手が応答すると、そのコールをその時に応答可能なエージェントにつなぐ仕組み。発信するという作業においては最も効率が良い。しかし、相手が応答した時に、応答可能なエージェントがおらず、放棄（この場合は、ダイヤラーの側が放棄するということ）が発生するという問題があり、欧米ではそれに対する厳しい規制が設けられている。そのため、プレディクティブ・ダイヤラーに、「ペーシング・アルゴリズム」（どのタイミングで発信すれば、相手の応答とエージェントの応答可能になるタイミングが一致するかを制御する仕組み）が搭載され、放棄の回避に努めている。

　このような特性から、プレディクティブ・ダイヤラーは、大規模な世論調査や、顧客により違いがなくシンプルな内容の情報の案内といった類の業務に使われる。

③プログレッシブ・ダイヤラー (progressive dialer)：放棄の発生を回避しながら、プレディクティブ・ダイヤラーと同等の発信効率を目論むダイヤリング方式。エージェントが応答可能になると同時にシステムが自動発信し、相手が応答したコールを応答可能なエージェントにつなぐ仕組み。プレディクティブ・ダイヤラーの場合は、応答可能なエージェントの人数以上の発信を行うが、プログレッシブ・ダイヤラーは応答可能なエージェントと同数の発信にとどめるため、プレディクティブ・ダイヤラーのような放棄は発生しない。また、発信と同時に、顧客の情報をエージェントのデスクトップにポップアップさせるため、エージェントは、コールがつながるまでの間に顧客の情報を確認できる。このように、プログレッシブ・ダイヤラーはプレビュー・ダイヤラーとプレディクティブ・ダイヤラーのちょうど中間的な位置づけとなり、既存顧客に対する情報提供のような業務に適している。

④コール・ブレンディング (call blending)：インバウンドのコール数の減少時に、減少

分に相当する人数のエージェントをアウトバウンド業務に切り替える。インバウンド業務を行いながら、受電の合間にアウトバウンドを行うといった誤解があるが、さすがにそれは困難だ。

なお、マルチチャネルの拡大に伴い、メールやチャット等、電話以外のチャネルとのブレンディングである「マルチメディア・ブレンディング」の技術も登場している。

(3) メール・コンタクト

コールセンターのマルチチャネル化の第1弾として、すでにその歴史は長い。現在ではほとんどのCRMシステムに標準装備されている。また、「メール・マネジメント・システム」として単独のツールもある。それらの機能はおおむね次の7つに集約される。

- ルーティング：あらかじめ設定したルールに基づき、適切なエージェントに、受信したメールを配信する
- 受信確認メール：顧客のメールの着信と同時に受信確認の通知を自動返信する
- レスポンスタイム・マネジメント：メール・コンタクトのレスポンスタイム（第3章）の管理
- テンプレート：パターン化された回答や返信メールのテンプレート
- 回答検索／作成支援：自動文書作成支援等
- 承認ワークフロー：エージェントが作成した返信メールをスーパーバイザーがレビューし、発信の承認をするためのワークフロー
- レポーティング：リアルタイム・レポートとヒストリカル・レポート

(4) マルチチャネル・コンタクト

マルチチャネル化のポイントは、単に顧客とのコンタクト手段がたくさんあるということではなく、それらがすべて連携しているということにある。つまり、顧客が1つの問い合わせについて、チャネル間をシームレスに行き来して（電話の会話をチャットに切り替える等）コールセンターとやり取りしたり、複数のチャネルを同時に組み合わせてエージェントと応対する（電話で話しながらビデオによる説明を受け、チャットで文字により確認する等）といったことが必要になっているということだ。それを実現するのが以下のような技術だ。

①WebRTC (web real-time communication)：Webブラウザーで、音声やビデオ等のコミュニケーションをリアルタイムで行うための規格のこと。この技術を利用することで、顧客は専用のアプリケーション（Skype等）をインストールしなくても、Webブラウザーがあれば上記のようなマルチチャネル・コミュニケーションが可能になる。電話についても、ソフトフォンをインストールする必要がなく、Web上に表示された電話番号のアイコンをクリックすれば、コールセンターのエージェントと通話ができる。

この技術によって、企業は顧客とのコミュニケーションに多彩なツールを駆使することができ、顧客の側も、アプリケーションのインストールや設定等の煩わしさや難解さから解放され、簡便に企業とコミュニケーションできる。
②Webコラボレーション：Webコラボレーションは、インターネットを介して顧客のPCを遠隔操作したり、Webの画面を顧客と共有しながらチャットや音声でコミュニケーションするといった場合に使われる概念的な用語であり、特定の技術やツールを示すわけではない。WebRTCも、この概念に含まれると言ってよいだろう。
③ITR (interactive text response；インタラクティブ・テキスト・レスポンス)：ITRはSMSやSNS上でのテキストによる自動応答ツールだ。SMSやSNSで、顧客が問い合わせや注文をすると、テキスト・メッセージでさまざまなやり取りが行われるが、そのようなコミュニケーションを実現するための技術だ。

音声処理

　電話の音声の処理は、コールセンターのうら側の技術であるが、オペレーションの効率性、サービス品質、顧客満足のいずれにも大きな影響を与える重要なテクノロジーだ。

(1)音声応答
①コール・プロンプト(call prompt)：PBXの機能として提供される音声ガイダンス。着信時の挨拶、キューイングの案内、営業時間外のアナウンス等、コールセンターの基本の自動音声を提供する機能。
②IVR (interactive voice response；インタラクティブ・ボイス・レスポンス)：顧客の電話による情報の検索やサービスの選択等の処理を自動化するシステム。顧客は電話のキーパッドのボタンを押すか音声を発して、必要なサービスを選択、または知りたい情報をリクエストする。IVRは、顧客が発した情報をデータベースにアクセスして、録音による音声またはコンピューターにより合成された機械的な音声により、顧客のリクエストに応える。主にコールのルーティングやセルフサービスに使用する。
　　このようなIVRの機能は、顧客の会話を認識するための「スピーチ・リコグニション」(speech recognition；会話認識)や「スピーチ・シンセサイザー」(speech synthesizer；音声合成)の技術により実現される。

(2)会話認識
　音声認識の技術には、顧客の発した会話の内容を認識する「スピーチ・リコグニション」(speech recognition；会話認識エンジン)と、音声そのものを認識して発信者を識別する「ボイス・バイオメトリクス」(voice biometrics；音声認識エンジン)の2種類がある。

①スピーチ・リコグニション：会話の内容、つまり「何という言葉を発したか」を認識する。認識した音声はIVRや「スピーチ・アナリティクス」(speech analytics；会話分析システム)に渡され、クオリティー・モニタリング、ビジネスプロセス・マネジメント、パフォーマンス・マネジメント、VOC収集、顧客エンゲージメント測定、エージェントのコーチングやトレーニング、コンプライアンス・チェック等、広範囲に活用される。

②ボイス・バイオメトリクス：スピーチ・リコグニションに対して、「ボイス・リコグニション」(voice recognition)とも呼ばれる。音声そのものを認識して発信者の特定、つまり、誰が話したかを認識する。この技術を利用して、顧客に対する本人確認、ID認証、発信者の特定を行う。その特性から、金融機関の本人確認等の利用が多い。

エージェント・ツール

エージェントが直接使用する、顧客オペレーションの質と効率の向上をサポートするツールだ。

①エージェント・デスクトップ：エージェントは、顧客とコミュニケーションするために、CRMシステム、顧客データベース、トランザクションの処理システム、請求・入金や返品・返金の処理システム、問い合わせに回答するためのナレッジ・ベース、在庫確認のためのサプライチェーン・システム、マーケティング・プロモーションやキャンペーン情報の把握・提供のためのマーケティング情報システム、営業担当者の検索システム等、実に多くのツールを使用する。もしそれらがバラバラに存在していると、エージェントは必要な情報にアクセスするだけでも大変な時間と手間を要し、その間、顧客は長時間の保留を強いられることになる。当然処理時間は長く、サービスレベルは低下し放棄が増加するといった負のスパイラルを招くことになる。

「エージェント・デスクトップ」は上記のような複数の異なるツールを一元化し、単一のユーザー・インターフェースで情報の表示やトランザクションの処理を行えるようにするツールだ。CRMシステムに搭載されるケースが多い。次のような機能を持つ。

- **すべてのチャネルやアプリケーションの統合**：マルチチャネルの時代には不可欠だ。チャネルが一元化されていなければ、提供しているチャネルの1つひとつを見に行かねばならない。統合されていれば、1つの受信トレイですべてのチャネルからのコンタクトを見ることができる。それだけでもAHTは大幅に短縮できる
- **シングル・サインオン**：画面が一元化されても、各ツールへのログイン／ログアウトがバラバラであれば、チャネルの数だけそれを繰り返さなければならな

い。逆に、画面が一元化されていなくても、シングル・サインオンは必須だ
- **デスクトップ・エディター**：エージェントが、自分の使いやすいようにデスクトップをデザインできる機能。画面の切り替えやスクロールが最小限で済むよう、表示する情報のレイアウトや並び順等をカスタマイズできるようにすることで、AHTの短縮やエージェントのストレス軽減に貢献する

② **ソフトフォン**：コミュニケーション・サーバーやSIPサーバー等、PBXのソフトウエア化に伴い、電話機もソフトウエア化され、PCのデスクトップで操作する。電話システムへのログイン／ログアウト、応答、切断、保留、転送等の電話の基本操作とともに、後処理、離席等、ACDのエージェント・モードの機能と一体となって提供される。

③ **エージェントボード**：CMSと連携して、センター、チーム、個人のパフォーマンスから選択したリアルタイムの情報をエージェントのデスクトップに表示する。CRMシステムやソフトフォンと一体となって提供される場合もある。

④ **スクリプティング・ツール**：エージェントのPCのデスクトップに表示するトーク・スクリプトの生成・修正を行う。短期のシンプルな内容のキャンペーン等に限って使用するケースがほとんどだ。短期採用のエージェントが、最小限のトレーニングで、一定レベルのサービス品質を確保することを目的とする。

なお、通常の業務においても、「ビジネスプロセス・アドヒアランス」（ビジネスプロセスの確実な実行の遵守）といった使い方がある。エージェントの応対が、スクリプトのフローと異なる箇所を特定し、その原因を探り改善を図るというものだ。そのために、実行履歴の管理や問題点の特定・分析といった機能を持つ。

⑤ **ヘッドセット**：すべてのコールセンターにマスト・ハブのツールだ。現状では、ワイヤレス・ヘッドセットを本格的に導入しているセンターは少ないが、ヘッドセットのワイヤレス化は、コールセンターの新しい働き方の契機となる可能性を持つ。エージェントの健康管理にも資するツールであり、今後の積極的な導入が待たれる。

III コールセンターのマネジメント・ツール

ワークフォース・マネジメント

　第3章で解説したワークフォース・マネジメント（ワークロードの予測、ワークフォースの算出、スケジューリング、リアルタイム・マネジメント）をサポートするシステムだ。一連のプロセスを総合的に担うオールインワン型のシステムと、リアルタイム・マネジメントの個別のアクションをサポートする単体のツールがある。

①**ワークフォース・マネジメント**：文字通り、ワークフォース・マネジメントのプロセスを総合的にサポートする。通常はWFM（workforce management）と省略形で呼ばれる。小規模でシンプルなオペレーションであれば、Excel等の表計算ソフトを駆使してWFMの業務を行うことも可能だが、エージェントが35人を超えると、質的にも量的にもWFMの活用が望ましいとされている。

②**ワークフォース・オプティマイゼーション**：WFMの発展形のシステムで、WFO（workforce optimization）と省略形で呼ばれる。ワークフォース、つまりエージェントのライフサイクル（採用からトレーニング、モニタリング、評価、人材開発まで）の全体をサポートすることで、ワークフォースの最適化を図るもの。WFMにクオリティー・マネジメント・システムを統合したようなイメージだ。

③**リアルタイム・マネジメント**：リアルタイム・マネジメントを実践するためのツールの代表格が、CMSの「プログラム・ステータス・モニター」（巻末資料13）「エージェント・ステータス・モニター」（巻末資料14）「サービスレベル・モニター」（巻末資料15）等のリアルタイム・レポートだ。これはスーパーバイザーやビジネス・コントローラのPCのデスクトップ上で活用するツールだが、それに加え、コール数やサービスレベル等、キーとなる情報をセンター全員で共有するためのツールとして「ウォールボード」（第6章）がある。

ビジネスプロセス・マネジメント

　ビジネスプロセス・マネジメント（第4章）の領域における業務は、一般のビジネスと共通するものが多いため、使用するツールも一般のビジネス・ツールを使用するケースが多く、コールセンターに特化したものは少ないが、ビジネスプロセスの自動化ツール等、コールセンターのビジネスプロセスの改善・向上に効果をもたらすテクノロジーへの期待は非常に大きい。

①ビジネス・グラフィック・ソフト：コールセンターのマネジメントに不可欠の作業であるマニュアル作成をサポートするビジネス用の作図ソフトだ。汎用的なオフィス・ソフト（Word、Excel、Powerpoint等）ですべてを賄おうとする企業が多いが、専用ソフトを利用することで作業の生産性は格段に向上する。

②プロセス・オートメーション：エージェントのみならずバックオフィスも含めたコールセンター全体の定型的な処理（アプリケーションの起動、データの入力、顧客情報やナレッジの自動検索、アプリケーション間でのデータのコピー＆ペースト、テンプレートや定型フォームの入力フィールドの入力等）を自動化する技術。プロセス・オートメーションにより、エージェントはルーティン・ワークから解放され、顧客応対に集中できる。自動化される分、エージェントのAHTは短縮し、サービスレベルの向上やコスト削減に寄与する。また、トランザクションの処理プロセスがデータ化されることで、プロセスの進捗状況を追跡することが可能となり、顧客に対して進捗状況の案内（例えば、顧客が注文した商品が今どの段階にあるのかといったこと）をサービスとして行うことが可能となる。この技術は、「ロボティック・プロセス・オートメーション」（robotic process automation; RPA）として進化が著しく、コールセンターのオペレーションの抜本的な改善を図るための切り札として注目されている。

③エージェント・デスクトップ・アナリティクス：エージェントのデスクトップの使用状況を監視する。それにより次のような効果をもたらす。
- アプリケーション利用のベスト・プラクティスをすべてのエージェントで共有する
- アプリケーションの利用やWebサイトのアクセス等に関するビジネスプロセス・アドヒアランスやコンプライアンスのチェック
- プロセス上の問題を発見・特定し、改善につなげる
- ビジネスプロセスに関するエージェントのトレーニング・ニーズの発見
- エラーの発見

④スピーチ・アナリティクス：スピーチ・リコグニションが認識した会話を分析（分類や加工）する。スピーチ・アナリティクスによる分析結果からビジネスプロセス上の問題

を発見し改善に役立てる。スピーチ・アナリティクスによる会話の分析を行うのが以下の3つの技術だ。

- **キーワード・スポッティング**：顧客の会話からキーワードを抽出する。顧客ニーズの発見、問題の特定、傾向の把握等に利用する。金融機関が法令に基づくNGワードを抽出条件として行うコンプライアンス・チェックはこの技術によるものだ
- **音声インデックス**：キーワード・スポッティングに音声そのものの認識を加え、より詳細な分析を行う
- **スピーチ・トゥ・テキスト**：会話をテキストに変換する。コールセンターにおける利用範囲は非常に広い

クオリティー・マネジメント

クオリティー・モニタリングやVOCの収集・還元プロセスをサポートするシステムやツールがある。

①**録音システム**：コールセンターに必須のシステムだ。通話の録音だけでなく、以下のような機能がある。

- **インデックスの付加と検索**：日時、エージェントID、スキルID、着信電話番号、発信者電話番号、通話時間等の情報を録音データに付加し、それらをキーに自在な検索を可能にする
- **音声波形表示による感情認識**：音声波形を表示し、感情分析システムと連携して顧客の感情のレベルや種類を認識する
- **各種ツールとの連携**：スピーチ・アナリティクス、クオリティー・モニタリング等、通話録音が前提のシステムやツールと連携し、録音データを提供する。あるいはそれらに、通話録音システム自体をビルトインする

②**クオリティー・モニタリング・システム**：クオリティー・モニタリングの一連のプロセス（第5章）の実行をサポートする。通話録音システムに簡易的なスコアリングの機能が付加されたものを出発点とし、その後、クオリティー・モニタリング・ライフサイクルのプロセス全体をサポートするための多くの機能が加わり、かつマルチチャネル化もなされ、今日の姿に進化してきた。次のような機能を持つ。

- **通話録音／スクリーン記録**：通話のみならず、エージェントのデスクトップのスクリーンの動きも記録する
- **マルチチャネル対応**：電話だけでなく、メール、チャット、SMS、SNS等、マルチチャネルに対応

- コンタクトの分類と自在な検索：録音データにタグやインデックスを付与・分類し、自在な検索を可能にする
- 録音データのアーカイブと保存期間の管理：個人情報保護法における個人データ保存期間を管理する
- 評価対象コールの自動選定：スキル、通話時間等、設定したパラメーターに基づき、評価対象のコールを自動的に選定する
- スコアカードのカスタマイズ：スコアカード（クオリティー・モニタリング・フォーム）の評価項目、評価方法、評点等を設定し、フォームの作成や変更を行う
- フィードバック・レポートの作成：スコアカードによる評価結果をエージェントにフィードバックするためのレポートを作成する
- スコアカードやフィードバック・レポートに対象の録音データを添付：エージェントの自己評価やフィードバック時のコーチングに活用する
- スピーチ・リコグニションやスピーチ・アナリティクスとの連携：VOCの収集・分類・レポート、コールの内容のトレンド分析、コールの内容に基づくアラートの発報等が実現できる
- クオリティー・モニタリングのプロセスの管理：クオリティー・モニタリングの一連のプロセスの期日管理やリマインドの発出等を行う

③顧客エンゲージメント／VOCマネジメント・ツール：C-SAT、NPS、CES等、顧客エンゲージメントの測定やVOCの収集・分析・フィードバックをサポートする。

- 顧客サーベイ・ツール：C-SAT（顧客満足度調査）等の顧客サーベイを行うためのツール。例えば、アフター・コール・サーベイ（会話終了後に満足感を聴取）のためのIVRや、Webやメールによるアンケート調査の作成・運用ツール等
- VOCマネジメント・ツール：VOCの収集・分析・フィードバックといったプロセスをサポートする。複数のチャネルからのVOCを1つの受信トレイ等に統合、スピーチ・リコグニション／スピーチ・アナリティクス／エモーション・リコグニション（emotion recognition；感情認識エンジン）等によるVOCの分析、VOCレポートの作成・発行、VOCの社内フィードバック等を行う

パフォーマンス・マネジメント

　バランスト・スコアカードやパフォーマンス・レポートの作成等、コールセンターのマネジメントの意思決定をサポートするシステムや、業績評価指標等、センターのパフォーマンスの状況をモニターするためのツールからなる。

①ビジネス・インテリジェンス：「ビジネス・インテリジェンス」（business intelligence；

BI）は、単なるレポート作成ツールではなく、社内外の複数のシステムの大量のデータを統合・分析・加工して、マネジメントの意思決定をサポートするための情報を提供するツールだ。アウトプットとして、バランスト・スコアカード（第6章）を作成する「BSCソフト」や各種のパフォーマンス・レポート（第6章）を作成する「BIツール」を利用する。コールセンターの場合、電話系のデータと情報システム系のデータという大きなくくりに加えて、顧客、チャネル、プログラム、バックオフィス、関連部署等、多彩な情報源が多数存在する。それぞれの情報源から出力されるデータを別個に見ているのでは、的確で迅速な意思決定は困難だ。その意味では、BIは、コールセンターの管理者にとって必須のツールだといえる。

②パフォーマンス・モニタリング：センター、チーム、エージェント個人のパフォーマンスの状況を共有し、チームや個人の目標管理や業績向上を促すためのツールだ。「ウォールボード」や「エージェントボード」等の「デジタル・サイネージ」（第6章）が、CMSのステータス・モニター等とともに、その役割を果たす。

エージェント・エンゲージメント

　かつてはマニュアルで行われていたエージェント・エンゲージメント（第7章）に関する施策にテクノロジーの利用が増えてきた。トレーニングや人材開発のツールと合わせて、エージェントに関する総合的できめ細かなシステムとしての「ワークフォース・エンゲージメント・マネジメント」（workforce engagement management；WEM）の開発が進んでいる。

①エージェント・エンゲージメント：特定・単一の機能を指すものではなく、情報のアップデートや個人のパフォーマンスの確認、スケジューリングや休暇・休息に関するリクエストや調整のための手続き、社内の各種人事手続き等を、すべてエージェントの手元で行えるようにするツールだ。下記のインセンティブ・マネジメントやゲーミフィケーション、デジタル・サイネージ等とも連携する。モバイル機器に対応させれば、エージェントは上記の情報閲覧や手続きを、時と場所を選ばずに行えるようになり、コミュニケーションや利便性のさらなる向上に寄与する。

②インセンティブ・マネジメント：エージェントのモチベーション向上を目的としたインセンティブやリワードの活用が増加している。これらは内容が細かく複雑で、事務処理が煩雑な場合が多い。「インセンティブ・マネジメント」ツールを利用することで、事務処理の合理化・標準化・省力化を図ることができる。具体的には、インセンティブ・スキームの作成、個人やチームの実績や進捗状況を確認するポータルサイト、実績やランキング等のレポーティング、給与部門との連携によるインセンティブの計算や

精算処理等を行う。

③ゲーミフィケーション：モチベーション施策をサポートするツールだ。そのネーミングの通り、エージェントの仕事にゲーム性を持たせて、よりポジティブな取り組みを促進することを狙いとする。例えば、単なる目標管理でなく、パフォーマンスの実績をポイント制にしてチームで競うといった仕掛けをし、エージェントのやる気を喚起する。ゲーミフィケーション・ツールがACDやCRMシステムと連携してポイントの計算・発行を行ったり、モチベーション施策に関するポータルサイトの運用やレポートの発行等、さまざまな使い方がある（第7章）。

④デジタル・サイネージ：ウォールボードやエージェントボード等をコールセンター内のコミュニケーション・ツールとして活用する（第6章）。CRMシステムにその機能を持たせる場合もある。

トレーニング&デベロップメント

エージェントのトレーニングやコーチングの実施や管理、エージェントの育成をサポートする。

①**トレーニング・マネジメント**：トレーニングの運営管理をサポートする汎用ツールで、下記のような機能を持つ。中規模以上、複数サイトを有するコールセンターのトレーナーが、このツールのメインのユーザーだ。

- 告知：イントラネットやメールによる開催告知。告知ページやメールの作成、メール配信の管理等
- 受講者管理：受講対象者の選定、受講者登録、受講者のケア等
- 各種トレーニング情報との統合：社内他部署主催のトレーニング、社外セミナー、自己啓発、通信教育等の情報を統合
- 受講者マイページ：受講履歴、受講予定トレーニング一覧、受講スケジュール等の閲覧
- スケジューリング：会場・機材の手配、実施スケジュール調整
- 受講者アンケート／フィードバック：作成、配信、収集、分類、分析、レポート
- 成績管理、評価、認定：トレーナーによる評価や受講の認定等
- レポーティング：開催実績、個人成績・評価等のレポートの作成と出力

②**エージェント・トレーニング&コーチング**：「エージェント・デスクトップ・アナリティクス」「スピーチ・アナリティクス」「BIツール」等によるエージェントのパフォーマンスの分析結果から、エージェントのトレーニング・ニーズを発見し、トレーニングやコーチングに活用する。

③ナレッジ・マネジメント：高品質で効率の高い顧客応対のために必須の技術だ。
- ナレッジ・ベース：商品知識、業務知識、業界情報等の知識をデータベース化したものが「ナレッジ・ベース」(knowledge base)だ。データのストレージ(保管)と検索のツールだ。コールセンターの業務知識以外のナレッジは、企業や組織、業界のデータベースをそのまま利用することが多いため、CRMシステムとの連携(ナレッジベースの情報をCRMシステムの画面に表示する)に主眼が置かれる
- FAQツール：テクニカル・サポートやヘルプデスクがこのツールの進化をリードする。FAQの作成・編集・発行、多彩な検索(キーワード、カテゴリー、自然文、音声等)、問い合わせの回答支援、顧客閲覧履歴管理、顧客フィードバック、レポーティング等、さまざまな機能がある。スピーチ・リコグニションやAIの技術の活用による、さらなる進化が期待される

リスク・マネジメント

　「スピーチ・アナリティクス」のキーワード・スポッティング機能によるNGワードの発見等、エージェントの情報提供のコンプライアンス・チェックへの活用が、金融機関以外の業界にも拡大している。

　また、「エージェント・デスクトップ・アナリティクス」は、ポリシーやガイドラインに即したアプリケーションの使い方やWebサイトの検索等に関するコンプライアンス・チェックに利用できる。

Ⅳ コールセンターのシステム構成

コールセンターの管理者にとって、これまで見てきた個々のシステムやツールの役割や機能とともに、センター全体のシステム構成を理解することは極めて重要だ。ITの担当者が作成するシステム構成図を技術的な専門知識を持たないセンター管理者が理解するのは容易ではないが、全体像の理解なくしてテクノロジーの有効活用はあり得ない。

ここでは、前述のコールセンター・プラットフォームの3つの世代に合わせたコールセンターの一般的なシステム構成を、簡略化した図表を用いて説明する。

① **第1世代型**：デジタルPBXとCTIにより構成する第1世代型のシステム構成について、複数のサイト（拠点）を持つセンターの例を**図表11-8**に示す。

サイト(A)、サイト(B)とも、それぞれにデジタルPBX／ACDを設置し、その対としてCTIサーバーがある。PBX／ACDには、電話回線により固定電話がつながり、ACDが

図表11-8　コールセンターのシステム構成──第1世代型

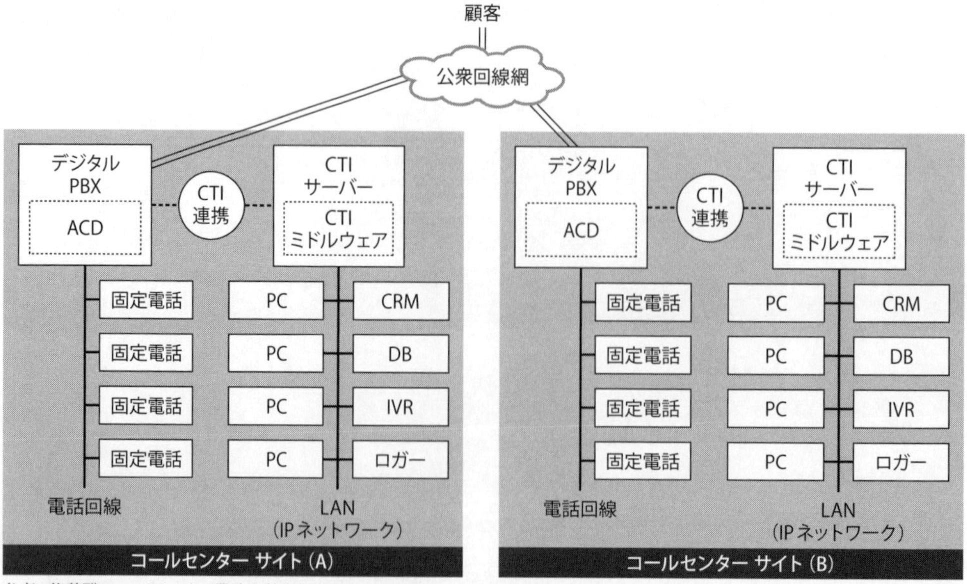

参考：後藤聡. コールセンター業務を効率化するIPコンタクトセンターシステム. UNISYS TECHNOLOGY REVIEW, 2009, (102), p.107-125.

電話を制御する。CTIサーバーにはアプリケーション・サーバーやエージェントのPCがLAN（IPネットワーク）で連なり、CTIミドルウェアがアプリケーションを制御する。この構成は図表11-5と同じであり、また、第1世代型では、どのサイトも同じである。サイトの増設は、単純にこの構成を追加するということであり、サイトの数だけPBX／ACDやCTIサーバー等の機器、およびそのための投資を追加していくことになる。

　プラットフォームがサイトごとに別々であるということは、コールフローやエージェントの管理も別々ということを意味する。そのため、サイト（A）、サイト（B）で全く同じ業務を行っていても、両サイトのリソースを共有して、1つのコールセンターのように運用する（例えば、サイト（A）のサービスレベル悪化時にサイト（B）にコールを振り分ける）ことはできない[*]。

　以上より、この第1世代型は、「2サイト／2センター」、つまり、サイトの数だけコールセンターが複数存在するということになる。

②**第2世代型**：図表11-9は、第1世代型のデジタルPBXを設置したコールセンターに、IP-PBXとIP電話によりIP化した第2世代型のサイトを追加し、デジタルPBXによ

図表11-9　コールセンターのシステム構成——第2世代型

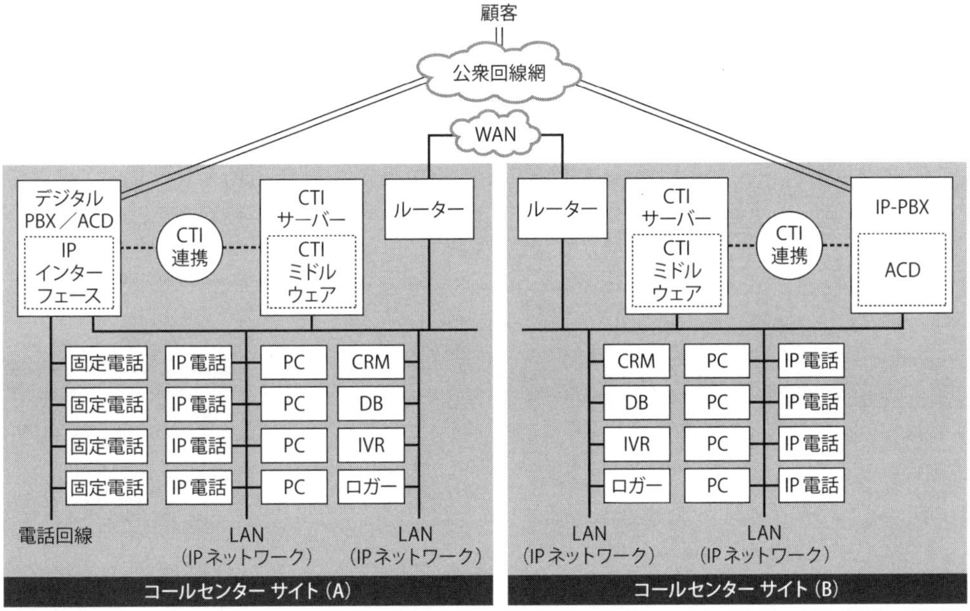

参考：後藤聡．コールセンター業務を効率化するIPコンタクトセンターシステム．UNISYS TECHNOLOGY REVIEW, 2009, (102), p.107-125.

[*]フリーダイヤルを利用していれば、「カスタマコントロール」の機能により、ACDで行うコールフローに近いルーティング等が可能だが、あくまでも通信キャリアのネットワーク内における制御であり、限界はある

るサイト（A）とIP-PBXによるサイト（B）の2サイト体制になったという想定での構成例だ。サイト（A）の構成は図表11-5と、サイト（B）の構成は図表11-6とベースは同じだ。

　サイト（A）にも、サイト（B）の設置に合わせてIP電話を導入。このIP電話を制御するために、サイト（A）のデジタルPBXに、IP電話と接続するためのIPインターフェース・モジュールを外づけで追加している。すべてをIP化するには、サイト（A）のデジタルPBXをIP-PBXにリプレイスする必要があるが、そこまでの大きな投資ができない場合に、この方法で必要な分だけのIP電話を追加する。その結果、サイト（A）には従来の固定電話とIP電話が共存することとなった。固定電話は電話回線を介して、IP電話はLAN回線（IPネットワーク）を介してPBXにつながり、両者ともPBXにより制御される。アプリケーションはCTIミドルウェアが制御する。

　サイト（B）は完全にIP化されている。従って電話回線と固定電話がなくなり、IP-PBX、CTIサーバー、IP電話、エージェントのPC、CRMシステム等のアプリケーション・サーバーのすべてがIPネットワークでつながる。IP電話の制御はIP-PBXが行い、CTIミドルウェアがアプリケーションを制御する。

　第2世代型の構成も、サイトごとにPBXを設置する必要がある。そのため、第1世代型と同様に、機器の設置のための投資がかさむ。コールフローやエージェントの管理が別々のため、複数のサイトを1つのコールセンターとして運用することはできない。第1世代型と同じく「2サイト／2センター」ということになる。

③**第3世代型**：SIPサーバーの登場により、複数サイトであることのスケール・メリットを生かした運用が可能となる。それが**図表11-10**の第3世代型の構成例だ。SIPサーバーやVoIPゲートウェイといった機器を「データセンター」に集約して設置し、それをコールセンターの各サイトとIPネットワークで結ぶもので、この構成を「IPセントレクス」と呼ぶ。

　データセンターには、PBX／ACDやCTIの機能を持つSIPサーバーや公衆回線の受け入れ口となるVoIPゲートウェイ、CRMシステムやIVR等のアプリケーション・サーバー、そしてコールセンターの各サイトとIPネットワークをつなぐルーター等の機器が設置される。データセンターとコールセンターの各拠点間は「WAN」（wide area network；広域ネットワーク）で結ぶ。WANは通信キャリアからいくつかの種類のサービスが提供されているが、そのうちコールセンターのIPセントレクスに最も利用されるのが「IP-VPN」（IP-Virtual Private Network）だ。

　コールセンターの2つのサイトは、外部のIPネットワークとサイト内のIPネットワークをつなぐルーターと、それに連なるソフトフォンを搭載したエージェントのPCからなる。また、コールセンターのサイト内の電話（ソフトフォン）やアプリケーションは、すべてデータセンターにあるSIPサーバーが制御する。

　この構成により、コールセンターの各サイトの電話やアプリケーションの制御、およ

図表11-10 コールセンターのシステム構成──第3世代型

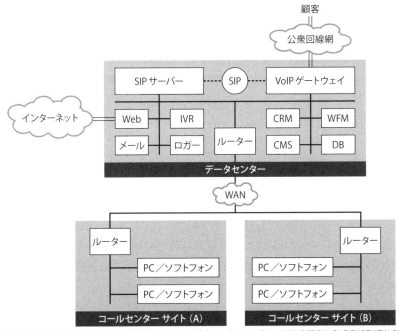

参考：後藤聡. コールセンター業務を効率化するIPコンタクトセンターシステム. UNISYS TECHNOLOGY REVIEW, 2009, (102), p.107-125.

びコールフローやエージェントの管理が1つになるため、複数のサイトを、あたかも1つのコールセンターのように運用することが可能となる。「2サイト／1センター」、つまり、サイトは複数あるが、1つのコールセンターとして運用できるということだ。

　さらに、コールセンターのサイトの地理的制約を受けないことから、採用戦略、自治体の支援、災害対策、コスト等を勘案して都合のよいロケーションを選定することも可能だ。

　なお、第3世代型の構成で留意すべきは、障害対策だ。もし、1つしかないデータセンターが障害や災害によりダウンすると、コールセンター全体が機能不全に陥るからだ。そのため、地理的に離れた場所に2つのデータセンターを設け、SIPサーバーやアプリケーションサーバー、VoIPゲートウェイ、ルーター、公衆回線サービス、WAN等もすべて「冗長化」（二重化）するのが望ましい。

V コールセンター・テクノロジーの最新トレンド

　コールセンターのテクノロジーは、まさに日進月歩だ。ここでは、実用間近、あるいはすでに一部実用が開始されている最新のテクノロジーの傾向やツールを紹介する。

①**クラウド化**：今後のコールセンターの新規立ち上げやPBX等、プラットフォームのリプレイスの第一選択肢だ。「CCaaS」(call center as a service；コールセンターのプラットフォームがクラウドを基盤としたサービスとして提供されること)化は、コールセンターに下記のメリットをもたらす。近い将来、コールセンターのほとんどがクラウド化すると見られている。

- **コスト削減**：「資産としての保有」から「経費としての利用」(使用料を支払ってサービスとして利用)となることで、コストの大幅な削減を実現
- **スケールメリットによる機能と価格の柔軟性**：アップグレードはサービス提供側が行うため、追加のコスト負担なしに常に最新の機能を自社が必要なものに限って利用できる。また、エージェント数の変化に合わせて、ライセンス数を月額ベースで調整できる
- **迅速な導入やアップグレード**：自前で構築するのに比べて短期間で可能

②**バーチャル・センター化**：PBXのソフトウエア化、クラウド化の拡大により、コールセンターのロケーションの自由度が拡大する。地理的な制約を受けないので、スタッフィングの柔軟性が増し、採用難や定着率低下の解消にも寄与する。

③**チャットボット／バーチャル・アシスタンス**：定型的な応対はチャットボットやバーチャル・エージェントが担うようになる。その分のエージェントのリソースを、より高度で複雑な業務にシフトできる。

④**セルフサービス**：音声処理やRPA、さらにはAIの技術が相まって、エージェントが受け付け、処理していたトランザクションのほとんどすべてがセルフサービスに置き換わる。

⑤**ナレッジ・サポート**：エージェントの顧客応対をサポートするために、ナレッジをさまざまな形で活用する。例えば、音声処理技術と連携し、エージェントの通話と並行してFAQやナレッジベースを検索、その場で回答例を提供しエージェントの応対をサポートするといったことが実現している。

⑥**AI技術による進化**：AI技術によるコールセンターの進化に対する期待は非常に大き

い。将来的には、本章で述べるすべてのテクノロジーがAI技術により何らかの進化を遂げる可能性があるが、現実的なニーズとして、現状では以下のような技術に対する期待が高い。

- **アウトバウンド・ダイヤラー**：ダイヤラーによる放棄を発生させない予測技術
- **ブレンディング・オペレーション**：インバウンドとアウトバウンドの並行オペレーションの実現
- **ワークロードの予測**：コール数をはじめとする業務量の予測
- **ワークフォースの算出**：ワークロードに応じた最適なエージェント数の算出
- **エージェント・スケジュール**：エージェントのスケジューリングの自動化と最適化
- **ロボティック・プロセス・オートメーション**：ビジネスプロセス、トランザクション処理の自動化
- **会話内容の入力／テキスト化**：エージェントの会話内容の入力の自動化
- **クオリティー・モニタリング**：評価対象コールの選定、音声処理技術と連携した評価の自動化
- **顧客エンゲージメントの測定／評価／分析**：C-SAT、NPS、CES等、エンゲージメント指標の測定、評価、分析の自動化

⑦**カスタマー・ジャーニー・アナリティクス**：これまでのオムニチャネルの構築の段階から、顧客がオムニチャネル上でどう動き、どんな経験をするかという包括的な分析を行う段階に移行する。

⑧**リアルタイム・スピーチ・アナリティクス**：音声テクノロジーの進化により、AIベースFAQのような、エージェントの顧客応対と同時の処理が実現している。

⑨**スケジュール・チェンジ・オートメーション**：エージェントの柔軟な働き方に対するニーズは、給与と同等レベルに上昇しており、採用や定着率に大きな影響を与える。従って、エージェントのスケジューリングにおけるエージェント・プリファランス（第3章）の重要性は高まるばかりで、それをサポートするテクノロジーが登場している。「スケジュール・チェンジ・オートメーション」はスケジューリングの変更をエージェントが自宅に居ながらにしてモバイルで行うことができるツールだ。

VI コールセンター・テクノロジー選定のポイント

　コールセンター・テクノロジーの導入にあたっては、製品や技術の選定に加えて、下記のようなさまざまな選択を迫られる。それらの考え方のポイントを以下に示す。

①**統合パッケージ(オール・イン・ワン)か、単体製品か**：一般論としては、コスト的には統合パッケージが有利であるが、含まれる個々の機能のレベルや容量等は単体製品を下回る場合が多い。

②**カスタマイズの自由度**：CRMシステム導入の失敗例には、カスタマイズの自由が効かないことが原因であることが多く、重要な選択要因だ。

③**スクラッチ(自社開発)か、パッケージ(既製品)か**：ケース・バイ・ケースであり、一般論としてどちらが優位とはいえない。開発のリソースや専門性の有無、コストの観点から検討する。

④**クラウドか、オンプレミス(自社運用)か**：コールセンター・テクノロジーのクラウド化は今後拡大の一途を辿るのが確実だ。クラウドのメリット、および下記のような、クラウドと比べたオンプレミスの弱点を勘案すれば、特段の事情がない限り、クラウドが第一選択肢となるだろう。
- オフィス外で使えず、リモート等のオプションを活用できない
- サーバー等、ハードウエアの構築と、そのための投資が必要
- 時間がかかる。コールセンターのテクノロジーは広範囲にわたるため、1つのシステムの開発のために、他の多くのシステムやベンダーとの調整や切り分けに多大な時間と労力が必要

⑤**資産か、経費か**：クラウド化拡大の理由の1つが、使用料を支払ってサービスとして利用できることがある。言い換えれば、クラウド化が進むことで必然的にテクノロジーの経費化が進むこととなる。会社の財務上の方針も踏まえて選択する。

⑥**マスト・ハブとナイス・トゥ・ハブ**：統合パッケージに含まれる機能が、マスト・ハブなのかナイス・トゥ・ハブなのかをよく見極める。

⑦**長期的な導入計画と優先度**：コールセンターとしてはマスト・ハブのツールであっても、全社的なIT計画の中では優先順位が低く、導入が見送りとなる場合がある。ツール単体でなく、コールセンター・テクノロジー全体の中長期的な導入計画の中で検討・申請する。

⑧ローカルか、グローバルか:一般的には、世界中のコールセンターで導入されている著名なテクノロジーのほとんどは海外の製品だが、サポートやカスタマイズ等で柔軟性に欠ける場合がある。一方、ローカルの製品は、先進性や専門性に弱みがあるものの、サポートやカスタマイズ等では小回りが効き、臨機応変な運用が可能である場合が多い。

⑨マルチベンダーか、シングルベンダーか:「マルチベンダー」(または「マルチプル・サービス・インテグレーター」)は、特定のメーカーや製品に偏らず、幅広い選択肢を提供し、クライアント企業にとってベストな製品を提供することを方針としている。一方、「シングルベンダー」による特定の1社あるいは少数社の製品のみで構成する製品には、組み合わせの相性等の確実性、製品に対する深い知識、サポートや保証の信頼性といった強みがある。なお、複数のシングルベンダーを利用する場合は、クライアント企業にベンダーをコントロールする知識や経験が求められる。

⑩ベンダー・コミュニケーション:自社開発や自社運用が減るにつれて、SI(システム・インテグレーター)やITベンダーに任せる範囲や責任の度合いが高まるため、ベンダーとのコミュニケーションの重要性は増すばかりだ。重要なのは、ベンダーを"業者扱い"しないで、同じチームの一員、パートナーとして対等な関係で仕事をすることであり、そんな関係を構築できるSIやベンダーを選定することも、優れたテクノロジーの導入・活用のための重要な要素だ。

第12章

コールセンターのリスク・マネジメント

　コールセンターのリスク・マネジメントには、企業や組織のフロントドアとして、組織全体のリスクの回避、軽減、縮小を担うというビジネス上の側面と、コールセンター自身の運営に関わるさまざまなリスクに対する施策という側面がある。前者については、コールセンター・マネジメントを正しく着実に実践することが企業や組織全体のリスク・マネジメントに直結するもので、これまで各章を通じて述べてきた。本章では、後者のコールセンター自身のリスク・マネジメントの2大要素である、「コンプライアンス」と「業務継続計画」について解説する。

I　コールセンターのコンプライアンス

　すべてのコールセンターには、「コンプライアンス*¹」（法令や倫理の遵守）が厳しく求められる。企業や組織のフロントドア（正面玄関）であるだけに、コンプライアンスに問題が生じることは、コールセンターのみならず企業や組織全体に対する顧客や世間からの信頼を失い、ブランドイメージや企業の評判を損ない、ひいては長期的な収益性やシェアの低下にまで発展する。このようなリスクの発生を回避するために、コールセンターはコンプライアンスの徹底を図らねばならない。

コールセンターに関わる法規制

　コールセンターが遵守すべき法規制や倫理基準等は、極めて広範囲に及ぶ。コールセンターがあらゆる業種、業界に関わるからだ。
　それらを分類すると、特定の業界を対象とするものと、業種や業界にかかわらず企業一般を対象とするものとに大別される。前者には、証券業界の「金融商品取引法*²」や製薬業界の「医薬品医療機器等法*³」等が、後者には、「個人情報保護法」や「労働基準法」をはじめとする労働法関連、電話勧誘販売を規定した「特定商取引法」等がある（図表12-1）。ちなみに、コールセンター自体を直接対象とした法令は存在しない。
　また、これら法令等を受け、業界あるいは個別の企業単位で定める自主規制やガイドライン、倫理基準等がある。例えば、日本コールセンター協会が「コールセンター業務倫理綱領」「コールセンター業務倫理ガイドライン」「コールセンター業務における個人情

---

*1：コールセンターでは、法令や倫理の遵守とともに、「ビジネスプロセス・コンプライアンス」（エージェントがセンターの方針やマニュアル等を遵守して業務を遂行すること）の強化も図られている
*2：証券会社等、金融商品を取り扱う業者を対象とし、顧客の側から積極的に関心を持って働きかけてこない限り訪問や電話による勧誘ができない、勧誘に先立って、顧客に対し勧誘を受ける意思の有無を確認しなければならないといった禁止事項を定めている。また、証券会社等で金融商品取引業務を行う「外務員」の金融庁への登録を義務づけている。そのため、証券会社のコールセンターのエージェントとして勤務するには、日本証券業協会の外務員資格の取得が必要だ
*3：正式には「医薬品、医療機器等の品質、有効性及び安全性の確保等に関する法律」。かつての薬事法から名称変更した。同法66条（誇大広告等の禁止）を受けた厚生労働省の「医薬品等適正広告基準」により、医療用医薬品等の一般人向け広告が禁止されている。これによって、製薬会社のコールセンターでは、顧客から求められない限り、医療用医薬品の製品名や効能・効果等の一切を口にできない等、厳しい規制がある

I　コールセンターのコンプライアンス

図表12-1　コールセンターに関わる主な法令等

対象	法令等	
一般	・個人情報保護法	・製造物責任(PL)法
人事・労務	・労働基準法 ・労働契約法 ・労働安全衛生法 ・最低賃金法 ・パートタイム労働法 ・労働者派遣法 ・職業安定法 ・障がい者雇用促進法	・男女雇用機会均等法 ・育児・介護休業法 ・女性活躍推進法 ・労働者災害補償保険法 ・雇用保険法 ・健康保険法 ・厚生年金保険法 ・労働組合法
電話勧誘	・特定商取引法(電話勧誘販売)	
業界(例)	・金融商品取引法 ・商品先物取引法 ・割賦販売法	・貸金業規制法 ・医薬品医療機器等法

※コールセンターに関わる法令等は上記に限らないが、ここにはコールセンターの管理者が主体性を持って内容を把握・理解しておくべき、主なものを掲載した

報保護に関するガイドライン」を定めている。

　以下では、「個人情報保護法」等、すべてのコールセンターに共通する主な法規制を見ていく。

個人情報保護法

　コールセンターの運営に最も大きく関わる法令といえば個人情報保護法だ。ここでは、コールセンターのすべての管理者が必ず理解しておくべき事項を示す。

(1)個人情報保護法とは

①**個人情報保護法の本質を理解する**：個人情報保護法とは、その目的に「個人の権利・利益の保護と個人情報の有用性のバランスを図る」とあるように、決して"個人情報利用禁止法"ではないことを最初にしっかりと認識しておく。そのうえで、コールセンターとして個人情報を有効に利活用するために、以下に示す個人情報の定義とその適切な扱い方(ルール)を正しく理解する。

②**個人情報の定義**：個人情報保護法では、個人情報を、その状態や使い方によって「個人情報」「個人データ」「保有個人データ」の3つに分類・定義している。分類ごとに情報の取り扱いや課せられる義務が異なるため、それぞれの意味を正しく理解しておくことが必要だ。**図表12-2**に3つの分類と、それぞれに課せられる義務との関係性を模式的に示し、以下に補足する。

図表12-2　個人情報の3分類と個人情報取扱事業者の義務の関係性

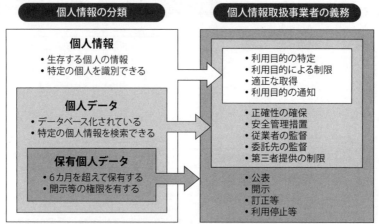

出典：国民生活センター．個人情報に関する相談事例と考え方．2015．

- **個人情報**：「生存する個人に関する情報であって、特定の個人を識別できるもの」と定義する。具体的には、氏名、生年月日、性別、住所、それぞれの組み合わせ、顔写真、個人識別符号[*1]等のことで、書面、写真、音声等に記録されてはいるが、データベース化はされておらず、それだけで特定の個人情報を検索できないもの
- **個人データ**：「個人情報データベース等を構成する個人情報」と定義する。顧客名簿のように、個人情報を含む情報がデータベース化されており、特定の個人情報を検索できるもの。データベースは電子媒体か紙媒体かを問わない
- **保有個人データ**：「個人情報取扱事業者[*2]が開示、訂正、削除等の権限を有する個人データで、6カ月を超えて保有するもの」と定義する。例えば、自社の事業活動に利用するために、6カ月を超えて保有する顧客情報や従業員の人事管理情報等

(2) 個人情報保護の5つのルール

コールセンターの管理者が、個人情報取扱事業者として守らねばならない基本的な「5つのルール」だ。当局のガイドラインや、会社が実施する教育プログラム等を通じて、

[*1] 指紋データ、パスポート番号、免許証番号、マイナンバー等、それだけで特定の個人を識別できる文字、番号、記号、符号等のこと
[*2] 「個人情報をデータベース化して事業活動に利用している者」と定義する。個人情報を取り扱うすべての事業者が対象となる。つまり、1件でも個人情報を取り扱えば、どんなに小規模なセンターであっても、個人情報保護法の遵守が求められる

詳細の確認と理解をしておくことが必須だ。

①取得時のルール
- **利用目的の特定**：取得する個人情報の具体的な利用目的を、あらかじめ特定する
- **利用目的の通知、公表**：特定した利用目的を本人に通知するか、あらかじめホームページや店舗での掲示、申込書への記載等で公表する
- **要配慮個人情報の取得**：要配慮個人情報＊を取得する場合は、あらかじめ本人の同意が必要

②利用時のルール
- **利用目的による制限**：取得した個人情報は、特定した利用目的の範囲内で利用する
- **利用目的の変更**：特定した目的以外のことに利用する場合は、あらかじめ本人の同意が必要

③保管時のルール
- **正確性・最新性の確保**：個人データは正確で最新の内容に保ち、利用する必要がなくなった時はデータを消去する
- **安全管理措置を講じる**：個人データの安全管理のための必要かつ適切な措置を講じる
- **従業者・委託先を監督する**：データが安全に管理されるよう、従業者や委託先の監督を行う

④提供時のルール
- **第三者提供**：個人データを第三者に提供する時は、あらかじめ本人の同意が必要
- **第三者提供時の記録と保存**：提供する、提供を受ける、いずれの場合も、その内容を記録し保存する

⑤開示のルール
- **開示等の請求**：本人からの個人データの開示や訂正等の請求に応じる
- **苦情処理**：個人データの取り扱いに関する苦情に適切・迅速に対処する

＊不当な差別、偏見その他不利益が生じないように取り扱いに特に配慮を要する個人情報。人種、信条、社会的身分、病歴、犯罪経歴、犯罪被害情報、身体障害、健康診断結果等

(3) コールセンター関連の確認事項

　コールセンターの日常のオペレーションにおいては、通話録音とアウトソーシングにおける個人情報の扱いが最も気になるところだ。以下にポイントを解説する。

①**通話録音**：録音した内容から個人を特定できるのであれば、それは個人情報であり、録音すること自体が個人情報の利用目的となるので、通知または公表が必要となる。その場合、録音する旨の通知・公表は、ホームページへの掲載、あるいは顧客のコール着信時に自動音声で通知等の方法で行う。この通知・公表には、個人情報保護に加えて、録音することに対する顧客の理解促進とトラブルの回避という目的もあり、できるだけ手厚い説明をしておくことが望ましい。

　なお、6カ月以内に消去すれば保有個人データに該当しないため、本人からの開示請求は発生しない。よって、6カ月を超えて苦情が発生する確率等から録音データの保管期限を設定する。ただし、6カ月以内でも個人情報には該当するので、利用目的の通知・公表は必要だ。

②**アウトソーシング**：アウトソーサーへの個人データの提供は、「第三者」への提供にはあたらない。よって、本人の同意を得ることなく提供できる。

　なお、アウトソーサーに個人データの取り扱いを委託する場合、以下の措置を講じることが必要だ。

- **適切な委託先の選定**：委託先の安全管理措置が、自ら講じる措置と同等の内容であることを事前に確認する
- **委託契約の締結**：業務委託契約書に安全管理措置に関する条文を盛り込む。または、覚書、誓約書等、なんらかの形で、講ずべき安全管理措置に関する双方の合意を契約する
- **委託先の個人データ取り扱い状況の把握**：合意した安全管理措置に基づいて、委託先に対する定期的な監査や評価を行う

(4) コールセンターの個人情報保護運用ガイドライン

　社内でも個人情報に最も深く関わるコールセンターは、企業が策定する全社的な個人情報保護規定やマニュアル、研修に加えて、独自の運用ガイドラインを策定し、トレーニングで徹底を図ることが必要だ。

　コールセンターの「個人情報保護運用ガイドライン」には、安全管理措置として策定すべき下記6項目をベースに、コールセンター内における運用の細則を定める。

- **基本方針**：個人データを適正に取り扱うための組織としての基本方針を明示する
- **規律の整備**：個人データの取り扱い規程を策定する。下記の4つの観点からなる安全管理措置を盛り込む

図表12-3　コールセンターの個人情報保護運用ガイドライン——目次

```
1. 目的
2. 適用
3. 定義
4. 個人情報の適正な取得
   (1) 取得項目の限定
   (2) 取得の目的の明示と取得手段の制限
   (3) 要配慮個人情報の取得禁止
5. 個人情報の利用目的と制限
   (1) 具体的な利用目的
   (2) 利用項目の限定
   (3) 顧客への不利益排除
6. 個人情報の利用目的の通知
   (1) ホームページ上での通知
   (2) マーケティング活動における告知媒体上の通知
   (3) コールセンターの電話によるコンタクト時の通知
   (4) 通話の録音やモニターに関する通知
   (5) ホームページ上の利用目的を超える場合
7. 個人データの管理と保存
   (1) 個人データのアクセス制限と管理方法
   (2) 個人データのアクセス権限保有者や管理者等の管理
   (3) 営業時間外の管理
   (4) 電子的保存の方法
   (5) 個人データ管理ファイルの作成と記録
   (6) 個人データの複写・複製の制限
   (7) 利用が完了した個人データの廃棄方法
8. 個人データの社内提供
   (1) 社内他部署による利用の範囲制限
   (2) 社内他部署への提供方法
9. 個人データの第三者提供
   (1) 第三者への提供禁止
10. 個人データの業務委託先への提供
    (1) 業務委託先への提供条件
    (2) 業務委託契約書への個人データ安全管理措置の明記
    (3) 業務委託先による安全管理措置への誓約と個人情報管理責任者の任命
    (4) 業務委託先による委託元の安全管理措置の遵守
11. 個人データの移送または送信
    (1) 業務委託先への個人データ移送方法
    (2) 電子媒体による搬送方法
    (3) オンラインによる送信方法
    (4) 人手による移送方法
    (5) 個人データ送受信の記録
12. 顧客からの個人情報に関する問い合わせ
    (1) 個人情報に関する問い合わせの対応
    (2) 個人情報の開示、訂正、利用停止の要求の対応
13. デスクトップ上の個人情報に関する安全管理
    (1) 離席時の文書の取り扱い
    (2) 業務終了後の保管
    (3) 不要な文書の処分
    (4) 離席時のPCスクリーンのロック
    (5) PCの記録装置使用制限
    (6) 個人所有の記録媒体の持ち込み禁止
14. オフィスの安全管理
    (1) オペレーション・エリアへの立ち入り制限
    (2) 業務委託先スタッフのオペレーション・エリアへの立ち入り
    (3) 業務委託先スタッフのネットワークへのアクセス承認
    (4) 取引業者やビジターのオペレーション・エリアへの立ち入り
    (5) オペレーション・エリア外での個人情報に関する安全管理
    (6) 当社オフィス内における情報管理に関するすべての規定等の遵守
```

- **組織的安全管理措置**：組織体制、運用規定、問題発生時の対処等
- **人的安全管理措置**：従業者の教育と周知徹底
- **物理的安全管理措置**：個人データの管理区域の管理、盗難・漏洩防止等
- **技術的安全管理措置**：個人データへのアクセス制御、不正アクセス防止等

　一般的なコールセンターに共通する内容の、コールセンターの個人情報保護運用ガイドラインの目次例を**図表12-3**に、また、その作成例（抜粋）を**巻末資料51**に掲載した。

労働法関連

　労働関係法令には「労働基準法」を筆頭に多くの法令がある（図表12-1）。ピープル・マネジメントの根幹をなすものであり、絶対におろそかにはできない。
　本書では、労働法に関わるコールセンターの運用について、主に第9章の「ヒューマン・リソース・アドミニストレーション」にて具体的に解説しているので参照されたい。

図表12-4　コールセンター管理者が把握しておくべき労働法関連用語

・安全配慮	・固定残業代	・賃金
・育児休業	・採用内定	・通勤災害
・請負	・36協定（サブロク協定）	・年次有給休暇
・解雇	・産前産後休業	・パートタイム労働者
・介護休業	・時間外労働	・派遣社員
・解雇予告手当	・仕事と家庭の両立	・ハローワーク
・介護離職	・仕事と生活の調和（ワーク・ライフ・バランス）	・パワーハラスメント（パワハラ）
・過労死	・就業規則	・非定型的変形労働時間制
・間接差別	・障害者雇用率制度	・不合理な労働条件の禁止
・基本手当	・障害者に対する差別の禁止	・不当労働行為
・休業手当	・職業訓練	・フレックスタイム制
・休憩	・職場情報の公開	・変形労働時間制
・休日	・職場情報の提供	・法定休日
・休日労働	・女性活躍推進法	・法定労働時間
・休息時間	・ジョブ・カード	・マタハラ
・業務委託	・深夜労働	・無期労働契約への転換
・くるみん認定	・正社員	・メンタルヘルス不調
・契約解除	・性別による差別の禁止	・雇止め
・契約社員	・セクシャルハラスメント（セクハラ）	・労災保険
・減給	・退職	・労働時間
・健康管理	・退職勧奨	・労働条件
・健康診断	・短時間労働者	・労働条件の明示
・公正採用選考	・地域別最低賃金	・割増賃金
・合理的配慮の提供義務	・懲戒処分	

　また、図表12-4には、コールセンターの管理者が把握しておくべき労働法関連用語の一覧を掲載した。コールセンターを運営するうえで、これらは高頻度で発生するものであり、管理者は必ず把握しておきたい。

特定商取引法

　特定商取引法は、事業者の不適正な勧誘や取り引きを取り締まるための規制を定めているが、訪問販売、通信販売等とともに対象となる取り引き類型として「電話勧誘販売」がある。コールセンターの管理者として把握しておくべきポイントは以下の4つだ。

①**電話勧誘販売の定義**：電話勧誘販売とは、「1年以内に2回以上の購入（契約）がない消費者に対する電話を使った営業活動」と定義されており、2回以上の購入、すなわち継続的な取り引き関係のある顧客に対するものは、電話勧誘販売には該当しない。
②**再勧誘の禁止**：事業者が電話勧誘を行った際、購入しない意思を表明した消費者に対する同じ商品の再勧誘を行ってはならないと定めている。異なる商品、例えば、化粧水をセールスするアウトバウンド・コールで、化粧水の購入を拒否された場合、以後、化粧水のセールスはできないが、美容液やサプリメントは可能ということだ。

③電話勧誘販売の対象となるインバウンド・コール：アウトバウンドだけでなく消費者からのインバウンド・コールによる販売も電話勧誘販売の対象となる場合がある。「事業者からのたくみな働きかけにより、消費者が電話をかけさせられ、その電話の中で勧誘を受ける」もので、チラシ等でセールスする意図や本来セールスしたい商品名を告げずに電話をかけさせるといったケースが該当する。一方、メディアに掲載した商品の広告により消費者が自発的に電話をかけて購入するのは、いわゆる通信販売であり、電話勧誘販売には該当しない。ただし、その場合でも、広告に掲載されていない異なる商品をその場で積極的にセールスするのは電話勧誘販売にあたる可能性が高い。

④通信販売との違いの認識：多くの通信販売が、販売促進の手段としてアウトバウンド・コールを利用しているが、特定商取引法では通信販売と電話勧誘販売を分離しているため、どちらに該当するか、慎重に見極めることが必要だ。電話勧誘販売に該当する場合、事業者の氏名等の明示、再勧誘の禁止、書面の交付、クーリング・オフ等、通信販売とは異なる規制が適用されることを認識しておかねばならない。

アウトバウンド・コールの規制に関する法令

　アウトバウンド・コールの規制に関する法令は、前述の特定商取引法の他には、「金融商品取引法」と「商品先物取引法」の2つがある。両法によって、金融商品や商品先物取引の販売においては、顧客の側から積極的に関心を持って働きかけてこない限り訪問や電話による勧誘ができない、勧誘に先立って顧客に対し勧誘を受ける意思の有無を確認しなければならないといった禁止事項が定められている。

　諸外国においては、電話による勧誘を受けたくない人に事前に登録をしてもらい、登録された電話番号への電話勧誘を禁止する「Do-Not-Call制度」が、すでに多くの国で導入されている。日本でも、悪質な電話勧誘等による苦情や問題の増加を受けて同制度の導入が検討されたが、いまだ実現に至っていない。現状では前述の3法による規制のみであり、この分野においては日本は脆弱であるといわざるを得ない。

製造物責任法

　「PL法」の名でよく知られる。コールセンターのオペレーションに直接関わる法令ではないが、同法の制定が、製造メーカーを中心に「消費者相談室」「お客様相談窓口」の新設や充実化が図られる契機となった法令であり、対象の業界のセンター管理者は、その内容を把握しておく必要がある。

II コールセンターの業務継続計画

業務継続計画とは

　東日本大震災を契機に、企業や組織に「業務継続計画」策定の機運が一気に高まった。その一環で、コールセンターも複数サイト化や地方進出が進むこととなった。

　コールセンターは企業や組織のフロントドアであるから、そこが塞がっていれば顧客は中に入ることができず、注文も問い合わせもできない。つまり、コールセンターの機能停止は、単にコールセンターの障害というだけにとどまらず、組織全体に被害が及ぶことになる。だからこそ、コールセンターには、さまざまな障害による機能停止を回避し、組織のリスクを守るための対策を講じることが必要だ。

　一般に「業務継続計画」は、「BCP」（ビジネス・コンティニュイティー・プラン；business continuity plan）としての施策と見られがちだが、以下に示すように、「日常的業務継続計画」と「災害復旧計画」の2つの切り口がある。

①「日常的業務継続計画」：日常的に発生する業務の停滞や混乱を修正して、通常通りの業務を継続するための計画。英語の短縮表記で「BCP」と呼ばれる場合が多い。原因となる障害の切り分けには、システム障害や不測のコールの大幅なスパイク等、内部要因に起因するものと、悪天候や交通機関障害等、外部要因に起因するものとがある。また、コールセンター自体に障害が発生した場合と、コールセンター自体に問題はないが、リソースの不足により正常な運営ができないというケースもある。ポイントは、「日常的」に発生（個々の原因はまれでも発生する障害の形態は類似しており、トータルに考えれば日常的に頻度多く発生するという意味）する障害であることと、それに対して「通常通り」の業務を続ける（臨時的措置であっても、顧客にとっては通常通りの営業であり支障が生じていない）ための措置であることだ。発生のタイミングを除けば、多くの場合、「予測と準備が可能」だ。

②「災害復旧計画」（ディザスター・リカバリー・プラン；disaster recovery plan）：突然発生する大規模な事故や災害による致命的なダメージを負った業務を再開・復旧させるための計画。「DRP」と短縮表記する。大規模地震、大型台風、豪雨・豪雪、噴火等の自然災害や火災、原発事故、サイバー攻撃、テロ等の人為的災害、さらには、

新型インフルエンザのパンデミック等、原因も災害の形態もさまざまだ。ポイントは、「突然」発生し「予測も準備もほとんど不可能」であること、そして、「被害の規模が大きい」ことだ。そのため、業務の継続ではなく、まずは規模や内容はどうあれ、業務を「再開」し「復旧」させることに主眼を置いた計画であるということだ。

実際には「BCP」と「DRP」の区別は非常に曖昧で、「DRP」のことを「BCP」と理解・定義することが多く、両者はほとんど同意に扱われているのが現状だ。本書では、両者の違いを明確にするために、「BCP」＝「日常的業務継続計画」、「DRP」＝「災害復旧計画」と区別して表記する。

コールセンターのBCP（日常的業務継続計画）

コールセンターでは、日常的にさまざまな障害や想定外のイベントが発生する。前述したシステム障害、想定外のコールのスパイク、交通機関の遅延等は日常茶飯事であるし、集中豪雨や台風による営業休止等も特別感は薄い。そのために、これらイベント発生時の対処は、日常のフロントライン・マネジメントの一環として済まされることがほとんどだ。

しかし留意すべきは、それらの多くが"その場限りの対処"であるため、対策がマニュアル化されていないことだ。さすがにIT系の問題はトラブル・シューティングとしてマニュアル化されていることが多いが、その他については、スーパーバイザー個人の裁量で済まされているケースが少なくない。人によって、あるいはタイミングによって、採られるアクションに一貫性の欠如が多く見られるということだ。

BCPのマニュアル化に、独自のノウハウはない。通常のビジネスプロセスのマニュアル作成と同様に行えばよい。障害や想定外のイベントを特別視せずに、それらもビジネスプロセスの一種と考えればよいということだ。ビジネスプロセスのマニュアル化については、第4章で詳述しているので参照いただきたい。

図表12-5に、ユニークなBCPの一例として、「大型台風の接近における行動基準」を示す。これは、台風が日常的なイベントである沖縄県に所在のコールセンターに多く見られる"台風BCP"の例だ。台風の動きに合わせて発令される警報レベルに合わせた、具体的で一貫性のある行動基準の好例だ。

図表12-5　大型台風の接近における行動基準(台風BCP)

警戒レベル	定義	一般施設・住宅の行動基準	コールセンターの行動基準
レベル4	・72時間以内に暴風域(風速25m以上)に入る可能性	・水、食料、緊急用品等を確保	・センター長は台風の大きさやコースを注視
レベル3	・48時間以内に暴風域に入る可能性	・施設や住宅周辺の片づけ ・水、食料、緊急用品等の点検	・センター長は、台風の影響を受けるサイト(以下対象サイト)の営業休止の可能性を検討
レベル2	・24時間以内に暴風域に入る	・戸外にあるものを屋内に移動または固定	・センター長は、「レベル1(注意報)」の発令により、コールセンターの営業終了時刻前に対象サイトの営業休止の予定をすべての関係者に通知する
レベル1	・12時間以内に暴風域に入る	・学校は休校。生徒は帰宅し自宅待機。教師、職員は通常の時間帯で業務継続 ・非常用に容器とバスタブに水を充填 ・食料、電池等、緊急用品の最終確認 ・低地居住者は、高地の知人宅に宿泊を手配	・ビジネス・コントローラーは、休止時間に合わせた台風接近による臨時コールフローを準備する ・対象サイトのスーパーバイザーは、営業休止によるスタッフの帰宅手段を確保する ・対象でないサイト(以下サポート・サイト)のスーパーバイザーは、対象サイトのサポートのためのエージェント・スケジュールの変更等を準備する
レベル1(注意報)	・12時間以内に暴風域に入る ・現在の風速17~25m	・緊急活動を除き屋外作業禁止 ・教師、職員は帰宅し自宅待機 ・商業施設、サービスは閉鎖 ・ラジオ、TV、インターネットの台風情報を注視	・センター長は対象サイトの営業休止を発令する ・対象サイトのスタッフは全員帰宅(出勤前の場合は自宅待機)する ・ビジネス・コントローラーは対象サイトの営業休止の発令に合わせて臨時コールフローに切り替える
レベル1(厳重警戒)	・暴風域内 ・停電の可能性	・救命救急活動を除く屋外活動禁止	・対象サイトのスタッフは全員自宅待機 ・サポート・サイトは臨時コールフローにより営業
レベル1(回復)	・暴風域は通過 ・現在の風速17~25m	・緊急出動要員以外は屋内待機を継続	・対象サイトの営業休止継続 ・サポート・サイトの臨時コールフローによる営業継続
警戒継続	・台風は遠ざかるも影響は残る ・台風の戻りに警戒	・従業員は2時間以内に活動を再開 ・商業施設、サービスは通常営業再開 ・休校は継続。教師と職員は2時間以内に職場に復帰	・正午までに「警戒継続」になったら、センター長はバス協会のホームページでバスの運行を確認し、運行が再開していれば自宅待機の解除と対象サイトの営業再開を発令 ・上記発令から2時間経過後の正時に対象サイトの営業を再開、同時に通常のコールフローに復帰
警戒解除	・台風の影響は解消 ・台風の警戒を解除	・通常業務再開 ・学校は再開	

コールセンターのDRP(災害復旧計画)

　コールセンターのDRPは、企業や組織が全社的に策定するDRPの一環として作成されること、その内容や形式は企業や組織の方針や事情によってさまざまであること、また、災害や障害の想定の範囲が広範囲にわたることから、多くのセンターが共用できるテンプレート化を図ることが困難だ。

一方、DRPの策定や運用に関する一般的な知識やノウハウについては、政府や地方自治体が多くの情報や支援を提供しているので、それらを参考にするとよい*。

ここでは、コールセンターのDRP策定における6つのポイントを示す。

(1) DRPコアチームを編成する

①**DRPリーダーを任命する**：DRPリーダーは、スーパーバイザー等、マネジメント・スタッフの安否や安全の確認、DRPを計画通り機能させる責任を持ち、サイトごとにメインとバックアップの2名を任命する。メインとバックアップの両名は異なるロケーション（地理的に離れた）に居住していることが望ましい。また、メインのDRPリーダーは、同時に全社のDRPコアチームのメンバーとしてアサインする。DRPリーダーは6カ月ごとのローテーションにより変更し、各サイトに所属するすべての管理者にDRPリーダーを経験させ、緊急時対応のマネジメント・スキルを養成する。

②**DRPコアチーム／実行チームを編成する**：センター全体のDRPコアチーム、およびサイト単位での実行チームを編成する。DRPコアチームは、コールセンターのDRPの設計、開発、テスト、導入に責任を持ち、DRP実行チームは、DRP発動時の確実な実施に責任を持つ。

各チームは、DRPリーダーに加え、各サイトのオペレーション、ビジネス・コントロール、トレーニングやクオリティー等のサポーティング・ファンクションから代表者（メインとバックアップ）を任命する。メインとバックアップは異なるロケーションに居住する等、災害発生時にどちらか一方が必ず機能できるようにする。メンバーは6カ月ごとにローテーションにより変更し、できるだけ多くのスタッフにDRPコアチーム、実行チームを経験させ、緊急時対応スキルを養成する。

また、DRPコアチームには、コールセンターのオペレーションに直接関わるIT部門、アウトソーシング・パートナー、ITベンダーからの代表者も加える。

(2) バックアップ・スキームの設計と構築

ここでいうバックアップとは、災害によりコールセンター全体が機能停止に陥らないよう、代替の手段や場所を準備しておくことを意味する。以下に示す7つの選択肢の中から、各センターの規模や予算に応じたプランを選択する。

①**サイトの分散**：サイトのロケーションを、地理的にできるだけ離れた地域に分散する。

②**複数のデータセンター**：完全に冗長化した（同一の機能を持つ）データセンターを異なるロケーションに構築する。災害が発生し、一方のデータセンターが機能停止して

---

*内閣府の防災情報のページ「みんなで減災」では、事業継続ガイドラインや事業継続計画の文書校正モデル例、企業の事業継続計画策定例等を掲載している

も、もう一方が稼働することで業務を継続できる(**図表12-6**)。その場合、外部のネットワークも冗長化を図る。公衆回線網(顧客との電話の接続)は異なる通信キャリアのISDNを、データ回線は異なるネットワーク事業者のIP-VPNを備える。図表12-6の例では、ISDNもIP-VPNも、それぞれ(a)と(b)の異なる事業者の回線を備え、どちらか一方に障害が発生しても業務の継続が可能だ。これらによって、DRPが発動してから6時間以内に代替稼働が可能となるよう設計する。

③**在宅オペレーション**：在宅オペレーションをサポートしている場合、DRP発動後、全エージェントの20%(各センターの状況に合わせて設定する)が在宅で稼働できるようセットアップ(システムやネットワークの設定、エージェントのトレーニング等)する。

④**アウトソーシングの利用**：異なるロケーションにセンターを有するアウトソーサーと提携する。

⑤**他の企業との相互バックアップ提携**：同型あるいは相互接続可能なシステムを利用するロケーションの異なる他社と、相互バックアップで提携する。この場合、お互いのコールセンター自体をバックアップ・サイトとして共有する方法と、両社でバックアップセンターを共同で構築し利用する方法との2通りがある。

⑥**社内の拠点の利用**：支店、店舗、生産工場、研究所等、社内の拠点を利用する。小規

図表12-6　完全に冗長化されたコールセンターのシステム構成イメージ

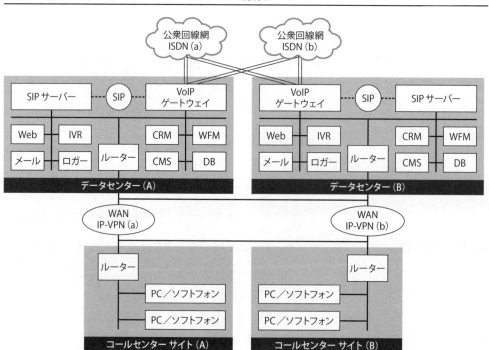

模の限られた業務しか行うことができない事態が想定され、あくまでも超臨時的な措置となる。
⑦**バックアップ・スペースの確保**：異なるロケーションにバックアップのためのスペースを確保しておく。システムの構成によっては、稼働までに時間を要する場合がある。

(3) 復旧目標指標を設定する

ITベンダーがクライアントとのサービスレベル・アグリーメントにおいてトラブル・シューティングの際の指標として使う「RTO」「RLO」をDRPの指標として利用する。

RTO（recovery time objective；リカバリー・タイム・オブジェクティブ）は、中断した業務をいつまでに復旧させるかという「復旧時間目標」を意味する。RLO（recovery level objective；リカバリー・レベル・オブジェクティブ）は、業務の中断により低下したサービスのレベルを、目標の時間（RTO）内にどのレベルまで復旧させるかを示す「復旧レベル目標」のことだ。**図表12-7**に目標の設定例を示す。

(4) コミュニケーション・スキームを設計・構築する

DRPが計画通り機能するためには、災害発生時のコミュニケーションが極めて重要だ。コミュニケーションが完全に遮断されることのないよう、複数の手段を準備しておく。下記はその一例だ。

①**コールセンターのスタッフ全員のコンタクト・リストを作成**：いわゆる"連絡網"を作っておけばよいということではない。大規模災害という異常事態に実際に使える情報であり、確実に機能するプロセスであることを大前提に作成する。いざという時に使えないことが多いのは、定期的な更新を怠るためだ。
②**エスカレーション宛先リスト**：状況別のTo:とCC:の宛先リストをあらかじめ作成しておく。いざ事が起きた時に考えることなく、コピー＆ペーストで確実・適切に通知・報告ができるように、定期的に最新の情報に更新しておく。
③**エージェントが自宅等からオペレーションの状況と指示を確認するためのWebサイトやSNS等を構築する**：すべてのエージェントが現在のオペレーションの状況、最

図表12-7　DRPの復旧目標指標を設定する

レベル1	RTO（復旧時間目標）	1日
	RLO（復旧レベル目標）	バックアップ・サイトで70%稼働
レベル2	RTO（復旧時間目標）	7日
	RLO（復旧レベル目標）	オリジナル・サイトで通常稼働

新の各種情報、DRPコアチームのコンタクト先を入手する手段と入手先を知っており、それらを災害発生時に全員がすぐに取り出せる状態を確保する。そのための日常的な啓発、トレーニング、テストを怠らない。

(5) テクノロジー関連の要件

DRPが発動されると、次のようなさまざまなIT関連の設定や作業が必要となる。

- バックアップサイトのセットアップ
- バックアップサイトへのコールの着信先変更
- ACD、IVR等、すべてのメッセージの変更
- DRP用セルフサービスへの変更
- 上記も含めたコールフローやルーティングの変更
- 在宅オペレーションのアクティブ化
- 録音システムの稼働確認

これらは必要な作業のごく一部に過ぎないが、重要なのは起こりうるあらゆる事態を想定し、DRPの発動に合わせて的確・迅速にセットアップできるよう念入りに準備しておくことだ。

とりわけ必要なのが、これらの作業をリモートで簡単に操作できる仕組みを準備しておくことだ。フリーダイヤルのユーザーであれば、「フリーダイヤル・カスタマコントロール」(第11章)により、Webへのアクセスができれば、バックアップ・サイトへの着信先の変更等の操作を、時や場所を選ばずに行うことができる。

(6) 日常の準備とテスト

いつ発生するともわからないイベントに対する準備であるだけに、いざという時に計画通りに機能させるための準備やテストの重要性は計り知れない。少なくとも、システム関連の動作確認テストは四半期ごとに行うのが望ましい。また、すべてのスタッフが参加するDRPのフルテストは6カ月ごとに行いたい。

巻末資料

Sample Documents & Forms

巻末資料1　ジョブ・ディスクリプション──センター長

ポジション	センター長
職務の概要 （ミッション）	ABC社のミッションや顧客戦略および内外のステークホルダーの要求や期待に基づき、コールセンターのリソースの最適化および顧客経験・顧客満足、生産性の最大化を図る。そのために、戦略／カルチャー／リソース／プロセス／人材／テクノロジー／環境等、コールセンター全体のマネジメントを統括し、ミッションの実現やビジネス・ゴールの達成を主導する
主要な達成責任 （アカウンタビリティー）	・コールセンターのミッションを策定。戦略的方向性を示し、業績目標の策定を統括 ・コールセンターの戦略や目標と、会社の戦略や顧客の期待との整合性／一貫性を確保 ・機会あるごとに、ミッション・ステートメントやサービス・マインドに対する意識づけの実施 ・顧客に対するABC社のコミュニケーション・スタイルの実践を徹底 ・戦略の実行のモニター／進捗レビュー／指導／支援 ・センターの各組織の業務の質・効率性を把握し、問題解決や目標達成を支援 ・サービスレベル等、コールセンターが責任を持つすべての業績目標の達成 ・顧客経験、顧客満足の継続的な改善／向上を促進 ・洗練されたビジネスプロセスの構築と継続的な改善を促進 ・質の高い顧客サービス／優れた顧客経験／高度な知識ベース／高い生産性を保つために、情報収集／トレーニング／テクノロジー支援等、関連部署との協力・協働を推進 ・スタッフのエンゲージメント向上を推進 ・優秀な人材の採用と育成を支援 ・直属のマネージャーの業績評価（業績目標の設定／進捗レビュー／評価） ・予算の策定と管理、必要なリソースの確保 ・内外のステークホルダーとのコミュニケーションと良好な関係の維持・発展 ・社内外のチャネルを通じてコールセンターのレピュテーションの向上 ・法規制／ビジネスプロセス／エージェント・スケジュールのコンプライアンスの徹底を指導
職務遂行上の障害や問題点	・社内にコールセンター・マネジメントの専門性に対する認識が希薄であること ・コールセンターのオペレーションの経費運用を求める会社の方針により、エージェントに対する指揮命令ができないアウトソーシングを利用せざるを得ないこと
必要な知識／スキル／経験	**①専門的な知識／スキル／経験** ・コールセンターのマネージャーとして2年以上、または相当の経験（前職の経験も含む） ・コールセンター・マネジメントに関する広範な専門知識と3年以上の実務経験 ・コールセンターのオペレーションに関する豊富な知識と実務経験 ・コールセンター・テクノロジーに関する豊富な知識と利用経験 ・豊富なトレーニング／コーチングの実施経験 ・ABCコールセンターの各種規定やマニュアル類の完全な把握 ・コールセンター・マネジメント養成トレーニング修了 **②一般的な知識／スキル／経験** ・大学卒程度 ・高度なリーダーシップ ・高度なサービス＆セールス・マインド ・高度な問題発見＆解決スキル

巻末資料2　ジョブ・ディスクリプション──オペレーション・マネージャー

ポジション	オペレーション・マネージャー	
職務の概要 （ミッション）	コールセンターのミッションや戦略に基づき、すべてのコンタクト・チャネルにおいて常に質の高いサービスを提供し、顧客経験／顧客満足／生産性の最大化とリソースの最適化を図るとともに、オペレーションの業績目標を達成できるよう、オペレーション戦略／リソース／プロセス／クオリティー／パフォーマンス／エンゲージメント／環境／テクノロジー等、コールセンターの顧客オペレーション全般にわたるマネジメントを行う	
主要な達成責任 （アカウンタビリティー）	・コールセンターにおけるすべての顧客コンタクト（電話／メール／チャット／SNS／ビデオ／その他）における質の高い顧客経験を提供 ・エージェントとチーム、顧客オペレーション全体の業績目標の設定 ・コールセンター全体の戦略に基づくオペレーション施策の着実な実行 ・顧客オペレーションが責任を持つすべての業績指標の達成 ・最大の効果と効率をもたらすチーム編成と人材の適切な配置 ・コールセンターの戦略や予算計画に基づいたオペレーション経費予算の策定と管理 ・ビジネス・コントローラーと協力して、コストの最適化と顧客経験の最大化をもたらす質の高いリソース・プランの策定と運用 ・洗練されたビジネスプロセスの構築と継続的な改善 ・コールセンターのビジョンやサービス・マインドに対する恒常的な意識づけを実施 ・顧客応対におけるABC社のコミュニケーション・スタイルの実践を促進 ・クオリティー・マネジメント・プロセスの確実な実行による徹底した品質管理の実践 ・エージェント・エンゲージメント施策の策定と実行 ・募集／採用から新人導入トレーニングに至るまでの新規採用プロセスの指揮 ・トレーニング重視のカルチャーの構築とトレーニング環境の充実、そのための予算の確保 ・直属のスーパーバイザー／チームリーダーのパフォーマンス・マネジメント（業績目標の設定／進捗レビュー／評価） ・サポーティング・ファンクションのスキル向上のための取り組みを支援 ・ワークロード／サービスのパフォーマンス／顧客の動向等の実績／トレンドの情報を、上位マネジメントや社内関連部署にフィードバック ・フロントラインのスタッフからの積極的なフィードバックや提案を促し、オペレーションの改善や向上に反映 ・顧客サービス向上に資する最新のテクノロジーとビジネスプロセスの評価／選定／導入 ・質の高い顧客サービス、高度な知識ベース、高い生産性を保つために、情報収集／トレーニング／テクノロジー支援等、関連部署との協力／協働を推進 ・社内外のステークホルダーとの良好な関係性の維持 ・法規制／ビジネスプロセス／エージェント・スケジュールにおけるコンプライアンスの徹底を指導	
職務遂行上の障害や問題点	・マーケティングをはじめ、コールセンターを利用しようとする社内の関連部署からの情報提供の遅延が頻繁に発生すること ・契約社員や派遣社員のエージェントに、補助的業務であるとの認識が根強く残ること	
必要な知識／スキル／経験	①専門的な知識／スキル／経験 ・コールセンターのスーパーバイザーとして18カ月以上、または相当の経験 ・コールセンター・マネジメントに関する専門知識と3年以上の実務経験 ・コールセンターのオペレーションに関する豊富な知識と実務経験 ・コールセンター・テクノロジーに関する豊富な知識と利用経験 ・豊富なトレーニング／コーチングの実施経験 ・クオリティー・モニタリングの評価とエージェントへのフィードバックができる ・ABCコールセンターの各種規定やマニュアル類の完全な把握 ・コールセンター・マネジメント養成トレーニング修了 ・電話応対技能検定1級以上 ②あれば望ましい知識／スキル／経験 ・トレーナー／コーチ養成トレーニング修了 ・マーケティング／営業企画の知識と実務経験 ・回帰分析／時系列分析等、基礎的な統計学の知識	③一般的な知識／スキル／経験 ・大学卒程度 ・優れたリーダーシップ ・チーム・ビルディング ・高度な顧客サービス＆セールス・マインド ・高度な問題発見／解決スキル ・優れた文書・資料・プレゼンテーション作成能力 ・文書／口頭双方における優れたコミュニケーション・スキル ・高度な説得力／交渉力／プレゼンテーション・スキル ・高度な情報リテラシー ・ビジネスに必要な英語力 ・予算管理（予算策定／予実管理）の知識と実務経験 ・人事管理に関する社内規定や労働法規関連の知識 ・リーダーシップ・トレーニング修了

巻末資料3　ジョブ・ディスクリプション—スーパーバイザー

ポジション	スーパーバイザー
職務の概要 （ミッション）	コールセンターのミッションや戦略に従って、すべての顧客接点において常に質の高いサービスを提供して顧客経験や顧客満足、生産性の最大化とリソースの最適化を図るとともに、チームの業績目標を達成できるよう、日々のオペレーションの運営管理／エージェントの指導・育成／顧客コンタクトのアシスト等を行う
主要な達成責任 （アカウンタビリティー）	①クオリティー・マネジメント ・クオリティー・モニタリング。クオリティー・モニタリング・フォームを使用してエージェント1人につき月間5コール以上のモニターを行い、そのパフォーマンスを評価する ・エージェント・パフォーマンス・レビュー。毎月1回、エージェントと個人別のミーティングの機会を設け、クオリティー・モニタリングの評価や個人の業績目標のフィードバックを行い、改善・向上策等を話し合う ②トレーニング／コーチング ・エージェントのトレーニング・ニーズを把握し、ニーズを満たすためのトレーニングを提供する ・エージェントへの各種情報のアップデート／アップデート・フォームの作成／ブリーフィング／ミーティング／トレーニング等を実施する ・エージェントの顧客応対に問題が認められる場合は、時間を置かず、直ちに当該エージェントにフィードバックし、改善指導を講じる ・効果的なトレーニング・プログラムの開発／トレーニング・テキストの作成／トレーニング・コースの実施のために、トレーニング・チームと協働する ・コールセンター全体／チーム／エージェント個人別のパフォーマンスを常に把握し、適正なレベルを維持し、かつ向上させるためのトレーニング等の必要な措置を講じる ③イントラデー・マネジメント ・エージェントからの質問に回答する。また、スーパーバイザーの承認が必要な問題に対し、適切な判断／承認を行う ・エスカレーション・プロシージャーに基づくエージェントからのサポートの要請を、他に優先して応じる。スーパーバイザーでは解決困難な問題については、エスカレーション・プロシージャーに基づく適切な対処を行う ・意識してMBWA (management by walking around) に努め、エージェントの状況に気を配る。問題があると認められる場合は遅滞なく適切な方法による指示、支援を行う ・顧客からのコールに通常とは異なる問題が生じていると認められる場合、直ちに上司および関連部署に報告する。また必要に応じて問題解決のための適切な措置を講じる ・日々の顧客からの問い合わせの内容や傾向をよく把握し、上司および関連部署に積極的にフィードバックする ・緊急を要する問題が発生するも、承認権限を有する上司等が不在でコンタクトができない、また他のマネジメント・スタッフのサポートも得られない場合は、遅滞なく自らの判断で必要な対処を講じ、事後に承認権限者の承認を得る ・コールセンターの円滑な業務運営や問題解決を図るために、上司の指示に基づき関連部署との協議、交渉を行い、報告する ・ワークロードの不測のスパイクやエージェントの人員不足時によるサービスレベルの悪化時は、エマージェンシー・プロシージャーに基づき、ACDにログインし電話業務を行う	・他部署からのエージェント個人に対する業務上の問い合わせに、当該エージェントに替わって応答する（エージェントに直接応答させない） ④パフォーマンス・マネジメント ・マネージャーと協力してエージェントの個人別の目標を設定し、その達成を支援する ・エージェントの月間／年間の業績評価を行い、その目標達成を支援する ・エージェントの契約更新時の業績評価を行い、契約更新の可否をマネージャーに推薦する ・サービスレベルを常時モニターし、目標を達成するための業務のアサイメントやスケジュールの変更等の適切な措置を迅速に講じる ・エージェントの後処理時間（ACW）／離席時間／待機時間の使い方を常にモニターし、可能な限り短縮できるよう対策を講じる ・発行される各種レポートを毎日必ず検証し、目標達成のための必要な措置を講じる ・要請されたアド・ホックな調査／分析／レポートの作成等を行う ⑤スタッフィング＆スケジューリング ・スタッフィング・プランに基づきエージェント・スケジュールを作成する ・ワークロードやパフォーマンスの状況に応じて迅速／適切にスケジュールの変更等の指示を行う ・エージェントの休暇や欠勤等の申請／連絡を受け、承認する ・マネージャーおよび人事部門と協力し、新規採用のための選考を行う ⑥エージェント・エンゲージメント ・エージェントの優れたパフォーマンスを賞賛しモチベーションを高めるための施策やイベント、キャンペーンやインセンティブ・プログラム等の仕組みを立案し実行する ・エージェントのモチベーションやモラルの状況に常に気を配り、問題があると認められる場合は、時間を置かず必要な措置を講じる ・上記2点を含め、エージェントのエンパワーメント／リテンション対策等、エージェントのエンゲージメントを強化するために必要な措置を講じる ⑦ビジネスプロセス ・コールセンターのオペレーション・ツール（ワークフロー／プロシージャー／トークスクリプト等のマニュアル類）を立案し作成する ・定められたビジネスプロセスが適正・確実に運用されているかを常にチェックする ・定められたビジネスプロセスの内容と、現実の顧客の期待レベルに生じたギャップを解消するための改善策を立案する ・リファラル・フォーム／ワーク・レポート／タリー・シート／トラッキング・シート／出勤記録表等の記入内容をチェックし、不備を修正するとともに、当該エージェントにフィードバックして改善指導をする ・エージェントの顧客応対に有効な情報／資料／ツール等を起案／作成し提供する （次ページに続く）

巻末資料3　ジョブ・ディスクリプション──スーパーバイザー（続き）

ポジション	スーパーバイザー	
主要な達成責任（アカウンタビリティー）	（前ページより続き） ⑧**コミュニケーション** ・毎週1回、チーム・ミーティングを主催する ・チーム内またはチーム間におけるスタッフのコミュニケーション向上のための施策を講じる ・より迅速で効果的な情報のアップデートやスタッフからのフィードバックが図られるための方案を検討し実行する ・要請されたミーティングやプロジェクト、コミッティー等に参加する ⑨**オフィス環境／テクノロジー** ・コールセンターで使用するすべての電話システム／業務システム／ネットワーク等の機器の使用方法や構成に精通し、エージェントに正確で生産性の高い使用方法を指導する ・コールセンターで使用するすべての電話システム／業務システム／ネットワーク等の障害発生時に、エスカレーション・プロシージャーに基づいて直ちに適切な措置を講じる ・コールセンターで使用するすべての電話システム／業務システム／ネットワーク等に関してより効率的、効果的な活用を図るための改善案を立案し提案する ・エージェントの業務環境に配慮し、能率的で整然とした環境整備を行う ・エージェントの健康状態や精神状態に気を配り、問題が認められる場合は、迅速に適切なサポートをする	⑩**その他** ・コールセンターが利用するアウトソーサーのオペレーションとコールセンターとのオペレーションの一貫性を確保するために、アウトソーサーにABC社およびコールセンターのミッション・ステートメントや目的／考え方を十分に理解させる ・チームの経費の予算内での運用を管理する ・社内外に対するコールセンターのPR活動をサポートする ・エージェントのトレーニングやビジターのオフィスツアーの際に、要請に基づきエージェント業務のデモンストレーションを行う ・エージェントに対する個人的な電話等の取り次ぎ ・直属の上司の不在時に、上司からの委任に基づきその業務を代行する
職務遂行上の障害や問題点	・国内のコールセンターの多くは、スーパーバイザーが人事上の管理職であるとの認識や理解がなく、ABC社や欧米一般の位置づけとギャップがあること ・契約社員や派遣社員のエージェントに、補助的業務であるとの認識が根強く残ること	
必要な知識／スキル／経験	①**一般的な知識／スキル／経験** ・大学卒程度 ・ABCコールセンター以外での1年以上の顧客応対業務（顧客サービス／接客／セールス等）の実務経験または相当する経験 ・ABC社の製品やサービスに関する広範な知識 ・優れたリーダーシップ ・チーム・ビルディング（モラルを維持しモチベーションを高める） ・高度な顧客サービス＆セールス・マインド ・優れた問題発見／解決スキル ・変化を積極的に受け入れる ・謙虚に耳を傾ける態度 ・質の高い文書・資料の作成能力 ・文書／口頭双方における優れたコミュニケーション・スキル ・優れた説得力／交渉力／プレゼンテーション・スキル ・高い情報リテラシー ・基礎的な英語力（読解／簡単な電話応対） ・人事管理に関する社内規定や労働法規関連の知識	②**専門的な知識／スキル／経験** ・コールセンターのシニア・エージェントとして18カ月以上の経験 ・コールセンターのオペレーションに関する豊富な知識と2年以上の実務経験 ・コールセンター・マネジメントに関する基礎知識と実務経験 ・コールセンター・テクノロジーに関する基礎知識と利用経験 ・エージェントを指導できる高度なコミュニケーション・スキル ・クオリティー・モニタリングの評価とエージェントへのフィードバックができる ・豊富なトレーニング／コーチングの実施経験 ・ABCコールセンターの各種規定やマニュアル類の完全な把握 ・スーパーバイザー養成トレーニング修了 ・電話応対技能検定1級以上 ③**あれば望ましい知識／スキル／経験** ・トレーナー／コーチ養成トレーニング修了 ・電話応対技能検定指導者級資格

巻末資料4　ジョブ・ディスクリプション──シニア・エージェント

ポジション	シニア・エージェント	
職務の概要 （ミッション）	コールセンターのミッションや戦略に従って、すべての顧客接点において常に質の高いサービスを提供して、顧客経験や顧客満足の最大化を図るとともに、チームの業績目標を達成できるよう、エージェントの顧客応対のアシストや、トレーニングのサポート等を行うとともに、自らもエージェントの手本となるべく質の高い顧客応対を行う。また、クオリティー・モニタリング／トレーニング／コーチング等においてスーパーバイザーをサポートし、将来のスーパーバイザー候補としての経験を積む	
主要な達成責任 （アカウンタビリティー）	①クオリティー・マネジメント ・クオリティー・モニタリング。スーパーバイザーやトレーナーの指示により、クオリティー・モニタリング・フォームを使用して所定の件数／頻度／回数／方法によるモニターを行い、そのパフォーマンスを評価する ・エージェント・パフォーマンス・レビュー。スーパーバイザーの指示により、毎月1回行うエージェントとの個人別のミーティングの一部をスーパーバイザーに替わって担当する ②トレーニング／コーチング ・エージェントのトレーニング・ニーズを把握し、ニーズを満たすためのトレーニングを起案／提案する ・エージェントへの各種情報のアップデート／アップデート・フォームのドラフトの作成／ブリーフィング／ミーティング／トレーニングをスーパーバイザーの指示により行う ・エージェントの顧客応対に問題が認められる場合は、時間を置かず、直ちに当該エージェントにフィードバックし、OJTによる改善指導を講じる ・チーム全体、あるいはエージェント個人別のパフォーマンスを常に把握し、適正なレベルを維持しかつ向上させるためのトレーニング等を起案し実施する ③イントラデー・マネジメント ・エージェントからの質問に回答する。また、シニア・エージェントの了承や確認が必要な問題に対し、適切な判断を行う ・エスカレーション・プロシージャーに基づくエージェントからのサポートの要請に対応する。解決困難な問題については、スーパーバイザーに相談し、適切に対処する ・エージェントの状況に常に気を配り、問題があると認められる場合は遅滞なく適切な方法によりエージェントのアシストを行う ・顧客からのコールに通常とは異なる問題が生じていると認められる場合、直ちにスーパーバイザーおよび関連部署に報告する。また必要に応じて問題解決のための適切な措置を講じる ・日々の顧客からの問い合わせの内容や傾向をよく把握し、スーパーバイザーおよび関連部署に積極的にフィードバックする ・スーパーバイザーが不在の時はスーパーバイザーの指示によりその業務を代行し、通常はスーパーバイザーが有する判断／承認権限を行使することができる。ただし、事後にスーパーバイザーの承認を得る ・緊急を要する問題が発生するも、承認権限を有するスーパーバイザーが不在でコンタクトができない、また他のマネジメントのサポートも得られない場合は、遅滞なく自らの判断で必要な対処を講じ、事後に承認権限者の承認を得る	・コールセンターの円滑な業務運営や問題解決を図るために、スーパーバイザーの指示に基づき関連部署との協議、交渉を行い、報告する ・他部署やクライアントからのエージェント個人に対する業務上の問い合わせに、当該エージェントに替わって応答する（エージェントに直接応答させない） ・ワークロードの不測のスパイクやエージェントの人員不足時によるサービスレベルの悪化時は、エマージェンシー・プロシージャーに基づき、ACDにログインし電話業務を行う ④スタッフィング／スケジューリング ・スタッフィング・プランに基づきエージェント・スケジュールのドラフトを作成する ・ワークロード／パフォーマンス／エージェントの出勤状況等に応じて、スーパーバイザーにスケジュールの変更等を具申する ・エージェントの休暇や欠勤等の連絡をスーパーバイザーに取り次ぐ ⑤エージェント・エンゲージメント ・エージェントの優れたパフォーマンスを賞賛しモチベーションを高めるための施策やイベント、仕組みを起案し提案する ・エージェントのモチベーションやモラルの状況に常に気を配り、問題があると認められる場合は、時間を置かず必要な措置を講じる ⑥ビジネスプロセス ・スーパーバイザーの指示により、オペレーション・ツール（ワークフロー／プロシージャー／トークスクリプト等のマニュアル類）を立案しドラフトを作成する ・エージェントによる定められたビジネスプロセスの運用状況を観察し、必要に応じてアドバイスする ・定められたビジネスプロセスと現実の顧客の期待レベルに生じたギャップを解消するための改善策を起案／提案する ・スーパーバイザーの代行として、エージェントのワークレポート／出勤記録表等の記入内容をチェックし、不備を修正するとともに、当該エージェントにフィードバックして改善指導する ・エージェントの顧客応対に有効な情報／資料やツール等を起案しドラフトを作成する ⑦コミュニケーション ・スーパーバイザーによる毎週1回のチーム・ミーティングの開催の準備や議事録の作成を行う ・より迅速で効果的な情報のアップデートや、エージェントからのフィードバックが図られるための方策を検討し提案する ・要請されたミーティングやプロジェクト、コミッティー等に参加する （次ページに続く）

巻末資料4　ジョブ・ディスクリプション──シニア・エージェント（続き）

ポジション	シニア・エージェント	
主要な達成責任（アカウンタビリティー）	（前ページより続き） ⑧**パフォーマンス・マネジメント** ・サービスレベルを常時モニターし、目標を達成するための業務のアサイメントやスケジュールの変更等の措置をスーパーバイザーに具申または実行する ・エージェントの後処理時間（ACW）、離席時間、待機時間の使い方を観察し、可能な限り短縮できるよう対策を講じる ・発行される各種レポートを毎日必ず検証し、目標達成のための必要な措置をスーパーバイザーに具申または実行する ・要請されたアド・ホックな調査や分析／レポートの作成等を行う ⑨**オフィス環境／テクノロジー** ・コールセンターで使用するすべての電話システム／業務システム／ネットワーク等の機器の使用方法や構成に精通し、エージェントに正確で生産性の高い使用方法を助言する	・コールセンターで使用するすべての電話システム／業務システム／ネットワーク等の障害発生時に、トラブル・シューティングやエマージェンシー・プロシージャーに基づいて直ちに適切な措置を講じる ・コールセンターで使用するすべての電話システム／業務システム／ネットワーク等に関してより効率的、効果的な活用を図るための改善案を立案し提案する ・エージェントの業務環境に配慮し、能率的で整然とした環境整備を行う ・エージェントの健康状態や精神状態に気を配り、問題が認められる場合は、迅速に適切なサポートをする ⑩**その他** ・エージェントのトレーニングやビジターのオフィスツアーの際に、要請に基づきエージェント業務のデモンストレーションを行う ・社内外に対するコールセンターのPR活動をサポートする ・エージェントに対する個人的な電話等の取り次ぎ
職務遂行上の障害や問題点	・シニア・エージェント以上のスタッフに対する体系化された十分なトレーニングのためのリソースが不足していること ・シニア・エージェント自身を含め、顧客オペレーション業務を担うスタッフのほとんどすべてが契約社員であり、社員としてのマインド、報酬等に正社員とギャップがある	
必要な知識／スキル／経験	①**専門的な知識／スキル／経験** ・コールセンターのエージェントとして18カ月以上または相当する経験 ・コールセンターのオペレーションに関する知識と18カ月以上の実務経験 ・コールセンター・テクノロジーの利用経験 ・ABCコールセンターのミッションや目的の十分な理解 ・エージェントにアドバイスできる優れたコミュニケーション・スキル ・導入トレーニングやP-T-Pモニタリング等による新人エージェントのサポート経験 ・電話応対技能検定2級以上 ②**あれば望ましい知識／スキル／経験** ・電話応対コンクール／電話応対コンテスト等における入賞歴 ・インハウスのコールセンターでの勤務経験	③**一般的な知識／スキル／経験** ・高校卒程度 ・ABCコールセンター以外での1年以上の顧客応対業務（顧客サービスや接客／セールス等）の実務経験または相当する経験 ・高度な顧客サービス＆セールス・マインド ・ABC社の製品やサービスに関する基礎的な知識 ・問題に気づき、その解決策を提案し実行できる ・変化を積極的に受け入れる ・謙虚に耳を傾ける態度 ・文書／口頭双方における優れたコミュニケーション・スキル ・チーム・ビルディング（モラルを維持しモチベーションを高める） ・基礎的PCスキル（インターネット／オフィス系アプリケーション） ・基礎的英語力（読解）

巻末資料5　ジョブ・ディスクリプション──エージェント

ポジション	エージェント
職務の概要 （ミッション）	ABCコールセンターを利用する顧客に対し、すべての顧客接点を通じて顧客の期待を超える質の高いサービスを提供し、顧客のコンタクト体験と満足の最大化を図る
主要な達成責任 （アカウンタビリティー）	・顧客とのすべてのコンタクトにおいて、正確／迅速／効果的な応対を行う ・エージェントが回答／解決できない顧客の問題をプロシージャーに従ってエスカレーションする ・顧客の苦情は、信頼回復のよい機会と捉え、最終的に顧客の納得と満足感を得ることができるよう前向きに応対する ・顧客の問い合わせの内容を、CRMシステムに正確／迅速／確実に記録する ・インバウンド・コールによる問い合わせの回答やABC社からの連絡のために、顧客へのアウトバウンド・コールを行う ・スケジュールに従ってアウトバウンド・テレマーケティング・プログラムを行う ・日常業務で問題が発生した際には、すぐにスーパーバイザーやシニア・エージェント等然るべきスタッフに報告／連絡／相談する ・電話システムやCRMシステムの使用方法に習熟し、それらを常に正確／迅速に操作する ・セルフ・モニタリング等を行い、パフォーマンスの自己評価を行う ・ワーク・レポートやタリー・シート等の各種フォーム／シートに正確に記入し提出する ・スーパーバイザーとの月1回のパフォーマンス・レビューに臨み、自己のパフォーマンスについてディスカッションを行う ・顧客に関する情報、顧客の意見や要望等の情報を、データ／口頭／文書によりマネジメントに積極的にフィードバックする ・クオリティーやビジネスプロセスの改善／向上のためのアイデアや改善点等を、積極的にマネジメントに提案する ・業務上必要なツールやマテリアルの整備に努め、最新で正確、かつ使い勝手の良い状態を常に維持する ・顧客向け、あるいは社内で使用する各種マテリアル／ツールの改善点やエラーを発見し、マネジメントに提案、指摘する ・企業電話応対コンテストや電話応対コンクール等に積極的に参加する ・要請に基づき、各種プロジェクト／マネジメントのサポート等を行う ・要請に基づき、導入トレーニングをはじめ新人エージェントの各種トレーニングをサポートする ・センター内／社内におけるイベントやコミュニケーション活動に積極的に参加する ・要請されたトレーニングに参加する ・要請されたミーティングに参加する
職務遂行上の障害や問題点	・顧客オペレーション業務を担うスタッフのほとんどすべてが契約社員であり、社員としてのマインド／報酬等に正社員とギャップがあること
必要な知識／スキル／経験	**① 一般的な知識／スキル／経験** ・ABCコールセンター以外での1年以上の顧客応対業務（顧客サービス／接客／セールス等）の実務経験または相当する経験 ・顧客サービス＆セールス・マインド ・変化を積極的に受け入れる ・謙虚に耳を傾ける態度 ・問題意識を持ち、積極的に提案や質問ができる ・基礎的英語力（読解） ・基礎的PCスキル（インターネット／オフィス系アプリケーション） ・1分間に180ワード以上のタイピング・スピード **② 専門的な知識／スキル／経験** ・電話応対技能検定3級以上 **③ あれば望ましい知識／スキル／経験** ・電話応対コンクール、電話応対コンテスト等における入賞歴 ・ブラインドタッチによるタイピング

巻末資料6　ジョブ・ディスクリプション──オペレーション・トレーナー

ポジション	オペレーション・トレーナー	
職務の概要 （ミッション）	コールセンターのミッションや戦略、あるいはエージェントや顧客のニーズや期待に基づく効果的なトレーニングを提供することで、エージェントのスキルや知識の向上を図り、ABCコールセンターに対する顧客の利用経験と満足度の最大化の実現に貢献する	
主要な達成責任 （アカウンタビリティー）	・コールセンターのミッションや戦略に従い、中・長期の人材育成計画を策定 ・新規採用者／既存スタッフ／マネジメント・スタッフ、それぞれのトレーニング・ニーズを分析し、トレーニング・プランを策定 ・トレーニング・プランを具体化するための全体像の設計（トレーニング手法やリソースの選定／トレーニング・コースの編成や期間の設定／評価手法の検討等） ・トレーニング・プログラムの開発（コンテンツや教材の開発／アダルト・ラーニングの考慮／プロトタイプの作成／テスト・パイロットの実施と評価／トレーニング・スケジュールの決定） ・トレーニングの実施計画と準備／メンテナンス（教材の制作／資料・ツール・設備の調達や手配／トレーニングの告知と受講者の募集／受講者リストの作成と管理／受講者ケア） ・新規採用者に対するオリエンテーション／導入トレーニングの実施 ・既存スタッフに対する継続トレーニングの実施 ・新規マネジメント・スタッフに対するスーパーバイザー・トレーニングの実施 ・トレーニング・プログラムの効果性／ビジネスへの貢献度を分析、検証し評価レポートを作成 ・恒常的なクオリティー・モニタリングによるトレーニング・ニーズの発見とトレーニング・プログラム開発への反映 ・クオリティー・モニタリング・フォーム／クオリティー・スタンダードの作成と定期的なメンテナンス ・クオリティー・モニタリングの評価／ツールに関するカリブレーション・セッションを3カ月に1回主催 ・外部トレーナーによるコミュニケーション・スキル・トレーニングの企画・立案・実施 ・フロントライン・スタッフに対する電話応対技能検定の資格取得のためのコーディネーション ・企業電話応対コンテストや電話応対コンクールの参加のためのトレーニングを含むすべてのコーディネーションの実施 ・フロントライン・マネジメント不在時にエージェントのケアを代行 ・フロントラインの各チームの毎週1回のチーム・ミーティングに参加 ・要請されたトレーニングやミーティング／プロジェクト／コミティー等に参加 ・トレーニング・ルームの定期的なメンテナンスによるトレーニングに集中できる環境の整備	
職務遂行上の障害や問題点	・社内のコールセンター・マネジメント、特にトレーニングのようなサポート機能の重要性や必要性に対する理解が希薄なため、人材／予算等のリソース確保が容易ではないこと	
必要な知識／スキル／経験	①**一般的な知識／スキル／経験** ・大学卒程度 ・ABCコールセンター以外での1年以上の顧客応対業務（顧客サービスや接客／セールス等）の実務経験または相当する経験（前職での経験も含む） ・ABC社の製品やサービスに関する広範な知識 ・高度な顧客サービス＆セールス・マインド ・優れた問題発見／解決スキル ・変化を積極的に受け入れる ・謙虚に耳を傾ける態度 ・チーム・ビルディング ・高度な文書／資料／プレゼンテーションの作成能力 ・文書／口頭双方における高度なコミュニケーション・スキル ・優れた説得力／交渉力／プレゼンテーション・スキル ・高い情報リテラシー ・ビジネスに必要な英語力	②**専門的な知識／スキル／経験** ・コールセンターのシニア・エージェントまたはスーパーバイザーとして1年以上の経験 ・コールセンターのオペレーションに関する豊富な知識と2年以上の実務経験 ・コールセンター・マネジメントに関する基礎知識と実務経験 ・コールセンター・テクノロジーに関する基礎知識と利用経験 ・エージェントを指導できる高度なコミュニケーション・スキル ・高度なトレーニング・スキルとコーチング・スキル ・ABCコールセンターの各種規定やマニュアル類の完全な把握 ・トレーナー養成トレーニング修了 ・スーパーバイザー養成トレーニング修了 ・電話応対技能検定指導者級資格 ③**あれば望ましい知識／スキル／経験** ・コールセンターのスーパーバイザーの経験

巻末資料7　ジョブ・ディスクリプション──ビジネス・コントローラー

ポジション	ビジネス・コントローラー	
職務の概要 （ミッション）	コールセンターのリソースの最適化による顧客経験／顧客満足／生産性の最大化を図るとともに、業務設計や業績管理／予算管理等、組織の司令塔的役割を担うことで、コールセンターの業績向上や目標達成に貢献する	
主要な達成責任 （アカウンタビリティー）	**①ビジネス・デベロップメント** ・新規プログラム／プロジェクトの開発（設計／構築／テスト／導入） ・ビジネス・プランの策定（中長期計画／年間計画／業務計画） **②パフォーマンス・マネジメント＆アナリシス** ・業績指標の定義、業績目標の策定 ・パフォーマンス・レポーティング（ヒストリカル／リアルタイム／エージェント／マネジメント） ・ワークロードやパフォーマンス／トレンド等各種の分析 **③リソース・プランニング** ・ビジネス・ドライバーに関する情報収集 ・コール数等ワークロードの予測（年次／月次／日次／時間帯別） ・サービス目標（サービスレベル）、生産性目標（平均処理時間）の設定 ・必要なワークフォース（エージェント数）の算出と人員計画の策定 ・ワークフォース・マネジメント・システムの設計／設定／運用	**④スタッフィング＆スケジューリング** ・シュリンケージの定義とトラッキング ・エージェント・スケジュールの作成とメンテナンス ・エージェント・プリファランスやスケジューリング・オプションの運用 ・ソーシング・オプション（在宅エージェントやアウトソーシング等）の運用 **⑤リアルタイム・マネジメント** ・サービスレベルのモニタリングとコントロール ・エージェントのスケジュール遵守状況のモニタリングとコントロール ・状況に応じた適切／迅速なアクション **⑥コール・マネジメント** ・コールフローの設計と運用 ・テレフォニー・システム（PBX、ACD、CMS、CTI、ロガー等）の設定と運用 ・通信キャリアのネットワーク上のトラフィック・コントロール **⑦フィナンシャル・マネジメント** ・予算計画策定 ・予実管理／コスト・コントロール
職務遂行上の障害や問題点	・ビジネス・コントローラーには、コールセンターのオペレーションやマネジメントに加えて、コールセンター・テクノロジー／統計学／プロジェクト・マネジメントをはじめとする幅広い知識と応用力が必要であり、その養成に3年程度の時間を要する ・国内にはワークフォース・マネジメントをはじめとするコールセンターのマネジメントの学習のための素材／機会／人材等が限られている	
必要な知識／スキル／経験	**①一般的な知識／スキル／経験** ・大学卒程度 ・ABC社のビジネス全般に関する知識 ・企画・開発・提案力 ・潜在的な問題を発見するセンスと迅速に解決する行動力 ・文書／口頭双方における優れたコミュニケーション・スキル／プレゼンテーション・スキル ・内外のステークホルダーとの優れた交渉力 ・高度な顧客サービス＆セールス・マインド ・ビジネスに支障のない英語力 **②専門的な知識／スキル／経験** ・2年以上のコールセンター業務の経験（うち6カ月以上の顧客コンタクト業務の経験）	・コールセンター・テクノロジーに関する知識と経験 ・ワークフォース・マネジメント・ソリューションに関する知識と経験 ・回帰分析／時系列分析等、基礎的な統計学の知識 ・高度な情報リテラシー **③あれば望ましい知識／スキル／経験** ・指数／対数／二次方程式／順列／度数分布／テストの信頼性と妥当性の決定／分散分析／相関技術／サンプリング理論／因子分析等の数学・統計学関連の専門知識やスキル ・コールセンターの立ち上げやマネジメントの経験 ・複数のプロジェクト・マネジメントの経験

巻末資料8　人員計画表

ポジション・タイトル別ヘッドカウント		1月実績	2月実績	3月実績	11月予算	12月予算	実績累計	年間累計
コールセンター	センター長	1	1	1	1	1	1	1
オペレーション	マネージャー	1	1	1	1	1	1	1
	オペレーション・スーパーバイザー	5	5	5	6	6	5	6
	シニア・エージェント	8	8	8	12	12	9	10
	エージェント	70	70	72	86	88	72	78
オペレーション・サポート	オペレーション・サポート・スーパーバイザー	1	1	1	1	1	1	1
	シニア・オペレーション・サポート・クラーク	2	2	2	2	2	2	2
	オペレーション・サポート・クラーク	6	6	6	8	8	6	7
トレーニング＆クオリティー	マネージャー	1	1	1	1	1	1	1
	トレーニング・スーパーバイザー	1	1	1	1	1	1	1
	トレーナー	5	5	5	6	6	5	6
	トレーニング・コーディネーター	1	1	1	1	1	1	1
	プロダクト・スペシャリスト	2	2	2	2	2	2	2
	クオリティー・スーパーバイザー	1	1	1	1	1	1	1
	クオリティー・アナリスト	4	4	4	5	5	4	5
	VOCコーディネーター	1	1	1	1	1	1	1
オペレーション・プランニング	オペレーション・プランニング・スーパーバイザー	1	1	1	1	1	1	1
	ビジネスプロセス・アナリスト	2	2	2	2	2	2	2
	リスク・コントローラー	1	1	1	1	1	1	1
ビジネス・コントロール	マネージャー	1	1	1	1	1	1	1
	ビジネス・コントロール・スーパーバイザー	1	1	1	1	1	1	1
	ビジネス・コントローラー	2	2	2	2	2	2	2
	ビジネス・アナリスト	2	2	2	2	2	2	2
	ファシリティー＆テクノロジー・スーパーバイザー	1	1	1	1	1	1	1
	ファシリティー・コーディネーター	1	1	1	1	1	1	1
	ITプロフェッショナル	1	1	1	1	1	1	1
	サポート・テクニシャン	2	2	2	2	2	2	2
ヒューマン・リソース＆アドミニストレーション	HR＆アドミニストレーション・スーパーバイザー	1	1	1	1	1	1	1
	アドミニストレーション・クラーク	2	2	2	2	2	2	2
	合計	128	128	130	153	155	132	141

ポジション・グレード別ヘッドカウント	1月実績	2月実績	3月実績	11月予算	12月予算	実績累計	年間累計
センター長	1	1	1	1	1	1	1
マネージャー	3	3	3	3	3	3	3
スーパーバイザー	12	12	12	13	13	12	13
スペシャリスト(トレーナー、コーディネーター、コントローラー、アナリスト、etc.)	24	24	24	26	26	24	25
シニア・スタッフ	10	10	10	14	14	11	12
エージェント／クラーク-正社員	18	18	18	22	22	19	20
エージェント／クラーク-契約社員	40	40	40	45	45	41	43
エージェント／クラーク-派遣社員	20	20	22	29	31	20	24
合計	128	128	130	153	155	131	141

ポジション・グレード別FTE(正社員換算人数)	1月実績	2月実績	3月実績	11月予算	12月予算	実績累計	年間累計
センター長	1.0	1.0	1.0	1.0	1.0	1.0	1.0
マネージャー	3.0	3.0	3.0	3.0	3.0	3.0	3.0
スーパーバイザー	12.0	12.0	12.0	13.0	13.0	12.3	12.7
スペシャリスト	24.0	24.0	24.0	26.0	26.0	24.3	25.2
シニア・スタッフ	10.0	10.0	10.0	14.0	14.0	10.7	12.0
エージェント／クラーク-正社員	18.0	18.0	18.0	22.0	22.0	18.7	19.8
エージェント／クラーク-契約社員	36.0	36.0	36.0	40.5	40.5	37.2	38.4
エージェント／クラーク-派遣社員	13.6	13.6	15.0	19.7	21.1	13.8	16.5
合計	117.6	117.6	119.0	139.2	140.6	121.0	128.6

巻末資料9　アウトソーシング適合性検討ワークシート

		1	2	3	4	5		スコア
1. 企業のビジネス環境								**3**
1-1 ビジネス志向性	顧客志向が強い	○	○	●	○	○	プロダクト（製品・商品）志向が強い	3
1-2 環境変化適応度	変化への適応度が低い（急激、頻繁な変化を好まない、馴れていない）	○	○	○	○	●	変化への適応度が高い	5
1-3 マーケット・シェア	安定的なシェアを維持	○	●	○	○	○	急速な成長と拡大	2
1-4 プロダクト・ライフサイクル	長い	○	○	●	○	○	短い	3
1-5 人材（タレント）	豊富	○	○	○	●	○	乏しい	4
2. コールセンターのビジネス環境								**3**
2-1 経営上の位置づけ	経営上の位置づけ・優先度が高い	○	●	○	○	○	経営上の位置づけ・優先度は高くない	2
2-2 レビュテーション戦略	コールセンターが企業のレビュテーション（評判）戦略の中核を担う	○	○	●	○	○	レビュテーション戦略におけるコールセンターの位置づけや影響度は低い	3
2-3 全社的な従業員の志向性	コールセンター業務によくフィットする	●	○	○	○	○	コールセンター業務にフィットしにくい	1
2-4 テクノロジー環境	コールセンター業務に必要な環境が十分に整っている、あるいは構築が可能	○	○	○	●	○	コールセンター・ビジネスに適したテクノロジーに築も期待できない	4
2-5 オフィス環境	コールセンター・ビジネスに好ましい環境	○	○	●	○	○	コールセンター・ビジネスに適さないロケーションとオフィス環境	3
2-6 ファシリティーの拡張性	ビジネスの成長に合わせてファシリティーの迅速な拡張が可能	●	○	○	○	○	ファシリティーの迅速な拡張は困難	1
2-7 営業時間の柔軟性	キャンペーン等に合わせた営業時間の延長等、柔軟な運用が可能	○	○	○	●	○	営業時間は固定的、限定的	4
2-8 ピーク・ボリューム対応	スタッフィング、ファシリティーとも対応可能	○	○	●	○	○	スタッフィング、ファシリティーとも対応困難	3
2-9 人事制度	コールセンターの環境に合わせた、柔軟な制度が可能	●	○	○	○	○	硬直的でコールセンター特有の制度設計は困難	1
3. コールセンターのオペレーション								**3**
3-1 オペレーションのタイプ	複雑、個別的（例：テクニカルサポート）	○	●	○	○	○	単純定型、パターン化（例：通販受注）	2
3-2 情報収集	顧客情報、背景情報等の収集が極めて重要	○	○	●	○	○	顧客応対やトランザクションの処理に最低限必要な情報のみ	3
3-3 知識やスキルの専門性	高度な専門知識、資格、認定、免許等が必要	○	○	○	●	○	未経験者が入社後のトレーニングと経験で習熟可能	4
3-4 コールセンターを利用する顧客のタイプ	既存顧客、購入後の顧客が多い	○	○	○	○	●	新規顧客、見込み客、購入前の顧客が多い	5
3-5 トレーニング	導入トレーニング：10日以上、継続トレーニング：毎月1回以上実施	●	○	○	○	○	導入トレーニング：10日未満、継続トレーニング：年数回の確定程度	1
3-6 顧客との関係性構築	顧客のニーズを超えた情報の提供、付加サービスや販売機会の探索	○	○	○	●	○	顧客ニーズに対応	4
3-7 マーケティング・インパクト	年間を通じた激しい増減はなく安定的で予実差はゆるい	○	○	●	○	○	マーケティング・キャンペーンやプロモーションの頻度が高くコール数に多大な影響	3
3-8 コール数の変動	季節変動、不測のイベント等による変動が大きい	●	○	○	○	○	コール数にミニ差は限定的	1
4. ファイナンシャル								**3**
4-1 投資対象としてのコールセンター	投資対象として位置づけられている	○	●	○	○	○	積極的な投資対象ではない追加投資の予算は計上されていない	2
4-2 ROIパフォーマンス	ROI目標を達成している	○	○	●	○	○	ROIの目標を達成していない	3
4-3 オペレーション費用（経費予算）	経費予算にミートしている	○	○	○	○	●	経費予算を超過しがち	5

総合スコア：3

スコア定義

1. インハウスの適合性が高い
2. どちらかといえばインハウスの適合性が高い
3. どちらともいえない
4. どちらかといえばアウトソーシングの適合性が高い
5. アウトソーシングの適合性が高い

- 自社の業務がアウトソーシングの環境に適合しているかを判断するための指針を得るための評価ツール
- 中央に記した各項目について、その左右に記載の説明に近いラジオボタンを選択する。ラジオボタンが左に近いほどインハウスの適合性があり、自社の業務が右に近いほどアウトソーシングの適合性が高い
- ラジオボタンの選択結果は、右側の「アウトソーシング適合性スコア」に反映され、最下部にアウトソーシング適合性を判断するための総合スコアが算出される
- 総合スコアの定義は、各評価から総合スコアを求めたもの。この結果はあくまで一般解であり、ひとつの参考情報に過ぎない。この意思決定をするのみ意思決定をすることはできない
- 参考：Prosci, "Outsourcing Decision", Call Center Outsourcing - Strategies and plans for successful call center outsourcing. Learning Center Publications, 2004, pp.8-32

巻末資料10　経費予算管理レポート　　（単位：千円）

	1月実績	2月実績	11月予測	12月予測	当月実績	当月予算	当月差異	当月差異%	当月累計実績	当月累計予算	当月累計差異	当月累計差異%	年間累計実績/予測	年間累計予算	年間累計差異	年間累計差異%
給与	12,648	12,033	15,000	15,000	12,575	15,000	2,425	16.2%	76,656	90,000	13,344	14.8%	160,656	180,000	19,344	10.7%
時間外	1,037	88	700	500	921	600	-321	-53.5%	5,654	3,600	-2,054	-57.1%	9,554	7,200	-2,354	-32.7%
ボーナス	3,452	3,444	4,200	4,200	3,646	4,200	554	13.2%	21,790	25,200	3,410	13.5%	45,310	50,400	5,090	10.1%
社会保険	2,251	2,17	4,200	4,200	2,293	2,544	251	9.9%	13,587	15,264	1,677	11.0%	36,330	30,701	-5,629	-18.3%
福利厚生費	107	107	150	150	141	133	-8	-6.1%	764	800	36	4.5%	1,664	1,600	-64	-4.0%
リワード／インセンティブ	443	43	500	500	436	250	-186	-74.4%	2,616	1,500	-1,116	-74.4%	5,966	5,000	-966	-19.3%
派遣社員	2,395	2,387	4,500	4,500	1,026	1,500	474	31.6%	11,229	9,000	-2,229	-24.8%	27,807	18,000	-9,807	-54.5%
採用費	0	0	0	0	0	0	0	0.0%	0	0	0	0.0%	3,000	0	-3,000	―
人件費合計	22,333	21,470	29,250	29,050	21,038	24,227	3,189		132,296	145,364	13,068	9.0%	290,287	292,901	2,614	0.9%
出張旅費	682	480	1,195	1,195	613	600	-13	-2.2%	4,104	7,000	2,896	41.4%	12,624	15,000	2,376	15.8%
会議／交際費	50	50	0	450	100	100	0	0.0%	965	500	-465	-93.0%	2,515	2,000	-515	-25.8%
教育研修費	1,056	84	2,000	3,000	785	900	115	12.7%	7,445	7,500	55	0.7%	19,945	20,000	55	0.3%
図書費	0		100	0	0	0	0	0.0%	119	100	-19	-19.0%	319	200	-119	-59.5%
事務用消耗品	94	13	100	100	24	40	16	40.0%	379	800	421	52.6%	1,199	2,000	801	40.0%
郵送・宅配料	1,155	1,97	1,760	1,760	1,429	1,667	238	14.3%	9,101	10,000	899	9.0%	19,661	20,000	339	1.7%
通信費	1,007	1,095	1,350	1,350	1,037	1,000	-37	-3.7%	6,292	7,127	835	11.7%	13,642	14,572	929	6.4%
機器・備品購入費	0	0	0	0	0	0	0	0.0%	0	0	0	0.0%	3,500	2,000	-1,500	-75.0%
ソフトウエア・ライセンス費	0	0	800	0	0	0	0	0.0%	0	0	0	0.0%	800	750	-50	-6.7%
外部委託費	250		500	500	300	300	0	0.0%	1,750	1,800	50	2.8%	4,450	4,000	-450	-11.3%
家賃	1,426	1,426	1,426	1,426	1,426	1,426	0	0.0%	8,556	8,556	0	0.0%	17,112	17,112	0	0.0%
水道光熱費	124	11	141	141	145	145	0	0.0%	818	750	-68	-9.1%	1,665	1,500	-165	-11.0%
リース料	15	15	15	15	15	15	0	0.0%	90	90	0	0.0%	180	180	0	0.0%
減価償却費	118	11	118	118	118	118	0	0.0%	708	708	0	0.0%	1,416	1,416	0	0.0%
その他雑費	0	4	0	5	0	0	0	0.0%	4	10	6	60.0%	19	20	1	5.0%
活動費合計	5,977	6,26	9,505	10,060	5,992	6,311	319		40,331	44,941	4,610	10.3%	99,047	100,750	1,702	1.7%
オペレーション経費合計	28,309	27,737	38,755	39,110	27,030	30,538	3,508		172,627	190,306	17,678	9.3%	389,334	393,651	4,316	1.1%
交通費	98	8	145	145	87	100	13	13.0%	554	1,000	446	44.6%	1,348	2,000	652	32.6%
沖縄サイト出張	302	234	300	300	299	300	1	0.3%	1,579	2,500	921	36.8%	3,517	3,500	-17	-0.5%
札幌サイト出張	154	16	100	100	227	200	-27	-13.5%	1,025	2,500	1,475	59.0%	1,818	2,500	682	27.3%
福岡サイト出張	128		650	650	0	0	0	0.0%	128	200	72	36.0%	4,323	5,400	1,077	19.9%
米国出張	0		0	0	0	0	0	0.0%	818	800	-18	-2.3%	1,618	1,600	-18	-1.1%
出張旅費計	682	480	1,195	1,195	613	600	-13		4,104	7,000	2,896	41.4%	12,624	15,000	2,376	15.8%
年間計画発表会	50	5	0	0	0	0	0	0.0%	108	100	-8	-8.0%	108	100	-8	-8.0%
全サイト合同ミーティング	0	0	0	150	100	100	0	0.0%	857	400	-457	-114.3%	1,107	600	-507	-84.5%
カスタマーサービス・ウィーク	0	0	0	0	0	0	0	0.0%	0	0	0	0.0%	1,000	1,000	0	0.0%
福岡サイト・オープニング・パーティー	0		0	300	0	0	0	0.0%	0	0	0	0.0%	300	300	0	0.0%
会議／交際費計	50	5	0	450	100	100	0		965	500	-465	-93.0%	2,515	2,000	-515	-25.8%
テレフォン・スキル・トレーニング	910	600	1,800	2,500	785	900	115	12.8%	6,514	6,500	-14	-0.2%	18,014	18,000	-14	-0.1%
社外セミナー参加費	38	9	70	200	0	0	0	0.0%	207	300	93	31.0%	777	1,000	223	22.3%
電話応対技能検定料	108	0	130	300	0	0	0	0.0%	373	350	-23	-6.6%	803	1,000	197	19.7%
コールセンター研究会参加料	0	150	0	0	0	0	0	0.0%	150	150	0	0.0%	150	0	-150	0.0%
コールセンター・コンテスト参加費	0		0	0	0	0	0	0.0%	200	200	0	0.0%	200	0	-200	0.0%
教育研修費計	1,056	84	2,000	3,000	785	900	115		7,444	7,500	56	0.7%	19,944	20,000	56	0.3%
コールセンター関連書籍	0	0	50	0	0	0	0		87	80	-7	-8.8%	217	130	-87	-66.9%
業界関連書籍	0		25	0	0	0	0	0.0%	32	20	-12	-60.0%	77	45	-32	-71.1%
製品参考資料	0		25	0	0	0	0	0.0%	0	0	0	0.0%	25	25	0	0.0%
図書費計			100						119	100	-19	-19.0%	319	200	-119	-59.5%

巻末資料11　運営状況管理レポート

	1月実績	2月実績	11月予測	12月予測	当月 実績	当月 予算	当月 差異	当月 差異%	当月累計 実績	当月累計 予算	当月累計 差異	当月累計 差異%	年間累計 実績/予測	年間累計 予算	年間累計 差異	年間累計 差異%
■パフォーマンス																
着信コール数	64,660	61,67	72,034	71,268	65,659	63,678	1,981	3.1%	390,679	380,070	10,609	2.8%	805,530	800,141	5,389	0.7%
応答コール数	62,973	59,19	69,663	68,853	63,296	62,984	312	0.5%	377,175	370,175	7,000	1.9%	777,908	763,526	14,382	1.9%
サービスレベル(80/20)	82.1%	81.9	80.0%	80.0%	83.7%	80.0%	3.7p	3.7p	82.0%	80.0%	2.0p	2.0p	81.0%	80.0%	1.0p	1.0p
放棄率(ABN)	2.6%	4.0	3.0%	3.0%	3.6%	2.6%	-1.0p	-1.0p	3.5%	3.0%	-0.5p	-0.5p	3.4%	3.0%	-0.4p	-0.4p
一次応対完了率(FCR)	97.0%	97.5	98.0%	98.0%	97.4%	98.0%	-0.6p	-0.6p	97.3%	98.0%	-0.7p	-0.7p	97.6%	98.0%	-0.4p	-0.4p
平均処理時間(AHT/秒)	295	302	300	300	292	300	8	2.7%	299	300	1	0.3%	300	300	1	0.3%
1時間あたり応答数(CPH)	10.23	9.9	10.24	10.26	10.03	10.20	-0.17	-1.7%	10.07	10.20	-0.13	-1.3%	10.13	10.20	-0.07	-0.7%
顧客満足度(C-SAT)	82.8%	83.4	82.5%	82.5%	84.8%	82.5%	2.3p	2.3p	83.6%	82.5%	1.1p	1.1p	83.0%	82.5%	0.5p	0.5p
オペレーション経費(OPEX/千円)	28,310	27,73	38,755	39,110	27,031	30,538	3,507	11.5%	172,627	190,306	17,679	9.3%	389,333	393,650	4,317	1.1%
コンタクト単価(CPC/千円)	450	46	556	568	427	485	58	12.0%	458	514	56	11.0%	500	516	15	2.9%
時間単価(CPM/千円)	91	93	111	114	88	97	9	9.3%	92	103	11	10.7%	100	103	3	2.9%
■スタッフィング																
センター長	1	1	1	1	1	1	0	0.0%	1	1	0	0.0%	1	1	0	0.0%
マネージャー	2	2	2	2	2	2	0	0.0%	2	2	0	0.0%	2	2	0	0.0%
スーパーバイザー	8	8	10	10	8	8	0	0.0%	8	8	0	0.0%	9	9	0	0.0%
管理職 合計	11	11	13	13	11	11	0	0.0%	11	11	0	0.0%	12	12	0	0.0%
トレーナー	3	3	3	3	3	3	0	0.0%	3	3	0	0.0%	3	3	0	0.0%
クオリティー・アナリスト	2	2	2	2	2	2	0	0.0%	2	2	0	0.0%	2	2	0	0.0%
ビジネス・コントローラー	3	3	3	3	3	3	0	0.0%	3	3	0	0.0%	3	3	0	0.0%
ビジネス・アナリスト	1	1	1	1	1	1	0	0.0%	1	1	0	0.0%	1	1	0	0.0%
シニア・エージェント	8	8	10	10	8	8	0	0.0%	8	8	0	0.0%	9	8	1	12.5%
エージェント	43	42	45	45	41	45	-4	-8.9%	43	45	-2	-4.4%	44	45	-1	-2.2%
一般職 合計	60	59	64	64	58	62	-4	-6.5%	60	62	-2	-3.2%	62	62	0	0.0%
エージェント	4	4	10	10	0	0	0	0.0%	3	4	-1	-25.0%	4	5	-1	-20.0%
アドミ・クラーク	3	3	3	3	3	3	0	0.0%	3	3	0	0.0%	3	3	0	0.0%
派遣社員 合計	7	7	13	13	3	3	0	0.0%	6	7	-1	-14.3%	7	8	-1	-12.5%
コールセンター 合計	78	77	90	90	72	76	-4	-5.3%	77	80	-3	-3.8%	81	82	-1	-1.2%
■オペレーション経費																(単位：千円)
給与	12,648	12,03	15,000	15,000	12,575	15,000	2,425	16.2%	76,656	90,000	13,344	14.8%	160,656	180,000	19,344	10.7%
時間外	1,037	886	700	500	921	600	-321	-53.5%	5,654	3,600	-2,054	-57.1%	9,554	7,200	-2,354	-32.7%
ボーナス	3,452	3,44	4,200	4,200	3,646	4,200	554	13.2%	21,790	25,200	3,410	13.5%	45,310	50,400	5,090	10.1%
社会保険	2,251	2,17	4,200	4,200	2,293	2,544	251	9.9%	13,587	15,264	1,677	11.0%	36,330	30,701	-5,629	-18.3%
福利厚生費	107	10	150	150	141	133	-8	-6.1%	764	800	36	4.5%	1,664	1,600	-64	-4.0%
リワード／インセンティブ	443	43	500	500	436	250	-186	-74.4%	2,616	1,500	-1,116	-74.4%	5,966	5,000	-966	-19.3%
派遣社員	2,395	2,38	4,500	4,500	1,026	1,500	474	31.6%	11,229	9,000	-2,229	-24.8%	27,807	18,000	-9,807	-54.5%
採用費	0	0	0	0	0	0	0	0.0%	0	0	0	0.0%	3,000	0	-3,000	—
人件費合計	22,333	21,47	29,250	29,050	21,039	24,227	3,188	13.2%	132,296	145,364	13,068	9.0%	290,287	292,901	2,614	0.9%
出張旅費	682	48	1,195	1,195	613	600	-13	-2.2%	4,104	7,000	2,896	41.4%	12,624	15,000	2,376	15.8%
会議／交際費	50	58	0	450	100	100	0	0.0%	965	500	-465	-93.0%	2,515	2,000	-515	-25.8%
教育研修費	1,056	84	2,000	3,000	785	900	115	12.7%	7,445	7,500	55	0.7%	19,945	20,000	55	0.3%
図書費	0	0	100	0	0	0	0	0.0%	119	100	-19	-19.0%	319	200	-119	-59.5%
事務用消耗品	94	13	100	100	24	40	16	40.0%	379	800	421	52.6%	1,199	2,000	801	40.1%
郵送・宅配料	1,155	1,97	1,760	1,760	1,429	1,667	238	14.3%	9,101	10,000	899	9.0%	19,661	20,000	339	1.7%
通信費	1,007	1,09	1,350	1,350	1,037	1,000	-37	-3.7%	6,292	7,127	835	11.7%	13,642	14,572	929	6.4%
機器・備品購入費	0	0	0	0	0	0	0	0.0%	0	0	0	0.0%	3,500	2,000	-1,500	-75.0%
ソフトウェア・ライセンス費	0	0	800	0	0	0	0	0.0%	0	0	0	0.0%	800	750	-50	-6.7%
外部委託費	250	0	500	500	300	300	0	0.0%	1,750	1,800	50	2.8%	4,450	4,000	-450	-11.3%
家賃	1,426	1,42	1,426	1,426	1,426	1,426	0	0.0%	8,556	8,556	0	0.0%	17,112	17,112	0	0.0%
水道光熱費	124	11	141	141	145	145	0	-0.2%	818	750	-68	-9.1%	1,665	1,500	-165	-11.0%
リース料	15	1	15	15	15	15	0	0.0%	90	90	0	0.0%	180	180	0	0.0%
減価償却費	118	11	118	118	118	118	0	0.0%	708	708	0	0.0%	1,416	1,416	0	0.0%
その他雑費	0	0	0	5	0	0	0	0.0%	4	10	6	60.0%	19	20	1	5.0%
活動費合計	5,977	6,26	9,505	10,060	5,992	6,311	319	5.1%	40,331	44,941	4,610	10.3%	99,047	100,750	1,703	1.7%
オペレーション経費合計	28,310	27,73	38,755	39,110	27,031	30,538	3,507	11.5%	172,627	190,306	17,679	9.3%	389,333	393,650	4,317	1.1%

巻末資料12　ウィークリー・スケジュール・フォーマット"HARAメソッド"

日付	エージェント	8:00	9:00	10:00	11:00	12:00	13:00	14:00	15:00	16:00	17:00	18:00	ベース時間	備考
2018/11/5(月)	黒田 博美		■ ■ ■ ■	B ■ ■ ■	■ ■ M M	■ ■ ■ ■	■ ■ ■ ■	L L L L	■ ■ ■ ■	■ ■ ■ ■	T T T T		6.25	パフォーマンス・フィードバック
	大谷 翔太郎		■ ■ ■ ■	■ ■ ■ ■	B ■ ■ ■	■ ■ ■ ■	L L L L	■ ■ ■ ■	M M ■ ■	T T T T	■ ■ ■ ■		6.25	パフォーマンス・フィードバック
	小石川 佳純		■ ■ ■ ■	■ ■ B ■	■ ■ ■ ■	■ B ■ ■	■ ■ ■ ■	L L L L	■ ■ M M	T T T T	■ ■ ■ ■		6.00	ブリーフィング
	白井 健太郎		■ ■ ■ ■	■ ■ ■ B	■ ■ ■ ■	■ ■ ■ ■	L L L L	■ ■ ■ ■	■ ■ B ■	■ ■ ■ ■	T T T T		6.50	ブリーフィング
	松山 一樹		■ ■ ■ B	■ ■ ■ ■	■ ■ ■ ■	L L L L	■ ■ ■ ■	■ ■ B ■	■ ■ ■ ■	T T T T	■ ■ ■ ■		6.50	ブリーフィング
	奥原 望		■ ■ ■ ■	■ ■ ■ ■	■ ■ ■ ■	S S S S	S S S S	L L L L	■ ■ ■ ■	T T T T	T T T T		4.00	モニタリング16-18
	鈴木 誠子		■ ■ ■ ■	■ ■ ■ ■	■ ■ M M	L L L L	■ ■ ■ ■	T T T T	T T T T	T T T T	T T T T		3.50	モニタリング14-16、ブリーフィング
	羽生 弦		S S S S	S S S S	S S S S	L L L L	■ ■ ■ ■	S S S S	S S S S	S S S S	S S S S		1.00	
	配置人数	0 0 0 0	7 7 7 6	6 7 6 6	6 7 5 5	4 3 4 4	5 5 5 5	3 3 2 3	5 5 4 5	2 2 2 2	3 3 3 3	0 0 0 0	40.00	
	必要人数		6 6 6 6	6 6 6 6	6 6 6 6	5 5 5 5	5 5 5 5	5 5 5 5	6 6 6 6	6 6 6 6	4 4 4 4			
	差異	0 0 0 0	1 1 1 0	0 1 0 0	0 1 -1 -1	-1 -2 -1 -1	0 0 0 0	-2 -2 -3 -2	-1 -1 -2 -1	-4 -4 -4 -4	-1 -1 -1 -1	0 0 0 0		
2018/11/6(火)	黒田 博美		■ ■ ■ ■	■ ■ B ■	■ ■ ■ ■	L L L L	■ ■ ■ ■	■ ■ ■ ■	B ■ ■ ■	■ ■ ■ ■	T T T ■		6.75	
	大谷 翔太郎		■ ■ ■ ■	■ B ■ ■	■ ■ ■ ■	■ B ■ ■	■ ■ ■ ■	L L L L	■ ■ ■ ■	■ T T T	■ ■ ■ ■		6.75	
	小石川 佳純		■ ■ ■ ■	B ■ ■ ■	■ ■ ■ ■	L L L L	■ ■ ■ ■	■ ■ ■ ■	■ T T T	■ ■ ■ ■	■ ■ ■ ■		7.00	
	白井 健太郎		■ ■ ■ B	■ ■ ■ ■	■ ■ ■ B	■ ■ ■ ■	■ ■ ■ ■	L L L L	■ ■ ■ ■	B ■ ■ ■	■ ■ ■ ■		7.25	
	松山 一樹		■ ■ ■ ■	■ ■ ■ ■	B ■ ■ ■	■ ■ ■ ■	L L L L	■ ■ ■ ■	■ ■ ■ B	■ ■ ■ ■	■ T T T		6.75	
	奥原 望		■ ■ ■ ■	T T T T	T T T T	T T T T	L L L L	T T T T	T T		T		1.00	テレフォン・スキル・トレーニング
	鈴木 誠子		■ ■ ■ ■	T T T T	T T T T	T T T T	L L L L	T T T T	T T T T	T T T T	S S S S		1.00	テレフォン・スキル・トレーニング
	羽生 弦		S S S S	T T T T	T T T T	T T T T	L L L L	T T T T	T T T T	T T T T	■ ■ ■ ■		1.00	モニタリング10-17
	配置人数	0 0 0 0	7 7 7 6	4 4 4 5	4 5 5 4	3 2 3 3	4 4 4 4	3 3 3 3	4 4 4 3	4 4 4 4	5 4 4 5	0 0 0 0	37.50	
	必要人数		6 6 6 6	6 6 6 6	5 5 5 5	5 5 5 5	5 5 5 5	5 5 5 5	5 5 5 5	5 5 5 5	4 4 4 4			
	差異	0 0 0 0	1 1 1 0	-2 -2 -2 -1	-1 0 0 -1	-2 -3 -2 -2	-1 -1 -1 -1	-2 -2 -2 -2	-1 -1 -1 -2	-1 -1 -1 -1	1 0 0 1	0 0 0 0		
2018/11/7(水)	黒田 博美		■ ■ ■ ■	T T T T	■ ■ ■ ■	■ B ■ ■	■ ■ ■ ■	L L L L	■ ■ ■ ■	■ B ■ ■	■ ■ ■ ■		6.50	セルフ・モニタリング 10-11(Desk)
	大谷 翔太郎		■ ■ ■ ■	■ ■ ■ ■	T T T T	■ ■ ■ ■	L L L L	■ ■ ■ ■	■ ■ ■ B	■ ■ ■ ■	■ ■ ■ ■		6.75	セルフ・モニタリング 11-12(Desk)
	小石川 佳純		■ ■ ■ ■	■ ■ T T	T T ■ ■	■ ■ B ■	■ ■ ■ ■	L L L L	■ ■ ■ ■	■ ■ B ■	■ ■ ■ ■		6.50	セルフ・モニタリング 10:30-11:30(Desk)
	白井 健太郎		■ ■ ■ ■	B ■ ■ ■	■ T T T	■ ■ ■ ■	L L L L	■ ■ ■ ■	T T T T	■ ■ ■ ■	■ ■ ■ ■		6.00	
	松山 一樹		■ ■ T T	T T ■ ■	■ ■ ■ B	■ ■ ■ ■	■ ■ ■ ■	L L L L	■ ■ ■ ■	B ■ ■ ■	■ ■ ■ ■		6.50	セルフ・モニタリング 9:30-10:30(Desk)
	奥原 望												0.00	本社
	鈴木 誠子		■ ■ ■ ■	■ ■ ■ ■	T T T T	T T T T	L L L L	T T T T	T T T T	T T T T	T T T T		2.00	モニタリング11-13、14-17、フィードバック17-18
	羽生 弦		S S S S	S S S S	S S S S	L L L L	■ ■ ■ ■	■ ■ ■ ■	S S S S	S S S S	S S S S		2.00	
	配置人数	0 0 0 0	6 6 5 5	3 4 4 4	3 2 3 2	5 4 4 5	4 4 4 4	3 3 3 3	4 4 4 3	4 4 4 5	5 5 5 5	0 0 0 0	36.25	
	必要人数		5 5 5 5	5 5 5 5	5 5 5 5	4 4 4 4	4 4 4 4	5 5 5 5	5 5 5 5	5 5 5 5	4 4 4 4			
	差異	0 0 0 0	1 1 0 0	-2 -1 -1 -1	-2 -3 -2 -3	1 0 0 1	0 0 0 0	-2 -2 -2 -2	-1 -1 -1 -2	-1 -1 -1 0	1 1 1 1	0 0 0 0		
2018/11/8(木)	黒田 博美		■ ■ ■ ■	■ ■ ■ ■	B ■ ■ ■	■ ■ ■ ■	L L L L	■ ■ ■ ■	■ ■ ■ B	■ ■ ■ ■	T T T T		6.50	セルフ・モニタリング 17-18
	大谷 翔太郎		■ ■ ■ ■	B ■ ■ ■	■ ■ ■ ■	L L L L	■ ■ ■ ■	■ ■ B ■	■ ■ ■ ■	■ ■ B ■	■ ■ ■ ■		7.25	
	小石川 佳純		■ ■ ■ ■	■ ■ ■ ■	T T T T	■ ■ ■ ■							3.00	セルフ・モニタリング 11-12、PM休暇
	白井 健太郎		■ ■ ■ ■	■ B ■ ■	■ ■ ■ ■	L L L L	■ ■ ■ ■	■ ■ ■ B	■ ■ ■ ■	■ B ■ ■	■ ■ ■ ■		7.25	
	松山 一樹		■ ■ ■ ■	■ ■ B ■	■ ■ ■ ■	■ ■ B ■	■ ■ ■ ■	L L L L	■ ■ ■ ■	■ ■ ■ ■	B ■ ■ ■		7.25	
	奥原 望		■ ■ ■ ■	■ ■ ■ ■	■ ■ ■ ■	L L L L	T T T T	T T T T	■ ■ ■ ■	■ ■ ■ ■	■ ■ ■ M		5.75	モニタリング13-15
	鈴木 誠子		■ ■ ■ ■	■ ■ ■ ■	■ ■ ■ ■	■ ■ ■ ■	L L L L	■ ■ ■ ■	■ ■ ■ ■	S S S S	S S S M		6.00	1 on 1 フィードバック
	羽生 弦		S S S S	S S S S	S S S S	S S S S	L L L L	S S S S	S S S S	■ ■ ■ ■	■ ■ ■ ■		2.00	
	配置人数	0 0 0 0	7 7 7 7	6 6 6 7	5 6 6 6	4 4 3 4	3 3 3 3	4 4 3 3	6 6 6 5	6 5 5 6	4 5 5 4	0 0 0 0	45.00	
	必要人数		6 6 6 6	5 5 5 5	5 5 5 5	4 4 4 4	4 4 4 4	4 4 4 4	5 5 5 5	5 5 5 5	4 4 4 4			
	差異	0 0 0 0	1 1 1 1	1 1 1 2	0 1 1 1	0 0 -1 0	-1 -1 -1 -1	0 0 -1 -1	1 1 1 0	1 0 0 1	0 1 1 0	0 0 0 0		
2018/11/9(金)	黒田 博美		■ ■ ■ ■	■ ■ ■ B	■ ■ ■ ■	■ ■ ■ ■	L L L L	■ ■ ■ ■	■ ■ ■ B	■ ■ ■ ■	M M ■ ■		7.00	チーム・ミーティング
	大谷 翔太郎		■ ■ ■ ■	■ ■ ■ ■	T T T T	■ ■ ■ ■	■ ■ ■ ■	L L L L	■ ■ ■ ■	■ ■ B ■	■ ■ M M		6.25	セルフ・モニタリング 11-12、チーム・ミーティング
	小石川 佳純		■ ■ ■ ■	■ ■ ■ ■	B ■ ■ ■	■ ■ ■ ■	L L L L	■ ■ ■ ■	■ ■ ■ ■	B ■ ■ ■	M M ■ ■		7.00	チーム・ミーティング
	白井 健太郎		■ ■ ■ ■	■ ■ B ■	■ ■ ■ ■	■ ■ B ■	■ ■ ■ ■	L L L L	■ ■ ■ ■	■ B ■ ■	■ ■ M M		6.75	チーム・ミーティング
	松山 一樹		■ ■ M M	M M T T	T T M ■	■ ■ ■ B	■ ■ ■ ■	L L L L	■ ■ ■ ■	■ ■ ■ ■	M M ■ ■		5.00	セルフ・モニタリング 10:30-11:30、チーム・ミーティング
	奥原 望		S S S S	S S S S	T T T T	L L L L	T T T T	T T T T	■ ■ ■ ■	■ ■ ■ ■	■ ■ M M		2.50	モニタリング 11-15、チーム・ミーティング
	鈴木 誠子		■ ■ M M	M M ■ ■	■ ■ ■ ■	S S S S	L L L L	T T T T	T T T T	T T T T	M M M M		2.00	パフォーマンス・レビュー 9:30-10:30、11:30-11:45
	羽生 弦		■ ■ ■ ■	■ ■ ■ ■	■ ■ ■ ■	L L L L	S S S S	S S S S	S S S S	■ ■ ■ ■	M M T T		4.00	チーム・ミーティング
	配置人数	0 0 0 0	7 7 5 5	5 5 5 5	4 5 5 6	5 5 4 4	3 3 3 3	2 2 2 2	6 6 6 5	6 6 6 7	3 3 3 3	0 0 0 0	40.50	
	必要人数		5 5 5 5	5 5 5 5	5 5 5 5	4 4 4 4	4 4 4 4	5 5 5 5	5 5 5 5	5 5 5 5	4 4 4 4			
	差異	0 0 0 0	2 2 0 0	0 0 0 0	-1 0 0 1	1 1 0 0	-1 -1 -1 -1	-3 -3 -3 -3	1 1 1 0	1 1 1 2	-1 -1 -1 -1	0 0 0 0		

記号：■：インバウンド・ログイン／L：ランチ／B：休憩／M：ミーティング／T：トレーニング／C：事務処理／S：スーパービジョン

特記事項：

作成：

承認：

巻末資料13　プログラム・ステータス・モニター

プログラム・ステータス・モニター

レポート開始時間：2018/11/05 09:00:00　　　　更新頻度：3秒
現在時間：2018/11/05 13:30:00　　　　　　　　時間単位：MM:SS

プログラム	キューイング		当日累計				平均時間	
	現在待機数	最長待機時間	サービスレベル	応答	放棄	転送	通話	後処理
顧客サービス―東京	3	0:55	81.0%	181	11	34	3:07	1:20
顧客サービス―大阪	1	0:11	83.5%	112	5	20	3:46	1:37
顧客サービス―沖縄	4	3:05	79.4%	104	8	26	3:51	2:08
顧客サービス―札幌	1	0:07	82.7%	99	4	14	3:12	3:11
資料請求―東京	5	1:22	80.8%	108	3	3	2:20	0:45
資料請求―大阪	2	0:37	82.9%	85	4	0	2:19	0:43
資料請求―沖縄	10	2:51	80.2%	174	12	7	2:36	0:59
資料請求―札幌	3	1:03	85.2%	70	1	0	2:09	0:44
入会促進キャンペーン	0	0:00	84.5%	53	0	0	4:28	1:30
顧客サーベイ	0	0:00	86.0%	39	0	0	6:32	2:22

- 通常3～5秒程度の間隔で最新データが更新される
- この例では、キューイングの数値は今現在の状況を、当日累計は当日の営業開始時間(9:00)から今現在までの累計を表し、3秒ごとに更新される
- 各項目にしきい値を設定し、それを超えると、この例のように数値がハイライトしたり点滅するといったウォーニングを発出する
- ウォーニングはこの例のようにレベルに応じた色分けをする等して、レベルに応じたアクションを促す

参考：日本アバイア"CMS"のリアルタイムレポート

巻末資料14　エージェント・ステータス・モニター

プログラム・ステータス・モニター

現在時間：2018/11/05 13:30:00　　　更新頻度：3秒
　　　　　　　　　　　　　　　　　時間単位：MM:SS

エージェント	ID	状態	経過時間	プログラム	離席理由
田中広美	1002	待機	0:0:17		
菊池涼子	1033	通話	0:2:11	顧客サービス	
丸山佳江	1009	通話	0:12:32	顧客サービス	
鈴木誠子	1025	離席	0:50:30		ランチ
松山竜実	1051	待機	0:1:12		
新井貴子	1035	リング	0:0:01	資料請求	
安倍友世	1060	後処理	0:5:10	顧客サーベイ	
曾澤敦子	1010	通話	0:0:48	資料請求	
黒田博子	1015	後処理	0:2:18	入会促進キャンペーン	
石原慶恵	1011	離席	1:30:00		事務処理
藪田和美	1018	通話	0:3:18	顧客サービス	
岡田明代	1017	通話	0:1:01	資料請求	
緒方孝子	1079	離席	0:40:45		ミーティング
野村祐子	1019	離席	0:10:25		休憩
大瀬良美	1014	離席	2:45:00		トレーニング
中崎翔子	1021	通話	0:6:56	顧客サーベイ	

- 通常3～5秒程度の間隔でエージェントの最新の状態が更新される
- エージェントの状態がひと目で認識できるようアイコンが変化する
- リング、通話、後処理等の実稼働の場合は対象のプログラム名を表示する
- 離席（またはAUX）の場合はエージェントが操作した離席理由コード（AUXリーズンコード）を表示する
- 経過時間のしきい値を設定し、それを超えると数値がハイライトしたり点滅する等、ウォーニングを発出する
- ウォーニングはレベルに応じて色分け等を行い、レベルに応じたアクションを促す

参考：日本アバイア"CMS"のリアルタイムレポート

巻末資料15　サービスレベル・モニター

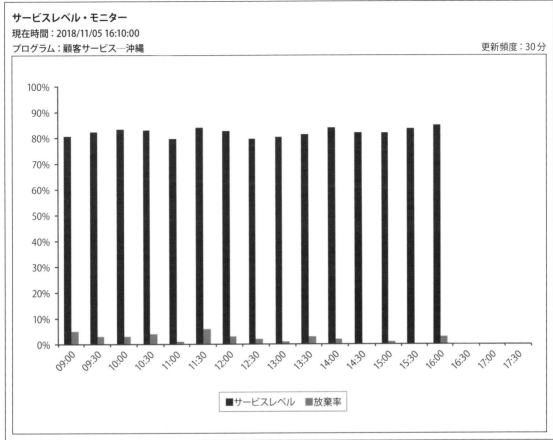

巻末資料16　インターバル・パフォーマンス・レポート

スプリット／スキルサマリー（インターバル）

日付：2018/11/05
スプリット／スキル：顧客サービス―東京A

時間帯	平均応答時間	平均放棄時間	ACD呼	平均ACD時間	平均後処理時間	途中放棄呼	最大遅延	フローイン	フローアウト	内線発信呼	平均内線発信時間
平均／合計	0:13	0:36	377	2:21	3:00	12	1:10	32	7	11	0:17
09:00 - 09:30	0:33	0:05	19	2:10	2:09	0	2:33	2	0	0	0:00
09:30 - 10:00	0:27	0:11	18	1:21	4:34	1	1:24	1	0	0	0:28
10:00 - 10:30	0:16	0:33	47	1:47	2:41	1	3:15	5	2	3	0:36
10:30 - 11:00	0:28	0:48	26	2:33	3:06	3	4:43	3	3	2	0:47
11:00 - 11:30	0:09	1:20	15	2:40	2:55	1	0:36	0	0	0	0:00
11:30 - 12:00	0:05	0:00	34	1:38	2:25	0	1:51	2	1	2	0:18
12:00 - 12:30	0:16	3:05	23	3:16	1:33	1	1:31	5	0	1	0:29
12:30 - 13:00	0:05	0:00	11	1:32	2:34	0	0:18	0	0	0	0:00
13:00 - 13:30	0:15	0:32	19	1:56	2:48	1	0:46	1	0	0	0:00
13:30 - 14:00	0:07	0:00	8	3:05	1:57	0	0:13	0	0	0	0:00
14:00 - 14:30	0:06	0:00	17	1:50	2:58	0	0:11	0	0	0	0:00
14:30 - 15:00	0:06	0:00	26	3:09	2:43	0	0:19	3	0	1	1:13
15:00 - 15:30	0:20	3:45	35	2:53	5:11	3	1:22	6	1	1	0:50
15:30 - 16:00	0:14	0:20	14	1:52	3:34	1	0:32	1	0	0	0:00
16:00 - 16:30	0:10	0:00	13	2:26	3:09	0	0:44	0	0	0	0:00
16:30 - 17:00	0:06	0:00	12	2:40	4:46	0	0:15	1	0	0	0:00
17:00 - 17:30	0:05	0:00	31	2:28	2:45	0	0:21	2	0	1	0:24
17:30 - 18:00	0:07	0:00	9	3:08	2:08	0	0:09	0	0	0	0:00

出典：日本アバイア"CMS スプリット／スキルサマリー"

巻末資料17　ウォールボードのデザイン・イメージ

2018年11月5日（月）13:35:05

	着信	応答	サービスレベル
顧客サービス：	1,365	1,324	82%
資料請求：	1,148	1,125	84%
新規入会：	561	558	88%
顧客サーベイ：	293	289	81%
	3,367	3,296	84%

本日のイベント

	キューイング	最長待ち時間
顧客サービス：	3	2:30
資料請求：	1	0:12

最新ニュース

巻末資料18　クオリティー・モニタリング・フォーム

ABCコールセンター クオリティー・モニタリング・フォーム

エージェント		ID		ユニット				応答日時	/ / :
プログラム		顧客名				顧客番号		コーラー	本人/配偶者/( )
評価者		ユニット				評価日	/ /	モニター#	

顧客との関係を確立する	Yes	No	N/A	コメント	
1-01 適切な挨拶と歓迎の態度	1				
1-02 顧客の属性を確認する	1				
1-03 コールの理由の確認と復唱	1				
1-04 積極的に顧客の名前を呼びかける	1				
プロセス・ポイント：	4	0	0	パフォーマンス・ポイント：	4

トーン＆マナー	Yes	No	N/A	コメント	
2-01 ABC社らしさ	1				
2-02 笑みの感じられる明るい声	1				
2-03 クリアな発声、明瞭な発音	1				
2-04 顧客の理解度に合わせた速度		1			
2-05 クセのない明瞭な語尾	1				
2-06 単調でない、ムラがない	1				
2-07 適切なビジネス会話	1				
2-08 正しい敬語／謙譲語		1			
2-09 適切な言葉使い、イントネーション	1				
2-10 顧客の状況や時間に配慮	1				
プロセス・ポイント：	8	2	0	パフォーマンス・ポイント：	4

アクティブ・リスニング・スキル	Yes	No	N/A	コメント	
3-01 効果的な相づち、添え言葉	1				
3-02 想像や憶測でなく事実や本質を理解する		1			
3-03 顧客を否定しない			1		
3-04 さえぎらない、一方的でない、結論を急がない		1			
3-05 パラフレーズ等のスキルを駆使	1				
プロセス・ポイント：	2	2	1	パフォーマンス・ポイント：	3

プレゼンテーション・スキル	Yes	No	N/A	コメント	
4-01 簡潔で説得力ある説明	1				
4-02 顧客が理解しやすい話の展開	1				
4-03 スクリプトや印刷媒体を棒読みしない	1				
4-04 できないことを明確に伝える	1				
4-05 代替案を提案する			1		
4-06 一般論でなく顧客の事情に合わせて説明		1			
プロセス・ポイント：	4	1	1	パフォーマンス・ポイント：	3

プロフェッショナリズム	Yes	No	N/A	コメント	
5-01 会社の代表としての主体的な態度と表現	1				
5-02 冷静な態度で会話をコントロール	1				
5-03 肯定表現、利点手法、提案型手法を使う	1				
5-04 推測、抽象的、主観的な表現をしない		1			
5-05 声でなく言葉で表現、声の印象を残さない	1				
プロセス・ポイント：	4	1	0	パフォーマンス・ポイント：	2

アライメント／ビジネス・プロセス／コンプライアンス	Yes	No	N/A	コメント	
6-01 ポリシーやガイドラインの遵守	1				
6-02 オペレーション・マニュアルに従った正しいプロセス	1				
6-03 情報や知識の正確性	1				
6-04 法規制、社内外の各種制度の遵守	1				
6-05 高い倫理観	1				
プロセス・ポイント：	5	0	0	パフォーマンス・ポイント：	3

顧客との関係を維持する	Yes	No	N/A	コメント	
7-01 コール終了後のフォローやアドバイス	1				
7-02 再度名乗り責任を明らかにする	1				
7-03 お礼と感謝の気持ちの表明	1				
プロセス・ポイント：	3	0	0	パフォーマンス・ポイント：	4

Wow! ボーナス・ポイント	Yes			コメント	
8-01 顧客からエージェントの応対に明確な賛辞を得た	1				
				ボーナス・ポイント：	4

プロセス・ポイント合計：	30	Max: 36	プロセス・スコア：	83	%	
パフォーマンス・ポイント合計：	27	Max: 28	パフォーマンス・スコア：	96	%	
総合ポイント合計：	57	Max: 64	総合スコア：	89	%	

Excellent !!
期待を大きく上回る成果

85%≦/4：期待を大きく上回る成果
65%≦/3：期待を上回る成果
50%≦/2：期待通りの成果
50%>/1：改善が必要

エージェントのコメント：

エージェント・レビュー日付： / / 　　エージェント署名：

巻末資料19　クオリティー・モニタリング・フォーム

XYZコールセンター クオリティー・モニタリング・フォーム

エージェント		ID		チーム			応答日時	/ / :
プログラム		顧客名		顧客番号			コーラー	本人／配偶者／（　）
評価者		タイトル		評価日		/ /	モニター#	

挨拶
1. 適切な挨拶を行い歓迎の態度を示す
2. 会社名を名乗る
3. エージェント名を名乗る
4. 顧客をサポートすることを明確に表明
5. 転送されたコールに対する適切な挨拶を行う

顧客の確認
6. 顧客の氏名をフルネームで確認
7. 顧客の勤務先名を確認
8. 顧客の電話番号を確認
9. 顧客の口座番号を確認
10. 前回の問い合わせ内容の確認

11-20の項目について、下記を参考に1-10のスケールで評価
10＝大変優れた応対、　5＝満足できる応対だが改善の余地がある、　1＝まったく受け入れられない

顧客の問題の解決
11. 顧客の要望や問題の事実や本質を理解する
　　1　2　3　4　5　6　7　8　9　10　N/A
12. 顧客の要望に応える、問題を解決するための期限を提示する
　　1　2　3　4　5　6　7　8　9　10　N/A

トランザクション
13. 取引に必要なすべての手続きや書類を提示し説明する
　　1　2　3　4　5　6　7　8　9　10　N/A
14. 取引内容を復唱して確認する
　　1　2　3　4　5　6　7　8　9　10　N/A

テレフォン・スキル
15. 適切な保留の操作と挨拶
　　1　2　3　4　5　6　7　8　9　10　N/A
16. 顧客の会話をさえぎったり一方的に話さない
　　1　2　3　4　5　6　7　8　9　10　N/A

ソフト・スキル
17. 効果的な質問スキルを使う
　　1　2　3　4　5　6　7　8　9　10　N/A
18. 肯定表現や利点手法を使う
　　1　2　3　4　5　6　7　8　9　10　N/A

ラップアップ
19. 顧客のすべての問題に誠実に対応
　　1　2　3　4　5　6　7　8　9　10　N/A
20. 通話終了後のフォローアップやアドバイスを行う
　　1　2　3　4　5　6　7　8　9　10　N/A

Wow, Excellent　84.3%

出典：callcentrehelper.com

巻末資料20　エージェント・パフォーマンス・レビュー・シート

エージェント・パフォーマンス・レビュー・シート

期間	エージェント名	所属	スーパーバイザー	フィードバック日付		
2018年9月	品質 花子	会員サービス	顧客満男	2018年9月30日		

■オペレーショナル・パフォーマンス

	1月	2月	3月	4月	5月	6月	7月	8月	9月	10月	11月	12月	累計	目標	差異	スコア	ウェイト	加重スコア
クオリティー																		
クオリティー・モニタリング・スコア	66.7%	65.6%	67.7%	71.1%	67.6%	70.1%	77.0%	76.4%	78.1%				71.1%	70.0%	1.1p	4.0	70%	2.8
クオリティー・モニタリング正確性	92.3%	93.8%	97.6%	100.0%	100.0%	98.7%	100.0%	99.8%	99.9%				98.0%	100%	-2.0p	4.0	10%	0.4
初回コール完了率	95.6%	96.1%	96.9%	97.2%	97.0%	97.2%	97.9%	98.1%	98.0%				97.1%	90.0%	7.1p	5.0	20%	1.0
コンタクト効率性																		
平均後処理時間	174秒	168秒	171秒	169秒	181秒	178秒	165秒	159秒	162秒				170秒	175秒	5秒	3.0	50%	1.5
1時間あたり応答コール数	10.67	10.83	11.58	12.02	11.86	12.33	12.92	12.47	13.21				11.99	12.50	-0.51	2.0	50%	1.0
エンゲージメント																		
顧客満足度	82.9%	80.7%	82.5%	81.3%	84.1%	83.3%	82.9%	84.8%	85.2%				83.1%	82.5%	0.6p	4.0	60%	2.4
顧客ポジティブ・フィードバック	0.6%	0.5%	0.2%	0.5%	0.7%	0.3%	0.9%	0.6%	0.7%				0.6%	0.5%	0.1p	4.0	40%	1.6
リソース効率性																		
スケジュール遵守率	99.3%	98.9%	99.5%	99.5%	99.4%	98.2%	98.6%	99.2%	98.5%				99.0%	98.5%	0.5p	4.0	75%	3.0
予定外欠勤回数	0	0	1	0	0	0	0	0	0				2	5	3	4.0	25%	1.0

■知識とスキル

	上期	下期	通期	ウェイト	加重スコア
ミッション・ステートメント/コミュニケーション・スタイル	5.0		5.0	40%	2.0
オペレーションの業務知識とスキル	4.5		4.5	20%	0.9
商品やサービス、業界に関する知識とスキル	4.0		4.0	20%	0.8
IT機器やアプリケーションの操作/タイピング・スキル	4.0		4.0	20%	0.8

■行動/取り組み姿勢

	上期	下期	通期	ウェイト	加重スコア
高い倫理観と誠実な行動	4.5		4.5	17%	0.8
積極性	4.0		4.0	17%	0.7
肯定的な考え方	5.0		5.0	17%	0.8
コミュニケーションとチームワーク	5.0		5.0	17%	0.8
プロフェッショナリズム	4.0		4.0	17%	0.7
信頼性	4.5		4.5	17%	0.8

■特別業績
※実績を記入
● 4月：インダクション・トレーニングのOJTをサポート
● 8月：被災地ボランティア活動に参加

	上期	下期	通期	ウェイト	加重スコア
	4.0		4.0	100%	4.0

■業績スコア

	スコア	ウェイト	加重スコア
クオリティー	4.2	40.0%	1.7
コンタクト効率性	2.5	15.0%	0.4
顧客エンゲージメント	4.0	20.0%	0.8
リソース効率性	4.0	5.0%	0.2
知識とスキル	4.5	7.5%	0.3
行動/取り組み姿勢	4.5	7.5%	0.3
特別業績	4.0	5.0%	0.2

総合スコア：3.9

■フィードバック/ディスカッション

● 目標設定

● エージェントのコメント
（努力/苦労していること、サポートが欲しいこと、質問、その他）

● 目標達成のためのアクション・プラン

● スーパーバイザーのコメント
（強味、改善点、アドバイスしたこと、サポートを約束したこと、その他）

エージェント署名：　　／　　／

スーパーバイザー署名：　　／　　／

マネージャー署名：　　／　　／

ABCコールセンター

セルフ・モニタリング・シート

ABCコールセンター

エージェント名：	レビュー日付：　　　年　　　月　　　日

プログラム名：

コーラー名：	応対日時：　　　年　　　月　　　日　　：

応対内容：

自己評価（お客さまはあなたのトークをどのように評価すると思いますか?）：

☐ お客さまはこのコールに対して**大変満足**したと思われる
- お客さまのニーズに的確／迅速に応えることができた
- お客さまの期待を超える質の高いサービスが提供された
- お客さまとの間にとても円滑で良好なコミュニケーションがはかられた
- このコールの効果によるお客さまのロイヤルティー向上効果が明確に（社交辞令でなく）表明された

☐ お客さまはこのコールに対して**満足**したと思われる
- お客さまのニーズに的確／迅速に応えることができた
- お客さまの期待通りの質の高いサービスが提供された
- お客さまとの間に良好なコミュニケーションがはかられた
- お客さまから何らかのポジティブなメッセージが（社交辞令でなく）発せられた

☐ お客さまは**無理なく**このコールを終了したと思われる
- お客さまのニーズに応えることはできた
- お客さまとのコミュニケーションは特に問題なく終了した
- ポジティブ、ネガティブいずれのメッセージも明確には確認されなかった

☐ お客さまはこのコールに対して**不満足**であったと思われる
- エージェントの応対が原因でお客さまのニーズに応えることができなかった
- お客さまからこのコールに対するネガティブ・コメントが明確に発せられた
- 一方的な会話であったりお客さまの理解が不完全であるなど、お客さまとエージェントのコミュニケーションが成立していなかった

良かった点／改善すべき点／反省点等：

モデル・トーク（お客さまに満足していただくための、このコールのキー・ポイントにおけるモデル・トーク）：

スーパーバイザー・コメント

署名：　　　　／　　　／

巻末資料22　オン・フォーン・セルフ・チェックリスト

オン・フォーン セルフ・チェックリスト　　ABCコールセンター		そう思う 上手くできた	どちらとも いえない	そう思わない 上手く できなかった
エージェント： 応対日時：　　　　年　　　月　　　日　　　　：				
1	あなたのトークには笑みが感じられましたか			
2	話の流れはスムーズでしたか			
3	あなたはお客さまに礼儀正しく丁寧な応対をしましたか			
4	あなたのトークは明瞭な発音で正しい言葉遣いでしたか			
5	あなたのトークはABCカンパニーらしく「洗練されたスマートかつプロフェッショナルなイメージ」をお客さまに与えることができましたか			
6	あなたは不明瞭な場合に聞き直す等して、必要な情報をもれなく聴取しましたか			
7	あなたは定められているポリシー、スクリプトやプロシージャーに沿った正しい応対ができましたか			
8	あなたはお客さまのニーズを正確に把握していましたか			
9	あなたは状況や事柄をわかりやすく説明して、お客さまに理解、納得していただけましたか			
10	あなたのトークはサービス・マインドにあふれていましたか			
11	あなたが提供したサービスで、お客さまは満足していただけましたか			

あなたがお客さまだったら、あなた（エージェント）のこと、コールセンターのこと、ABCカンパニーのことをどう思ったでしょうか

トーク全体について良かった点、改善すべき点、反省点等自由に記入しましょう

スーパーバイザー　コメント

署名：　　　　　　日付：　　　／　　　／

巻末資料23　新規プログラム評価シート

新規プログラム評価シート

ABCコールセンター

| プログラム名： | コール#： | 評価#： |

| 評価者名： | 所属： | 評価日付：　　年　　月　　日 |

| コーラー名： | | 応対日時：　　年　　月　　日　　： |

コールセンター・ポリシーの遵守：

- ☐ このプログラムを実施することで、顧客とのリレーションシップ、顧客の活動、当社の活動にネガティブな影響を与えていない
- ☐ （アウトバウンド・コール）このコールはコールド・コールではない
- ☐ （アウトバウンド・コール）コールの時間は午前9:00から午後9:00の間である
- ☐ （アウトバウンド・コール）コールの冒頭でコールの理由を明確に伝えている
- ☐ （アウトバウンド・コール）顧客の時間的都合に配慮し、会話の承諾を得てから用件を述べている

顧客満足度：

- ☐ お客さまはこのコールに対して**大変満足**したと思われる
  - お客さまのニーズに的確／迅速に応えることができた
  - お客さまの期待を超える質の高いサービスが提供された
  - お客さまとの間にとても円滑で良好なコミュニケーションがはかられた
  - このコールの効果によるお客さまのロイヤルティー向上効果が明確に（社交辞令でなく）表明された

- ☐ お客さまはこのコールに対して**満足**したと思われる
  - お客さまのニーズに的確／迅速に応えることができた
  - お客さまの期待通りの質の高いサービスが提供された
  - お客さまとの間に良好なコミュニケーションがはかられた
  - お客さまから何らかのポジティブなメッセージが（社交辞令でなく）発せられた

- ☐ お客さまは**無理なく**このコールを終了したと思われる
  - お客さまのニーズに応えることはできた
  - お客さまとのコミュニケーションは特に問題なく終了した
  - ポジティブ、ネガティブいずれのメッセージも明確には確認されなかった

- ☐ お客さまはこのコールに対して**不満足**であったと思われる
  - エージェントの応対が原因でお客さまのニーズに応えることができなかった
  - お客さまからこのコールに対するネガティブ・コメントが明確に発せられた
  - 一方的な会話であったりお客さまの理解が不完全であるなど、お客さまとエージェントのコミュニケーションが成立していなかった

このプログラムの継続に対する評価：

- ☐ このプログラムの継続的実施に**問題はない**
- ☐ このプログラムの継続的実施の是非について**検討が必要**
- ☐ このプログラムを継続すべきでない

コメント

巻末資料24　C-SATモニタリング・フォーム

C-SATモニタリング・フォーム		ABCコールセンター
評価者名：	モニター日付：	年　　月　　日
プログラム名：		
コーラー名：	応対日時：	年　　月　　日　　：
応対内容：		

評価(お客さまはこのトークをどのように評価すると思いますか？)：

☐ お客さまはこのコールに対して**大変満足**したと思われる
- お客さまのニーズに的確／迅速に応えることができた
- お客さまの期待を超える質の高いサービスが提供された
- お客さまとの間にとても円滑で良好なコミュニケーションがはかられた
- このコールの効果によるお客さまのロイヤルティー向上効果が明確に（社交辞令でなく）表明された

☐ お客さまはこのコールに対して**満足**したと思われる
- お客さまのニーズに的確／迅速に応えることができた
- お客さまの期待通りの質の高いサービスが提供された
- お客さまとの間に良好なコミュニケーションがはかられた
- お客さまから何らかのポジティブなメッセージが（社交辞令でなく）発せられた

☐ お客さまは**無理なく**このコールを終了したと思われる
- お客さまのニーズに応えることはできた
- お客さまとのコミュニケーションは特に問題なく終了した
- ポジティブ、ネガティブいずれのメッセージも明確には確認されなかった

☐ お客さまはこのコールに対して**不満足**であったと思われる
- エージェントの応対が原因でお客さまのニーズに応えることができなかった
- お客さまからこのコールに対するネガティブ・コメントが明確に発せられた
- 一方的な会話であったりお客さまの理解が不完全であるなど、お客さまとエージェントのコミュニケーションが成立していなかった

コメント／感想／アドバイス等：

巻末資料25　コールセンター・パフォーマンス・レポート(インバウンド)

		コール数							サービス／クオリティー					コンタクト効率性				リソース効率性			
		ネットワーク		フロントエンド		キューイング			フロント	キュー	初回	サービスレベル	1時間	平均処理時間(秒)				ベース時間	スケジュール	ベース	ベース
日付	曜日	発信	話中	着信	放棄	合計	応答	放棄	話中率	放棄率	放棄率	完了率	(80/20)	応答数	処理	通話	後処理	保留	稼働率	遵守率	時間(時)	エージェント
		①	②	③	④	⑤	⑥	⑦	⑧	⑨	⑩	⑪	⑫	⑬	⑭	⑮	⑯	⑰	⑱	⑲	⑳	㉑
10/1	(月)	3,051	27	3,024	25	2,999	2,866	133	0.9%	0.8%	4.4%	90.2%	79.1%	6.19	417	178	190	49	71.7%	99.1%	463.18	58
10/2	(火)	2,826	4	2,822	20	2,802	2,704	98	0.1%	0.7%	3.5%	89.1%	80.2%	6.97	374	170	153	51	72.4%	99.1%	388.13	49
10/3	(水)	2,799	18	2,781	19	2,762	2,696	66	0.6%	0.7%	2.4%	91.8%	80.7%	6.35	415	173	191	51	73.2%	98.7%	424.53	53
10/4	(木)	2,803	10	2,793	22	2,771	2,720	51	0.4%	0.8%	1.8%	93.0%	81.3%	6.50	408	181	179	48	73.6%	98.5%	418.73	52
10/5	(金)	2,639	5	2,634	20	2,614	2,570	44	0.2%	0.8%	1.7%	89.7%	81.2%	5.61	473	180	240	53	73.7%	99.5%	457.93	57
10/6	(土)	769	0	769	6	763	749	14	0.0%	0.8%	1.8%	88.9%	82.1%	6.16	430	189	176	65	73.6%	98.2%	121.51	15
10/7	(日)	632	0	632	4	628	608	20	0.0%	0.6%	3.2%	90.6%	86.6%	6.09	429	189	185	55	72.6%	97.9%	99.78	12
週間		15,519	64	15,455	116	15,339	14,913	426	0.4%	0.8%	2.8%	90.5%	81.6%	6.24	421	180	188	53	72.9%	98.7%	2,373.79	41
10/8	(月)	911	2	909	18	891	860	31	0.2%	2.0%	3.5%	91.1%	82.7%	5.60	465	183	229	53	72.4%	98.2%	153.45	19
10/9	(火)	2,739	3	2,736	22	2,714	2,638	76	0.1%	0.8%	2.8%	90.9%	80.8%	6.02	436	193	190	53	72.9%	98.7%	438.26	55
10/10	(水)	2,662	1	2,661	15	2,646	2,611	35	0.0%	0.6%	1.3%	92.4%	82.6%	6.12	435	176	212	47	74.0%	98.9%	426.30	53
10/11	(木)	2,615	2	2,613	18	2,595	2,562	33	0.1%	0.7%	1.3%	95.8%	86.9%	6.03	442	194	197	51	74.0%	98.4%	424.81	53
10/12	(金)	2,754	0	2,754	21	2,733	2,695	38	0.0%	0.8%	1.4%	90.3%	81.0%	6.34	420	195	180	45	74.0%	99.3%	425.13	53
10/13	(土)	777	0	777	6	771	757	14	0.0%	0.8%	1.8%	88.9%	82.1%	6.17	430	189	176	65	73.6%	98.2%	122.79	15
10/14	(日)	668	1	667	3	664	636	28	0.1%	0.4%	4.2%	90.0%	84.9%	5.99	432	190	190	52	71.8%	99.0%	106.24	13
週間		13,126	9	13,117	103	13,014	12,759	255	0.1%	0.8%	2.0%	91.3%	83.0%	6.06	437	189	196	52	73.5%	98.7%	2,096.98	47
月間累計		66,104	73	66,031	219	65,812	65,131	681	0.1%	0.3%	1.0%	90.9%	82.3%	6.23	429	184	192	53	74.2%	98.7%	10,456.77	44
目標・予測		67,935	679	67,256	2,018	65,238	61,976	3,262	1.0%	3.0%	5.0%	90.0%	80.0%	6.00	440	190	190	60	75.0%	98.5%	10,631.43	49
差異 B/(W)		(1,831)	606	(1,225)	1,799	574	3,155	2,581	0.9pp	2.7pp	4.0pp	0.9pp	2.3pp	0.23	11	6	(2)	7	(0.8pp)	0.2pp	174.66	5

巻末資料26　コールセンター・パフォーマンス・レポート（インバウンド）のメトリクス

No	カテゴリー	メトリクス／日本表記	メトリクス／英表記（短縮形）	単位	説明	計算式
①	コール数	発信コール数	Calls Offered	#	顧客がコールセンターにコンタクトするためにかけた回数	②＋③
②	コール数	話中コール数	Calls Blocked (BLK)	#	すべての電話回線がビジー（使用中）のためPBX等に着信できなかったコール数	①－③
③	コール数	着信コール数	Calls Received (RCV)	#	PBXに着信したコール数	①－②、④＋⑤
④	コール数	フロントエンド放棄コール数	Calls Abandoned in Front-end	#	IVR等フロントエンド・コールフローのプロセス中に顧客が自ら電話を切断（放棄）したコール数	③－⑤
⑤	コール数	キューイング・コール数	Calls Queued	#	キューイングしたコール数	③－④、⑥＋⑦
⑥	コール数	応答コール数	Calls Answered (ANS)	#	エージェントが応答した（電話に出た）コール数	⑤－⑦
⑦	コール数	キュー内放棄コール数	Calls Abandoned in Queue (ABN)	#	キューイングした後に顧客が自ら電話を切断したコール数	⑤－⑥
⑧	サービス／クオリティー	話中率	% of Blockage (%BLK)	%	①のうちすべての電話回線がビジーのためPBX等につながらなかったコール数の割合	（②÷①）×100
⑨	サービス／クオリティー	フロントエンド放棄率	% of Abandon in Front-end	%	③のうちキューイングする前に顧客が自ら電話を切断したコール数の割合	（④÷③）×100
⑩	サービス／クオリティー	キュー内放棄率	% of Abandon in Queue	%	⑤のうち顧客が自ら電話を切断したコール数の割合	（⑦÷⑤）×100
⑪	サービス／クオリティー	初回コール完了率	First Call Resolution (FCR)	%	顧客の初回のコンタクトで用件が完了した割合	複数あるいはセンター特有の計算式がある
⑫	サービス／クオリティー	サービスレベル	Service Level (S/L)	%	⑤のうちキューイングしてから20秒以内に応答したコール数の割合	複数あるいはセンター特有の計算式がある
⑬	コンタクト効率性	1時間あたり応答コール数	Calls Per Hour (CPH)	#	エージェント1人1時間あたりの平均応答コール数	⑥÷スケジュール時間内稼働時間
⑭	コンタクト効率性	平均処理時間	Average Handle Time (AHT)	秒	1本のコールを完了（通話＋保留＋後処理）させるのに要した平均時間	合計処理時間÷合計応答コール数
⑮	コンタクト効率性	平均通話時間	Average Talk Time (ATT)	秒	エージェントと顧客との通話（電話を受けてから切るまで）の平均時間	合計通話時間÷合計応答コール数
⑯	コンタクト効率性	平均後処理時間	Average After Call Work Time (ACW)	秒	エージェントが電話を切った後の処理に要した平均時間	合計後処理時間÷合計応答コール数
⑰	コンタクト効率性	平均保留時間	Average Hold Length (HLD)	秒	エージェントが顧客との通話中に電話を保留にした時間の1回あたりの平均	合計保留時間÷合計保留回数
⑱	リソース効率性	ベース時間内稼働率	Occupancy Rate (OCC)	%	ベース時間のうち通話時間等の稼働時間の割合	（稼働時間÷ベース時間）×100
⑲	リソース効率性	スケジュール遵守率	Schedule Adherence (SDA)	%	エージェントが電話オペレーションのスケジュール通りに従事した時間の割合	電話オペレーション従事時間実績÷電話オペレーションスケジュール時間
⑳	リソース効率性	ベース時間	Base Hours	時間	エージェントが電話オペレーションに従事した時間	（統計管理システムの実データ）
㉑	リソース効率性	ベース・エージェント人数	# of Base Agent	人	電話オペレーションを行うために配置されたエージェントの人数	（統計管理システムの実データ）

巻末資料27　コールセンター・パフォーマンス・レポート（アウトバウンド）

		リスト							ダイヤル			コンタクト効率性						平均処理時間(秒)				ビジネス効果性				リソース効率性		
		新規	前営業日繰越し	コール対象	完了リスト		ターゲット・コンタクト		在庫	ダイヤル数		ダイヤルファクター	ライブ・コンタクト回数				ライブ・コンタクト	セット	通話	後処理	トータル コンタクト	成約数		成約率	成約金額(千円)		ベース時間	ベース・エージェント人数	平均スケジュール時間
日付	曜日	出力	除外		合計	#	%		合計	1時間		合計	#	%	1時間						合計	1時間		合計	単価			
		①	②	③	④	⑤	⑥	⑦	⑧	⑨	⑩	⑪	⑫	⑬	⑭	⑮	⑯	⑰	⑱	⑲	⑳	㉑	㉒	㉓	㉔	㉕	㉖	㉗	㉘
10/1 (月)		529	26	137	640	511	350	68.5%	129	1,134	23.93	222%	454	274	24.2%	5.78	255	34	93	128	150	65	1.37	18.6%	3,250	50	47.39	7.90	6.00
10/2 (火)		508	25	129	612	502	380	75.7%	110	994	23.83	198%	398	256	25.8%	6.14	256	35	80	141	151	70	1.68	18.4%	5,405	77	41.70	6.95	6.00
10/3 (水)		523	26	110	607	495	358	72.3%	112	936	23.29	189%	374	254	27.1%	6.32	262	34	91	136	155	59	1.47	16.5%	2,640	45	40.19	6.70	6.00
10/4 (木)		489	24	112	577	523	389	74.4%	54	1,088	23.56	208%	435	290	26.7%	6.28	259	36	77	146	153	75	1.62	19.3%	3,103	41	46.18	7.70	6.00
10/5 (金)		472	24	54	502	420	310	73.8%	82	916	22.19	218%	366	274	29.9%	6.64	275	33	90	151	162	57	1.38	18.4%	2,640	46	41.28	6.88	6.00
週間計		2,521	125	542	2,938	2,451	1,787	72.9%	487	5,068	23.38	207%	2,027	1,348	26.6%	6.22	261	34	86	141	154	326	1.50	18.2%	17,038	52	216.74	7.22	30.00
10/22 (月)		526	26	129	629	548	357	65.1%	81	1,058	25.11	193%	423	289	27.3%	6.86	243	33	88	122	143	60	1.42	16.8%	3,300	55	42.13	7.02	6.00
10/26 (金)		538	27	68	579	529	388	73.3%	50	995	29.62	188%	398	246	24.7%	7.32	206	35	71	100	122	58	1.73	14.9%	2,900	50	33.59	5.60	6.00
週間計		2,644	131	82	2,595	2,545	1,705	67.0%	50	5,113	24.91	201%	2,044	1,422	27.8%	6.93	242	34	85	123	143	310	1.51	18.2%	16,849	54	205.22	6.84	30.00
月間累計		10,330	512	137	9,955	9,905	6,884	69.5%	50	20,362	24.21	206%	8,142	5,540	27.2%	6.59	252	34	85	132	149	1,272	1.51	18.5%	67,774	53	840.95	7.01	30.00
期間累計		18,367	918	017,449	17,339	11,727	67.6%	110	34,781	16.61	201%	13,940	9,375	27.0%	4.48	256	34	83	139	151	2,034	0.97	17.3%	51,112	25	2,093.97	6.98	120.00
平均		517	26	0	491	500	347	69.5%	9	1,029	24.57	206%	407	280	27.2%	6.69	252	34	85	132	149	64	1.53	18.4%	3,389	53	41.88	6.98	300.00
目標/予測								69.0%			16.00	200%			26.5%	4.50							1.05	18.0%	85,000				
差異 B/(W)								(1.4pp)			0.61	(1pp)			0.5pp	(0.02)							(0.08)	(0.7pp)	(33,888)				

巻末資料28　コールセンター・パフォーマンス・レポート（アウトバウンド）のメトリクス

No	カテゴリー	メトリクス／日本語表記	メトリクス／英語表記（短縮形）	単位	説明	計算式
①	リスト	新規出力リスト数	New Generated Lists (NEW)	#	新規に出力されたリスト数	実データ
②	リスト	除外リスト数	Excluded Lists	#	除外基準によりコールの対象から除かれたリスト数	実データ
③	リスト	前営業日からの繰越しリスト数	Carried Over Lists (C/O)	#	手つかず、進行中で前営業日から繰り越されたリスト数	実データ
④	リスト	コール対象リスト数	Effective Lists	#	アウトバウンド・コールをする対象のリスト数	①−②+③
⑤	リスト	合計完了リスト数	Total Completed Lists (COMP)	#	完了基準によりオペレーションが完了したリスト数	実データ
⑥	リスト	ターゲット・コンタクト・リスト数	Target Contacted Lists in Completion	#	ターゲット顧客とコンタクトして完了したリスト数	実データ
⑦	リスト	ターゲット・コンタクト完了率—リスト	% of Target Contacted Lists in Completion	%	すべての完了リストのうちターゲット顧客とコンタクトして完了したリストの割合	（⑥÷⑤）×100
⑧	リスト	在庫リスト数	Inventory Lists (INV)	#	手つかず、進行中で翌営業日に繰越しとなったリスト数	④−⑤
⑨	ダイヤル	ダイヤル回数	Dial Attempts	#	エージェントがダイヤルした回数の合計	実データ
⑩	ダイヤル	1時間あたりダイヤル回数	Dials per Hour (DPH)	#	エージェント1人1時間あたりのダイヤル回数	⑨÷㉖
⑪	ダイヤル	ダイヤル・ファクター	Dial Factor (D/F)	%	完了リスト数に対する合計ダイヤル回数の割合	⑨÷⑤
⑫	コンタクト効果性	合計ライブ・コンタクト回数	Total Live Contacts	#	エージェントがダイヤルした結果、相手が応答した回数	実データ
⑬	コンタクト効果性	ターゲット・コンタクト回数	Target Live Contacts	#	エージェントがダイヤルした結果、ターゲット顧客が応答した回数	実データ
⑭	コンタクト効果性	ターゲット・コンタクト率—回数	Target Live Contact Rate	%	エージェントがダイヤルした結果、ターゲット顧客が応答した回数の割合	（⑬÷⑨）×100
⑮	コンタクト効果性	1時間あたりターゲット・コンタクト回数	Target Contact per Hour (CPH)	#	1時間あたりにコンタクトしたターゲット顧客の平均人数	⑬÷㉖
⑯	コンタクト効果性	ライブ・コンタクト平均処理時間	Average Handle Time for Live Contact (Live-AHT)	秒	相手が応答したコールの処理（セットアップ+通話+後処理）時間の平均	実データ
⑰	コンタクト効果性	ライブ・コンタクト平均セットアップ時間	Average Set-up Time for Live Contact (Live-AST)	秒	相手が応答したコールのセットアップ時間の平均	実データ
⑱	コンタクト効果性	ライブ・コンタクト平均通話時間	Average Talk Time for Live Contact (Live-ATT)	秒	相手が応答したコールの通話時間の平均	実データ
⑲	コンタクト効果性	ライブ・コンタクト平均後処理時間	Average After Call Work Time for Live Contact (Live-ACW)	秒	相手が応答したコールの後処理時間の平均	実データ
⑳	コンタクト効果性	トータル・コンタクト平均処理時間	Average Handle time for Total Contact (AHT)	秒	エージェントがダイヤルしたすべてのコールの処理（セットアップ+通話+後処理）時間の合計	実データ
㉑	ビジネス効果性	合計成約数	Total Number of Sales	#	ターゲット顧客とコンタクトして成約した件数の合計	実データ
㉒	ビジネス効果性	1時間あたり成約数	Sales per Hour (SPH)	#	エージェント1人1時間あたりの平均成約数	㉑÷㉖
㉓	ビジネス効果性	成約率	Close Rate (CR)	%	ターゲット顧客とコンタクトして完了したリスト数に対する成約数の割合	（㉑÷⑥）×100
㉔	ビジネス効果性	成約金額	Total Amount of Sales	円	成約金額の合計	実データ
㉕	ビジネス効果性	成約単価	Average Amount of Sales	円	成約金額の単価	㉔÷㉑
㉖	リソース効果性	ベース時間	Total Base Hours	時間	エージェントがそのプログラムのオペレーションに従事した時間の合計	実データ
㉗	リソース効果性	ベース・エージェント人数	Base Agent	人	このプログラムのオペレーションを行うエージェントの正味人数	㉖÷㉘
㉘	リソース効果性	平均スケジュール時間	Average Scheduled Hours	時間	1人のエージェントがこのプログラムのオペレーションを行うのにスケジュールされた時間の平均	実データ

巻末資料29　エージェント・パフォーマンス・レポート（インバウンド）

2018年10月　○○チーム

エージェント名	インバウンド 応答コール数 合計 ①	ACD ②	内線 ③	外線 ④	初回完了率 ⑤	1時間応答数 ⑥	平均処理時間(秒) 合計 ⑦	通話 ⑧	後処理 ⑨	保留 ⑩	アウトバウンド ダイヤル数 合計 ⑪	外線 ⑫	内線 ⑬	1時間ダイヤル数 ⑭	平均処理時間(秒) トータル ⑮	ライブ ⑯	リソース効率性 ベース時間 稼働率 ⑰	スケジュール遵守率 ⑱	合計ベース時間(時) 合計 ⑲	通話 ⑳	後処理 ㉑	保留 ㉒	発信 ㉓	その他 ㉔	離席等 ㉕	待機 ㉖	スケジュール(時) ㉗	勤務時間(時) ㉘
エージェントA	828	806	19	3	92.3%	6.01	401	224	133	44	102	62	40	0.74	274	255	68.9%	98.5%	137.76	51.54	30.54	10.06	4.66	2.76	3.12	35.08	139.80	183.68
エージェントB	869	851	17	1	90.8%	5.50	467	233	176	58	109	78	31	0.69	244	257	68.8%	99.4%	158.06	56.16	35.71	13.94	4.43	2.90	2.78	42.14	159.00	218.01
エージェントC	787	772	15	0	89.3%	6.70	338	189	112	37	131	82	49	1.12	284	263	64.8%	98.7%	117.48	41.42	24.50	8.06	6.20	2.14	2.96	32.20	119.00	170.26
エージェントD	731	711	18	2	94.6%	6.28	396	193	168	35	75	38	37	0.64	242	260	66.6%	98.6%	116.40	39.26	29.04	7.16	3.03	2.04	2.54	33.34	118.00	149.61
エージェントE	841	820	20	1	91.5%	5.27	495	253	186	56	115	69	46	0.72	214	206	68.7%	99.7%	159.52	56.92	37.06	13.02	4.10	2.58	2.62	43.22	160.00	232.88
合計	4,056	3,960	89	7							532	329	203						689.22	245.30	156.85	52.24	22.42	12.42	14.02	185.98	695.80	954.44
平均	811	792	18	1	91.7%	5.95	419	218	155	46	107	66	41	0.78	252	248	67.65%	99.0%	137.84	49.06	31.37	10.45	4.48	2.48	2.80	37.20	139.16	190.89
目標/予測					90.0%	5.75	430	210	160	60				0.75	270		70.0%	98.5%										
差異 B/(W)					1.7pp	0.13	11	(9)	5	14				0.02	18		(2.3pp)	0.6pp										

2018年10月　エージェントA

日付	曜日	インバウンド 応答コール数 合計 ①	ACD ②	内線 ③	外線 ④	初回完了率 ⑤	1時間応答数 ⑥	平均処理時間(秒) 合計 ⑦	通話 ⑧	後処理 ⑨	保留 ⑩	アウトバウンド ダイヤル 合計 ⑪	外線 ⑫	内線 ⑬	1時間ダイヤル ⑭	平均処理時間(秒) トータル ⑮	ライブ ⑯	リソース効率性 ベース時間 稼働率 ⑰	スケジュール遵守率 ⑱	合計ベース時間(時) 合計 ⑲	通話 ⑳	後処理 ㉑	保留 ㉒	発信 ㉓	その他 ㉔	離席等 ㉕	待機 ㉖	スケジュール(時) ㉗	勤務時間(時) ㉘
10/1	(月)	28	27	1	0	92.3%	5.56	492	242	185	65	3	2	1	0.60	246	255	71.0%	99.2%	4.96	2.08	1.06	0.30	0.14	0.08	0.10	1.20	5.00	6.00
10/2	(火)	29	28	1	0	90.8%	5.83	443	223	167	53	4	3	1	0.80	235	257	70.0%	99.4%	4.97	1.71	1.16	0.50	0.14	0.11	0.10	1.25	5.00	5.70
10/3	(水)	26	26	0	0	89.3%	6.64	419	198	174	47	4	3	1	1.01	292	263	69.3%	99.6%	3.95	1.60	0.79	0.30	0.21	0.05	0.09	0.90	3.97	6.50
10/4	(木)	24	24	0	0	94.6%	6.22	430	239	156	35	3	1	2	0.77	279	260	69.0%	98.0%	3.92	1.43	0.98	0.20	0.12	0.09	0.10	1.00	4.00	6.00
10/5	(金)	28	27	1	0	91.5%	5.19	419	235	138	46	4	2	2	0.74	195	206	69.9%	98.2%	5.40	2.00	1.28	0.40	0.12	0.10	0.10	1.40	5.50	6.30
週間計		135	132	3	0							18	11	7						23.20	8.82	5.27	1.70	0.73	0.43	0.50	5.75	23.47	30.50
月間累計		828	806	19	3	92.3%	6.00	422	225	160	60	102	62	40	1	274	248	72.3%	98.7%	138.02	51.80	35.20	10.06	2.76	3.12	35.08	139.80	183.68	
平均		28	27	1	0	92.3%	6.25	440	220	160	60	3	2	1	0.74	270		70.0%	98.5%	4.60	1.73	1.17	0.34	0.09	0.10	1.17	4.66	6.12	
目標/予測						90.0%	6.00	440	220	160	60				0.75	270		70.0%	98.5%										
差異 B/(W)						2.3pp	(0.17)	18	(5)	0	0				0.02	(4)		2.3pp	0.2pp										

巻末資料30　エージェント・パフォーマンス・レポート（インバウンド）のメトリクス

No	カテゴリー	メトリクス／日表記	メトリクス／英表記（短縮形）	単位	説明	計算式
①	インバウンド	合計応答コール数	Total Calls Answered (ANS)	#	エージェントが応答したすべてのコール数	②＋③＋④
②		ACD応答コール数	ACD Calls Answered	#	コールフローで制御され自動分配された顧客からのコールに応じた数	実データ
③		内線直通応答コール数	Non ACD Extension-In Calls Answered	#	エージェント個人の内線に直接かかってきたコールに応じた数	実データ
④		外線直通応答コール数	Non ACD-In Calls Answered	#	コールフローが設定されていない一般の電話回線で応答したコール数	実データ
⑤		初回コール完了率	First Call Resolution (FCR)	%	顧客の初回のコンタクトで用件が完了した割合	複数あるいはセンター特有の計算式がある
⑥		1時間あたり応答コール数	Calls Per Hour (CPH)	#	エージェント1人の1時間あたりの平均応答コール数	②÷スケジュール時間内稼働時間
⑦		平均処理時間	Average Handle Time (AHT)	秒	インバウンド・コールの処理（セットアップ＋通話＋後処理）時間の平均	合計インバウンド処理時間÷合計応答コール数
⑧		平均通話時間	Average Talk Time (ATT)	秒	インバウンド・コールの通話時間の合計	合計インバウンド通話時間÷合計応答コール数
⑨		平均後処理時間	Average After Call Work Time (ACW)	秒	インバウンド・コールの後処理時間の平均	合計インバウンド後処理時間÷合計応答コール数
⑩		平均保留時間	Average Hold Time (HLD)	秒	インバウンド・コールの保留時間の1回あたりの平均	合計インバウンド保留時間÷合計保留回数
⑪	アウトバウンド	合計ダイヤル数	Total Dials Attempted	#	エージェントがコールバック等のためにダイヤルした回数の合計	⑫＋⑬
⑫		外線ダイヤル数	Total External-Out Calls Attempted	#	インバウンド・コールバック等のために外線直通回線を使って社外にダイヤルした回数の合計	実データ
⑬		内線ダイヤル数	Total Extension-Out Calls Attempted	#	エージェントが内線直通回線を使って社内にダイヤルした回数の合計	実データ
⑭		1時間あたりダイヤル数	Dials per Hour (DPH)	#	エージェントがダイヤルした結果。1時間あたりにターゲット顧客が応答した回数	⑪÷⑲
⑮		トータル・コンタクト平均処理時間	Average Handle time for Total Contact (AHT)	秒	エージェントがダイヤルしたすべてのコールの処理（セットアップ＋通話＋後処理）時間の平均	実データ
⑯		ライブ・コンタクト平均処理時間	Average Handle Time for Live Contact (Live-AHT)	秒	相手が応答したコールを使って社内にダイヤル（セットアップ＋通話＋後処理）時間の平均	実データ
⑰		ベース時間内稼働率	Occupancy Rate (OCC)	%	ベース時間のうち通話時間等の稼働時間の割合	（稼働時間÷ベース時間）×100
⑱		スケジュール遵守率	Schedule Adherence (SDA)	%	エージェントが電話オペレーションのスケジュール通りに従事した時間の割合	電話オペレーション従事時間実績÷電話オペレーションスケジュール時間
⑲	リソース効率性	合計ベース時間	Total Base Hours	時間	エージェントが電話オペレーションに従事した時間の合計	実データ
⑳		合計通話時間	Total Talk Time	時間	インバウンド・コールの通話時間の合計	実データ
㉑		合計後処理時間	Total After Call Work Time	時間	インバウンド・コールの後処理時間の合計	実データ
㉒		合計保留時間	Total Hold Time	時間	インバウンド・コールの保留時間の合計	実データ
㉓		合計発信時間	Total Outgoing Operating Time	時間	エージェントがコールバック等のためにダイヤルしたコールの処理時間の合計	実データ
㉔		合計その他時間	Total Other Time	時間	インバウンド・コールのその他時間の合計	実データ
㉕		合計離席等時間	Total Auxiary Time (AUX)	時間	エージェントが離席等のために電話を応答拒否モード（AUXモード）にした時間の合計	実データ
㉖		合計待機時間	Total Available Time	時間	エージェントが顧客からのコールの着信を待っている時間の合計	実データ
㉗		合計スケジュール時間	Total Scheduled Base Hours	時間	エージェントがオペレーションにスケジュールされた時間の合計	実データ
㉘		勤務時間	Total Actual Working Hours	時間	エージェントの勤務時間の合計	実データ

巻末資料31　エージェント・パフォーマンス・レポート（アウトバウンド）

2018年10月 ○○チーム

エージェント名	リソース ベース時間 ①	ダイヤル数 合計 ②	ダイヤル数 1時間 ③	ライブ・コンタクト 合計 ④	ターゲット・コンタクト 合計 ⑤	コンタクト率 ⑥	1時間 ⑦	平均処理時間(秒) 合計 ⑧	セット ⑨	通話 ⑩	後処理 ⑪	成約数 合計 ⑫	1時間 ⑬	ビジネス効果性 成約率 ⑭	成約金額(千円) 合計 ⑮	単価 ⑯
エージェントA	120.00	2,095	17.46	838	506	24.2%	4.22	255	34	93	128	120	1.00	23.7%	6,005	50
エージェントB	117.35	1,826	15.56	731	470	25.7%	4.01	257	35	80	142	129	1.10	27.4%	9,931	77
エージェントC	99.75	1,467	14.71	587	398	27.1%	3.99	263	34	92	137	92	0.92	23.1%	4,137	45
エージェントD	95.00	1,569	16.52	628	418	26.6%	4.40	260	36	77	147	108	1.14	25.8%	4,475	41
エージェントE	57.75	1,152	19.95	461	285	24.7%	4.94	206	35	71	100	67	1.16	23.5%	3,358	50
合計	489.85	8,109	16.55	3,245	2,077							516			27,906	
平均	97.97	1,622	16.55	649	415	25.6%	4.24	248	35	83	131	103	1.05	24.8%	5,581	54
目標/予測			16.00			26.5%	4.50						1.05			
差異 B/(W)			0.55			(0.9pp)	(0.26)						0.00			

2018年10月 エージェントA

日付	曜日	リソース ベース時間 ①	ダイヤル数 合計 ②	ダイヤル数 1時間 ③	ライブ・コンタクト 合計 ④	ターゲット・コンタクト 合計 ⑤	コンタクト率 ⑥	1時間 ⑦	平均処理時間(秒) 合計 ⑧	セット ⑨	通話 ⑩	後処理 ⑪	成約数 合計 ⑫	1時間 ⑬	ビジネス効果性 成約率 ⑭	成約金額(千円) 合計 ⑮	単価 ⑯
10/1	(月)	120.00	2,095	17.46	838	506	24.2%	4.22	255	34	93	128	120	1.00	23.7%	6,005	50
10/2	(火)	117.35	1,826	15.56	731	470	25.7%	4.01	257	35	80	142	129	1.10	27.4%	9,931	77
10/3	(水)	99.75	1,467	14.71	587	398	27.1%	3.99	263	34	92	137	92	0.92	23.1%	4,137	45
10/4	(木)	95.00	1,569	16.52	628	418	26.6%	4.40	260	36	77	147	108	1.14	25.8%	4,475	41
10/5	(金)	57.75	1,152	19.95	461	285	24.7%	4.94	206	35	71	100	67	1.16	23.5%	3,358	50
週間計		489.85	8,109	16.55	3,245	2,077							516			27,906	
月間累計		2,939.10	48,654	16.55	19,470	12,462	25.6%	4.24	248	35	83	131	3,096	1.05	24.8%	167,436	54
平均		97.97	1,622	16.55	649	415	25.6%	4.24	248	35	83	131	103	1.05	24.8%	5,581	54
目標/予測				16.00			26.5%	4.50						1.05			
差異 B/(W)				0.55			(0.9pp)	(0.26)						0.00			

巻末資料32　エージェント・パフォーマンス・レポート（アウトバウンド）のメトリクス

No	カテゴリー	メトリクス／日表記	メトリクス／英表記（短縮形）	単位	説明	計算式
①	リソース	ベース時間	Total Base Hours	時間	エージェントがこのプログラムのオペレーションに従事した時間	実データ
②	ダイヤル数	合計ダイヤル数	Dial Attempts	#	エージェントがダイヤルした回数の合計	実データ
③		1時間あたりダイヤル数	Dials per Hour (DPH)	#	エージェント1人1時間あたりダイヤル回数	②÷①
④		合計ライブ・コンタクト回数	Total Live Contacts	#	エージェントがダイヤルした結果、相手が応答した回数	実データ
⑤		ターゲット・コンタクト回数	Target Live Contacts	#	エージェントがダイヤルした結果、ターゲット顧客が応答した回数	実データ
⑥		ターゲット・コンタクト率	Target Live Contact Rate	%	エージェントがダイヤルした結果、ターゲット顧客が応答した回数の割合	(⑤÷②)×100
⑦	ライブ・コンタクト	1時間あたりターゲット・コンタクト回数	Target Contact per Hour (CPH)	#	エージェントがダイヤルした結果、1時間あたりターゲット顧客が応答した回数	⑤÷①
⑧		ライブ・コンタクト平均処理時間	Average Handle Time for Live Contact (AHT)	秒	相手が応答したコールの処理（セットアップ＋通話＋後処理）時間の平均	実データ
⑨		ライブ・コンタクト平均セットアップ時間	Average Set-up Time for Live Contact (AST)	秒	相手が応答したコールのセットアップ時間の平均	実データ
⑩		ライブ・コンタクト平均通話時間	Average Talk Time for Live Contact (ATT)	秒	相手が応答したコールの通話時間の平均	実データ
⑪		ライブ・コンタクト平均後処理時間	Average After Call Work Time for Live Contact (ACW)	秒	相手が応答したコールの後処理時間の平均	実データ
⑫	ビジネス効果性	合計成約数	Total Number of Sales	#	ターゲット顧客とコンタクトして成約した件数の合計	実データ
⑬		1時間あたり成約数	Sales per Hour (SPH)	#	エージェント1人1時間あたりの平均成約数	⑫÷①
⑭		成約率	Close Rate (CR)	%	ターゲット顧客とコンタクトして成約した件数の割合	(⑫÷⑤)×100
⑮		成約金額	Total Amount of Sales	円	成約金額の合計	実データ
⑯		成約単価	Average Amount of Sales	円	成約金額の単価	⑮÷⑫

巻末資料33　リソース使用状況レポート

2018年10月 ○○チーム

エージェント名	勤務時間 所定勤務時間			勤務時間 合計	勤務時間 実働時間				ベース時間 スケジュール	ベース時間 実績	ベース時間 遵守率	シュリンケージ 合計		シュリンケージ 有給休暇	シュリンケージ 遅刻早退	シュリンケージ 無給欠勤	シュリンケージ 休憩	シュリンケージ ミーティング	シュリンケージ トレーニング	シュリンケージ 事務処理	シュリンケージ その他雑務
	期間計 ①	1日 ②	日数 ③	④	時間内 ⑤	時間外 ⑥	出勤率 ⑦		⑧	⑨	⑩	時間 ⑪	% ⑫	⑬	⑭	⑮	⑯	⑰	⑱	⑲	⑳
エージェントA	160.00	8.00	20	156.75	152.00	4.75	95.0%		107.50	106.75	99.3%	50.00	31.3%	8.00	0.00	0.00	9.50	6.00	16.00	6.25	4.25
エージェントB	160.00	8.00	20	165.50	160.00	5.50	100.0%		120.50	120.35	99.9%	45.15	28.2%	0.00	0.00	0.00	8.75	6.15	20.00	5.50	4.75
エージェントC	140.00	7.00	20	130.50	129.25	1.25	92.3%		87.50	85.75	98.0%	44.75	32.0%	7.00	0.25	3.50	9.00	4.00	14.50	2.75	3.75
エージェントD	117.00	6.50	18	113.25	110.50	2.75	94.4%		80.00	79.75	99.7%	33.50	28.6%	0.00	0.00	6.50	8.25	4.25	9.25	4.25	1.00
エージェントE	72.00	4.00	18	64.00	63.50	0.50	88.2%		47.50	44.75	94.2%	19.25	26.7%	8.00	0.50	0.00	4.25	2.00	2.50	0.00	2.00
合計	649.00	33.50	19	630.00	615.25	14.75	94.8%		443.00	437.35	98.7%	192.65	29.7%	23.00	0.75	10.00	39.75	22.40	62.25	18.75	15.75
平均	129.80	6.70	19	126.00	123.05	2.95	94.8%		88.60	87.47	98.7%	38.53	29.7%	4.60	0.15	2.00	7.95	4.48	12.45	3.75	3.15
目標/予測							97.5%				98.5%		30.0%								
差異 B／(W)							(2.7pp)				0.2pp		0.3pp								

2018年10月 エージェントA

日付	曜日	勤務時間 所定勤務時間			勤務時間 合計	勤務時間 実働時間				ベース時間 スケジュール	ベース時間 実績	ベース時間 遵守率	シュリンケージ 合計		シュリンケージ 有給休暇	シュリンケージ 遅刻早退	シュリンケージ 無給欠勤	シュリンケージ 休憩	シュリンケージ ミーティング	シュリンケージ トレーニング	シュリンケージ 事務処理	シュリンケージ その他雑務
		期間計 ①	1日 ②	日数 ③	④	時間内 ⑤	時間外 ⑥	出勤率 ⑦		⑧	⑨	⑩	時間 ⑪	% ⑫	⑬	⑭	⑮	⑯	⑰	⑱	⑲	⑳
10/1	(月)	160.00	8.00	20	156.75	152.00	4.75	95.0%		107.50	106.75	99.3%	50.00	31.3%	8.00	0.00	0.00	9.50	6.00	16.00	6.25	4.25
10/2	(火)	160.00	8.00	20	165.50	160.00	5.50	100.0%		120.50	120.35	99.9%	45.15	28.2%	0.00	0.00	0.00	8.75	6.15	20.00	5.50	4.75
10/3	(水)	140.00	7.00	20	130.50	129.25	1.25	92.3%		87.50	85.75	98.0%	44.75	32.0%	7.00	0.25	3.50	9.00	4.00	14.50	2.75	3.75
10/4	(木)	117.00	6.50	18	113.25	110.50	2.75	94.4%		80.00	79.75	99.7%	33.50	28.6%	0.00	0.00	6.50	8.25	4.25	9.25	4.25	1.00
10/5	(金)	72.00	4.00	18	64.00	63.50	0.50	88.2%		47.50	44.75	94.2%	19.25	26.7%	8.00	0.50	0.00	4.25	2.00	2.50	0.00	2.00
週間計		649.00	33.50	19	630.00	615.25	14.75	94.8%		443.00	437.35	98.7%	192.65	29.7%	23.00	0.75	10.00	39.75	22.40	62.25	18.75	15.75
月間累計		3,894.00			3,780.00	3,691.50	88.50			2,658.00	2,624.10		1,155.90		138.00	4.50	60.00	238.50	134.40	373.50	112.50	94.50
平均		129.80	6.70	19	126.00	123.05	2.95	94.8%		88.60	87.47	98.7%	38.53	29.7%	4.60	0.15	2.00	7.95	4.48	12.45	3.75	3.15
目標/予測								97.5%				98.5%		30.0%								
差異 B／(W)								(2.7pp)				0.2pp		0.3pp								

巻末資料34　リソース使用状況レポートのメトリクス

No	カテゴリー	メトリクス／日本語	メトリクス／英表記（短縮形）	単位	説明	計算式
①	勤務時間	所定勤務時間－期間計	Total Regular Hours (REG)	時間	対象期間におけるエージェントの所定勤務時間（契約・派遣社員であれば契約時間）	実データ（②×③）
②	勤務時間	1日あたり所定勤務時間	Regular Hours per Day	時間	エージェントの1日あたり所定勤務時間（契約・派遣社員であれば契約勤務時間）	契約勤務時間
③	勤務時間	勤務日数－期間計	Total Working Days	日	対象期間におけるエージェントの勤務日数	契約勤務日数
④	勤務時間	合計実働時間	Total Hours of Actual Worked	時間	対象期間におけるエージェントの合計実働時間	⑤＋⑥
⑤	勤務時間	所定勤務時間内実働時間	Actual Working Hours in Regular Hours	時間	対象期間におけるエージェントの所定勤務時間内の実働時間	実データ
⑥	勤務時間	所定勤務時間外実働時間	Overtime Hours (O/T)	時間	対象期間におけるエージェントの所定勤務時間外の勤務（残業）時間	実データ
⑦	勤務時間	出勤率	% of Available	％	対象期間におけるエージェントの出勤率（有給休暇を除いた実出勤率）	（⑤÷①）×100
⑧	ベース時間	スケジュール時間	Scheduled Hours	時間	電話オペレーションにスケジュールされた時間	実データ
⑨	ベース時間	ベース時間実績	Actual Base Hours	時間	対象期間におけるエージェントのベース時間の実績	④－⑪
⑩	ベース時間	スケジュール遵守率	Schedule Adherence (SDA)	％	エージェントが電話オペレーションのスケジュール通りに従事した時間の割合	（⑨÷⑧）×100
⑪	シュリンケージ	シュリンケージ合計時間	Total Shrinkage Hours	時間	対象期間におけるシュリンケージ⑬～⑳の合計時間	SUM（⑬:⑳）
⑫	シュリンケージ	シュリンケージ率	% Shrinkage to Regular Hours	％	所定勤務時間に対するシュリンケージ時間の割合	（⑪÷①）×100
⑬	シュリンケージ	有給休暇	Paid Vacation	時間	有給休暇取得時間	実データ
⑭	シュリンケージ	遅刻・早退	Late/Early	時間	遅刻・早退時間	実データ
⑮	シュリンケージ	無給欠勤	Unpaid Leave	時間	無給の欠勤時間	実データ
⑯	シュリンケージ	休憩・休息時間	Break Time	時間	勤務時間中の有給の休憩・休息時間	実データ
⑰	シュリンケージ	ミーティング	Meeting (MTG)	時間	ミーティングや面談等の時間	実データ
⑱	シュリンケージ	トレーニング	Training (TRNG)	時間	トレーニング、セミナー等の時間	実データ
⑲	シュリンケージ	事務処理	Clerical Work	時間	一般事務処理の時間	実データ
⑳	シュリンケージ	その他雑務	Miscellaneous (MISC)	時間	⑬～⑲のいずれにも該当しない庶務事項等の時間	実データ

巻末資料35　インターナル・ダッシュボード

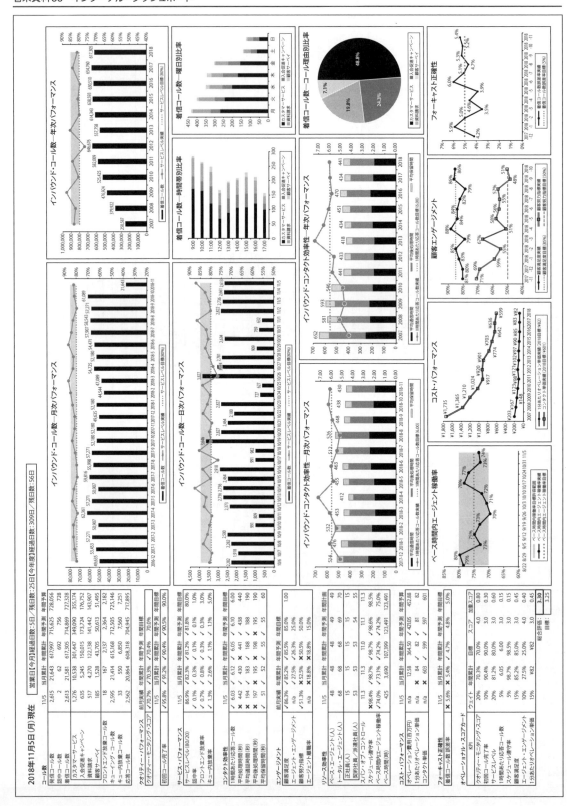

巻末資料36 エクスターナル・ダッシュボード

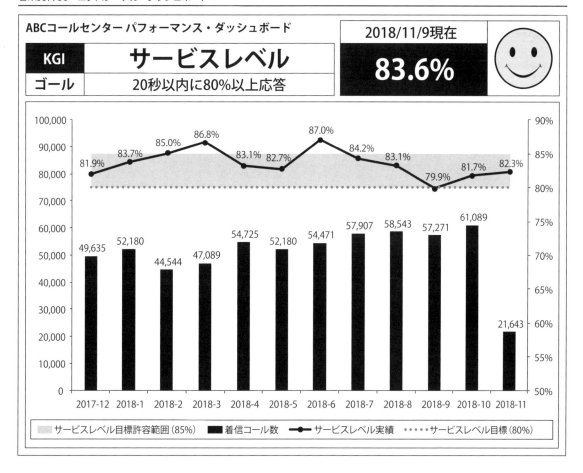

巻末資料37　オペレーショナル・パフォーマンス・スコアカード（アクチュアル・スコアリング方式）

カテゴリー	KPI	ウェイト	実績	目標	スコア	加重スコア
クオリティー	クオリティー・モニタリング・スコア	20%	70.4%	70.0%	4.0	0.8
	初回コール完了率	10%	90.4%	90.0%	3.0	0.3
サービス	サービスレベル	20%	81.2%	80.0%	3.0	0.6
効率性	1時間あたり応答コール数	5%	6.05	6.00	3.0	0.2
	スケジュール遵守率	5%	98.7%	98.5%	3.0	0.2
エンゲージメント	顧客満足度	15%	85.2%	85.0%	3.0	0.5
	エージェント・エンゲージメント	10%	27.5%	25.0%	4.0	0.4
コスト	1分あたりオペレーション単価	15%	¥82	¥82	3.0	0.5
					総合評価：	3.3

クオリティー・モニタリング・スコア	初回コール完了率	サービスレベル	1時間あたり応答コール数	スケジュール遵守率	顧客満足度	エージェント・エンゲージメント	1分あたりオペレーション単価
5.0 ≧ 80.0%	5 ≧ 95.0%	5 ≧ 84.0%	5 ≧ 6.50	5 ≧ 99.5%	5 ≧ 90.0%	5 ≧ 30.0%	5 ≦ ¥78
4.5 ≧ 75.0%	4 ≧ 92.5%	4 ≧ 82.0%	4 ≧ 6.25	4 ≧ 99.0%	4 ≧ 87.5%	4 ≧ 25.0%	4 ≦ ¥80
4.0 ≧ 70.0%	3 ≧ 90.0%	3 ≧ 80.0%	3 ≧ 6.00	3 ≧ 98.5%	3 ≧ 85.0%	3 ≧ 20.0%	3 ≦ ¥82
3.5 ≧ 67.5%	2 ≧ 87.5%	2 > 85.0%	2 ≧ 5.50	2 ≧ 95.0%	2 ≧ 75.0%	2 ≧ 15.0%	2 ≦ ¥90
3.0 ≧ 65.0%	1 < 87.5%	1 < 80.0%	1 < 5.50	1 < 95.0%	1 < 75.0%	1 < 15.0%	1 > ¥90
2.5 ≧ 60.0%							
2.0 ≧ 55.0%							
1.0 < 55.0%							

巻末資料38　オペレーショナル・パフォーマンス・スコアカード（ベンチマーク方式）

| カテゴリー | KPI | ウェイト | パフォーマンス・レンジ | | 実績 | スコア | 加重スコア |
			ワーストケース	ベストケース			
クオリティー	クオリティー・モニタリング・スコア	20%	43.1%	90.0%	70.4%	58.2%	11.6%
	初回コール完了率	10%	52.8%	99.5%	90.4%	80.5%	8.1%
サービス	サービスレベル	20%	47.5%	98.6%	81.2%	65.9%	13.2%
効率性	1時間あたり応答コール数	5%	3.89	8.01	6.05	52.4%	2.6%
	スケジュール遵守率	5%	93.2%	100%	98.7%	80.9%	4.0%
エンゲージメント	顧客満足度	15%	60.3%	95.7%	85.2%	70.3%	10.6%
	エージェント・エンゲージメント	10%	7.0%	32.5%	27.5%	80.4%	8.0%
コスト	1分あたりオペレーション単価	15%	¥387	¥45	¥82	89.2%	13.4%
						総合評価：	71.5%

巻末資料39　電話インタビュー・コーリングシート／評価表

応募者名				応募ポジション			応募ソース		応募書類受領日	
実施日時	年 月 日 :			コール先：自宅／その他（　　）			コール／評価者		担当者名	

	コンタクト回数／日時		コンタクト先	コンタクト者	伝言	
トークフロー						
書類選考通過の通知 ↓	1	年　月　日　:	自宅／その他（　　）	本人／（　　）	Y／N	
面接日時の設定 ↓	2	年　月　日　:	自宅／その他（　　）	本人／（　　）	Y／N	
来社方法の案内 ↓	3	年　月　日　:	自宅／その他（　　）	本人／（　　）	Y／N	
持参物等の案内 ↓	4	年　月　日　:	自宅／その他（　　）	本人／（　　）	Y／N	
復唱／確認	5	年　月　日　:	自宅／その他（　　）	本人／（　　）	Y／N	

評価			ウエイト	スコア	加重スコア	印象	
きちんと名乗る：	大変良い 5 ●4 ○3 ○2 ○1 良くない		10%	4	0.4	□さわやか	□落ち着いた感じ
最初の挨拶：	大変良い ○5 ○4 ●3 ○2 ○1 良くない		10%	3	0.3	□歯切れ良い	□なれなれしい
言葉遣い（敬語等）：	大変良い ○5 ●4 ○3 ○2 ○1 良くない		10%	4	0.4	□主婦っぽい	□子供っぽい
あいづち：	大変良い ○5 ○4 ●3 ○2 ○1 良くない		10%	3	0.3	□簡潔明瞭	□事務的
笑みを感じる名声：	大変良い ○5 ●4 ○3 ○2 ○1 良くない		10%	4	0.4	□過度にていねい	□極度に緊張
聞きやすい話し方：	大変良い ●5 ○4 ○3 ○2 ○1 良くない		10%	5	0.5	□ビジネス電話の基本的なマナーを持ち合わせている	□熱意に疑問
復唱：	大変良い ●5 ○4 ○3 ○2 ○1 良くない		10%	5	0.5	□応対に支障のある極度なクセや聴き取りにくさなどはない	
最後の挨拶：	大変良い ○5 ●4 ○3 ○2 ○1 良くない		10%	4	0.5		
全体的な印象：	大変良い ●5 ○4 ○3 ○2 ○1 良くない		20%	4	0.8		

加重スコア合計	判定	電話インタビュー判定
4.1	B	□面接がよければ採用したい A≧4.4＞B≧4.0＞C≧3.5＞D≧3.0＜E

●書類選考の結果の通知のためにコールセンター側からコンタクトする（応募者にとってはインバウンド・コールの応対）形式を想定

巻末資料40　エージェント採用面接評価表

面接評価表

面接者名		応募ポジション			応募ソース		応募書類受領日	年　月　日	ABCコールセンター
面接日時	年　月　日　：	面接者					作成者		

ガイドライン

※ 「公正な採用選考」の観点から、応募者に対して、本籍、出生地、家族の詳細（住宅状況、生活環境、家庭環境、宗教、支持政党、人生観、生活信条、尊敬する人物、思想、労働組合・学生運動などの社会運動、購読新聞・愛読書等）について質問してはならない。
※ 応募者に高圧的、権威的な態度を見せてはならない。応募者も私たちの顧客であるため、応募者を囲い込むことにより優秀な人材を獲得する機会を逸することなく、私たちも自身の損失である必要書類を渡してしまうことになる。応募者には「製品パンフレット」「ABCコールセンターニュースクリップ」を渡す。名刺は渡さない。
※ この評価表の記号での定義は下記の通り

はじめに

- 面接者による説明　● ：面接者への質問（必須）　○：応募者への質問（任意）

- ●応募者の氏名（フルネーム）を確認
- ●緊張をほぐす　●自宅からの所要時間：　　　時間

会社・コールセンターの概要説明

- ◆ABC社の概要（会社案内を使いながら）　◆ABCコールセンターの特徴、顧客サービスに対する考え方、他社のコールセンターとの違い　●応募ポジションの仕事内容の説明

応募動機等

- ●履歴書／職務経歴書に基づく職歴の説明
- ●応募動機：
- ●ABC製品の購入経験：　□なし　□あり→どんな感想を持ったか：
- ●ABCコールセンターの利用経験：　□なし　□あり→どんな感想を持ったか：

仕事の経験とスキル

- ●顧客対応業務の経験：
- □なし　□あり→具体的な内容、期間、主な実績等：
- ●これまでの経験から、応募者に具体的に活かせる経験とスキルは何か？：
- ●保有する専門技能、知識、資格等
- □PCキーボードの経験
- □各種アプリケーションを高度に利用　□Officeソフトを実務に利用
- □インターネットやメール、SNS程度
- □Officeソフトの実務利用経験
- □Word　□Excel　□PowerPoint　□Access　□Outlook　□Visio　□その他（　　　）

サービス・マインド

- ●過去に自分が受けた企業によるサービスの中で素晴らしいと感じた経験（業界は問わない。具体的に）：
- ●過去に自分が受けた企業によるサービスの中で憤慨した経験（業界は問わない。具体的に）：
- ●顧客が喜ぶサービスを提供するには、どんなことが必要か？：

人物像等

- ●自分の強味と弱味：
- ●周囲の人からよく言われること：
- ●自己PR：

仕事の詳細や責任に関する説明

◆仕事の内容： ◆方針／目的：	最初に経験する 顧客の期待を超 の類ではない。	プログラムの内容や顧客のタイプ えるサービスの提供、顧客満足の向上が目的。ノルマ制の電話営業やアウトバウンド コールドコールはしない
◆仕事のスタイル：	PCを常時使用、ヘッドセット、スケジュールに従って勤務。ガイドラインやマニュアルを遵守	
◆位置づけ：	コールのモニタリングと評価 有期契約の正規雇用。実務上は無期雇用の正社員と同じ位置づけ。顧客にはABCの代表者として正社員との区別はしてはならない	
◆責任：	同じ仕事であれば、与えられる仕事の内容や目標、責任は同じ。契約形態の違い（勤務時間の長短）による差異はない。派遣社員や業務委託社員の仕事に対するデビューは、顧客応対に対するトレーニング終了後、顧客応対を練習台では使わない	
◆トレーニング：	必要なレベルに達するまでは本番の顧客応対にはデビューさせない。顧客を練習台には使わない	
◆キャリア：	スキルや経験、および本人の希望を考慮してできるだけ多様な業務（インバウンド、アウトバウンド、サービスセールス）を担当することができる。セルフサービスバイザースタッフ、マネジメント、スタッフとして応募ポジションのサポーティング・スタッフへのチャレンジも可能 レーナーなどのサポーティング・スタッフへのチャレンジも可能	
●上記の内容を理解する説明と同じできるか？		□Yes　□No

労働条件に関する説明

- ◆労働条件について説明：給与、勤務時間、休日、休暇、休憩時間、時間外・休日勤務の時間外勤務等の協力、福利厚生

勤務に関する情報

◆希望勤務日数：週	●休日希望曜日：	日・月・火・水・木・金・土・日・祝
◆勤務が可能な曜日と時間	月　　　～　　　時間	※緊急時の時間外勤務等の協力　□OK　□No
	火　　　～　　　時間	※緊急時の時間外勤務等の協力　□OK　□No
	水　　　～　　　時間	※緊急時の時間外勤務等の協力　□OK　□No
	木　　　～　　　時間	※緊急時の時間外勤務等の協力　□OK　□No
	金　　　～　　　時間	※緊急時の時間外勤務等の協力　□OK　□No
	土　　　～　　　時間	※緊急時の時間外勤務等の協力　□OK　□No
	日　　　～　　　時間	※緊急時の時間外勤務等の協力　□OK　□No
	祝　　　～　　　時間	※緊急時の時間外勤務等の協力　□OK　□No

まとめ

- ●入社時トレーニングの参加（入社日より2カ月間、月～金の9:00～17:00）：　□Yes　□No
- ●入社可能日：　□即日　　　年　　月　　日以降
- ●その他、勤務に関わる情報

質問の聴取と回答

- ◆面接をさせていただいたことへのお礼と感謝　◆エレベーター・ホールまで見送る
- ●次のステップの説明

面接評価

	ウェイト	スコア	加重スコア	コメント
服装、身だしなみ	10%	大変良い　良い　普通　良くない　大変良くない　5 4 3 2 1	0.40	
挨拶、物腰、視線	10%	大変良い　良い　普通　良くない　大変良くない　5 4 3 2 1	0.40	
こちらの話をよく聴く	10%	大変良い　良い　普通　良くない　大変良くない　5 4 3 2 1	0.30	
わかりやすく、論理性	5%	大変良い　良い　普通　良くない　大変良くない　5 4 3 2 1	0.20	
質問を正しく理解する	5%	大変良い　良い　普通　良くない　大変良くない　5 4 3 2 1	0.25	
正しい言葉遣いマナー	5%	大変良い　良い　普通　良くない　大変良くない　5 4 3 2 1	0.25	
前向き、受け止め	5%	大変良い　良い　普通　良くない　大変良くない　5 4 3 2 1	0.20	
正直さ、誠実さ	3%	大変良い　良い　普通　良くない　大変良くない　5 4 3 2 1	0.15	
成長の可能性	5%	大変良い　良い　普通　良くない　大変良くない　5 4 3 2 1	0.25	
実務経験やスキル	5%	大変良い　良い　普通　良くない　大変良くない　5 4 3 2 1	0.25	
PCスキル	5%	大変良い　良い　普通　良くない　大変良くない　5 4 3 2 1	0.20	
ABCスタイルへのフィット感	5%	大変良い　良い　普通　良くない　大変良くない　5 4 3 2 1	0.20	
全体的な印象	10%	大変良い　良い　普通　良くない　大変良くない　5 4 3 2 1	0.40	
合計			4.05	

総合評価

	ウェイト	スコア	加重スコア	総合判定
電話インタビュー	30%	4.10	1.23	B
面接	70%	4.05	2.84	
合計			4.07	

判定　B

A≧4.40
B≧4.00
C≧3.50
D≧3.00
E<3.00

□ 採用（入社日：　　年　　月　　日）

※メーカーの顧客サービス（製品問い合わせ）を主力業務とするコールセンターの直接雇用の契約社員の採用面接を想定

巻末資料41　ジョブ・ラダー（抜粋―1）

タスク	エージェント	シニア・エージェント	スーパーバイザー	トレーナー	オペレーション・マネージャー
ミッション	ABCコールセンターを利用する顧客に対し、ABCスタイルに基づく、顧客の期待を超える質の高いサービスを提供する	顧客の期待を超える質の高いサービスを提供するチームの目標を達成するために自らエージェントとして顧客応対を行うとともに、Q&Aやエスカレーションの対応、アドバイス等を通じてエージェントの電話業務をアシストする。また、コーチング、モニタリング、トレーニング、Q&A等、スーパーバイザーによるエージェントの指導・育成およびチームの効率的な運営をサポートする	顧客の期待を超える質の高いサービスを提供するチームの目標を達成するために、日々のオペレーションの効率的/効果的な運営管理、クオリティー・モニタリング、トレーニング、コーチング、スタッフの指導・育成、およびQ&Aやエスカレーション等、エージェントの電話業務のサポイスを行う。また、ABC社の方針や戦略を十分に理解して業務の確実な遂行に責任を持つ	コールセンターのミッションとABC社の顧客戦略に従って、各種トレーニングの提供、サービスレベルのモニタリングと評価、業務プロセスの分析と改善等を通じてラインをサポートすることにより、オペレーションのサービス・クオリティーを常に超える高い水準に維持し、これらを通じてコールセンターのビジネスに責任を持つ	コールセンターのミッションとABC社の顧客戦略に従って、ピープル・マネジメント、コンタクト・ストラテジー、WFM、センター運営、トレーニング、品質管理、テクノロジー、ビジネスプロセス・マネジメント、業績管理等、コールセンターの顧客オペレーションの全般にわたるマネジメントの責任を持ち、コールセンターの期待を超えるビジネスおよびコールセンターのビジョンとビジネスネス・ゴールの達成に責任を持つ
達成責任（アカウンタビリティー） 1.目標達成 2.説明責任	1.自分の目標達成に責任を持つ。所属チームの目標達成のためにチーム・メンバーを積極的にサポートする 2.自分の担当する業務、職責、目標、実績について説明できる。コールセンター、所属チームの全体像について説明できる	1.自分の目標達成に責任を持つ。チームの目標達成に貢献する。エージェントの目標達成をサポートする 2.所属するチームの業務に精通し、業務内容、業績、実績について、データに基づく説明ができる。コールセンターの業務の全体像を理解し、業務内容、業績について説明ができる	1.自分の目標達成に責任を持つ。チームの目標達成に貢献する。コールセンターの目標達成に貢献する 2.自身の業務内容、業績に精通し、業績、業務内容の詳細についてデータに基づく説明ができる。コールセンターの業務に精通し、コールセンターの業務内容、業績について十分に把握し、業務内容、業績の詳細についてデータに基づき説明ができる	1.フロントラインの目標達成に貢献する責任を持つ。コールセンターのビジネス・ゴール達成に貢献する 2.コールセンターのオペレーション、業務内容、業績の詳細について精通し、業務内容、業績について十分に把握し、業務内容、業績の詳細についてデータに基づく説明ができる	1.フロントライン・オペレーションの目標達成に責任を持つ。コールセンターのビジネス・ゴール達成に責任を持つ 2.コールセンターのオペレーションに精通し、業務内容、業績の詳細について説明ができる。コールセンターの業務内容、業績について十分に把握し、業務内容、業績の詳細についてデータに基づく説明ができる
顧客コンタクト ノーマル・コール 1.イニシャル・コール 2.高度な質問（サービス関連） 3.高度な質問（プロダクト関連）	1.すべての顧客コールに応答する 2.応答する。完了できない場合、エスカレーションする 3.応答する。完了できない場合、エスカレーションする	1.サービスレベルや人員配置、コール数の状況に応じて電話オペレーションに入る 2.すぐにモニターし積極的にコールを引き取る。エスカ完了困難時はプロジャーに従ってエスカレーションする 3.すぐにモニターし積極的にコールを引き取る。エスカ完了困難時はプロジャーに従ってエスカレーションする	1.サービスレベルや人員の状況、コール数の予測等を考慮して、必要に応じて電話オペレーションに入る 2.すぐにモニターし積極的にコールを引き取る。エスカ完了困難時はプロジャーに従ってエスカレーションする 3.すぐにモニターし積極的にコールを引き取る。エスカ完了困難時はプロジャーに従ってエスカレーションする	1.ビジー時にスーパーバイザーの要請により電話オペレーションをアシストする 2.すぐにモニターし積極的にコールを引き取る。エスカ完了困難時はプロジャーに従ってエスカレーションする 3.すぐにモニターし積極的にコールを引き取る。エスカ完了困難時はプロジャーに従ってエスカレーションする	1.緊急時に電話オペレーションをアシストする 2.エスカレーションを受けて問題のサイズを的確に判断し適切な対処方法を指示する 3.エスカレーションを受けて問題のサイズを的確に判断し適切な対処方法を指示する

巻末資料41　ジョブ・ラダー（抜粋―2）

タスク	エージェント	シニア・エージェント	スーパーバイザー	トレーナー	オペレーション・マネージャー
コール・スパイク時対応 1.コール・スパイク時対応	1.応答する	1.ログインして電話オペレーションに入る	1.サービスレベルや人員の状況、コール数の予測等を考慮して、必要に応じて電話オペレーションに入る。プロンプジャーに従って適切な処置を講じる	1.スーパーバイザーの要請により電話オペレーションを行う。従って適切な処置を講じる	1.サービスレベルが改善しない場合、サービスレベルや人員の状況、コール数の予測等を考慮して必要に応じて他部署へ支援を依頼する等、適切な対策を講じる
エージェントのアシスト 1.エージェントのアシスト 2.MBWA（エージェントの周囲を歩いて回る）	1.問題発生の場合、直ちにシニア・エージェントやスーパーバイザーにアシストを依頼する	1.エージェントが困っている問題があると思われる時は問題が拡大しないうちにコールの引き継ぎを取る 2.積極的にサポートする：エージェントの状況に常に目を配り必要に応じて積極的にエージェントを助ける	1.エージェントが困っている問題があると思われる時は問題が拡大しないうちにコールの引き継ぎを取る 2.積極的にサポートする：常に現場に目を配り必要に応じて積極的にスーパーバイザーやエージェントを助ける	1.エージェントが困っている問題があると思われる時は問題が拡大しないうちにコールの引き継ぎを取る 2.積極的にサポートする：常に現場に目を配り必要に応じて積極的にスーパーバイザーやエージェントを助ける	1.エージェントが困っている問題があると思われる時はコールセンターに必要に応じてスーパーバイザーに対応を指示する 2.積極的にサポートする：常に現場に目を配り必要に応じて積極的にスーパーバイザーを助ける
VOC（ボイス・オブ・カスタマー） 1.フィードバック 2.サンクス・コール 3.改善点、トレーニングニーズの発見	1.積極的にシニア・エージェント、スーパーバイザーにフィードバックする 2.されなくシニア・エージェント、スーパーバイザーにフィードバックする 3.問題点や要改善点をシニア・エージェント、スーパーバイザーに提案する	1.エージェントに積極的なフィードバックを求めセンター内でシェアする 2.チーム、コールセンター内でシェアし対象をエージェントからねぎらい賞賛する 3.問題点や要改善点をシニア・スーパーバイザーに提案する	1.エージェントに積極的なフィードバックを求めセンター内でシェアする。社内へのフィードバックのメカニズムを構築し機能させる 2.チーム、コールセンター内でシェアし対象のエージェントからねぎらい賞賛する 3.VOCの内容からトレーニング、サービスやオペレーションの改善策を講じる	1.エージェントからの積極的なフィードバックを求め、コールセンター内でシェアする。社内へのフィードバックのメカニズムを構築し機能させる 2.社内にフィードバック。コールセンター内でシェアしエージェントからねぎらい賞賛する 3.VOCの内容からオペレーション、サービスの改善点を開発、提供する	1.エージェントからの積極的なフィードバックを求め、コールセンター内でシェアする。社内へのフィードバックのメカニズムを構築し機能させる 2.センター内でシェアしエージェント社内からねぎらい賞賛する 3.VOCの内容からトレーニング、サービスやオペレーションの改善策を講じる
人材要件（クオリフィケーション）	・指示されたことはきちんと行うことができる ・変化を積極的に受け入れる ・謙虚に耳を傾ける態度 ・問題意識を持ち、積極的に提案/質問ができる ・高度なコミュニケーションスキル ・チーム・スピリット ・プロフェッショナリズム ・顧客対応業務の経験1年以上 ・PCスキル（インターネット、カスタマーサービス	・エージェントとして18カ月以上あるいはそれに相当する経験 ・コールセンターのミッションや位置づけに沿った行動を率先して行い、エージェントの手本になる ・問題解決のための改善案を企画し実行できる ・変化を積極的に受け入れる ・謙虚に耳を傾ける態度 ・文書/口頭双方における優れたコミュニケーションスキル ・高度な顧客サービス＆セール	・エージェントとして18カ月以上、シニア・エージェントとして1年以上の経験 ・コールセンターのミッションや位置づけに沿った行動を率先して行い、ロールモデルとしてスタッフをリードできる ・潜在的な問題を発見し問題の迅速な解決を図ることができる ・リーダーシップ・スキル ・ファシリテーション・メイキング ・優れた文書、資料、プレゼンテーション作成能力	・コールセンターのエージェントとして1年以上、シニア的ポジションで6カ月以上の経験 ・コールセンターのミッションや位置づけに沿った行動を率先して行い、ロールモデルとしてスタッフをリードできる ・潜在的な問題を発見し問題の迅速な解決を図ることができる ・リーダーシップ・スキル ・高度な説得力、プレゼンテーション・スキル	・コールセンターのスーパーバイザーとして、18カ月以上あるいはそれに相当する経験 ・コールセンターのミッションや位置づけに沿った行動を率先してスタッフをリードできる ・潜在的な問題を発見し問題解決の迅速な解決を図ることができる ・リーダーシップ・スキル ・高度な説得力、プレゼンテーション・スキル ・問題解決のための改善策を企画、実行できる

巻末資料42　ジョブ・ラダーのタスク項目

- ミッション
- 達成責任（アカウンタビリティー）
    1. 目標達成
    2. 説明責任
- ポリシー／ガイドライン
    1. ポリシー／ガイドライン
- 顧客コンタクト - ノーマル・コール
    1. イニシャル・コール
    2. 高度な質問（サービス関連）
    3. 高度な質問（プロダクト関連）
- 顧客コンタクト - 苦情
    1. コールセンターのサービスに起因する苦情
    2. ABC社のサービスに起因する苦情
    3. プロダクトに関する苦情
- 顧客コンタクト - 難しい顧客
    1. 難しい顧客の応対
- コール・スパイク時対応
    1. コール・スパイク時対応
- エージェントのオンライン・アシスト
    1. エージェントのアシスト
    2. MBWA（エージェントの周囲を歩く）
- エージェントの質問
    1. サービス／オペレーション関連
    2. プロダクト関連
- エスカレーション
    1. サービス／オペレーション関連
    2. プロダクト関連
- リアルタイム・マネジメント
    1. エージェントのパフォーマンスのモニター
    2. フィードバック＆コーチング
- クオリティー・モニタリング
    1. クオリティー・モニタリング
    2. クオリティー・モニタリングのツール
    3. カリブレーション
- エージェントのパフォーマンス・レビュー
    1. フィードバック
    2. MPR（マンスリー・パフォーマンス・レビュー）
- ナレッジ・モニタリング
    1. ナレッジ・モニタリング
    2. ナレッジ・モニタリングのツール
    3. カリブレーション
- ナレッジ・クオリティー・レビュー
    1. フィードバック
    2. MKQR（マンスリー・ナレッジ・クオリティー・レビュー）
- オペレーション・トレーニング
    1. トレーニング企画
    2. スケジューリング
    3. トレーニング・マテリアル
    4. トレーニングの実施

- プロダクト／サービス・トレーニング
    1. トレーニング企画
    2. スケジューリング
    3. トレーニング・マテリアル
    4. トレーニングの実施
- その他のトレーニング
    1. インダクション・トレーニング
    2. ビジョン・トレーニング
    3. コミュニケーション・スキル・トレーニング
    4. ITトレーニング
- ロールプレイング
    1. ロールプレイング
    2. シナリオ
- オペレーション・マニュアル
    1. スクリプト／トーク・フロー
    2. ビジネスプロセス関連
    3. プロダクト関連
    4. Q&A／FAQ
- アップデート
    1. オペレーション関連
    2. プロダクト関連
- トランザクション／データ・インプット
    1. オペレーション関連
    2. プロダクト関連
- プロモーション・マテリアル
    1. 顧客オペレーション用在庫管理
    2. プロモーション・ツール活用
- プロダクト／サービス知識
    1. 自社のプロダクトやサービス
    2. 競合他社等、関連のプロダクトやサービス
- 顧客満足
    1. 顧客満足
    2. C-SAT
    3. ベンチマーク調査
- VOC（ボイス・オブ・カスタマー）
    1. フィードバック
    2. サンクス・コール
    3. 改善点、トレーニング・ニーズの発見
- スタッフィング／採用
    1. 人員計画
    2. 採用計画
- スケジューリング
    1. スケジュール作成
    2. スケジュール遵守管理
    3. イントラデー・コントロール
- パフォーマンス・マネジメント
    1. ワーク・レポート
    2. メトリクス／KPI
    3. パフォーマンス・レポート
    4. フォーキャスト

- エージェント勤怠管理
    1. 出勤記録
    2. 休暇申請
- エージェント・エンゲージメント
    1. リコグニション
    2. モチベーション
    3. チーム・ビルディング
- ミーティング
    1. チーム・ミーティング
    2. チーム・マネジメント・スタッフ・ミーティング
    3. コールセンター・マネジメント・ミーティング
    4. コールセンター全体ミーティング
- コミュニケーション
    1. コールセンター内の他部署
    2. コールセンター外の他部署
- リエゾン
    1. オペレーション・リエゾン
    2. プロダクト・リエゾン
- テクノロジー
    1. テクノロジー企画
    2. トラブル・シューティング
    3. ITバリデーション／コンプライアンス
- コンタクト・マネジメント・システム
    1. 操作
    2. トレーニング
    3. マニュアル
    4. 設定／メンテナンス
- 自社業務システム
    1. AAAシステム
    2. BBBシステム
- ナレッジ・データベース
    1. XXXプロダクトデータベース
    2. YYYサービスデータベース
- コールセンター・テクノロジー＆ツール
    1. コール・マネジメント・システム
    2. コール・ロガー
    3. ウォールボード
- 電話端末
    1. 操作
    2. トレーニング
    3. トラブル・シューティング
- フロア・プラン
    1. フロア・プラン
    2. シーティング
- コンプライアンス
    1. インテグリティー
    2. コンプライアンス
- 人材要件（クオリフィケーション）

巻末資料43　契約社員雇用契約書（有期雇用）サンプル

○○○株式会社（以下甲という）と　△△△△△△△（以下乙という）とは、次の通り雇用契約を締結する。本契約に定めのないものについては契約社員就業規則、労働基準法、その他諸規程の定めによる。

雇用期間		平成◇◇年◇◇月◇◇日 ～ 平成◇◇年◇◇月◇◇日 まで
就業の場所		△△△△△△△△
業務内容		コールセンター業務
就業時間	始終業時間	始業：9時00分 終業：18時00分
	休憩時間	上記始終業時間の間の60分
	所定時間外労働	あり
	※ 就業時間に関する詳細は、契約社員就業規則第○○条による	
休日		会社が指定する週2日（うち1日は法定休日）。ただし4週の休日は4日を下回らない 国民の祝日、年末年始休業日、創立記念日 その他会社が定めた日 ※ 休日に関する詳細は、契約社員就業規則第○○条による
休暇		年次有給休暇 特別休暇 ※ 休暇に関する詳細は、契約社員就業規則第○○条による
賃金	基本給	月額　　　　円
	諸手当	通勤手当：定期代を支給 その他手当：XXX手当　　　　円
	割増賃金率	時間外：25% 法定休日：35% 法定外休日：35% 深夜（22時～翌朝5時）：25%
	締切日／支払日	末日締め／翌月10日支払い
	支払方法	乙の指定する銀行口座に振り込み
	昇給	あり（別途昇給基準に基づき年1回）
	賞与	あり（別途支給基準に基づき年2回）
	退職金	なし
	※ 賃金に関する詳細は、契約社員就業規則第○○条による	
社会保険		健康保険・厚生年金保険・雇用保険：加入
退職	定年制	あり（60歳）
	自己都合退職の手続き	退職希望日の14日以上前に会社に届け出ること
	解雇の事由及び手続き	契約社員就業規則第○○条による
	※ 退職に関する詳細は、契約社員就業規則第○○条による	
契約更新	契約更新の有無	更新する場合があり得る
	契約更新の判断基準	● 契約期間満了時の業務量　　　● 勤務成績、勤務態度 ● 乙の職務遂行能力　　　　　　● 会社の経営状況 ● 乙の従事している業務の進捗状況
	※ 退職に関する詳細は、契約社員就業規則第○○条による	

以上、本契約の成立を証して本書2通を作成し、双方署名捺印の上、各自1通を保有する。

平成◇◇年◇◇月◇◇日

甲：　所在地　○○○○○○○○　　　　　　乙：　住所　△△△△△△△△
　　　会社名　○○○株式会社　　　　　　　　　　氏名　△△△△△△△△　印
　　　代表者　○○○○○○○○　印

巻末資料44　パートタイマー雇用契約書（有期雇用）サンプル

○○○株式会社（以下甲という）と　△△△△△△△△（以下乙という）とは、次の通り雇用契約を締結する。本契約に定めのないものについてはパートタイマー就業規則、労働基準法、その他諸規程の定めによる。

雇用期間		平成◇◇年◇◇月◇◇日 ～ 平成◇◇年◇◇月◇◇日 まで
就業の場所		△△△△△△△△
業務内容		コールセンター業務
就業時間	就業時間	乙の通常の就業時間は週○○時間とし、その内訳は次の通りとする 月：XX時YY分～XX時YY分　　火：XX時YY分～XX時YY分 水：XX時YY分～XX時YY分　　木：XX時YY分～XX時YY分 金：XX時YY分～XX時YY分　　土：XX時YY分～XX時YY分 日：XX時YY分～XX時YY分
	休憩時間	上記就業時間の間の60分 ※ 具体的な休憩時間は、甲が1週間分を前週の水曜日までに決定し、メールによる伝達及びイントラネットへの掲載により周知する
	所定時間外労働	あり
	※ 就業時間に関する詳細は、パートタイマー就業規則第○○条による	
休日		会社が指定する週2日（うち1日は法定休日）。ただし4週の休日は4日を下回らない 国民の祝日、年末年始休業日、創立記念日、その他会社が定めた日 ※ 休日に関する詳細は、パートタイマー就業規則第○○条による
休暇		年次有給休暇、特別休暇 ※ 休暇に関する詳細は、パートタイマー就業規則第○○条による
賃金	基本給	時給　　　　円
	諸手当	通勤手当：定期代を支給 その他手当：XXX手当　　　　円
	割増賃金率	時間外：25%　　法定休日：35%　　法定外休日：35% 深夜（22時～翌朝5時）：25%
	締切日／支払日	末日締め／翌月10日支払い
	支払方法	乙の指定する銀行口座に振り込み
	昇給	あり（別途昇給基準に基づき年1回）
	賞与	あり（別途支給基準に基づき年2回）
	退職金	なし
	※ 賃金に関する詳細は、パートタイマー就業規則第○○条による	
社会保険	健康保険／厚生年金保険	加入（ただし週所定労働時間が30時間以上に限る）
	雇用保険	加入
退職	定年制	あり（60歳）
	自己都合退職の手続き	退職希望日の14日以上前に会社に届け出ること
	解雇の事由及び手続き	パートタイマー就業規則第○○条による
	※ 退職に関する詳細は、パートタイマー就業規則第○○条による	
契約更新	契約更新の有無	更新する場合があり得る
	契約更新の判断基準	● 契約期間満了時の業務量　　● 勤務成績、勤務態度 ● 乙の職務遂行能力　　　　　● 会社の経営状況 ● 乙の従事している業務の進捗状況
	※ 退職に関する詳細は、パートタイマー就業規則第○○条による	
雇用管理の改善等に関する事項に係る相談窓口		部署名：◇◇◇部　　連絡先：◇◇◇◇◇◇

以上、本契約の成立を証して本書2通を作成し、双方署名捺印の上、各自1通を保有する。

平成◇◇年◇◇月◇◇日

甲：　所在地　○○○○○○○○　　　　　　　乙：　住所　△△△△△△△△
　　　会社名　○○○株式会社　　　　　　　　　　氏名　△△△△△△△△　　印
　　　代表者　○○○○○○○○　　印

目的
- コールセンターのエージェントの多様な勤務時間に応じた公平な休息時間の付与および取得基準を定める。

適用範囲
- このガイドラインは雇用形態の違いに関わらず、コールセンターに勤務して電話業務を担当するすべてのエージェントに適用する。

定義
- 休息時間とは、継続的な緊張と拘束を強いられる電話業務の特殊性、およびVDT（video display terminal）作業における心身の負担軽減の観点から、連続して電話業務に従事する場合に与える作業休止時間である。
- 休息時間は、就業規則／雇用契約／派遣契約等に定める休憩時間とは別に、会社が任意に与える。
- 休息時間は、生産性の維持等、業務上の必要性により与えるものであることから、労働時間の一部とみなし、有給とする。
- 休息時間は、原則としてエージェントが自由に利用できるものとする。

ガイドライン

1. 付与時間

1.1. 休息時間は以下の基準にしたがって付与する

連続電話業務時間	付与時間
連続して2時間を超え3時間以内	15分を1回
連続して3時間を超え4時間以内	15分を2回
連続して4時間を超え6時間以内	15分を3回
連続して6時間を超え8時間以内	15分を4回

※いずれの場合も、連続する電話業務時間の間に「休憩時間」ははさまない

2. 休息時間の変更、キャンセル、再付与

2.1. 以下およびそれに類する状況が発生した場合、休息時間を変更（時間や回数の短縮）、あるいはキャンセルする場合がある。

2.1.1. ベース時間内エージェント稼働率の過去1カ月間の平均値が、平常時より20％以上下回り、その状態が今後1カ月以上継続することが予測される場合、休息時間の変更やキャンセルの必要性について検討する。必要と判断した場合、センター長の決定により実施する。

2.1.2. 極端なコールのスパイクや何らかの緊急事態が発生し、顧客へのサービス提供に重大な支障が生じた場合、センター長の決定により、休息時間を中断し、電話業務に復帰するよう命じる場合がある。

2.2. 上記2.1.2.が発動した場合、中断した休息時間にできるだけ近接した時間に、あらためて休息時間を付与する。

3. スケジュールがずれ込んだ場合

3.1. 顧客とのコールが長引いた等の理由で、予定の休息開始時間に食い込んだ場合、エージェントはコールの終了後に、速やかにスーパーバイザーに報告し、承認を得たうえで所定の時間の休息を取る。

3.2. 休息時間の取り忘れ等、合理的な理由なく休息時間の開始が遅れた場合は、休息終了時間は変更しない。

巻末資料46　休暇取得手続きのガイドライン

目的
- コールセンターのエージェントが休暇を取得するための手続きを示す。

適用範囲
- このガイドラインは雇用形態の違いに関わらず、コールセンターに勤務して電話業務を担当するすべてのエージェントに適用する。

定義
- このガイドラインにおける休暇とは、年次有給休暇および事前の承認によりスケジュールされた欠勤を指す。

ガイドライン

1. 申請方法
1.1. 休暇を取得しようとするエージェントは、業務繁忙期、人員態勢、他の休暇予定者の有無等を考慮して希望日を決定の上、イントラネットに掲載の申請フォームに必要事項を入力してオンラインで申請する。オンラインで申請できない場合は、ダウンロードした申請フォームをメールに添付してスーパーバイザーあてに送信するか、必要事項を記入した申請フォームをスーパーバイザーに提出して申請する。
1.2. 他の休暇予定者等の情報は、イントラネットに掲載の「休暇スケジュール」で確認する。
1.3. 申請期限は、当月分については前月の15日までとする。
1.4. 申請期限を過ぎて申請する場合は、スーパーバイザーに口頭で申請する。申請フォームの提出方法はスーパーバイザーの指示に従う。
1.5. 休暇を取得する場合、有給休暇の残日数がある場合は、それを優先して使用する。

2. 承認
2.1. エージェントからの休暇申請は、直属のスーパーバイザーが希望日のスケジュール等を確認し、問題がなければメールの返信により承認する。
2.2. 承認できない、あるいは調整を依頼する場合は、スーパーバイザーが口頭で申請者本人に伝える。
2.3. 旅行や宿泊の予約等は、承認後に行うことが望ましい。予約の有無は承認の判断に影響しない。
2.4. 直属のスーパーバイザーが不在の場合、申請の受付や承認は直属のスーパーバイザーが指定した他のスーパーバイザーが代行する。

3. 調整
3.1. 複数名の申請が同時期に重なった場合は調整を求めることがある。申請者本人による調整が困難な場合は、スーパーバイザーが有給残日数、過去の出勤状況、経験年数等を考慮し、承認の優先順位を決定する。
3.2. 組織や業務の変更、人事異動等により、承認済の休暇についても調整を依頼する場合がある。

4. 年次有給休暇の取得単位
4.1. 年次有給休暇の取得単位は0.5日とする。パートタイマーなど短時間勤務者の場合は、各人の1日あたりの契約労働時間の二分の一とする。

5. 他のスタッフへの通知
5.1. 申請者本人は、休暇の前日に、直属のスーパーバイザーと休暇・欠勤によって実務上直接的な影響があるスタッフにメールで通知する。
5.2. 申請者本人は、不在時における業務の連絡や指示を必ず行う。

巻末資料47　コールセンター執務ルール

フォーマット例 —— 一部抜粋

1. 出退勤に関するルール
- 始業時刻には遅滞なく業務を開始する。業務に必要な資料やツールのセットアップ、システムの立ち上げ、机上の整理整頓、ドリンクの用意等は始業前に完了させ、エージェントは電話業務にアサインされていない時を除き、始業時にはシステムにログインし、ヘッドセットを装着して顧客からの電話を受けられる状態になっていること。
- 終業時刻一杯まで業務を行う。すなわちエージェントは終業時刻までログアウトしてはならない。ただし、終業時刻前にレポートや出勤記録表の記入を開始することは構わない。

2. ビジネス・マナーに関するルール
2.1　対等なコミュニケーション
- コールセンターでは、口頭、文書ともに役職名でなく「本人の名前」で呼びかける。ニックネームでも構わない。簡単なメモ等はイニシャル表記でも構わない。

2.2　回覧の扱い
- 業務上の回覧物は、他に優先して内容を確認し、迅速に回付する。すぐに読めない場合は、コピーを取って、回覧自体は先に回付する。コピーはできるだけ早い時間に確認する。
- スケジュールを考慮して回付する。すなわち出社している未回覧者がいるにもかかわらず、不在のスタッフの机上に放置することは厳禁である。

2.3　情報の保護
- 会社の機密情報や個人情報の安全性を確保するために、個人所有の撮影機器やUSBメモリー等の記録媒体をコールセンターのオペレーション・エリア内に持ち込んではならない。
- 当社のオフィス内であっても、業務に必要な場合を除き、業務上知り得た顧客に関する情報や社内の未公開・限定情報を話題にしない。特にロビーやエレベーターホールなどの共有スペースでは、いかなる場合も厳禁である。

3. ミーティングやトレーニングの運用に関するルール
- ミーティングやトレーニングの開始時間に遅れない。開始時間の5分前を集合時間とし、待機中のエージェントは集合時間になったらミーティング／トレーニングの実施場所への移動を開始する。
- ミーティング／トレーニング中の、メールやチャットをはじめとする、いわゆる"内職"は一切認めない。
- ミーティング／トレーニング、あるいは来客中のスタッフの呼び出しを禁止する。

4. オフィスに関するルール
4.1　ノイズ
- コールセンターのオペレーション・エリアのデスク周辺で大きな声やノイズを立ててはならない。また、コールセンターのフロア内を走ってはならない。
- コールセンターの関係者以外のオペレーション・エリアへの立ち入りは、センター長の事前の承認を必要とする。

5. 私的な行為に関するルール
5.1　私用電話／携帯電話
- 内線／外線を問わず顧客用の電話を私用電話に使用してはならない。また、フリーダイヤル等、顧客用の電話番号を、私用電話のために第三者に伝えてはならない。

5.2　モバイル機器の利用
- 個人所有のモバイル機器は、就業時間中は電源を切るか、マナーモードにして、各自のロッカーに収納する。
- コールセンターのフロア内における個人所有のモバイル機器の操作は、休憩／休息時間に休憩室かロッカーで行い、それ以外の場所での使用を禁ずる。

コンテンツ例
- 出退勤に関するルール
- ビジネス・マナーに関するルール
  - ―コミュニケーション
  - ―回覧の扱い方
  - ―情報の保護
  - ―他部署との関係
- ミーティングやトレーニングの運用に関するルール
- 時間の使い方のルール
  - ―待機時間
  - ―休息時間
- 職場環境に関するルール
  - ―デスクでの飲食
  - ―ノイズ
  - ―オフィスの美化
  - ―ドレス・コード
- 私的な行為に関するルール
  - ―私用電話
  - ―モバイル機器の利用

巻末資料48　コールセンター・ドレスコード

目的
- コールセンターのすべてのスタッフが、プロフェッショナルで洗練されているというイメージを印象づける。
- 旧来の慣習や形式にとらわれた保守的な態度を避け、前向きでクリエイティブな思考や行動をサポートするための自由でリラックスした職場環境を構築する。
- 執務をするための服装は、決して華美なものではなく、常に清潔でシンプル、かつ知的なイメージを醸し出すものであることが望まれる。そのために、このガイドラインは何が適切で何が不適切であるかに関する一般的な指針を示すものである。

適用範囲
- このガイドラインは、雇用形態や雇用元の違いを問わずコールセンターに勤務するすべてのスタッフに適用される。

ガイドライン
1. 年間を通じてビジネス・カジュアル・スタイルによる勤務を可とする。すなわち、男性の場合、スーツ、ネクタイの着用を強制しない。女性もビジネス向けのスーツの着用を強制しない。
2. ただし、ビジネス・カジュアルが導入されていない他のオフィス／顧客／クライアント／ビジネス・パートナー等への訪問の際は、男性は原則としてスーツ、ネクタイの着用が望ましい。必要なビジネス・マナーをわきまえて判断すること。
3. 重要なビジターがコールセンターを訪れる等、業務上の必要性が認められる場合、センター長の判断により、スーツ、ネクタイの着用を命じる場合がある。
4. 通常営業日(月～金曜日)においては下記の着用は好ましくない。ただし、土日祝日はその限りではない。
    4.1. 襟のないシャツ(男性)
    4.2. ビジネスにふさわしくないデザイン、カラーのブルー・ジーンズ
    4.3. レジャー用の白地または華美なカラー、デザインのスニーカー
5. 下記については年間を通じて容認しない。
    5.1. 極度に露出度の高いもの、体型を強調するもの
    5.2. 不潔あるいはルーズな服装
    5.3. 切断されたり、切り裂かれたり、ほつれていたり、穴の開いた衣服
    5.4. 不快感を与える写真、イラスト、メッセージなどがデザインされた衣服
    5.5. スウェット・スーツやトレーニング・ウェア、それに類するもの
    5.6. 男性のハーフ・パンツ
    5.7. ルーズなニッカボッカなどの屋外作業着
    5.8. 職場内での着帽
    5.9. サンダル、つっかけ、ビーチサンダル
    5.10. ビジネスにふさわしくない民族衣装や宗教服
    5.11. その他、直属のスーパーバイザーを含む複数の社員が不適切と認める衣服
6. 特定の衣服について是非の判断が必要な場合、その衣服の着用は、センター長の承認を得た後とする。
7. 服装が適切でない社員については、スーパーバイザーが職場からの退去および適切な服装に着替えて再度出勤することを命じる場合がある。その場合、勤務を離れた時間については欠勤扱いとする。

巻末資料49　エージェント年間業績評価シート

エージェント年間業績評価シート

評価対象期間	2018年1月1日～2018年12月31日	エージェント名					経験月数	18カ月	チーム	品質 花子	会員サービス	フィードバック日付		ABCコールセンター 2019年1月30日

■オペレーショナル・パフォーマンス

	1月	2月	3月	4月	5月	6月	7月	8月	9月	10月	11月	12月	累計	目標	差異	スコア	ウェイト	加重
クオリティー・モニタリング・スコア	66.7%	66.3%	67.7%	73.9%	75.6%	74.8%	78.5%	77.9%	80.2%	79.1%	82.3%	81.1%	75.3%	70.0%	5.3%	4	70%	2.8
クオリティー・モニタリング正確性	92.3%	93.8%	97.6%	100.0%	100.0%	98.7%	100.0%	99.8%	99.9%	100.0%	100.0%	98.8%	98.4%	100%	-1.6%	4	10%	0.4
初回コール完了率	95.6%	96.1%	96.9%	97.2%	97.0%	97.2%	97.9%	98.1%	98.0%	97.0%	97.8%	98.2%	97.3%	90.0%	7.3%	5	20%	1.0
平均後処理時間	174秒	168秒	171秒	169秒	181秒	178秒	165秒	159秒	162秒	168秒	158秒	157秒	168秒	175秒	7秒	3	50%	1.5
1時間あたり応答コール数	10.67	10.83	11.58	12.02	12.86	13.33	14.92	13.47	14.21	13.88	14.81	14.56	13.10	12.50	0.60	3	50%	1.5
顧客満足度	83.9%	81.7%	83.5%	82.3%	85.1%	84.3%	83.9%	85.8%	86.2%	89.8%	91.1%	88.6%	85.5%	82.5%	3.0%	3	60%	1.8
顧客ボジティブ・フィードバック	6.0%	5.5%	2.8%	5.9%	7.3%	3.2%	8.0%	6.4%	7.0%	5.9%	5.0%	6.8%	5.8%	0.5%	5.3%	4	40%	1.6
スケジュール遵守率	99.3%	98.9%	99.5%	99.5%	99.4%	98.2%	98.6%	99.2%	98.5%	99.0%	99.5%	99.2%	99.1%	100%	-0.9%	4	75%	3.0
予定外欠勤回数	0	1	0	0	0	0	0	0	0	1	1	2	4	5	1	4	25%	1.0

■知識とスキル

	上期	下期	通期	ウェイト	加重スコア
ミッション・ステートメント/コミュニケーション・スタイル	5.0	5.0	5.0	40%	2.0
オペレーションの業務知識とスキル	4.5	5.0	4.8	20%	1.0
商品やサービス、業界に関する知識	4.0	4.0	4.0	20%	0.8
IT機器やアプリケーションの操作とタイピング・スキル	4.0	4.0	4.0	20%	0.8

■行動/取り組み姿勢

	上期	下期	通期	ウェイト	加重スコア
品位ある態度や誠実な行動	4.5	4.5	4.5	17%	0.8
積極的な考え方	4.0	4.5	4.3	17%	0.7
肯定的なチームワーク	5.0	5.0	5.0	17%	0.9
コミュニケーションとチームワーク	5.0	4.5	4.8	17%	0.8
プロフェッショナリズム	4.0	4.5	4.3	17%	0.7
信頼性	4.5	4.5	4.5	17%	0.8

	上期	下期	通期	ウェイト	加重スコア
	4.0	4.5	4.3	100%	4.3

■特別業績

※実績を記入
● 4月：新人導入トレーニングのOJTをサポート
● 8月：被災地ボランティア活動に参加
● 11月：モニタリング・セッションでプレゼンテーションを実施

■業績スコア

	スコア	ウェイト	加重スコア
クオリティー	4.2	40.0%	1.7
コンタクト効率性	3.0	15.0%	0.5
顧客エンゲージメント	3.4	20.0%	0.7
リソース効率性	4.0	5.0%	0.2
知識とスキル	4.6	7.5%	0.3
行動/取り組み姿勢	4.7	7.5%	0.3
特別業績	4.3	5.0%	0.2

総合スコア
3.9

■オペレーショナル・パフォーマンス スコアリング基準

クオリティー・モニタリング正確性
5　実績 = 100%
4　実績 ≧ 97.5%
3　実績 ≧ 95.0%
2　実績 ≧ 90.0%
1　実績 < 90.0%

初回コール完了率
5　差異 ≧ 5.0%
4　差異 ≧ 2.5%
3　差異 ≧ 0%
2　差異 ≧ -5.0%
1　差異 < -5.0%

クオリティー・モニタリング・スコア
5　差異 ≧ 10.0%
4　差異 ≧ 5.0%
3　差異 ≧ 0%
2　差異 ≧ -10.0%
1　差異 < -10.0%

平均後処理時間
5　差異 ≧ 15秒
4　差異 ≧ 10秒
3　差異 ≧ 0秒
2　差異 ≧ -15秒
1　差異 < -15秒

1時間あたり平均応答コール数
5　差異 ≧ 5.00
4　差異 ≧ 2.50
3　差異 ≧ 0.00
2　差異 ≧ -5.00
1　差異 < -5.00

顧客ポジティブ・フィードバック
5　実績 ≧ 7.5%
4　実績 ≧ 5.0%
3　実績 ≧ 2.5%
2　実績 ≧ 1.0%
1　差異 < 1.0%

顧客満足度
5　実績 ≧ 90.0%
4　実績 ≧ 87.5%
3　実績 ≧ 85.0%
2　実績 ≧ 65.0%
1　実績 < 65.0%

スケジュール遵守率
5　実績 = 100%
4　実績 ≧ 97.5%
3　実績 ≧ 95.0%
2　実績 ≧ 90.0%
1　実績 < 92.5%

予定外欠勤回数
5　実績 = 0回
4　実績 ≦ 3回
3　実績 ≦ 5回
2　実績 ≦ 10回
1　実績 < 10回

■昇給率

個人業績・総合スコア
¥70　4.0≦：期待を大きく超えた
¥50　3.5≦：期待を超えた
¥30　3.0≦：期待通り
¥10　2.5≦：期待を下回った
¥0　2.5＜：期待を大きく下回った

チーム業績・サービスレベル
		目標	実績
¥100	絶対値方式	70.0%	68.0%
¥50	加重平均方式	80.0%	82.5%
¥0	絶対値方式未達成		
	加重平均方式未達成		

■基本給算定

経験年数による昇給額	¥0
個人業績による昇給額	¥50
チーム業績による昇給額	¥50
昇給額合計	¥100
現在時間給	¥1,310
新時間給	¥1,410

■コメント

スーパーバイザー：

マネージャー：

エージェント：

エージェント署名：

スーパーバイザー：
（一次評価者）署名：

マネージャー：
（二次評価者）署名：

巻末資料50　エージェント・スキル・マスターリスト

スキル番号					01	02	10	11	20	21	30	31	80	98	99
フリーダイヤル番号					XXX-100	—	YYY-200	XXX-300	—	—	XXX-100	XXX-100	YYY-800	XXX-900	YYY-999
プログラム名					資料請求	会員獲得	リテンション	アップグレードキャンペーン	顧客エンゲージメント	顧客エンゲージメント	資料請求	アップグレードキャンペーン	トレーニング	サービス中断	BCP
スキル名					会員請求	新規入会	ウェルカムコール	アップグレードキャンペーン	C-SAT	NPS/CES	資料請求	アップグレードキャンペーン	トレーニング	サービス中断	BCP
優先度					High	High	High	High	Mid	Mid	High	High	Low	High	High
タイプ	ID	エージェント名	タイトル	チーム											
インバウンド	1001	錦織圭子	スーパーバイザー	カスタマー・サービス	5										
インバウンド	1002	大谷翔太郎	シニア・エージェント	カスタマー・サービス	3										
インバウンド	1003	本田英世	シニア・エージェント	カスタマー・サービス	3										
インバウンド	1004	宮里藍子	エージェント	カスタマー・サービス	2										
インバウンド	1005	野村祐子	エージェント	カスタマー・サービス	2										
インバウンド	1006	岡田明美	エージェント	カスタマー・サービス	1										
インバウンド	1007	黒田博	エージェント	カスタマー・サービス	1										
インバウンド	1008	大瀬良子	エージェント	カスタマー・サービス	1										
インバウンド	1009	今村猛生	エージェント	カスタマー・サービス	1										
インバウンド	1010	中崎翔子	エージェント	カスタマー・サービス	1										
インバウンド	2001	田中広	スーパーバイザー	テレマーケティング		5	5	5							
インバウンド	2002	菊池涼子	シニア・エージェント	テレマーケティング		3	3	3							
インバウンド	2003	丸尾佳美	エージェント	テレマーケティング		1	1	1							
インバウンド	2004	新井貴恵	エージェント	テレマーケティング		1	1	1							
インバウンド	2005	鈴木誠子	エージェント	テレマーケティング		1	1	1							
インバウンド	2006	安部友世	エージェント	テレマーケティング		1	1	1							
アウトバウンド	3001	錦織圭子	スーパーバイザー	カスタマー・サービス					5	5					
アウトバウンド	3002	大谷翔太郎	シニア・エージェント	カスタマー・サービス					3	3					
アウトバウンド	3003	本田英世	シニア・エージェント	カスタマー・サービス					3	3					
アウトバウンド	3004	宮里藍子	エージェント	カスタマー・サービス					1	1					
アウトバウンド	3005	野村祐子	エージェント	カスタマー・サービス					1	1					
アウトバウンド	3006	岡田明美	エージェント	カスタマー・サービス					1	1					
アウトバウンド	3007	黒田博	エージェント	カスタマー・サービス					1	1					
アウトバウンド	3008	大瀬良子	エージェント	カスタマー・サービス											
アウトバウンド	3009	今村猛生	エージェント	カスタマー・サービス											
アウトバウンド	3010	中崎翔子	エージェント	カスタマー・サービス											
アウトバウンド	4001	田中広	スーパーバイザー	テレマーケティング					5	5					
アウトバウンド	4002	菊池涼子	シニア・エージェント	テレマーケティング					3	3	4	4			
アウトバウンド	4003	丸尾佳美	シニア・エージェント	テレマーケティング					3	3	4	4			
アウトバウンド	4004	新井貴恵	エージェント	テレマーケティング					1	1	4	3			
アウトバウンド	4005	鈴木誠子	エージェント	テレマーケティング					1	1		3			
アウトバウンド	4006	安部友世	エージェント	テレマーケティング					1	1		3			
トレーニング	5001	トレーニング-1											1		
トレーニング	5002	トレーニング-2											1		
トレーニング	5003	トレーニング-3											1		
トレーニング	5004	トレーニング-4											1		
トレーニング	5005	トレーニング-5													
エマージェンシー	9901	エマージェンシー-1												1	1
エマージェンシー	9902	エマージェンシー-2												1	1
エマージェンシー	9903	エマージェンシー-3												1	1
エマージェンシー	9904	エマージェンシー-4												1	1
エマージェンシー	9905	エマージェンシー-5													

巻末資料51　コールセンターの個人情報保護運用ガイドライン（抜粋）

1. 目的	1.1	ABCコールセンターが取り扱うすべての個人情報や個人データ、およびそれに関連する情報や媒体を、漏えい、滅失、不正使用、外敵の侵入等から守り安全を確保する
	1.2	ABCコールセンターのすべてのスタッフがこのガイドラインをが遵守し厳格に運用することにより、ABC株式会社（以下ABC）に対する顧客や社会からの信頼を獲得する
2. 適用	2.1	このガイドラインは、ABCコールセンターが行うすべての業務に適用する
	2.2	このガイドラインは、ABCコールセンターに所属するすべてのスタッフ、およびABCコールセンターが個人情報を取り扱う業務を委託したすべての企業、組織や個人に適用する
	2.3	このガイドラインは、ABCが制定する個人情報保護規程、およびそれに関連するポリシーやガイドライン等に準ずるものであり、ABCコールセンターがそれらを遵守して業務を遂行するためのABCコールセンター内における運用の細則を定めるものである。従って、このガイドラインに記載されていない事項については、ABCの個人情報保護規程、およびそれに関連するポリシーやガイドライン等に従うものとする
	2.4	このガイドラインは、個人情報保護法および所管の行政機関、業界団体、日本コールセンター協会等の各種団体等が定めるガイドライン、自主規制等に準拠する
3. 定義	3.1	このガイドラインにおける「個人情報」、「個人情報データベース」、「個人データ」、「保有個人データ」の定義は、ABCの個人情報保護規程第X条（定義）に定める通りとする
	3.2	このガイドラインにおける「基本サービス」とは、問い合わせ、資料請求、受注等、ABCコールセンターが日常的に外部顧客に提供している役務を指す
	3.3	このガイドラインにおける「管理者」とは、ABCコールセンターのスーパーバイザー以上、または個別のプロシージャーにて定められ、問題解決の判断や承認の権限を有する特定のスタッフを指す
4. 個人情報の適正な取得	4.1	ABCコールセンターが取得する個人情報は、ABCコールセンターが行う業務の目的を達成するために必要な情報に限定する
	4.2	ABCコールセンターが個人情報を取得する場合は、取得の目的を明らかにしたうえで、顧客本人または本人と直接関係のある者（家族、友人、知人等）とABCコールセンターとの直接的なコンタクトを通じて取得するものとする。市販の名簿や電話帳等、不特定多数の者に公開された資料からの間接的な取得は行わない。ただしABC業務に直接関わる営業取引先やABCの従業員については、公開された資料、あるいは他の業務や社内他部署にて取得した資料等から間接的に取得する場合がある
	4.3	ABCコールセンターが個人情報を取得、利用にするにあたっては、原則として「要配慮個人情報（人種および民族、社会的身分、門地および本籍地、信教（宗教、思想および信条）、政治的見解および労働組合への加盟、病歴等）は取り扱わない。ただし業務の必要性から、やむを得ず要配慮個人情報を取得する場合は、顧客がABCコールセンターにコンタクトするためのアクセス先（電話番号、FAX番号、メールアドレス、URL等）が記載・表示された媒体の同一誌紙画面上にその利用目的が記載・表示されているか、もしくは顧客がABCコールセンターにコンタクトした際に、自動音声あるいはABCコールセンターのエージェントによる事前の説明がなされなければならない

参考文献

- American Society for Parental and Eterna. The A.S.P.E.N. Nutrition Support Practice Manual 1998. Kendall Hunt Pub Co, 2001, 411p.

- 浅野紀夫. 顧客満足度調査のノウハウ──無意識のウソを見抜く. かんき出版. 1999, 238p.

- Aspect Software. Customer Engagement Capability Guide. Aspect Software, Inc., 2016, 17p.

- Brad Cleveland. Call Center Management On Fast Forward: Succeeding in the New Era of Customer Relationships (3rd Edition). ICMI Press, 2012, 510p.

- Call Centre Helper Webinar Poll. "Poll - Measuring Employee Engagement". Call Centre Helper, 2015 https://www.callcentrehelper.com/poll-measuring-employee-engagement-78065.htm

- Call Centre Helper. "How Do I…Measure Employee Engagement?". Call Centre Helper, 2016 https://www.callcentrehelper.com/how-do-i-measure-employee-engagement-84173.htm

- Call Centre Helper. An Introduction to… Contact Centre Analytics. Call Centre Helper, 2017 https://www.callcentrehelper.com/an-introduction-to-contact-centre-analytics-99786.htm

- Call Centre Helper. An Introduction to… Quality Management Technology. Call Centre Helper, 2016 https://www.callcentrehelper.com/an-introduction-to-quality-management-technology-93002.htm

- Call Centre Helper. Beginners Guide to Speech Analytics. Call Centre Helper, 2017 https://www.callcentrehelper.com/beginners-guide-to-speech-analytics-57123.htm

- Call Centre Helper. What Contact Centres Are Doing Right Now (2017 Edition). A Call Centre Helper Research Paper. Call Centre Helper, 2017, 59p.

- Call Centre Helper. What to Look for When Buying… an Agent Desktop. Call Centre Helper, 2015 https://www.callcentrehelper.com/what-to-look-for-when-buying-an-agent-desktop-68328.htm

- CCIQ. Contact Center Technology. Executive Report. Call Center IQ, 2017, 33p.

- CCIQ. The Future of the Contact Center. CCW Winter Executive Report. Call Center IQ, 2016, 31p.

- Centerserve. Centerserve Call Center Best Practice Report – Special management edition. Centerserve, 2007, 46p.

- ContactBabel. The UK Contact Centre Decision-Maker's Guide 2017-18 (15th Edition). ContactBabel, 2017, 438p.

参考文献

- ContactBabel. The US Contact Centre Decision-Maker's Guide 2017. ContactBabel, 2017, 381p.

- CSWeek.com. Alexander Communications Group, Inc. http://www.csweek.com/

- ダイヤモンド・オンライン編集部."会社の退職理由、8割がウソ!? 女性が本音を隠す3つのテクニック". DIAMOND Online. http://diamond.jp/articles/-/80634

- David Holman; Rosemary Batt; Ursula Holtgrewe. "The Global Call Center Report: International Perspectives on Management and Employment". Cornell University ILR School, 2007

- Debra Cox. Managing Hidden Costs of Contact Center Teams in the New Economy. Trostle & Associates, Ltd, 2012, 10p.

- DMG Consulting. Preparing your Contact Center for H1N1 and Other Disasters. A Guide for Business Continuity and Recovery. DMG Consulting, 2009, 8p.

- ドナルド・マケイン. 研修効果測定の基本〜エバリュエーションの詳細マニュアル〜(ASTDグローバルベーシックシリーズ). 霜山元(翻訳), ヒューマンバリュー, 2013, 256p.

- EvaluAgent. The Essential Team Leader Playbook. EvaluAgent, 2015, 34p.

- EVOLVE. Business Continuity Checklist. EVOLVE, 2016, 7p.

- EVOLVE. Call Center Continuity. Best Practice Guide. EVOLVE, 2016, 17p.

- Gallup. "Gallup Daily: U.S. Employee Engagement". http://www.gallup.com/poll/180404/gallup-daily-employee-engagement.aspx.

- Gallup. State of the Global Workplace – Executive Summary. Gallup, 2017, 20p.

- 月刊コールセンタージャパン編集部. コールセンター白書2016. リックテレコム, 2016, 280p.

- 月刊コールセンタージャパン編集部. コールセンター白書2017. リックテレコム, 2017, 288p.

- 後藤聡. コールセンター業務を効率化するIPコンタクトセンターシステム. UNISYS TECHNOLOGY REVIEW, 2009, (102), p.107-125.

- 濱口桂一郎. "「ジョブ型正社員」と日本型雇用システム". nippon.com. http://www.nippon.com/ja/currents/d00088/

- 保坂光子. "エンゲージメント〜海外の定義から日本における個人と組織の新しい関係性を考察する〜". 企業と人材. 産労総合研究所. 2009(1).

- James K. Harter.; Frank L. Schmidt.; Sangeeta Agrawal.; Stephanie K. Plowman.; Anthony Blue. 2016 Q12 Meta-Analysis: Ninth Edition. Gallup, 2016, 37p.

- 喜多村紘子, 筒井隆夫, 東昭敏, 堀江正知. コールセンターの拘束型VDT作業者における蒸気温熱アイマスクによる疲れ目対策. 産業医科大学. Journal of UOEH, 2009, 31(1), 116p.

- Kevin Kniffin. Upbeat Music Can Make Employees More Cooperative. Harvard Business Review, 2016

- 共同通信社. 記者ハンドブック 新聞用字用語集 第13版. 共同通信社, 2017, 768p.
- 厚生労働省. "こころの耳". 働く人のメンタルヘルス・ポータルサイト. https://kokoro.mhlw.go.jp
- 厚生労働省. "ストレス". e-ヘルスネット. https://www.e-healthnet.mhlw.go.jp/information/dictionary/heart/yk-031.html
- 厚生労働省. "ストレスチェック等の職場におけるメンタルヘルス対策・過重労働対策等". 厚生労働省ホームページ http://www.mhlw.go.jp/bunya/roudoukijun/anzeneisei12/
- 厚生労働省. "公正な採用選考の基本". 厚生労働省ホームページ. http://www2.mhlw.go.jp/topics/topics/saiyo/saiyo1.htm
- 厚生労働省. 公正な採用選考をめざして. 厚生労働省, 2017, 48p.
- 厚生労働省. 「短時間正社員制度」導入支援マニュアル. 厚生労働省, 2016, 80p.
- 厚生労働省. 弾力的労働時間制度の概要. 厚生労働省, 2014, 9p.
- 厚生労働省. 有給休暇ハンドブック. 厚生労働省, 2016, 10p.
- 厚生労働省. 労働条件通知書(一般労働者用;常用、有期雇用型). 厚生労働省, 2015, 4p.
- 厚生労働省. 労働条件通知書(短時間労働者用;常用、有期雇用型). 厚生労働省, 2015, 4p.
- 厚生労働省. "平成30年度の雇用保険料率について". 厚生労働省. https://jsite.mhlw.go.jp/hiroshima-roudoukyoku/library/30nendokoyouhokenryouritu.pdf
- 厚生労働省. "労災保険率表". 厚生労働省. http://www.mhlw.go.jp/bunya/roudoukijun/roudouhokenpoint/dl/rousaihokenritu_h30.pdf
- 厚生労働省都道府県労働局. 働く女性の母性健康管理のために. 厚生労働省, 2017, 36p.
- 厚生労働省都道府県労働局. 派遣社員を受け入れるときの主なポイント. 厚生労働省, 2016, 4p.
- 厚生労働省都道府県労働局・労働基準監督署. 労働基準法における管理監督者の範囲の適正化のために. 厚生労働省, 2008, 8p.
- 厚生労働省都道府県労働局・労働基準監督署・公共職業安定所. パートタイム労働法のあらまし. 厚生労働省, 2013, 70p.
- 厚生労働省労働基準局. VDT作業における労働衛生管理のためのガイドライン. 厚生労働省, 2014, 34p.
- 厚生労働省労働基準局監督課. モデル就業規則. 厚生労働省, 2016, 82p.
- 厚生労働省労働基準局監督課. やさしい労務管理の手引き. 厚生労働省, 2017, 27p.
- 個人情報保護委員会. 個人情報の保護に関する法律についてのガイドライン(通則編). 個人情報保護委員会, 2016, 98p.

- 個人情報保護委員会. 個人情報保護法の5つの基本チェックリスト. 個人情報保護委員会, 2017, 2p.

- 個人情報保護委員会事務局. 個人情報保護法の基本. 個人情報保護委員会, 2017, 26p.

- 小林弘造、北村規明、田辺新一. コールセンターの室内環境が知的生産性に与える影響. 空気調和・衛生工学会学術講演会講演論文集. 2005, p.2053-2056

- Maggie Klenke. Business School Essentials for Call Center Leaders. The Call Center School Press, 2004, 248p.

- マルカム・S. ノールズ. 自己主導型学習ガイド. 渡邊洋子（監訳）, 京都大学SDL研究会（訳）, 2005, 明石書店, 175p.

- 三田村蕗子. 心地よいアロマで作業効率アップ！職場環境を改善する「香り」の力. 日経BPネット, 日経BP社, 2011

- 三菱総合研究所. 業務最適化のための業務モデリングに関する調査研究（業務モデリング手法の検証と政府情報システムへの示唆の整理）調査報告書. 経済産業省, 2012, 170p.

- 宮尾克. VDT作業の改善のサポート. 名古屋大学, 2004, 33p.

- 森本宏伸. "緊急時の初期対応について～ポジションペーパーの作成を通して～". 岡山県ホームページ.

- 内閣府. "「国民の祝日」について". 内閣府ホームページ. http://www8.cao.go.jp/chosei/shukujitsu/gaiyou.html

- NHKアナウンス室. NHK間違いやすい日本語ハンドブック. NHK出版, 2013, 384p.

- NHK放送文化研究所. NHKことばのハンドブック 第2版. NHK出版, 2005, 377p.

- NHK放送文化研究所. NHK漢字表記辞典. NHK出版, 2011, 752p.

- NHK放送文化研究所. NHK日本語発音アクセント新辞典. NHK出版, 2016, 1764p.

- 日本BPM協会. BPM推進のステップとキーポイント. 日本BPM協会, 2012, 48p.

- 日本ビルヂング協会連合会. 平成28年度ビル実態調査（全国版）. びるぢんぐ, 日本ビルヂング協会連合会, 2017年4月号,(341), p.10-12.

- 日本年金機構. "平成29年9月分（10月納付分）からの厚生年金保険料額表". 日本年金機構. http://www.nenkin.go.jp/service/kounen/hokenryo-gaku/gakuhyo/20170822.files/1.pdf

- 日本能率協会コンサルティング. 使える！活かせる！マニュアルのつくり方（実務入門）. 日本能率協会マネジメントセンター, 2006, 240p.

- Nicholas Bloom, James Liang, John Roberts, Zhichun Jenny Ying. Does Working from Home Work? Evidence from a Chinese Experiment. The Quarterly Journal of Economics, 130(1), 2015, p.165-218.

- 日経流通新聞（日経MJ）. "コールセンター　職場環境改善へ連携～関連企業が支援組織". 2008年10月6日号.

- 仁田道夫．国際比較の視点からみたコールセンターの雇用と人材育成．コールセンターの雇用と人材育成に関する国際比較調査．仁田道夫編．東京大学社会科学研究所人材ビジネス研究寄付研究部門, 2010, p.47-60.

- NTTコミュニケーションズ．カスタマコントロール 操作マニュアル．NTTコミュニケーションズ, 2010, 356p.

- NTTコミュニケーションズ．ナビダイヤル カタログ．NTTコミュニケーションズ, 2017, 42p.

- NTTコミュニケーションズ．フリーダイヤル カタログ．NTTコミュニケーションズ, 2017, 38p.

- 小野沢庸．不招請勧誘の禁止．KINZAIファイナンシャル・プラン．金融財政事情研究会, 2012, (6), p.50-51.

- Penny Reynolds. Call Center Metrics: Fundamentals of Call Center Staffing and Technologies. NAQC Issue Paper. North American Quitline Consortium, 2010, 27p.

- Penny Reynolds. "Exploring Call Center Turnover Numbers". The Connection Winter 2015, Quality Assuarance and Training Connections. http://www.qatc.org/winter-2015-connection/exploring-call-center-turnover-numbers/

- Penny Reynolds. Call Center Staffing - The Complete Practical Guide to Workforce Management. The Call Center School Press, 2003, 197p.

- Penny Reynolds. Call Center Supervision. The Call Center School, 2004, 228p.

- ロバート・S・キャプラン, デビッド・P・ノートン．キャプランとノートンの戦略バランスト・スコアカード．櫻井通晴監訳．東洋経済新報社, 2001, 494p.

- ロバート・S・キャプラン, デビッド・P・ノートン．戦略マップ．桜井通晴・伊藤和憲・長谷川恵一監訳．ランダムハウス講談社, 2005, 531p.

- ロバート・S・キャプラン、デビッド・P・ノートン．バランスト・スコアカードによる戦略実行のプレミアム - 競争優位のための戦略と業務活動とのリンケージ．桜井通晴・伊藤和憲監訳．東洋経済新報社, 2009, 389p.

- 佐々木直子, 井上仁郎．コールセンター業務におけるヘッドホンからの騒音の評価．Journal of UOEH, 29(1), 2007, 129p.

- 三幸エステート．オフィスの人間工学大研究．オフィスマーケット東京, 三幸エステート, 2002年3月号, P.4-12.

- サウル・カーライナー．研修プログラム開発の基本〜トレーニングのデザインからデリバリーまで〜．下山博志(監修), 堀田恵美(翻訳)．ヒューマンバリュー出版, 2013, 266p.

- Scott Jeffrey. The Benefits of Tangible Non-Monetary Incentives. University of Chicago, 2004, 32p.

- 消費者庁．製造物責任(PL)法について．消費者の窓．消費者庁ホームページ http://www.consumer.go.jp/kankeihourei/seizoubutsu/pl-j.html

- 消費者庁．電話勧誘販売．特定商取引法ガイド．消費者庁ホームページ http://www.no-trouble.go.jp/what/telemarketing/

- Successaries. Successories.com, LLC. http://www.successories.com/
- 鈴木一弥、落合信寿、茂木伸之、山本崇之、岸一晃、浅田晴之．高さ可変デスクを使用したデスクワークへの立位姿勢の導入が身体違和感、疲労、下肢周径に及ぼす影響．労働科学, 90 (4), 2014, p.117-129.
- 鈴木淳子．質問紙デザインの技法 第2版．ナカニシヤ出版．2011, 240p.
- 竹村富士徳．"竹村富士徳の7つの習慣実践マガジン 第7回リーダーシップとマネジメントについて考える"．7 Habits.jp. http://7habits.jp/genki/mag_07.html
- Talkdesk. How to Prevent & Manage Stress in the Call Center. Talkdesk. 2015, 52p.
- 徳崎進．マネジメントにおけるKPIの意義を再考する：文献研究を基礎として．ビジネス＆アカウンティングレビュー．2015, (16), p.17-36.
- USAN. Contact Center RFP Guide with Foreword. USAN, 2017, 16p.
- Vicki Herrell. Focus on Agent Adherence Roundtable, SWPP, 2015, 16p.
- 矢動丸琴子，大塚芳嵩，中村勝，岩崎寛．オフィス緑化が勤務者に与える心理的効果に関する研究．日本緑化工学会誌 Vol. 42 (2016) No. 1, pp. 56-61
- 薬袋真司．世界の勧誘規制を知る - Do-Not-Call制度とは．国民生活．国民生活センター, 2015, (6), p.16-18
- 山本政樹．ビジネスプロセスの教科書．東洋経済新報社, 2015, 320p.
- ザイマックス不動産総合研究所．1人あたりオフィス面積調査 (2017年)．ザイマックス不動産総合研究所RESEARCH REPORT, 2016, 4p.
- 全国健康保険協会．"協会けんぽの介護保険料率について"．健康保険ガイド．全国健康保険協会．https://www.kyoukaikenpo.or.jp/g3/cat330/1995-298
- 全国健康保険協会．"平成30年3月分（4月納付分）からの健康保険・厚生年金保険の保険料額表"．全国健康保険協会．https://www.kyoukaikenpo.or.jp/g3/cat330

索引

＜あ＞

- アーランC式 ……………………………………………………………… P143
- ITR（interactive text response）……………………………………… P520
- IPセントレクス …………………………………………………………… P532
- IP-PBX …………………………………………………………………… P512
- IVR ………………………………………………………………………… P520
- アウトソーシング ………………………………………………………… P80
- アウトバウンド・コンタクト ……………………………… P182、P311、P518
- アフター・コール・サーベイ …………………………………………… P268
- アボイダル・インプット ………………………………………………… P224
- アメニティー ……………………………………………………………… P471
- アラート …………………………………………………………………… P105
- アンダー・スタッフ ……………………………………………………… P100
- ERT（equivalent random theory）…………………………………… P144
- 一時的事実 ……………………………………………………………… P107
- インターナル・ダッシュボード ………………………………………… P332
- インバース方式 ………………………………………………………… P150
- インバウンド・コール …………………………………………………… P99
- インビジブル・キュー …………………………………………………… P99
- インフォーマル・コールセンター ……………………………………… P66
- ウィスパー ………………………………………………………………… P504
- WebRTC ………………………………………………………………… P519
- Webコラボレーション ………………………………………………… P520
- ウォールボード ……………………………………………… P174、巻末資料17
- AHT（平均処理時間）……………………… P141、P303、P312、P314、P316
- AHT方式 ………………………………………………………………… P187
- ASA（平均応答時間）…………………………………………………… P300
- ACW（平均後処理時間）……………………………………… P142、P304
- ACD ……………………………………………………………………… P501
- エージェント・エンゲージメント（A-ENG）……… P307、P341、P360、P387、P527
- エージェント・スケジュール …………………………………………… P157
- エージェント・ツール …………………………………………………… P521

615

エージェント・パフォーマンス・レポート ……………………………… P326
エージェント・プリファランス …………………………………………… P159
ATT(平均通話時間) ……………………………………………………… P303
エクスターナル・ダッシュボード ………………………………… P333、巻末資料36
STDEV関数(標準偏差) ………………………………………………… P171
FRT(初回コンタクト・レスポンス・タイム) ………………………………… P316
FAQツール ………………………………………………………………… P529
FCR(初回コール完了率) ………………………………………………… P298
MBWA(マネジメント・バイ・ウォーキング・アラウンド) ……………… P167、P233
エンカレッジメント(奨励) ………………………………………………… P368
エンパワーメント(権限移譲) …………………………………………… P364
応答コール数 ……………………………………………………………… P105
応答率 ……………………………………………………………………… P132
オーバー・スタッフ ……………………………………………………… P100
オフィス・エルゴノミクス ………………………………………………… P474
オフィス・デザイン ……………………………………………………… P464
オプション・プラン ……………………………………………………… P176
オペレーショナル・エクセレンス …………………………………… P24、P194
オペレーショナル・パフォーマンス・メトリクス ………………………… P296
オペレーション・サポート ……………………………………………… P70
オペレーション・トレーニング ………………………………………… P64
オペレーション・プロシージャー ……………………………………… P208
オペレーション・マニュアル …………………………………………… P196
オペレーション・マネージャー ………………………………………… P69
オリエンテーション ……………………………………………………… P402
音声応答 …………………………………………………………………… P520

＜か＞

回帰分析 …………………………………………………………………… P113
会話認識 …………………………………………………………………… P520
カスタマーサービス・ウィーク ………………………………………… P372
カスタマコントロール …………………………………………………… P500
キャリブレーション ……………………………………………………… P257
完了基準 …………………………………………………………………… P184
季節要因 …………………………………………………………………… P122
キャリア・デベロップメント …………………………………………… P409

Q&A	P209
キューイング	P104、P504
キューイング・コール数	P104
キューイング・シナリオ	P145
休憩時間	P431
休息時間	P431
強制切断	P105
業績評価	P295、P443
許容範囲	P140
勤務時間内リソース利用率(UTIL)	P306
クオリティー・アナリスト	P242
クオリティー・モニタリング	P229
クオリティー・モニタリング・システム	P525
クオリティー・モニタリング・スコア(QMS)	P297
クオリティー・モニタリング・フォーム	P250、巻末資料18、19
クオリフィケーション	P347
クラウド	P534
グループ・モニタリング・セッション	P234
GROWTH関数	P117
KGI(重要目標達成指標)	P295
継続トレーニング	P405
KPI(重要業績評価指標)	P295
契約社員	P421
原単位アプローチ	P181
コ・ソーシング	P81
恒常的事実	P107
効率因子	P181
効率性目標	P141
コール・ログ・レビュー	P234
コール数	P103
コールセンター・オペレーショナル・バランスト・スコアカード	P294
コールセンター・ストラテジック・バランスト・スコアカード	P293
コールセンター・パフォーマンス・レポート	P324
コールセンター・ビジネス・バランスト・スコアカード	P294
コールセンター・プライマリー・ポリシー	P35
コールセンター・プラットフォーム	P500

コールセンター・マネジメント・ツール	P497
コール対象リスト	P184
コールバック	P182
コールフロー	P104、P508
顧客エンゲージメント	P445
顧客満足度調査(C-SAT)	P227、P264
顧客ロイヤルティ	P270
個人情報保護法	P541
コスト・ベネフィット分析	P456
コストセンター	P17、P23
コミュニケーション・アグリーメント	P49
コミュニケーション・サーバー	P512
コミュニケーション・スキル	P247
コミュニケーション・スタイル	P33
雇用形態	P83、P412、P419
雇用契約	P421
CORREL関数(相関係数)	P171
コンタクト・パターン	P183
コンタクト・マネジメント	P514
コンタクトセンター	P3
コンピテンシー	P45
コンプライアンス	P540

<さ>

サービス・アグリーメント	P219
サービス品質	P226
サービス目標	P131
サービスレベル	P135
サービスレベル・コンタクト	P178
在宅勤務	P84
サイト・セレクション	P452
採用(選考)基準	P348、P416
サポーティング・ファンクション	P64
CRMシステム	P514
CES(顧客努力指標)	P308
CSF(クリティカル・サクセス・ファクター、重要成功要因)	P291

CMS（コール・マネジメント・システム）	P507
CTI	P506
CTA（コール・トゥ・アクション）	P50
CPH（1時間あたり応答コール数）	P301
CPM（1分あたりオペレーション単価）	P309
CPC（コンタクト単価）	P310
シェアード・サービス	P90
ジェネリック・オペレーション	P210
時間帯比率・指数	P128
時系列分析	P119
Sit & Standワーク	P482
SIPサーバー	P512
シニア・エージェント	P67、P240
シフト・ビディング	P161
就業規則	P426
シュリンケージ	P147
情報のアップデート	P214
ショート放棄コール	P136
ショートレスト（小休止）	P483
ジョブ・ディスクリプション（職務記述書）	P74、P347、巻末資料1〜7
スーパーバイザー	P339
スーパーバイザー・トレーニング	P406
スキル	P104
スケジューリング・オプション	P159
スケジュール・マッピング	P157
スケジュール遵守率	P163、P305
スケジュール適合性	P172、P318
ステークホルダー	P41
ステータス・モニター	P174、P329、巻末資料13〜15
ストレス	P485
スパン・オブ・コントロール	P72
スピーチ・アナリティクス	P524
スピーチ・トゥ・テキスト	P525
スピーチ・リコグニション	P521
スムーズ着信	P99
スライディング・シフト	P168

SWAT ……………………………………………………………………… P160
正確性(ACCUR) …………………………………………………… P298
製造物責任法(PL法) ……………………………………………… P547
絶対値方式 ………………………………………………………… P140
セットアップ時間 ……………………………………………… P183、P312
説明変数 …………………………………………………………… P114
セルフサービス ………………………………………………… P104、P534
先行採用 …………………………………………………………… P78
全体最適 …………………………………………………………… P192
ソーシャル・コンタクト ………………………………………… P315
ソーシング・オプション ………………………………………… P80
ソフトフォン ……………………………………………………… P522

<た>

ターンオーバー(離職) …………………………………………… P375
ダイヤラー接続数 ………………………………………………… P313
ダイヤル数 ………………………………………………………… P185
着信コール数 ……………………………………………………… P104
着信スキル表示 …………………………………………………… P504
チャットボット …………………………………………………… P534
DRP(災害復旧計画) ……………………………………………… P550
DPH方式 …………………………………………………………… P187
DPH(1時間あたりダイヤル数) ………………………………… P311
ディレイ・アナウンス …………………………………………… P504
デジタル・サイネージ ………………………………………… P330、P528
テレマーケティング ……………………………………………… P182
統計関数 …………………………………………………………… P113
導入トレーニング ……………………………………………… P36、P404
トークスクリプト ………………………………………………… P205
トークフロー ……………………………………………………… P204
トータル・エージェント ……………………… P143、P150、P181、P187
特定商取引法 ……………………………………………………… P546
トップダウン・アプローチ ……………………………………… P87
トランザクション ………………………………………………… P194
トレードオフ …………………………………………………… P78、P152
トレーナー ……………………………………………………… P242、P395

トレーニング	P392、P528
TREND関数	P117
トレンド要因	P120
トロフィー・バリュー	P370

＜な＞

ナイス・トゥ・ハブ	P224
ナビダイヤル	P499
ナレッジ・モニタリング	P263
ナレッジマネジメント	P529
ノン・フォーン・コンタクト	P179

＜は＞

バーチャル・アシスタンス	P534
パートタイマー	P423
派遣社員	P424
発信コール数	P104
パフォーマンス・マネジメント	P288、P526
パフォーマンス・レビュー・シート（PRS）	P256、巻末資料20
ピア・トゥ・ピア・モニタリング（peer-to-peer monitoring；P-T-P）	P233
ピーク着信	P99
BCP（日常的業務継続計画）	P549
PBX	P501
ビジネス・エフェクティブネス（効果性）メトリクス	P319
ビジネス・コントローラー	巻末資料7
ビジネス・ドライバー	P110
ビジネスプラン	P56
ビジネスプロセス・マネジメント	P195
ヒストリカル・データ	P106
ヒストリカル・レポート	P510
ファネル・アプローチ	P129
フィードバック	P252
VOC（voice of the customer；ボイス・オブ・カスタマー）活動	P277
VDT（video display terminal）作業	P432
FORECAST関数	P117
フォーキャスト正確性	P168、P317

フリーダイヤル	P499
プレディクティブ・ダイヤラー	P518
プレビュー・ダイヤラー	P518
プログラム	P21
プログレッシブ・ダイヤラー	P518
プロフィットセンター	P17
フロントエンド放棄コール数	P105
フロントライン	P338
ペイ・フォー・パフォーマンス	P384、P439
平均アプローチ	P112
ベース・エージェント	P143、P181、P187
ベース時間	P147
ベース時間内エージェント稼働率(OCC)	P305
ベスト・プレイス・トゥ・ワーク	P451
ヘッドセット	P522
ベンチマーキング	P274
ボイス&スクリーン・レビュー	P234
放棄コール数	P106
放棄率	P299
報酬スキーム	P439
ポジショニング	P31
ポジションペーパー	P35
ホットデスク	P472
ボトムアップ・アプローチ	P86
保留時間	P142
ホワイトノイズ	P468

<ま>

マトリクス型	P63
マルチチャネル・コンタクト	P519
ミステリー・コール	P234
ミッション・ステートメント	P28
ミッション・スローガン	P32
MAPE(平均絶対誤差率)	P170
メール・コンタクト	P519
メトリクス	P163、P295

メンタルヘルス	P484
目的変数	P114
モチベーション	P367
モニタリング・セッション	P284

＜や＞

ユニバーサル・デザイン（障がい者対応）	P473
曜日比率・指数	P127

＜ら＞

ライブ・モニタリング	P233
ランダム着信	P99
リアルタイム・マネジメント	P162、P523
リエゾン	P50
リコグニション（認知／賞賛）	P369
離職率	P309、P380
リソース使用状況レポート	P328
リテンション（離職防止）	P374
リニア方式	P150
リモート・モニタリング	P233
リワード（褒章／報奨）	P369
ルーティング	P502
レスポンスタイム	P179、P314、P316
レピュテーション（reputation）	P228
録音システム	P525

＜わ＞

ワークステーション	P458
ワークフォース・マネジメント	P53、P98、P523
ワークロード	P102
ワークロード時間	P102
話中コール数	P105
話中率	P300
ワン・オン・ワン・ミーティング	P458

◆ 著者略歴

熊澤伸宏（くまざわのぶひろ）

コールセンターの教科書プロジェクト　主宰
ひるぎワークス　代表
1958年、横浜市生まれ。
青山学院大学経営学部卒。卒業論文は「女子労働の社会経済的検討」。
1986年、全米10都市20社のコールセンターを視察し日本での可能性を確信、1988年にダイヤモンドクレジット（現三菱UFJニコス）に国内での先駆けとなるテレマーケティングセンターを設立。
1989年よりアメリカン・エキスプレスのテレマーケティング・マネージャーとして、世界中のコールセンターのベンチマークとして支持される先進のセンター運営を習得するとともに、顧客獲得・維持・利用促進等のテレマーケティング・ビジネスを展開、当時開発した数々のプログラムは、今日でも国内の多くの企業が実践している。
その後、通販、IT、通信、投信・証券、製薬等、計8社15センターの立ち上げ・再構築・運営に従事。
2001年より勤務のグラクソ・スミスクラインでは、経営貢献、品質管理、科学的運営、応対品質、人材開発、オフィス環境等、センター運営全般にわたり国内有数の高品質なセンターとして高い評価を受け、コンタクトセンター・アワード（リックテレコム主催）や企業電話応対コンテスト（日本電信電話ユーザ協会主催）をはじめとする各種の表彰制度で数々の受賞を果たす。2013年には、その評判を聞きつけた駐日英国大使の訪問を受けるというエピソードも。
コールセンターの構築や運営に関する知識、経験、業績のいずれも他に抜きんでた業界の第一人者。特定の分野に偏らないこと、理論だけでなくすべてが自らの実践に基づくノウハウであること、その成果が顧客の支持や外部の第三者の客観的な評価に裏打ちされたものであることが強み。2014年に独立、「コールセンターの教科書プロジェクト」を主宰し、センター管理者の研修やコーチング、コンサルティング等を通じて、コールセンターの構築・運営の支援を行っている。

コールセンターの教科書プロジェクト
https://cc-kyokasho.jp
ID：180130000199

コールセンター・マネジメントの教科書

©熊澤伸宏　2018

2018年5月28日　第1版第1刷発行
2021年1月25日　第1版第2刷発行

著　者　熊澤伸宏
発行者　土岡正純
発行所　株式会社リックテレコム
　　　　〒113-0034 東京都文京区湯島3-7-7
　　　　振替　00160-0-133646
　　　　電話　03（3834）8380（営業）
　　　　　　　03（3834）8104（編集）
　　　　URL　http://www.ric.co.jp/

本書の無断転載・複製・複写を禁じます。

DTP　株式会社リッククリエイト
印刷・製本　シナノ印刷株式会社
カバーデザイン　小幡一之（リッククリエイト）

乱丁・落丁本はお取り替え致します。
ISBN978-4-86594-136-4

Printed by Japan

本書に記載した商品名および社名は各社の商標または登録商標であり、その旨の記載がない場合でも本書はこれを十分に尊重します。なお、本文中はTM、®マーク、©マークなどは記載しておりません。